Vorlesebuch Ökumene

Geschichten vom Glauben und Leben
der Christen in aller Welt

Herausgegeben von
Susanne Beck, Ulrich Becker, Gerhard Büttner,
Ursula Kress, Jörg Thierfelder, Helmut Zechner

Kaufmann · Butzon & Bercker

CIP-Titelaufnahme der Deutschen Bibliothek

Vorlesebuch Ökumene: Geschichten vom Glauben und
Leben der Christen in aller Welt / hrsg. von Susanne
Beck... – Lahr: Kaufmann; Kevelaer: Bercker, 1991
  ISBN 3-7806-2246-7 (Kaufmann)
  ISBN 3-7666-9722-6 (Bercker)
NE: Beck, Susanne [Hrsg.]

1. Auflage 1991
Alle Rechte vorbehalten
© 1991 Verlag Ernst Kaufmann, Lahr
Umschlaggestaltung: JAC
Hergestellt bei Bercker GmbH, Kevelaer
ISBN 3-7806-2246-7 (Kaufmann)
ISBN 3-7666-9722-6 (Butzon & Bercker)

Inhalt

1 Tauffeier bei den Baptisten · 2 Getauft wird die Magd Gottes Eleni... ·
3 Großmutter erzählt · 4 Konfirmand Markus · 5 Der Abschluß der Kindheit
war die Konfirmation · 6 Arndts Entscheidung · 7 Solo für zwei · 8 Nie wieder
Karameleis · 9 Tante Luises Beerdigung · 10 Zirkus Sarrasani · 11 Osternacht,
eine wunderbare Nacht · 12 Ein Kirchenfest auf dem Dorf · 13 Jochens erste
Wallfahrt · 14 Unter dem Kreuz kann sich jeder etwas holen · 15 Baptistischer
Gottesdienst · 16 Der verpatzte Friedensgruß · 17 Meine Angst sieht aus wie ein
Löwe · 18 Es ist genug für alle da · 19 Unser erster evangelischer Sonntagsgottesdienst · 20 Florians Kirchgang · 21 Wahlgespräche · 22 Franz und Stephan —
kein ökumenisches Märchen · 23 Jakob will nach Afrika · 24 Leben in Gemeinschaft — Zusammenleben im und um den Laurentiushof Wethen · 25 Karan, ein
tamilischer Christ · 26 Ines · 27 Nelli und Michael waren in Rußland Nachbarskinder · 28 Besuch aus Afrika im Ladengottesdienst · 29 Verborgene Schätze ausgraben · 30 Frauen buchstabieren Feindesliebe · 31 Unterkunft · 32 Luftschnapp-
Pause · 33 Wie Kinder in der Diaspora der DDR leben · 34 Eine ganz andere
Weihnachtsgeschichte · 35 Der Zahnarzt und die Leiterin der Damenriege im
theologischen Gespräch · 36 Der reiche Onkel und die armen Verwandten ·
37 Der Mohrenkönig · 38 Und wir wollten doch baden gehen · 39 Weihnachten
in Polen · 40 Bomben in Birmingham · 41 Palmsonntag · 42 Iona — eine Kommunität in Schottland · 43 Ostern in Sibirien · 44 Hallo Michael! · 45 Ein Gast und
eine Bibel · 46 Erlebnis in Tbilissi · 47 Böhmische Brüder oder: Christen im
Alltag · 48 Ich besuch' dich mal. Ahoi! · 49 Mit den Eltern in Frankreich — Aus
dem Tagebuch von Sebastian · 50 Ein Brief aus Taizé · 51 Ein Segen auf Lateinisch ·
52 Die Kirche war wirklich schwer zu finden · 53 „Meine Schuld war die
Wahrheit" · 54 Ein Erlebnis in Rumänien · 55 Die Gastfreundschaft Abrahams ·
56 Alle mögen teilhaben an dem Fest des Glaubens · 57 Gute Zeit · 58 Angelo
aus Sardinien · 59 Don Pietro schließt die Kirchentür · 60 Besuch in einer Waldensergemeinde in Sizilien · 61 Mehmet — ein Christ in Istanbul · 62 Gewagte
Versöhnung · 63 Großmutter Arnajoks Pfingstgesang · 64 Erntedank ohne Narwalzahn · 65 Ein ungewöhnlicher Kirchenbesuch · 66 Diene dem Herrn mit
Freude · 67 Glaube, den man hören und sehen kann · 68 Kinder in Bodø ·
69 Besuch in Budapest · 70 Sein Name geht immer weiter... und weiter

71 Ich werde zum Medizinmann gehen · 72 Wie ich meine Angst vor den Weißen
verlor · 73 „Unsichtbare" Kirche in Südafrika · 74 „Kaffern-Bruder" sein — das

Vorwort

Liebe Benutzerin, lieber Benutzer des Buches!

Dieses Buch hat — wie alle Bücher — eine Vorgeschichte. Am Anfang steht die 1985 von der Evangelischen Kirche in Deutschland herausgegebene Arbeitshilfe „Ökumenisches Lernen". Wir, Gerhard Büttner und Jörg Thierfelder, lasen diese Arbeitshilfe zusammen mit den Studenten an der Pädagogischen Hochschule Heidelberg und fragten uns, ob und wie, auch im Religionsunterricht der Schule, ökumenisch gelernt werden kann.
Und dann trafen wir auf einer Tagung in Bad Boll Ulrich Becker, der bis kurz vorher Leiter der Erziehungsabteilung des Ökumenischen Rates der Kirchen (ÖRK) in Genf gewesen war. Er entwickelte dabei das Programm des Ökumenischen Lernens, jedoch anders, als wir es erwartet hatten. Er erzählte vom Leben und Glauben der Christen in anderen Ländern und Erdteilen — und wir ließen uns von ihm anstecken.
Daß Erzählen wichtig ist, wußten wir schon lange aus unserer Arbeit mit biblischen Erzählungen. Aber daß man mit Erzählungen ökumenisch lernen kann, das ging uns an diesem Nachmittag in Bad Boll auf.
Wir trafen uns dann einige Male mit anderen Religionspädagogen, die, wie wir, Konsequenzen aus der EKD-Arbeitshilfe für die Schule ziehen wollten. Schließlich beschlossen wir, beim Verlag Ernst Kaufmann, Lahr, dessen Vorlese- und Erzählbücher wir schon immer gut gebrauchen konnten, wegen einer Veröffentlichung eines Vorlesebuches „Ökumene" anzufragen. Schließlich vereinbarten wir die Herausgabe des Buches, das Sie jetzt in der Hand haben.
Zu den beiden Heidelberger Dozenten kamen noch hinzu:
Ulrich Becker, Universität Hannover,
Susanne Beck, Absolventin der Pädagogischen Hochschule Heidelberg,
Ursula Kress, derzeit wissenschaftliche Mitarbeiterin an der Pädagogischen Hochschule Heidelberg und
Helmut Zechner, freier Lektor theologischer und religionspädagogischer Werke.

Die Entstehung dieses Buches ist für uns selbst ein ökumenischer Lernprozeß gewesen. Wir kamen bei der gar nicht so einfachen Suche nach geeigneten Geschichten in Kontakt mit vielen Christen aus anderen Konfessionen und Denominationen, hier in der Bundesrepublik, in Europa und in aller Welt.
Es ist uns nicht alles gelungen, was wir uns vorgenommen hatten: Wir wollten bei den Geschichten möglichst alle Länder berücksichtigen — doch es blieben weiße Flecken auf unserer Landkarte. Hinzu kommt, daß einige Länder stärker vertreten sind als andere, manche wiederum sind mit keiner Geschichte vertreten.

Wir suchten möglichst nach Geschichten, in denen Christen aus anderen Ländern von sich erzählen. Aber auch hier gab es Schwierigkeiten. So erzählen viele der Beiträge vom Leben der Christen in aller Welt, aber gespiegelt in den Berichten von Menschen aus der Bundesrepublik.

Angesichts des großen Angebots von Lesebüchern zur „Dritten Welt"-Problematik versteht sich unser Buch bewußt als Sammlung von Geschichten über Glauben und Leben von Christen in aller Welt. Unsere Geschichten wollen ein möglichst ungeschminktes Bild wiedergeben. Es gilt, was der Apostel Paulus so formulierte: „Wir haben diesen Schatz in irdenen Gefäßen" (2. Kor 4,7). Darum stehen neben Geschichten, die Fortschritte und „Erfolge" zeigen, auch solche, in denen von Versagen und Angst die Rede ist. Und schließlich wollen die Geschichten keinen Triumphalismus zur Sprache bringen, der den christlichen Glauben so darstellt, daß die anderen Religionen, die Weltreligionen oder die traditionellen Stammesreligionen dabei herabgesetzt werden.

Wir danken den vielen Mitarbeitern und Mitarbeiterinnen, die uns mit ihren Geschichten oft genug auch ein wenig Anteil an ihrer eigenen Lebensgeschichte gegeben haben.

Wir danken der sehr guten Betreuung durch den Kaufmann-Verlag in den Personen von Frau Schupp und Herrn Jacob,

und wir danken der Pädagogischen Hochschule Heidelberg, die dieses Projekt personell und finanziell gefördert hat.

Wir widmen das Buch unseren Studenten in Hannover und in Heidelberg als Dank für die Impulse, die wir von ihnen erhalten haben, und mit der Bitte, in die wir Sie, die Benutzer und Benutzerinnen, mit einschließen und die auf Schwäbisch so angesagt werden kann: Verbrauchet's gsond! Auf Hochdeutsch: Möge es Ihnen etwas bringen!

Susanne Beck, Ulrich Becker, Gerhard Büttner, Ursula Kress, Jörg Thierfelder, Helmut Zechner

Ökumene als Erzählgemeinschaft

„Es ist die erste Sitzung der kleinen Arbeitsgruppen, in denen wir uns jeden Tag treffen werden. Jemand hat eine Weltkarte mitgebracht, und mit bunten Fähnchen markieren wir, woher wir kommen:
Tansania, Libanon, Ägypten, Fidschi, Indien, West- und Osteuropa, USA, Indonesien.
Wir sind Presbyterianer, Reformierte, Baptisten, Methodisten, Kongregationalisten, Lutheraner, Orthodoxe, Laien, Pfarrer und Bischöfe – sechs Frauen unter zwanzig Teilnehmern.
Wir nehmen uns Zeit, uns miteinander bekannt zu machen. Auch wenn es nur ein paar Sätze sind, die jede(r) in dieser ersten Runde von sich erzählt, werden Fenster in die Welt geöffnet, die manches anders erscheinen lassen, als wir es oft von unserem Blickwinkel aus sehen."
So beginnt ein Bericht über ein ökumenisches Treffen.[1]
In der Ökumene ist Erzählen nichts, auf das man auch verzichten könnte – etwa nur ein Zugeständnis an Kinder oder an die, die nicht lesen und schreiben können. Die Ökumene, diese die Welt umspannende Gemeinschaft von Kirchen und Christen, ist eine Erzählgemeinschaft.
Allerdings gibt es in dieser Gemeinschaft auch die, die – weil sie nicht lesen können oder wollen – eher eine mündliche Form des christlichen Glaubens leben. Sie finden sich vor allem in den Kirchen Afrikas und Lateinamerikas. In ihrer christlichen Frömmigkeit gründen sie sich nicht auf das Lesen der Bibel, überhaupt auf nichts Geschriebenes oder Gedrucktes, wie wir das tun, sondern auf Erfahrungen Gottes im Gottesdienst und im Alltag. Fragt sie jemand nach Gott, dann nehmen sie nicht einfach ihre Bibel zur Hand, sondern sie erzählen, was sie erlebt haben, oder sie drücken ihre Erfahrungen in Liedern, Sprichwörtern, Bildern oder Tänzen aus. Jemand muß (zu)hören und am Ende auch Geschichten erzählen können, wenn er sich mit ihnen verständigen will.
Aber ob Menschen nun selbst die Bibel lesen oder nicht: Überall, wo sich Christen, die aus verschiedenen Ländern und Kulturen und Traditionen kommen, begegnen und von ihrem Glauben berichten wollen, erzählen sie Geschichten. Einander erzählen ist der erste und beste Weg ökumenischer Verständigung.
Erzählen heißt: Erfahrungen, durchlittene Ängste, erfüllte Hoffnungen, ungeklärte Wünsche und neugewonnene Möglichkeiten mitteilen. Dabei werden Grenzen überschritten, die uns oft voneinander trennen: die Grenzen unterschiedlicher Sprache, der verschiedenen Lebensräume, der Konfessionen oder Religion, die Grenzen zwischen arm und reich, zwischen oben und unten.

---

[1] Linz, J.: Lernen in der Gemeinschaft. In: Konrad Raiser (Hg.): Ökumenische Impressionen. Vancouver 1983. Frankfurt 1983, S. 96

Jesus hat auf diese Weise Grenzen überschritten, wenn er seinen Gegnern, den Theologen seiner Zeit, seine Geschichten erzählte: das Gleichnis vom Verlorenen Sohn oder vom Barmherzigen Samariter zum Beispiel.

Die grenzüberschreitende Kraft des Erzählens können wir nur dort erfahren, wo wir wirklich zuhören und uns das selbst lebendig zu machen versuchen, was andernorts und in anderen Sprachen und Weisen zum Leben und Glauben gesagt, gedacht und getan wird. So fangen wir an, ökumenisch zu lernen, d. h. zu entdecken, daß die Verschiedenheit der Sprachen, Bilder und Farben, in denen von dem Christus und seiner Kirche gesprochen wird, nicht Belastung, sondern Bereicherung ist.

In diesem Sinne wollen die Geschichten, die wir in diesem „Vorlesebuch Ökumene" gesammelt haben, als eine Einladung zum Ökumenischen Lernen verstanden und gebraucht werden. Dabei haben wir das Wort „Ökumene" – das ist schon deutlich geworden – in einer Weise gebraucht, wie sie bei uns nicht immer üblich ist. Üblich ist, bei „Ökumene" oder„ ökumenisch" zunächst an solche Aktivitäten zu denken, bei denen evangelische und katholische Christen zusammenarbeiten. Wir feiern in der Gebetswoche für die Einheit der Christen ökumenische Gottesdienste. Eheleute, aus konfessionsverschiedenen Familien kommend, bitten um eine „ökumenische" Trauung. Der Vorsitzende des Rates der Evangelischen Kirche in Deutschland und der Vorsitzende der deutschen Bischofskonferenz geben eine ökumenische Erklärung ab. Die Beispiele lassen sich mühelos vermehren. Immer ist das Wort „ökumenisch" gebraucht, um eine evangelisch-katholische Gemeinschaftsveranstaltung zu kennzeichnen.

Natürlich ist es nicht falsch, so zu verfahren – auf jeden Fall so lange nicht, wie wir uns darüber im klaren sind, daß mit dem Wort „Ökumene" oder „ökumenisch" eigentlich mehr gemeint ist. Im Neuen Testament beschreibt das Wort die ganze bewohnte Erde (z. B. in Lk 2,1). Später meint es die Kirche Jesu Christi, die sich über diese bewohnte Erde erstreckt. Mit dem Wort ist also das Zusammenleben aller Kirchen und Christen auf unserer bewohnten Erde und darüber hinaus das Zusammenleben aller Menschen in den Blick genommen.

Ein „Vorlesebuch Ökumene" erzählt deshalb von dem Leben der Kirchen und Christen in Asien genauso wie von ihrem Leben in Afrika und Lateinamerika, in Nordamerika und dem Mittleren Osten, im Pazifik und in Europa. Und es redet nicht nur von Lutheranern und Katholiken, sondern genauso von Anglikanern, Baptisten, Methodisten, Orthodoxen, Reformierten, und wie sie sonst alle heißen mögen. Etwas von dem Reichtum der Ökumene, von den verschiedenen konfessionellen Traditionen, den verschiedenen Gottesdiensten und Festen, von der anderen Weise, mit Zeit, Geld und dem Leben umzugehen, kommt in dem Buch zur Sprache. Christen auf den Fidschi-Inseln malen den Christus nun einmal anders als wir. Auf einem Hungertuch, von einem kamerunischen Künstler gemalt, erscheint er in einer Fest- und Tanzszene als der

Trommler, der den Rhythmus schlägt. Aber bei aller Verschiedenheit der Bilder, die sich in diesen Geschichten widerspiegeln, wird immer wieder auch erkennbar, wie diese im Glauben miteinander verbundenen Christen ihre Zusammengehörigkeit trotz vieler Unterschiede zu leben versuchen, zuweilen noch zögernd und vorsichtig, zuweilen sehr kühn und entschlossen: in der Ökumene vor Ort, in den Gemeinden hier und dort und in der Ökumene auf großen Konferenzen und Tagungen.

Ökumenisches Lernen

Mit der Sammlung von „Geschichten zur Ökumene" wollen wir das Miteinander der Christen in den verschiedenen Konfessionen und Religionen fördern und intensivieren. Die christlichen Kirchen sahen den Prozeß des Austauschs und der Beratung unter dem Wirken des Heiligen Geistes immer in der Institution des Konzils verwirklicht. Die getrennten Kirchen können ein solches gemeinsames, für alle Kirchen verbindliches Konzil auf absehbare Zeit nicht verwirklichen, aber sie verstehen sich auf einem Weg dahin – in einem konziliaren Prozeß. Es handelt sich dabei um ein immer wieder neues Sich-Begegnen und Miteinander-ins-Gespräch-Kommen. Durch gemeinsames Singen, Beten und Gottesdienst-Feiern lernen Christen der verschiedenen Konfessionen und Denominationen einander kennen und respektieren, akzeptieren und schätzen. Dabei ist die Einsicht gewachsen, daß es im konziliaren Prozeß nicht nur um ein neues institutionelles Verhältnis der Kirchen untereinander geht – so wichtig und wünschenswert ein solches ist! Es handelt sich dabei noch mehr um die Einsicht, daß die einzelnen Erscheinungsformen christlichen Glaubens und christlicher Existenz als wertvoll angesehen werden für das Ganze und so auch zur Bereicherung unseres eigenen Christseins werden können, ja daß gerade in dieser, zunächst vielleicht fremden Gestalt uns Jesus Christus begegnen kann. Damit ist eine wichtige Voraussetzung gewonnen, die auch die Auswahl unserer Geschichten mitbestimmt hat. Selbstverständlich haben aber auch die Christen und ihre Kirchen teil an den mannigfachen Trennungen und Konflikten auf dieser Welt, wenn sie nicht sogar selber zu diesen mit beitragen. Wer hier zu lesen beginnt, fängt an, ökumenisch zu lernen. Wir lernen etwas von dem Reichtum und der Vielfalt der Kirche Jesu Christi auf dieser Erde kennen, und wir entdecken, neugierig gemacht und staunend, wie Menschen in anderen Ländern und Erdteilen ihren Glauben zu leben versuchen. Dabei werden wir aber auch vor Fragen gestellt, deren Beantwortung wir nicht ausweichen können. Denn wie in einem Spiegel können wir uns in dem Erzählen der anderen wiederentdecken, und unser Verständnis von Kirche und Gemeinde, unser Glauben und Handeln wird hinterfragt. Das geht manchmal nicht ohne Schmerzen ab; aber es hilft auch, zu eigener, größerer Klarheit zu finden. Auch dazu will das Vorlesebuch helfen.

Die Sammlung der Geschichten versteht sich damit selbst als ein Teil des Programms, das in Gemeinde und Schule unter dem gar nicht so selbstverständlichen Begriff „Ökumenisches Lernen" in Gang gebracht worden ist. In der Bundesrepublik Deutschland hat sich dieser Gedanke besonders in der gleichnamigen EKD-Arbeitshilfe niedergeschlagen. Es heißt dort: „Ökumene bedeutet, sich der Vielfalt und auch der Fremdheit der Erfahrungen auszusetzen, sie in ihrer Befremdlichkeit auszuhalten und in den Prozeß des Einswerdens einbezogen zu sein im Sinn des gegenseitigen Teil-nehmens und sich Teil-gebens an den Gaben und geistlichen Erfahrungen, die jeder als Bereicherung und auch als Korrektur in diesen Prozeß einbringt."[2]
Von den Aufgaben des Ökumenischen Lernens dürften für unser Projekt vor allem zwei leitend sein: die Erfahrung, daß ein solches Lernen grenzüberschreitend ist und daß es sich um interkulturelles Lernen handelt. Wir haben dies so aufgenommen, daß Vertrautes in einer neuen Perspektive erscheint. Wenn Katholiken einen evangelischen Gottesdienst in Deutschland beschreiben, wenn Firmung in Japan erscheint oder Taufe in einem afrikanischen Kontext, dann findet jeweils eine Brechung statt, die das Selbstverständliche verfremdet und so neu durchsichtig macht. Neue Erfahrungen erschließen sich dort, wo etwa Beschreibungen orthodoxen Lebens und Gottesdienstfeierns gleichsam Einladungen enthalten, eigene Frömmigkeitsformen zu befragen, wieweit hier Bereicherungen möglich sind. Dies gilt auch und ganz besonders für die Geschichten, die christliches Leben angesichts der Bedrohungen von Hunger, Rassismus oder politischer Unterdrückung zeigen und die so zu wichtigen Zeugnissen des Glaubens werden. Sie können dies werden, nicht zuletzt wegen ihrer Konkretheit. Religiöse Erfahrung ist immer eingebunden in soziale Abläufe. Dies gilt für die vielen Geschichten aus dem Alltag von Christen oder von besonderen Ereignissen und Erlebnissen, gerade in der Begegnung von Europäern mit Menschen in Lateinamerika, Asien oder Afrika. Aber auch unsere zahlreichen Erzählungen von Gottesdiensten zeigen eine reiche Palette von Erleben. Die Messe mit einem Sterbenden in der Favelahütte, ein großer Taufgottesdienst in Indonesien, eine orthodoxe Osterliturgie in Griechenland oder Sibirien — neben den jeweiligen theologischen Schwerpunkten sind es immer auch die jeweiligen sozialen Kontexte, die diese Szenen prägen. Soweit wir dies in den Geschichten nachvollziehen können, werden wir dann auch verstehen, warum Ökumenisches Lernen als ganzheitlicher Prozeß verstanden werden will.

---

2 Kirchenamt der EKD (Hg.): Ökumenisches Lernen. Grundlagen und Impulse. Eine Arbeitshilfe der Kammer der EKD für Bildung und Erziehung. Gütersloh 1985, S. 33

Zum praktischen Umgang mit diesem Buch

Mit den Geschichten können die Themen des Religionsunterrichts und der Gemeindearbeit um ökumenische Aspekte bereichert und zugespitzt werden. So können uns geläufige Themen wie Taufe, Ostern oder Weihnachten durch „ökumenische Geschichten" vertieft werden.

Wir haben vergleichsweise wenige Geschichten für jüngere Grundschulkinder. Dazu gehören die Schilderung des Purimfestes in Israel oder eine Palmsonntagsgeschichte aus England. Hier steht die Beschreibung eines interessanten Sachverhalts im Vordergrund. Für Dritt- und Viertklässler können dann schon problemhaltigere Geschichten ausgewählt werden, so z. B. Inger Hermanns „„Kaffern-Bruder' sein ist gefährlich" zur Südafrika-Thematik oder „Eslyn kommt zur Schule" aus Trinidad, in der der innere Konflikt eines Kindes angesichts der Spannung zwischen den zwei großen Volksgruppen zur Sprache kommt. Für die Behandlung des Themas „Evangelisch—katholisch" in den Klassen 5 oder 6 enthält das Buch zahlreiche Geschichten, u. a. die Sonntagsgottesdienste jeweils aus der Sicht der anderen Konfession, dazu aber auch viele Beiträge, die die Besonderheiten der verschiedenen Kirchen gut erkennen lassen. Die Kinder „ab 12 Jahren" können auch schon „Erwachsenengeschichten" lesen. So kann der „Brief" „Hallo Michael!" nicht nur zum Thema „Orthodoxer Gottesdienst" im Unterricht eingesetzt werden, sondern auch in Jugendgruppen, im Konfirmanden- oder Firmunterricht Verwendung finden. Auch die beiden Geschichten zur Situation in der ehemaligen Deutschen Demokratischen Republik lassen sich in kirchlichen Erwachsenengruppen einsetzen. Viele Geschichten kann man sich auch gut im Rahmen einer Predigt im Gottesdienst vorstellen, so z. B. einige der Geschichten von Eva-Maria Kremer aus Südamerika.

Das Buch erscheint in der Reihe der „Vorlesebücher". Gleichwohl lassen sich viele Geschichten sehr gut nacherzählen. Oft kann man Vorlesen und Erzählen auch mischen. Je nach dem Ort der Geschichte, im Unterricht läßt sich der Rahmen der Handlung erzählerisch vorbereiten. Das Vorlesen der Geschichte bildet dann eine Steigerung in einem gemeinsamen Spannungsbogen. Manchmal kann man sich dann auf einen Ausschnitt der Geschichte konzentrieren, der für die jeweilige Stunde aus thematischen Gründen ausgewählt wurde. Das Vorlesen scheint auf den ersten Blick gegenüber dem Erzählen eine „leichtere" Technik zu sein. Dies gilt aber nur bedingt. Wer das Vorlesen wirkungsvoll gestalten will, bedarf auch hier einiger Vorbereitungen. Durch mehrmaliges Lesen sollte man sich in der Geschichte „heimisch" fühlen. Dann läßt sich auch der Inhalt entsprechend inszenieren. Passagen des Wartens und der Ungewißheit werden das Vorlesen verlangsamen. Wenn sich die Handlung beschleunigt, wird auch die Lesegeschwindigkeit zunehmen. Die stille, intime Szene bedarf des leisen Sprechens, der Dialog u. U. verschiedener Stimmhöhen, das plötzliche Ereignis sollte sich auch in einer überraschenden Steigerung der Lautstärke ausdrücken. Wichtig ist auch der Blickkontakt zu den Zuhörern, damit sich auch das gemeinsame Erleben mitteilen kann und der/die Erzählende nicht einen von den Zuhörern abgetrennten Erlebnisraum schafft. Für die innere Durchdringung einer Geschichte empfiehlt es sich, deren Struktur zu erkunden. Als ein probates Mittel kann die Methode des Sprechzeichnens dienen.[3]

Ursprünglich für biblische Geschichten entwickelt, erweist sie sich auch für die Analyse anderen Erzählguts als geeignet. Dabei kommt es darauf an, die Geschichte in Szenen aufzulösen, die comic-haft dargestellt werden. Indem man die Szenen auf die unbedingt notwendige Zahl reduziert, gelingt es meist recht gut, das thematische Zentrum herauszuarbeiten. Dabei ist das spezifische Vorgehen wiederum abhängig von der jeweils eigenen Fragestellung. So kann etwa Susanne Becks „Der verpatzte Friedensgruß" beim Thema „Asylbewerber in der Bundesrepublik Deutschland" eingesetzt werden, ebenso könnte er als kritischer Beitrag zur Selbstbezogenheit von Gottesdiensten in diesem Land oder zum Thema „Umgang mit Fremden" Verwendung finden. Vermutlich wird sich die Gewichtung der einzelnen Szenen der Geschichte je nach Thema etwas verändern. Wer die Geschichte durch ein Unterrichtsgespräch vertiefen möchte, hat durch die beschriebene Vorarbeit praktisch auch bereits die didaktische Analyse der Stunde geleistet und kann einen eventuellen Tafelanschrieb entsprechend entwickeln. Gleichzeitig wird die vertiefende Analyse natürlich auch dem Vorlese- bzw. Erzählvorgang selbst zugute kommen.

Steht bei dem beschriebenen Vorgehen die Geschichte im Zentrum der Stunde, so kann sie andererseits auch als offener Impuls dienen. Gerade weil eine Erzählung immer mehrere Verstehensdimensionen enthält, löst sie auch verschiedene Assoziationen aus, mit denen dann wiederum der Unterrichtsprozeß produktiv weiterarbeiten kann. Daß sich weitere Anwendungsmöglichkeiten eröffnen, sei hier nur erwähnt. In erster Linie ist an das Nachspielen der Geschichten zu denken, aber auch die Umsetzung in gestalterischer Form (Malen, Collagen) ist möglich. Auch kann man an die Hauptpersonen Briefe schreiben oder sonst mit ihnen in einen Dialog treten. Der Phantasie sind hier keine Grenzen gesetzt. Wir haben versucht, gegebenenfalls im Vorspann zu den einzelnen Geschichten notwendige Informationen zu geben. Gleichwohl wird der/die Benutzer/in möglicherweise andere Hilfsmittel mit heranziehen müssen. In erster Linie verweisen wir hier auf den „Ökumenischen Fürbittkalender"[4], der als ökumenisches Gebetbuch Woche für Woche für ein bestimmtes Gebiet der Erde, seine Menschen, seine Christen und Kirchen Fürbitte hält. Neben Gebeten und Liedern bietet er eine Datenliste mit einer knappen Übersicht der Konfessionen und eine kurze Einführung in geographische, historische und kulturelle Zusammenhänge der jeweiligen Länder.

---

3 Uhrig, H.: Sprechzeichnen. Kassel 1970. – Vgl. auch: Büttner, G.: Dem Wesen der Sprache Gestalt ver-

Kleine Geschichte der Ökumene

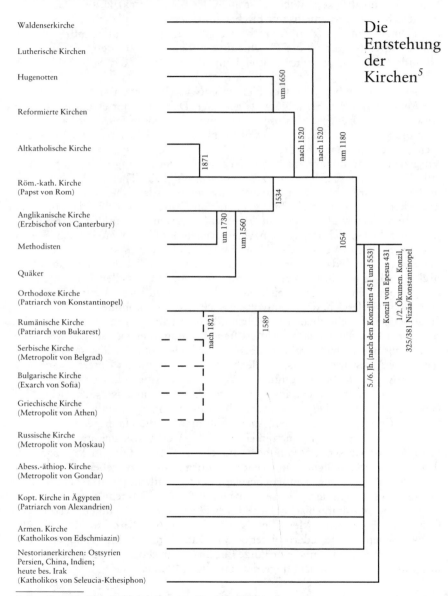

Die Entstehung der Kirchen[5]

5 Aus: Otto, G. (Hg): Sachkunde Religion. Hamburg 1975

Seit den Anfängen der Kirche gibt es eine Spannung zwischen der im Glauben bekannten Einheit der Kirche („eine, heilige, allgemeine, christliche Kirche") und unterschiedlichen Ausprägungen von Kirche. Dies führte dazu, daß die Geschichte der Kirche immer auch eine Geschichte der Trennungen und Spaltungen war. Die bekanntesten sind der Bruch zwischen Ost- und Westkirche 1054 und das Auseinandergehen von römisch-katholischer Kirche und protestantischen Kirchen nach 1517. In der Zeit nach der Reformation entstanden im evangelischen Bereich viele Freikirchen, 1871 spaltete sich die alt-katholische Kirche von der römisch-katholischen Kirche ab.

Viele Christen leiden unter diesen Trennungen. In der Tat ist es ein Selbstwiderspruch, in dem die Christenheit steht: Wir bekennen die eine heilige Kirche, die eine Taufe, das eine Herrenmahl und den einen Herrn, aber wir tun dies getrennt und gegeneinander. Dieser Selbstwiderspruch gefährdet auch den Auftrag, den die Kirche hat, nämlich den Dienst der Versöhnung zwischen Gott und Mensch und den Menschen untereinander zu predigen und zu leben. Viele Christen sagen darum: Trennung ist Sünde, und darum müssen die Kirchen Buße tun, ein Schuldbekenntnis ablegen und aufeinander zugehen. Doch wie kam es zu diesen Trennungen? Sicher spielte persönliche Schuld und kollektives Versagen eine große Rolle. Oft genug waren auch Machtfragen im Spiel. Aber im Kern rang man doch meistens um Fragen des Glaubens. „Es gibt Kirchenspaltungen", sagte zu Recht der frühere hannoversche Landesbischof Lilje, „die nicht einfach der Sünde und der Unbußfertigkeit entspringen, sondern dem Willen, der Wahrheit des Evangeliums zu gehorchen."

Und schließlich wurde die Einheit immer auch dadurch gefährdet, daß beim Übergang des Evangeliums in andere Völker und Kulturen neue Formen der Verkündigung gesucht werden mußten. Darum gilt: „Um ihres Auftrages willen, der sie an die Welt verweist, sind die Christen zur Einheit verpflichtet. Aber um eben dieses Auftrages willen, können sie das Evangelium nicht in gleichbleibender und einförmiger Gestalt weitergeben. Sie müssen es in vielfältigen und immer neuen Formen verkünden, auch wenn das die bestehende Einheit in Frage zu stellen droht. Darum erscheint die Geschichte der Ausbreitung des Evangeliums in Raum und Zeit, zugleich als eine Geschichte der Gefährdung christlicher Einheit. An dem Willen zur Einheit im Glauben, aber auch an dem Ernst der Wahrheitsfrage darf nichts abgemarktet werden."[6]

Trotz der Trennungen wußten die christlichen Kirchen zu allen Zeiten auch um bleibende Gemeinsamkeiten.[7]

Wenn auch in unterschiedlicher Akzentuierung sahen die meisten Kirchen doch in der Bibel die wichtige Norm und Grundlage für kirchliches Leben und Handeln. Die meisten erkannten die Gültigkeit der in den einzelnen Kirchen vollzogenen Taufe an. Auch wenn einzelne Kirchen einen „allein seligmachen-

---

6 Jentsch W., Jetter H., Kießig M., Reller, H. (Hg.): Evangelischer Erwachsenenkatechismus (EEK). Gütersloh 1975, S. 948
7 Vgl. dazu: Krüger, H.: Ökumenischer Katechismus. Frankfurt/M. 1977

den" Anspruch vertraten, blieb bei vielen doch das Bewußtsein lebendig, daß Gottes Wirken die Grenzen des eigenen Kirchentums überschreitet. So konnte Martin Luther, der das Papsttum wirklich scharf kritisierte, sagen: „Das ist wahr: Im Papsttum (das heißt in der römisch-katholischen Kirche) ist Gottes Wort, der Apostel Amt, und wir haben von ihnen die Heilige Schrift, die Taufe, das Sakrament und das Predigtamt empfangen. Was wüßten wir sonst davon? Darum muß auch der Glaube, die christliche Kirche, Christus und der Heilige Geist bei ihnen sein. (...) Also müssen wir auch sagen: Ich glaube, daß unter dem Papsttum die christliche Kirche geblieben ist."

Es gab auch einzelne Bewegungen in den Kirchen, die das Zusammengehörigkeitsbewußtsein aller Christen stärker betonten als andere, das gilt z. B. für den Pietismus, jenem Teil einer großen interkonfessionellen Frömmigkeitsbewegung des 17./18. Jahrhunderts. Er bekämpfte ausdrücklich eine interkonfessionelle Polemik.

Das 19. Jahrhundert bedeutete für die Einheit der Christen so etwas wie eine Wende. Auf der einen Seite sind Züge eines sich verhärtenden Konfessionalismus zu sehen. Jede Konfession besann sich ganz neu auf ihre Besonderheit. Mit der Dogmatisierung der Unfehlbarkeit des Papstes 1870 grenzte sich die römisch-katholische Kirche noch stärker gegen die anderen christlichen Kirchen ab. Auch ließ das 19. Jahrhundert erneut eine Fülle christlicher Gemeinschaften entstehen wie die Adventisten, Mormonen, Zeugen Jehovas, Pfingstkirchen usw.

Auf der anderen Seite wuchs im Bereich der christlichen Kirchen die Bereitschaft zur Einigung. In einigen deutschen Ländern wie Preußen und Baden schlossen sich Lutheraner und Reformierte zu sog. Unionen zusammen. Dabei unterschied man Verwaltungsunionen, bei denen sich Reformierte und Lutheraner unter einem gemeinsamen Dach zusammenfanden, und Bekenntnisunionen, wo sich Lutheraner und Reformierte auf der Grundlage eines neuen Bekenntnisses trafen.

Weiter schlossen sich Kirchen gleichen Bekenntnisses weltweit zusammen, z. B. die Reformierten zum Reformierten Weltbund 1877. Überkonfessionelle Vereinigungen entstanden, wie der Christliche Verein Junger Männer (CVJM), der sich 1855 in Paris zusammenfand. 1895 wurde in Schweden der Christliche Studentenweltbund gegründet. Sein erster Generalsekretär war der Amerikaner John R. Mott. Dieser Bund war und ist einer der großen Pioniere der ökumenischen Bewegung.

Die eigentliche Ökumenische Bewegung begann dann 1910 mit der Weltmissionskonferenz von Edinburgh. Gerade auf den Missionsgebieten Afrikas und Asiens wurde die Zersplitterung der Weltchristenheit besonders schmerzlich erlebt. Auch konnte sie den Menschen in den Missionsgebieten nur schwer verständlich gemacht werden. In Edinburgh waren Delegierte der verschiedenen Missionsgesellschaften versammelt, und zwar nur Protestanten und fast nur Weiße.

Edinburgh wurde der Ausgangspunkt von drei großen ökumenischen Bewegungen: dem Internationalen Missionsrat, der Bewegung für Praktisches Christentum und der für Glauben und Kirchenverfassung. Die beiden letzteren vereinigten sich 1938 in Utrecht. 1948 wurde auf der ersten Weltkirchenkonferenz von Amsterdam der Ökumenische Rat der Kirchen (ÖRK) mit Sitz in Genf gegründet. Alle sieben Jahre trifft er sich zu großen Weltkirchenkonferenzen. Auf der Konferenz von Neu-Delhi 1961 definierte er sein Selbstverständnis so: „Der Ökumenische Rat der Kirchen ist eine Gemeinschaft von Kirchen, die den Herrn Jesus Christus gemäß der Heiligen Schrift als Gott und Heiland bekennen und darum gemeinsam zu erfüllen trachten, wozu sie berufen sind, zur Ehre Gottes, des Vaters, des Sohnes und des Heiligen Geistes."

Die römisch-katholische Kirche tat sich zunächst ausgesprochen schwer mit der Ökumene. In einem päpstlichen Rundschreiben wurde den Katholiken 1928 jede Teilnahme an ökumenischen Konferenzen verboten. Rom konnte sich eine Vereinigung der Kirchen damals nur als „Rückkehr aller getrennten Brüder zur einen wahren Kirche" vorstellen. Mit Papst Johannes XXIII. und dem 2. Vatikanischen Konzil öffnete sich die katholische Kirche dem ökumenischen Gedanken. Auch wenn sie sich aus verschiedenen Gründen bisher nicht entschließen konnte, Mitglied beim ÖRK zu werden, ist sie durch Beobachter an vielen ökumenischen Konferenzen vertreten.

Im ÖRK sind heute über 300 Kirchen aus aller Welt zusammengeschlossen: Reformierte, Lutheraner, Orthodoxe, Anglikaner, Methodisten, Baptisten usw. Aus der Bundesrepublik gehören ihm neben der EKD mit ihren Gliedkirchen die Alt-Katholiken, die Herrnhuter Brüdergemeine und die Mennoniten an. 1974 wurde in der Bundesrepublik die „Arbeitsgemeinschaft christlicher Kirchen in der Bundesrepublik Deutschland und Berlin (West)" (ACK) neu konstituiert. Sie hat neun Vollmitglieder: EKD, Römisch-katholische Kirche in Deutschland, Griechisch-Orthodoxe Metropolie von Deutschland, Bund Evangelisch-Freikirchlicher Gemeinden, Evangelisch-methodistische Kirche, Katholisches Bistum der Alt-Katholiken in Deutschland, Vereinigung der Deutschen Mennonitengemeinden, Europäisch-Festländische Brüder-Unität − Herrenhuter Brüdergemeine, Evangelisch-Altreformierte Kirche in Niedersachsen. Die ACK ist ein Gesprächs- und Koordinationszentrum der innerdeutschen Ökumene, ein sichtbarer Ausdruck für die „Ökumene im eigenen Land".

Die Weltkirchenkonferenz von Vancouver 1983 lud die Kirchen der Ökumene zur Teilnahme an einem „Konziliaren Prozeß" für Gerechtigkeit, Frieden und Bewahrung der Schöpfung ein. 1985 rief der Deutsche Evangelische Kirchentag in Düsseldorf auf Vorschlag des Physikers Carl-Friedrich von Weizsäcker zu einem Konzil des Friedens auf. Beide Aufrufe wurden schließlich koordiniert. Vom 6. − 12. März 1990 fand in Seoul/Korea eine Weltversammlung statt, die ein Wort der im ÖRK zusammengeschlossenen Kirchen zu den drängenden Weltproblemen formulierte. Diese Weltversammlung war durch nationale

Treffen – in der Bundesrepublik 1988 in Königstein und Stuttgart – und kontinentale Treffen für Europa, 1989 in Basel, vorbereitet worden. Die nächste, die 7. Vollversammlung des ÖRK findet 1991 in Canberra/Australien statt. Wie die erstrebte Einheit der Kirche einmal aussehen wird, ist immer noch eine offene Frage.[8] Drei Modelle werden gegenwärtig diskutiert:

1. Die konziliare Gemeinschaft. Dieses vom ÖRK in die Diskussion gebrachte Modell sieht als Ziel eine „konziliare Gemeinschaft von Gemeinden" vor, die jeweils an ihrem Ort „volle Katholizität" haben, denselben apostolischen Glauben bekennen und einander als Glieder derselben Kirche Christi anerkennen. Nach dieser Zielvorstellung stellt der ÖRK zwar noch keine konziliare Gemeinschaft dar, kann aber als „ein vorlaufendes Zeichen voller konziliarer Gemeinschaft" verstanden werden.

2. Die versöhnte Verschiedenheit. Dies vom Lutherischen Weltbund ins Gespräch gebrachte Modell geht davon aus, daß die konfessionellen Standpunkte ihre Berechtigung behalten, jedoch ihren trennenden Charakter verlieren. Dieses Modell will das Konzept der konziliaren Gemeinschaft ergänzen und korrigieren.

3. Die kooperative Wiedervereinigung. Dieses von deutschen Katholiken eingebrachte Modell zielt auf eine Kirchengemeinschaft mit voller Abendmahlsgemeinschaft. Voraussetzung ist die gegenseitige Anerkennung der Ämter, Verständigung über den katholischen Glauben sowie die Aussagen der altkirchlichen Konzile. Nicht vorausgesetzt ist aber, daß die neueren dogmatischen Festlegungen der katholischen Kirche (z. B. Unfehlbarkeit des Papstes, leibhafte Aufhebung Marias in den Himmel) für alle verbindlich sind.

Es ist schwer zu sagen, welches der Modelle sich durchsetzen wird. Sie sollen vor allem dazu ermutigen, daß gegen alle durchaus spürbare Resignation der Weg der Ökumene geduldig und zielstrebig weitergegangen wird.

---

8 Vgl. dazu: Fahlbusch, E. in: TRT 2. Einheit der Kirche. Göttingen 1983, S. 11–13

Europa

1   Tauffeier bei den Baptisten

Stichworte:	BRD, Taufe, Baptisten, Ältestenkreis, Gemeinde, Gottesdienst, Gemeindeleiter, Taufkleid, Taufbecken, Untertauchen, Taufspruch, Taufpaten, Pastor, Abendmahl, Freikirchen
Zum Text/ Problemfeldbeschreibung:	Montag morgens auf dem Schulweg erzählt Johannes seinem Freund Tobias vom Tauffest seines Bruders in der Baptisten-Kirche. Vieles ist Tobias fremd: Von Erwachsenentaufe und Untertauchen hat er noch nie gehört. Doch er folgt Johannes' Erzählungen begeistert, als dieser ihm vom Taufverständnis der Baptisten erzählt.
Vorlesezeit:	6 Minuten
Vorlesealter:	ab 11 Jahren

Tobias und Johannes treffen sich Montag morgens an der Bushaltestelle.
„Hallo, Tobias!"
„Hey, Johannes! Hattest du auch so ein langweiliges Wochenende wie ich?" fragt Tobias und gähnt kräftig.
„Naja", sagt Johannes. „Am Samstag war ich mit meinem Vater beim Fußballspiel. Doch der VfL hat schon wieder verloren. Ich hab' überhaupt keine Lust mehr, hinzugehen. Das war am Samstag. Aber gestern, da gab es in unserer Kirche ein großes Fest. Wir hatten Taufe. Mein Bruder wurde getauft und fast 200 Leute waren da."
„Bloß 200 Leute?" sagt Tobias etwas enttäuscht. „Bei uns in der Kirche können 2000 Menschen sitzen. Doch meistens ist kaum einer da."
„Bei uns nicht", erwidert Johannes. „Fast jeden Sonntag sind etwa 100 Leute da. In unserer Gemeinde gibt es nämlich nur 150 Mitglieder, mußt du wissen."
„Ach so", sagt Tobias und scheint zufrieden mit dieser Auskunft.
In diesem Augenblick kommt der Schulbus, und sie steigen ein. Doch nach einer Weile bemerkt Tobias ganz erstaunt: „Was, dein Bruder wurde gestern getauft? Aber der ist doch schon 18 Jahre alt! Und getauft wird man doch als kleines Kind! Und in zwei Jahren werde ich konfirmiert."
„Ja, du", meint da Johannes. „Doch bei uns ist das anders. Bei uns werden nur die getauft, die ihren Glauben an Jesus selber bekennen und die selber wollen, daß sie getauft werden."
Tobias ist verdutzt. So etwas hat er noch nicht gehört. Es erscheint ihm sonderbar, doch er ist neugierig geworden.
„Sag mal, Johannes, habt ihr denn auch eine richtige Kirche und einen Pfarrer und so?"
„Na klar", sagt Johannes. „Unsere Kirche ist zwar nicht so alt und so groß wie eure, aber dafür sehr gemütlich. Da fühlt man sich fast wie zu Hause. Das ist wie eine große Familie. Einen Pastor haben wir natürlich auch, aber der hat gestern nur gepredigt und getauft. Alles andere haben der Ältestenkreis und einige aus der Gemeinde gemacht. Das ist fast immer so bei uns. Jeden

Sonntag machen andere aus der Gemeinde im Gottesdienst mit. Am Anfang singen wir meistens unsere tollen fetzigen Kinderlieder, Kinder und Erwachsene zusammen. Das macht irre viel Spaß. Danach begrüßt uns der Gemeindeleiter, und wir Kinder gehen dann in unsere Räume und feiern unseren eigenen Gottesdienst. Doch gestern waren wir die ganze Zeit bei den Großen, weil Taufe war. So etwas habe ich gestern auch zum erstenmal gesehen. Weißt du, alle, die getauft wurden, hatten ganz weiße Kleider an."

„Warum das denn?" fällt ihm Tobias ins Wort.

„Weiße Kleider, hat meine Mutter gesagt, sind ein Zeichen für das neue Leben, das Gott demjenigen schenkt, der getauft wird. Weil Gott ihm seine Schuld vergeben hat, trägt er jetzt ein weißes Kleid. Es zeigt, daß man vor Gott keine Schuld mehr hat. Deshalb ist Weiß auch eine fröhliche Farbe."

„Wieso fröhlich?" fragt Tobias erstaunt.

„Na, weil, wenn einem vergeben wird, das eine fröhliche Sache ist. So haben diejenigen, die getauft wurden, das jedenfalls erzählt. Mein Bruder hat erzählt, daß er gemerkt hat, wie ihm Gott geholfen hat in seinem Leben, und daß er Gott zum Leben braucht. Deshalb kann er sich nichts Schöneres vorstellen, als ganz zu ihm zu gehören. Die Taufe ist für ihn so etwas, wie sich Gott in die Arme legen, weil er weiß, daß er bei ihm keine Angst haben muß. Was die anderen erzählt haben, das weiß ich nicht mehr so genau. Aber glücklich waren sie alle."

„Und was kam dann?" will Tobias wissen.

„Dann", sagt Johannes, „hat unser Pastor gepredigt, was die Taufe eigentlich bedeutet. Alles habe ich nicht verstanden, nur daß getauft werden bedeutet: mit Jesus sterben und auferstehen und ein Leben geschenkt bekommen, das nie vergeht. Und wer getauft ist, der gehört auch zur Gemeinde. Der bekommt durch den Glauben an Jesus neue Schwestern und Brüder. Man ist sozusagen verwandt mit allen Christen in der Welt."

Johannes schweigt eine Weile, fährt dann aber fort. „Nachdem die Predigt zu Ende war, hat der Pastor dann alle Täuflinge getauft durch Untertauchen."

„Wieso untertauchen?" fragt Tobias verblüfft. „Habt ihr denn einen Swimmingpool in der Kirche?"

„Einen Swimmingpool gerade nicht", sagt Johannes. „Aber ein Taufbecken, das groß und tief genug ist, jemanden unterzutauchen. So haben das die frühen Christen auch gemacht, damals aber in Flüssen und Seen. Später hatten sie auch solche Taufbecken. Das Untertauchen und das Aus-dem-Wasser-Wieder-Emporkommen bedeutet eben: mit Jesus begraben werden und auferstehen in das neue Leben. Alle Sünden und Fehler zählen nun bei Gott nicht mehr. Gottes Liebe ist stärker als der Tod."

Tobias ist beeindruckt und weiß nicht, was er sagen soll.

Doch Johannes erzählt weiter: „Nach der Taufe haben wir viele Lieder gesungen und gewartet bis sich alle umgezogen hatten. Die waren ja ganz naß. Danach wurde jeder freundlich als neues Gemeindemitglied begrüßt, manche sogar mit einem Blumenstrauß. Einige bekamen auch ein Buch geschenkt, aber alle haben einen Taufspruch von den Taufpaten bekommen. Worte aus der Bibel, die sie durch das Leben begleiten sollen. Auch hat sich jeder von ihnen einen anderen aus der Gemeinde gesucht, der schon länger Christ ist und der helfen soll, wenn man nicht mehr weiter weiß. Nach der Begrüßung haben dann der Ältestenkreis und der Pastor für jeden um den Segen Gottes und um den Heiligen Geist gebetet. Der Heilige Geist soll jetzt ihr Leben bestimmen und ihnen die Kraft zum Leben geben. Das war sehr feierlich und schön. Anschließend wurde dann zum erstenmal mit den Getauften Abendmahl gefeiert. Während das Brot und der Traubensaft durch die Reihen gereicht wurden, haben wir mehrstimmige Lieder gesungen. Da hat es mich richtig gekribbelt unter der Haut. So schön war das."

Johannes schaut aus dem Busfenster und träumt vor sich hin. Da ruft plötzlich der Busfahrer: „Adalbert-Stifter-Gymnasium! Alles aussteigen!" Tobias und Johannes steigen aus. Beim Aussteigen stößt Tobias Johannes an. „Und nach dem Abendmahl, war dann der Gottesdienst endlich aus?"

„Nein, noch nicht", sagt Johannes. „Da haben wir noch um die Lösung der Probleme dieser Welt gebetet. Und nach dem Gottesdienst haben wir alle zusammen zu Mittag gegessen, gesungen, getanzt und Fußball gespielt. Das war ein tolles Fest!"

Die Schulglocke läutet, und Tobias und Johannes verschwinden im Klassenzimmer.

Michael Kotz

2   Getauft wird die Magd Gottes Eleni...

Stichworte:	BRD, Griechisch-orthodoxe Kirche, Taufe, Myronsalbung, Salbung, Kommunion, Firmung, Konfirmation, Dreifaltigkeit, Ikonostase, Glaubensbekenntnis, Urkirche, Paten, Röm 6,4
Zum Text/ Problemfeldbeschreibung:	Die kleine Eleni wird in einer griechisch-orthodoxen Kirche in Dortmund getauft und erhält anschließend die Salbung mit dem Myron, einem geweihten, wohlriechenden Öl.
Vorlesezeit:	7 Minuten
Vorlesealter:	ab 12 Jahren

Anastasios hat eine kleine Nichte! Und wir haben ihn schon ganz schön aufgezogen: „Onkel Anastasios"! Am nächsten Sonntag ist Taufe − in der griechischen Kirche in Dortmund, zu deren Pfarrbezirk auch Wanne-Eickel gehört, wo Anastasios wohnt, wie ihr schon wißt. Denn griechisch-orthodoxe Kirchen gibt es natürlich nicht in jeder Stadt. Aber in Dortmund ist ein schöner Kirchenraum, welchen die dortige evangelische Gemeinde ihren orthodoxen Mitchristen zur Verfügung gestellt hat. Innen ist die Kirche dann richtig eingerichtet wie in Griechenland, mit einer geschnitzten Ikonostase und vielen Ikonen. Dorthin also waren wir nun eingeladen, um an der Taufe von Eleni − so soll die Nichte von Anastasios heißen − teilzunehmen. Ihre Namenspatronin ist übrigens die Mutter des Kaisers Konstantin des Großen, des ersten römischen Kaisers, der Christ geworden ist − wozu ihn auch seine Mutter erzogen hat. Vater Thomas, der große Bruder von Anastasios, den wir bei unserem Besuch zu Ostern in Athen kennengelernt haben, wo er als Priester tätig ist, wird extra zu der Taufe kommen; denn schließlich ist es ja auch seine erste Nichte.

Am Sonntag waren wir dann also in Dortmund in der Kirche „zu den heiligen Aposteln", wie das griechisch-orthodoxe Gotteshaus dort heißt. Außer Eleni wurden noch zwei andere Kinder getauft, so daß eine ziemlich große Gemeinde versammelt war. Das erste, was uns auffiel, war das Taufbecken, welches in der Mitte der Kirche aufgestellt war. Es war ein richtiges Becken, nicht einfach nur eine Schale, wie bei uns in der Kirche. Der Gottesdienst begann damit, daß der Priester − außer Vater Thomas war noch der Pfarrer der Dortmunder Gemeinde da − eine Reihe von Gebeten über den Täuflingen sprach. Dann sagten die Paten das Glaubensbekenntnis anstelle der Kinder, die ja noch nicht sprechen können. Da eines der Kinder aus einer deutsch-griechischen Ehe stammt und so viele deutsche Verwandte und Freunde anwesend waren − und wir ja auch −, hat der Pfarrer einige Gebete in dem Taufgottesdienst übrigens auch auf Deutsch gelesen, damit wir etwas verstanden. So weiß ich, daß in diesen ersten Gebeten der Geist des Bösen beschworen wurde, die Kinder freizugeben, damit der Geist Gottes in ihnen Wohnung nehmen kann. Dabei hauchte der Priester die Täuflinge an, um so zu zeigen, daß jetzt ein neuer Geist zu ihnen kommen soll. Dann folgte die eigentliche Taufe, d. h. ganz so schnell ging es auch wieder nicht; denn erst wurde das Taufwasser gesegnet und geweiht, dann das Öl. Dies habe ich erst nicht verstanden, aber Vater Thomas hat mir dann später erklärt, daß im Altertum die Olympia-Kämpfer und die Gladiatoren vor dem Kampf mit Öl gesalbt worden sind und überhaupt Öl als Heilmittel galt. So werden jetzt auch die Kinder vor der Taufe mit diesem Öl „zur Heilung der Seele und des Leibes" an Brust und Rücken, Ohren, Händen und Füßen vom Priester und schließlich von ihm und den Paten am ganzen Leib gesalbt. Dann aber tauchte der Priester − und bei Eleni machte das Vater Thomas − den Täufling ganz ins Wasser und sang dabei: „Getauft wird die Magd Gottes Eleni im Namen des Vaters und des Sohnes und des Heiligen Geistes!" Jetzt wußte ich auch, warum das Taufbecken so groß war − und zugleich fiel mir ein, daß wir mal im Religionsunterricht gelernt hatten, das Wort „Taufe" komme von „tauchen", und daß in der Urkirche alle Christen nur durch Untertauchen getauft worden sind. In der Orthodoxen Kirche macht man das also auch heute noch so, und zwar dreimal: dreimal wird das Kind ins Wasser getaucht „im Namen des Vaters und des

Sohnes und des Heiligen Geistes!" Die dreimalige Taufe soll also an die Dreifal-
tigkeit und auch an die drei Tage erinnern, die Christus im Grabe war; denn
wie Christus dann zu neuem Leben auferstand, so wird auch der Täufling
neugeboren als Christ! Nach der Taufe erhielten die Kinder dann ein weißes
Kleid angezogen. Eines fing auch schon etwas an zu weinen, aber nicht Eleni.
Die lachte richtig, als sie aus dem Taufwasser kam, das natürlich schön ange-
wärmt war. Und ihre ganze Familie war stolz auf das neue Christenkind Eleni,
welches bei seiner Taufe so brav gewesen war.

Doch nach der Taufe empfing Eleni gleich noch ein Sakrament, nämlich die
Salbung mit dem Myron. Das ist ein wohlriechendes Öl, welches die Gnade
des Heiligen Geistes bezeichnet und auch für die griechisch-orthodoxe Kirche
vom Patriarchen von Konstantinopel zusammen mit anderen Bischöfen alle
sieben Jahre in der Karwoche geweiht wird. Wundert euch nicht, daß ich so
klug bin und so viel weiß — ich habe mir nur hinterher alles, was ich gesehen
habe, genau von Vater Thomas und Anastasios erklären lassen. Eine ganze
Stunde habe ich die genervt! Diese Myronsalbung ist ungefähr dasselbe, was
die Katholiken Firmung nennen, und entspricht bei uns Evangelischen in etwa
wohl der Konfirmation. Jedenfalls empfängt der Täufling dabei die Gabe des
Heiligen Geistes und ist dann vollberechtigtes Mitglied der Kirche. Deshalb
darf er jetzt auch das Abendmahl empfangen. Schon am nächsten Sonntag
wird Eleni zum ersten Male zur Kommunion gehen. Richtiger sollte ich vielleicht sagen: ihre Mutter wird sie dorthin tragen. Als ich Vater Thomas sagte:
„Aber die versteht doch noch gar nicht, was das Abendmahl eigentlich bedeutet!" antwortete er mir nur: „Verstehst du das denn ganz genau, wenn du im
nächsten Jahr konfirmiert wirst?" — Und da muß ich sagen, hat er wohl recht:
genau verstehen wir wohl alle nicht, wie das gehen soll, daß das Brot der Leib
Christi ist, wenn wir es empfangen —aber wir glauben es!

Doch zurück zur Taufe von Eleni: Anschließend wurde noch ein Stück aus
dem Römerbrief des Apostels Paulus vorgelesen, sogar in Deutsch, wo es heißt:
„Wir sind in seinen Tod hinein mit ihm durch die Taufe begraben, damit, wie
Christus durch die Herrlichkeit des Vaters von den Toten auferweckt wurde,
auch wir in einem neuem Leben wandeln" (Röm 6,4).

Nun, ein solches neues Leben haben wir dann auch Eleni gewünscht — und
sie hat sich dafür bei uns bedankt! Denn jeder, der bei der Taufe war, erhielt
ein kleines Beutelchen mit Süßigkeiten. Das ist ein griechischer Brauch, damit
so alle Anteil daran haben, daß ein neuer Christ unter uns ist.

Nikolaus Thon

Großmutter erzählt

Stichworte:	BRD, Gottesdienst, Priester, Erstkommunion, Weißer Sonntag, Meßfeier, Wandlung, Fest, Kommunion, Hostie, Vergebung
Zum Text/ Problemfeld- beschreibung:	Großmutter erinnert sich zurück an ihr schönstes Fest in der Kindheit, die Erstkommunion. Neben dem ganzen Verlauf des Festtags werden Ängste und Freuden einer Erstkommunikantin deutlich.
Vorlesezeit:	8 Minuten
Vorlesealter:	ab 9 Jahren

Der langerwartete große Tag: meine Erstkommunion. Wie hatte ich diesen Tag herbeigesehnt. Alles war vorbereitet und „gerichtet".

Es war der Sonntag nach Ostern, der sogenannte „Weiße Sonntag". Warum er so hieß, war für mich klar ersichtlich, schaute ich nur auf mein weißes Erstkommunionkleid. Es hing hoch oben am Schrank in Sicherheit, aber ich konnte es heimlich berühren, den feinen Stoff streicheln.

Früh war ich aufgewacht. Mutter kam mit leisen Schritten ins Schlafzimmer. Freundlich strich ihre Hand über mein Haar. Gemeinsam betete sie mit mir das Morgengebet. Sonst war dafür oft keine Zeit. Heute klangen mir die Worte besonders eindrücklich:

> „Wie fröhlich bin ich aufgewacht,
> das hast du, lieber Gott, gemacht.
> Ich lob' und preise dich dafür
> und danke für das Gute dir."

Ja, heute war ein guter Tag für mich, ein ganz besonderer Tag — das fühlte ich ganz tief.

Mutter sagte: „Denke bitte daran: Du darfst vor dem Gottesdienst nichts essen und trinken."

Das war früher das „Nüchternheitsgebot". Es besagte, daß man vor dem Empfang des heiligen Sakraments weder Speise noch Trank zu sich nahm. Doch ich wäre auch viel zu aufgeregt gewesen, um etwas essen zu können.

Gäste erschienen in festlicher Kleidung. Alle hatten zu tun. Nur ich war plötzlich einsam. Mein Kleid durfte ich auch noch nicht anziehen, damit es nicht in letzter Minute noch schmutzig würde.

Auf einmal bekam ich Hunger.

Aber ich durfte ja nichts essen. Alles konzentrierte sich bei mir auf einen Gedanken: Ich muß etwas essen. Doch ich traute mich nicht, jemanden zu fragen. Ich dachte an das Nüchternheitsgebot. Und es war Weißer Sonntag. Ich wußte nicht, was ich tun sollte. Nur eines wußte ich: ich hatte Hunger.

Da sah ich etwas, hoch oben auf dem Buffet: die Festtagstorte für den Nachmittagskaffee. Die Torte — unwiderstehlich zog sie mich an. Es gab nichts anderes mehr. Alles drehte sich jetzt um diese Torte.

Ich holte einen Stuhl. Ich stieg hinauf. Vorsichtig nahm mein Finger vom hinteren Ende der Torte etwas weg, so daß auf den ersten Blick nichts verändert schien.

Ich schleckte genüßlich den Finger ab – es schmeckte unbeschreiblich süß und gut.

Doch plötzlich sah ich mit Schrecken den Priester vor mir, der mir mit ernstem Gesicht die weiße Hostie entgegenhielt.

Ich dachte an meine Mutter, an die vielen Gäste, an mein Fest. Siedend heiß brannten in mir die so oft gehörten Worte: „Herr, ich bin nicht würdig, daß Du eingehst unter mein Dach..." Ich verstand diese Worte jetzt, ich erlitt sie.

Mutter schaute herein.

„Kind, was machst du für ein Gesicht?"

Ich konnte nichts sagen. Aber Mutter war viel zu beschäftigt, um sich weiter um mich zu kümmern.

Wieder war ich allein. Und einsam, sehr einsam.

Viele Gedanken durchstürmten mich. Was sollte ich tun? Lähmend langsam verstrichen die Minuten.

Ich hätte heulen können. Längst bereute ich mein Tun. Aber ich sah keinen Ausweg. Ich war völlig verwirrt und fühlte mich wie in einer Falle gefangen. Nie war ein Kind bei seiner ersten heiligen Kommunion so unglücklich wie ich.

Mit gesenktem Kopf ging ich neben Monika in Zweierreihen hinter dem Pfarrer her – wir hatten es oft geprobt. Heute wagte ich nicht aufzuschauen. Ich schritt wie im Traum. Die Kirche war völlig überfüllt von Leuten. Von der Meßfeier bekam ich nicht viel mit. Ich hörte die Predigt, doch ich verstand die Worte nicht.

Ich mußte die ganze Zeit auf die große Kreuzigungsgruppe über dem Altar schauen. Die Figuren waren dem Isenheimer Altar Grünewalds nachempfunden. Ich fühlte mit diesem Gekreuzigten den tiefsten Schmerz und völlige Verlassenheit. Ich sah die grausam entstellte Gestalt Jesu, seine Qualen. Und da war immer wieder die übergroße Hand von Johannes dem Täufer, die das Geschehen deutete. Oder zeigte der Finger auf mich? Ich konnte den Blick nicht abwenden...

Da zupfte mich Monika am Ärmel: Wir mußten niederknien, es war *Wandlung*. Es wurde ganz still in der Kirche. Der Priester hielt die geweihte Hostie hoch, dann den Kelch. Ich sah nur den Finger des Johannes, der auf mich zeigte.

Und dann geschah es, etwas „wandelte" sich. Äußerlich veränderte sich nichts, ich starrte immer noch auf die Kreuzigungsgruppe. Aber *in mir* verwandelte sich etwas. Es war schwer zu beschreiben, in Worte zu fassen. Ich hörte Worte – es war der Priester, der sprach. Er hielt die Hostie empor und sagte: „Herr, ich bin nicht würdig, daß Du eingehest unter mein Dach", und jetzt konnte ich mit allen befreit mitsprechen: *„aber sprich nur ein Wort, so wird meine Seele gesund."*

Das Wort war gesprochen, ich wurde verwandelt und gesund an Leib und

Seele. Ich empfing den „Leib des Herrn" – der Priester legte mir die Hostie auf die Zunge. Ehrfürchtig achtete ich darauf, daß diese im Mund „zerging" und nicht etwa zerbissen wurde.

Ich bin damals zu meiner ersten heiligen Kommunion gegangen, ohne Gewissensbisse. Niemand hat etwas bemerkt, weder beim Kirchgang noch später an der Torte. Mutter sagte sogar: „So ernst und gesammelt habe ich dich noch nie gesehen."

Froh habe ich die Kirche verlassen. Der Weiße Sonntag wurde doch noch zum schönsten Fest meiner Kindheit.

Nach-Satz: Das Nüchternheitsgebot wurde inzwischen in der katholischen Kirche aufgehoben.

Herbert Gutschera

Konfirmand Markus   4

Stichworte:	BRD, Konfirmation, Konfirmandengespräch, Taufe, Rechtfertigung, Symbol Wüste/Oase, Glauben an Jesus, Vergebung, Apg 8,26–40
Zum Text/ Problemfeldbeschreibung:	Immer wieder fällt Markus im Konfirmandenunterricht unangenehm auf, und man zweifelt, ob er den Sinn der Konfirmation versteht. Doch in der Woche vor dem Konfirmandengespräch malt er zwei große Bilder, mit denen er ausdrücken kann, daß Jesu Annahme des Sünders für ihn wie ein Weg von der Wüste zu einer Oase ist.
Vorlesezeit:	8 Minuten
Vorlesealter:	ab 10 Jahren

Markus heißt er – und er gehört zu den Gründen, weshalb mein Mann und ich uns manchmal gefragt haben, was Konfirmandenunterricht überhaupt noch soll. Wie oft hat er uns schon an den Rand der Verzweiflung gebracht, wenn wir bemüht waren, die Konfirmandenstunden, ja die ganze Zeit vor der Konfirmation, sinnvoll zu gestalten.

Markus ist etwas dicklich, aber nicht unbeholfen – und meist lächelt er etwas verschmitzt. Irgendeinen Gag hat er immer im Hinterkopf. Aber einmal schien es ihm doch ernst zu sein. Oder vielleicht doch nicht? Bei Markus weiß man eben nie, wie man dran ist!

Ich denke an jene Konfirmandenstunde – es war eine der ersten mit dem neuen Jahrgang –, als mein Mann fragte, was Konfirmation überhaupt bedeute.

„Da darf ich das erste Mal Alkohol trinken!" antwortete Markus ganz selbstverständlich.

Alle lachten, obwohl die meisten diesbezüglich sicher auch nicht viel mehr Ahnung hatten.

Markus blickte einen Moment etwas unsicher von einem zum andern. Aber dann wurde er sichtlich stolz: wieder einmal hatte er einen Lacherfolg erzielt. Dabei war das gar nicht so falsch, was er gesagt hatte. In vielen Gemeinden ist es nämlich üblich, daß Jugendliche bei der Konfirmation zum erstenmal das Abendmahl einnehmen. Und da gibt es eben Wein (oder Traubensaft). Aber daß Konfirmation vor allem Bestätigung der Taufe ist, daß man jetzt eine Patenschaft übernehmen kann und sozusagen vollwertiges Gemeindemitglied wird, darüber wußte keiner Bescheid.

Als mein Mann in einer anderen Stunde die vielfältigen Aktivitäten der Kirchengemeinde zu erläutern versuchte und dabei Markus fragte, ob er einmal den Leiter des Posaunenchors interviewen würde, um zu erfahren, warum er soviel Zeit in diese Arbeit investiert, hörte er gar nicht zu, sondern piekste seine Nachbarin mit einer kleinen Nadel. Sie schrie auf. Ein neuer Lacherfolg! Wieder einmal war ein ernstes Bemühen gescheitert.

Das Interview machte Markus schließlich doch, und als er später vorlas, warum der Posaunenchorleiter so viel Zeit für seine Arbeit aufbringt, hatte ich sogar den Eindruck, als ob da doch ein Funke übergesprungen wäre.

Als es im Konfirmandenunterricht darum ging, die einzelnen Teile des Gottesdienstes zu erklären und verständlich zu machen, wurde es auch mir mit Markus fast zu viel. Es war nicht direkt im Unterricht, sondern im Sonntagsgottesdienst. Die Konfirmanden nahmen regelmäßig daran teil, nicht zuletzt deshalb, weil sich hier alles konkreter darstellen und nachvollziehen ließ.

Dieses Mal sollten die Konfirmanden aufschreiben, was ihnen besonders wichtig erschien. Beim stillen Gebet sagte Markus plötzlich laut hörbar: „Verflixt, jetzt habe ich meinen Kuli vergessen!"

Das mühsam zurückgehaltene Kichern und Lachen der anderen war nicht zu überhören, von den Reaktionen der alten Damen neben mir ganz zu schweigen! „So die Andacht zu stören!" entrüsteten sie sich.

Aber offensichtlich war Markus beim stillen Gebet irgend etwas doch sehr wichtig gewesen, denn sonst hätte er ja keinen Kuli gebraucht!

Aber dann die Konfirmandenfreizeit! Markus war, wie immer, der Interessierteste! Besonders interessierte er sich dafür, wo und wie die Mädchen duschten. Die Mädchen wiederum waren vor allem daran interessiert, ob die Jungen das auch herausfinden würden. Thema der Freizeit sollte die Taufe sein. Dazu hatten mein Mann und ich ein Rollenspiel vorbereitet. Auch einen Film hatten wir besorgt. Es sollte deutlich werden: Konfirmation ist Bestätigung der Taufe. Der Konfirmand, der ja meist als kleines Kind getauft worden ist, sagt ja zu seiner Taufe. Er sagt ja dazu, daß Gott ihn so annimmt, wie er ist, daß Gott ihm neues Leben und damit Zukunft ermöglicht. Es ist schon beeindruckend,

wenn man miterlebt, wie Konfirmanden das hören und zu verstehen versuchen, um daraufhin ihr Leben zu gestalten!
Als Markus am letzten Tag der Freizeit gegen halb drei Uhr morgens von meinem Mann auf dem Weg zum Mädchenzimmer gestellt wurde und schon − wie er es nannte − „Konfirmation vorgefeiert hatte" (er roch stark nach Alkohol), war ihm offensichtlich anderes doch wichtiger gewesen als das Thema der Freizeit.
Langsam ging auch Markus' Konfirmandenzeit dem Ende zu. Wir hatten uns vorgenommen, die Konfirmandenprüfung gegenüber früher etwas abzuändern. Früher mußte eine richtige Prüfung zeigen, ob die Konfirmanden im Unterricht etwas gelernt hatten und so auch würdig waren, richtige Gemeindeglieder zu werden. Das Vaterunser schafften damals manche in sage und schreibe zwölf Sekunden! Wir dagegen dachten, es sei wichtiger, den Konfirmanden nahezubringen, was es für ihr Leben heißt, daß sie Christen sind, was es heißt, daß Konfirmation Bestätigung der Taufe ist.
So bereiteten wir mit ihnen einen ganzen Gottesdienst vor. Im Mittelpunkt stand die Geschichte des Kämmerers aus Äthiopien. Aber was sollten wir mit Markus anfangen? Was sollte er denn übernehmen? So fit war er ja wirklich nicht! Was hatte ihn denn interessiert außer Nadelpieksen und Duschräume suchen?
Wir sollten die Geschichte mit dem Kämmerer, jenem Finanzminister der äthiopischen Königin, möglichst genau darstellen. Da war der Weg durch das Nichts der Wüste, da war jene Quelle, das frische Wasser, diese Oase, wo sich für den Kämmerer alles änderte. Als jemand kam und ihm eröffnete, was es heißt, als Christ ganz getrost leben zu können. Wir wissen es: der Kämmerer ließ sich taufen.
Aber das mußte man doch sehen, sich vorstellen können! Da kam uns die Idee: Einer müßte ein, nein zwei Bilder malen: einmal die Wüste, dann die Oase mit dem Wasser. Dazu sollten dann die entsprechenden Texte vorgelesen werden.
Doch wer sollte die Bilder malen? Frank? Der war sonst ganz hervorragend. Ich meine, der hat kapiert, was Konfirmation soll. Schließlich ging er auch aufs Gymnasium. Aber malen konnte er nicht. Oder Melanie? Oder Erika, die dauernd auf ihrem Konfirmandenordner herummalte?
„Das wäre doch etwas für Markus!" sagten wir uns.
Reden in der Kirche war gerade nicht seine Stärke − aber malen, und so fragten wir ihn, ob er die Bilder von der Wüste und der Oase mit dem Wasser malen würde.
„Da mach ich ganz was Lustiges − ihr werdet euch biegen vor Lachen", gab er zur Antwort. Mein Mann und ich schauten uns etwas erstaunt und hilflos an.
Fast vier Tage lang (!) malte und bastelte er im Gemeindehaus. Es war wirklich beeindruckend. Er, der für nichts anderes Zeit hatte und nur an Quatsch

dachte, an Streiche und Späße, er arbeitete und arbeitete und arbeitete. Als mein Mann einmal rüberging ins Gemeindehaus und ihm bei der Arbeit über die Schulter schaute, sagte Markus nur so nebenbei: „Wenn es mir wirklich mal ganz dreckig geht, wenn ich nicht mehr weiter weiß, wenn es ganz wüst in mir drinnen ist, dann darf ich mit Jesus wieder ganz neu anfangen, dann wird es in mir wieder grün und bunt, so wie ich die Oase da male?!"

Mein Mann war richtig ergriffen, als er mir davon erzählte. Und ich auch. Der schlimme Markus hat es kapiert, worum es bei der Konfirmation geht! Und auf eine so ganz andere Weise, als wir es erwartet haben.

Bei der Konfirmation, auf dem Weg zum Abendmahl, schaute Markus etwas verschmitzt drein. Er lächelte, wie immer. Wir wußten nicht so recht, wie es zu verstehen war. Aber eines sahen wir: Seine Augen glänzten.

Gabi Rutkowski

5   Der Abschluß der Kindheit war die Konfirmation

Stichworte:	BRD, evangelisch—katholisch, Christen—Juden, Konfirmation, Kirche und Krieg, Kirchengemeinde, Lieder im Gottesdienst, reformierter Gottesdienst, Konfirmandenunterricht, Bibelstunde, Fest, Glaubensbekenntnis, Einsegnung, Heidelberger Katechismus, 1. Sam 17
Zum Text/ Problemfeldbeschreibung:	Der „Werdegang" eines Mädchens in den ersten beiden Jahrzehnten dieses Jahrhunderts zeigt die Besonderheiten des evangelischen Lebens in einer städtischen reformierten Gemeinde. Höhepunkt ist die Konfirmationsfeier mit Prüfung, Einsegnung und Abendmahl.
Vorlesezeit:	8 Minuten
Vorlesealter:	ab 12 Jahren

Als ich zwei Jahre alt war, wurde mein Vater im Jahr 1909 aus Baden in die Kirchengemeinde einer niederrheinischen Industriestadt berufen. Unser Pfarrhaus lag am Stadtrand in einem großen Obstgarten und hatte Platz für unsere Familie mit vier Kindern, einem Pflegebruder und zahlreichen Gästen, unter denen unsere Großmütter besonders beliebt waren. Sie konnten so wunderbar erzählen.

Bald durfte ich meiner Mutter, die einen Hauspflegeverein in der Gemeinde hatte, Suppen an Kranke oder Wöchnerinnen austragen, was ich gern tat, weil ich dann auch die kleinen Babys sehen konnte. Welches Glück, als wir selber noch einen kleinen Bruder bekamen!

Endlich durfte ich in die Schule gehen. Rechnen und Schreiben war mir oft langweilig. Aber Lesen war wichtig, wollte ich doch auch – wie die Großen – selber lesen können bei unserer täglichen Hausandacht. Die erste Geschichte, die mir mein Vater auf meine Bitte zum Selberlesen aufschlug, war die von Goliath und David. Den Riesen konnte ich mir in seiner Größe gut vorstellen, wußte ich doch durch Anschauung, wie lang und dick ein Weberbaum war. In unserer Straße gab es damals noch sog. Hausweber, die auf eigenem Handwebstuhl Seidengarne zu Stoffen webten, die auf eine Rolle aufgewickelt wurden – den Weberbau. Diesen trugen sie, wenn das Stück fertig war, in ein Wachstuch gewickelt über der Schulter zu der Firma, für die sie webten. – So groß mußte der Spieß des Riesen gewesen sein.

Dann brach der erste Weltkrieg aus. Er begann fast wie ein Volksfest. Begeistert liefen wir Kinder neben den singenden Soldaten her, die mit Blumen geschmückt waren. Am Bahnhof durften wir helfen, Kaffee und Brote zu den Militärzügen zu bringen, aus denen die Soldaten in ihren neuen Uniformen winkten. Bald kamen fast täglich Siegesmeldungen. Die Fahnen wurden herausgeholt, die Glocken läuteten und abends traf sich die Gemeinde in der überfüllten Kirche zu Dankgottesdiensten. Jedesmal wurde am Schluß stehend das Niederländische Dankgebet gesungen: „Wir treten zum Beten vor Gott, den Gerechten..." Doch schon bald mischte sich in das Bunt der Fahnen das Schwarz der Trauerkleider. Es wurden Kriegsgebetsstunden eingerichtet, in denen viele weinende Frauen saßen. Dann kamen die Brotkarten und der Mangel an Brennstoff. Je länger, desto öfter sprach man nicht nur von „unseren Helden an der Front"; ich hörte zum ersten Mal Worte wie „Etappenschweine", „Kriegsgewinnler", „Schieber". Was die Urlauber von der Front schilderten, klang anders als die Schilderungen des Krieges in den Gedichten und Liedern unseres Lesebuches.

In dieser Zeit wechselte ich vom Lyzeum in die Studienanstalt für Mädchen, wo ich das Abitur machen konnte. Hier lebte ich mehr als zuvor mit katholischen und jüdischen Mitschülerinnen zusammen. Durch eine katholische Freundin erfuhr ich nun mehr von deren Glauben. Bisher war mir durch die Fronleichnamsprozession, die sehr prächtig durch unsere Stadt zog, das katholische kirchliche Leben nur äußerlich nahegekommen. Sie erklärte mir, wir Evangelischen hätten es leichter zum eigenen Glauben zu kommen, weil wir weniger Vorschriften wie Beichte, Messe usw. zu beachten hätten, dafür aber die Bibel selber lesen durften, was den Katholiken damals noch nicht erlaubt war.

Obwohl ich auch in die Elternhäuser der jüdischen Klassenkameradinnen eingeladen wurde, erfuhr ich so gut wie nichts von ihrer Religion. Allgemein bekannt war die jüdische Hilfsbereitschaft. Wenn mein Vater einen Konfirmanden als Lehrling unterzubringen hatte, bekam er bei einer jüdischen Firma nie eine Absage. Und meine Mutter freute sich für ihre Schützlinge an den Kleidern, die jüdische Geschäfte ihr zum Verteilen schickten. Das Musikleben in unserer Stadt wurde großzügig von Juden gefördert. Wir beneideten eine Mitschülerin, in deren Elternhaus die gastierenden Künstler übernachteten. Einer unserer jüdischen Metzger hatte einen 400 Jahre alten Bürgerbrief, der ihm das Wohn- und Handwerksrecht in unserer Stadt verbriefte. Keiner von den jüdischen Mitbürgern lebt mehr in unserer Stadt. Sie sind umgekommen oder in alle Welt zerstreut. Ich schäme mich, es niederzuschreiben.

Abschluß der Kindheit war die Konfirmation. Zwei Jahre Unterricht gingen voraus. Der Heidelberger Katechismus mit seiner Einteilung „von des Menschen Elend – Erlösung – und Dankbarkeit" brachte viel Stoff zum Lernen von Fragen und Sprüchen. Weil er zugleich zum Lesen Stellen des Alten und Neuen Testaments angab, dazu eine Auswahl an Kirchenliedern und Kirchengeschichte enthielt und mein Vater durch Beispiele aus dem Alltag den Stoff deutlicher machte, bekamen wir etwas zu spüren und zu gebrauchen von dem, was unser Glaubensbekenntnis aussagen und bedeuten wollte.

Am Sonntag vor der Konfirmation war die Prüfung vor dem Presbyterium und der Gemeinde, die etwa 2 Stunden dauerte. Sie wurde bei unserem Jahrgang unter dem Leitgedanken abgehalten: Jesus Christus: Prophet – Priester – König. Dabei wurde nicht anders verfahren als in einer Unterrichtsstunde. Mein Vater fragte, und wer eine Antwort geben wollte, meldete sich. Die Bergpredigt wurde fortlaufend von einzelnen aufgesagt. Nur den Kindern, die im Lernen behindert waren, gab mein Vater vorher schon eine bestimmte Aufgabe auf, damit sie diese dann ohne Angst aufsagen konnten.

Nach reformierter Ordnung wurde die Kirche auch zur Konfirmation nicht geschmückt. Aber der hohe, weite Raum mit den schönen Steinmetzarbeiten an Säulen und Altar, mit dem warmen Braun der Eichenholzbänke und dem wunderbaren Messingleuchter – mit seinen 12 Kerzen ein Symbol des Neuen Jerusalem –, der volle Gesang der Gemeinde und das Orgelspiel bei unserm Einzug machten uns deutlich – es war ein Fest. Sicher habe nicht nur ich aus aufrichtigem Herzen das Eingangslied der Konfirmanden gesungen: „Sieh, hier bin ich, Ehrenkönig, lege mich vor deinen Thron... laß dich finden von mir, der ich Asch und Ton". Bei der Einsegnung, der das gemeinsam gesprochene Glaubensbekenntnis der Konfirmanden voranging, bekam jeder einen vom Pfarrer ausgesuchten Denkspruch, den am nächsten Tag, als wir ihn abholten, mein Vater jedem einzeln erläuterte. – „Ich bin dein, sprich du darauf ein Amen..." war das Schlußlied der Konfirmanden. Noch heute erinnere ich mich, wie stark ich bei diesem Gottesdienst und der Abendmahlsfeier am darauffolgenden Sonntag mich hineingenommen fühlte in die Gemeinde.

Daß es daheim einen schönen Festtag geben würde, stand außer allem Zweifel. Meine Eltern wußten mit uns Feste zu feiern, war doch jeder Sonntag schon herausgehoben aus dem Alltagseinerlei. Wenn unser Vater morgens fertig war mit seiner Predigtvorbereitung, setzte er sich ans Klavier und spielte einen Choral. Und Mutter sorgte selbst in der ärmsten Zeit dafür, daß der Tisch festlich gedeckt war und es für jeden wenigstens ein Stück Weißbrot extra gab. Aber an diesem Tag wurde doch sehr deutlich, daß es mein Fest war,

daß es aus diesem Grunde Blumen, Geschenke und eine Festtafel gab, an der
wir nicht nur mit der Familie, sondern mit Verwandten und Freunden fröhlich
miteinander feierten.

Ruth Busch

Arndts Entscheidung   6

Stichworte:	BRD, Frieden, Mennoniten, Friedensdienst, Kriegsdienstverweigerung, Zivildienst, Ersatzdienst, Bergpredigt, Friedenskirchen, Täufer, Flüchtlinge, Taufunterricht, Nachfolge, Nächstenliebe
Zum Text/ Problemfeldbeschreibung:	Veranlaßt durch ein Kriegsfoto seines Vaters, üben Uniformen eine eigentümliche Anziehung auf Arndt aus. Im Taufunterricht erfährt der junge Mennonit jedoch die Verbindlichkeit von Jesu Verbot, Waffen zu tragen oder zu schwören. Als er Polizist werden will, wird die Frage des Waffentragens für ihn aktuell. Seine Weigerung führt zur Ablehnung. Die intensive Beschäftigung mit der mennonitischen Tradition führt ihn schließlich zur Verweigerung des Kriegsdienstes.
Vorlesezeit:	8 Minuten
Vorlesealter:	ab 14 Jahren

Arndt sah sich sehr gern das Familienalbum an, das der Vater angelegt hatte.
Die vergilbten bräunlichen und die klareren schwarzweißen Bilder erzählten
aus der Zeit der Großeltern und Eltern, die Arndt nicht kannte. Ein Foto hatte
ihn regelrecht angezogen. Es war das einzige Farbfoto im Album. Immer wieder
tauchte es in seiner Vorstellung auf, und oft nahm er dann das blaue Album
der Vergangenheit aus dem hellen Wohnzimmerschrank. Jedesmal leuchteten
seine dunklen Augen. Er war stolz auf den Vater, wie dieses Foto ihn zeigte.
Solch eine fliegerblaue Uniform mit gelben Kragenspiegeln wollte er auch
einmal tragen.
Der Vater war während des Zweiten Weltkriegs Soldat gewesen, verantwortlich für den Transport von Flugzeugersatzteilen. Er mußte Soldat sein. Die
Verweigerung hätte damals das Todesurteil bedeutet. Nach dem Krieg hatten
er und Mutter geheiratet, und Vater hatte verschiedene Arbeiten angenommen,
um die junge Familie versorgen zu können. Ende der fünfziger Jahre hoffte er
im neu aufgebauten Militär Westdeutschlands eine bleibende Stellung zu erhalten. Und eines Tages erhielt er den Einberufungsbescheid zu einer mehrmonatigen Probedienstzeit.
„Wann kommt Vater mal nach Hause?" fragte Arndt die Mutter.
„Nun, er hat geschrieben. Demnach wird er am nächsten Sonnabend kommen."

Die Zeit bis dahin verging für den Jungen viel zu langsam. „Sag mal, Mutti, hat er dann auch seine Uniform an?" wollte er wissen.

„Das wirst du abwarten müssen. Ich kann es dir nicht sagen."

„Hm! Ich würd' mich schon sehr freuen, wenn . . .", setzte er hinzu, verließ dann aber ohne ein weiteres Wort die Küche.

Es wurde spät an diesem Sonnabend und Arndts Geduld schon strapaziert. Abendbrot und noch kein Vater da! Schließlich war es Zeit, um ins Bett zu gehen. Doch von Einschlafen konnte keine Rede sein. Da! Schritte vor dem Haus! Die Türklinke wurde kurz gedrückt, schnellte zurück. Nichts. Es war der große Sohn der Nachbarin, der heimkam und die Treppe hochging. – Aber morgen früh . . .

„Vater muß da sein!" schoß es Arndt durch den Kopf. Nichts rührte sich noch. Auf Zehenspitzen inspizierte er die Garderobe. Nichts! – „Aber wenn Vater aufstehen wird, ja dann . . .", war er sich sicher.

Nun, Arndts Vater trug bei diesem Besuch keine Ausgehuniform, auch nicht bei späteren Besuchen. Die Probezeit ging vorüber. Ein paar Wochen danach erhielt er eine Absage auf seine Bewerbung als Berufssoldat. Beider Erwartungen waren nicht erfüllt worden. Doch die Uniform ging Arndt nicht aus dem Sinn.

Der Vater mußte sich erneut nach einer Arbeitsstelle umsehen. Die Eltern zogen mit ihren vier Kindern in ein Dorf in der Pfalz, wo eine Siedlung und eine Mennonitengemeinde neu aufgebaut wurden. Diese Siedler hatten viele Jahre nach dem Ende des Zweiten Weltkriegs 1945 als Flüchtlinge und Vertriebene verstreut im Land gelebt. Wie Tausende anderer Menschen auch hatten sie ihre Höfe und Dörfer im Mündungsgebiet der Weichsel verlassen, waren geflohen oder wurden vertrieben. „Ja, der Krieg", bemerkten viele später, wenn sie gefragt wurden.

Diese Menschen hatten das Land verlassen, in das ihre niederländischen Vorfahren als verfolgte Täufer, nach einem ihrer Leiter, Menno Simons, Mennoniten genannt, im 16. Jahrhundert eingewandert waren. Hier suchten sie jetzt eine neue Identität.

Die Häuser dieser Siedlung wurden von jungen Mennoniten aus Nordamerika gebaut. Ihrem Glaubensverständnis nach hatten sie den Militärdienst verweigert und verrichteten einen Ersatzdienst. Das Hilfsprogramm der nordamerikanischen Mennoniten für die Glaubensgeschwister im vom Krieg zerstörten Europa geschah im Namen Jesu Christi – „In the name of Christ" und trug die Bezeichnung Paxdienst. Die jungen Männer, die Paxboys, bauten nicht nur Häuser, sondern auch die Kirche, ein Gemeindehaus ohne Glockenturm. Zudem fügten sie wertvolle Steine in den Bau der neuen Gemeinde ein.

Die Jungen in der Mennonitensiedlung bestaunten ihre „boys. Sie waren beeindruckt von den mehrfach belegten, maulsperrenden „sandwiches", ihrem gewandten Basketballspiel vor der Garage und dem flotten Satz über den Zaun, wenn ein Ball im Garten der Nachbarin gelandet war. Manche probierten in den alltäglichen Begegnungen mit ihnen und bei Besuchen ihr Englisch aus. Für Arndt sollten diese jungen Männer und ihr Dienst später entscheidende Bedeutung bekommen.

Mit 13½ Jahren ging er für zwei Jahre zum Taufunterricht. In dieser Zeit entschloß er sich, als ein Christ zu leben. In der Taufe bekräftigte er diesen Entschluß vor der Gemeinde und bekannte sich zu Jesus Christus als seinem Herrn. – Was bedeutete dies nun für ihn?

Die Jugendlichen hatten gehört, daß ein Christ die Gebote Gottes und Jesu Christi ernstnimmt und versucht, sie zu befolgen. Die Jünger Jesu waren seine ersten Nachfolger. Das Leben der Christen läßt sich demnach Nachfolge Jesu nennen.

In den Jugendstunden, in Gottesdiensten und auf Freizeiten erfuhren die Jugendlichen mehr über die Täufer, die ersten mennonitischen Vorfahren der Reformationszeit:

„Täufer?"

„Ja, denn nach ihrer Überzeugung können sich nur Erwachsene aus freiem Willen taufen lassen. Und die sich den ersten Täufern anschlossen, ließen sich noch einmal taufen."

„Wie ist das mit dem Schwert gemeint?"

„Jesus hatte Petrus befohlen, das Schwert wegzustecken und nicht damit dreinzuschlagen. Unsere Vorfahren lehnten es danach ab, Waffen zu tragen und zu töten. Sie erduldeten eher Leid und Unrecht. So wird von einem Täufer berichtet, der seinen ins Eis eingebrochenen Verfolger rettete, dann aber gefangen und hingerichtet wurde. Sie waren der Überzeugung, daß das Gebot, den Nächsten zu lieben, auch Gegnern gegenüber zu befolgen sei. Diese Haltung der Wehrlosigkeit vertreten wir auch heute. Des weiteren hielten sich unsere Vorfahren an das Gebot Jesu: Ein Ja soll ein Ja, ein Nein ein Nein sein."

„Also, was ich sage, soll in jedem Fall die Wahrheit sein!"

„Richtig. Damit hängt auch zusammen, daß wir keinen Eid schwören sollen. Denn unsere Aussage soll eindeutig und wahr sein und braucht keine Beteuerung."

„Und das ist bis heute so geblieben?"

„Nun, das war in der Geschichte unserer Gemeinden nicht immer so. Es wurde und wird auch von den einzelnen mit unterschiedlichem Ernst gelebt."

„Vater, sag mal", fragte Arndt eines Tages, „hattest du als Soldat auch geschossen?"

„Junge, eine Waffe mußte ich tragen. Doch ich habe sie nie gebraucht. Ich bin Gott heute sehr dankbar dafür."

Inzwischen war Arndt sechzehn. Er hatte immer noch die Vorstellung, selber einmal eine Uniform zu tragen. Das beeindruckende Äußere war geblieben. Die entscheidende Frage nach der Wirklichkeit hinter der blendenden Uniform sollte kurz bevorstehen. Arndt sah sich eines Tages in einem Gespräch über die Bewerbung zur Polizei dieser Frage unausweichlich gegenübergestellt.

„Was würden Sie tun, wenn Sie plötzlich einem bewaffneten Entführer gegen-
überstehen würden?"
„Ich könnte die Pistole nicht auf diesen Mann richten und schießen."
Eine Woche lang mußte Arndt mit sich ringen. Dann zog er seine Bewerbung
zurück. Man respektiere seine Entscheidung, stand im Antwortbrief der Polizei-
schule. Mehr als bisher las er über das Glaubensverständnis der Mennoniten
nach und hörte zu, wo darüber gesprochen wurde, diskutierte zu Hause mit
anderen darüber. Kann man sich als ein Christ in unserer Zeit nach solch
einem Verständnis richten?
Die meisten der Gleichaltrigen gingen ein paar Jahre später zur Bundeswehr,
dann auch einer seiner Brüder. Er und Jahre später der jüngste Bruder verwei-
gerten den Kriegsdienst aus Gewissensgründen nach Artikel 4 des Grundgeset-
zes. Sie leisteten in einem Altenheim und einem Dritte-Welt-Laden ihren Zivil-
dienst. Auch der Vater erklärte brieflich, daß er den Kriegsdienst im Nachhinein
verweigern wolle. Er hatte allem Soldatischen endgültig den Rücken gekehrt.
Die alte Großmutter, die in einem Altenheim lebte und zeitweise von Zivis
betreut wurde, meinte in einem Gespräch einmal: „Ist es nicht besser, so einen
Dienst zu tun, statt den Kriegsdienst?"

Hans-Joachim Wienß

7   Solo für zwei

Stichworte:	BRD, Traugottesdienst (evang.), liturgischer Bibelgebrauch, Lieder, Musik (im Gottesdienst)
Zum Text/ Problemfeld- beschreibung:	Der 12jährige Oliver spielt im evangelischen Traugottesdienst seiner Schwester Trompete. Trotz großer Aufregung kann er dem Verlauf des Gottesdienstes genau folgen.
Vorlesezeit:	8 Minuten
Vorlesealter:	ab 8 Jahren

„Oliver, beeil dich, in zehn Minuten müssen wir los!"
Eigentlich verstand ich Mutters Aufregung nicht, denn meine Schwester Vera
war nicht die erste, die in unserer Familie heiratete. Bei dieser Hektik konnte
einem ja die Lust vergehen, vor den Traualtar zu treten, dachte ich. Aber mit
meinen zwölf Jahren hatte ich ja noch eine Menge Zeit, bis es einmal bei mir
soweit sein würde.
Irgendwie hatte mich die allgemeine Nervosität aber doch angesteckt. Vor
acht Jahren, als mein großer Bruder Harald heiratete, habe ich alles noch nicht

so richtig mitbekommen. Heute, am Hochzeitstag meiner Schwester, spielte ich jedoch sozusagen die zweite Hauptrolle neben dem Brautpaar: Ich durfte während des Traugottesdienstes auf meiner nagelneuen Trompete ein Solo spielen. Selbst Herr Rieker, mein Musiklehrer am Mörike-Gymnasium, hatte mich dazu ermuntert, und Vera und Rainer, mein zukünftiger Schwager, freuten sich riesig über mein „Hochzeitsgeschenk".

Meine Mutter riß mich jäh aus allen Gedanken an den großen Auftritt: „Du bist ja immer noch nicht fertig! Vati wartet schon im Auto!" Schnell rückte sie noch meine weinrote Fliege zurecht, dann klemmte ich mir den Trompetenkasten unter den Arm, und gemeinsam liefen wir zum hochglanzpolierten Opel, in dem mein Vater schon nervös mit den Fingern aufs Lenkrad trommelte. Vor der Kirche herrschte schon großes Gedränge, denn Vera und Rainer hatten die ganze Verwandtschaft zu ihrem großen Fest eingeladen.

Kurz darauf begannen die Glocken zu läuten, und das Brautpaar fuhr im Hochzeitsauto vor. Die Trauung in der Kirche ist zwar der Höhepunkt jeder Hochzeit, so hatte mir meine Mutter erzählt, aber schon vorher sind unheimlich viele Dinge zu erledigen: die Trauung auf dem Standesamt im Rathaus, der Termin beim Fotografen oder die Suche nach einem Lokal für die Hochzeitsfeier. Meine Schwester wollte unbedingt in Weiß heiraten, obwohl das für viele junge Paare heute nicht mehr wichtig ist.

Paarweise zogen nun alle in die Kirche ein, Pfarrer Pauss und das Brautpaar an der Spitze. Ich war heilfroh, daß ich als Solist schon vorher auf der Empore in der Kirche Platz nehmen durfte, sonst hätte ich wohl mit meiner Cousine Sonja gehen müssen, die ich nicht ausstehen konnte. Der Organist, Herr Rodenstein, spielte ein schönes Stück von Johann Sebastian Bach, und alles nahm einen sehr feierlichen Verlauf.

Pfarrer Pauss, der mit seinem Vollbart und seinem schwarzen Talar auf alle großen Eindruck machte, begrüßte die Hochzeitsgesellschaft. Danach sang die Gemeinde das Lied „Geh aus mein Herz und suche Freud". Ich war so aufgeregt, daß ich das Mitsingen völlig vergaß, denn schon bald würde mein Einsatz kommen, für den ich so viele Stunden geübt hatte. Die Melodie war eigentlich gar nicht so schwierig, aber vor so vielen Leuten in einem so großen Raum hatte ich noch nie gespielt. Herr Rieker war ganz sicher, daß ich ihn nicht blamieren würde. Doch der hatte leicht reden, er mußte ja nicht auftreten! Nach einem Gebet hielt Pfarrer Pauss seine Ansprache. Er sprach über den Sinn der Ehe und ihre Bedeutung für die christliche Gemeinschaft. Er kannte Vera und Rainer von Kindergottesdienst, Religionsunterricht und Konfirmation her, denn er war schon über fünfzehn Jahre Pfarrer in unserer Gemeinde. So erzählte er kleine Begebenheiten aus dem Leben der beiden, erinnerte an ihre Konfirmationssprüche und wünschte ihnen, daß sie mit Gottes Beistand ihr Leben weiterführen sollten. Seine tiefe Stimme und seine Worte ließen alle ergriffen zuhören.

Nach einem weiteren Lied las Kerstin, Veras Trauzeugin und Kollegin im

Kindergarten, Verse aus dem 1. Korintherbrief im Neuen Testament. Ich glaube, es ging darin um die Liebe. Aber richtig hingehört habe ich eigentlich nicht, denn mein Einsatz rückte nun immer näher. Hoffentlich haut alles hin, sonst kannst du einpacken! sagte ich mir.

Kerstin hatte ihren Vortrag beendet, und wie im Traum hörte ich die Stimme des Pfarrers: „Wir singen jetzt nach Olivers Trompetenvorspiel das Lied ‚Herr, deine Liebe ist wie Gras und Ufer'." Jetzt war es also soweit. Der Schweiß stand mir in dicken Perlen auf der Stirn, obwohl es in der Kirche überhaupt nicht warm war. Langsam stand ich auf, setzte das Mundstück meiner Trompete an die Lippen und – begann zu spielen. Ich spielte auswendig und bemerkte, wie sich einige Hochzeitsgäste umdrehten und zur Empore hochschauten. Doch ich ließ mich nicht irritieren und spielte mutig drauflos. Nach meinem Vorspiel sang die Gemeinde die vier Strophen des Liedes, und Herr Rodenstein begleitete auf der Orgel.

Puh, der erste Teil war geschafft! Ich lehnte mich zurück und wischte mir die Stirn mit einem Taschentuch trocken. Erst jetzt fand ich Zeit, die heute besonders schön geschmückte Kirche und die herausgeputzten Herrschaften unter mir genauer zu betrachten. Vera war eine sehr schöne Braut, und auch Rainer als Bräutigam sah gut aus. Und wann hatte ich Onkel Gerhard schon einmal mit Krawatte gesehen!

Am Altar erreichte der Gottesdienst nun langsam seinen Höhepunkt. Pfarrer Pauss hatte ein kleines Schälchen in der Hand, auf dem zwei Ringe lagen. Er fragte Vera und Rainer einzeln, ob sie einander zu Mann und Frau nehmen, sich lieben und ehren wollten, bis der Tod sie scheiden würde. An diese Worte habe ich später noch oft denken müssen. Nachdem beide mit „Ja" geantwortet hatten, tauschten sie die Ringe. Dann ließ der Pfarrer das Brautpaar niederknien, legte beiden die Hände auf den Kopf und segnete sie.

Langsam wurde ich wieder unruhig, denn mein zweiter Einsatz stand bevor: der Hochzeitsmarsch von Mendelssohn-Bartholdy. Doch zuvor sang man noch „Allein Gott in der Höh' sei Ehr" und Harald, mein älterer Bruder, verlas eine Fürbitte. Dann beteten alle gemeinsam das Vaterunser. Zuletzt überreichte Pfarrer Pauss dem jungen Ehepaar eine Familienbibel als Geschenk der Kirchengemeinde und erteilte den Segen. Damit schloß der Traugottesdienst.

Ich weiß nicht mehr, ob es an Veras aufmunterndem Blick lag, den sie mir schnell nach oben zuwarf. Jedenfalls spielte ich den Hochzeitsmarsch so schön, daß sich Herr Rodenstein davon anstecken ließ und mich mit der Orgel unterstützte. Die ganze Kirche war voller Musik, wie in einem Konzertsaal!

Vor der Kirche wartete eine Überraschung auf Vera und Rainer. Alle Kindergartenkinder waren gekommen und standen Spalier. Sie warfen Reiskörner und schmetterten ein Liedchen. Das junge Paar mußte viele Hände schütteln und Küßchen entgegennehmen, während meine kleine Cousine Nadja fleißig Blumen auf den Weg streute.

Ich stellte mich bei den Gratulanten ganz hinten an und fiel dann meiner großen Schwester um den Hals. Vorher hatte ich schon einige lobende Klapse auf die Schulter bekommen, und Tante Elfriede sagte: „Du wirst es bestimmt noch weit bringen mit deiner Musik, Oliver!" Und, wie ich von Onkel Lothar wußte, hatte Tante Elfriede immer recht.

Eines war jedenfalls sicher: Das anschließende Festessen im „Goldenen Hirsch" hatte ich mir redlich verdient!

Susanne Henrich

Nie wieder Karameleis 8

Stichworte:	BRD, Beerdigung der Großmutter, Tod, ewiges Leben, bleibende Erinnerung
Zum Text/ Problemfeldbeschreibung:	Der 11jährige Timo erlebt die Beerdigung seiner geliebten Großmutter. Trauer über den Verlust und die Fragen nach dem Tod bewegen ihn. Das von der Großmutter geerbte Rezeptbuch ist für Timo Zeichen bleibender Verbundenheit.
Vorlesezeit:	7 Minuten
Vorlesealter:	ab 8 Jahren

Die Erwachsenen trugen an diesem Tag alle schwarze Kleider, und auch für Timo hatte die Mutter eine schwarze Cordhose und einen dunkelblauen Pullover aus dem Schrank geholt. Die Verwandten, die nacheinander eintrafen, wirkten sehr niedergeschlagen und unterhielten sich ganz leise.

Timos Großmutter Anna war am Tag zuvor gestorben. Der Hausarzt, Dr. Hessler, hatte gesagt: „Ja, ja, das Herz. Es wollte einfach nicht mehr, aber 82 ist doch ein schönes Alter, und sie ist so friedlich eingeschlafen, ganz ohne Schmerzen."

Bald darauf waren zwei Männer vom Bestattungsunternehmen gekommen, und einige Zeit später wurde Oma Anna in einem Sarg zum Friedhof gefahren, wo sie bis zur Beerdigung in drei Tagen in der Leichenhalle aufgebahrt wurde. Als Dr. Hessler Timos Mutter sein Beileid aussprach, meinte er noch: „Die Oma Anna war eine herzensgute Frau, ich habe sie sehr gern gehabt."

Das hatte Timo auch, denn seine Oma war immer für ihn dagewesen, wenn die Eltern mal keine Zeit hatten oder wenn er Sorgen hatte, mit denen er sich nicht zu Vater oder Mutter traute.

Pfarrer Schelling, der Oma während ihrer Krankheit oft besucht hatte, schaute am frühen Abend vorbei, um mit den Angehörigen die Trauerfeier zu besprechen. Als Opa Rudolf vor sieben Jahren gestorben war, hatte Timo vieles nicht verstanden, er hatte nicht einmal auf dem Friedhof dabei sein dürfen. Jetzt, mit 11 Jahren, wußte er Bescheid über den Tod eines Menschen, aus dem Biologieunterricht in der Schule, und auch im Religionsunterricht hatten sie darüber gesprochen, daß es ein neues Leben geben soll für die Toten – bei Gott. Das beruhigte Timo etwas, und Oma Anna hatte oft zu ihm gesagt: „Du brauchst nicht zu weinen, wenn ich einmal sterbe, Timo, irgendwann im Himmel sehen wir uns wieder!"

Daran hatte Oma Anna ganz fest geglaubt. Und Timo hatte sich auch fest vorgenommen, nicht zu weinen.

Aber jetzt, als die ganze Familie mit gefalteten Händen um den offenen Sarg der Großmutter stand, war es mit seiner Tapferkeit vorbei. Dicke Tränen rannen ihm über die Backen, aber er schämte sich nicht deswegen. Zum letzten Mal konnten alle Oma Anna sehen, wie sie im blumengeschmückten Sarg lag. Sie sah sehr zufrieden aus, und im Gegensatz zu den Trauergästen war sie weiß angezogen. Überall standen Kränze mit Schleifen, Blumengestecke und Sträuße.

Immer mehr Leute fanden sich in der Friedhofskapelle ein. Timo glaubte, das ganze Dorf sei gekommen, um von seiner Oma Abschied zu nehmen. Als Pfarrer Schelling erschien, begann der Gottesdienst. Er betete mit den Anwesenden und spendete den Angehörigen Trost, als er Worte von Jesus aus der Bibel vorlas.

Dann erzählte er aus dem Leben von Oma Anna: daß sie zwei Kriege durchlebt und fünf Kinder in schwieriger Zeit großgezogen hatte; daß sie ihren schwerkranken Mann jahrelang gepflegt und trotzdem immer Zeit für ihre vielen Enkel gehabt hatte.

Ja, das hatte sie wirklich! An dieser Stelle der Ansprache des Pfarrers gingen Timo viele Erinnerungen durch den Kopf, die er immer mit Oma Anna verbinden würde. An das wahnsinnig gute Karameleis, das Oma immer selbst zubereitete, an ihr tolles Rosinenbrot, das er schon als ganz kleiner Junge mit Heißhunger gegessen hatte. Oma kannte viele Rezepte, die sie wie ein Geheimnis hütete. Aber Timo hatte ihr oft beim Kochen und Backen helfen dürfen. Und das sollte es jetzt alles nicht mehr, nie mehr geben? Timo dachte auch daran, wie Oma dem unfreundlichen Herrn Prosenbauer die Meinung gesagt hatte, als er den Kindern ihren Ball wegnahm, nur weil er in seinen Hof gerollt war. Der hatte wahrlich nichts zu lachen, bis er ihn wieder herausrückte! Oder als sie ihren Sohn, Timos Vater, davon überzeugte, daß der Junge unbedingt in der Fußballmannschaft des Sportvereins mitspielen müsse. Ja, Oma war eine starke Frau gewesen!

Aus seinen Erinnerungen wurde Timo durch den Kirchenchor aufgeschreckt, der das Lied „Oh Welt, ich muß dich lassen" sang. Ob es Oma jetzt wirklich besser hatte? Wie würde ihr neues Leben wohl aussehen, an das sie so stark geglaubt hatte? Konnte sie all die Menschen sehen, die an ihrer Beerdigung teilnahmen, die tröstenden Worte des Pfarrers hören? Hatte sie gar Opa Rudolf wiedergesehen? Timo hoffte es mit ganzem Herzen. „Jesus, meine Zuversicht"

sang der Chor, und nach einem Gebet sagte Pfarrer Schelling: „Wir wollen nun unsere Anna Groß zu ihrer letzten Ruhestätte begleiten."
Vier Männer aus unserer Nachbarschaft traten vor, verschlossen den Sarg und trugen ihn zu einer Stelle auf dem Friedhof, wo das Grab ausgehoben worden war. Langsam ließen sie den Sarg an Seilen hinuntergleiten. Der Pfarrer sprach ein letztes Gebet und warf dann mit einer kleinen Schaufel Erde auf den Sarg. Dann taten die Angehörigen das gleiche und warfen Blumen in das Grab. Auch Timo hatte eine rote Rose dabei, sie war sein Abschiedsgruß an Oma Anna. Er warf einen letzten Blick auf den Sarg und wandte sich dann schnell ab. Viele Trauergäste kamen nun zu den Angehörigen und sprachen ihr Beileid aus. Wenig später begannen zwei Männer damit, das Grab zuzuschaufeln. Schon morgen würden sich Blumen darüber häufen, und irgendwann würden auf dem Grabstein zwei Namen eingemeißelt sein. Timo hatte das bei Frau Nolte gesehen, einer Nachbarin, die im letzten Jahr gestorben war.
Beim letzten Blick auf den Sarg hatte Timo seiner Oma versprochen, daß er seiner Mutter bei der Pflege des Grabes helfen würde. Oma sollte ihre Freude daran haben!
Die hätte sie auch an der Zusammenkunft vieler Trauergäste nach der Beerdigung im „Dorfbrunnen" gehabt. Das beteuerte wenigstens Timos Mutter. Dort wurde gegessen und getrunken, laut geredet und manchmal auch gelacht. Darüber hatte sich Timo doch ein bißchen gewundert. „Das Leben muß weitergehen", sagte seine Mutter, „und übrigens: ich soll dir von Oma ein kleines Geschenk geben, das hat sie mir noch aufgetragen, bevor sie starb."
Es war ein rotes, verschlissenes Büchlein, so groß wie ein Schulheft. Als Timo darin blätterte, brauchte er nur die Überschriften der handgeschriebenen Eintragungen zu lesen, und er hätte am liebsten laut gejubelt: ‚Rosinenbrot‘, ‚Weihnachtssterne‘, ‚Vanillestangen‘, ‚Karameleis‘…

Susanne Henrich

9   Tante Luises Beerdigung

Stichworte: BRD, Beerdigung, Ostpreußen, evangelisch–katholisch, Pfarrer (evangelisch, katholisch), Kommunionunterricht, Gebet

Zum Text/   Aus der Sicht eines Kindes, das im katholischen Glauben erzogen worden
Problemfeld-   ist, wird eine evangelische Beerdigung geschildert. Es ist die Beerdigung
beschreibung: der ihm vertrauten „Tante", bei der der Ritus als sehr fremd erfahren
                und von den Dorfbewohnern (der Mesnersepp ist der Kirchendiener)
                nicht ohne Widerspruch akzeptiert wird.

Vorlesezeit: 4 Minuten

Vorlesealter: ab 10 Jahren

Tante Luises Beerdigung habe ich noch in guter Erinnerung, obwohl sie schon einige Zeit zurückliegt. Denn da ist einiges geschehen, was ich nicht verstehe. Doch zuerst zu Tante Luise. Eigentlich ist sie nicht meine Tante. Wir nannten sie nur so, weil sie schon lange bei uns im Haus wohnte. Nach dem Krieg wurde sie bei meinen Großeltern einquartiert. Als dann meine Eltern bauten, zog sie in die Einliegerwohnung, und weil sie niemand anderen hatte, gehörte sie zu unserer Familie. Sie hütete mich als Kleinkind, als Mama Opa auf dem Feld helfen mußte. Als ich größer war, hat sie mir vorgelesen und Geschichten aus ihrer Heimat erzählt; sie stammte aus Ostpreußen. Sie sang viel mit uns Kindern, lehrte uns Gebete. Gelegentlich las sie auch aus der Bibel vor, die bei ihr immer auf dem Nachttisch griffbereit war.

Eines Morgens lag Tante Luise tot im Bett. Sie lag da wie immer, wenn sie schlief. Aber sie schlug nicht mehr die Augen auf, und aus ihrem Mund kamen nie mehr die Worte ihres lieblichen Heimatdialektes. Das war schlimm für mich. Ich habe geweint und zu Gott gebetet, sie möge bitte wieder ihre Augen aufschlagen.

Erst bei der Beerdigung fiel mir auf, daß Tante Luise ja gar nicht katholisch war. Ein anderer Pfarrer kam in unsere Beerdigung mit schwarzem Mantel und weißem Kragen. Er sprach unbekannte Gebete, las unbekannte Bibelstellen vor und erzählte viel von Tante Luise. Dabei mußte ich sehr weinen. Malte er sie uns doch vor Augen, wie sie war, so daß wir deutlich spürten, wen wir verloren hatten. Aber es war gut so, hinterher ging es mir besser.

Von der Kirche brachten wir Tante Luises Sarg zum Friedhof. Alfons trug das Kreuz, denn Tante Luises Pfarrer hatte keine Ministranten. Bei der Grotte hielt der Trauerzug an, der Mesnersepp trat vor, redete auf Tante Luises Pfarrer ein, so daß dieser ein hilfloses Gesicht machte und ordnete dann an, fünf „Gegrüßet seist Du Maria" und „Vaterunser" zu beten. Wir falteten die Hände, senkten die Köpfe und sprachen die Gebete. Endlich etwas Gewohntes! Während des Gebetes spickelte ich zu Tante Luises Pfarrer. Stellt euch vor: Der betete nicht mit. Hatte er im Kommunionunterricht etwa keine Hausaufgaben gemacht?

Als der Sarg in die Erde gesenkt wurde, besprengte er diesen auch nicht mit dem bereitstehenden Weihwasser. Er warf Erde auf den Sarg! Dreck! Das hatte Tante Luise nun wirklich nicht verdient. Ich verstehe auch nicht, wie er das tun konnte, nachdem er zuvor so gut über sie gesprochen hatte.

Auf dem Heimweg schimpften die Leute über den Mesnersepp. Die fünf Vaterunser und Gegrüßet seist Du Maria seien nicht richtig gewesen. Wieso, begreife ich bis heute nicht.

Ich fragte am Abend Mama. Die meinte, Tante Luise sei evangelisch gewesen, und da dürfe man am Sarg kein „Gegrüßet seist Du Maria" beten. Das wollte mir nicht in den Kopf. Ich beschloß, unseren Pfarrer zu fragen.

In der nächsten Kommunionunterrichtsstunde erzählte ich ihm die ganze Geschichte. Er lachte zuerst und meinte dann, wie Mama, bei Evangelischen gehöre sich das nicht.

„Wieso?" fragte ich zurück. „Dürfen wir Tante Luise nicht richtig beerdigen?"

„Doch", erwiderte er. „Aber so, wie sie es will, ‚evangelisch'."

„Tante Luise hätte sicher nichts dagegen gehabt", entgegnete ich.

„So?" fragte er. „Aber vielleicht der evangelische Pfarrer. Den habt ihr wohl überrumpelt."

„Mag sein", gab ich zu. „Aber wir meinten es nur gut. Und zudem wäre ich mir schlecht vorgekommen, wenn ich nicht gebetet hätte, wie es sich gehört."

„Ah, so", antwortete unser Herr Pfarrer ganz langsam. Ihr habt es für euch getan. Ihr hättet wohl schlecht geschlafen, wenn ihr nicht gebetet hättet, wie es sich gehört. Das werde ich dem evangelischen Pfarrer sagen, so kann er euch verstehen."

Ulrich Müller-Fross

10   Zirkus Sarrasani

Stichworte:	BRD, Beerdigung, Verkündigung, Jesus Christus, Verständigung, Ökumene, Gemeinschaft, Ehrfurcht
Zum Text/ Problemfeldbeschreibung:	Im Zirkus Sarrasani ist eine Indianerin gestorben. Bei der Beerdigung geht es laut zu, weil kaum einer der Zirkusleute die deutsche Predigt versteht. Erst als der Name „Jesus Christus" fällt, verstehen alle. Eine ehrfürchtige Stille tritt ein.
Vorlesezeit:	5 Minuten
Vorlesealter:	ab 9 Jahren

Der Fernsprecher schrillt. „Herr Pfarrer, in ihrem Bezirk steht zur Zeit der Zirkus Sarrasani. Da ist vorgestern eine Amerikanerin gestorben, Sie müssen die Beerdigung übernehmen!" Zeit und Stunde werden ausgemacht.

Am nächsten Tag stehe ich bei der Friedhofskapelle. Da ist der Sarg. Eine große amerikanische Flagge bedeckt ihn. Ein Wärter tritt zu mir: „Wissen Sie, daß es sich um eine Indianerin handelt? Ihr Zelt, in dem sie in dem großen Zirkuslager wohnte, hat Feuer gefangen, und an den Brandwunden ist sie gestorben."

Eine Indianerin! War sie Christin? Und welche verschlungenen Wege führten sie wohl von den Steppen Nordamerikas zu uns? Ehe ich noch alle auf mich einstürmenden Gedanken ordnen kann, höre ich draußen Musik. Ich eile hinaus.

Ein buntes Bild. Da kommt der ganze Zirkus anmarschiert. Voran drei farbige Musikkapellen. Dahinter der Zirkusdirektor. Dann kommen die Indianer. An der Spitze der hochgewachsene Häuptling, hinter ihm die anderen Männer und Frauen seines Stammes, große, ragende Gestalten im Schmuck der Adlerfedern. Dahinter ein endloser Zug: Kosaken und Tataren, Chinesen und Japaner, Riffkabylen aus Nordafrika und Cowboys von den Vereinigten Staaten, Neger, Tänzerinnen. Besonders fiel mir eine Reihe junger Mädchen in Reithosen und Sporenstiefeln auf, deren Gesichter über und über geschminkt und gepudert waren. Sie alle füllten schwatzend und lärmend die enge Friedhofskapelle. Das Gedränge war groß. Ich sah, wie die jungen Reitmädchen sich auf die Fensterbank setzten, um von da oben alles sehen zu können. Und dann stellte mich der Zirkusdirektor dem Indianerhäuptling vor. Ein seltsames Bild: der evangelische Pfarrer in seiner Amtstracht, dem der Indianerhäuptling in voller Kriegsbemalung die Hand drückt.

Aber dann fällt mir meine Leichenrede schwer aufs Herz. Eine solche Beerdigung habe ich noch nie erlebt. Aber es wird schon gut sein, wenn ich dem fahrenden Volk ein Wort von der Wanderschaft des Erdenlebens sage und von der großen Ewigkeit. Wird das aber möglich sein? Zaghaft wende ich mich an den Zirkusdirektor: „Sagen Sie doch bitte, verstehen die Leute denn Deutsch?"

„I bewahre", lacht der, „und auch Englisch verstehen nur ein paar von ihnen. Da sind viele Ausländer darunter, die nur ihre Muttersprache verstehen. Die verständigen sich mit mir durch englisch sprechende Dolmetscher. Reden Sie nur irgend etwas, es versteht's doch niemand."

Da kam eine große Verzagtheit über mich. Das wäre ja sinnlos, wenn ich reden sollte, was kein Mensch versteht. Nun, dann will ich wenigstens zu denen reden, die mich doch verstehen müssen. Der Zirkusdirektor und der und jener unter den Deutschen, sie werden lange nicht in der Kirche gewesen sein. Dann will ich denen ein Ewigkeitswort sagen!

Und dann lese ich ein Bibelwort und sage ein paar Sätze. Die Versammlung ist schrecklich unruhig. Die Mädchen dort oben auf der Fensterbank beschäftigen sich mit Taschenspiegel, Lippenstift und Puderquaste. Nun, es muß auch langweilig sein, wenn man die Sprache nicht versteht.

Ich spreche von dem traurigen Schicksal dieser Indianerin, die nun im fremden Land ihr Grab findet. Ihr, die ihr immer umherzieht durch alle Länder, ihr seid heimatlose Leute. Aber euch möchte ich sagen, daß dafür die ewige Heimat zu euch gekommen ist. Unsere Seele ist zu Hause, so wollte ich sagen, wenn sie bei Jesus ist.

Da geschah etwas ganz Seltsames.

Als ich den Namen Jesus aussprach, da ging's wie eine Bewegung durch die Versammlung. Das war ein Wort, das sie alle verstanden. Und beim Klang des Wortes Jesus horchten sie auf. Aber ich merkte sofort: es war nicht nur deshalb, weil der Name allen bekannt war; er hatte eine ganz eigentümliche Gewalt! Die Indianer neigten sich. Die unruhigen Asiaten wurden ganz still. Die Russen schauten mich mit großen Augen an. – Da hatte ich auf einmal meine Leichenrede gefunden, sie konnte von nun an nur noch ein Wort sein: Dieser große Name Jesus!

So sagte ich einen Satz nach dem andern. Es kam mir nur mehr auf den Namen Jesus an. Immer wieder verneigten sich die Indianer. Ganz still war's mit einem Male in der Versammlung. Meine Augen gingen zu den Mädchen; verschwunden sind Lippenstift und Spiegel. Der einen laufen die hellen Tränen übers Gesicht. Eine andere stützt den Kopf in die Hände; ob ihre Gedanken wohl zurückgehen in eine Jugendzeit, wo sie zum erstenmal den Namen Jesus hörte? Und während ich weiter den Namen Jesus verkündigte und alle diese Menschen aus den verschiedensten Teilen der Welt vor ihm stille wurden, war mir's, als erlebte ich schon ein Stücklein von dem, was am Ende einmal sein wird: daß in diesem Namen Jesus sich beugen sollen aller derer Knie, die im Himmel und auf Erden und unter der Erde sind!

Wilhelm Busch

11 Osternacht, eine wunderbare Nacht

Stichworte:

BRD, Ostern, Osternachtfeier, Osterfeuer, Osterkerze, Osterbräuche, Lieder, Licht, Gründonnerstag, Evangelium, Taufe, Messe, Gottesdienst

Zum Text/ Problemfeld- beschreibung: Ein kleines Kind erlebt zum ersten Mal die Osternachtfeier in seiner katholischen Kirche. Die Messe wird durch ein Osterfeuer vor der Kirche begleitet. Die Feier mit ihrer Liturgie, den Liedern, Geschichten und einer Taufe beeindrucken das Kind tief.

Vorlesezeit: 6 Minuten

Vorlesealter: ab 8 Jahren

„Morgen ist Ostern!"

„Was du nicht sagst!" Daniel holt vorsichtig ein Ei aus dem Färbebad. Daniel ist mein Bruder und ein Jahr älter als ich.

„Denkst du, wir treffen gerade unsere letzten Weihnachtsvorbereitungen?"

„Mensch, ich freu' mich halt. Ich freue mich auf Ostern."

Ich reibe die gefärbten Ostereier mit einer Speckschwarte ein, bis sie richtig glänzen.

In der Küche duftet es herrlich. Mama bäckt Hefeosterhasen. Ich mag Ostern: das Eierfärben und -bemalen, das Osternestersuchen im Garten, die bunten Blumen, die gerade anfangen zu blühen, und die ersten zarten grünen Blätter der Bäume. Ich mag Ostern, und heute haben wir schon das richtige „Osterfrühlingswetter" dazu.

Aber dieses Jahr freue ich mich ganz besonders auf Ostern: Heute abend darf ich zum erstenmal mit in die Osternachtsfeier gehen. Ich kann es kaum erwarten. Auch Tobi, mein kleiner Bruder, darf mit. Wir können ihn ja nicht allein zu Hause lassen.

Endlich ist es soweit. Wir machen uns auf den Weg zur Kirche. Vor der Kirche stehen ein paar Ministranten und schichten Holz auf. Sie bereiten das Osterfeuer vor. Ich möchte gerne zusehen. Aber Mama zieht uns in die Kirche. „Sonst bekommen wir keinen Platz mehr", sagt sie.

Am Eingang steht ein großer Korb mit Kerzen. Papa kauft für jeden von uns eine Kerze. In der Kirche ist es ganz dunkel. Bald sind alle Plätze besetzt, aber immer noch strömen Menschen in den Kirchenraum. Es ist still. Nur von draußen hört man leise das Knacken des Osterfeuers. Jetzt stehen der Pfarrer und die Ministranten um das Feuer. Der Pfarrer segnet das Feuer. Dann wird er die Osterkerze entzünden. Daniel hat mir das alles erzählt. Er ist schon Ministrant und darf heute mit dabei sein. Hat er es gut!

Endlich geht hinten die Kirchentür auf. Als erster kommt unser Diakon herein. Er trägt die große brennende Osterkerze in die dunkle Kirche. Nach ihm laufen alle Ministranten, schön der Größe nach geordnet, und zuletzt kommt unser Pfarrer. Der Diakon singt: „Lumen Christi". „Das heißt, daß Christus unser

Licht ist", flüstert mir Mama ins Ohr. Dreimal singt der Diakon dasselbe und jedes Mal etwas höher. Die Gemeinde antwortet auch etwas Lateinisches. Es bedeutet: Dank sei Gott! Ich finde, es klingt sehr feierlich. Die Ministranten zünden ihre Kerzen an der Osterkerze an. Dann geben sie das Licht weiter an die Leute. Es wird immer heller in unserer Kirche. Auch ich darf meine Kerze anzünden. Jeder hat sein Licht. Irgendwie gehören wir jetzt alle zusammen, wie eine große Familie. Ich halte meine Kerze ganz fest in der Hand und schaue zu, wie die Flamme leicht flackert. Es kribbelt mich richtig, so festlich und schön ist das alles!

Jetzt singt unser Pfarrer. Ganz feierlich und lang. Von Licht und Engeln und davon, daß Christus auferstanden ist, und von der wunderbaren Nacht. Ich finde, da hat er recht, unser Pfarrer. Heute ist wirklich eine wunderbare Nacht! Das elektrische Licht geht an, und alle Leute blasen ihre Kerzen aus. Das ist schade. Kerzenlicht ist doch viel schöner! Aber jetzt merke ich erst, wie schön unsere Kirche geschmückt ist. Am Altar steht ein großer Blumenstrauß. Der rote Festtagsteppich ist ausgerollt. Außerdem duftet es herrlich nach Weihrauch.

Tobi ist auf Papas Schoß eingeschlafen. Doch plötzlich fangen die Kirchenglocken an zu läuten, die Orgel braust, und auch die Ministranten läuten mit ihren kleinen Glöckchen. Da wacht Tobi auf. Die ganze Gemeinde singt: „Großer Gott wir loben Dich . . ."

Warum lacht Mama auf einmal? Sie zeigt auf Tobi. Tobi hat an seiner Hose ein kleines Glöckchen hängen, das er eifrig läutet. Er stimmt ein in das laute, fröhliche Gebimmel all der vielen Glocken. Die Kirchenglocken sind sicher froh, daß sie endlich wieder erklingen dürfen. Seit Gründonnerstag waren sie stumm. Mama hat mir erzählt, daß sie früher geglaubt hat, die Glocken fliegen während der Kartage nach Rom. Sie muß schon ziemlich dumm gewesen sein als Kind, die Mama. Wie könnten so schwere Glocken denn nach Rom fliegen? Jetzt lesen Männer und Frauen Geschichten aus der Bibel vor. Wir hören, wie Gott die Welt erschaffen hat und wie die Israeliten durchs Rote Meer ziehen. Bei den anderen Geschichten gehen meine Gedanken etwas spazieren. Es dauert jedenfalls sehr lange, bis alle ihre Geschichten gelesen haben. Dann singt der Pfarrer das Evangelium. Er singt von den Frauen, die zu Jesu Grab kommen und ihn dort nicht finden. Engel sagen ihnen, daß Jesus auferstanden ist. Das ist schön. Die Frauen haben sich sicher sehr gefreut. Ich glaube, heute nacht können wir es auch richtig spüren, daß Jesus lebt.

In diesem Gottesdienst passiert noch etwas Besonderes: Ein Baby wird getauft. Die Eltern und Paten kommen mit ihm nach vorn zum Altar. Das Baby schläft. Erst als es das Taufwasser über den Kopf bekommt, wacht es auf und fängt an zu schreien.

Nun geht die Messe fast wie jeden Sonntag weiter. Nur etwas feierlicher mit viel Weihrauch und schöner Musik. Ich bin schon sehr müde und lehne meinen Kopf an Papas Schulter. Morgen ist Ostersonntag. Ich überlege, wo Papa wohl

unsere Osternester verstecken wird. Letztes Jahr lag eines oben auf unserer kleinen Gartenmauer. Das haben wir lange nicht gefunden, weil wir nur unten am Boden zwischen den Büschen gesucht haben.
Der Gottesdienst ist zu Ende. Die Orgel spielt, und die Leute drängen nach draußen. Aber vor der Kirche geht das Fest weiter. Es duftet wunderbar nach würzig gebratenem Fleisch. Wir alle sind zum Osterlamm-Essen eingeladen. Jeder bekommt ein Stückchen Lammbraten und eine Scheibe Brot. Die Erwachsenen trinken Wein dazu, wir Kinder Traubensaft. Das Osterlamm wurde während des Gottesdienstes am Osterfeuer gegrillt. „Frohe Ostern" wünschen wir uns gegenseitig. Die Leute stehen in Grüppchen zusammen, essen und unterhalten sich.
Es ist spät, bis ich endlich zu Hause im Bett liege. „Ich glaube, Ostern ist das schönste Fest, das es gibt", sage ich, als Mama mir „Gute Nacht" sagen kommt. Ich freue mich schon auf morgen.

Eva Leineweber

12 Ein Kirchenfest auf dem Dorf

Stichworte:	BRD, Fronleichnam, Prozession, Messe, Ministrant, Traghimmel, Kommunion, Kirchenfest, Eucharistie, Gottesdienst
Zum Text/ Problemfeld-beschreibung:	Karin (evangelisch) aus Berlin, kommt Jahr für Jahr zur Erholung in ein überwiegend katholisches Dorf Oberschwabens. Diesmal erlebt sie die Fronleichnamsprozession, einen der Höhepunkte des Kirchenjahres im katholischen Raum. Sie hilft bei den Vorbereitungen und nimmt am Prozessionszug selbst teil. Sie staunt über den Reichtum katholischer Frömmigkeitsformen und wie tief das religiöse Brauchtum das Leben der Menschen prägt.
Vorlesezeit:	5 Minuten
Vorlesealter:	ab 10 Jahren

Karin kam jedes Jahr von Berlin in unser Dorf zur Erholung. Die meisten Einwohner des Dorfes sind katholische Christen, Karin selbst ist evangelisch. Sie interessiert sich für alles, was auf dem Hof und im Dorf passiert. An einem Mittwoch nehmen die Mädchen vom Dorf die Berlinerin, mit der sie schon befreundet sind, zum Blumenholen mit. Am anderen Tag soll ja ein großer Festtag sein, Fronleichnam. Karin ist sehr gespannt, denn die Mädchen haben sie mit ihrer Freude angesteckt. So ein Feiertag ist aber auch etwas Feines. Man hat mitten in der Woche einen Tag schulfrei und man spürt an solchen

Tagen die Nähe Gottes besser, auf jeden Fall meint man das. Karin hat zwar auch schon von diesem Tag gehört, aber sie merkt bald, daß auf einem Dorf ein solches Fest noch ganz anders gefeiert wird, als in der Stadt. Während die Mädchen noch die schönsten Blumen in den Wiesen suchen, beginnen auf einmal alle Glocken der Pfarrkirche den Festtag einzuläuten. Die Menschen kommen heute früher von den Feldern heim, weil noch der Hof und die Straße sauber gemacht werden müssen. In vier Häusern im Dorf ist man besonders fleißig, denn dort soll morgen die Prozession Halt machen. Am anderen Tag merkt Karin sofort, daß im Dorf eine andere Stimmung ist als an gewöhnlichen Tagen. Im Stall wird nur das Nötigste erledigt, die Leute ziehen ihre allerbesten Kleider an und gehen zur Kirche. Dort beginnt das Fest mit der heiligen Messe. Karin staunt ein wenig über die festlich geschmückte Kirche, denn heute hat man nicht nur Blumen auf den Altar gestellt, die ganze Kirche ist mit jungen Birken geschmückt. Der Pfarrer und die Ministranten haben die wertvollsten Gewänder angezogen, welche die Kirchengemeinde besitzt. Nach der Messe bemerkt Karin, wie eine Aufregung alle Leute befällt. Einige größere Jungen nehmen die Kreuze, Fahnen und Laternen, die bisher an einzelnen Bänken befestigt waren und gehen nach draußen. Die anderen Leute folgen ihnen. Vier Männer nehmen einen goldbestickten Traghimmel, unter dem nachher der Priester mit dem Leib Jesu gehen soll. Obwohl alles so feierlich ist, muß Karin doch ihre Freundin fragen, was jetzt kommt. Die sagt ihr auch, was sie weiß. Es soll ja nun die größte Prozession des Jahres beginnen, die Fronleichnamsprozession. Karin erinnert sich, daß sie schon einmal einen Teil dieser Prozession im Fernsehen gesehen hat, aber selbst war sie noch nie dabei, um so größer ist ihre Aufmerksamkeit. An der Spitze der Prozession wird ein Kreuz getragen. Der Bub, der es trägt, ist sich seiner Würde bewußt. Dann kommen die Schüler und jungen Leute, anschließend die Musikkapelle. Sie zeigt heute, daß sie nicht nur Märsche, sondern auch Kirchenlieder spielen kann. Die Mädchen, welche in diesem Jahr zum ersten Mal bei der heiligen Kommunion waren, dürfen unmittelbar vor dem Priester gehen, nur die Ministranten machen ihnen diesen Platz noch streitig. Die Mitte der Prozession bildet der Priester, der in einer goldenen Monstranz Christus in der Brotgestalt durch die Straßen trägt. Karin fällt auf, daß gar keine Leute auf der Seite stehen und zuschauen, alle gehen mit der Prozession. Vor den vier Altären haben die Leute aus den Blumen herrliche Teppiche gelegt, die schnell noch von einem eifrigen Pressefotografen aufgenommen werden. Nach der Prozession trifft Karin zufällig den Pfarrer. Sie möchte von ihm einige Dinge über dieses Fest wissen. Gerne gibt ihr der Pfarrer Auskunft. Fronleichnam ist noch ein junges Fest. Es wird erst seit 700 Jahren gefeiert. Und zwar als Feier der Einsetzung des Altarsakraments. Die ältesten und wichtigsten Feste sind Ostern, Pfingsten und Weihnachten, sie werden von allen Christen, auch wenn sie nicht katholisch sind, gefeiert. Prozessionen hat es allerdings schon viel früher gegeben, z. B. die Bittprozessionen, die an den Tagen vor Christi Himmelfahrt gehalten werden, und die

Palmprozession zum Andenken an den Einzug Jesu in Jerusalem. Am 2. Februar ist ebenfalls eine schöne Lichterprozession in den katholischen Kirchen, weil ja Christus sich einmal selbst das Licht der Welt genannt hat. Manche Prozessionen haben die christlichen Missionare einfach von den Heiden übernommen, weil sie gemerkt hatten, daß diese Art von Gottesdienst den Menschen Freude macht. Das leuchtet Karin ein, hat sie doch selbst etwas von der Begeisterung gespürt, die das ganze Dorf ergriffen hatte.

Pfarrer Rehm

13   Jochens erste Wallfahrt

Stichworte:	BRD, Wallfahrt, Rosenkranz, Pilger, Lieder, Wallfahrtskirche, Kreuz, Ministrant
Zum Text/ Problemfeld- beschreibung:	An einem Sonntagmorgen erlebt Jochen seine erste Fußwallfahrt. Zusammen mit Klassenkameraden und anderen Pilgern geht es durch Wälder und Wiesen zur 12 Kilometer entfernten Wallfahrtskirche. Dabei wird gebetet und gesungen, bis man schließlich unter Glockengeläut in die Kirche einzieht.
Vorlesezeit:	6 Minuten
Vorlesealter:	ab 9 Jahren

Ein Sonntag im Juni. Es ist früh am Morgen, und die Sonne verbirgt sich noch hinter dem grau verhangenen Himmel. Etwas verschlafen und leicht fröstelnd steht Jochen zusammen mit anderen Buben und Mädchen seines Alters an der Straßenkreuzung seines Dorfes. Gähnend warten sie, ohne viel miteinander zu reden. Nur hier und da hört man ein undeutliches „Guten Morgen", wenn vereinzelt weitere Bewohner des Dorfes, meist Erwachsene, zur Gruppe stoßen. Jochen wundert sich, wie groß die Gruppe doch nach und nach geworden ist. Neugierig schaut er auf seine Uhr, und soeben schlägt auch die Glocke vom nahegelegenen Kirchturm: Viertel nach fünf. Gleich darauf beginnen sogar alle Glocken zu dieser doch ungewöhnlichen Zeit zu läuten, und schon nähern sich von der Kirche her einige Ministranten mit Kreuz und Fahnen. Jetzt gerät langsam Bewegung in die wartende Gruppe. Jochen hält nochmals Ausschau nach seinem Vater, der bei den Erwachsenen steht, während er selbst sich bei seinen Kameraden aufhält, um sich dann sofort gemeinsam mit ihnen dem Kreuz anzuschließen.

Etwas aufgeregt ist er jetzt schon, denn es ist für ihn das erste Mal, daß er bei einer Fußwallfahrt seiner Pfarrgemeinde teilnimmt, die zu dem über zwölf Kilometer entfernten Wallfahrtsort führt.

Schon oft hatte er von seiner Großmutter, aber auch von seinen Eltern davon gehört, wie sie selbst als Kinder daran teilgenommen haben. Schwierig sei es manchmal gewesen, die Füße hätten geschmerzt, und Blasen an den Fersen seien keine Seltenheit gewesen. Er wußte auch, daß über zwei Stunden Wegstrecke vor ihm lagen. Hoffentlich schaffe ich es, ging es ihm durch den Kopf. Für alle Fälle hatte er bequeme Wanderschuhe angezogen und in seinem kleinen Rucksack auch etwas zu trinken mitgenommen; denn trotz der Frühe, so erzählte die Mutter, komme man manchmal doch ganz schön ins Schwitzen, besonders wenn es durch ein größeres Waldstück ginge, wo der Weg leicht anstieg.

All das hatte man ihm zuvor erzählt, und er wußte auch, daß während der Wallfahrt gebetet und gesungen wurde. Drei- und viermal habe man früher den Rosenkranz bis zum Ziel gebetet. Das konnte er sich kaum vorstellen, fiel es ihm doch manchmal schon schwer, bei nur einem Gesetz des Rosenkranzes richtig dabei zu sein.

Diese Gedanken werden nun aber abrupt durchbrochen, als Steffen, der neben ihm steht, ihn mit seinem Ellbogen in die Seite stößt und flüstert: „Auf, es geht los!"

Die Mädchen und Buben schließen sich als erste den vorausgehenden Ministranten an. Überrascht vom plötzlichen Aufbruch wissen sie nicht so recht, wie sie sich ordnen sollen. Aber dazu bleibt auch nicht viel Zeit, denn zielstrebig steuern die Ministranten dem Ortsausgang zu. Inzwischen haben die Erwachsenen ein Lied zu singen begonnen, von dem Jochen nur einzelne Silben versteht und dessen Melodie ihm aus dem Gesangbuch nicht bekannt ist. Aber schon werden von hinten einzelne Blätter vorgereicht, auf denen verschiedene Lieder abgedruckt sind. Sie scheinen nicht zum ersten Mal bei dieser Wallfahrt verwendet zu werden, denn manche der Blätter sind schon seitlich eingerissen oder leicht abgegriffen.

Nachdem das Ortsende erreicht ist und einige Strophen gesungen sind, merkt Jochen, wie sich die Gruppe allmählich zu Viererreihen formiert hat. Plötzlich entdeckt er auch Karin neben sich, die inzwischen noch dazugekommen sein muß. Dadurch neugierig geworden, schaut er sich um und ist erstaunt, wie sehr die Gruppe nun doch angewachsen ist.

Mit raschem Schritt läßt die Schar der Pilger das Dorf hinter sich. Im kühlen Morgenwind wehen die Fahnen der Ministranten heftig, und sie haben Mühe, die über drei Meter hohen Fahnenstangen zu balancieren.

Inzwischen ist das Rosenkranzgebet angestimmt worden, und Jochen fällt es wider Erwarten gar nicht so schwer, mitzubeten: „Der für uns Blut geschwitzt hat." Und wie im Fluge kommt man zum zweiten und dritten Gesetz. Auch die anderen Mädchen und Buben beten laut mit. Wie im Gleichklang stimmen Gehen und Beten miteinander überein. Ohne Schwere und wie von selbst läuft es sich zwischen den vom Morgentau noch nassen Wiesen und Feldern. Manche Gräser glitzern in den ersten Strahlen der Sonne, und Jochen wundert sich über die Vielfalt der Blumen und Gräser am Wegrand. Eigentlich hat er das alles noch nie so richtig wahrgenommen.

Schon über eine Stunde ist die Gruppe nun unterwegs, und Jochen weiß, daß bereits der größere Teil der Strecke hinter ihm liegt. Abwechselnd wird gebetet und gesungen, dazwischen gibt es aber immer wieder auch Phasen, in denen man sich unterhält, und bisweilen kommt es unter den Teilnehmern zu recht lebhaften Gesprächen. Sogar über Fernsehsendungen des vergangenen Abends wird unter den Buben gesprochen.

Nach einer kurzen Rast in einem Waldstück formiert sich die Gruppe wieder neu. Die Schritte sind inzwischen etwas schwerer geworden. Jochen ertappt sich dabei, wie er nun doch manchmal eher mechanisch und gedankenlos mitbetet, mit seinen Gedanken sogar schon wieder zu Hause ist.

„Da vorne sieht man schon die Kirche", ruft Steffen plötzlich. Wie ein Ruck geht es durch Jochen, als er aufblickt und die wuchtige Wallfahrtskirche mit ihren beiden Türmen am Horizont sich abzeichnet. Dadurch ermutigt, scheint sich sein Schritt wieder zu beschleunigen, das Ziel so unmittelbar vor Augen. Als die Pilgergruppe in die Wallfahrtsstadt einzieht, beginnen die Glocken zu läuten. „Ein Haus voll Glorie schauet", wird angestimmt. Zwischen den Häusern der Stadt hört sich der Gesang kräftiger an als zuvor. Einzelne Bewohner öffnen das Fenster und schauen den Wallfahrern nach. Ein wenig Stolz kommt in Jochen auf, als er zusammen mit Steffen und Karin durch das mächtige Portal in die hochragende Wallfahrtskirche einzieht.

Willi Biemer

14   Unter dem Kreuz kann sich jeder etwas holen

Stichworte:	BRD, methodistische Kirche, Erntedankfest, Kinder, Stadt, Kreuz, Gottesdienst, Freude, Früchte, Gaben zum Erntedankfest, Altar
Zum Text/ Problemfeldbeschreibung:	Beim Erntedankgottesdienst in der evangelisch-methodistischen Gemeinde ist die Kirche überfüllt, besonders mit Kindern verschiedener Religionsgemeinschaften. Alle warten gespannt darauf, nach dem Gottesdienst etwas von den Gaben auf dem Altar mit nach Hause nehmen zu dürfen. Es hat sich im Wohnviertel herumgesprochen, daß es in der Kirche etwas zu holen gibt, denn nach der Verabschiedung strömen plötzlich noch mehr Kinder in die Kirche, um sich „unter dem Kreuz" zu bedienen.
Vorlesezeit:	4 Minuten
Vorlesealter:	ab 9 Jahren

Es war an einem Samstagnachmittag. Zum Abschluß einer Aktion mit Kindern feierten wir in der Pauluskirche im großen Gemeindesaal ein Kinderfest. Zunächst achtete ich nicht darauf. Doch dann war es nicht mehr zu übersehen und zu überhören. Immer mehr Kinder standen plötzlich auf, gingen nach draußen und kamen entweder mit großen schönen Äpfeln zurück oder nagten an einer Möhre. Was war geschehen? Das Erntedankfest stand vor der Tür und einige Männer und Frauen der Paulusgemeinde in Nürnberg hatten den Erntedanktisch vorbereitet. Natürlich bemerkten die Kinder das. Als die Erwachsenen fertig waren und endlich verschwanden, kamen die Kinder und bedienten sich. Sie waren über diesen „Selbstbedienungsladen" begeistert. Doch die Erwachsenen fanden das gar nicht lustig. Kurzerhand wurde der Kirchenraum abgeschlossen.

Dann am nächsten Tag. Familiengottesdienst zum Erntedankfest. Es war herrlich. Die Kirche war bis zum letzten Platz gefüllt. Vorne saßen mindestens 40—50 Kinder. Fast alle waren wiedergekommen. Die Eva, die eigentlich zur katholischen Kirche gehörte, Marco, der kleine Italiener, überhaupt waren viele Kinder aus der Umgebung der Pauluskirche da. Die Erwachsenen staunten, daß es so viele Kinder in ihrer Straße gab. Es war eine lustige Schar. Keiner wußte so genau, zu welcher Kirche oder Religionsgemeinschaft sie gehörten. Aber, ist das so wichtig? Sie saßen einfach da und ihre Augen blitzten vor Freude und Spannung. Vorne stand der Mesner und paßte auf den Erntedanktisch auf. Es war auch zu verlockend: die schönen Äpfel. Zwei riesige Kürbisse, Karotten, Schokolade, Kartoffeln und vieles mehr. Sogar Zwiebeln lagen da und viele schöne Blumen standen herum.

Mir taten die Kinder leid. Sollen sie sich die ganze Pracht nur anschauen? Das halten die nicht durch. Da bat ich die Kinder nach vorne. In aller Ruhe sollten sie sich einmal die Herrlichkeiten betrachten, und ich versprach ihnen, daß sie sich am Ende des Gottesdienstes etwas mit nach Hause nehmen dürften. Wir feierten einen fröhlichen Gottesdienst. Nach dem Segenswort strömten die Kinder nach vorne. Die Kleinen zuerst. Unter ihnen war ein türkischer Junge. Ich hätte um alles, was ich besitze, gewettet, daß er sich die Schokolade holt. Gott sei Dank habe ich nicht gewettet. Ich hätte alles verloren. Es war kaum zu glauben: Er nahm den riesigen Kürbis. Er konnte ihn kaum schleppen. Seine strahlenden Augen werde ich nie vergessen. Ein kleiner Junge und ein riesiger Kürbis. Ja, so kann man sich täuschen. Überhaupt blieb die Schokolade ziemlich lange liegen. Ein Mädchen nahm sich das Bündel Zwiebeln, und ein Junge griff gleich nach den gewaltigen Kartoffeln, die oben auf einer Kiste lagen. Damit nicht genug. Alle Kinder hatten sich bedient. Jedes war offensichtlich zufrieden. Ich verabschiedete die Kinder und die Erwachsenen per Handschlag am Ausgang. Genauso wie es in der evangelisch-methodistischen Kirche üblich ist. Plötzlich kam nochmals Leben in die Bude. Von der Straße her strömten auf einmal Kinder in die Kirche. Ich wunderte mich, denn sie hatten nicht am Gottesdienst teilgenommen. Wie ein Lauffeuer mußte es sich wohl im „Viertel" herumgesprochen haben, daß es in der Kirche etwas zu holen gab. Ich hielt eines der Kinder an und fragte nach dem Wohin. „In die Kirche", war die

Antwort. „Vorne unter dem Kreuz, da kann jeder sich etwas abholen", sprach's und war in der Kirche verschwunden.
„Ja", dachte ich, „unter dem Kreuz gibt es für jeden etwas zu holen."

Johannes Browa

15   Baptistischer Gottesdienst

Stichworte:	BRD, Baptisten, Freikirchen, Gottesdienst, Gebetsgemeinschaft, Musik (im Gottesdienst), Kirchensteuer, Religionsunterricht, Älteste, Aussiedler, Apostolisches Glaubensbekenntnis
Zum Text/ Problemfeldbeschreibung:	Ingo hat einige seiner Klassenkameraden zu einem baptistischen Gottesdienst eingeladen. Interessiert verfolgen die evangelischen Jungen den Gottesdienst. Hinterher beim gemütlichen Beisammensein erfahren sie vom Pastor der Gemeinde einige Informationen über die Kirchensteuer und das Gemeindeleben.
Vorlesezeit:	9 Minuten
Vorlesealter:	ab 11 Jahren

Am Sonntagmorgen sitzen tatsächlich einige der Klassenkameraden, die Ingo schon oft zum Gottesdienst eingeladen hat, in der kleinen Kapelle in Hörde. Herr Neiden, Jans Vater, ist mitgekommen. Er hat die Jungen mit dem Auto gebracht. Auch er wollte schon immer einmal eine Baptistengemeinde kennenlernen. Es war gar nicht so einfach, die „Evangelisch-Freikirchliche Gemeinde", so lautet die offizielle Bezeichnung, zu finden. Ingo ist freudig erregt und erklärt: „Die Kapelle ist aus einer alten Schmiede umgebaut worden, in Eigenhilfe. Ein Taufbecken und eine Orgel haben wir nicht. Da müssen wir zur Hauptgemeinde in die Stadt."
Alle sind am Eingang freundlich begrüßt worden.
„Warum reden die sich mit ‚Bruder' und ‚Schwester' an?" fragt Philipp leise.
„Das ist wegen der Gemeinschaft. Mein Vater sagt immer: ‚Wir sind Gottes Kinder und gehören deshalb zu einer großen Familie.' Jetzt fängt es an!"
Zwei junge Männer mit Gitarre gehen nach vorn und sagen ein Lied an. Die Gemeinde singt aus einem kleinen Liederheft, das eigens für den Gottesdienstbeginn zusammengestellt worden ist. Weitere Lob- und Anbetungslieder werden von der Gemeinde vorgeschlagen. Etwa zehn Minuten lang wird auf diese Weise gesungen, zum Teil mehrstimmig. „Woanders spielt am Anfang meist die Orgel", flüstert Ingo, als gerade eine kleine Pause entsteht.
Die beiden Männer legen ihre Gitarren ab, und eine junge Frau begrüßt die Gemeinde mit einem Bibelwort. Sie heißt vor allem Gäste herzlich willkommen.

Philipp, Jan, Herr Neiden und Lars werden gebeten, aufzustehen, ihre Namen zu nennen und zu sagen, woher sie kommen. Die Jungen stellen sich vor, und Herr Neiden sagt für alle: „Wir kommen aus der evangelischen Kirche und möchten gern einmal einen Gottesdienst bei den Baptisten miterleben." Die junge Frau wünscht ihnen den Segen Gottes und einen Gottesdienst, bei dem sie sich wohlfühlen mögen. Dann gibt sie die Veranstaltungen der nächsten Woche bekannt. Mit besonderem Nachdruck weist sie auf den Straßeneinsatz am Samstag in der Hörder Fußgängerzone hin: Dort soll ein großer Schaukasten mit Bildern aus dem Gemeindeleben aufgebaut werden: „Wir wollen durch Singen, durch unsere Pantomime-Gruppe und unsere kleine Zeitung auf unsere Gemeinde und die Veranstaltung am Abend aufmerksam machen. Betet dafür, daß Jesus den Menschen begegnet! Nach dem Straßeneinsatz essen wir gemeinsam und bereiten den Abend vor."

Nun kündigt die junge Frau eine kurze Gebetsstille an, wie sie jeden Sonntag üblich ist, in der jeder seine persönlichen Anliegen vor Gott bringen kann. Sie beschließt die Stille, indem sie Gott besonders um Beistand für die Vorhaben der Gemeinde bittet. Das Lied, das die Gemeinde danach singt, wird von einem Harmonium begleitet und steht in dem Gesangbuch „Gemeindelieder". Während dieses Liedes geht ein Körbchen durch die Reihen, in das die Gottesdienstbesucher Geld und Umschläge hineinlegen. Ein Mann aus der Gemeinde dankt für die zusammengelegten Gaben und bittet Gott, sie für den Bau seines Reiches einzusetzen.

Nach Schriftlesung und Gebet durch den Pastor und einem weiteren Lied folgt die Predigt. Der Pastor ist ganz normal gekleidet; er trägt einen dunklen Anzug. Die Jungen hören seiner Predigt gespannt zu, da er sehr anschaulich erzählen kann. Der Pastor kündigt nach seiner Predigt ein Lied an und fordert die Gemeinde dann zu einer Gebetsgemeinschaft auf. Es beten mehrere ältere Männer und Frauen, aber auch einige jüngere. Die meisten gehen in ihrem Gebet auf die Predigt ein. Dann beten alle gemeinsam das Vaterunser. Nach einem Schlußwort und dem Segen ist der Gottesdienst zu Ende.

„Habt ihr Lust, noch mit Kaffeetrinken zu kommen?" fragt Ingo seine Klassenkameraden. „Dann können wir uns noch mit unserem Pastor und den anderen unterhalten."

Jans Vater ist einverstanden, nachdem ihm versprochen wurde, daß die Jungen ordnungsgemäß nach Hause gebracht würden.

„Wo gehen wir denn jetzt hin?" fragt Lars.

„Das weiß ich auch noch nicht", antwortet Ingo, „irgendwer lädt uns immer ein. Das wird vorher nicht abgesprochen."

Heute sind sie bei Wildes, einem jungen Ehepaar mit einem kleinen Kind. Schnell werden Kaffee, Tee, Saft und Plätzchen hingestellt, und bald unterhalten sich die meist jungen Leute in Gruppen.

„Wie hat euch denn der Gottesdienst gefallen?" fragt Pastor Wagner die Jungen.

Sie schweigen zunächst, dann meint Jan: „Eigentlich ganz gut, aber ich fand die Gebete etwas komisch. Die eine Frau hat ja fast dabei geweint."
„Ich kann dich gut verstehen. Für Außenstehende ist das auch eigenartig. Aber das Gebet ist den Geschwistern sehr wichtig. Oft wird ganz spontan gebetet – aus Dankbarkeit, für die Not eines Mitmenschen, für Wegweisung oder für ein Anliegen der Gemeinde", sagt Pastor Wagner.
„Was waren das für Tüten in dem Körbchen?" fragt Philipp.
„Das waren Opfertüten von Mitgliedern", erklärt Pastor Wagner. „Ihr müßt nämlich wissen, daß wir alle unsere Ausgaben selbst finanzieren. Kirchensteuer gibt es also bei uns nicht. Wir erwarten allerdings, daß jedes Mitglied nach seinen Möglichkeiten zu den Kosten beiträgt. Richtschnur ist bei uns das Zehnte vom Einkommen."
„Manches war wie bei uns in der Kirche", sagt Jan. „Die Lieder aus dem Gesangbuch, der Segen oder das Vaterunser."
„Wir verstehen uns in erster Linie auch als evangelisch", sagt Pastor Wagner. „Die Bezeichnung ‚evangelisch-freikirchliche Gemeinde' sagt aus: Wir sind Christen, die sich auf das Evangelium berufen."
„Und so wie heute ist der Gottesdienst überall bei den Baptisten?" fragt Jan.
Pastor Wagner blickt Ingo lächelnd an und sagt: „Erzähl du mal, Ingo, du hast ja schon in verschiedenen Gemeinden Gottesdienste miterlebt."
Ingo kratzt sich am Kopf und sagt nach kurzem Überlegen: „Gar nicht so einfach. Das ist überall etwas anders. Jede Gemeinde macht das, wie sie will. Sie können das genauer erklären."
„Ich kann nur bestätigen, was Ingo sagt", pflichtet Pastor Wagner bei, „für den Ablauf eines Gottesdienstes gibt es keine feste Ordnung. Wir kennen auch kein bindendes Glaubensgesetz, sondern höchstens Empfehlungen. Wir sehen aber das Apostolische Glaubensbekenntnis als gemeinsames Bekenntnis der Christenheit auch für uns als grundlegend an. In diesem Zusammenhang fällt mir ein: Wir haben auch einen zweijährigen Religionsunterricht. Ingo hat übrigens schon ein Jahr hinter sich, aber das nur nebenbei."
„Was mir gut gefallen hat", sagt Lars, „ist, daß der Raum voll war und so viele beim Gottesdienst mitgemacht haben."
„Das ist immer so. Manchmal predigt auch einer, der kein Pastor ist", sagt Ingo.
Pastor Wagner nickt. „Das kommt im Vergleich zu eurer Kirche sogar recht häufig vor. Wir haben, obwohl wir nur eine kleine Gemeinde von 100 Mitgliedern sind, eine ganze Reihe von Brüdern, die auch predigen. Die gehören zu den Ältesten oder zum Vorstand. Der Mann, der euch nachher nach Hause fährt, ist unser Gemeindeleiter und auch Ältester. Er hat euch vorhin auch begrüßt, dort drüben sitzt er."
„Aber der ist doch gar nicht so alt", entfährt es Philipp.
„Nein", sagt Pastor Wagner, „ein Ältester muß nicht unbedingt alt sein. Er ist von Gott mit besonderer Verantwortung für die Leitung der Gemeinde beauftragt und auch dazu begabt. Die Ältesten gehören zu einer größeren

Gruppe, die von der Gemeinde gewählt wird, nämlich zum Vorstand oder zur Gemeindeleitung. Älteste und Vorstandsmitglieder können auch Frauen sein, jedenfalls in vielen Gemeinden, aber den Predigtdienst dürfen nur die Männer verrichten. Vielleicht wird das einmal anders." Pastor Wagner lächelt. „An unserem Predigerseminar in Hamburg studieren seit vielen Jahren auch Frauen."

Ein Mädchen von etwa 17 Jahren schaltet sich in das Gespräch ein: „Ich habe mit halbem Ohr zugehört. Du müßtest noch sagen, daß die Gemeinde über alles entscheidet."

„Ja, danke schön, das ist wichtig", sagt Pastor Wagner. „Das ist Angelika, sie hat über die Baptisten eine Jahresarbeit geschrieben und kennt sich bestens aus. Was müßten denn die Jungen noch wissen?"

„Hm, weiß ich nicht so recht, aber der letzte Punkt ist mir wichtig. Die Gemeinde entscheidet, was mit dem Geld gemacht wird, sie entscheidet über Planungen, über die Aufnahme neuer Mitglieder; es geht nichts an ihr vorbei. − habt ihr noch Fragen?"

Die Jungen schauen einander an und schütteln den Kopf.

„Ich erzähle euch noch ein wenig über unsere Gemeinde", fährt Angelika fort. „Es gibt bei uns natürlich auch solche Gruppen wie in eurer Kirche. Unsere Teestubenarbeit macht mir besonders viel Freude. Wir erreichen damit auch viele Fremde. Manche arbeiten schon mehrere Jahre bei uns mit, obwohl sie gar keine Mitglieder sind.

„Da fällt mir doch noch was ein", sagt Lars. „Wie viele Baptisten gibt es eigentlich in Deutschland?"

„Etwa 70.000", antwortet Angelika, „das sind wenig im Vergleich etwa zu den USA oder zur Sowjetunion. In Amerika bilden die Baptisten eine der größten Kirchen. Und viele Aussiedler aus den osteuropäischen Ländern sind Baptisten. Sie haben es hier im Westen jedoch schwer, sich glaubensmäßig zurechtzufinden."

„Noch etwas", sagt Jan, „ist das überall bei den Baptisten so, ich meine mit dem Kaffeetrinken nach dem Gottesdienst?"

„Es wird immer wieder versucht, nach dem Gottesdienst miteinander ins Gespräch zu kommen, aber offensichtlich gelingt das besser in kleinen Gemeinden. Oft findet aber eine Gemeindebibelstunde schon vor dem Gottesdienst statt", sagt Angelika, „da kann man auch in kleinen Gruppen miteinander über den Bibeltext sprechen."

Zum Abschied gibt Pastor Wagner den Jungen eine nett gestaltete Faltkarte, auf der in Kürze all das noch einmal aufgeführt ist, was sie über die Baptisten erfahren haben.

Friedhelm Munzel

16   Der verpatzte Friedensgruß

Stichworte:	BRD, Gottesdienst, Messe, Friedensgruß, Solidarität, Ausländerfeind-lichkeit, Rassendiskriminierung, Vorurteile, Asylbewerber
Zum Text/ Problemfeld- beschreibung:	Paulos aus Eritrea will in einer deutschen Kirche an der Messe teilneh-men. Er versucht sich in die Gemeinde zu integrieren, erfährt aber auch hier, wie im Alltagsleben, Ausgrenzung. „Ich singe mit, ich bete mit – aber niemand beachtet mich!" Verbittert und enttäuscht verläßt er die Kirche.
Vorlesezeit:	5 Minuten
Vorlesealter:	ab 10 Jahren

Endlich hatte Paulos sich ein Herz gefaßt. Er war in die Kirche gegangen. Zum erstenmal in eine deutsche Kirche.
Leise fiel hinter ihm die Tür ins Schloß. Orgelmusik klang ihm entgegen. Er schaute auf seine Uhr: vier nach zehn. Natürlich, sie hatten pünktlich angefan-gen. Wo sollte er sich nun hinsetzen? Schon wollte er rasch in die hinterste Reihe schlüpfen, da zog plötzlich der Priester mit seinen Meßdienern in die Kirche ein. In festlichem Weiß leuchteten ihre Gewänder. Vor dem Altar blieb der Priester stehen. Sein Blick glitt über die Menge der Gläubigen. Die Orgel verstummte.
Nun würde gleich die Messe beginnen. „Ob er mich wohl persönlich begrüßt – vor der ganzen Gemeinde?" fragte sich Paulos. Sein Herz klopfte schneller. „So, wie es bei uns in Eritrea üblich ist, wenn ein Fremder in die Messe kommt? Aber dann muß er mich sehen können!"
Mit zögernden Schritten ging Paulos durch den Mittelgang nach vorn. Unter seinen Füßen sah er einen roten Läufer. Er spürte die Blicke der Leute in seinem Rücken. Da wurde sein Schritt fest. Kerzengerade hielt er sich nun. Waren es freundliche Blicke? Oder starrte man ihn hier genauso an wie draußen auf der Straße? Oh, er verstand zu lesen, was in den Augen der Leute stand, wenn er im Dorf an ihnen vorüberging! Zwei deutsche Vokabeln – er hatte sie schnell gelernt, und nie wieder würde er sie vergessen: Asylant – und: Neger.
Bei der dritten Reihe machte Paulos halt. Hier wollte er sich hinsetzen. Er schaute auf. Da – für einen Augenblick waren sich ihre Blicke begegnet! Der Priester hatte ihn also bemerkt. Schnell suchte sich Paulos einen Platz. Er wartete gespannt.
„Der Priester spricht lange", dachte er nach einer Weile. „Ich verstehe kaum etwas... Sonntag... Vater... Messe – was ist Messe? – ... Jetzt – er sieht mich an!" Paulos starrte auf seinen Mund. Er merkte nicht, daß die anderen sich setzten. Erst als sich der Priester umdrehte, um auf einem der Stühle im hinteren Altarraum Platz zu nehmen, begriff er: „Nein – er hat mich nicht begrüßt." Er war enttäuscht. „Obwohl er mich gesehen hat!" Ihn begann zu frieren. Wie eine Schlange kroch langsam die Kälte in ihm hoch.

Minuten vergingen. Paulos grübelte. Die Orgel spielte unterdessen ein Lied, und die Gemeinde sang dazu. Schließlich faßte Paulos einen Entschluß: „Ich will mir die Messe nicht selbst verderben. Vielleicht wollte der Priester mich nur nicht in Verlegenheit bringen? Vielleicht ist nach dem Gottesdienst noch Gelegenheit?"

Und so stimmte er in das Lied ein, das die anderen gerade sangen. Das heißt, er summte die Melodie mit. Als man das Kreuzzeichen machte, bekreuzigte auch er sich. Oben – unten, rechts – links. Erst der Längsbalken, dann der Querbalken. Man fiel auf die Knie und faltete die Hände zum Gebet. Paulos tat es den anderen gleich. Nur machte er sich sein eigenes Gebet. Die Worte des Priesters, der laut vorbetete, konnte er nicht verstehen. „Gott", sagte er leise in seiner Sprache, „ich will dich um zwei Dinge bitten. Das eine ist meine Anerkennung als Asylbewerber. Das andere ist: meine Familie in Eritrea, schütze sie vor dem Krieg!"

„Amen!" stimmte er in das Amen der Gemeinde ein. Nun fühlte er sich besser. Nach langer Zeit hatte er wieder einmal gebetet. Und er hatte es gemeinsam mit den Deutschen getan.

Die Eucharistiefeier begann. Die Gemeinde erhob sich. Minuten später kam plötzlich Bewegung in die Menge. Ein jeder schüttelte seinem Banknachbarn die Hand und sagte etwas dazu. Das mußte der Friedensgruß sein! „Salam" wollte Paulos sagen, „ich will Euch Salam wünschen, denn ich weiß, wie schrecklich es ist, ohne Frieden zu leben!"

Er wandte sich seiner rechten Nachbarin zu, einer Frau mit rotem Hut. Sie schüttelte selbst gerade ihrem rechten Nachbarn die Hand. Also drehte sich Paulos nach links. Sein linker Nachbar aber, ein älterer Herr in grauem Anzug, blickte starr nach vorn und schien Paulos' Hand zu übersehen. Paulos wandte sich wieder nach rechts. Doch die Frau hatte sich hingesetzt und kramte nun in ihrer Handtasche.

„Das kann doch nicht wahr sein!" Paulos war zumute, als hätte er einen Schlag auf den Kopf bekommen. Er wagte es nicht mehr, sich zur hinteren Reihe umzudrehen. Wie versteinert stand er an seinem Platz. „Ich singe mit. Ich bete mit", er mußte schlucken, „aber – niemand beachtet mich!"

Den Rest der Messe erlebte Paulos wie im Traum. Er nahm kaum wahr, was um ihn herum geschah. Als die Gläubigen dann nach vorn zum Priester gingen, um das Brot, den Leib Christi, zu empfangen, nutzte er die Gelegenheit. Schnell lief er nach draußen.

Vor der Kirche wehte ihm ein kalter Novemberwind entgegen. Der Himmel war grau. Paulos zog seinen Schal enger und steckte die Hände in die Taschen. Dann machte er sich auf den Weg zum Asylantenheim. „Kaltes Land", sagte er leise zu sich selbst, und er meinte nicht nur den November.

Susanne Beck

17 Meine Angst sieht aus wie ein Löwe

Stichworte:	BRD, Alt-Katholiken, Gottesdienstvorbereitung, Angst, Vertrauen (zu Gott), Lieder (im Gottesdienst), Abendmahl, Pfarrer, Eucharistie, Bischof, Freizeit, Dan 6
Zum Text/ Problemfeld- beschreibung:	Altkatholische Kinder bereiten auf einer Freizeit einen Gottesdienst zum Thema Angst vor. Im Mittelpunkt des gelungenen Gottesdienstes steht die Geschichte von Daniel in der Löwengrube.
Vorlesezeit:	6 Minuten
Vorlesealter:	ab 9 Jahren

„Also der Gottesdienst war echt toll!" − „Find ich auch, einsame Spitze!" Diese „Lobeshymnen" standen am Ende von drei schönen Tagen mit vierzig alt-katholischen Kindern aus Nordrhein-Westfalen. Drei Tage in der Hagener Jugendherberge zusammen essen und spielen, streiten und sich vertragen, singen und wandern, still sein und toben. Die erste Stunde in der Jugendherberge war aufregend: ein Junge stürzte im Übermut auf eine Treppenkante − und die besorgten Eltern nahmen ihn gleich wieder mit nach Hause. Daraufhin zögerten einige Eltern, das Gepäck ihrer Sprößlinge aus dem Wagen zu nehmen. Wer hatte da mehr Angst? Schließlich siegte der Mut der Kinder, und die Eltern verdrückten sich ein Tränchen und fuhren heim. Nach dem Abendessen waren alle „bärenstark" und wollten gleich die Herberge auseinandernehmen. Die Bande war nicht zu halten. „Auf zu mutigen Taten!" Da gab es nur eins, Nachtwanderung. Erst war's unheimlich laut, dann wurde einer nach dem andern still. Man hörte sogar den schaurig-schönen Ruf eines Käuzchens. Da suchte manche mutige Jung-Männer-Faust irgendwo ein anderes Händchen. Wieviele Leute da alle plötzlich neben mir und meiner Frau gehen wollten! Rechts: Stacheldraht, links: unheimlich dunkler Wald, und wir alle mitten im Sumpf! „Finden wir denn überhaupt wieder zur Herberge zurück?" (ehrlich gesagt: mir war's auch nicht ganz wohl zu Mute). Schauergeschichten machten die Runde. War da nicht wer? Knackte da nicht was? − und nun fängt's auch noch an zu regnen! Da fanden alle ganz toll, was Berti sagte: „Also, ich bin wirklich froh, daß wir unseren Pfarrer dabei haben, den läßt der liebe Gott nämlich nicht im Stich, da kann uns nichts passieren!" Ja, und dieser folgenschwere Satz war der Anfang unserer Gottesdienstvorbereitung. − Wir kamen natürlich gut zur Herberge zurück, und bald träumten die müden Krieger von ihren Heldentaten.

Nach dem Frühstück am nächsten Morgen sprachen wir über die Nachtwanderung: Wir alle haben Angst. „Ich habe immer Angst im Dunkeln und Angst vor dem Tod", sagte Simone. „Ich träume immer so schrecklich, ich habe Angst vor Strafen und Angst vor der Schule", meinte Carsten. „Vor dem Alleinsein habe ich Angst", sagte Claudia und ein anderer hatte Angst vor einer unheilbaren Krankheit. Da war auch ein griechisches Mädchen dabei, die hatte so schreckliche Angst vor ihrem Vater, der sie immer schlug und sogar ihr Leben bedrohte, so daß sie zunächst in meiner Familie und später in einem Kinderheim Unterschlupf suchen mußte. „Mein Vater stürzt sich oft auf mich wie ein Löwe", sagte sie. Da wußten alle, wie sie „Angst" malen mußten: Die Angst hat ein Löwengesicht.

Und das war schon die Fortsetzung der Gottesdienstvorbereitung. So war es nämlich geplant: am letzten Tag sollte in der Hagener Auferstehungskirche zusammen mit dem Bischof und dem Pfarrer aus den nordrhein-westfälischen Gemeinden in der Eucharistie Dank gesagt werden. Dank für die Angst? Das konnte doch so nicht gehen. Wir erinnerten uns an Berti: „Unseren Pfarrer läßt der liebe Gott nicht im Stich!" Und irgendwann einmal fiel einem Kind dazu eine Geschichte aus der Bibel ein, das heißt, eigentlich ein Lied darüber: „Als Daniel in der Patsche saß, sozusagen als Löwenfraß..." Das war es! „War der nicht auch Pfarrer?" – „Nein, der Daniel war ein Prophet." „Was ist das denn?" „Einer, der was von Gott sagt." „Also, doch ein Pfarrer." – So ging es hin und her. Wir fanden gemeinsam heraus, daß der Pfarrer gar kein besonderer „Liebling Gottes" ist, daß Gott jeden liebt, aber daß manchmal Menschen durch einen anderen Menschen – manchmal auch einen Pfarrer – Vertrauen zu Gott fassen können. Ja, so war es auch bei Daniel. Nun wurde die Geschichte erzählt – erstaunlich, wieviel mancher davon wußte! – und am vorletzten Tag am Abend fragte einer: „Wann bereiten wir denn eigentlich unseren Gottesdienst vor?" Dabei waren wir doch alle schon mitten drin. Es fehlten noch ein paar Lieder, die etwas von „Vertrauen" und „Geborgenheit" sagten. Ein schönes war: „Wie ein Vogel im Nest, so sind wir bei dir, – wie ein Fisch im Meer leben wir in dir, – wie ein Kind zu Haus wohnen wir bei dir." Alle kannten: „Gottes Liebe ist wie die Sonne..." und Angelika spielte auf der Gitarre: „Brot, das die Hoffnung nährt, Freude, die der Trauer wehrt..." Das „Daniel-Lied" gehörte natürlich dazu und zum Schluß: „Bleib bei uns, Herr der Herrlichkeit, bleib bei uns in Verlassenheit..."

Die Löwengesichter waren inzwischen auch fertig: Jedes Kind hatte „seinen" Löwen gemalt, vor dem es Angst hat. Da konnte man Lehrer ahnen oder andere Erwachsene, ältere Geschwister, Klassenkameraden. Die Gesichter wurden ausgeschnitten, man hatte Masken, und nun konnte man mit seiner Angst spielen: „Angst erkannt – Angst gebannt!"

Der Abschiedstag kam viel zu schnell. Wir wanderten mit unserem Gepäck zur Hagener Kirche, der Herr Bischof war da und die Heimatpfarrer, natürlich auch die Eltern und Geschwister. Pfarrer Birkhäuser aus Dortmund hatte seine Gitarre mitgebracht und Tobias durfte die Lieder auf der Orgel begleiten. Besonders schön war es, als ich die Geschichte von „Daniel in der Löwengrube" vorlas, da lagerten sich alle meine Löwen mit ihren Masken vor dem Altar um das Lesepult. Und dann kam die spannende Stelle, wo der König voller Sorge in die Löwengrube schaute und fest annahm, daß die Löwen den Daniel gefressen hätten: „Und was meint ihr, was er da sah? Da saßen alle Löwen friedlich um den Daniel – und spielten „Mensch ärgere dich nicht". – Alle lachten und ließen ihre Masken fallen. Es war, als wäre damit ein gehöriges Stück von Angst auch mit abgefallen.

In der Geschichte von Daniel hat dieser ja wunderbarerweise einen großen Topf mit Suppe von Gott geschenkt bekommen. Das war uns Hinweis genug, daß zum Freuen auch das gemeinsame Mahl gehört. Einer hat unsere Angst genommen, mit dem durften wir nun alle das Abendmahl halten, Jesus Christus. Das war es eigentlich, was wir miteinander erlebt haben und was ich hier erzählen wollte: ein Gottesdienst, der aus dem gemeinsamen Leben entstanden ist, kein Pfarrergottesdienst „von oben", keine Stoßseufzer: „Ach Gott, jetzt müssen wir auch noch so einen Gottesdienst vorbereiten!" oder in Ruhrgebiets-deutsch: „Ey, komm los, bet' dich wat!"

Was ich gelernt habe: Ein guter Gottesdienst beginnt im Leben der Familie oder einer guten Gemeinschaft. Wie man alltags miteinander ißt und miteinander umgeht, das ist die eigentliche Gottesdienstvorbereitung. Und noch eines: Gott nimmt nicht die Löwen weg, aber er lehrt uns, mit ihnen umzugehen, vielleicht sogar zu spielen.

Klemens Büchler

18   Es ist genug für alle da

Stichworte:	BRD, Konfessionen, evangelisch – katholisch, Eucharistie, Abendmahl, Konfirmanden-Unterricht, Gemeinschaft, teilen
Zum Text/ Problemfeld-beschreibung:	Zwei Konfirmandinnen machen sich ihre Gedanken über den bevorste-henden ersten Abendmahlsbesuch. Die eine erzählt von ihrer Mutter, die als Evangelische in einem katholischen Krankenhaus an einer Eucha-ristiefeier teilgenommen hat. Dort hat sie im gemeinsamen Brotbrechen und -teilen eine Gemeinschaft erfahren, die herkömmliche Grenzen über-schreitet.
Vorlesezeit:	7 Minuten
Vorlesealter:	ab 12 Jahren

„Was Pfarrer M. da heute wieder erzählt hat, ich versteh immer nur Bahnhof", sagte Sabine nach dem Konfirmandenunterricht zu Silke, ihrer besten Freundin. In vier Wochen ist Konfirmation. Heute hatten sie über das Abendmahl gespro-chen. „Ich weiß auch gar nicht, was das soll: Abendmahl – und das am hellichten Sonntagvormittag! Nach vorne gehen und mit anderen Brot essen und Wein trinken . . . puh, . . . am liebsten würde ich mich da verdrücken, aber das gehört ja wohl dazu, wenn man konfirmiert werden will."

Silke war stiller als sonst. Diesmal konnte sie Sabine nicht, wie üblich, zustim-men.

Sabine merkte, daß sie mit ihren Gedanken ganz woanders war. „Hallo", sagte sie zu Silke, „hast du Probleme?" Da fiel ihr ein: Silkes Mutter liegt im Krankenhaus. Deshalb schob sie blitzschnell die Frage nach: „Wie geht's denn deiner Mutter?"

Silke zögerte: „Eigentlich ganz gut. Aber weißt du, sie erzählt manchmal so Sachen, die passen gar nicht zu ihr. Wie zum Beispiel gestern. Das hatte übrigens auch was mit Abendmahl zu tun. Sie war richtig fröhlich, als sie davon erzählte."

„Und was war das?" fragte Sabine. Sie merkte, daß Silke gern darüber reden möchte, aber gar nicht recht weiß, wie sie anfangen soll.

Schließlich sagte sie: „Ich habe dir doch erzählt, daß meine Mutter in einem katholischen Krankenhaus liegt. Da sind Nonnen, aber auch andere Schwestern. Zuerst habe ich bei mir gedacht: ‚Das hat ja gerade noch gefehlt.' Aber die sind dort alle eigentlich sehr nett − und lachen tun die auch. Nur neulich − es war Samstagabend − war alles ganz anders und irgendwie sehr feierlich. Alle Türen zum großen Gang standen auf. Die Kranken lagen ordentlich in ihren Betten. Die meisten, sogar die ganz Alten, hatten einen Kopfhörer auf. Auf dem kleinen Tisch, der in jedem Zimmer steht, standen zwei brennende Kerzen. Als ich zu meiner Mutter wollte, kam eine Nonne auf mich zu und sagte ganz freundlich: ‚Du, Silke, hast du ein bißchen Zeit mitgebracht? Es ist gerade Gottesdienst. Er wird aus der Kapelle in jedes Zimmer übertragen. Wir feiern die Eugarie oder die Eucharie, oder so ähnlich. Du kannst dich dort hinsetzen und warten. Das habe ich auch gemacht. Es war ganz still, nur manchmal schrillte das Telefon. Nach einer Weile kamen zwei Nonnen in schwarzer Kleidung, sonst haben sie die weiße Schwesterntracht an, und trugen ein Tablett, auf denen kleine Plätzchen lagen. Sie sahen fast so aus, wie die ‚Oblaten', von denen heute Pfarrer M. gesprochen hat. Damit gingen sie in jedes Zimmer. Ich bin einfach aufgestanden, weil ich wissen wollte, was da passiert. Und da habe ich gehört, wie sie genau das sagten, was uns der Pfarrer vorhin auch vorgelesen hat: ‚Christi Leib für dich gegeben . . .' Ob da jeder so ein kleines Brotstück kriegt? habe ich gedacht. Mutter ist evangelisch, ob die dann zuschauen muß? Die Zeit verging schnell. Da kam schon die Schwester. Ich durfte zu meiner Mutter."

„Sei mir nicht böse", unterbrach Sabine sie, „aber war das alles? Sehr spannend finde ich das eigentlich nicht."

Silke schluckte. Dann sagte sie sehr bestimmt: „Anders spannend. Nicht wie im Krimi. Aber wenn ich sonst in so ein Zimmer mit lauter Kranken gekommen bin, dann war das nicht gerade lustig. Aber an dem Abend war das anders. Ich konnte merken: Die freut etwas. Sie haben etwas Schönes erlebt, und darüber konnten sie ihre Sorgen für einen Augenblick vergessen. Ist das nichts?"

„Aber was ist denn da passiert?" fragt Sabine.

„Da kann ich nur weitergeben, was meine Mutter mir erzählt hat. Sie sagte: ‚Heute habe ich mir auch den Kopfhörer umgetan. Ich wollte mal hören, wie so ein katholischer Gottesdienst geht. Da hat der Pfarrer über eine Geschichte von Jesus gepredigt, wie dieser auf einer Hochzeit das Wasser in großen Krügen in Wein verwandelt hat. Dem Pfarrer war es ganz wichtig, daß das keine Geschichte von damals ist. Er hat gesagt: Der Wein und das Brot, das sind Zeichen. Sie bedeuten: Alle sollen sich freuen. Alle sollen leben und Hoffnung behalten. Diesen Wein und dieses Brot haben wir noch heute. Wir segnen beide. Das Brot in diesem Gottesdienst bringen die Schwestern in die Krankenzimmer – und vergeßt nicht: Es ist genug und für alle da. Und das letzte hat er noch einmal wiederholt: Es ist genug für uns alle da. Na, und dann kamen die Nonnen und brachten das Brot – für alle, die katholisch sind. Ich lag daneben. Du wirst es nicht glauben, aber ich war traurig, daß ich nicht auch ein solches Zeichen bekam.

Ob meine Mitpatientin, Frau R., Gedanken lesen konnte? Auf einmal stand sie vor meinem Bett. In der Hand hielt sie ihr Zeichen. Sie sagte zu mir: ‚Alle sollen sich freuen. Es ist genug und für alle da.‘ Und während sie das sagte, brach sie ihr kleines Stück Brot in zwei Teile, gab mir eins und sagte zu mir dieselben Worte, die der Pfarrer vorher gesprochen hatte: Christi Leib für dich gegeben. Und dann gab sie mir ein Zeichen: ein kleines geteiltes Brotstück. Und da habe ich mir gedacht: Auch du sollst dich freuen. Auch du sollst leben. Als sie das erzählt hatte, guckte sie ganz komisch, fast, als ob sie weinen müßte. Dann sagte sie noch: Das war schön, dazuzugehören. Ich fühlte mich ganz anders; das ist der Grund, warum wir heute alle so vergnügt sind!"

Während Silke das erzählte, hatte Sabine sehr aufmerksam zugehört. Aber weil Schweigen nicht zu ihren Stärken gehörte, sagte sie: „Na, wenn das so war, dann kann ich das vom Konfirmandenunterricht auch besser verstehen. Da kannst du mal sehen, was passiert, wenn nur eine einzige einfach ihr Brot teilt, und das war eine Katholikin. Wenn deine Mutter dir das nicht erzählt und ich dich nicht ausgequetscht hätte, wäre ich vielleicht dabei geblieben, zu denken: ‚Ach, der Pfarrer mit seinem Abendmahl, ach, die Katholiken.‘"

Elsbe Goßmann

Unser erster evangelischer Sonntagsgottesdienst

19

Stichworte:	BRD, Gottesdienst (evang.), Abendmahl, Predigt, Gebet, Lieder (im Gottesdienst), Konfirmanden, evangelisch–katholisch
Zum Text/ Problemfeldbeschreibung:	Zwei katholische Kinder besuchen mit ihrem Vater den evangelischen Gottesdienst. Aufmerksam nehmen sie die Besonderheiten eines evangelischen Gottesdienstes wahr, in dessen Zentrum die Predigt steht.
Vorlesezeit:	4 Minuten
Vorlesealter:	ab 9 Jahren

An einem Samstag im Spätsommer meinte unser Vater plötzlich, wir sollten am Sonntag einmal in die evangelische Kirche zum Gottesdienst gehen. Wir wunderten uns doch sehr über seinen Vorschlag. Wir gehen nämlich regelmäßig sonntags zur Messe in unsere katholische Kirche. Immerhin ist uns dabei schon oft aufgefallen, daß auch die Evangelischen in unserem Ort zur gleichen Zeit fast den gleichen Weg gehen. Sie sind nur immer früher da. Wir müssen dann gerade noch hundert Meter weiter bis zu unserer Kirche laufen. Noch nie waren wir auf den Gedanken gekommen, sonntags den Gottesdienst in der evangelischen Kirche zu besuchen. Nur einmal war ich, Tobias, bisher in der evangelischen Kirche. Da heiratete nämlich mein Fußballtrainer.

Nun verließen wir am Sonntagmorgen wie sonst auch kurz nach 9 Uhr das Haus. Etwas ungewöhnlich war das schon. Wir ließen nämlich unser Gebetbuch – das „Gotteslob" –, das wir zur Erstkommunion bekommen hatten, daheim. Auf dem Weg zur Kirche sahen wir Katholiken und Evangelische, überholten manche und überlegten bei uns, ob sie uns wohl ansähen, daß wir heute in die evangelische Kirche wollten. Jedenfalls sind wir in der Kirche dann doch manchen Leuten aufgefallen. Zum Beispiel den Eltern von Jörg, der in meiner Klasse ist. Die kennen mich sonst nur von den Geburtstagsfeiern her. Auch der Uhrmacher, bei dem wir immer die Batterie für unsere Uhren erneuern lassen, erkannte uns. Vater erklärte uns, daß der Mann Mitglied im Ältestenrat der evangelischen Gemeinde ist. Auch einige Schüler aus der 8. und 9. Klasse unserer Schule bemerkten uns und sahen sich mehrfach nach uns um. Sie saßen alle vorn auf beiden Seiten des Gangs in den ersten Bänken. Vater meinte, das seien wohl die Konfirmanden der Gemeinde: die Jungen und Mädchen, die im nächsten Frühjahr konfirmiert werden. Das ist so was Ähnliches wie bei uns die Firmung oder Erstkommunion und Firmung zusammen.

Übrigens, als wir in die Bänke gingen, machte mein Bruder Kilian gewohnheitsmäßig eine Kniebeuge. Erst als wir die anderen Leute, die nach uns kamen, beobachteten, merkten wir, daß dies hier gar nicht üblich ist. Ja, die Bänke: wir konnten uns hier nicht knien. Entweder saßen oder standen wir; das war uns auch einmal angenehm.

Für uns war der Beginn des Gottesdienstes ganz ungewöhnlich. Der Pfarrer erschien – ohne Ministranten – und begrüßte die Leute. Danach verlas er erst einmal eine Reihe von Ankündigungen für die kommende Woche. Dann fing es erst richtig an. An die einzelnen Gebete, die gesprochen wurden, können wir uns nicht mehr genau erinnern. Aber wir merkten, daß in Fürbitten, wie bei uns auch, für andere Menschen gebetet wurde, zum Beispiel für Kranke und alte Menschen, die einsam sind und nicht zum Gottesdienst kommen können. Außer den Gebeten wurde viel aus der Bibel vorgelesen. Wir erinnern uns noch an die Geschichte, wie Gott dem Mose die Gebote übergab und erklärte. Der Pfarrer hat diesen Text aber nicht einfach aus der Bibel vorgelesen. Er hat ihn praktisch in seine Predigt eingebaut. Er las jeweils einen kurzen Abschnitt, meist ein oder zwei Gebote, vor und erklärte ihn dann ausführlich. Dadurch wurde die Predigt doch ziemlich lang. Jedenfalls war die Predigt in diesem Gottesdienst die Hauptsache. Der Pfarrer stand dabei auf der Kanzel, und so konnten ihn alle gut sehen und hören. In der übrigen Zeit stand er vor dem Altar und sprach die Gebete. Die Gemeinde betete gemeinsam nur das Vaterunser und sang fünf Lieder. Wir fanden das für unsere Gewohnheiten etwas wenig, auch waren uns die Lieder nicht bekannt. Wir haben deshalb die Texte im Gesangbuch, das wir in der Kirche an uns nehmen konnten, nur mitgelesen. Das Vaterunser haben wir natürlich mitgebetet.
Am Altar geschah an diesem Tag eigentlich nichts. Es gab ja keine Eucharistiefeier, und so wurde auch kein heiliges Brot ausgeteilt. Vater erklärte uns, daß das Abendmahl in vielen evangelischen Gemeinden meistens einmal im Monat gefeiert wird. Das ist dann ein Abendmahlsgottesdienst, wohl weil Jesus mit seinen Freunden Abendmahl gehalten hat. Wenn wir wieder einmal in die evangelische Kirche gehen, suchen wir uns einen solchen Abendmahlsgottesdienst aus.
Nach dem Schlußlied gingen wir langsam hinaus. An der Tür war eine Kollekte, wie oft auch bei uns. Als wir auf die Straße traten, sahen wir auch die Katholiken von ihrem Gottesdienst nach Hause gehen. Nur wenige blieben stehen und sprachen mit den anderen; auch wir trauten uns nicht so recht, denn etwas unsicher waren wir noch immer. Ob das so bleiben wird?

Joachim Maier

Florians Kirchgang

Stichworte:	BRD, Messe, Gottesdienst, Eucharistie, evangelisch–katholisch, Wandlung, Abendmahl, Priester, Talar, Meßgewand, Ministranten, Kommunion, Lieder (im Gottesdienst), Kerzen, Altar
Zum Text/ Problemfeld- beschreibung:	Florian stammt aus einer konfessionsverschiedenen Ehe und wird evangelisch erzogen. Bei dem Besuch einer katholischen Messe entdeckt er Gemeinsamkeiten und Unterschiede zum evangelischen Gottesdienst. Vor allem fällt ihm die „feierliche Stimmung" und das geheimnisvolle Geschehen bei der Wandlung auf.
Vorlesezeit:	5 Minuten
Vorlesealter:	ab 9 Jahren

Es war in den Sommerferien an einem Sonntagmorgen. Florian hatte einen Tag zuvor mit seiner Mutter vereinbart, einmal einen Gottesdienst in ihrer, der katholischen Kirche, am Ort zu besuchen. Sonst geht die ganze Familie sonntags immer in den evangelischen Familiengottesdienst.
Ein wenig gespannt war Florian ja schon. Was ist denn so anders, daß in der Schule die evangelischen Kinder zum Religionsunterricht den Raum verlassen müssen? Oder daß er jetzt nicht, wie seine Freunde in der Schule, das Fest der Heiligen Kommunion feiern konnte?
Merkwürdig kam ihm das Ganze schon vor, doch an jenem Sonntagmorgen wollte er sich Klarheit verschaffen.
Zur gleichen Zeit wie sonst zu den Familiengottesdiensten gingen sie aus dem Haus. Schon von weitem war das goldene Kreuz auf dem Dach der Franziskuskirche zu sehen. Vor der Kirche hatten sich viele Leute versammelt, viele ältere Leute, wie Florian fand, die sich sehr eifrig unterhielten. Im Vorbeigehen mußte er dann feststellen, daß die Leute gar nicht so alt waren, wie es von weitem den Anschein hatte. Sie waren nur dunkel gekleidet.
Als plötzlich die Orgel losbrauste, drängten alle Außenstehenden in den Innenraum. Beim Betreten der Kirche fielen Florian vor allem die vielen Kerzen auf, die überall, nicht nur vorne am Altar, an den Seitenaltären, am Ausgang, zwischen den hohen Säulen brannten; alles war hell erleuchtet. Das gefiel Florian besonders gut, es wirkte alles so feierlich.
Als er dann mit seiner Mutter vor einer Bankreihe stehenblieb, sah er, wie sie sich bekreuzigte und das Knie vor dem Altar beugte. Die anderen Leute taten das gleiche. Es wirkte so, als ob sie sich aus Achtung vor Gott verbeugten. In den Bankreihen selbst waren unten mit Schaumstoff belegte Leisten zum Niederknien angebracht.
Während des Eingangsliedes vernahm Florian ein Klingeln. Der Priester, begleitet von seinen Meßdienern, verneigte sich vor dem Allerheiligsten, ging zum Altar, küßte ihn und nahm dann anschließend Platz.

Der Priester trug ein buntes Gewand, das fiel Florian sofort auf – im Gegensatz zum schwarzen Talar des evangelischen Pfarrers. Überhaupt wirkte der Priester wie ein König, der von den Ministranten Kelch und Bibel gereicht bekam. Alles war so festlich und ruhig. Das war Florian gar nicht gewöhnt. Im Familiengottesdienst sprangen oft die Kinder herum und es schrien die Babies, die die Mütter in die Kirche mitbrachten.

Florian mußte sehr oft aufstehen und teilweise auch lange stehen. Es wurde auch viel öfter gebetet. Sonst konnte er sich nicht richtig an Einzelheiten erinnern, aber das lag auch daran, daß der Priester so ernst und in für Florian teilweise unverständlichen Worten gesprochen hatte. Später fand er es schade, daß er viele Ausdrücke nicht verstehen konnte, und ein wenig freute er sich auf den Kindergottesdienst in der evangelischen Gemeinde. Was ihn allerdings beeindruckte, war, daß der Priester das Evangelium, die Lesung und das Vaterunser sang. Ja, fast wie ein Opernsänger, mit hohen und dann wieder lang gehaltenen tiefen Tönen. Schließlich fand das Abendmahl statt, das hier Eucharistiefeier heißt. Das mußte wohl der Höhepunkt sein: Alle Leute waren sehr andächtig, und niemand hüstelte mehr. Florians Mutter kniete nieder. Er konnte richtig spüren, daß jetzt etwas ganz Besonderes kam. Die Ministranten reichten dem Priester zwei goldene Schalen mit Hostien und den Kelch, die gesegnet wurden. Eigentlich wollte Florian schon verstehen, was sich dort vorne zutrug. Also mußte er seine Mutter in ihrer Andacht stören. Sie erzählte ihm leise, daß der heiligste Moment der Messe die Wandlung ist, d. h. wenn aus der Hostie der Leib und aus dem Wein das Blut Jesu Christi wird. Erst nachdem man sich als sündig bekannt hat, geht man zur Kommunion. So ganz verstanden hatte er es nicht. Doch das wollte er sich zu Hause noch einmal in aller Ruhe erklären lassen. Zunächst gab es für Florian viel zu sehen. Die Leute standen in einer Reihe hintereinander, und jeder bekam seine Hostie in die Hand gelegt. Das ganze wurde vorher durch Rasseln, Glockengeläute und Weihrauchschwenken eingeleitet. Florian bekam alle Einzelheiten gar nicht so richtig mit. Er blieb in der Bank sitzen und konnte so ganz gut beobachten, was alles um ihn herum vor sich ging. Nachdem die Leute in ihre Bankreihe zurückgekehrt waren, knieten sie nieder und beteten lange.

Alles war schon ein wenig fremd für ihn, auch die Lieder, die gesungen wurden. Wenn die evangelischen und katholischen Christen dieselben Lieder singen würden, wäre das schon besser, dann fühlte man sich auch vertrauter, überlegte er für sich.

Erst beim Hinausgehen – nachdem der Priester den Segen gesprochen hatte – registrierte Florian die vielen bunten Fenster, auf denen die Stationen des Kreuzwegs Jesu dargestellt waren. Am Ausgang durfte er dann endlich eine Kerze anzünden – darauf hatte er sich die ganze Messe über schon gefreut.

Ursula Kress / Florian Sumpf

Wahlgespräche

Stichworte:	BRD, Kirchengemeinderat, Kirchenältester, Pfarrer, Laien, Kirchenwahlen, Pfarrgemeinderat
Zum Text/ Problemfeldbeschreibung:	Philipp unterhält sich mit seinem Vater über die anstehende Kirchengemeinderatswahl. Im Gespräch wird deutlich, daß in der evangelischen Kirche Kirchengemeinderat und Pfarrer zusammen die Gemeinde leiten.
Vorlesezeit:	5 Minuten
Vorlesealter:	ab 8 Jahren

„Papa, erzähl mir doch noch 'ne Geschichte!"
„Nein, jetzt ist es Zeit zum Schlafen." Gerade will Philipps Vater noch ein „Gute Nacht!" dranhängen, als das Telefon klingelt.
Philipp ist ganz Ohr, vielleicht könnte es ja irgend etwas sein, was auch für ihn wichtig ist, und außerdem verzögert der Anruf das Zu-Bett-Gehen.
„Wie sind Sie denn gerade auf mich gekommen? Bloß weil ich im Kirchenchor mitsinge und beim Gemeindefest mithelfe, muß ich doch nicht gleich Kirchengemeinderat werden."
Philipp hat so ein Gefühl, daß es sich um etwas Wichtiges handelt, das er unbedingt mit anhören muß. Das muß sein Vater ihm nachher alles erklären.
Endlich hört er das „Auf Wiederhören!" seines Vaters.
„Papa, wirst du jetzt Bürgermeister oder Bundeskanzler?" stürmt Philipp auf ihn ein.
„Nein!" lacht der Vater, „Frau Müller hat nur gefragt, ob ich bereit sei, für das Amt eines Kirchenältesten zu kandidieren."
„Na, bist du?" möchte Philipp gleich wissen.
„Das muß ich noch mit Mama und dir besprechen."
„Ich bin einverstanden", meint Philipp sogleich. „Was mußt du denn da machen? Kannst du dann bestimmen, daß ich immer bei Frau Huber Religionsunterricht habe und im Gottesdienst immer deine Lieblingslieder gesungen werden?"
„Setz dich erst mal hin, dann will ich dir das erklären! Alle evangelischen Christen hier im Ort gehören zur Evangelischen Kirchengemeinde, die katholischen zur Katholischen Kirchengemeinde. In manchen Orten gibt es dann noch andere christliche Gemeinden. Meistens sind diese aber kleiner, und oft kommen die Mitglieder auch von den Nachbarorten dann an einem zentralen Ort zum Gottesdienst zusammen. Aber außer dem sonntäglichen Gottesdienst gibt es ja noch andere Aufgaben einer Kirchengemeinde."
„Jungschar und Kirchenchor", unterbricht da Philipp.
„Das stimmt, und noch einiges mehr. Denk nur an den Kindergarten und die Veranstaltungen, die in unserem Gemeindesaal stattfinden. Das muß alles organisiert werden."

„Dafür haben wir doch den Pfarrer!" wirft Philipp überrascht ein.

„Eigentlich sind das alles Aufgaben der Gemeindeglieder. Da nicht alle Zeit und Lust haben, sich um all diese Sachen zu kümmern, wählen sie einige Frauen und Männer aus, die dann für eine bestimmte Zeit dafür zuständig sind, zusammen mit dem Pfarrer all die großen und kleinen Dinge zu beraten und zu entscheiden, die eben so anfallen. Das geht von Renovierungsarbeiten am Kirchengebäude, Gemeindehaus oder Kindergarten über die Anstellung zum Beispiel der Kindergärtnerinnen bis hin zu Fragen wie Konfirmation oder Gemeindefeste."

Interessiert hört Philipp zu und meint, nun schon ein wenig müde: „Wir haben in diesem Jahr einen Klassensprecher gewählt, der darf aber nicht so viel entscheiden wie ein Kirchengemeinderat."

„Das macht ihr ja auch, um das Wählen zu üben", antwortet da der Vater.

Doch beim Stichwort Wahlen wird Philipp wieder wacher: „Papa, gibt's da auch Parteien? Für welche bist du denn dann?"

„Nein, die brauchen wir bei der Kirchengemeinderatswahl nicht. Weißt du, hier kennt man sich doch ganz gut und kann sich schon denken, was den einzelnen Kandidaten wichtig sein wird und wofür sie sich besonders einsetzen werden. Meist stehen ja solche Leute zur Wahl, die auch sonst etwas für die Gemeinde tun, z. B. im Posaunenchor dabei sind oder die Sammlungen für die Hungernden der Welt durchführen."

„Du, wenn die Kirchengemeinderäte so viele Sachen machen, wozu brauchen wir dann einen Pfarrer?"

„Den brauchen wir schon, für die Gottesdienste, die Beerdigungen, Trauungen und Taufen, den Religionsunterricht, die Besuche bei Alten und Kranken und für vieles andere mehr. Die Pfarrerin oder der Pfarrer werden von der Gemeinde, genau genommen von dem Kirchengemeinderat gewählt, um ihre ganze Arbeitskraft für die Aufgaben der Gemeinde zur Verfügung zu haben. Außerdem sind sie für diese Aufgaben extra ausgebildet. Die Gemeindemitglieder können das alles nur nebenher, in ihrer Freizeit machen und verstehen von manchen Dingen des Glaubens auch nicht soviel wie der Pfarrer. Man nennt sie auch Laien, das ist der Gegensatz zu Fachmann."

„Haben die Katholiken auch so einen Gemeinderat?" bringt Philipp vor lauter Gähnen kaum noch heraus.

„Ja, er hat zwar nicht das Recht, den Pfarrer zu wählen, und nach den Vorschriften hat der Pfarrer dort auch etwas mehr zu sagen. Normalerweise funktioniert es aber ganz ähnlich wie bei den Evangelischen. Aber jetzt ist endgültig Schluß, sonst frägst du mir noch ein Loch in den Bauch. Marsch jetzt ins Bett!"

„Gute Nacht Papa! . . . und, was wirst du denn Frau Müller sagen?"

Gerhard Büttner

Franz und Stephan — kein ökumenisches Märchen

Stichworte:	BRD, Kirchentrennung, evangelische Kirche, katholische Kirche, Diaspora, katholische Messe, evangelischer Gottesdienst, ökumenischer Gottesdienst, ökumenischer Gemeinderat, Eph 4,5f.
Zum Text/ Problemfeldbeschreibung:	Ein evangelischer und ein katholischer Pfarrer bauen mit ihren jeweiligen Gemeinden ein ökumenisches Zentrum auf. Die Geschichte zeigt die unterschiedliche Entwicklung dieser beiden Männer. Schwierigkeiten und Chancen einer ökumenischen Zusammenarbeit an der Basis kommen zum Ausdruck.
Vorlesezeit:	15 Minuten
Vorlesealter:	ab 12 Jahren

Meine Geschichte beginnt in einem kleinen Dorf in Norddeutschland, kurz nach dem Zweiten Weltkrieg. Im Alter von vier Jahren zog Stephan mit seinen Eltern nach Uhlhorn, weil der Vater dort eine Arbeitsstelle bekam. In diesem Dorf gab es neben den alteingesessenen Bauern zunehmend mehr Flüchtlinge, die nach dem Krieg alles verloren hatten. Immer deutlicher mischten sich fremde Mundarten unter das Plattdeutsch, das Stephan so vertraut war. Peter kam mit seinen Eltern aus Ostpreußen; Maike aus Pommern; Juppi aus Schlesien. Beim Spielen aber, nachmittags in den Wäldern und an den vielen Seen, die das Dorf umgaben, vergaßen sie bald alle Fremdheit.

Sie gingen miteinander in die Volksschule, in der acht Klassen in nur zwei Schulzimmern unterrichtet wurden. Die Lehrerin, Frau Groh, ging von Bankreihe zu Bankreihe, erklärte einer Klasse die Aufgaben und ließ sie dann allein daran arbeiten, während sie mit der nächsten Klassengruppe sprach. Natürlich stand auf dem Stundenplan auch Religion, „christliche Unterweisung", wie es damals hieß. Frau Groh erzählte viele Geschichten aus dem Alten und Neuen Testament, anschaulich und lebendig.

Einmal, in der dritten Klasse, besuchten sie bei einer „Lehrwanderung" die evangelische Kirche, die am anderen Ende des Dorfes lag: eine einfache Baracke aus Holz, darin ein paar Bänke, ein schlichter Tisch als Altar, ein altes Harmonium.

„Diese Kirche haben die Amerikaner gestiftet", erklärte die Lehrerin, „damit wir wieder Gottesdienst feiern können."

„War denn früher keine Kirche da?" wollte Meike wissen.

„Doch", sagte Frau Groh, „aber die ist noch in einer der letzten Wochen vor Kriegsende abgebrannt."

Stephan hatte am Eingang eine kleine Tafel entdeckt: Gottesdienstzeiten.

„Was bedeutet denn: 9 Uhr Hl. Messe und 10 Uhr evang. Gottesdienst?" wollte er wissen.

„Unsere Kirche wird von Katholiken und Evangelischen gemeinsam benutzt", erklärte Frau Groh.

„Katholiken?" – Stephan schien es, als ob er dieses Wort zum ersten Mal hörte: „Sind denn nicht alle im Dorf evangelisch?" fragte er.

„Juppi und seine Eltern zum Beispiel gehören zur katholischen Kirche", erzählte die Lehrerin.

Juppi bekam einen ziemlich roten Kopf, als alle plötzlich zu ihm hin schauten; am liebsten hätte er sich hinter dem Harmonium verkrochen.

„In den nächsten Jahren werden mit den Flüchtlingen sicher noch mehr Katholiken in unser Dorf kommen – und dann werden wohl auch zwei verschiedene Kirchen gebaut", sagte Frau Groh.

Im fünften Schuljahr kam Stephan in der nahegelegenen Kreisstadt auf das Augustinus-Gymnasium, eine katholische Schule für Jungen. Im Stundenplan wurde nun unterschieden zwischen evangelischer und katholischer „Unterweisung". Bei dem evangelischen Religionslehrer waren Schüler aus vier Parallelklassen zusammen. Die mußten in ein anderes Klassenzimmer gehen, während die katholischen Schüler in ihrem Zimmer bleiben durften. Überhaupt war es hier genau umgekehrt wie in Stephans Dorf. In der Kreisstadt wohnten vor allem Katholiken, und die Evangelischen bildeten nur eine kleine Gemeinde.

Als Stephan in die siebte Klasse kam, begann zu Hause der zweijährige Konfirmandenunterricht. Dienstags und donnerstags fuhr er nun nachmittags mit Peter und Meike zusammen zur neuen evangelischen Kirche. Sie war, nicht weit von der alten Holzbaracke entfernt, vor einem Jahr fertiggestellt worden, wie Frau Groh es damals angekündigt hatte. Diese Kirche war größer, aus weißen Kalksandsteinen gebaut und mit einem hohen Glockenturm. Auch die katholische Gemeinde hatte inzwischen eine kleine Kapelle gebaut. Etwas versteckt, hinter Birken und Kiefern, von dem Weg aus, der zur evangelischen Kirche führte, kaum zu sehen. Über die katholische Gemeinde erfuhr Stephan im Konfirmandenunterricht nichts. Man erzählte aber z. B., daß die katholischen Bauern extra am Reformationsfest die Jauche aus dem Viehstall auf die Felder führen! – Hätte jemand damals Stephan vorhergesagt, daß er einmal mit Franz, einem katholischen Priester, in einem Haus zusammenleben und arbeiten würde, es wäre einfach unvorstellbar gewesen. Und doch kam es so; aber ich will der Reihe nach erzählen.

Am Rande des Schwarzwalds, nicht weit von Baden-Baden entfernt, war Franz zu Hause. Mit seinen Eltern und Geschwistern wohnte er in einem schönen alten Fachwerkhaus, zu dem viele Felder mit Obstbäumen und einige Weinberge gehörten. Es war selbstverständlich, daß die Kinder bei der Arbeit kräftig mithelfen mußten; viel Zeit zum Spielen hatten sie nicht. Im Mittelpunkt des Dorfes stand die schöne katholische Barockkirche mit einer alten Dorflinde auf dem freien Platz davor. Alle Familien in Kappeleck waren katholisch, und das war schon immer so. Zwar gab es in der benachbarten Kreisstadt eine kleine evangelische Gemeinde, aber neben der großen katholischen Stadtkirche und dem dazugehörigen Kloster fiel das einfache evangelische Gemeindehaus kaum auf.

In Kappeleck wurde die Gemeinde von einem sehr beliebten alten Priester geleitet. Er kannte die meisten Familien seit Jahrzehnten, und viele der Erwachsenen hatte er schon als Säuglinge getauft. Von ihm wurde Franz bald nach seiner Erstkommunion als Ministrant bei der Messe eingewiesen. Morgens um 6 Uhr, noch im Dunkeln, ging Franz jetzt oft zur Frühmesse in die Kirche. Manchmal war er so müde, daß er fast das Läuten zur Wandlung vergaß. Nach seiner Grundschulzeit wurde er von den Eltern auf eine katholische Internatsschule geschickt, um dort Latein und Griechisch zu lernen. „Vielleicht kann er dann später auch einmal Priester werden", hatte der alte Pfarrer gemeint. Und so geschah es. Hätte aber damals jemand Franz vorhergesagt, daß er einmal mit Stephan, einem evangelischen Pfarrer und seiner Familie, zusammen leben und arbeiten würde, er hätte nur ungläubig den Kopf geschüttelt. Wie es aber dennoch dazu kam, das will ich euch jetzt erzählen.

Ebenso wie Franz hatte auch Stephan nach dem Schulabschluß mit dem Studium der Theologie begonnen, um sich auf den Pfarrerberuf vorzubereiten. Am Anfang mußte er dazu außer Latein auch noch Hebräisch und Griechisch lernen, um die Bibel in der Sprache lesen zu können, in der sie ursprünglich einmal aufgeschrieben wurde. Viele Bücher waren durchzuarbeiten, um die Geschichte der Kirche kennenzulernen, und natürlich gab es auch praktische Übungen, in denen gezeigt wurde, wie man einen Gottesdienst und die Predigt gestaltet. Um dies zu lernen, war Stephan nach Heidelberg gezogen. Franz studierte vor allem in Freiburg. In diesen Jahren gab es in der katholischen Kirche viele Veränderungen. Papst Johannes XXIII. hatte alle Bischöfe nach Rom eingeladen, um über die Zukunft der Kirche zu sprechen. Zum ersten Mal wurden dabei auch die evangelischen und anderen Kirchen als „Schwestern und Brüder" der katholischen Christen angesprochen. Die getrennten Wege der Kirchen, wie sie Stephan und Franz als Kinder noch kennengelernt hatten, wurden immer mehr miteinander verbunden. Nach dem Abschluß seiner Ausbildung und der feierlichen Priesterweihe wurde Franz von seinem Erzbischof bald als Kaplan in eine erste Gemeinde geschickt.

Stephan hatte nach seinem Studium geheiratet und arbeitete nun als Vikar in einer Kleinstadtgemeinde nahe Heidelberg. Dort sollte in den folgenden Jahren ein ganz neuer Stadtteil entstehen, Wohnungen, Häuser für mehr als 3000 Menschen. Außerdem eine große Schule und Ausbildungsmöglichkeiten für 1000 körperbehinderte Kinder und Jugendliche. Viele Leute machten sich Gedanken, wie diese Pläne wohl das Leben der Stadt beeinflussen und verändern würden. Auch die evangelische und katholische Kirchengemeinde bildeten eine Arbeitsgruppe, in der die zukünftigen Aufgaben überlegt wurden. Eines war allen klar: Wir wollen als katholische und evangelische Christen eng zusammenarbeiten. So wurde ein gemeinsames Grundstück erworben, um dort ein Haus für beide Gemeinden zu errichten. Je länger Stephan diese Planung begleitete, desto mehr bekam er Lust, in dieser neuen Gemeinde als Pfarrer zu arbeiten. Aber natürlich mußte dazu auch ein katholischer Priester gefunden werden, der zu einer solchen Zusammenarbeit bereit war.

Ein gutes halbes Jahr dauerte es, bis jemand Franz auf diese Stelle hin ansprach. Die Arbeit mit Behinderten und die damit verbundene ökumenische Idee interessierten ihn sehr. Nach kurzem Überlegen erklärte er sich bereit, die Aufgabe zu übernehmen.

Im „Gasthaus zur Sonne" in Freudenstadt begegneten sich Franz und Stephan zum ersten Mal. Sie hatten sich dort verabredet, um einander kennenzulernen und natürlich auch, um über die Möglichkeiten gemeinsamer Arbeit nachzudenken. Erste Ideen wurden aufgeschrieben, und es zeigte sich rasch, daß sie sich gut verstanden. Stephan hatte damals in Reutlingen mit einer vorbereitenden Ausbildung für den Unterricht bei körperbehinderten Schülern begonnen; auch Franz konnte nun dort für ein Jahr mitarbeiten. In dieser Zeit trafen sie sich jede Woche für einen ganzen Tag, um sich über den evangelischen und katholischen Glauben auszutauschen und um die zukünftige Zusammenarbeit zu planen. Je mehr sie sich dabei kennenlernten, desto deutlicher wurde ihnen auch, wieviel die beiden Kirchen doch verbindet.

Bald war es nötig, für das Leben in der neuen Gemeinde passende Räume zu suchen. „Eigentlich", meinten Franz und Stephan, „wäre es doch viel praktischer, wenn wir in einem Haus zusammen wohnen könnten; zwei getrennte Wohnungen und im selben Haus möglichst auch das Pfarrbüro." Doch unter den Angeboten fand sich zunächst nichts Geeignetes. Bei einem der vergeblichen Besuche war ihnen allerdings ein Haus aufgefallen, das − von außen gesehen − genauso gebaut war, wie sie es sich vorgestellt hatten. Es lag auch ziemlich zentral, mitten im neuen Gemeindegebiet. Zwei Wochen später rief ein Freund an und erzählte, genau dieses Haus solle verkauft werden! Eine Besichtigung ergab, daß es nach einigen Umbauten sehr gut als gemeinsames Pfarrhaus geeignet wäre. Die katholische Kirche kaufte das Haus und ließ es auch für den evangelischen Pfarrer und seine Familie mitrenovieren. Im Kellergeschoß wurden die Pfarramtsräume eingerichtet: ein gemeinsames Büro für die katholische und evangelische Gemeinde. Im ersten Stock zog Franz ein, im Obergeschoß Stephan mit seiner Familie.

Dann kam der 3. Advent, der Tag, an dem Franz und Stephan gemeinsam vom katholischen und evangelischen Dekan als Pfarrer der neuen Gemeinde eingeführt werden sollten. Es gab aber noch keine kirchlichen Räume, in denen dieser Gottesdienst hätte gefeiert werden können. Aber das große Haus für die körperbehinderten Kinder und Jugendlichen war bereits fertiggestellt, und die Schule hatte schon begonnen. So konnte dieser erste gemeinsame Gottesdienst dort in der Aula stattfinden. Stephan und Franz teilten sich die Predigt und sprachen über einen Abschnitt aus dem Brief des Apostels Paulus an die Gemeinde in Ephesus: „Wir haben nur *einen* Herrn, *einen* Glauben, *eine* Taufe." Wie ein Wegweiser zeigte dieses Wort die Richtung der gemeinsamen Arbeit an.

Einige Monate später errichtete die evangelische Gemeinde ein einfaches Gemeindehaus. Es wurde mit einem Gottesdienst und einer Spielparty für Jugendliche eingeweiht. Einige Kinder- und Jugendgruppen wurden gebildet; ein Bibelgesprächskreis; eine Gruppe, um Neuzugezogene zu besuchen; eine „Aktion Miteinander", die vor allem Kontakte mit den behinderten Kindern aufbauen wollte. Natürlich wurde bei diesen Gruppen nicht unterschieden nach der Kirchenzugehörigkeit; alles wurde gemeinsam aufgebaut. Es war schön zu sehen, wie viele der neuen Gemeindemitglieder den ökumenischen Weg mitgehen und aktiv mithelfen wollten.

Jeden Sonntag war um 9 Uhr katholische Messe und um 10.15 Uhr evangelischer Gottesdienst. Am Anfang eines jeden Monats predigten Stephan oder Franz im Wechsel im Gottesdienst der anderen Gemeinde. Bei besonderen Feiertagen besuchten sich die Gemeinden gegenseitig: die Katholiken kamen zum Reformationsfest und zum Buß- und Bettag, die Evangelischen zur Osternachtfeier und zum Allerheiligengottesdienst. Von Anfang an fand an jedem Samstagabend ein einfacher ökumenischer Wochenschlußgottesdienst statt.

Bald wurde auch die evangelische Gemeindeleitung, der Ältestenkreis gewählt, und für die katholische Gemeinde der Pfarrgemeinderat. Da beide Gruppen zumeist über dieselben Fragen nachdenken und entscheiden mußten, war es nur selbstverständlich und auch praktischer, einen ökumenischen Gemeinderat zu bilden. Als Grundsatz der Arbeit galt: Das gemeinsame Tun ist der Normalfall; alles, was getrennt getan werden soll, muß ausdrücklich begründet werden. Getrennt blieb natürlich der kirchliche Unterricht: Erstkommunion, Firm- und Konfirmandenunterricht. Doch gab es auch hier eine gemeinsame Freizeit für Konfirmanden und Firmlinge. Besonders eindrücklich war in einem Jahr der Besuch beider Gruppen beim evangelischen Landesbischof in Karlsruhe und anschließend beim katholischen Erzbischof in Freiburg. Viele Fragen waren für diesen Ausflug vorbereitet worden, um sie den Bischöfen vorzulegen. Eine lautete: „Was meinen Sie, wann die Kirchen wieder vereint sind?" – Der Landesbischof antwortete: „Ich glaube, da habt ihr alle schon lange, graue Bärte!" Und der Erzbischof sagte: „Nun, das steht in Gottes Hand."

In der ökumenischen Gemeinde mußte schon bald für das gemeinsame Leben mehr Raum geschaffen werden. Das erste, kleine Gemeindehaus hatte kaum noch Platz für die vielen verschiedenen Gruppen, und bei den Gottesdiensten – vor allem der katholischen Gemeinde – reichten die Stühle fast nicht mehr. So entstanden erste Pläne für ein größeres Kirchenzentrum. Sollte es einen oder mehrere Kirchenräume haben? Wie viele Gruppenräume waren nötig? Was ist zu bedenken, damit das Haus auch für Rollstuhlfahrer und Gehbehinderte gut zugänglich ist? Woher werden wir das Geld bekommen, um solch einen Bau zu bezahlen? Ist es überhaupt richtig, solch ein Haus zu bauen in einer Zeit, in der so viele Menschen auf der Erde nicht einmal genug zum Überleben haben? – Es gab zahlreiche ernsthafte Gespräche und Auseinandersetzungen um diese Fragen, und kaum jemand machte sich die Antworten leicht. Im Gespräch mit zwei Architekten und den beiden Kirchenleitungen wurden aber nach und nach angemessene Lösungen gefunden.

Zum Baubeginn, bei dem Franz und Stephan den „ersten Spatenstich" ausführten, wurde ein junger Ahornbaum gepflanzt. In das Wurzelbett legten Erwachsene und Kinder viele kleine Zettel hinein, auf denen sie ihre Wünsche und Hoffnungen für das zukünftige Gemeindehaus aufgeschrieben hatten. So entstand ein Haus für beide Gemeinden, das im oberen Stock über zwei abtrennbare Gottesdiensträume verfügt, die aber jederzeit zu einem einzigen großen Kirchenraum verbunden werden können. Durch bewegliche Wandelemente war das möglich. In der Mitte, wo auch das Dach außen seinen höchsten Punkt hat, sollte ein Taufaltar stehen, der deutlich zeigt, was Christen über alle Grenzen hinweg verbindet: Gottes Liebe, die keine Unterschiede macht zwischen Katholiken, Evangelischen, Orthodoxen und anderen.

Nach gut zwei Jahren Bauzeit war das neue Haus endlich fertiggestellt. Die Einweihung wurde zu einem großen Fest. Vom kleinen ersten Gemeindehaus, das nun bald sieben Jahre im Mittelpunkt des gemeinsamen Lebens stand, zogen die vielen Gäste zu den schönen neuen Kirchenräumen hinüber. Zum erstenmal war dabei auch die große Glocke zu hören, die über dem Haupteingang mit einem Seil geläutet werden kann. Alle Wände waren beiseite geschoben, und dennoch konnte der Raum die Menschen kaum fassen. An den festlichen Gottesdienst, in dem der evangelische und katholische Bischof gemeinsam das neue Haus segneten, schloß sich ein buntes Gemeindefest an. In den folgenden Monaten füllten sich bald die Räume mit Leben. An jedem Sonntag kamen nun evangelische und katholische Christen um 10 Uhr gemeinsam zum Gottesdienst. In der Regel fand er in getrennten Räumen statt. Jeweils zum Monatsanfang aber – so hatte es der ökumenische Gemeinderat beschlossen – sollten die Wände beiseite geschoben werden, um miteinander einen Taufgottesdienst zu feiern.

Vieles könnte ich noch erzählen vom gemeinsamen Leben in dieser Gemeinde, von guten und natürlich auch von schwierigen Erfahrungen. Aber das würde den Rahmen meiner Geschichte hier weit übersteigen.

Franz und Stephan – kein ökumenisches Märchen, „zu schön, um wahr zu sein"!

Eine Geschichte von zwei Wegen, die über viele Jahre hin Menschen aus getrennten Kirchen zusammenführten. Eine Geschichte, die andere ermutigen will, selber die Grenzen zwischen den Kirchen zu überschreiten. Da gibt es vieles zu entdecken!

Rudolf Atsma

Jakob will nach Afrika

Stichworte:	BRD, Erste / Dritte Welt, Mission, Entwicklungshilfe, Hilfe für Schwache, Solidarität, Europa
Zum Text/ Problemfeldbeschreibung:	Kinder sehen einen Film über Mission in Afrika, der in vielem ihren Klischees nicht entspricht. Als Jakob den Wunsch äußert, in Afrika den Menschen helfen zu wollen, wird er von einer Klassenkameradin aufgefordert, mit dem Helfen doch gleich hier zu beginnen.
Vorlesezeit:	3 Minuten
Vorlesealter:	ab 7 Jahren

„Heute", sagt der Religionslehrer und verdunkelt das Klassenzimmer, „heute zeige ich euch einen Film über Missionare in Afrika."
„Fein", sagt Katharina. „Kommen auch Elefanten drin vor?"
„Und Jeeps, die im Schlamm stecken bleiben?" fragt Jakob. „Und ein Medizinmann, der den Missionar vergiften will?"
„Kommt vor, wie der Missionar in einem kleinen Boot über den Wasserfall saust, und unten lauern die Krokodile?" fragt Rudi.
„Na servus", brummt der Lehrer.
„Keine Angst", sagt Katharina. „Er entkommt den Krokodilen und bekehrt den Medizinmann."
Der Lehrer lacht. „Abwarten!"
In dem Film kommt kein einziger Elefant vor. Man sieht einen Pater mit löchrigem Strohhut, der einen Brunnen gräbt. Man sieht Kinder, die am neuen Brunnen Wasser holen. Man sieht eine Missionsschwester im Spital, wie sie Kinder pflegt, und Mütter, die mit ihren gesunden Kindern nach Hause gehen. Man sieht einen Medizinmann, wie er mit dem Pater Bier trinkt und redet, aber keiner von beiden wird vergiftet oder bekehrt. Man sieht einen Jeep, der im Schlamm stecken bleibt („Endlich", sagt Jakob), und wie die Schwester zu Fuß weiterwandert.
„So müde schaut auch meine Mutti aus, wenn sie von der Arbeit kommt", sagt Rudi.
„Der Pater humpelt ein bißchen", stellt Susi fest, „aber wenn er mit den Leuten redet, macht er ein vergnügtes Gesicht."
„Wenn meine Eltern müde sind, brummen sie meistens", sagt Rudi. „Die zwei im Film brummen nicht."
„Sie dürfen nicht grantig sein", sagt Kathi mitleidig. „Sie müssen vergnügt dreinschauen. Sonst glaubt ihnen keiner die Frohe Botschaft."
„Die sind wirklich froh!" ruft Jakob plötzlich. „Schaut sie doch genau an! Die sind gern in Afrika. – Ich glaube, ich will auch nach Afrika." –
„Was willst du in Afrika tun?" fragt Katharina in der Pause.
„Den Leuten helfen", sagt Jakob. „Brunnen graben, Spitäler bauen, – wo

man mich eben braucht. Alles würde ich tun, und vergnügt dabei sein, wie dieser Pater."

„Jedem würdest du helfen?" sagt Katharina.

„Überall?"

„Jedem!" sagt Jakob. „Überall!"

„Hm", sagt Katharina. „Schade, daß wir nicht in Afrika sind . . . Dann würdest du heute nachmittag mit mir für die Rechenschularbeit lernen . . . und die Bank im Hof streichen . . ."

„Hm", sagt Jakob.

Nach dem Mittagessen sagt er zu seiner Mutter: „Heute nachmittag bin ich bei der Kathi!"

„Was machst du denn dort?" fragt die Mutter.

„Üben", sagt Jakob. „Üben — für Afrika . . ."

Lene Mayer-Skumanz

24 Leben in Gemeinschaft —
Zusammenleben im und um den Laurentiushof Wethen

Stichworte:	BRD, Gemeinschaft, Spiritualität, ökumenische Basisgemeinde, evangelisch—katholisch, teilen, Gerechtigkeit, Frieden, Bewahrung der Schöpfung, Ökumenische Initiative Eine Welt, generationenübergreifendes Lernen, einfacher Lebensstil
Zum Text/ Problemfeldbeschreibung:	Der Autor lebt mit seiner Familie seit Jahren in der Gemeinschaft des Laurentiushofs Wethen. Diese Gemeinschaft wurde Mitte der siebziger Jahre gegründet „mit gemeinsamer Küche und Kasse, gemeinsamen Entscheidungen und gemeinsamer Spiritualität". Hier versuchen evangelische und katholische Christen als eine ökumenische Basisgemeinde einfach und solidarisch zu leben. In Form von Tagebuchaufzeichnungen erzählt der Autor von seinem Leben in dieser Gemeinschaft und zu welchen ökumenischen Aktivitäten es ihn befähigt.
Vorlesezeit:	ca. 15 Minuten
Vorlesealter:	ab 14 Jahren

Viele, die uns besuchen, denken, der „Laurentiushof" läge weit draußen in der Natur, einsam und verlassen — wie ein Kloster gewissermaßen. Nein, der Hof ist ein verlassener Bauernhof mitten in einem kleinen nordhessischen Dorf, etwa genau in der Mitte zwischen Kassel und Paderborn. Es sind einfache, liebenswerte und gastfreundliche Menschen, die hier leben. Menschen, die nicht reich und auch nicht eingebildet sind. Es ist ein typisches Randgebiet der Bundesrepublik.

Hierher zogen engagierte Christen Mitte der siebziger Jahre, um die Gemeinschaft des Laurentiushofs mit gemeinsamer Küche und Kasse, gemeinsamen Entscheidungen und gemeinsamer „Spiritualität" (vorsichtig übersetzt: Gott-Suche) zu bilden. Wir zogen mit einigen weiteren Familien 1986/87 hinzu, um in der Nachbarschaft des Hofes zu wohnen. Ich selbst arbeite im Hof, wo seit meinem Umzug das „Ökumenische Büro Wethen" eingerichtet ist.

In Wethen entwickelt sich so etwas wie eine Ökumenische Basisgemeinde mit vielen Lebensformen, Kreisen, festen Gebetszeiten (natürlich freiwillig) um 8.15 Uhr (Psalmgebet) und 21.50 Uhr (Abendgebet) im Stilleraum des Laurentiushofs. Feste wie Konflikte werden und sind nicht auf die Kleinfamilien oder Verwandtschaft beschränkt; man teilt mehr Leben in guten und schlechten Tagen.

Als unser jüngster Sohn Christian, damals 6, schwer, ja lebensgefährlich verunglückte, brannte über 3 Wochen lang – solange er in Lebensgefahr schwebte – eine Kerze im alten Backhaus (jetzt einfache Kapelle) des Laurentiushofs. Und wir wurden in vielen Gesprächen und Gebeten getröstet; ja, das ganze Dorf nahm lebhaft Anteil. Und es wurde ihm eine Rettung geschenkt, die einem Wunder gleichkam.

Einen Eindruck von der Fülle des Lebens hier vermitteln am besten meine tagebuchartigen Aufzeichnungen eines beliebigen Monats.

„Mein" Monat Februar 1989:

31. 1.: Am Abend bin ich eingeladen zu einem Gemeindeabend. Ich berichte über das große Stuttgarter Ökumenische Forum vom letzten Oktober, wo die deutschen Kirchen zusammen einen wichtigen Text beschlossen haben – erstmals seit der Reformation im 16. Jahrhundert wirklich gemeinsam! –, in dem sie ihre Verantwortung für mehr „Gerechtigkeit, Frieden und Bewahrung der Schöpfung" betonen. Es sind fast 40 Leute jeden Alters gekommen – auch beide Ortspfarrer. Die Anregungen drängen auf Umsetzung vor Ort, vor allem die Probleme der Arbeitslosigkeit, der Asylbewerber und Aussiedler sowie der Umwelt.

5. 2.: Wir fahren mit einer Familie am Sonntag nach Dortmund und kommen gerade noch rechtzeitig um 10 Uhr zum Gottesdienst. Der katholische Pfarrer begrüßt uns sogar direkt. Wir – das sind etwa 20 Mitglieder der „Ökumenischen Initiative Eine Welt" aus Westfalen. Diese Initiative zu koordinieren, ist meine Hauptaufgabe; sie ist Hauptträger des Ökumenischen Büros.

Abends zurückgekommen, steigt eine große Geburtstagsfete. Tine aus unserer Nachbarschaftsgruppe hat ihre Verwandten und uns, Freundinnen und Freunde aus Wethen samt Kindern, eingeladen zum Feiern ihrer 30 Jahre. Wir kommen leider etwas zu spät und verpassen ein paar schöne Musikdarbietungen. Aber zum Essen, Reden, Tanzen und Lachen reicht die Zeit noch lange aus.

6. 2.: Ich entwerfe ein Konzept, wie wir intensiver mit der Ökumenischen Volksaktion in Argentinien zusammenarbeiten könnten, die sich dort bemüht,

die armen Schichten in den Städten und auf dem Land zu organisieren, damit sie menschenwürdig leben können. Wir müssen gemeinsam darüber nachdenken, wie ein „neuer, einfacher Lebensstil" bei uns und die dortige „Option für die Armen" zusammenhängen und zusammengebracht werden können – über das Überweisen von Solidaritätsspenden hinaus.

7. 2.: Am Abend ist der monatliche „Schalomabend" (1. Dienstag) im alten Schafstall, der heute das Gemeinschaftszentrum mit viel Atmosphäre ist. Der Kamin brennt; es gibt einen einfachen Imbiß und dann erzählt der Referent des Abends von seinen langen Jahren in Algerien. Er bringt uns dabei die Sicht des Islam nahe.

8. 2.: Ein evangelischer Pfarrer aus der DDR kommt zu Besuch nach Wethen. Er hat gerade in der Magdeburger Gegend die Chance, eine „Ökumenische Werkstatt" aufbauen zu können. Er sucht und findet bei uns eine Menge Anregungen.

Unser Gespräch setzt sich nachmittags im Zug nach Frankfurt noch fort. Wir spüren, wie sehr wir verbunden sind im Einsatz für mehr Gerechtigkeit und Frieden. Und wir spüren, daß die Ost-West-Grenze sowohl ihre Wichtigkeit als auch ihre Trennschärfe verliert; daß wir eigentlich in Ost und West vor ähnlichen Problemen stehen, sieht man das Ganze aus der Perspektive des „Südens", der verarmten Länder.

In Frankfurt trennen sich unsere Wege. Ich fahre weiter nach Heidelberg, wo ich abends mit vielen Studenten und Studentinnen und mit einer Frau, die ein halbes Jahr im französischen Taizé lebte, zusammentreffe, um über „uns" zu berichten. Die jungen Leute fragen uns nach Unterschieden und Ähnlichkeiten aus. Natürlich ist Taizé, diese ökumenische Gemeinschaft in Burgund, wo sich jährlich Tausende von Jugendlichen aus Europa, ja aus der ganzen Welt treffen, nicht vergleichbar mit dem kleinen Wethen. Aber doch gibt es Ähnlichkeiten: das kleine Dorf; gemeinsame Ursprünge; ein durch Gebets- und Stillezeiten rhythmisierter Tageslauf, Leben in Gemeinschaft und Engagement für Benachteiligte hier und weltweit . . .

Ein guter Abend. Eine Studentin will uns gleich nächste Woche besuchen.

9. 2.: Abends treffen wir uns in unserer „Nachbarschaftsgruppe". Das ist der Kreis von drei Familien und einer älteren alleinstehenden Frau, die im Umfeld des Laurentiushofs nach „verbindlichem Leben" suchen und genau deshalb nach Wethen umgezogen sind. Wir haben zunächst beschlossen, eine „Solidaritätskasse" einzurichten, in die jede/r seine „Selbstbesteuerung" einzahlt, etwa 3 % des Nettoeinkommens. Wir beschließen dann, für welche Projekte es ausgegeben wird.

10. 2.: Freund Jürgen fährt nach Köln, um Absprachen über den Einsatz eines „Ökumeneschiffes" zu treffen, das wir von Rotterdam bis Basel – zwischen Himmelfahrt und Pfingsten – fahren lassen wollen, um Botschaften für die Europäische Ökumenische Versammlung in der Woche nach Pfingsten 89 mitzunehmen – ein öffentliches Zeichen der Gruppen, Initiativen und „Netze".

Ich selber arbeite im Wald, um vier Raummeter Holz fürs nächste Jahr zu holen; dabei verletze ich mich just am Schluß so unglücklich an einem Finger, daß ich 10 Tage Gips tragen muß – und das rechts!

15. 2.: Nachmittags ist im katholischen Kindgarten des Nachbarorts – wir als Katholiken wollen sowohl im protestantischen Wethen als auch im katholischen Nachbarort Germete mitleben – die Vorbereitung der ersten Kindermesse der Gemeinde. Es geht um „Licht und Leben". Die Kinder sollen malen, wo überall Licht und Feuer in ihrem Leben, im Leben der Gemeinde und des Dorfes eine Bedeutung haben. Im Gottesdienst sollen sie dann diese Bilder vorstellen und erklären. Der Priester wird Wege finden, dies mit „Christus, dem Licht" zu verknüpfen – denken wir uns. Er ist nämlich nicht da, denn wegen Priestermangels muß er zwei Gemeinden „versorgen". Höchste Zeit, daß wir Laien mehr in die eigenen Hände nehmen. Deshalb freue ich mich auch, daß unsere Älteste, die 13jährige Julia, mit ihrer Freundin den Anstoß für Jugendgottesdienste gab.

17.–19. 2.: Wir erleben das erste Wochenende für „Neuunterzeichner/innen" der Ökumenischen Initiative Eine Welt in Wethen. Es ist ein Experiment, 40 Leute in den einzelnen Häusern unterzubringen und selbst zu verpflegen. Es wird ein wunderschönes Wochenende mit Gesprächen, langen Essenszeiten, Spielen, Gottesdienst. Wir bedenken die Geschichte von der Verklärung auf dem Berge Tabor und sagen uns mit Petrus: „Herr, hier ist gut sein; hier wollen wir drei Hütten bauen . . ." Der Traum vom Zu-Hause-Sein – so heißt unser Thema!

Gleichzeitig feiern in der Hofgemeinschaft der Älteste und ein Mädchen mit ihrer Jugendclique ihren Geburtstag. Ein Wochenende voller Leben, das von niemand mehr ganz überblickt werden kann!

Abends erzählt uns ein Freund und Kollege von den Anfängen des Laurentiushofs, wie sie in den 70er Jahren einen Neuanfang wagen wollten, ihre Berufe aufgaben, zusammenzogen und neue Aufgabenfelder fanden, Verbindlichkeiten eingingen und einübten, Konflikte zu bewältigen lernten und in diesem „gesunden Reizklima" ein Stück von der Fülle des Lebens mitbekamen – so wie wir es an diesem Wochenende glaubhaft und leibhaftig erleben.

20. 2.: Bürotag. Viel Post zu erledigen. Die Lektüre macht mich reich und manchmal auch traurig. Heute schreibt eine ältere Freundin, Pfarrfrau aus Dortmund, wir möchten doch für ihre erwachsene Tochter beten, die große Angstzustände habe und deshalb in die Klinik Herdecke eingeliefert worden sei. Ich schreibe ihr sofort zurück. Dafür können andere Briefe warten. Beim Abendgebet um 10 vor 10 bringe ich dieses Anliegen ein.

21. 2.: Die Studentin aus Heidelberg kommt wie geplant zu Besuch. Was war schon wieder alles an Begegnungen und Gesprächen, an Menschen und Eindrücken dazwischen! Sie will einfach mitleben und mitarbeiten und ist in ihrer Unkompliziertheit eine gute Hilfe. Sie lebt in unserem Haus und ist tagsüber viel im Hof und im Büro, um mit anzupacken.

22. 2.: Abends ist unser monatlicher Bibel-Teilen-Kreis bei den Schwestern im Nachbarort Germete. Der Bibelkreis ist zu fast zwei Dritteln von Wethenern besetzt gewesen. Jetzt sind drei junge Leute dazugekommen, darunter ein frisch verheiratetes Paar. Sie haben auf dem Nachbarberg ein altes Bauernhaus, das die Schwestern nicht mehr versorgen konnten, übernommen. Unsere Basisgemeinde, denke ich so zwischendurch, wächst.

Die Verbindung von Bibel und Leben ist uns sehr wichtig geworden. Die Methode des Bibel-Teilens haben wir als Geschenk aus Afrika — von den „jungen Kirchen" — übernommen. Kurz: Wir lesen einen nicht zu langen Bibeltext, den eine/r vorher aussucht. Jede/r wiederholt dann ein Wort, einen Halbsatz oder Satz, von dem er/sie besonders betroffen ist. Nach einem Schweigen tauschen wir dann unsere Gedanken dazu aus, ohne sie zu zerreden. Abschließend feiern wir noch eine kurze Kommunion.

25./26. 2.: Ein Wochenende in einem katholischen Bildungshaus. Ich bin als Referent und Gesprächspartner zur Tagung über „Alternativen Lebensstil" eingeladen. Besonders beeindruckt hat mich eine ältere Frau, Mutter von fast einem Dutzend Kinder und Großmutter heute, die sagte: „Früher mußten wir aus Not einfach leben. Sie müssen heute erst alles analysieren und verstehen, den Leuten erklären, damit sie dann freiwillig den Schritt tun, einfacher zu leben — aus Weltverantwortung." In der Tat, wie recht sie hatte.

In diesen tagebuchartigen Aufzeichnungen sind natürlich nur die „highlights", die Höhepunkte, festgehalten. Sie könnten den Blick verstellen für das ganz normale Leben hier im Dorf und in der Gemeinschaft.

Da ist zunächst einmal jedermanns Familienleben; bei uns mit 4 Kindern zwischen 7 und 14 Jahren natürlich recht intensiv und zeitfordernd. Es ist ebenso eingepaßt in die ganz normale Nachbarschaft der direkten Anwohner wie in die „Basisgemeinde". Dazu gehört auch eine Menge Arbeit — vom Holzholen im Wald über den Gartenbau bis zur Kleintierhaltung. Auch die beiden Katzen, der Hase, die 10 Hühner, die mongolischen Wüstenspringmäuse und der Kanarienvogel — und im Winter auch die anderen Vögel — wollen versorgt und beachtet sein. Der häufige Besuch bei uns wie in den befreundeten Familien hat die Kinder ein wenig „immun" gemacht; sie begrüßen niemand mehr so fein und höflich, wie das „früher" der Fall sein sollte. Aber wer mehr als zwei Tage bleibt, kann ihr Vertrauen schon schnell gewinnen. So leben wir in vielerlei Hinsicht ein „Doppelleben": in der Familie und in der Gruppe bzw. Gemeinschaft; in der evangelischen Dorf- und der katholischen Nachbargemeinde; im Ort und oft unterwegs; mit den Dorfbewohnern in der Nachbarschaft und mit den Freunden im „Nachbarschaftskreis". Wir sind — wie es ein Freund aus dem Hof ausdrückt — ständig in einem „gesunden Reizklima".

Warum muten wir uns ein anstrengenderes, aber eben auch erfüllteres Leben zu, das nicht in erster Linie um uns selbst kreisen soll? „Das Leben feiern" — so steht über unserem Eßtisch auf selbstgemachtem und bemaltem Papier.

„Inmitten aller Bedrohungen" haben wir kürzlich bei einem Treffen hinzugefügt. Ja, angesichts der weltweiten Not und Verelendung sind wir der Überzeugung, daß wir uns in christlichen, ökumenischen Gruppen und Gemeinschaften zusammenschließen sollten, um einfacher und solidarischer leben zu lernen, um Zeichen des Widerspruchs und der Hoffnung, der Freude und der Solidarität zu werden.

Reinhard Voß

Karan, ein tamilischer Christ

25

Stichworte:	BRD, Asylsuchender, Anerkennungsverfahren, Methodisten, (politisch) Verfolgte, Geborgenheit (in der Kirche), Asylbewerber, Asylberechtigter, Diakonie
Zum Text/ Problemfeldbeschreibung:	Im Mittelpunkt des Berichts steht der Asylant Karan, ein methodistischer Tamile. Erzählt wird von seiner Suche nach Aufnahme in einer Gemeinde, seiner Arbeit in einer Schule für geistig Behinderte und von seinem langwierigen Anerkennungsverfahren. Er erlebt Enttäuschungen, aber auch Unterstützung in der Bundesrepublik Deutschland.
Vorlesezeit:	8−10 Minuten
Vorlesealter:	ab 14 Jahren

Karan war der erste Tamile und überhaupt der erste Asylbewerber, den ich ansprach, als ich im Juni 1985 ungerufen in die Gmünder Übergangswohnheime ging, um die neuangekommenen, fremden Mitbürger zu begrüßen. Karan wohnte zufällig gleich in der ersten Wohnung hinter dem Eingang mit zwei anderen Burschen in der kleinen Kammer links. Er konnte am besten Englisch sprechen und war der einzige Protestant unter seinen 90 Landsleuten. Als er erfuhr, daß ich Pfarrer war, zeigte er mir seine große tamilische Konfirmationsbibel und bat mich, ihm auf Deutsch das Vaterunser niederzuschreiben. Als ich nach 2 Tagen wiederkam, konnte er das berühmte ökumenische Gebet Jesu bereits in tamilisch klingendem Deutsch auswendig hersagen.

Das Vaterunser war ihm in der fremden Umwelt die erste Brücke zur Sprache seines Gastgeberlandes. Gleich in der ersten Woche seines Deutschlandaufenthaltes war er mit drei tamilischen Freunden in West-Berlin vom Sammellager aus am Sonntagmorgen in die nächstbeste Kirche gegangen. Sie verstanden die Riten nicht, nicht die Predigt, nicht die Lesungen und nicht die Lieder. Aber als die Gemeinde sich aus den Bänken zum Vaterunser erhob, da spürten sie am Sprechrhythmus der Beter, worum es ging, und sprachen parallel die tamilischen Vaterunsersätze mit. Zu ihrer Freude und Scheu habe der Pfarrer dann die Liturgie unterbrochen und sie öffentlich in Englisch begrüßt. Er habe die Kollekte spontan auf sie umgewidmet und sie ihnen am Schluß des Gottesdienstes diskret übergeben.

Leider wurden die methodistischen Freunde später rücksichtslos auf verschiedene Bundesländerlager aufgeteilt. Karan kam nach Karlsruhe. Dort besuchten zwar manchmal Zeugen Jehovas und neuapostolische Missionare das Lager. Von der evangelischen Landeskirche kam niemand, und den Weg zur methodistischen Freikirche fand er aus dem Lager heraus nicht. Auch in Schwäbisch Gmünd habe ihn kein Mensch und kein Christ angesprochen, als er zum Gottesdienst in eine Innenstadtkirche ging. Er sei still hinten sitzengeblieben und die Gläubigen seien schweigend an ihm vorübergezogen. In Sri Lanka werde jeder Fremde in der Kirche sogleich von den Gemeindeältesten begrüßt. Im Telefonbuch habe er dann die Anschrift der Methodistischen Gemeinde von Schwäbisch Gmünd gesucht. Er sei aber mit den Angaben des Telefonbuchs nicht zurechtgekommen, und im Übergangswohnheim sei bis jetzt noch kein Gmünder Kirchenvertreter aufgetaucht. So hatte er den Brief seines Gemeindepfarrers aus Colombo noch ungeöffnet in der Jackentasche stecken, in dem der tamilische Reverend im Stil des Völkerapostels Paulus „An die Gemeinden des Herrn in Europa" schrieb: „Nehmt diesen jungen Mann, euren Bruder, freundlich auf im Namen des Herrn." Ich vermittelte Karan dann einen Kontakt zur kleinen, aber sehr familiären Gmünder Methodistischen Gemeinde. Er fand dort in der Pfarrers- und Mesnersfamilie Freunde. Andere Gemeindemitglieder luden ihn immer wieder zum Essen und zu Ausflügen ein. Die Gemeinde schenkte ihm auch eine Kochplatte und zu Weihnachten einen großen Beitrag zum Kauf einer Guitarre.

Karan war im April 1985 von Colombo nach Ost-Berlin geflogen, obwohl eigentlich London sein Wunschziel war. Nur in London konnte Karan sein Hochschulfach, die Accountancy, die er in Colombo begonnen hatte, eine Mischung aus Notariatskunde, Wirtschaftsberatung und Gesellschaftswissenschaft, weiterstudieren. Accountancy gab es nur im englischsprachigen Kulturraum, aber die Britische Botschaft in Colombo stellte im Frühjahr 1985 keine Studienvisen für Großbritannien aus. Eine besondere persönliche Verfolgung und Bedrückung hatte Karan in Colombo nicht erfahren. Karan hatte nur die allgemeine Angst, in eine Razzia zu geraten, wenn er in Colombo das Hochschulcamp verließ oder über Land zu seinen Eltern ging. Die Sicherheitskräfte unterschieden nicht lange zwischen heimtückischen Untergrundkämpfern und friedlichen Christen.

Er wollte Fabrikant werden, um Geld zu erwerben für den Bau eines Obdachlosenheims in einer srilankischen Stadt. Es habe ihn sehr erschüttert, wie viel Kinder, arme und alte Leute hilflos und verlassen in den Straßen von Colombo dahinvegetieren. Sein Aufenthalt in Deutschland habe in ihm diesen Wunsch vertieft. Er habe hier praktisch gelernt, wie man kranke und schwache Mitmenschen lieben und pflegen könne. Karan hatte ein Jahr lang in der Gmünder Klosterbergschule für geistig Behinderte einen „gemeinnützigen Dienst" an einem schwerstbehinderten, zwölfjährigen, spastischen italienischen Jungen versehen, den ein deutsches Pfarrersehepaar adoptiert hatte, obwohl er so unheilbar hilflos war. Karan fand es erstaunlich, wie viele soziale Einrichtungen es in der Bundesrepublik für Schwache und Kranke gab. In Sri Lanka müßten die Familien ihre behinderten Kinder in den Häusern verstecken oder irgendwo auf den Straßen aussetzen. Nur die christlichen Kirchen und buddhistischen Klöster betrieben gelegentlich das eine oder andere kleine Heim.

Schon Mitte November 1985 erhielt Karan die Vorladung zu seiner Anhörung im Bundesamt. Zu seinem Glück stieß er auf einen politisch sensiblen, wohlinformierten „Einzelentscheider". Er hörte Karans Schilderungen der Übergriffe der singhalesischen Sicherheitskräfte interessiert und ohne viele Unterbrechungen an. Er glaubte Karan die Lebensangst, die er in Sri Lanka gehabt hatte. Er nahm Karan ab, daß er als entschiedener Christ jedes Blutvergießen ablehnte und deshalb in seiner Heimat auch durch die Tamil Tigers gefährdet war, die ihm Verrat an der Befreiungsbewegung vorwarfen, weil er ihnen keine Unterstützung gewährte. Zwar ließ der Einzelentscheider H. dann seine Entscheidung 17 Monate lang liegen. Erst am 26. Mai 1987 traf die Nürnberger Entscheidung beim Bürgermeisteramt Schwäbisch Gmünd ein.

Karan ging sofort selbständig auf das Gmünder Ordnungsamt und ließ nach § 19, I, 1 a−1 c des Arbeitsförderungsgesetzes in seinem Ausweis den Vermerk „Erwerbstätigkeit nicht gestattet" streichen, auch wenn zu erwarten war, daß der Beauftragte der Bundesregierung für Ausländische Flüchtlinge seinen Widerspruch gegen die Anerkennung beim Verwaltungsgericht Stuttgart einlegen würde. Dann klopfte Karan bei Gmünder Ladengeschäften an und fragte beherzt nach einer Arbeit. Er wollte sich selber durchbringen und nicht immer nur von der Sozialhilfe, von seinem geringfügigen Gemeinnützigen Dienst und von meiner Schirmherrschaft über ihn leben. Tatsächlich vermittelte ihn dann auch das Gmünder Arbeitsamt nach einiger Zeit als Küchenhilfe in ein Restaurant. Dort wusch er Teller und putzte Kasserollen für nur DM 8,− Bruttolohn pro Stunde. Das Sozialamt gewährte ihm Wohngeld, damit er wenigstens wieder so viel Einkommen hatte, als wenn er in der Sozialhilfe geblieben wäre. Der lange Weg der Asylbewerber in der Bundesrepublik, sich die Grundrechte der Freizügigkeit und der Arbeitserlaubnis zu erwerben, oder besser zu ersitzen, ist für Karan, der jetzt mit Hilfe des Britischen Kirchenrates nach England ausreisen darf, Gottseidank beendet.

Die in der Bundesrepublik bleiben müssen, werden nach ihrer Anerkennung als Asylberechtigte eines Tages enttäuscht merken, daß dann erst der eigentliche Kampf um einen ordentlichen Arbeits- oder Studienplatz und um eine erschwingliche Wohnung beginnen wird. Ich fürchte, die meisten Asylbewerber werden auch nach ihrer Anerkennung auf weitere Jahre hinaus Sozialhilfefälle bleiben müssen.

Manfred Köhnlein

26 Ines

Stichworte:	BRD, Bolivien, Slum, Armut/Reichtum, soziale Gegensätze, christlicher Jugendaustausch, Altar, Mutter Gottes, Vision, Sprache, Fremdheit
Zum Text/ Problemfeld- beschreibung:	Eine bolivianische Schülerin kommt im Rahmen eines Jugendaustauschs für ein Jahr in eine deutsche Familie. Sie ist eine katholische Christin, die Familie ist evangelisch; sie spricht spanisch, die Familie deutsch. Aber nicht die Sprache ist das Haupthindernis bei der Verständigung. Vieles andere gilt es zu lernen, um den fremden Gast zu verstehen.
Vorlesezeit:	10 Minuten
Vorlesealter:	ab 12 Jahren

Ines war ein ungewöhnlicher Gast. Als sie bei uns eintraf, konnte sie kein Wort deutsch. Aber sie trug immer ein kleines Taschenbuch bei sich. Dort standen zwei deutsche Wörter drin: „Ich möchte…" Das hielt sie mir unter die Nase. Und ihr Finger zeigte auf den Gegenstand, den sie meinte. Es war tatsächlich so: Mit diesen beiden Worten war sie um die halbe Welt gereist. Bald merkten wir: Ines lernte schnell. Die deutschen Wörter, die sie aufschnappte, wurden mit ein paar englischen Brocken gemixt, und es lief fließend.

Das mit der halben Welt muß ich etwas genauer sagen. Ines stammte aus Bolivien in Südamerika. Wir hatten unseren Atlas hervorgeholt. Ines zeigte uns, wo La Paz lag, die Hauptstadt des Landes, aus der sie stammte. La Paz heißt: der Frieden. Aber Bolivien ist kein friedliches Land. Es hat eine kleine Oberschicht, die sehr reich ist, während der größte Teil der Bevölkerung in großer Armut lebt. So gibt es starke soziale Spannungen. Sie entladen sich immer wieder in Gewaltaktionen und in Bürgerkriegen. La Paz liegt sehr hoch, wie überhaupt Bolivien überwiegend aus Gebirgsland besteht. Das hatten wir vorher nicht gewußt. In der Nähe von La Paz liegt Cochabamba. Es ist eine sehr schöne Stadt, mit einem Markt, auf dem die Indianer ihre Früchte verkaufen, eine Stadt für die reichen Bolivianer. Ines kannte sie. Sie sagte: Dort wohnt meine Großmutter. Wir fanden den Namen lustig: Cochabamba.

Ines war über den christlichen Jugendaustausch zu uns gekommen. Dies ist eine Organisation, die evangelische und katholische Christen aufgebaut haben. Sie bietet jungen Menschen, meist im Alter zwischen 18 und 25 Jahren, die Möglichkeit, ein Jahr in einer deutschen Familie mitzuleben – und auch umgekehrt deutschen Jugendlichen die Chance, für ein Jahr ins Ausland zu gehen, sei es nach England, Australien oder auch nach Südamerika. Von Ines wußten wir nur, was uns die Organisation geschrieben hatte: daß sie 19 Jahre alt und ihre Mutter geschieden war.

Von Ines könnte ich viel erzählen. Etwa von den Mahlzeiten. Ines aß mit Vorliebe mit den Händen. Messer und Gabel brauchte sie nicht. Und wenn ihr etwas nicht so recht schmeckte, ging sie in die Küche, durchsuchte den Kühlschrank nach etwas Brauchbarem, und wenn ihr dabei der Sonntagsbraten in die Finger geriet, schreckte sie dies nicht: sie briet ihn sich. Wir atmeten dann tief durch, und manchmal sagten wir auch etwas. Aber die Versuche, den Braten zu retten, scheiterten, und es gab nur Streit, der nichts änderte. Wir haben damals nicht gleich begriffen, daß Ines aus unvorstellbar armen Verhältnissen kam. Ihre Mutter lebte, vom Vater verlassen, mit 6 Kindern im Slum. Ines mußte ein voller Kühlschrank wie ein Stück Paradies vorgekommen sein. Es war uns auch nicht bekannt, daß es zur Landessitte gehört, seine Armut oder geringere soziale Stellung vor Fremden zu verbergen. Deshalb hatte Ines uns die Rolle des Mädchens aus reichem Hause vorgespielt. Wir hatten damals viel zu lernen, und oft dauerte es ganz schön lange, bis wir es begriffen. Oder Ines Verhältnis zur Zeit. Um es genau zu sagen: Ines hatte keines. Wenn ich ihr etwa sagte: Morgen bringe ich dich zur Schule, ich fahre um 8 Uhr ab, dann versprach sie natürlich, pünktlich zu sein. Wer am nächsten Morgen nicht kam, war Ines. Und als ich sie dann um zehn vor acht suchte, lag sie noch im Bett und schlief. Aber keine Aufregung – so signalisierte sie. Und tatsächlich, um acht Uhr saß sie im Kleid im Auto, in den Händen den Zahnputzbecher. Wenn ihr Europäer es so mit der Pünktlichkeit haltet – bitte schön, ich bin da. Ich fuhr natürlich los. Ines aber putzte sich in aller Ruhe die Zähne, drehte das Fenster herunter und spuckte das Wasser im großen Bogen auf die Straße, gut gezielt, ich bekam nichts ab.

Aber was ich eigentlich erzählen will, ist die Geschichte, wie wir Ines als Christin kennengelernt haben. Ines war katholisch, sie hat mehrere Jahre eine Klosterschule in La Paz besucht und dort auch einen Schulwettbewerb gewonnen. Sie war, wie wir dadurch erfuhren, dichterisch begabt. Ob sie selbst ein Verhältnis zum Glauben hatte, wußten wir nicht. Wir konnten es auch nicht erfragen wegen der Sprachschwierigkeiten, die am Anfang bestanden. Doch dann entdeckten wir, daß Ines sich in ihrem Zimmer einen Altar aufgebaut hatte, mit Kerzen, einem Bild der Mutter Gottes und mit vielen Gegenständen, Steinen, Geschirrstücken, Nippesfiguren, was sie so alles fand oder geschenkt bekam. Eines Tages zog sie dann ein Abziehbild aus ihrem Kalender. Es zeigte einen spanischen Priester. José Maria Escrivá de Balaguer y Albas, der eine Art Ordensbewegung gegründet hat. Sie nennt sich Opus Dei (= Werk Gottes). Hatte Ines eine Schule dieses Opus Dei besucht? Wir wissen es bis heute nicht. Aber es war deutlich: Ines suchte Menschen, die Opus Dei angehörten. Sie suchte wohl ihre eigene geistliche Heimat. Wir konnten ihr außer den täglichen Tischgebeten nicht so viel bieten – sie verstand ja unsere Gottesdienste nicht, und die katholische Kirchengemeinde interessierte sie wiederum gar nicht.

Eines Tages kam sie recht spät zum Mittagessen. Sie holte sich, wie sie es manchmal tat, gleich ein Papier und einen Bleistift. Doch sie schrieb keine Verse auf, sondern malte ein Haus. Wir spürten, daß sie erregt war. Und wir bekamen etwas mühsam heraus: Sie hatte nicht den Bus benutzt, sondern war die sechs Kilometer zu Fuß gegangen. Sie sagte uns: „Mir ist Gott begegnet, und er hat mir den Befehl gegeben, ein Kinderheim zu gründen. Das werde ich jetzt tun. Ich werde Geld verdienen und ein Haus für Kinder bauen." Wir verstanden sie nicht, doch wir merkten: Irgend etwas beschäftigte sie. Sie hat damals oft die Kerzen auf ihrem Hausaltar angezündet, was uns Sorgen machte, weil die Kerzen manchmal fröhlich weiterbrannten, während sie schon nicht mehr im Zimmer war. Eines Tages fanden wir sie bewußtlos auf ihrem Bett liegen. Wir holten einen Arzt, der aber nicht viel machen konnte, und wir telefonierten eine Betreuerin des Jugendaustausches herbei, die spanisch konnte. Über sie erfuhren wir, daß Ines eine Vision gehabt hat. Damit meint man, daß eine Christin oder ein Christ vor seinen inneren Augen etwas sieht, was mit seinem Glauben zusammenhängt: eine Schau Gottes oder Christi oder – so war es bei Ines – der Mutter Gottes. Für uns war dies eine ganz merkwürdige Situation: Auf der einen Seite fühlten wir uns Ines nahe. Sie hatte besonders zu meiner Frau ein sehr enges Verhältnis, man könnte fast sagen: Meine Frau hatte die Mutterrolle übernommen, die für Ines so wichtig war. Auf der anderen Seite verstanden wir dies alles nicht, es war uns fremd, und es ist uns in gewisser Weise bis heute fremd geblieben. Es war wie ein Schloß, zu dem wir keinen Schlüssel hatten.

Später, als Ines schon wieder zu Hause war, erfuhren wir mehr über sie und ihre Familie. Vielleicht liegt hier auch der „Schlüssel", der uns nachträglich das Verhalten von Ines verstehen ließ. Eine Betreuerin des Austauschdienstes besuchte sie in La Paz. Sie erfuhr folgendes: Vor Jahren war in der Wohnung von Ines Mutter ein Gasherd explodiert, und einer der Brüder von Ines hatte schwere Verbrennungen erlitten. Ines hatte sich deshalb am Jugendaustausch beteiligt, weil die Familie meinte, die deutschen Ärzte könnten noch besser helfen als die Ärzte in Bolivien. Aber sie saß wie in einer Falle. Sie mußte – nach der Denkweise der Lateinamerikaner – vor uns ihre soziale Not und die Hilfsbedürftigkeit ihres Bruders verbergen und hat dies auch bis zuletzt getan. Weil sie nichts sagen konnte, konnten wir nicht von ferne ahnen, was in ihr vorging. Also konnten wir ihr auch nicht helfen. Sie muß sich bei aller Anhänglichkeit an uns sehr allein gefühlt haben. Doch sie hatte Gott, mit dem sie reden konnte. Sie hat sich offensichtlich so tief in das Gespräch mit ihm hineingestellt, daß ihr buchstäblich „die Sinne vergingen". Und dies gab ihr Hoffnung und Mut, etwas für ihren Bruder zu tun, auch wenn dies – nach unseren Maßstäben – nicht zu einem Ergebnis führte: Sie hatte sich heimlich ein Konto eingerichtet und eine Summe Geld gespart. Übrigens haben wir dann nachträglich überlegt, ob wir dem Bruder nicht helfen könnten. Die Betreuerin hatte von Ines Bruder Fotos von den verbrannten Hautstellen gemacht, und sie hat uns eine Beurteilung der Ärzte, die ihn behandelt haben, besorgt. Wir haben hier einen katholischen Arzt gefunden, einen Facharzt für Hautverpflanzungen, der als Christ die Operation umsonst vornehmen wollte. Er stellte dann anhand der Fotos fest, daß die Ärzte in Bolivien gute Arbeit geleistet hatten. Eine weitere Operation war nicht mehr nötig.

Klaus Goßmann

Nelli und Michael waren in Rußland Nachbarskinder — hier sind sie es auch

27

Stichworte:	BRD, Sowjetunion, (Um-)Übersiedler, Freiheit, Arbeit, Integration, Hoffnung, Kirche, Hilfe, Heimat, Durchgangslager
Zum Text/ Problemfeld- beschreibung:	Die Familien von Nelli und Michael sind Umsiedler aus Rußland. Dank ihres Mutes und harter Arbeit ist es ihnen gelungen, sich in der Bundesrepublik eine neue Existenz aufzubauen. Doch ist damit „alles geschafft, alles bestens?" „Nein", bekennen beide Familien, „Sorgen gibt es noch genug."
Vorlesezeit:	9 Minuten
Vorlesealter:	ab 12 Jahren

Nelli Hettich ist 13. Sie weiß schon ziemlich genau, was sie einmal werden will. Dolmetscherin.

Michael Wangler ist ebenfalls 13. Er steuert ein besonders anspruchsvolles Ziel an: Er will Arzt werden.

Nelli und Michael sind Nachbarskinder, soweit sie zurückdenken können. Sie waren es bis 1973, als ihre Eltern noch in der UdSSR lebten, und sie sind es heute. Die beiden Umsiedlerfamilien — die Hettichs und die Wanglers — leben seit einem Jahr in derselben Straße, in einer Neubausiedlung, in komplett neu ausgestatteten Häusern, die sie als Eigentum zu erwerben beabsichtigen. Rundherum grünt und blüht es im jeweils dazugehörigen Garten: Blumen, Kartoffeln, Salat, Obst. Was das Frische für den Tisch betrifft, sind Hettichs und Wanglers vorwiegend Selbstversorger, ganz wie gewohnt damals in Rußland. Haben sie es schon geschafft? So schnell und ganz ohne Probleme? Sind sie schon heimisch bei uns, eingegliedert wie man den Vorgang im Amtsdeutsch bezeichnet?

Schauen wir erst einmal zu den Wanglers hinein, die den neugierig ankommenden Gast gleich mit Wohlgerüchen aus der Küche empfangen: Bei delikaten Fleischspießchen vom Grill mit Gemüse läßt sich gut plaudern. Erika Wangler, 34 Jahre alt, zählt auf, wer alles zur Familie gehört. Da ist die Oma, Frau Wanglers Mutter, die sich oben im Hause hübsch eingerichtet hat, aber gerade verreist ist, weil bei einer der Schwiegertöchter — ebenfalls einer Umsiedlerfamilie — Wochenbettpflege zu leisten ist. Auch Vater Eduard, 40 Jahre alt, ist zu dieser Mittagsstunde nicht zu Hause. Er arbeitet im Schienenbau bei der Bundesbahn, eine Tätigkeit, mit der er früher auch in Rußland sein Geld verdient hat. Außer Michael gehört noch die elfjährige Helene zur Familie, lebhaft, langbeinig und schwarzhaarig.

Erika Wangler berichtet von ihrem „früheren" Leben: In Krasnokamsk im Ural ist sie aufgewachsen, und sie war ein Kind, als es sich dort herumsprach, daß es für die Deutschstämmigen möglich sein könnte, in die Bundesrepublik umzusiedeln. Eine geradezu traumhafte Aussicht „sich endlich mal wieder satt zu essen und nicht in den Mülltonnen nach etwas Eßbarem zu suchen", wie Frau Wangler sagt. Nichts da, sagt man ihnen aber bei den Behörden, ihr seid noch viel zu jung! Jahre später ist Frau Wangler, inzwischen verheiratet, mit ihrem Mann wenigstens in eine wärmere Gegend Rußlands gezogen, an die rumänische Grenze. Dort hatte man sich ganz gut eingerichtet. Zunächst ein altes Häuschen gekauft, dann ein neues gebaut. Mit eigenen Händen, Stein für Stein. Als es gerade fertig war, kam die Ausreisegenehmigung. Wenig später landeten die vier Wanglers mit Oma und drei Koffern im Durchgangslager Friedland.

Wohin? Was tun? Es blieb nicht viel übrig, als auf allerlei Ratschläge zu hören. Irgendwo in Niedersachsen gab es angeblich Arbeit und eine Notwohnung für Wanglers, aber als sie dort hinfuhren, klappte doch alles nicht. Erkundungen bei einem zuständigen Amt wurden dahingehend beschieden, daß man schließlich erst prüfen müsse, ob sie auch wirklich Deutsche seien, denn ihre Heimat sei ja Rußland. Das haben die Wanglers offenbar bis heute nicht überwunden. „In Rußland", sagt Frau Wangler, „haben sie uns Faschisten genannt, hier zweifelt man plötzlich an unserem Deutschtum." Enttäuscht ist die Familie daraufhin nach Rottweil in ein Übergangswohnheim gegangen, hat eisern gearbeitet, gespart, die Kinder auf die Förderschule geschickt. Michael hat in kurzer Zeit Deutsch gelernt, besucht heute die 7. Klasse eines Ulmer Gymnasiums und bringt gute Noten heim. Helene sagt, daß sie Krankenschwester werden will.

Alles geschafft? Alles bestens? Frau Wangler bekennt, daß es auch Sorgen gibt. Das Haus ist belastet. Rund 800 DM im Monat sind zu zahlen. Sie arbeitet zwar mit, halbtags in der Wäscherei eines Altenheims, aber das ist schwer für sie, denn um ihre Gesundheit steht es nicht zum besten. 30 Jahre lang, soviel steht fest, werden die Wanglers an ihrem Haus zu knabbern haben. Das bedeutet 30 Jahre lang jeden Pfennig umdrehen, keinen Urlaub, keine kleinen Extras für die Kinder oder für ein Hobby. „Eigentlich", meint Frau Wangler, „haben wir vor allem gehofft, viel von der Welt zu sehen, damit wird es ja aber wohl kaum etwas werden."

So sehen es auch die Hettichs im Haus nebenan. „Als wir kamen", sagt Frieda Hettich, 37 Jahre alt, „haben wir gedacht, wir müssen nur schaffen, schaffen, schaffen. Das haben wir zwar auch getan, aber ich habe dann doch gemerkt, daß es damit allein nicht getan ist, sondern, daß man zum Beispiel auch dazulernen muß." Zum Schlüsselerlebnis wurde bei ihr ein Einkauf im Supermarkt. Sie kann zwar gut deutsch sprechen, hat aber in der Schule in Rußland nur russisch schreiben und lesen gelernt. So kam es, daß sie beim Einkauf nach Dosen griff, die – wie sich daheim herausstellte – Katzenfutter enthielten. Daraufhin hat sie Arbeit Arbeit sein lassen und hat sich schleunigst zu einem halbjährigen Deutschkursus angemeldet. So gerüstet hat sie allen Behördenkram für die Familie erledigt.

Ihr Mann, Otto Hettich, ist 39 Jahre alt und gelernter Schlosser. Er arbeitet in einem Ulmer Betrieb und ist rundherum zufrieden mit seiner Tätigkeit. Zur Familie gehören außer Nelli noch der 10jährige Eduard, der Tierforscher werden will, und die fünfjährige Helene, die sich im Kindergarten auf einfache Weise perfektes Deutsch erwirbt.

Außerdem ist die Oma mit von der Partie, eine wieselflinke unentbehrliche Dame. Omas Mann ist im Krieg umgebracht worden. Sie hat sich mit ihren drei Kindern tapfer durchs Leben geschlagen, das ihr zwölf Jahre lang Hunger, Entbehrungen und Waldarbeit in Sibirien bescherte, bis es später in Kasachstan besser wurde. Dort gab es Arbeit für sie und die herangewachsenen Kinder auf der Kolchose, ein Häuschen und einigermaßen satt zu essen.

Daß der Traum, in die Bundesrepublik umzusiedeln, sich vor drei Jahren verwirklichte, können die Hettichs manchmal noch gar nicht fassen. Fast zwei Jahre haben sie zunächst im Übergangswohnheim auf engstem Raum gelebt. Die Oma hat die drei Enkel versorgt, Vater und Mutter gearbeitet. Nelli fand die erste Zeit ziemlich belämmert, weil sie kein deutsches Wort verstand, heute traut sie sich kaum noch, einen Brief an die in Rußland auf Ausreise wartende Cousine zu schreiben, weil es schon nicht mehr ganz glatt geht mit dem Russisch. Sie findet hier bei uns alles fabelhaft. Auch in der Oberschule hat sie keine Schwierigkeiten. Die Freundinnen sind nett, die Lehrer auch. Nelli strahlt, trägt Kaffee auf und Torte für den Gast, und verrät auch ihr Lieblingsgericht: Suppe von weißen Bohnen, wie sie die Oma kocht.

Die Oma strahlt auch bei dem Kompliment, obgleich sie im Hinblick auf die Enkelkinder einen recht kritischen Standpunkt vertritt. „Die Jungen", so sagt sie, „haben hier zuviel Freiheit, wer weiß, ob das gut geht." Ihre Tochter, Frau Hettich, verdeutlicht, was die Oma meint: „Ich habe auch heute noch Angst vor meiner Mutter. Was sie sagt, das gilt. Meine Kinder denken schon nicht mehr daran, mir bedingungslos zu gehorchen. Sie fragen warum, weshalb, vertreten ihre eigene Meinung, und daß Kinder in Rußland „Sie" zu ihren Eltern sagen, darüber können sie nur noch lachen."

Einen anderen Teil der Freiheit genießen die Hettichs ohne jede Skepsis: die Freiheit zur Kirche gehen zu können, zur Kirche gehören zu dürfen, in der Gemeinschaft mit anderen Christen Heimat und Halt zu finden. Sie sind in diesem Punkte so „ausgehungert", daß sie jedes kirchliche Angebot annehmen. Damals in Rußland konnten sie ihrem Glauben nur heimlich treu bleiben. Für Nelli und ihre Geschwister war Religion ein ganz neuer Begriff, jetzt freuen sie sich, eines Tages Konfirmation feiern zu können.

Es ist schwer zu sagen, ob die Wanglers und die Hettichs typisch sind für Umsiedler allgemein, und die aus Rußland zu uns kommenden im besonderen. Kann sein, daß es sich bei ihnen um besonders tüchtige, umsichtige Familien handelt. Dennoch gilt sicher für viele Umsiedler das Ergebnis, das man aus dieser eher zufälligen Begegnung ziehen kann:

Die Umsiedler kommen mit großen Erwartungen und viel Mut. Sie verstehen es, sich auf die Verhältnisse in unserem Land einzustellen, und sie haben fast unermeßliches Vertrauen in ihrer Hände Kraft. Harte Arbeit, Sparen, ein Risiko wagen — das ist ihnen alles sehr vertraut. In ihrem Urteil über uns — die Einheimischen — kommen wir verhältnismäßig gut weg. Trotz mancher Kränkungen, wissen sie die vielen Beispiele von Hilfsbereitschaft sehr zu schätzen. Sie sind stolz, jetzt ganz zu denen gehören zu können, zu denen sie sich immer gezählt haben: zu den Deutschen.

Besonders wohl fühlen sie sich aber doch, wenn sie mit Verwandten, vertrauten Nachbarn und Menschen, die ein ähnliches Schicksal teilen, engen Kontakt pflegen können. In der Siedlung in Dornstadt zum Beispiel hat sich das gut verwirklichen lassen. Einen Steinwurf weit wohnen noch zahlreiche Verwandte von Hettichs und 16 weitere Angehörige sind dieser Tage in Friedland eingetroffen. Die Familienbande sind fest. Einem nach dem anderen wird in den Sattel geholfen. Daß sie alteingesessene Schwaben eigentlich überhaupt noch nicht näher kennengelernt haben, bekümmert die Familien aber doch ziemlich. Kontaktaufnahmen mit Arbeitskollegen gingen fast immer schief. Neid zeigt sich, auch Sprachlosigkeit über soviel Risikobereitschaft, das überhaupt zu schaffen.

Es wird zu schaffen sein. Möglicherweise allerdings auf Kosten der Gesundheit. Besonders die Frauen sind physisch und psychisch hart belastet. Sie hatten von Kindesbeinen an schwere körperliche Arbeit geleistet, jetzt sind Beruf und Haushalt gleichzeitig zu bewältigen, vom Zupacken beim Tapezieren, Wände ziehen, Kartoffeln anbauen gar nicht zu reden. Dazu die in dieser Situation besonders heikle Aufgabe der Kindererziehung, das Sparen und Einschränken, die Sorge um die Angehörigen, die noch nicht ausreisen konnten. Das alles hat auf den Gesichtern der Frauen Spuren hinterlassen. Es muß sein, sagen die Frauen, schließlich ginge es um die Kinder. Ihnen soll es erspart bleiben, immer wieder aus dem Nichts eine Existenzgrundlage zu schaffen.

Die Kinder aber hören bei diesem Teil des Gesprächs nur mit halbem Ohr mit. Ihnen hat sich inzwischen ein weiter Horizont eröffnet, für sie besteht die Welt nicht mehr aus Grenzen, sondern aus einer Menge von Verheißungen. „Du lieber Himmel, wer weiß, wo ich bin, wenn ich erwachsen bin", sagt die Neubürgerin Nelli und schwärmt von Kanada. Michael sieht sich auch schon in weiter Ferne, vielleicht in Afrika.

Jutta Fröhlich

Besuch aus Afrika im Ladengottesdienst

28

Stichworte:	BRD, Begegnung, Verhältnis Erste / Dritte Welt, evangelisch-lutherische Kirche, Gottesdienst, Bibelarbeit, Fürbitte, Gemeinde, ökumenische Partnerschaften, Abendmahl, Eucharistie, Gebetsgemeinschaft, Friedensgruß, Pfarrer, Gemeinschaft, feiern, Ladengemeinde, Sündenbekenntnis, Mk 1,14—20
Zum Text/ Problemfeldbeschreibung:	Der afrikanische Pfarrer Kasukuti ist von den Gottesdiensten in Deutschland enttäuscht, bis er an einem Sonntag eine „Ladenkirche" in Nürnberg erlebt. Hier wird aus dem Leben der Gemeinde und über deren Partnerbeziehungen zu anderen Kirchen berichtet. Statt der Predigt gibt es eine Bibelarbeit und auch die Abendmahlsfeier ist von einer besonderen Atmosphäre geprägt.
Vorlesezeit:	6 Minuten
Vorlesealter:	ab 12 Jahren

„Als ich in Deutschland zum ersten Mal einen Gottesdienst besuchte, bekam ich einen Schock!" Kasukutis Bekenntnis klingt hart. Doch habe ich Ähnliches auch schon andere sagen hören, nicht nur Afrikaner.

Gerne möchte ich von Kasukuti wissen, wie bei ihm in Afrika Gottesdienst gefeiert wird.

Kasukuti ist Pfarrer. Er lacht. „Weißt du, daheim muß ich mich immer beeilen, daß ich am Sonntag pünktlich in die Kirche komme, sonst fängt die Gemeinde ohne mich an! Die würden auch ohne mich weiterfeiern, und — ", so versichert er grinsend, „es hätte nichts Wesentliches gefehlt!"

Was würde in einer deutschen Kirche geschehen, wenn der Pfarrer eines Sonntags nicht im Gottesdienst erschiene? Wo er doch die Hauptperson ist?

In Afrika ist das anders. Die Pfarrer sind nicht die Hauptpersonen. Die Hauptpersonen sitzen in der Gemeinde. Und die Hauptsache am Sonntag ist das Feiern und Sich-Wohlfühlen. Die Gemeinden in Afrika wachsen, weil sie einen ansteckenden „Virus" verbreiten — eine warme herzliche Atmosphäre, ein Gemeinschaftserleben. „Gott liebt dich!" — diese Botschaft bleibt nicht nur Sache einer von einem einzelnen gesprochenen Predigt.

Ich lade Kasukuti ein, mich am Freitagabend nach Nürnberg zu begleiten, um an einem Gottesdienst des Lorenzer Ladens teilzunehmen.

Die Ladengemeinde sitzt im Gemeindesaal im Kreis um einen Tisch, auf dem die Abendmahlsgaben stehen. Es sind hauptsächlich junge Leute da, dazwischen entdecke ich aber auch „mittelalterliche" und ältere Gemeindeglieder. Wieviel Leute werden da sein? Vierzig? Fünfzig?

Kasukuti und ich werden als Neue begrüßt und gebeten, uns vorzustellen. Bei Kasukuti klatscht die Gemeinde begeistert Beifall. Ein Pfarrer aus Afrika zu Besuch! Das ist ein Ereignis!

Jemand schlägt ein Lied vor. Wir singen. Die sanfte Melodie weckt mich aus meinem Erschöpftsein. Der Arbeitstag ist vorbei. Jetzt wird gefeiert, gebetet und ausgeruht! Einer, er heißt Georg, steht auf und berichtet von seiner Reise mit Nürnberger Pfarrern zu Kirchengemeinden in Birmingham.

Das Gemeindeereignis des Abends aber scheint zu sein, daß der bisherige Zivildienstleistende Armin durch einen neuen — Tim — abgelöst wird. Tim wird vorgestellt und begrüßt. Armin verabschiedet. Armin erhält ein lustiges Abschiedsgeschenk. Gelächter, Zwischenrufe...

Mir fällt die Vertrautheit der Leute untereinander auf. Armin hält eine kurze Abschiedsrede. Dann soll er gesegnet werden. Er kniet nieder. Vier junge Leute treten zu ihm. Jeder legt eine Hand auf seinen Kopf. Eine Frau sagt einen Segenswunsch, eine andere betet für ihn. Einer sagt einen Bibelvers. Armin soll gesegnet und behütet seinen weiteren Weg gehen.

Auch Tim wird gesegnet und auf diese liebevolle Weise in die Gemeinschaft aufgenommen.

Die Leute haben Zeit in diesem Gottesdienst. Auch mir wird die Zeit nicht lang. Statt Predigt, so kündigt eine Mitarbeiterin an, sollen wir heute einen Text aus dem Markusevangelium lesen und dann darüber reden. Jemand liest Mk 1,14—20. Plötzlich kommt Bewegung in den Raum. Ein paar drehen ihre Stühle um. Wir bilden kleine Gesprächsgruppen, um über das Gelesene zu diskutieren.

Ich ärgere mich in meiner Gruppe über einen Typ, der sich bei dem Appell „Tut Buße" in Vers 15 aufhält. Wie ich ihn zu verstehen meine, sitzt er wohl jeden Abend zu Hause und denkt über den vergangenen Tag nach — welche Sünden er wohl wieder begangen habe, in welchen Situationen er wohl Gott wieder nicht gefallen haben könnte. Diese Glaubenshaltung macht mich aggressiv, besonders die dahinterliegende Gottesvorstellung. „Mensch, du darfst doch leben!" fahre ich ihn an. „Du darfst doch leben! Keiner kann sich den ganzen Tag lang vollkommen gut verhalten! Das verlangt Gott doch nicht von dir!"

Kasukuti sitzt in der Nachbargruppe. Oft sehe ich zu ihm hinüber. Einmal ruft er überschwenglich: „Ich fühle mich wohl bei euch! Das ist wie in Afrika!" Eine Frau hatte ihn gefragt, wie es ihm in diesem Gottesdienst gefalle. Jemand fragt Kasukuti, ob er nicht das Abendmahl heute im Gottesdienst halten möchte, da er doch Pfarrer sei. Erschrocken wehrt Kasukuti ab, nein, er sei nicht vorbereitet! „Aber vielleicht das nächstemal?" fragt ein anderer.

Nach zwanzig Minuten lösen sich die Gesprächsgruppen wieder auf. Verschiedene Leute berichten im großen Kreis interessante Gesprächsergebnisse aus den Gruppen. Ein Meditations-Mosaik zu Mk 1,14—20 entsteht. Ich bin fasziniert. Wir singen wieder. Es wird stiller. „Wir wollen jetzt beten!" sagt die Frau, die vorhin die Gesprächsphase eingeleitet hat. Sie betet aber nicht, sondern schweigt. Stille im Raum. Dann beginnt jemand zu beten — für einen kranken Freund, der heute nicht kommen konnte. Dann betet ein anderer. Bewegt höre ich den Gebeten zu. Ich erfahre etwas aus dem Leben der Gemeinde — da werden psychisch Kranke in der Fürbitte vor Gott gebracht oder eine

Ordensschwester aus Chile, zu der die Gemeinde Verbindung hat oder eine bolivianische Gemeinde, die von der Ladengemeinde unterstützt wird. Jemand betet für eigene Schwierigkeiten mit Arbeitskollegen.

Ein Mann in Jeans und Pullover schließt die Gebetsgemeinschaft ab. Als wir das nächste Lied singen, steht er auf. In einer Ecke des Gemeindesaals zieht er ein weißes Gewand über. Das ist also der „Ladenpfarrer"! Er geht zum Tisch. Wir beginnen mit der Abendmahlsfeier. Den Friedensgruß habe ich nie so erlebt. Der Mann, der mich vorher genervt hat, kommt auf mich zu und gibt mir die Hand. „Friede sei mit dir!" sagt er. Er trägt mir nichts nach. „Friede sei mit dir!" antworte ich und lächle ihn an. Jawohl, Friede mit ihm! Wie muß er wohl manchmal leiden unter seinem harten Urteil über sich selbst! Auf einmal finde ich es gut, daß er in dieser Gemeinde zu Wort kommt und Gesprächspartner findet.

Beim Abendmahl stehen wir im Kreis. Einer gibt dem anderen das Brot weiter. „Christi Leib — für dich gegeben!" Jeder sagt es seinem Nachbarn.

Kasukuti ist sitzen geblieben. „Ich bin nicht vorbereitet!" hat er mir zugeflüstert. Bei ihm zu Hause wird nur selten Abendmahl gefeiert. Das Abendmahl ist etwas ganz Besonderes und bedarf mehrerer Tage der inneren Vorbereitung, des Gebets, des Sündenbekenntnisses.

Beim Abschlußsegen stehen alle im Kreis und nehmen sich bei der Hand. Alle sprechen den Segen gemeinsam: „Der Herr segnet uns und behütet uns..."

Der Gottesdienst ist zu Ende gegangen. Einige sammeln die Liederbücher ein. Gruppen bilden sich. Stimmengewirr.

Ich schaue auf die Uhr. Was, so spät schon? Wir waren fast drei Stunden hier. Kasukuti wird umringt. „Du kommst doch wieder?" Der Pfarrer fragt ihn: „Hältst du uns nächstesmal das Abendmahl?" Eine Frau meint lächelnd: „Der Gottesdienst dauert nicht immer so lang wie heute!" Als wir auf dem regennassen Pflaster zum Parkplatz gehen, schüttelt Kasukuti den Kopf. „Es war wie zu Hause", murmelt er.

Auf der Heimfahrt singt er leise Kirchenlieder aus seiner Heimat vor sich hin.

Marion Abendroth

29 Verborgene Schätze ausgraben

Stichworte:	BRD, Mission, Kirche, Gottesdienst, Gast, Einheit der Kirche, Begegnung, voneinander lernen, koreanische Kirche, gegenseitiges Helfen, Suche nach Gott
Zum Text/ Problemfeldbeschreibung:	Ein Pfarrer aus Korea besucht als Gast Deutschland und besonders die Einrichtungen der Kirchen. Er sieht nicht nur die offensichtlichen Schwächen, sondern auch verborgene Schätze. Aufgabe einer ökumenischen Begegnung von Christen ist es, gegenseitig auf die verborgenen Schätze hinzuweisen und sie wiederzuentdecken.
Vorlesezeit:	3 Minuten
Vorlesealter:	ab 12 Jahren

Neulich war bei uns im Haus der Mission in Stuttgart ein Pfarrer aus Korea zu Gast. Wir haben häufig Gäste: aus Ghana, aus Südafrika, aus dem Libanon, aus Jordanien, aus Indien, aus Indonesien; junge und ältere Menschen.
Es ist schon spannend, so viele Menschen aus verschiedenen Ländern zu treffen. Und manchmal habe ich dann auch Angst davor, schon wieder mit einem Unbekannten reden zu müssen. Was kann ich ihn fragen? Was möchte er denn von mir hören und wissen? Warum sprechen wir eigentlich miteinander? Meistens lösen sich die ängstlichen Fragen von selbst. Der Gast ist eingetroffen, wir sind einander vorgestellt worden, wir trinken Tee oder Kaffee miteinander. Und sind mitten in einer Unterhaltung.

Unser Gast aus Korea machte es uns leicht. Er war schon einige Wochen in Deutschland, um selbst zu erfahren, wie Christen hier leben. Er hatte Gemeinden besucht; er hatte Gottesdienste, Gemeindeveranstaltungen und Familien kennengelernt.
Touristen in Korea hatten ihm Geschichten über die Kirche in Deutschland erzählt. Und diese Geschichten stimmten nicht mit seinen Eindrücken überein. Die Kirche in Deutschland liege im Sterben; überall blieben die Kirchen fast leer; die Gemeindehäuser seien wie ausgestorben, und überhaupt könne man nur alte Leute im Gottesdienst antreffen. Von den jungen Leuten wisse man nicht so recht, was sie trieben!

„Dann kam ich selbst hierher", fuhr er fort. „Sieben Wochen lang habe ich nun Gemeinden besucht und finde zum Teil bestätigt, was die Touristen erzählen. Aber nur zum Teil. In Wirklichkeit spüre ich, daß es eine Kirche im Verborgenen gibt. Man muß sie nur sehen. Die Schätze der Kirche in Deutschland sind verborgen wie Gold in einer Goldmine. Wir Christen aus Korea oder aus einem Land in Afrika müssen euch helfen, sie wieder auszugraben. Das ist wie bei einem Friseur: Er kann sich auch nicht selbst die Haare schneiden. Wir können euch helfen, aber wir brauchen auch eure Hilfe. Unsere Kirchen in Korea wachsen, die Gottesdienste sind gut besucht. Aber wir kennen auch eine Gefahr: Wir sind ständig dabei, uns zu streiten und in Gruppen auseinanderzufallen. Wenn ihr in Deutschland mit uns darüber nachdenkt, daß Christen aller Kirchen zusammengehören, so helft ihr uns, die Einheit der Kirche als einen kostbaren Schatz wiederzuentdecken.«

Jetzt verstand ich, warum dieser Pfarrer aus Korea uns besuchte. Er wollte uns sicher kennenlernen. Er wollte mit uns darüber sprechen, was ihm bei uns aufgefallen war. Er wollte auch die Schwierigkeiten nicht verschweigen, die seine koreanische Kirche hat. Und er sah uns mit verständnisvollen Augen an. Er sah bei uns mehr als die halbleeren Kirchen; er sah eine Suche nach Gott. Bei uns. Sie war ihm kostbar. So wichtig, daß er uns helfen wollte, wieder davon zu reden und miteinander zu leben.

Reinhilde Freise

Frauen buchstabieren Feindesliebe 30

Stichworte:	BRD, gewaltfreier Widerstand, Angst, Aggression, Feindesliebe, Friede, Lieder, Feindbilder, Solidarität, Einstehen für Bewahrung der Schöpfung, Gerechtigkeit und Frieden
Zum Text/ Problemfeld- beschreibung:	Auf einem Raketenstützpunkt kommt es zu einem Zusammentreffen zwischen 70 amerikanischen Soldaten und 50 deutschen Frauen. Durch Lieder und ein persönliches Zeugnis wird die Atmosphäre entkrampft, und die Frauen buchstabieren so Feindesliebe.
Vorlesezeit:	5 Minuten
Vorlesealter:	ab 12 Jahren

Muttertag 1987 – etwa 50 Frauen aus dem Ulmer Raum wollen in diesem Jahr den Muttertag anders gestalten. Weil ihnen die Zukunft ihrer Kinder mehr am Herzen liegt als Geschenke, machen sie sich auf den Weg – zur Muttertagsblockade nach Mutlangen.
Im Bus sind wir selber überrascht, daß wir so viele sind. Das Gefühl, daß wir etwas tun müssen gegen den Wahnsinn, der mitten in Dörfern und Städten aufgestellten Raketen, verbindet uns.
So fahren wir also mutig nach Mutlangen, obwohl kaum jemand von uns je an einer Blockade teilgenommen hat. Manche sind auch unsicher und ängstlich. Nicht alle trauen sich zu, sich einfach auf die Straße zu setzen, um dadurch die Zufahrt zum Raketenstützpunkt zu blockieren. Wir wissen, daß solche Aktionen gewaltfreien Widerstandes strafbar sind.

In Mutlangen erleben wir eine Enttäuschung. Die Raketen sind über Nacht entfernt worden. Einige ältere Menschen sind ihnen nachgefahren und haben ihre Senioren-Blockade in einem Waldstück fortgesetzt. Wir laufen um das ganze abgeriegelte Gelände herum und sind entsetzt über die Mauern, die Zäune, Stacheldrähte und Wachtürme. Wie mag es wohl den Polizisten und Soldaten gehen, die das alles beschützen müssen?

An einer unwegbaren Stelle des Geländes sind mehrere Gehege mit Gänsen, die offenbar noch sensibler auf Geräusche und Störungen reagieren als die technischen Anlagen. Es ärgert mich, daß sogar Gänse und Hunde mißbraucht werden, um diese bedrohlichen Raketen zu verteidigen. Am Eingangstor diskutieren wir, aber mit den Leuten hinterm Zaun kommt keinerlei Kontakt zustande. Es regnet, und wir frieren. Hat sich das nun gelohnt? Wäre es zu Hause nicht schöner gewesen?

Im warmen Bus streiten wir uns fast noch, ob wir nun wieder nach Hause oder noch an einen anderen Stationierungsort fahren sollen.

Wir einigen uns, auf dem Heimweg noch im Wald bei Seißen vorbeizuschauen, wo in den letzten Tagen einige Raketen herumgeschoben wurden. Der letzte Polizeihubschrauber hebt gerade von der Lichtung im Wald ab, als wir ankommen. Die Spaziergänger sind auch schon zu Hause, wie wir nun am frühen Abend ungeachtet der handgemalten Sperrschilder in den Wald hineingehen. Wir haben nichts abgesprochen, aber unser Handeln scheint ganz einfach und klar. In dem lichten Frühlingswald sehen wir die getarnten Objekte. Wir gehen alle weiter, auch dann, als in 100 m Entfernung die amerikanischen Soldaten plötzlich wie Pilze aus dem Boden schießen. Bis wir dort sind, stehen ungefähr 70 Soldaten, meist Farbige und auch einige Frauen, wie eine Mauer vor uns — alle schwer bewaffnet.

Ob einige von uns Angst haben? Ich habe in diesem Augenblick keine, und trotzdem ist es gut, daß wir uns spontan an den Händen fassen und ebenso eine Kette bilden — 50 Frauen den 70 Soldaten gegenüber, zwischen uns kaum 3 m Abstand, nur weicher Waldboden und kein Stacheldraht, nur Amerikaner und keine deutsche Polizei, die uns sicher gleich vertrieben hätte, weil wir im Sperrgebiet und damit im Unrecht waren.

Eine Frau sagt spontan auf Englisch: „Es ist Muttertag, wir kommen gerade von Mutlangen und wollen euch ein Lied singen."

Mich erstaunt, daß bei uns überhaupt keine Aggression zu spüren ist. Wir schauen diesen waffenstarrenden Menschen ins Gesicht und singen das Lied, das sie vielleicht entwaffnen kann: We shall overcome.

Unsere Gruppe ist sehr gemischt, und von den eher kirchenfernen Frauen schlägt eine noch das Spiritual „Gott hält die ganze Welt in seiner Hand" vor. Ich mache mir den Text bewußt und spüre, wie die Lieder auf beiden Seiten die Gesichter und die Herzen bewegen und die Ohren öffnen. In der Stille danach nehme ich allen meinen Mut zusammen — zum Glück kann ich gut Englisch — und sage den Soldaten laut und deutlich, was mir plötzlich in den

Sinn kommt. Ich erzähle von meiner Mutter, die ihren Bruder und ihren Mann, meinen Vater, in Rußland sowie ihre Eltern bei einem Bombenangriff verloren hat, und daß genauso wichtig wie der Abbau der Raketen der Abbau unserer Feindbilder sei, damit ihre und unsere Kinder noch eine Zukunft haben.

Wir stehen uns noch immer gegenüber. Die Soldaten dürfen mit uns ja nicht reden, aber ihre Gesichter und manche versteckte Träne sprechen für sich. Überwältigt von diesem unverhofften Geschehen verabschieden wir uns und gehen leise zurück. Manche winken noch zögernd.

An diesem Tag ist uns allen eine Ahnung davon geschenkt worden, wie das Wort Feindesliebe buchstabiert wird und daß die innere Abrüstung die äußere begleiten muß.

Dorle Dilschneider

Unterkunft   31

Stichworte:	DDR, Weihnachten, Gottesdienst, Not, helfen, Außenseiter, Gemeinde, Vorurteil, Mißtrauen
Zum Text/ Problemfeld- beschreibung:	In einem Weihnachtsgottesdienst bittet ein unverheiratetes Paar, die Frau hochschwanger, um eine Unterkunft, da die eigene Wohnung ausgerechnet am Heiligen Abend ausgebrannt sei. Erst nach und nach merken die Gottesdienstbesucher, daß es sich um eine Inszenierung der Weihnachtsgeschichte handelt.
Vorlesezeit:	4 Minuten
Vorlesealter:	ab 12 Jahren

Noch hatten sich nicht alle gesetzt – erst mußte rasch noch ein Defekt an der elektrischen Christbaumbeleuchtung behoben werden –, da trat der Pfarrer vor die Gemeinde und sagte, es sei noch ein dringendes Problem zu lösen, bevor der Gottesdienst beginnen könne.

Die Wohnung von Frau Klinger und Herrn Stern sei ausgebrannt, gestern, ausgerechnet am Heiligen Abend. Die Nacht hätten sie bei den Nachbarn verbracht, doch die verreisten heute und wollten dem Paar ihre Wohnung nicht allein überlassen. Beide wären ja erst kürzlich zugezogen und noch fremd in der Gemeinde, müßten erst Kontakte finden. Frauke Klinger sei übrigens hochschwanger.

„Hätte jemand von Ihnen die Möglichkeit, das Paar aufzunehmen?" fragte der Pfarrer.

„Kennen Sie die Leute?" fragte eine Frau ihre Banknachbarin.

„Nicht verheiratet, aber schwanger", flüsterte eine andere.

„Wenn man die Leute kennen würde", raunte die erste wieder, „das wäre etwas anderes. Im Gemeindehaus ist doch ein freier Raum . . ."

„Herzogs hätten Platz", sagte ein Mann halblaut. „Allein in einer Vierzimmerwohnung." Dabei blickte er suchend um sich, konnte aber anscheinend Herzogs nicht entdecken.

Ein anderer Mann, der wahrscheinlich nicht laut vor der Gemeinde sprechen wollte, ging nach vorn. Er habe eine Laube im Garten, sagte er zum Pfarrer. Ob er die allerdings im Winter mit der elektrischen Heizung warm bekäme, dafür könne er seine Hand nicht ins Feuer legen.

„Eine Laube ist gefunden worden für unsere Obdachlosen", verkündete der Pfarrer. Und in diesem Moment funktionierte die Christbaumbeleuchtung wieder. Und Frauke Klinger und Wigbert Stern traten von der Seite herzu und wurden dem Laubenbesitzer vorgestellt.

Es war ein merkwürdig unzeitgemäß gekleidetes Paar: Sie war einfach in farbige Tücher gehüllt, er trug eine sackartige Hose und einen Poncho.

Wie manche jungen Leute sich anziehen heutzutage, mochten jene Gottesdienstbesucher denken, die noch nicht wußten, was hier gespielt wurde. Sie merkten es bald. Fünf verwildert aussehende junge Burschen fragten nach dem Weg zur Laube. Und drei elegant angezogene, geschmückte dunkelhäutige Männer kündigten dem Paar ihren Besuch für den sechsten Januar an.

Bis dahin würde Fraukes und Wigberts Kind zur Welt gekommen sein.

Christoph Kuhn

32   Luftschnapp-Pause

Stichworte:	DDR, Bittgottesdienst, Kirche (als Treffpunkt), Bewahrung der Schöpfung, Kirche und Politik, Jugendweihe, Konfirmation, Demonstration, Unterdrückung/Freiheit, Schule, Bibelarbeit, Rüstzeit, Jugendarbeit, Polizei
Zum Text/ Problemfeldbeschreibung:	Drei Jungen aus verschiedenen Orten der DDR treffen sich bei einer Rüstzeit und sprechen bei dieser Gelegenheit über die Ereignisse, die zur demokratischen „Wende" in ihrem Land beigetragen haben.
Vorlesezeit:	10 Minuten
Vorlesealter:	ab 14 Jahren

„Ach, zum Glück ist das vorbei!"

„Was?"

„Na, dieser Schwachsinn!"

„Welcher Schwachsinn? Meinst du etwa die Bibelarbeit eben? Ich fand die gut. Da konnte man doch sagen, was man denkt."

„Eben, das meine ich ja!"

Martin bleibt stehen. „Ich verstehe Bahnhof!"

Auch Klaus verlangsamt seinen Schritt. Dann bückt er sich. Die Kieselsteine haben es ihm angetan. Er hebt einen auf, nimmt Schwung und will den Stein über die Schloßmauer hinab nach Mansfeld schleudern. Doch gerade noch funktioniert seine innere Bremse: Er wirft das Geschoß seitlich auf den Weg.

„Was ist nun zum Glück vorbei?"

„Mit dem Drumrumreden."

„Wie meinste das mit dem Drumrumreden?"

„Na sag' mal, haste vorhin drin geschlafen, oder was!?"

„Ne, wieso?"

„Naja, da wirste doch ooch noch wissen, was der Kunde da aus Dresden erzählt hat!"

„Ach der, der 'nen Tag zu spät hierher kam. Das hat ja die Rüstzeitleitung ganz schön in Aufregung versetzt. Wie hieß er gleich? Benjamin?"

„Ne, ich glaube nur: Ben. Du, da vorn steht er, an dem Ausguck. Los, wir geh'n mal hin!"

Klaus nimmt noch einen Kieselstein und läßt ihn in Zielrichtung zischen, so, als wollte er sein Kommen ankündigen. Beide gehen an der Burgbegrenzung entlang, wo vor Jahrhunderten die Grafen von Mansfeld lustwandelten oder ihre Soldaten Wache standen. Ja, vermutlich hat auch Martin Luther von dort hinabgesehen. Denn er war mehrmals auf dem Schloß, das heute Rüstzeitheim der evangelischen Kirche ist, und hat mit den Grafen verhandelt. Selbst Kaiser Heinrich VII. hat 1229 dieses schöne Schloß im östlichen Vorharz besucht, anläßlich einer Hochzeit, und wahrscheinlich ebenfalls den Weg der Jungen an der Schloßmauer entlang abgeschritten.

Klaus und Martin nähern sich Ben selbstbewußt-gelassen so, als kämen sie völlig unabsichtlich, damit dieser nicht unbedingt merkt, daß sie extra zu ihm gekommen sind.

„Und du wohnst in Dresden?"

Jeder guckt durch eine Schießscharte in die Landschaft.

„Ja, und ihr?"

„Aus Leipzig."

„Ich, aus, bei Magdeburg."

„Warum bist du denn zu spät gekommen?"

„Na, ich mußte noch bei einer kirchlichen Großveranstaltung dabei sein und hören, was da 'rausgekommen ist."

„Wobei?"

„Bei dem Reinst-Silizium-Werk."

„Was is'n das?"

„Das kann ich dir auch nicht genau erklären. Jedenfalls wollten die Parteileute eine neue Fabrik bauen, direkt an die Stadtgrenze. In diesem Betrieb sollte Reinst-Silizium hergestellt werden. Das braucht man für Computer und so.

Und irgendsoein Zwischenprodukt ist stark giftig und explodiert ganz leicht. Deswegen hat sich der ‚ökologische Arbeitskreis' der Kirchen in Dresden seit langem gegen diesen Bau des Werkes ausgesprochen. Aber von der alten Partei- und Staatsführung der DDR wurde das als Gefährdung der öffentlichen Ordnung und Sicherheit und als antisozialistisch angesehen. Ganz schlimm fanden die es, als einige hundert Leute nach den Bittgottesdiensten auf die Straße gingen, um öffentlich auf die Gefahr des Gifttransportes aufmerksam zu machen. Denn das gefährliche Zeug sollte von Riesa durch die ganze Stadt gefahren werden! Die Polizei und die ‚Stasi' (= Staatssicherheitsdienst) haben jeden Plakatträger weggeschleppt, und später wurden sie zu teuren Geldstrafen verurteilt. Da haben die drei Superintendenten (= Stadtoberpfarrer) die Gemeinden zu Spenden für die Betroffenen aufgerufen.

Und jetzt war die große Versammlung in der Kreuzkirche. Über 3 000 Sitzplätze. Alle Gänge waren gerammelt voll. Und um die Kirche mindestens genau noch mal so viele. Da mußte ich unbedingt dabei sein. Schließlich bin ich bei jeder Bittandacht dabeigewesen, die jedesmal in einer größeren Kirche stattfand, weil immer mehr Leute kamen. Jetzt zuletzt sogar mit Lautsprechern nach außen: das war vor einem viertel Jahr noch unvorstellbar, weil der Staat den Umweltschutz als reine Staatssache ansah. Da durfte niemand dagegen reden, schon gar nicht öffentlich. Die Kirche sollte sich nur ums Beten kümmern – hat sie sich aber nicht vorschreiben lassen. Deswegen gab es ständig Ärger."

„Und wie ist es nun ausgegangen?"

„Erst einmal haben die Umwelt-Leute berichtet, wie schwierig die Verhandlungen waren, wie sie ganz vorsichtig reden mußten, damit die Staats-Leute nicht irgendwie einen Vorwand bekamen, von Konterrevolution zu sprechen oder so ähnlich, und sie dadurch die Verhandlungen abbrechen konnten. Dazu durfte es nicht kommen. Immerhin ging's uns ja nicht ums Prinzip, sondern um die Einwohner. Bei den Partei-Leuten war's meistens umgekehrt. – Das Ende vom Lied: die Gebete und die Straße haben gesiegt. Die Giftbude wird nicht gebaut! – Als das in der Kreuzkirche bekanntgemacht wurde, gab es einen sagenhaften Jubel. Ihr könnt euch die Freude in der Kirche und auf dem großen Altmarkt gar nicht vorstellen. Tolle Feststimmung. Die Leute – bestimmt Zigtausend – hatten bunte Tücher und Kerzen und Blumen mit. Und die Polizei, bisher die gefürchtete Knüppelgarde, leitete den Verkehr, damit die Massen ungestört durch die Straßen ziehen konnten.

Ganz prima fand ich, daß man von der einen Elbbrücke zur anderen, über die wir schon gegangen waren, sehen konnte, wie sich dort noch der Menschenzug bewegte. Das sieht lustig aus, daß der Schwanz andersherum läuft!"

Vom Schloßgebäude her klingt der große Gong. „Es geht weiter", sagt Klaus. Alle drei verlassen den Talblick und setzen sich in Richtung Tagungsraum in Bewegung, ein bißchen unsicher, ob sie sich wirklich jetzt mit der Fortsetzung der Bibelarbeit befassen wollten oder nicht lieber bei der „aktuellen Lage" blieben.

Ben setzt noch einmal an: „Am stärksten fand ich das Polizeiauto am Pirna-ischen Platz. Als wir vorbeikamen, war es eigentlich schon gar nicht mehr zu sehen. Voll mit Blumen eingedeckt. Nur noch zwei Lautsprecher sahen oben raus, sonst hätte man wahrscheinlich nicht gemerkt, daß es ein Polizeiauto ist.

„Aber ihr Leipziger habt ja auch ganz schön draufgelegt bei den Demos", wendet sich Ben an Martin, als sie sich im Gänsemarsch durch die schmale Pforte fädeln, die in das große Schloßhoftor eingebaut ist und welches nur bei Kutschdurchfahrten oder für Autos geöffnet wird.

Klaus fragt verdutzt: „Bei dem was??"

„Bei den Demonstrationen! Ihr vom Dorf lebt wohl hinterm Mond?!"

„Nee, wir haben bei der DDR-Wende auch feste mitgezerrt! Unsere Leute waren zwar nicht stundenlang auf der Straße, aber in der Kirche haben 'se ewig diskutiert über Staatssicherheitsdienst und Sonderjagdgebiete für die SED-Funktionäre und so. 300 Leute waren in der kalten Kirche!"

„Ho, ho, 300 Leute!" wiederholt Martin und betont dabei den stolzen Unter-ton. Dann setzt er triumphierend hinzu: „Bei uns waren es 150 000!!"

„Na ja", schaltet Ben sich ein, „Leipzig ist ja auch viel größer."

„Genau!" trumpft Klaus auf (und empfindet Dankbarkeit, daß der Dresdner ihm beisteht): „Unser Pfarrer und paar aus der Gemeinde haben zwar erst überlegt, ob das geht: Politik in der Kirche. Aber da sich die Leute nirgends anders treffen durften und so viele die Nase voll hatten von der ‚Führung der Arbeiterklasse‘ — wie das die Lehrer und die Zeitungen nannten — machte unser Pfarrer einen kleinen Zettel in den Schaukasten: ‚18.00 Uhr Bittandacht‘, oder so ähnlich, und da kamen die Leute geströmt, wie Heiligabend."

„Na gut, wollen wir mal nicht so sein." Martin legt einen gönnerhaften Ton auf. „Jeder, wie er's eben kann. Hauptsache, es machen alle mit, damit es nicht wieder umkippt."

„Ja, endlich kann man in der Schule auch mal ohne Angst seine eigene Meinung sagen. Zum Glück ist das vorbei mit dem Drumrumreden."

Ben ist sich da noch nicht so sicher: „Hoffentlich kommt es nie wieder vor, daß die Lehrerin zu einem sagt, wie sie zu mir: ‚Wenn du nicht in die FDJ gehst, kannst du nie Lehrer werden.‘ Und dann durfte ich bei der Jugendweihe-fahrt der Klasse als Nichtjugendweihling nicht mitfahren, obwohl das Geld für den Ausflug mit Übernachtung aus der Klassenkasse genommen wurde."

„Das finde ich aber gemein. Da bist du ja echt ausgeschlossen und dazu noch bestraft", solidarisiert sich der Dörfler mit dem Großstädter.

„Genau!" stimmt der Leipziger bei.

„Aber noch schlimmer finde ich, daß die Stabülehrerin (Staatsbürgerkunde) sich jetzt nach der Wende vor die Klasse stellt und behauptet, es ist gar keiner zur Jugendweihe gezwungen worden. Und mich nimmt sie als Beispiel, daß man auch ohne Jugendweihe und FDJ auf die Oberschule komme. Als ob die Schüler allein dran Schuld wären, daß sie in der FDJ sind!"

Sie werden unterbrochen von Stimmen, herab aus einem der Saalfenster:

„Kommt doch etwas schneller, wir wollen weitermachen!"

Sie setzen sich in Trapp. Ben fragt im Rennen: „Wie ist das eigentlich bei euch mit der Jugendweihe?"

„Wir ..." − „Meine ..." Klaus und Martin wollen beide antworten und hören auch gleichzeitig wieder auf, um dem anderen nicht reinzureden. Dabei prusten sie kichernd auseinander. Vielleicht haben sie aber auch hier auf diesem kirchlichen Rüstzeitheim-Schloßgelände ein schlechtes Gewissen dem Ben gegenüber, weil sie zu Hause doch nicht standhaft geblieben sind. Ihre Eltern hatten ja Angst gehabt, die erträumte Lehrstelle für ihre Söhne zu verpatzen, und deshalb haben sie an der Jugendweihe teilgenommen.

Klaus hat sich zuerst gefangen und bekommt nun seinen angefangenen Satz vollständig heraus: „Meine Mutter hat gesagt: ‚Wir *feiern* die Jugendweihe nicht, aber wir können sie abhaken.'"

Die Jungs kommen mühsam im Hauptgebäude vor dem Schuhregal zum Stehen. Beim Hausschuhe anziehen erzählt Martin: „In unserer Gruppe ist der Pfarrerssohn der einzige ‚echte' Konfirmand. So sagen die Alten in der Gemeinde dazu. Wir anderen werden erst in der neunten Klasse konfirmiert."

„So wird's überall gemacht", ruft Klaus, der schon die Wendeltreppe hinaufläuft. Die anderen setzen mit immer zwei Stufen nach. Vor der Tür zum Festsaal halten sie noch einmal an.

„Der Pfarrerssohn wartet nun auch bis nächstes Jahr, damit er nicht mit seinem Vater am Altar allein steht."

„Ich finde das sowieso belämmert mit der Trennung und dem Straf-Warten ..."

Ben zögert kurz und hat dann eine Idee: „Wie findet ihr das: Heute abend ist doch Thema: ‚Wo uns der Schuh drückt'. Da sollten wir doch Themenvorschläge machen. Woll'n wir nicht über *das* reden: wie sich Jugendweihe und Konfirmation zueinander verhalten?"

„Na klar, so 'ne Meute von gleichen Typen hier haste doch nicht jeden Tag!"

„Und auf dem Dorf schon gar nicht!"

„Eben, das ist ja das schöne von so einer Rüstzeit. Ich bin richtig froh, daß ich diesmal 'ne Zusage bekommen habe. Voriges Jahr war alles schon voll. Diesmal habe ich aber gleich geschrieben, als der Pfarrer den Plan in die Konfirmandenstunde gebracht hat."

Jetzt geht die Tür energisch von innen auf: „Nun kommt doch endlich rein! Wir wollen die Bibelstelle von vorhin jetzt *spielen,* da brauchen wir jeden, als Mitspieler oder Beobachter. Bitte! Ihr könnt doch beim Mittagessen weiterklönen ..."

„Schon gut, schon gut, wir kommen ja!"

Gerhardt Uhle

Wie Kinder in der Diaspora der DDR leben

33

Stichworte:	DDR, Atheismus, Diaspora, katholische Kirche, Bekenntnis des Glaubens, Religionsunterricht, Kaplan, Glaube
Zum Text/ Problemfeldbeschreibung:	Nach dem Religionsunterricht bringt der Kirchenbus Elisabeth nach Hause, wo sie ihrer Großmutter berichtet. Es geht vor allem um die Frage, wer in einem Land wohnen möchte, wo alle an Gott glauben, und wer gerne dort leben möchte, wo er oder sie als einzige(r) gläubig ist.
Vorlesezeit:	2 Minuten
Vorlesealter:	ab 8 Jahren

Jetzt bin ich nur noch die einzige, die im Kirchenbus sitzt und heimgefahren wird. Die anderen fünf sind schon nach und nach ausgestiegen. Es wird bereits dunkel, und vorne taucht nun unser Dorf auf. Dann werde auch ich aussteigen. Zuvor aber kommt noch ein Schlagloch auf der Straße, das kenne ich schon in- und auswendig. Da rumpelt dann der Bus. Endlich bin ich zu Hause. Ich sage schnell „tschüß" zu unserem Kaplan, der gleich weiterfährt. Manchmal kommt er noch ein wenig herein, weil ich ja die letzte bin, die er abzuliefern hat. Ich heiße übrigens Elisabeth.

Nur meine Großmutter ist zu Hause. Das ist meist so, denn Vater und Mutter sind sehr lange in der Arbeit. Meine Großmutter will mich immer fragen, wie es im Religionsunterricht war. Denn von dem komme ich gerade, wie er jede Woche einmal stattfindet. Meistens sage ich, daß ich Hunger habe, daß ich müde bin, dann brauche ich auch nichts zu erzählen. Meine Schulaufgaben muß ich ja auch noch machen. Heute aber setzt sich meine Großmutter zu mir an den Tisch, und da erzähle ich ihr etwas.

„Du, der Kaplan hat uns heute gefragt, wer in einem Land leben möchte, wo alle an Gott glauben."

„Und ihr, was habt ihr dann gesagt, Elisabeth?"

„Alle haben wir aufgezeigt."

Jetzt schweigt Großmutter.

„Dann hat er uns gefragt, wer in einem Land leben möchte, wo er als einziger an Gott glaubt und durch seinen Glauben auch auffällt."

Wieder schweigt meine Großmutter.

„Diesmal haben wir nicht aufgezeigt, auch nicht Franz, den ich doch besser kenne."

Großmutter steht auf, sagt noch: „Ja, ja, das glaube ich dir, daß ihr da nicht leicht aufzeigen konntet", und geht in die Küche.

Nun sitze ich vor meinen Schulaufgaben am Tisch und denke mir, wenn nur schon Vater und Mutter kämen. Die Fragen des Kaplans gehen mir aber auch nicht aus dem Sinn. Warum habe ich nicht aufgezeigt? Eigentlich bin ich ja hier im Dorf das einzige Kind, das zur Kirche geht.

34   Eine ganz andere Weihnachtsgeschichte

Stichworte:	DDR, Staatssicherheitsdienst (Stasi), die „Wende", Weihnachten, Recht, Gerechtigkeit, Versöhnung, Freundschaft
Zum Text/ Problemfeldbeschreibung:	Die DDR vor und nach den Ereignissen vom Herbst 1989: die Freundschaft zwischen dem Sohn eines hohen Beamten des Staatssicherheitsdienstes und einer Pfarrerstochter steht auf dem Spiel. Im Zusammenhang mit dem Weihnachtsfest wird neu über ‚Versöhnung' nachgedacht.
Vorlesezeit:	7 Minuten
Vorlesealter:	ab 12 Jahren

Wahrscheinlich hätte ich dieser Begebenheit nie so große Bedeutung zugemessen, wenn wir nicht später noch einmal darüber gesprochen hätten, und wahrscheinlich hätte auch keiner von uns überhaupt irgend etwas Besonderes daran gefunden; schließlich war Kai ein alter Schulfreund von Britta und als solcher des öfteren bei uns ein- und ausgegangen. Sie waren die einzigen, die nach der Schulzeit noch in unserer Stadt blieben. Britta, weil sie ein praktisches Jahr zwischen Schule und Studium schieben wollte, und Kai, weil er das Glück hatte, in unmittelbarer Umgebung seinen Grundwehrdienst absolvieren zu können.

Es gab Stimmen, die behaupteten, „mit Glück oder Zufall hätte das nicht viel zu tun, solche Leute wüßten schon, wie sie sich und ihre Kinder am besten unterbringen könnten".

Kais Vater war irgendein „hohes Tier" im Staatssicherheitsdienst – ich glaube auf Bezirksebene. Daß es wirklich ziemlich hoch sein mußte, bewies allein schon die Tatsache, daß niemand genau sagen konnte, welchen Rang er tatsächlich einnahm. Wir fragten Kai auch nicht danach, und er seinerseits sprach nicht darüber.

Spätestens an dieser Stelle muß erwähnt werden, daß Britta aus einem „stark kirchlich angehauchten" Elternhaus kam – unser Vater war Pastor, und das erhöhte die Brisanz dieser Freundschaft erheblich, schließlich standen sich hier zwei völlig entgegengesetzte Anschauungen gegenüber.

Verständlich also, daß die Diskussionen entsprechend hitzig ausfielen – wobei es immer leichter ist, ein legitim bestehendes Regime zu verteidigen, als gegen dieses zu argumentieren, zumal, wenn man es mit einem Vertreter der Staatssicherheit zu tun hat und trotz aller Freundschaft größte Vorsicht und Diplomatie ratsam sind, denn wenigstens Britta gegenüber verrät Kai, daß auch seine berufliche Laufbahn in die Kanäle der Stasi führen würden.

Unbedingt erwähnt werden muß noch, daß sowohl Kais als auch unsere Eltern in keiner Weise gegen diese Freundschaft waren. Im Gegenteil. Auf Schulfesten hatte man die beiden Elternpaare beinahe regelmäßig an einem Tisch sehen können. Gerade diese grundsätzlichen Standpunkte zogen an, und dabei gab es keinesfalls böse Hintergedanken. Erst als Kai in eine andere Stadt versetzt wurde, ließ die Beziehung nach.

Das alles geschah noch zu der Zeit, in der kein Mensch an eine innenpolitische Veränderung in diesem Land gedacht hätte. Die Machtpositionen waren unerschütterlich gewesen.

Inzwischen hatte sich das alles verändert. Der Herbst '89 brachte die große Wende. Von Kai hatten wir nichts mehr gehört, aber gerade in letzter Zeit oft an ihn gedacht. Was war aus ihm geworden? Wo stand er jetzt?

Das Jahr ging dem Ende zu, Weihnachten stand unmittelbar bevor, aber die rechte Stimmung wollte nicht aufkommen. Lag es an den neuen politischen Aktivitäten, die täglich neue Botschaften brachten und uns forderten, oder vielleicht einfach nur an der gerade in diesem Jahr viel zu kurzen Adventszeit? Weihnachten und der 4. Adventssonntag fielen auf ein Datum − ich weiß es nicht. Trotzdem hatten wir wie in jedem Jahr einen riesengroßen Tannenbaum geschmückt. Noch etwas fremd stand er nun im Wohnzimmer, und die Familie hatte sich eben zu einem vorweihnachtlichen Kaffee zusammengefunden, als es draußen klingelte.

Kai! Etwas unsicher stand er vor der Tür. Er hatte sich überhaupt nicht verändert. Groß und dunkel, in der Hand ein paar Blumen für Britta. Und wenn ich jetzt zurückdenke, glaube ich, daß ich nicht einmal erstaunt war, ihn zu sehen.

Es war nicht schwer für uns, sofort in ein lebhaftes Gespräch zu fallen, das auch die anfängliche Unsicherheit bald überdeckte.

Plötzlich schwieg er, und nach einer Weile sagte er fast etwas traurig: „Ich wußte ja auch nicht, ob ich jetzt noch einmal wiederkommen dürfte."

Für einige Sekunden hing dieser Satz bewegungslos in der Luft, ich spürte die Spannung, und Betroffenheit lag in der Stille.

Ich dachte an die Szenen der vergangenen Wochen, in denen der unverhohlene Haß der Bevölkerung auf die Stasi zum Ausdruck kam. Aus Angst, es könnten in letzter Minute noch entscheidende Unterlagen aus ihren Archiven verschwinden, wurden diese eigenhändig gestürmt und belagert, ebenso die Wohnhäuser der Mitarbeiter.

Über Ehefrauen und Kinder ergossen sich Ströme von Beschimpfungen. Selbstjustiz nannte man das. Es geschah dabei sicherlich viel Unrecht.

„Ich wäre gern früher gekommen, aber ich habe mich nicht getraut", hörte ich Kai sagen.

Was hatte er für Erfahrungen gemacht, daß er fürchten mußte, auch hier abgewiesen zu werden.

Er hatte in der Überzeugung gelebt, daß das, was er tat, richtig war; er hatte an das Theater geglaubt. Jetzt sah er sich betrogen, mißbraucht, ausgenutzt. Sein Kartenhaus brach zusammen.

Ich sah Bitterkeit in seinen Augen − aber nur einen Moment lang, dann kehrte sein Optimismus zurück. Er hatte das alles hinter sich gelassen. Man hatte ihm eine neue Chance gegeben, und er griff sie auf wie einen Strohhalm. Jura wollte er jetzt studieren. Recht für Gerechtigkeit. Ich fühlte, wie Erleichterung in mir aufstieg. Er würde es schaffen, er würde sich in diese neue Spur wagen, so, wie er den Schritt gewagt hatte, trotz Zweifel und Furcht, in dieses Haus zu kommen.

Kai war längst wieder gegangen. Aber mir gingen diese Worte nicht aus dem Kopf. Er hatte vor verschlossenen Türen gestanden, ja schlimmer noch: er war abgewiesen worden. Vielleicht hätten wir eher auf ihn zugehen müssen? Woher sollte er auch wissen, daß unsere Tür jedem offenstand?

Ich konnte es mir nicht recht erklären, aber ich hatte das unumstößliche Gefühl: Dies hier hatte etwas mit Weihnachten zu tun, und zwar im ureigensten Sinn. Das Wort „Versöhnung" kam mir in den Sinn und arbeitete in mir. Ich überlegte, ob ich Britta oder meinen theologisch weitaus besser bewanderten Vater in meine Gedankenwelt einbeziehen sollte, spürte aber, daß ich noch nicht in der Lage war, meine Gefühle geordnet und klar vor mir selbst auszubreiten. Doch ich spürte, wie sich eine wohlige Wärme in mir ausbreitete, eine Wärme, die Weihnachten signalisierte und mir sagte, daß ich auf dem richtigen Weg war.

Katharina Schümann

35   Der Zahnarzt und die Leiterin der Damenriege im theologischen Gespräch

Stichworte:	Schweiz, Dritte Welt, Gespräch, Laien, Weltreligionen, kirchenferne Christen, Nichtchristen, Islam, Buddhismus, Weltverständnis (der Bibel), Kritik (an der Kirche)
Zum Text/ Problemfeld- beschreibung:	In einem offenen Podiumsgespräch zwischen kirchenfernen Christen und einem Pfarrer aus dem Zürcher Unterland entwickelt sich ein ernstes bis spaßiges Gespräch, das von beiden Seiten als fruchtbar empfunden wird.
Vorlesezeit:	5 Minuten
Vorlesealter:	ab 15 Jahren

Ein Pfarrer im Zürcher Unterland wollte ein Gespräch zwischen Christen und Nichtchristen organisieren. Ich sagte ihm, daß ich für eine Tagung in einer evangelischen Akademie zehn bis zwanzig nichtchristliche Personen für ein offenes Podiumsgespräch suchte. Wenn er diese Personen finden könnte, würde ich die Vorbereitung in seiner Gemeinde durchführen. Er schickte also seinen Helferkreis von Tür zu Tür: „Wir suchen zwanzig Nichtchristen in unserem Dorf!" „Da können Sie lange suchen", bekamen sie zur Antwort. „Hier sind alle Christen." In dem traditionsreichen Zürcher Dorf wollte niemand ein

Nichtchrist sein. Der Pfarrer meldete mir: „Bei uns gibt es keine Nichtchristen!"
Wir mußten daher einen anderen Zugang suchen.

Beim zweiten Besuch sagten die Helfer: „Wir suchen Menschen, die seit zwei
Jahren nicht mehr in der Kirche waren." Das schlug ein. Im Nu waren zwanzig
Personen bereit, als solche, die seit zwei Jahren nicht in der Kirche waren, für
ein Podiumsgespräch zur Verfügung zu stehen.

Sie wurden ins Säli der besten Dorfkneipe eingeladen. Es gab ein schönes Essen,
bei dem ich systematisch ignoriert wurde. Ich tat, als merkte ich davon nichts.
Beim Kaffee wurde ich aufs Korn genommen. Es schien mir, als würden die
Enttäuschungen mit Kirche und Pfarrer von zwanzig Leben kübelweise über
mich ausgeschüttet. Ich sagte nichts. Es bereitete den zwanzig sichtlich Vergnügen, einmal einen jener von ihnen geliebtgehaßten Pfarrer „unter die Zähne"
zu kriegen und ihn ihre Überlegenheit fühlen zu lassen.

„Im übrigen", sagte mir eine Frau, Leiterin der dörflichen Damenriege,
„kommt es aufs gleiche heraus, ob einer Mohammedaner ist oder Christ."
„Für Sie", antwortete ich, „käme es jedenfalls nicht aufs gleiche heraus, denn
es würde bedeuten, daß Ihr Mann noch drei weitere Frauen heiraten könnte.
Ich sage nicht, daß die europäische Einehe besser ist als die mohammedanische
Vielehe. Das wäre im einzelnen abzuklären. Ich sage nur, daß es nicht das
gleiche ist."

„Das war ein unglückliches Beispiel", wehrte sich der Zahnarzt für die Frau,
„aber es spielt doch nun wirklich keine Rolle, ob einer Buddhist oder Christ
ist. Das Christentum hat sowieso ausgespielt. Es vermochte nicht, zwei furchtbare Weltkriege zu verhindern. Es steht dem Hunger in der Welt machtlos
gegenüber. Es vermag nicht einmal, die christlich getauften Europäer und
Amerikaner von seiner Wahrheit zu überzeugen. Was hat es da für einen Sinn,
diese Religion der satten Westler den Hungernden der Dritten Welt anzuprei-
sen? Was diese brauchen, sind nicht Traktate, sondern Traktoren, nicht heilige
Worte, sondern heilige Taten." „So?" fragte ich zurück. „Haben Sie sich auch
einmal überlegt, warum die Zahnarztkunst (und übrigens auch die Fabrikation
von Traktoren) nicht im Umkreis des Buddhismus, sondern im Umkreis des
abendländischen Christentums entstanden ist? Das hat nämlich etwas mit dem
Unterschied zwischen dem buddhistischen und dem christlichen Weltverständnis zu tun. Ob das eine besser ist als das andere, steht hier nicht zur Diskussion.
Zur Diskussion steht, daß es nicht das gleiche ist. Wir sind eben stärker geprägt
von unserer Religion, als wir wissen."

Nun kamen die Fragen nach dem Weltverständnis der Bibel, nach der Funktion
der Kirche, nach dem Stellenwert der biblischen Offenbarung und so weiter.
Am Schluß fragten mich die Nichtchristen, warum es denn in der Kirche immer
so langweilig sei, während dieser Abend, der bis über Mitternacht gedauert
hatte, für sie eine Sternstunde der Entdeckungen geworden war. „Ganz einfach", antwortete ich, „weil Sie, die Experten der Frage, die Außenseiter der
christlichen Religion, nicht dabei sind. Wir brauchen Sie, damit die Kirche

relevant wird. Und Sie brauchen die Kirche, damit Ihre Fragen in den für Sie hilfreichen Kontext gestellt werden." „Meinen Sie, unser Pfarrer wäre bereit, so mit uns zu reden?" fragten sie. „Fragen Sie ihn selber!"

Walter J. Hollenweger

36   Der reiche Onkel und die armen Verwandten

Stichworte:	Schweiz, Dreikönigstag, Sternsinger, Religionsunterricht, Dritte Welt, Afrika, Ungerechtigkeit, Ausbeutung, Wirtschaft, Armut, Reichtum, Mission, Partnerschaft, Lernen, Spende, Teilen, Eucharistiefeier
Zum Text/ Problemfeld- beschreibung:	In einer Religionsstunde zum Dreikönigsfest wird den Kindern klar: „Die Menschen in der Dritten Welt sind arm, weil wir reich sind." Diese Ungerechtigkeit läßt sich nur dann abschaffen, wenn die westlichen Länder von ihrem Reichtum abgeben. Daß sie zugleich von der Dritten Welt lernen können, zeigt der Besuch eines Missionars.
Vorlesezeit:	10 Minuten
Vorlesealter:	ab 12 Jahren

„Peter, nun trink doch endlich, du kommst sonst zu spät in die Schule."
Ärgerlich blickte die Mutter auf ihren Sohn, der gedankenverloren in seinem Kakao rührte.
„Mutter, Kakao wächst doch in Afrika, ja?"
„Stimmt, der meiste Kakao kommt aus Ghana. Missionare pflanzten ihn Ende des letzten Jahrhunderts dort an."
„Ohne Afrika könnten wir keine Schokolade essen."
Die Mutter nickte.
„Kaffee kommt auch aus Afrika."
„Ja. Aber auch aus Lateinamerika. Aber warum willst du das wissen?"
Peter blickte auf die Uhr.
„Ich habe noch fünf Minuten Zeit. Ich muß wissen, was wir der Dritten Welt verdanken. Unser Religionslehrer wird uns danach fragen."
„Kaffee, Bananen, Zucker, Tee, Gewürze, Baumwolle, Palmöl, Gold, Diamanten, Kupfer, Silber . . .", zählte die Mutter auf.
„Und Reis, Orangen, Erdnüsse", fiel ihr Peter in die Rede.
„Da weißt du ja eine Menge. Und jetzt beeil dich."

Peter nahm seine Schultasche und verließ die Wohnung.
So, wie er es erwartet hatte, fragte der Religionslehrer:
„Was verdanken wir der Dritten Welt?"

Peter streckte die Hand. Seine Antwort kam wie aus der Pistole geschossen.
„Gut, Peter", lobte der Lehrer.
„In der letzten Stunde sprachen wir über die Drei Könige. Josef, nimm die
Bibel und lies!"
Josef nahm das Buch. Er las: „Die Könige hatten eine lange Reise hinter sich.
Sie folgten dem Stern, der vor ihnen herging. Als sie das Kind und seine Mutter
fanden, knieten sie nieder und überreichten ihre Geschenke: Gold, Weihrauch,
Myrrhe."
Josef ließ das Buch sinken. „Soll ich weiterlesen?" fragte er.
„Das genügt. Kinder, das Fest der Weisen aus dem Morgenland steht vor der
Tür. Viele von euch werden sich als Könige verkleiden und von Haus zu Haus
ziehen."
„Sternsingen", rief Peter begeistert. Er erzählte: „Meine Mutter näht mir ein
Königsgewand. Mein Vater half mir einen Stern basteln. Den tragen wir vor
uns her. Wir gehen zu allen Familien in unserem Wohnviertel und sammeln
für die Mission."
„Und warum sammelt ihr für die Mission?"
Peter starrte den Lehrer an. Wie konnte der nur so dumm fragen!
„Weil die Menschen dort arm sind. Sie brauchen Medizin und Schulen und
Spitäler."
„Aber du hast doch soeben eine Liste von herrlichen Dingen aufgezählt, die
sie besitzen. Die armen Länder sind reich an Rohstoffen, Früchten und Nah-
rungsmitteln. Wenn sie so viel haben, dann dürften sie doch nicht arm sein.
Oder?"
„Sie sind doch arm", stotterte Peter. Er überlegte. Dann kam ihm ein rettender
Gedanke.
„Sie sind arm, weil in den Entwicklungsländern zu viele Menschen leben."
„Eben", nickte der Lehrer. „In den Entwicklungsländern leben mehr Menschen
als in der westlichen Welt. Wenn viele Menschen Nahrung brauchen, dann
sollte man meinen, daß sie ihre Produkte brauchen und nicht zu uns schicken
sollten."
Das war einleuchtend.
„Irgend etwas stimmt da nicht", dachten die Kinder. Der Religionslehrer half
ihnen auf die Spur.
„Die Menschen in der Dritten Welt sind arm, weil wir reich sind. Wir kaufen
für einen geringen Preis ihre Rohstoffe und ihre Produkte. Dabei werden wir
immer reicher und die Menschen in der Dritten Welt werden ärmer. Afrika
liefert uns den Kakao. Wie viele Tafeln Schokolade eßt ihr in der Weihnachtszeit? Die Kinder in Ghana können sich keine Schokolade kaufen. Von dem
Geld, das ihr für eine Tafel Schokolade ausgebt, muß in Ghana eine Familie
mit vier oder fünf Kindern den ganzen Tag leben."
„Das ist ungerecht", dachten die Kinder.
„Wir sind der reiche Onkel und sie sind die armen Verwandten", bestätigte

der Lehrer. „Wenn ihr zum Sternsingen geht, solltet ihr daran denken. Aber die Weisen aus dem Morgenland waren glücklich, als sie dem Kind ihre Gaben brachten. Was meint ihr, sind sie ärmer oder reicher nach Hause zurückgekehrt?"

„Reicher", riefen alle.

„Und warum reicher?"

„Sie haben Maria und das Kind gesehen."

„Geben ist schöner als nehmen."

„Wer andere Menschen beschenkt, wird froh."

Die Kinder waren lebhaft geworden. Sie waren glücklich, wieder genug Antworten zu haben.

Aber der Lehrer gab ihnen erneut eine Nuß zu knacken.

„Stellt euch vor, die Könige kämen aus Zentralafrika und Jesus wäre in Europa geboren. Welche Geschenke würden sie mitbringen?"

„Erdnüsse und Datteln."

„Kokosnüsse und Früchte."

„Nur materielle Dinge? Vielleicht muß ich euch die Frage anders stellen. Sie lautet: Was können wir von Afrika lernen?"

Von Afrika lernen!

Die Kinder hatten geglaubt, Missionare würden in Afrika lehren. Aber lernen?

„Ich sehe, der Gedanke ist euch fremd. Ich habe deshalb für die nächste Religionsstunde einen Missionar eingeladen. Er wird uns sagen, was wir von unseren armen Verwandten in Afrika alles lernen können."

Als Peter von der Schule kam, saß seine Mutter vor der Nähmaschine und nähte eine goldene Borte auf den roten Königsmantel, den Peter beim Sternsingen tragen sollte. Er sah seiner Mutter eine Zeitlang schweigend zu. Dann sagte er:

„Mutter, wir müssen froh sein, wenn wir unseren armen Verwandten in Afrika Geld schicken dürfen. Geben ist schöner als nehmen."

„Das ist so, Peter. Geizige Menschen, die nicht geben wollen, sind unglückliche Menschen."

„Wir sind der reiche Onkel. Die Menschen in den Entwicklungsländern sind unsere armen Verwandten", erklärte Peter.

„In der nächsten Religionsstunde wird uns ein Missionar von den Schätzen erzählen, die die Menschen in Afrika haben und die wir nicht kennen."

„Du denkst an Rohstoffe und unbekannte Früchte?"

„Das sind materielle Dinge. So sagte es der Lehrer."

Er konnte die nächste Religionsstunde kaum erwarten. Der Missionar war bereits da, als die Kinder das Schulzimmer betraten. Sie blickten ein wenig enttäuscht auf den schlanken Mann im grauen Anzug. Unter einem Missionar hatten sie sich einen älteren Pater mit Bart vorgestellt.

„Ich lebe in Ostafrika", begann der Missionar. „Meine Mitbrüder sind Afrikaner. Hier in der Schweiz fragen mich die Leute: Ist es nicht schwer, unter Afrikanern zu leben. Ich wundere mich über solche Fragen, denn ich denke, daß es für Afrikaner auch nicht leicht ist, mit einem Weißen zu leben. Ich bin ein Fremder in ihrem Land. Die Afrikaner sind meine Gastgeber. Wie stellt ihr euch meine Arbeit vor?"

„Sie taufen die Menschen", rief Fred.

„Nein, zuerst geben Sie ihnen Unterricht", berichtigte Josef.

„In der Gegend, in der ich lebe, sind die meisten Menschen getauft. Sie hören es auch nicht gern, wenn man von ihrer Kirche als Missionskirche spricht. Sie soll einfach Pfarrei St. Josef genannt werden. Der Pfarrer ist Afrikaner. Auch unser Bischof ist ein Schwarzer. Wie also stellt ihr euch meine Arbeit vor?"

„Sie bauen Brücken und Spitäler."

Der Missionar lächelte.

„Meine Aufgabe besteht darin, daß ich von den Menschen meiner Umgebung lerne", erzählte er. „Dies ist nicht so einfach. Wir Europäer wissen meistens sehr genau, was wir den Afrikanern alles beibringen wollen, aber wir fragen uns kaum, was wir von ihnen lernen könnten. Wir lassen andere Menschen viel zu selten die Geber sein. Ich meine, in der letzten Stunde habt ihr darüber gesprochen, daß Geben schöner als Nehmen ist."

Die Kinder nickten. Die Weisen aus dem Morgenland fielen ihnen wieder ein.

„Ich will euch aus meinem Alltag erzählen. Ihr werdet sehen, daß wir vieles vom Afrikaner lernen können.

Ich fuhr mit dem Fahrrad in ein Dorf. Die Straße war staubig, sie hatte große Schlaglöcher. Ich mußte vom Rad steigen. Einige Kinder kamen mir entgegen. Als sie mich sahen, begrüßten mich die Mädchen mit einem artigen Knicks. Die Jungen klatschten in die Hände. Sie nahmen mir das Fahrrad ab und schoben es vor sich her. Ein Mädchen ergriff meine Tasche und trug sie für mich. So näherten wir uns dem Dorf. Eine alte Frau saß vor ihrer Hütte. Als sie mich sah, tanzte sie vor Freude. Fröhlich rief sie die Nachbarn zusammen. Die Frauen holten einen Stuhl aus der Hütte. Als Ehrengast mußte ich mich daraufsetzen. Männer, Frauen und Kinder ließen sich auf den Lehmboden nieder. Eine Frau brachte Wasser, damit ich mir die Hände waschen konnte. Später mußte ich mit den Leuten essen. Obwohl sie arm waren, brachten sie mir alles, was sie hatten: geröstete Erdnüsse, gekochte Eier und einige Früchte. Gegen Abend feierten wir die Eucharistie. Nach dem Evangelium sprach ein alter Mann zu den Dorfbewohnern. Alle hörten aufmerksam zu. ‚Aus dem Mund eines alten Mannes fließt Honig', heißt es in einem Sprichwort. Damit soll gesagt werden: Alte Leute besitzen viel Weisheit. Man muß ihren Worten aufmerksam lauschen.

Während der Eucharistiefeier gab es keine langweiligen Gesichter. Es wurde in die Hände geklatscht. Es wurde auch getanzt und gesungen. Ich sagte mir: Wahrhaftig, sie feiern die Eucharistie als Fest. Sie sind zwar arm, aber sie sind

auch reich, denn sie sind fröhlich und zufrieden. Versteht ihr, was Europäer von Afrikanern lernen können? Frömmigkeit, Fröhlichkeit, Zufriedenheit, Bescheidenheit, Gastfreundschaft, Hilfsbereitschaft und Achtung vor dem Alter. Dies sind Werte, die bei uns weitgehend verloren gegangen sind. Schade."
Es wurde eine lebhafte Religionsstunde.
„Was schenkt uns Afrika?" schrieb der Missionar auf die Tafel.
„Rohstoffe und Nahrungsmittel", rief Peter.
Gemeinsam erarbeiteten sie, was Afrika darüber hinaus noch schenkt.
„Sie bereichern uns durch ihre Lieder und Tänze.
Sie leben uns Gemeinschaft vor.
Sie sind gastfreundlich.
Sie ehren das Alter.
Sie sind hilfsbereit."

Als Peter zum Sternsingen seinen Mantel umlegte und die Mutter ihm ein schwarzes Gesicht anmalte, war er stolz, einen Afrikaner spielen zu dürfen.

Eva-Maria Kremer

37 Der Mohrenkönig

Stichworte:	Schweiz, Sternsinger, Weihnachtsgeschichte, Dreikönigsfest, Mohrenkönig, Geschenk, Spende
Zum Text/ Problemfeldbeschreibung:	Eine Gruppe katholischer Schweizer Jungen bereiten sich als Sternsinger für das Dreikönigsfest vor. Neben den Vorbereitungen ist die begehrte Rolle des Mohrenkönigs zu besetzen. Jean-Pierre aus Afrika bekommt nach langem Hin und Her doch die Rolle.
Vorlesezeit:	9 Minuten
Vorlesealter:	ab 10 Jahren

„Das könnten wir auch machen", schlägt Benno vor und zeigt auf ein Bild im Heftchen, das er mit seinen Kameraden durchblättert.
„Was? – Zeig doch besser! – Wie meinst du das?" reden die Freunde durcheinander und rücken eifrig näher. Benno erklärt. Er hat das Heftchen daheim schon angeschaut und darin gelesen. Darum weiß er so gut Bescheid.
„Schaut, das sind Sternsinger", erklärt er. „Sie stellen die drei Könige aus der Weihnachtsgeschichte dar. Ein Diener trägt ihnen den leuchtenden Stern voraus. So gehen sie am Abend von Dreikönig von Haus zu Haus und singen ein schönes Lied."
„So? Warum?"

„Sie wollen den Leuten Freude machen und bekommen dafür ein wenig Geld. Das sammeln sie für die Flüchtlinge. Weil Maria und Josef mit dem Jesuskind doch auch fliehen mußten und in Ägypten gewiß Not litten. Mit dem gesammelten Geld können die Sternsinger helfen, daß wieder ein paar arme Kinder zu essen bekommen."

„Aha? Das ist schön!" wirft Max ein. „Aber was singen sie denn? Es muß ein Dreikönigslied sein. Ich wüßte keines. Und ihr?"

Walter und Hugo schütteln die Köpfe. Aber Benno weiß Rat. „Das singen sie", erklärt er und blättert rasch ein paar Seiten weiter. Wahrhaftig, dort ist ein Lied abgedruckt, ein Sternsingerlied mit Text und Noten. Vier Strophen sind es. Niemand von den Buben kennt es.

„Macht doch nichts!" behauptet Hugo. „Max, du spielst ja Blockflöte. Das könntest du einmal vorspielen. Vielleicht ist es nicht schwer zu lernen."

Max überfliegt die Noten. Er nickt und summt die Töne vor sich hin. „Das kann ich sicher spielen. Aber Benno, meinst du wirklich, wir sollten..."

Auch die andern haben Fragen. Woher man die Königskleider und die Kronen nehme? Und wie man sich den Stern beschaffen wolle?

„Das ist keine Kunst", ruft nun Walter aus, der sich für die Idee zu begeistern beginnt. „Den Stern basteln wir selber. Mein Vater hilft sicher, solche Sachen kann er gut. Die Kronen können wir auch selbst machen."

„Ist gar nicht nötig!" wirft Hugo ein. „Mein Onkel, der Bäcker Zaugg, hat Kronen für die Königskuchen. Vielleicht gibt er uns drei. Für die Königsmäntel nehmen wir bunte Stoffvorhänge oder Bettüberwürfe. Tischdecken passen auch. Was meint ihr?" Die Buben sind einverstanden. Die Sache gefällt ihnen mehr und mehr.

„Den Mohrenkönig malen wir dann schwarz an", freut sich Max und möchte sich gern anbieten, diese Rolle zu übernehmen.

Aber Benno macht ihm sofort einen Strich durch die Rechnung. „Den schwarzen König spiele ich", entscheidet er rasch. „Der Vorschlag kommt schließlich von mir, oder nicht?"

„Du?" platzt Walter heraus. „Du mit deinen vielen Sommersprossen und deinen roten Borsten willst den Negerkönig spielen? Du bist ja nicht bei Trost!"

„Ich ziehe natürlich eine Perücke an", erklärt Benno und sieht beleidigt aus. „Wir haben eine. Meine Schwester ging einmal als Afrikanerin auf einen Maskenball."

„Wenn nur Jean-Pierre da wäre!" meint Hugo nachdenklich. „Den müßte man gar nicht erst anstreichen. Er wäre ein feiner Mohrenkönig."

Benno sieht ihn giftig an, sagt aber nichts. Das fehlte noch, denkt er. Gottlob ist er nicht da.

Der schwarze Jean-Pierre ist in Afrika geboren. Seine Eltern hat er dort bei einem furchtbaren Erdbeben verloren. Da hat ein junges Schweizer Ehepaar, das für drei Jahre in der Entwicklungshilfe arbeitete, für ihn gesorgt und ihn als Kind angenommen. So ist er später in die Schweiz gekommen und wächst nun im gleichen Dorf auf wie Benno, Walter, Max und Hugo. Obwohl er schwarz ist, spricht er genau wie sie und ist ein fröhliches Bürschlein. Alle mögen ihn gern. Keiner könnte so gut wie er den Mohrenkönig spielen. Sicher würden die Leute gerade ihm gern ihre Gaben spenden. Aber vor einigen Wochen ist er krank geworden und liegt noch immer im Spital. Zum Glück für Benno!

Einmal beschlossen, geht die Sache gut und schnell voran. Die Buben haben ja Weihnachtsferien. Der Bäcker Zaugg liefert drei schöne Kronen, und die Mütter lassen sich auch nicht lange bitten, aus passenden Stoffstücken wallende Königsmäntel zu nähen. Viel Arbeit gibt der Stern, den Walter als Königsdiener voraustragen darf. Aber mit Vaters Hilfe gerät er prächtig. Ein Lämplein ist darin angebracht, das wird in der Winternacht wundersam leuchten. Alles ist bereit, und auch das Lied können die Knaben.

Da geschieht etwas Unerwartetes: Am 3. Januar, dem ersten Schultag nach den Weihnachtsferien, sitzt der schwarze, kraushaarige Jean-Pierre wieder in seiner Schulbank. Benno wird von jähem Schrecken bleich. Die Freunde sehen ihn an. Ob das die Sache ändern wird?

Benno faßt sich rasch und läßt sich weiter nichts anmerken. Gut, daß er mit den drei Kameraden abgemacht hat, den Mitschülern noch nichts von dem großen Vorhaben zu verraten! Es soll am 6. Januar eine Überraschung werden, wenn die Sternsinger in den Familien vorsprechen.

Aber heimlich muß Benno doch immer an Jean-Pierre denken, besonders am Abend vor dem Einschlafen. Ob er wohl Freude hätte, mitzumachen? Er konnte ja schon an der Schulweihnacht nicht dabei sein. Nun wäre dies ein kleiner Ausgleich. Noch etwas ist zu bedenken: Jean-Pierre kann singen wie ein Vogel. Dem müßte man das Dreikönigslied nur ein paarmal vorsingen, dann könnte er es.

Nein, den schwarzen König spiele ich! murrt Benno im Dunkeln vor sich hin. Schließlich stammt die Idee ja von mir. Ich habe ein Recht auf die Rolle. Sonst würde ich überzählig und könnte höchstens als zweiter Diener hinterher traben. Hinterher? Ich danke schön! Vorn will ich gehen, gleich hinter dem Sternträger, und die Gaben der Leute kommen in das mit Goldfolie überzogene Kästchen, das ich ihnen entgegenstrecke. Ich will meine Sache so gut machen, daß wir viel Geld für die Flüchtlinge bekommen.

Mit dem Einschlafen will es heute einfach nicht recht gehen. Bald nickt Benno ein, dann schreckt er wieder auf. So geht es ein paarmal. Mitten in der Nacht aber schleicht er in die Stube hinüber und holt aus dem Schrank die Schachtel mit den Krippenfiguren. Maria, Josef und die Hirten stehen freilich längst bei der Krippe unter dem Christbaum. Nur die drei Könige liegen vorerst noch in der Schachtel. Benno holt sie leise hervor und stellt sie auf den Tisch, zuvorderst den Mohrenkönig. Hei, wie glänzt seine Krone, wie schimmert das Goldkästchen in seinen Händen! Die Augen aber funkeln im schwarzen Gesicht, genau wie bei Jean-Pierre.

Ach was, immer dieser Jean-Pierre! An den will ich doch gar nicht denken! So mault Benno leise vor sich hin und verschiebt die drei Figuren ein wenig. Unter seiner Hand werden sie lebendig. Sie schreiten königlich über den Tisch. Aber o weh, plötzlich kracht und splittert etwas: Der schwarze König ist über den Tischrand auf den Boden gestürzt.

Erschrocken bückt sich Benno über die Tonfigur. Immer noch funkeln Augen und Krone. Aber die Hände mit dem reichgefüllten Schatzkästchen sind abgebrochen und zersprungen. Zahllose Scherben liegen am Boden. Der stolze König kann dem Jesuskind nichts mehr bringen, rein nichts. Wenn ihm nicht etwas Besseres einfällt als das Gold, das er schenken wollte.

Am Morgen eilt Benno schon früh in die Stube hinüber. Die drei Könige liegen unbeschädigt in ihrer Schachtel. Gottlob, alles war nur ein böser Traum. Aber Benno begreift auf einmal, daß Gold nicht das beste Geschenk ist, das man zur Krippe tragen kann. Und er faßt einen schweren Entschluß.

Am Abend des 6. Januar wandelt ein Grüpplein seltsam gekleideter Buben singend von Haus zu Haus. Zuvorderst geht der Sternträger, zuhinterst ein weiterer Diener, der dem Mohrenkönig demütig die rauschende Mantelschleppe trägt. Er ist schwarz wie sein Herr, aber nicht von Natur. Ja, durch die schwarze Bemalung gucken noch ein paar vorwitzige rotbraune Sommersprossen. Die krause Perücke ist ein wenig verrutscht und gibt über den Ohren ein paar rötliche Haarborsten frei. Aber der Bub strahlt mit dem ganzen Gesicht und singt aus vollem Herzen mit. Wohl trägt er kein Kästchen in der Hand, er ist ja nur der Diener. Das Kästchen trägt der echte Mohr, und alle Leute spenden ihm gern und reichlich. Sie kennen den schwarzen Jean-Pierre und wissen wohl: Ihm selbst geht es gut, er hat liebe Eltern gefunden; aber er bittet für seine schwarzen, braunen und gelben Brüder und Schwestern, die in weiter Welt hungern und keine Heimat mehr haben. Er hat ein Recht, für sie um Hilfe zu bitten. Hell klingeln die Münzen im schimmernden Kästchen, und dazwischen knistern sogar ein paar Banknoten. „Danke vielmals!" sagt Jean-Pierre jedesmal und lacht die Leute mit seinen blitzenden Zähnen an.

„Danke!" sagen zufrieden auch die zwei anderen Könige und der Sternträger. Am herzlichsten aber dankt der Diener, der so bescheiden hinterhertrabt. Er weiß: Man braucht gar nicht König zu sein, um dem Jesuskind ein Geschenk zu bringen. Er bringt ihm etwas, das keiner sieht und das doch mehr ist als Gold, Weihrauch und Myrrhe.

Hedwig Bolliger

38   Und wir wollten doch baden gehen

Stichworte:	Polen, Madonna, Wallfahrt, Pilger, Mönche, Fremdheit, Kniefall, Marienheiligtum, Kirchenfahnen, Wallfahrtsort, Marienfrömmigkeit, Lebendigkeit, Katholiken/Protestanten
Zum Text/ Problemfeldbeschreibung:	Auf einer Studienfahrt wird eine Gruppe deutscher Studenten (evang.-kath.) Zeuge der Enthüllung der Schwarzen Madonna von Czenstochowa, die über die Mittagszeit verborgen ist. Die protestantischen Teilnehmer erleben das Enthülltwerden der Madonna beeindruckt, aber auch mit Gefühlen der Fremdheit.
Vorlesezeit:	5 Minuten
Vorlesealter:	ab 12 Jahren

Wenn ich von Czenstochowa, jenem uralten polnischen Marienheiligtum höre oder lese, muß ich immer wieder an die Geschichte denken, die wir mit unserer Gruppe dort erlebt haben.

Unsere Studienreise durch Polen führte uns über Wroclaw (= Breslau), Auschwitz, Krakau nach Czenstochowa. Der Tag war sehr heiß, und wir hatten schon viel erlebt. So beschlossen wir am Morgen, nur eine kurze Rast in Czenstochowa zu machen und dann nach Warschau weiterzufahren. Auf jeden Fall wollten wir in einem kleinen See baden – doch daraus wurde nichts.

Wir kamen gegen 11 Uhr in Czenstochowa an und gingen von Osten her zum Marienheiligtum hinauf. Mit einer großen Mauer umgeben, thront es auf einem Hügel. Der Turm ist schon von weitem zu sehen. Mit vielen, vielen Menschen, weniger Touristen als Pilgern, gingen wir den Weg hinauf vorbei an der Mauer, die ein großes Solidarnosc-Plakat zierte. Dann besichtigten wir zunächst die Schatzkammer. Alte Meßgewänder und Monstranzen sind hier ausgestellt und auch der Lech Walesa verliehene Nobelpreis.

Dann gingen wir in die Kapelle, die die berühmte Marienikone, die „Schwarze Madonna von Czenstochowa", birgt. Doch kaum hatten wir die Kapelle betreten, als unser Führer sagte: „Die Madonna ist zwischen 12 und 15 Uhr nicht zu sehen. Sie ist verhüllt."

Wir waren sehr enttäuscht. Aber was sollten wir tun? Wenn wir noch baden wollten, mußten wir gleich gehen, schnell das Mittagessen einnehmen und dann weiterfahren. Die meisten unserer Gruppe machten sich mit diesem Gedanken auch vertraut. Doch plötzlich meldete sich einer zu Wort, einer der wenigen Katholiken in unserer Gruppe: „Ich will auf jeden Fall die Madonna sehen, wenn ich schon hier bin. Ihr könnt meinetwegen weiterfahren. Ich komme schon irgendwie nach Warschau."

Die meisten wollten weiterfahren. Es meldeten sich Stimmen des Unmuts: „In einer Demokratie muß man sich eben auch manchmal der Mehrheit beugen." Andere meinten: „Wenn ihm die Madonna so wichtig ist – dürfen wir dann seinen Wunsch übergehen?"

Wir suchten einen Kompromiß. Wir beschlossen, zunächst zum Mittagessen zu gehen. Dann sollten die, die zur Madonna wollten, zur Kirche gehen, die anderen konnten sich ausruhen. So hielten wir es auch.

Der eine, der die Madonna unbedingt sehen wollte, verzichtete sogar auf das Essen. Er hatte Sorge, daß nachher das Gedränge zu groß sein könnte. Andere gingen erst nach dem Essen in die Kapelle, darunter auch ich. Es war etwa 14 Uhr.

Nur wenige Leute standen vor der hinter einem Vorhang verborgenen Madonna. Wir suchten uns einen Platz und warteten. Ich habe es nicht bereut. Bald nach 14 Uhr kamen die Pilgerzüge in die Kapelle. Meist ging ein Priester voraus mit einem Megaphon. Er stimmte Lieder an, und die Pilger fielen ein. Es klang nicht immer sehr melodisch, aber die Inbrust der Pilger beeindruckte mich sehr. Die Züge führten auch Kirchenfahnen mit. Manche Pilger machten einen ermüdeten Eindruck. Sicher waren sie schon lange unterwegs.

Die Kapelle füllte sich zusehends. Doch vorne geschah immer noch nichts. Kurz vor 15 Uhr kam ein Mesner und zündete die Kerzen am Altar an. Doch um 15 Uhr, da die Madonna aufgedeckt werden sollte, war immer noch nichts geschehen. Die Spannung stieg, keiner konnte sich ihr entziehen. Kurz nach 15 Uhr kam eine große Gruppe von Mönchen, die in Czenstochowa ihr Haus haben, und setzte sich vor den Altar. Wir spürten: „Jetzt kann es nicht mehr lange dauern." Und dann, ein wenig später, erschollen Posaunenstöße, der Vorhang wurde hochgezogen, die „Schwarze Madonna" kam zum Vorschein. Alle Pilger knieten nieder. Ich blieb stehen, denn als Protestant bin ich das Knien nicht gewöhnt. Meinem Freund neben mir, der auch Protestant ist, half das freilich nichts: Ein altes polnisches Mütterchen zog ihn auf die Knie herunter. Aus Wilna in Litauen soll diese Ikone ursprünglich stammen. Ich sah ganz deutlich den „Schmiß" im Gesicht der Madonna, der bei einer feindlichen Belagerung des Klosters vor vielen hundert Jahren entstanden sein soll.

Es war für mich sehr fremd, dieses Ritual der Aufdeckung der Madonna. Aber ich fühlte eine tiefe Achtung vor der hingebungsvollen Andacht der Pilger und ich begann zu verstehen, daß in dieser Marienfrömmigkeit eine der Wurzeln für die Lebendigkeit der polnischen Kirche liegt.

Wir verließen die Kapelle und trafen die anderen, die sich inzwischen erholt hatten. Alle waren gut gelaunt. Wir fuhren nach Warschau. Zum Baden hatten wir freilich keine Zeit mehr.

Jörg Thierfelder

39 Weihnachten in Polen

Stichworte:	Polen, Weihnachten, teilen, essen, Brauchtum, Gastfreundschaft, Geschenke, Tradition, fasten, Oblaten, Krippenmesse, Versöhnung, Weihnachtslieder
Zum Text/ Problemfeldbeschreibung:	Das polnische Weihnachtsfest enthält zahlreiche Symbole der Weihnachtsgeschichte und bringt dabei besonders den Gedanken der Versöhnung zum Ausdruck.
Vorlesezeit:	4 Minuten
Vorlesealter:	ab 10 Jahren

Das Weihnachtsfest beginnt für uns am Heiligen Abend. Sobald der erste Abendstern aufgegangen ist, versammelt sich die Familie um den festlich gedeckten Tisch zum Essen. Es gibt keinen, der sich auf diesen Augenblick nicht besonders freute; denn am 24. Dezember wird bis zum Abend gefastet: allein Hering und Brot darf man essen.

Nun also kann das Fest seinen Anfang nehmen. Altes Brauchtum bestimmt den Ablauf im einzelnen. Das zeigt sich schon beim Tischdecken. Man streut ein wenig Heu auf die blanke Tischplatte und breitet dann erst ein weißes Leinentuch darüber. Beides erinnert uns an die Geburt Christi im Stall. Zwischen den Tellern liegt Tannengrün. Ein Platz am Tisch bleibt frei – es ist der Platz für einen Menschen, den man liebt, der aber nicht dasein kann. Manche sagen auch, es sei der Ehrenplatz für Gott: jeder Fremde, der an diesem Abend an unsere Tür klopft, wird hereingelassen und darf als ein Stellvertreter Gottes diesen Platz einnehmen. Es kommt allerdings nur selten vor, daß jemand am Heiligen Abend durch die Straßen irrt, auf der Suche nach einem Obdach. Lieber bewahren wir alleinstehende Menschen vor dieser Not. Wir laden sie gleich von vornherein zu uns ein.

Unsere Gastfreundschaft geht auf eine alte Tradition zurück. Noch aus der Zeit, als das Christentum in Polen unbekannt war, stammt der Spruch: „Gast ins Haus, Gott ins Haus", das heißt, zusammen mit dem Gast kommt Gott ins Haus. Das bezog sich zunächst auf den Feind, dessen Leben in Sicherheit war, sobald er ein Obdach gefunden hatte. Aber auch jeder andere wird gern bewirtet und beherbergt. Erst recht am Fest von Christi Geburt.

Bevor wir uns zu Tisch setzen, folgt eine besondere Handlung. Die Kinder haben im Lauf des Tages in der Kirche Oblaten geholt, etwa so groß wie eine Postkarte; der Priester hat sie gesegnet und ausgeteilt. Vor dem Essen geht nun die Mutter damit zum Vater, und beide teilen sich eine Oblate; sie umarmen und küssen sich und wünschen sich Glück. Dann gehen die Eltern zu ihren Kindern und teilen wiederum die Oblate; jeder empfängt und jeder gibt.

Das Festessen umfaßt zwölf Gänge, der Zahl der Apostel und der Monate entsprechend; denn im neuen Jahr möge alles gut gelingen und gedeihen! Man

ißt am Heiligen Abend kein Fleisch, aber viel Fisch, weil er ein altes Christus-Symbol ist. Es gibt u. a. Hering und Karpfen (diesen auf polnische Art geliert mit Rosinen, Zwiebeln, Mandeln, Salz und Zucker). Dazu essen wir süßen Zopf mit Mohn und Lebkuchen; ferner Pilze und eine Weizenspeise, die mit Honig und Mohn gedünstet ist. Natürlich gibt es auch Suppen – mindestens drei verschiedene! – und man trinkt roten Wein.
Nach dem Essen singen wir unsere Weihnachtslieder. Sie klingen warm und zart und froh; eigentlich sind es stille Wiegenlieder. Viele von uns weinen vor Freude. Noch vor dem Singen teilen wir unsere Geschenke aus, die unter dem Christbaum bereit liegen; für kleine Kinder bringt sie der Weihnachtsmann. Um 12 Uhr nachts beschließt der Kirchgang den Heiligen Abend. Wir nennen diese Gottesdienste die „Krippenmesse".

I. Obuchowska und J. Hronowski

Bomben in Birmingham 40

Stichworte:	England, Terrorismus, Versöhnung, Rassismus, Liturgie, Konfessionen, Schuldbekenntnis, Lieder im Gottesdienst, Wiederkunft Christi, Heiliger Geist, Pfingsten, Gedächtnis-Gottesdienst, Protestanten, Katholiken, Anglikaner, Bürgerkrieg
Zum Text/ Problemfeldbeschreibung:	Mr. Chips erlebt in der englischen Stadt Birmingham einen Bombenanschlag nordirischer Terroristen. Am folgenden Sonntag nimmt er an einem Gedächtnis-Gottesdienst teil, an dem Vertreter der verschiedenen Konfessionen und gesellschaftlichen Gruppen in der Kirche versammelt sind. Unter der Leitung des Pastors aus einer der schwarzen Kirchen der Stadt wird der Gottesdienst mit seinen Liedern, Gebeten und Bekenntnissen zu einem Zeichen der Versöhnung und der Hoffnung.
Vorlesezeit:	15 Minuten
Vorlesealter:	ab 14 Jahren

. . . Er bedauerte, daß er nicht richtig fluchen gelernt hatte, denn nun hätte er es – so dachte er – wirklich gebrauchen können. Aber schließlich war er ein gebildeter grammar school teacher. Er machte sich zu Fuß auf in Richtung des Bahnhofs New Street, aber dort versperrte ihm ein Polizeikordon den Weg. Die Polizisten wiesen alle Passanten zurück, da in einem stark frequentierten Pub eine Bombe losgegangen sei. Richtig, Chips konnte die eingedrückten Fensterscheiben sehen. Er wandte sich zum Gehen, aber er wußte nicht wohin. Ein Taxi zu finden, war offensichtlich schwierig.
Da kam ihm die Idee, seine Bekannte, Shirley Delattre, anzurufen. Sie war eine französische Nonne. Ihr konnte er seine Situation erklären. Er fand eine

Telephonzelle und suchte die Nummer. Da — ein gewaltiger Knall erschütterte die Kabine. Chips hielt sich beide Ohren zu. Er trat aus der Kabine heraus. Auf der gegenüberliegenden Seite der Straße war eine weitere Bombe losgegangen. Chips hörte Schreie und Wehklagen. Die halbe Fahrbahn war mit Möbeltrümmern, Mauerbrocken und unzähligen Glassplittern übersät. Dazwischen — Chips traute sich kaum hinzusehen — sah er zerschundene und blutende Arme und Beine. Er rannte über die Straße und half einer Frau, sich aus den Trümmern zu befreien.

„Wie während des Krieges, wie während des Krieges", dachte Chips. „Wir haben nichts gelernt." Die Frau war nur leicht verletzt, aber ihr Gesicht war von Glassplittern grauenhaft entstellt. Chips gab ihr sein Taschentuch. Nun kamen auch schon die Sanitäter und Polizisten, die noch mit dem Aufräumen der ersten Explosion beschäftigt gewesen waren, und übernahmen die Suche nach Verletzten. Ein Polizist sagte höflich, aber bestimmt: „Bitte entfernen Sie sich rasch. Es könnten noch weitere Bomben losgehen." Chips schaute ihn an: „Ja, wenn ich wüßte, wohin?"

Irgendwie fand er ein Taxi. Unterwegs informierte ihn der Taxifahrer, daß nach Berichten im lokalen Radio über zweihundert Menschen verwundet und zwanzig getötet worden seien. „It's always these bloody Irish — immer diese verdammten Iren", fügte er grimmig hinzu und schüttelte den Kopf.

Am nächsten Sonntag fand ein großer Gedächtnis-Gottesdienst im Münster statt. Damit weder die Katholiken noch die Protestanten beleidigt waren, wurde beschlossen, John Adegoke, einen der Pastoren aus einer schwarzen Kirche in Birmingham, um die Leitung zu bitten. Mindestens die Hälfte des Kirchenschiffes war mit schwarzen Christen gefüllt, die gekommen waren, um mit der Gemeinde der Weißen zu beten und zu trauern.

Eine lange Prozession kam von hinten langsam durch das Kirchenschiff: zuerst ein großer schwarzer Chor, gefolgt vom Münsterchor und den Chorherren; dann der Kanzler der Universität Birmingham; hinter ihm der katholische Erzbischof und der anglikanische Bischof von Birmingham; nach ihnen kam der Präsident des Gewerkschaftskomitees der Automobilfabrik British Leyland und der konservative Bürgermeister der Stadt; und schließlich John Adegoke, Ober-Apostel der Cherubim- und Seraphim-Gesellschaft.

Ein junger Neger eröffnete den Gottesdienst mit einem Lied. Er wurde mit Schlagzeug und der Münsterorgel begleitet.

Wenn der Heilige Geist dich erfüllt,
kannst du lächeln.
Wenn dich Jesu Blut anrührt,
kannst du lächeln.
Wenn du dich wie der Täufer fühlst...

Hier unterbrach der Sänger seinen Vortrag und kommentierte:
„Wißt ihr, Brüder und Schwestern, Johannes der Täufer, der nur Heuschrecken und wilden Honig zu essen bekam. Wenn du dich wie der Täufer fühlst...

Die schwarzen Christen stimmten ein: „Dann kannst du lächeln."
Wenn sich dein Herz mit Trauer füllt,
kannst du lächeln.
Der schwarze Chor, in farbige Talare gekleidet, nahm die Worte auf: „Du kannst lächeln." Die beiden Trommler rhythmisierten das Thema zuerst leise: „Du kannst, du kannst, ja, du kannst lächeln." Der Chor setzte wieder mit vollen Harmonien und starken Synkopen ein. Die Trommler ließen ihre Schläger auf dem Trommelfell tanzen. „Du kannst lächeln." Der Solist sang die nächste Strophe: Wenn sie mit Bomben nach dir werfen...
Und hier konnte er nicht singen „dann kannst du lächeln". Nur die Trommler schlugen den Beat, und die Gemeinde verharrte lautlos.
Wenn sie dich wegen deiner Hautfarbe anstarren,
kannst du lächeln.
„Halleluja, du kannst lächeln." Nun geriet der Chor in Bewegung und tanzte in kurzen, rhythmischen Schritten durch den Mittelgang in die Kirche hinein. Die schwarze Gemeinde stand auf und rief und sang immer wieder: „Yes, Lord, du kannst lächeln."
Wenn dir die Nationale Front Steine nachwirft,
kannst du lächeln.
Wenn dich die Black Power Leute einen Feigling schimpfen,
kannst du lächeln.
John Adegoke erhob sich. „Im Namen des Vaters, und des Sohnes, und des Heiligen Geistes." Chöre und Gemeinde respondierten: „Amen".
„Wir kommen hier als Brüder und als Glieder am Leibe Christi im Münster von Birmingham zusammen. Wir begrüßen den anglikanischen Bischof von Birmingham und den römisch-katholischen Erzbischof. Wir grüßen katholische und protestantische Christen. Wir grüßen schwarze und weiße Christen. Und wir wissen, wir sind nicht allein."
Er drehte sich zum Altar, kniete nieder, faltete seine Hände in einer großen Geste, wie sie früher bei den Anglokatholiken üblich war, und betete: „Mit den Engeln und Erzengeln, mit Cherubim und Seraphim, und der Gemeinschaft der himmlischen Wesen, mit den Heiligen der Vergangenheit aus Europa und Afrika, eingeschlossen jene Heiligen, die erst vor kurzem abberufen wurden, preisen wir dich und beten wir dich an."
„Amen", sangen die Chöre wieder.
„Sie mögen in Frieden ruhen."
Der schwarze Chor sang wieder ein Lied. Es war eines jener berühmten Spirituals, in denen sie von der endgültigen Befreiung sangen. Vordergründig war es ein Lied über den Himmel. „Dort werden wir unsere Lasten niederlegen und unsere gebeugten Rücken strecken. I'm going to lay down my heavy load." Chips kannte das Spiritual gut. Es war von Michael Tippett in sein Oratorium „A Child of Our Time" aufgenommen worden. Frau Chips hatte ihm das Spiritual oft gesungen.

„Was, ihr Brüder und Schwestern, werden wir tun?" fragte einer der Sänger. Und in vollen Harmonien respondierten die schwarzen Christen: „I'm going to lay down my heavy load."

Eine wohlbeleibte ältere Negerin sang die nächste Strophe. Sie sang nicht nur mit ihrem Mund, den sie unwahrscheinlich weit öffnen konnte, alles an ihr sang, die gepolsterten Hüften, die stämmigen Beine, die kräftigen Arme. Selbst die festen Brüste sangen im Takt mit: „Ich weiß, daß mir das Kleid dort oben wohl anstehen wird, denn ich habe es an den Pforten der Hölle ausprobiert." Und wieder sangen die schwarzen Christen: „Dort werden wir unsere Lasten niederlegen."

Chips dachte an den Bürgerkrieg, der sein Land zerriß, einen Krieg zwischen Katholiken und Protestanten, Iren und Engländern, Linken und Rechten. Unwillkürlich betete es in ihm: „Dein Reich komme!"

Als das Lied zu Ende war, begrüßte John Adegoke die deutschen Lutheraner, die auch in der Kirche waren. „Wißt ihr, Martin Luther, der große Glaubensmann, ist ihr Kirchenvater", erklärte er, denn er hatte etwas über Luther gelernt im theologischen Kurs, den die Universität Birmingham für schwarze Arbeiterpfarrer eingerichtet hatte. Zum Erstaunen von Mr. Chips brach die Gemeinde — zuerst die Schwarzen, dann auch die Weißen — in das Lied aus: „We shall overcome…" Chips dachte bei sich, ob sie wohl Martin Luther mit Martin Luther King verwechselten. Aber vielleicht war dies ein und dieselbe Person für sie. Sie lebten ja, als wenn für sie Raum und Zeit aufgehoben wären. Gleichzeitig war für sie, was ihnen nahe ging.

„Ja, liebe Gemeinde", führte jetzt der katholische Erzbischof das Thema weiter, „wir werden uns noch wundern, wenn wir einmal zu den Überwindern gehören, wenn unsere Selbstsucht überwunden wird, wenn alle Heiligen in die Stadt der goldenen Gassen einziehen…" Und schon fing der Posaunist an zu spielen — es war derselbe, der Chips schon bei den Hellbergs aufgefallen war —: „Oh, when the Saints, oh when the Saints, oh when the Saints come marching in." Und der Chor und einige aus der Gemeinde standen auf und tanzten und marschierten durch die Kirche.

Der katholische Erzbischof sagte laut „Amen", und alles war wieder still.

„Freunde", jetzt war der anglikanische Bischof an der Reihe. „Freunde", sagte er, „wenn die Heiligen ins neue Jerusalem einmarschieren, wird es dann katholische Heilige, lutherische Heilige, anglikanische Heilige, pfingstliche Heilige geben?" „Nein, nein", riefen die schwarzen Christen, und die Weißen machten ein verblüfftes Gesicht.

Der anglikanische Bischof war überrascht, ließ sich jedoch nichts anmerken und fuhr fort. „Wird es dann schwarze und weiße Heilige, irische Heilige und englische Heilige geben?"

Die Gemeinde rief wieder „nein, nein", doch diesmal stimmten auch einige Engländer und Iren in den Respons ein.

„Nein", fuhr der Prediger fort, „nein, es wird nur Heilige geben! Heilige, die

Jesus von Nazareth nachfolgen. Aber einige von uns werden sich noch wundern. Im Himmel da werden wir uns noch mehr wundern als hier auf Erden. Wißt ihr, da wird es herauskommen, was wir wirklich anbeten, Jesus, den Handwerkersohn, Jesus, den Erlöser, oder eine Karrikatur unserer eigenen Ängste und Triebe. Es wird herauskommen, ob wir unsere Rasse, unser Geld, unsere Kirche, unsere Kultur, unsere Tradition, oder ob wir Jesus anbeten. Ich wäre nicht überrascht, wenn am Jüngsten Tag alle weißen Menschen einem schwarzen Jesus gegenüberständen..."
Der Prediger hielt inne. Es war totenstill in der Kirche.
Der Bischof fuhr fort: „Ich wäre nicht überrascht, wenn alle weißen Menschen einem schwarzen Jesus gegenüberständen und alle schwarzen Menschen einem weißen Jesus. Amen."
John Adegoke dankte den beiden Predigern und fügte hinzu: „Ich wäre nicht überrascht, wenn am Jüngsten Tage alle Iren einem englischen Jesus gegenüberständen, und alle Engländer einem irischen Jesus. Lasset uns beten."
Gebetsstille. Niemand sprach ein Wort. Nur hier und da ein paar Seufzer und leises Weinen. Nach dem Gebet sang der Münsterchor einen seiner herrlichen Choräle.
„Laßt uns unsere Sünden bekennen", sagte John Adegoke. Der konservative Bürgermeister von Birmingham, der Präsident des Gewerkschaftskomitees von British Leyland und eine schwarze Frau kamen zum Altar. Sie beteten abwechslungsweise. Dazwischen sang der Chor das „Kyrie eleison".
„Es ging uns zuerst um Wahlgewinne
und nicht um das Wohl der Bürger."
„Kyrie eleison."
„Es ging uns zuerst um die Macht der Gewerkschaften
und nicht um das Wohl der Arbeiter."
„Kyrie eleison."
„Wir meinten, unsere Anhänger wollten vor allem mehr Geld
und merkten nicht, daß sie mehr Ehrlichkeit wollten."
„Kyrie eleison."
„Wir führten uns auf wie die Kirchen.
Wir glaubten, daß wir, die Chefs der Gewerkschaften,
wir glaubten, daß wir, die Bonzen der Parteien
am besten wußten, was für das Volk gut ist."
„Kyrie eleison."
„Und jetzt, da unser Land in Trümmern liegt
unsere Jugend über uns lacht,
unsere Nachbarn den Kopf schütteln,
da kommen wir demütig zu dir, o Herr, und bitten dich,
hilf uns, wieder Menschen zu werden,
Menschen in unseren Arbeitsverhandlungen,
Menschen in unseren politischen Auseinandersetzungen."

„Kyrie eleison."

Nach einer langen Stille erhob sich der Kanzler der Universität Birmingham für die Abkündigungen. Er sagte: „Eine Frage läßt mich nicht los. Ich verstehe nicht, warum wir gemeinsam trauern, aber nicht gemeinsam handeln, warum wir gemeinsam singen, aber nicht gemeinsam Abendmahl feiern können. Wollen sie mir versprechen, daß Sie über diese Frage nachdenken? Es ist nur die Frage eines einfachen Laienchristen."

Mit dieser Segensformel wurde die Gemeinde entlassen. Doch Chips dachte bei sich selber: „Nur die Frage eines einfachen Laienchristen, mag sein, aber die wichtigste Frage von allen."

Das war der Anfang eines gründlichen Prozesses des Nachdenkens bei den Christen von Birmingham. Sie fingen an, ihre religiösen und intellektuellen Gaben zu teilen — gelegentlich schlossen sie auch die Finanzen in diesen Prozeß ein —, und führten damit der Welt vor, daß Christen anders sind. . .

Walter J. Hollenweger

41   Palmsonntag

Stichworte:	England, Palmsonntag, Esel, Einzug in Jerusalem, Mk 21,1—11/Lk 19,29—40/Joh 12,12—19
Zum Text/ Problemfeldbeschreibung:	Die Geschichte erzählt, wie der Einzug Jesu in Jerusalem an einem Palmsonntag in einem Dorf nachgespielt wird — offensichtlich ein unvergeßliches Ereignis für alle Beteiligten.
Vorlesezeit:	2 Minuten
Vorlesealter:	ab 7 Jahren

Ich erinnere mich noch ganz gut an einen Palmsonntag vor mehreren Jahren. Es war ein kalter Märzsonntag. Ich war damals 5 Jahre alt, und wir hatten zu Hause einen alten Esel im Stall. Er hieß Neddy, eigentlich Edward, aber wir sagten Neddy zu ihm.

Eines Tages rief der Pfarrer bei uns an und fragte meine Mami, ob sie ihm den Esel einmal ausleihen könne. „Wozu?" fragte Mami, und der Pfarrer erklärte ihr, warum er Neddy brauchte. Er hatte eine tolle Idee, und meine Mami war einverstanden.

Was macht ein Pfarrer mit einem Esel, mögt ihr nun denken. Nun, Palmsonntag stand vor der Tür, und ihr erinnert euch sicher, daß Jesus einmal auf einem Esel in Jerusalem eingeritten ist. Diesem Tag haben die Christen später den Namen Palmsonntag gegeben.

Unser Esel wurde am Palmsonntag ins Dorf gebracht. Am Dorfrand wartete die Gemeinde. Die Kinder hatten alle weiße Gewänder an und trugen grüne

Zweige in der Hand. Ein Junge wurde auf den Esel gesetzt. Alle konnten sich jetzt viel besser vorstellen, wie das damals mit Jesus und dem Einzug in Jerusalem wohl gewesen ist.

Singend und unter dem Wechselgeläut der Glocken zogen wir hinter dem Esel in die kleine Dorfkirche hinein. Es war gar nicht schlimm, daß Neddy mitten in der Kirche etwas fallen ließ. Dieser Palmsonntag bleibt trotzdem in meinem Gedächtnis. Ich glaube, ich werde noch meinen Kindern davon erzählen.

Antje Ulshöfer

Iona — eine Kommunität in Schottland 42

Stichworte:	Schottland, Pilgerwanderung, Lieder, Stein als Zeichen, Glocken, Dankgebet, Gottesdienst, christliche Gemeinschaft, Klosterkirche, Kelten
Zum Text/ Problemfeldbeschreibung:	Helen und ihre Freundin nehmen an einer Pilgerwanderung rund um die Insel und das ehemalige Kloster auf der schottischen Insel Iona teil. Das Kloster wurde einst von dem irischen Mönch Columban gegründet und ist jetzt Sitz einer christlichen Gemeinschaft. Beim Rückweg verweilen die beiden Mädchen zu lange auf dem Inselberg und können im Nebel den Heimweg nicht mehr finden. Das Glockenläuten zum Abendgottesdienst weist ihnen schließlich den Heimweg.
Vorlesezeit:	20 Minuten
Vorlesealter:	ab 12 Jahren

Wir sitzen beim Frühstück und löffeln Porridge, Haferschleim. Der gehört in Schottland zu jedem anständigen Frühstück. Dabei fragt mich Helen, ob ich mitkomme zur Pilgerwanderung.

„Was ist das?" frage ich.

„Im Sommer machen wir das jeden Mittwoch", erzählt Helen. „Wir wandern über die Insel, den ganzen Tag lang. Dabei gehen wir zu verschiedenen Orten, die eine besondere Bedeutung haben. An jeder Station, an der wir anhalten, halten wir eine kleine Andacht. Wenn wir beide zusammen mitgehen, macht es bestimmt riesig Spaß. Auf der anderen Seite der Insel kannst du richtig das offene Meer sehen. Da sind so schöne Buchten. Und mittags machen wir draußen Picknick."

Das hört sich gut an. Und so brechen wir nach dem Morgengottesdienst auf, ausgerüstet mit Regenjacken und Gummistiefeln. Hier kann man nämlich nie wissen, wie sich das Wetter verhält. Aber jetzt scheint erst einmal die Sonne. Wir sind eine große Gruppe bei dieser Pilgerwanderung, ungefähr dreißig. Alle sind Gäste in dem großen alten Kloster mit den dicken Mauern. Den ganzen

Sommer über sind immer viele Gäste auf der kleinen Insel Iona. Einige Mitglieder der Gemeinschaft von Iona führen das Programm mit den Gästen durch. Es gibt Gespräche, Singen, Basteln, Theaterspielen u. ä. Alle essen zusammen im Speisesaal, und alle nehmen an den Gottesdiensten teil. Die Gottesdienste halten die Mitglieder der Gemeinschaft. Ich gehe gern in Iona in die Kirche. Es passiert immer alles Mögliche. Die Gäste können meistens auch selber beim Gottesdienst mitmachen und nicht nur zuhören.

Die Pilgerwanderung beginnt an dem großen Kreuz vor der Kirche. Es ist aus Stein, und um die Stelle, wo die Balken sich kreuzen, ist ein großer Kreis mit Schnörkeln. Das Kreuz ist sehr alt, über tausend Jahre. Es ist keltisch. Die Kelten haben vor langer Zeit hier gelebt. Vater Columban war auch Kelte. Eines Tages ist er nach Iona gekommen und hat das Kloster gegründet. Anna, Helens Mutter, leitet die Wanderung. An jeder Station erklärt sie uns, wo wir gerade sind und was dieser Ort bedeutet. Dann sagt sie noch etwas, was zu dem jeweiligen Ort paßt. Zum Abschluß singen wir jedesmal ein Lied. Ich kann mir nicht immer merken, was sie sagt, aber das Singen macht Spaß. Manchmal singen wir ein Kirchenlied, manchmal ein fröhliches, das jemand von der Iona-Gemeinschaft selber geschrieben hat. Die finde ich immer am besten.

Jetzt sind wir auf dem Weg über die Insel zur anderen Seite. Dabei werden wir naß, weil es wieder einmal regnet. Aber es hört auch schnell wieder auf. Auch während es regnet, ist immer noch viel blauer Himmel zu sehen. Und wenn es gerade nicht regnet, ziehen über dem Meer schon wieder dunkle Wolken auf. Die bewegen sich und wirbeln durcheinander. „Schau mal, ein Drache!" sagt Helen plötzlich. Wirklich, die eine Riesenwolke sieht wie ein ungeheurer schwarzer Drache aus. Und eine andere sieht von der Seite aus wie ein Gesicht mit einer dicken Knollennase.

„Meinst du, daß Gott hinter diesen Wolken wohnt?" frage ich Helen. „Quatsch", sagt sie. „Meine Mama sagt, ‚Gott wohnt überall. Hier und in Glasgow und in jedem Menschen'."

Ich kann mir das nicht so richtig vorstellen und schaue wieder in den Himmel. Aber sehen kann ich Gott natürlich nicht. Nur die Wolken, die schon wieder ganz anders aussehen.

Mama und Papa sagen auch immer, daß Gott auch in Glasgow wohnt, gerade da, wo es nicht schön ist. Glasgow ist die größte Stadt in Schottland. Dort wohnen wir, Mama, Papa und ich. Die Stadt ist grau und dreckig, voller Autos und Menschen. Vielen geht es schlecht, weil sie keine Arbeit haben und deshalb auch kein Geld. Die meisten Mitglieder der Iona-Gemeinschaft leben in großen Städten. Meine Eltern machen viel zusammen mit den Leuten aus unserem Stadtteil. Sie probieren miteinander die neuen Lieder aus und veranstalten Gottesdienste. Obwohl die meisten sehr arm sind, können sie doch lustig sein und zusammen feiern.

Iona ist ganz anders als Glasgow. Es ist eine kleine Insel weit weg von allen großen Städten. Autos sind verboten. Hier wohnen nur wenig Menschen. Das Dorf hat ein paar Häuser, einen Laden, eine Gastwirtschaft, eine Post, eine Schule mit einer einzigen Lehrerin. Die größeren Kinder müssen ins Internat auf das Festland. Außer dem Dorf gibt es das alte Kloster. Da wohnen immer einige Leute der Iona-Gemeinschaft, so wie Helens Familie.

Das alles erzählt mir Helen auf der Wanderung. „Aber schau", sagt sie, „jetzt sind wir am Wasser!"

Wir stehen hoch oben auf der Klippe. Unter uns und geradeaus und überall ist Wasser. Ich hatte gedacht, das Meer sei blau. Aber hier ist es grau und milchig, soweit man sehen kann. Die Wellen rauschen und schlagen gegen die Felsen. Der Schaum spritzt ganz hoch.

Der Abstieg zum Wasser ist ein bißchen schwierig. Es ist steil und rutschig. Anna hat uns allen eingeschärft, daß wir ganz nah am Felsen gehen müssen. „Weiter drüben ist es sehr sumpfig", warnt sie. „Man kann plötzlich bis zu den Knien einsinken."

Es ist wirklich matschig. Ich bin froh, daß ich Gummistiefel trage. Ich habe Angst, im Sumpf zu versinken. Wenn es den Erwachsenen schon bis zu den Knien gehen kann, versinke ich bestimmt gleich bis zum Hintern. Aber wir sind ja viele. Irgend jemand hilft einem immer über die schwierigen Stellen hinweg.

Unten angekommen, erzählt Anna: „Hier kam vor 1400 Jahren Vater Columban mit zwölf anderen Mönchen an. Sie kamen von Irland herübergerudert. Columban hatte Streit mit dem Abt seines Klosters und mußte Irland verlassen. Er mußte so weit fahren, bis er Irland nicht mehr sehen konnte. Da kam er nach Iona. Es ist die erste Insel, von der aus Irland nicht mehr zu sehen ist."

Die Bucht ist unglaublich schön. Sie ist voller wunderbarer Kieselsteine mit herrlichen Farben: rot und gelb und grau und schwarz, mit Mustern und Linien darauf. Und wenn man gründlich sucht, kann man auch Marmorstücke finden. Auf Iona gibt es nämlich grünen Marmor. Den wäscht das Meer aus den Felsen und spült kleine Stücke hierhin. Helen findet einen wunderschönen, großen Kieselstein ganz aus schimmerndem, glasigen Marmor mit einer hübschen Maserung. Ich bin ein bißchen neidisch, lasse mir aber nichts anmerken. Ich habe auch ein paar schöne gefunden.

Inzwischen ist es Mittag, und wir ziehen alle auf den Machair, wo wir essen wollen. Machair ist ein altes schottisches Wort. Der Machair ist eine große Weide, auf der alle Bauern ihr Vieh weiden lassen. Er gehört allen zusammen. Wir ziehen unsere Regenjacken aus und setzen uns darauf.

„Wie ist unser Essen hierher gekommen?" frage ich Helen.

„Das Kloster hat einen eigenen kleinen Bus", erklärt sie. „Der darf manchmal fahren, um das Gepäck der Gäste abzuholen oder so. Manche Leute aus dem Dorf haben auch ein Auto, damit sie auch aufs Festland fahren können zum Einkaufen. Aber kein Tourist darf sein Auto mitbringen. Auf die Fähre paßt auch nur ein einziges."

Das finde ich prima, eine ganze Insel ohne Autos.

Wie wir beim Mittagessen sind, kommen in Windeseile unwahrscheinlich viele Möwen zusammen. Sie haben auch Hunger. Sie machen einen Mordskrach, sperren ihre Schnäbel auf und schreien immerzu. Wir müssen alle lachen. Später redet Anna über den Machair, der niemand Bestimmten gehört und den alle benutzen können und wie schön es wäre, wenn wir das auch mit vielen anderen Dingen so hielten. Aber es ist ein bißchen schwer mit dem Reden und Zuhören, weil die Möwen einfach lauter sind als Anna. Erst als wir alle zusammen singen, sind wir lauter.

Nach dem Lied sagt Anna: „Wenn wir jetzt schräg über die Mitte der Insel zurückgehen, darf bitte niemand zurückbleiben oder auf eigene Faust losgehen. Die Insel ist zwar sehr klein, aber hier in der Mitte, wo es ganz flach ist, sieht alles gleich aus. Wenn der Nebel kommt – und das kann schnell gehen –, könnt ihr drei Tage lang im Kreis herumirren, bevor ihr gefunden werdet!"

Wir stapfen quer über die Insel, freuen uns über die Wolken und darüber, daß es gerade mal nicht regnet. Einmal verweilen wir noch bei einer Ruine, von der nur noch die Grundmauern zu sehen sind. Hier war eine Zelle, ein winziges Häuschen, eigentlich nur ein kleines Zimmer ohne Fenster. Hierher kam Vater Columban oft zum Beten. Unsere letzte Station ist der Dun-I. Das ist der „Berg" von Iona. Er ist ganze hundert Meter hoch, und das ist nicht besonders hoch für einen Berg. Aber er ist trotzdem sehr steil, und wir sind ganz außer Puste, wie wir oben ankommen. Wir haben einen herrlich weiten Blick nach allen Seiten. Auf der einen Seite sehen wir das Dorf und das Kloster, den Sund von Iona, die Insel Mull und das Festland dahinter. Auf der anderen Seite und vor uns sehen wir nur das Meer und einige Inseln, die aus ihm herausragen. Zum Abschluß der Pilgerfahrt holen wir alle unsere Kieselsteine hervor, die wir von St. Columban's Bucht mitgebracht haben. Es ist eine alte Sitte, daß man einen Stein von der Bucht mitnimmt und auf dem Dun-I ablegt. Dun ist übrigens auch ein altes schottisches Wort und heißt Berg oder Hügel. Und „I" ist der alte Name von Iona. „Dun-I" heißt also einfach „Berg von Iona". Nach dem letzten Lied gehen alle langsam wieder zurück. Um sechs Uhr ist Gottesdienst, bis dahin sind noch zwei Stunden Zeit. Das Wetter wird auch trüber. Wir können schon nicht mehr so weit schauen. Ich frage Helen, ob das nicht ein bißchen ungemütlich ist, mit dem vielen Regen und Nebel. Und das alte Kloster ist zwar ein aufregendes Gemäuer, mit vielen Gängen und Winkeln, aber ich finde es sogar jetzt im Sommer schon schrecklich kalt.

„Na ja", gibt Helen zu, „im Winter ist es manchmal schon ungemütlich. Es schneit zwar nie, so kalt wird es nicht. Aber der Wind ist scharf und wild. Manchmal heult er so laut ums Gemäuer, daß man laut reden muß, um sich zu verstehen, so ähnlich wie heute mittag mit den Möwen. Und manchmal ist ein solcher Sturm, daß Iona abgeschnitten ist. Dann kann tagelang oder sogar wochenlang kein Boot kommen. Wir müssen von unseren Vorräten leben, bis der Sund wieder ruhiger ist. Und besuchen kann uns dann auch kein Mensch."

Mir ist das unheimlich. Außerdem ist es kälter geworden und irgendwie feuchter. Das Meer und die Küste und das Kloster sind schon im Dunst verschwunden. Wir bleiben stehen und schauen uns um. Wir rufen nach Anna. Wo sind sie nur alle? Auf einmal sind nur noch wir beide da. Wir fangen an, schneller den Berg herunterzulaufen und schreien aus Leibeskräften. Außer Atem stocken wir schließlich, weil wir den Weg immer schlechter sehen. Alles ist vom Nebel verschluckt, weiß und ganz still. Nicht einmal das Donnern des Meeres gegen die Felsen hören wir noch. Deshalb verlieren wir auch schnell die Richtung. Den Berg abwärts zu gehen, ist ja noch einigermaßen leicht, obwohl wir ständig über Steine stolpern und ein paarmal fast hinfallen. Aber unten wissen wir gar nicht mehr, wo wir sind. Schließlich setzen wir uns eng aneinandergekuschelt auf einen großen Stein und warten. Weitergehen hat keinen Sinn. „Um sechs Uhr ist Gottesdienst. Da müssen die doch merken, daß wir fehlen", sage ich mit einem kleinen bißchen Hoffnung. .

Helen glaubt das nicht. „Erstens sind so viele Leute in der Kirche, die ganzen Gäste und alle Leute, die hier wohnen. Da merkt doch keiner, ob jemand fehlt. Und zweitens ist bei uns doch jeden Morgen und jeden Abend Gottesdienst. Da geh ich nicht immer hin. Wir Kinder sind abends noch draußen oder schon im Speisesaal und spielen. Deshalb macht sich keiner Sorgen, wenn ich mal nicht in der Kirche bin."

„Aber beim Abendessen", versuche ich noch einmal, „da müssen sie doch merken, daß wir nicht da sind."

„Ja", sagt Helen langsam, und ich weiß, was sie denkt. Beim Essen sind genausoviele Leute wie in der Kirche. Helen und ihre Familie essen fast nie zu Hause in ihrer Wohnung. Alle Mitglieder der Gemeinschaft, die für mehrere Jahre auf der Insel wohnen, essen immer gemeinsam im Speisesaal, bei jeder Mahlzeit. Auch im Winter, wenn keine Gäste da sind. Aber im Sommer, wenn fünfzig Gäste sich hier aufhalten, essen also sechzig oder siebzig Leute im Speisesaal. Und Anna und die anderen Eltern auf Iona haben es sich längst abgewöhnt, dauernd nach ihren Kindern zu schauen. Außer nach den ganz Kleinen natürlich. Ich hoffe ausnahmsweise inständig, daß sich meine Eltern noch nicht abgewöhnt haben, nach mir zu schauen. „Blöde Insel", maule ich. „Im Winter ist man wochenlang abgeschnitten, und sogar mitten im Sommer versinkt man fast im Moor oder sitzt im dicken Nebel und friert."

„Ach ja, aber Glasgow findest du besser, was?" regt sich Helen auf. „Diese tausend Autos, die einen ständig fast überfahren. Und alles ist grau und schmutzig und traurig. Und die meisten Kinder sind krank vor lauter Dreck und Armut."

Ich sage nichts. Besonders schön spielen kann man in Glasgow wirklich nicht. Aber Iona im Nebel ist auch nicht besser, finde ich. Ich friere und bin so müde, daß ich ein kleines bißchen weinen muß.

Helen legt den Arm um mich und versucht, mich zu trösten. „Schau mal, ich schenk' dir was", sagt sie. Sie drückt mir etwas Glattes, Hartes in die Hand.

Es ist der schimmernde grüne Marmorkiesel, noch warm von Helens Hosentasche. Für einen Moment vergesse ich den Nebel und die Angst. „Aber... aber — den hast du doch gefunden", stottere ich.

„Ach was, ich war schon ganz oft an Columbans Bucht. Da habe ich schon eine Menge Steine gesammelt. Du kommst ja nicht so oft."

Ich halte den Stein fest in meiner Hand. Er tröstet mich ein bißchen. Aber wir machen uns doch Sorgen, daß uns vor dem Dunkelwerden niemand findet. Plötzlich horcht Helen auf. „Hörst du nicht auch was?" — Tatsächlich, ein Geräusch dringt durch den Nebel, das vorher noch nicht da war. „Die Glocken!" brüllt Helen und springt auf. „Die läuten zum Gottesdienst. Hör doch, das kommt von da!"

Wir halten uns an den Händen und stolpern in die Richtung, aus der die Geräusche kommen. Wir hören sie nur undeutlich. Manche Töne klingen ganz nah, andere werden vom Nebel verschluckt.

„Bäh!" sagt plötzlich eine tiefe, klagende Stimme direkt neben uns. Wir schreien auf vor Schreck und halten uns aneinander fest. Da steht ein Schaf und glotzt uns an. Erleichtert gehen wir weiter. Das nächste Hindernis ist ein Stacheldraht, der uns den Weg versperrt. Wir sind auf eine Weide geraten. Wir gehen ein Stück am Zaun entlang, ohne das Gatter zu finden. Schließlich krabbeln wir unten durch. Aber unsere Hände sind zerkratzt, und meine Hose hat ein Loch. Wenige Meter nach dem Stacheldraht hört das Läuten auf. Der Gottesdienst hat angefangen. Wir versuchen, einfach geradeaus noch ein Stück weiterzugehen. Und wirklich — wir können es kaum glauben — nach einer Weile tauchen die Mauern der Klosterkirche auf. Zitternd öffnen wir die schwere Kirchentür und setzen uns auf die nächsten freien Plätze. Ich sehe meine Mama, wie sie die Augen schließt und seufzt, und Papa nimmt ihre Hand. „Haben sie sich also doch Sorgen gemacht", denke ich zufrieden.

Beim Abendessen ist es wie immer sehr laut und turbulent und fröhlich. Helen und ich haben einen Riesenappetit. Es gibt eine heiße Suppe, die uns endlich wieder aufwärmt. Zwischendurch müssen wir erzählen. Alle sind sehr erleichtert, daß wir wieder da sind. Deshalb müssen wir uns zum Glück nicht zu viele Ermahnungen anhören.

Nach dem Essen ist wie immer eine kurze Stille, damit jeder für sich Gott danken kann für das Essen. Und ich danke Gott diesmal auch dafür, daß ich im trockenen, warmen Speisesaal sitze. Und meine Eltern vermutlich auch.

Christa Burkhardt

Ostern in Sibirien

43

Stichworte:	Sowjetunion, Ostern, Verfolgung, Liturgie, Auferstehung, Priester (orthodoxer), russisch-orthodoxe Kirche, Kreuzeszeichen, Vergebung, Kirche/Gemeinde, Diakon, Lesung, Bekenntnis, Osterkerze, Ostergruß
Zum Text/ Problemfeldbeschreibung:	Ein Deutscher wird Zeuge einer bewegten Osternachtfeier unter freiem Himmel in Sibirien. Der Priester Nikolai zelebriert die Ostermesse vor 300 Bauern in einem Wald. Im Schein der Osterkerze, unter mächtigen Chorgesängen, verbrüdern sich einander fremde Menschen zum Ostergruß. Hier wird Auferstehung auch ohne Kirche und Glocken lebendig gemacht.
Vorlesezeit:	7 Minuten
Vorlesealter:	ab 12 Jahren

Die russischen Ostern kommen näher. Vater Nikolai hatte mir versprochen, mich zu benachrichtigen; denn ich will die Feier miterleben.

Es ist die Zeit der ersten Schneeschmelze. Unsere Filzstiefel beginnen gefährlich zu werden. Wer Lederschuhe mitgebracht hat, zieht sie für jeden Gang aus der Baracke an. Die Eisstellen zwischen den Mooshügeln tauen während der kurzen hellen Stunden allmählich auf und bilden ein gefährliches Moorwasser, das drei, vier und mehr Meter Sumpf unter sich verbirgt. Nur der Wald steht auf festem Grund. Die Nachtfröste nehmen merklich ab. Wir beobachten bei der Arbeit den ersten Zug der Schwäne, die fern über uns rufen. Dann setzen alle Äxte aus; jeder verfolgt die Vögel, bis sie über den Wipfeln verschwunden sind.

Am 14. April nimmt mich der Priester beiseite: „Heute Nacht", sagt er geheimnisvoll, „gehen wir."

Ich öle meine Stiefel noch einmal, der Priester nimmt sein schwarzes Gewand mit dem Silberkreuz und das Rauchfaß, das er schonend im Kasten aufbewahrt hält. Draußen ist es helle Nacht. Das Väterchen kennt den Weg. Wir gehen vorsichtig, wobei wir die Wasserlachen auf allen Seiten vermeiden.

Nach etwa acht Kilometern – wir haben dafür nahezu drei Stunden gebraucht – bleibt der Priester stehen und horcht in den Wald hinaus. Durch die Bäume dringt vom Süden her ein matter Schein zu uns. „Da sind sie", zeigt er.

Im Wald steht eine Schar von etwa dreihundert russischen Bauern, die alle kleine Wachskerzen in der Hand halten. Immer neue kommen von allen Seiten hinzu. Sie zünden ihr Licht, das sie sicher unter Opfern irgendwo erstanden haben, an der Kerze des Nächsten an. Inmitten der Versammlung steht eine monumentale Stearinkerze, die wahrscheinlich mit dem Stumpf, auf dem sie angebracht ist, den Ort des Altars bezeichnen soll.

Im Lichtschein sieht man, wie die Männer und Frauen ihre letzten, besseren Kleidungsstücke tragen; unter den Pelzen leuchten helle Kittel auf. Die Gemeinde steht schweigend in Erwartung des Priesters.

Vater Nikolai ist irgendwo hinter den Bäumen verschwunden. Da beginnt einer an Stelle des Diakonen sachgemäß aus einem großen Buch die Apostelgeschichte zu lesen. Inzwischen sammelt sich oberhalb der großen Kerze ein improvisierter Chor.

Eine halbe Stunde vergeht. Vereinzelt schlägt jemand das Kreuzzeichen und flüstert dazu ein unverständliches Stoßgebet.

Der Geistliche erscheint, und die Lesung bricht ab. Vater Nikolai hat in der Linken sein Kreuz, mit der anderen Hand schwingt er das Weihrauchfaß, dessen Duft durch die Menge dringt, und umschreitet würdig die Gemeinde. Dabei singt er mit seiner schwachen Stimme:

„Deine Auferstehung, Christus Erlöser, singen die Engel im Himmel. Auch uns auf Erden hilf, dich reinen Herzens zu loben."

Nun bleibt er in der Westrichtung stehen. Das ist gleichsam das Warten vor der geschlossenen Grabestür, besinne ich mich.

Der Geistliche verkündigt: „Christus ist von den Toten auferstanden, durch den Tod den Tod zu überwinden und denen in den Gräbern das Leben zu geben."

Da fällt der Chor ein, indem er machtvoll die Verkündigung wiederholt. Der Priester hebt das Kreuz und beschreibt mit dem Rauchfaß das Kreuzeszeichen über der Grabestür. Dann tritt er vor die Kerze, während der Gesang immer stärker anschwillt: „Christus ist von den Toten erstanden."

Die Bauern fallen zur Erde nieder und bekreuzigen sich wieder und wieder. Was mag hier in der russischen Seele vor sich gehen? Wieviel fremde Zeichen — aber man fühlt: diese Menschen sind von ihnen ergriffen, hier ist keiner, der gleichgültig abseits steht.

Vater Nikolai kommt wieder. Der Chor singt den Kanon des Johannes Damascenus: „Christus ist von den Toten erstanden."

Die Bässe grollen, die Frauenstimmen jubilieren: „Erstanden — erstanden — erstanden —."

Ein Bäuerlein hebt die Kerze vom Baumstumpf und geht um die Gemeinde, ihm folgt der Geistliche mit Kreuz und Räucherwerk.

„Christos woskresse!"* grüßt Vater Nikolai mit zitternder Stimme die Versammelten und sieht auch zu mir herüber.

Der Chor: „Laßt uns einander umarmen und uns küssen, Brüder! Und den" — hier brausen die Stimmen auf — „uns Hassenden kraft der Auferstehung vergeben!"

In diesem Augenblick scheint sich die Masse aufzulösen. „Christos woskresse!" höre ich hundertfach rufen, Menschen umarmen sich: „Wo-istinu woskresse!"** Die Lichter tanzen im Dunkel. Unglückliche, einander fremde Menschen verbrüdern sich. Rußland feiert! Ich kann nicht mehr abseits stehen und trete

---

  * „Christus ist auferstanden!" Der Ostergruß der orientalischen Kirchen.
 ** Der Gegengruß: „Er ist wahrhaftig auferstanden!"

hinter dem dunklen Versteck hervor, um mich unter die Feiernden zu mischen. Ich sehe Lachen, Weinen. Ein Mütterchen umarmt seinen dürren, halbverhungerten Sohn neben sich.

Wieder erscheint Vater Nikolai. Nun steht er mit seinem bleichen Gesicht in der Mitte der Schar. Stille.

„Liebe Rechtgläubige, Brüder und Schwestern! Wir haben uns hier zu einer Osterfeier in anderen Verhältnissen zusammengefunden, als wir alle sie gewöhnt sind. Wo ist die Kirche? Wo sind die Glocken? Wo unsere Gottesdienste? Gott in seiner unbegreiflichen Barmherzigkeit hat uns in eine osterlose Zeit geführt, um uns die Auferstehung seines Sohnes ganz anders lebendig zu machen als bisher. Ihr saht, wie ich anstatt unserer Sitte, um die Kirche zu schreiten, den Rundgang um euch alle ausführte. Ihr seid die Kirche! Ihr höret keine Glocken jubeln wie bisher – ihr seid die lebendige Stimme, die für das Wunder der Wunder Zeugnis gibt.

Habt Mut, wenn ihr hier in den nördlichen Urwäldern euer armes Leben laßt. Wir haben das Bekenntnis zu seiner Auferstehung auch hier abgelegt. Euer keiner ist verloren, der hier fällt, – denn Christus ist auferstanden! Geht in den schweren Alltag als Sterbende und doch Frohe, als in der Armut Reiche, als in der Verlorenheit vom Herrn Gefundene. Christos woskresse!"

„Wo-istinu woskresse!" antwortet die Gemeinde wie ein Mann.

In der Morgendämmerung gehe ich allein nach Hause, mit einem wehen und doch frohen Herzen.

Alexander Schwarz

Hallo Michael! 44

Stichworte:	Sowjetunion, Gottesdienst, russisch-orthodoxe Kirche, Ikonostase, Ikone, Gesang, Liturgie, Gebet, Fürbitte, Brot (gesegnet), Kerzen, Eucharistie
Zum Text/ Problemfeldbeschreibung:	Zwei Schwestern aus Deutschland berichten in einem Brief aus der Sowjetunion ihrem jüngeren Bruder Michael von ihren Erlebnissen beim Besuch eines russisch-orthodoxen Gottesdienstes.
Vorlesezeit:	6 Minuten
Vorlesealter:	ab 9 Jahren

Wie versprochen, schicken wir Dir einen Brief aus der Sowjetunion.

Zur Zeit sind wir in der riesigen Stadt Kiew – und stell Dir vor, heute waren wir in einem orthodoxen Gottesdienst! Weißt Du, hier gibt es nicht wie bei uns zu Hause evangelische und katholische Kirchen. Die Leute glauben zwar an denselben Gott, und vieles ist auch ähnlich wie bei uns in der Gemeinde, aber vieles ist auch ganz, ganz anders.

Schade, daß Du nicht dabei sein konntest – es war ein ganz tolles Erlebnis! Wir sind schon kurz nach sechs Uhr aufgestanden und haben sogar auf das Frühstück verzichtet, um rechtzeitig zum Gottesdienst da zu sein.

Als wir die Kirche betraten, war es ziemlich düster. An vielen Stellen brannten aber Kerzen, und es roch nach Weihrauch. Dann erst haben wir gemerkt, daß da gar keine Bänke waren – stell Dir vor, Michael, die Leute stehen hier die ganze Zeit, und so'n Gottesdienst dauert zwei bis drei Stunden! Aber selbst den alten Leuten scheint das nichts auszumachen.

Übrigens, überall standen und hingen Bilder von Jesus, von Maria und von vielen Heiligen. Und vorne in der Kirche war eine richtige Wand aus Bildern. Sie war so hoch, daß man den Altar dahinter gar nicht sehen konnte. In der Mitte, links und rechts waren aber Türen, durch die der Pfarrer einige Male zu der Gemeinde herauskam. Am besten stellst Du Dir diese Bilderwand wie ein großes Scheunentor vor. Wenn du in Gedanken (oder auf ein Blatt Papier) noch viele schöne Bilder draufmalst, dann hast Du eine richtige Bilderwand. Die Bilder, die man auch Ikonen nennt, zeigen hauptsächlich Geschichten von Jesus. Eigentlich ist das ganze wie eine Bibel ohne Worte!

Wir standen also mitten in der Menge und kamen uns ziemlich fremd und unbeteiligt vor. Die anderen Leute – es waren überwiegend alte Frauen – bekreuzigten sich dauernd, knieten sich hin und küßten aufgestellte Bilder. Könntest Du Dir das bei uns in der Kirche vorstellen? – Vielleicht haben die Menschen die Ikonen so lieb und beten so gern davor, weil sie dabei das Gefühl haben, daß der liebe Gott ganz nah bei ihnen ist. Vati hat ja auch immer ein Bild von uns bei sich!

Plötzlich hat mich eine alte Frau von hinten an der Jacke gefaßt und hat mir eine kleine Kerze in die Hand gedrückt. Ich war ziemlich verwirrt und wußte zuerst gar nicht, was ich damit machen sollte. Dann bin ich aber einfach nach vorne gegangen, habe die Kerze angezündet und zu den anderen Kerzen dazugestellt. Es war richtig aufregend, in einer fremden Kirche ein Licht anzünden zu dürfen! Von da an war aber alles gar nicht mehr so fremd, und ich habe mich ein bißchen wie zu Hause gefühlt.

Sehr beeindruckend war auch der russische Kirchengesang. Hier hat nicht die ganze Gemeinde, sondern nur ein kleiner Chor gesungen, und es waren auch keine Lieder wie „Kleines Senfkorn Hoffnung", sondern fast nur gesungene Gebete und fest vorgeschriebene Texte.

Du glaubst jetzt vielleicht, daß es langweilig für uns war, weil wir nicht mitsingen und mitbeten konnten. Es war aber unheimlich schön, einfach nur dazustehen und dem fremdartigen und eindringlichen Gesang zuzuhören. Es hat einem dabei richtig im Bauch gekribbelt. – Der Geruch von Weihrauch, die vielen Kerzenlichter und dazu der Gesang – ja, das war eigentlich ein

Gefühl wie an Weihnachten! Du hättest die kleinen Kinder mit den großen erwartungsvollen Augen sehen sollen!

Vielleicht können wir Dir etwas von der Stimmung vermitteln, wenn wir Dir die Noten von den Fürbitten mitschicken. Die russischen Wörter spricht man übrigens „Gospodi pomiluj" aus; das heißt auf deutsch: „Herr, erbarme Dich".

Du kannst ja mal versuchen, die Melodie auf der Flöte zu spielen, und wenn wir wieder daheim sind, singen wir das Lied zusammen. Ja?

Der Ablauf des Gottesdienstes war ähnlich wie bei uns, aber manchmal auch wieder ganz anders.

Die Predigt war zum Beispiel erst gegen Ende, und den Pfarrer haben wir vorher nur gesehen, als er das Evangelium gesungen und die Eucharistie ausgeteilt hat. Alles war viel verborgener und geheimnisvoller als bei uns.

Zum Schluß wurden noch für alle kleine, gesegnete Brote ausgeteilt. Wir wollten diesen Teil des Gottesdienstes unbedingt auch mitfeiern und sind deshalb wie die meisten anderen nach vorne zum Pfarrer gegangen. Obwohl man uns bestimmt sofort angemerkt hat, daß wir keine orthodoxen Christen sind, durften wir auch ein Brot nehmen und einen Schluck Wasser trinken. Das war ein richtiges Erlebnis von Gemeinschaft! – Wir haben übrigens schon am Anfang des Gottesdienstes viele Leute gesehen, die ganze Körbe voll mit selbstgebackenen Broten in die Kirche mitgebracht haben. Wir haben dann erfahren, daß sie diese Brote auch vom Pfarrer segnen lassen, um sie für Angehörige und Kranke mit nach Hause zu nehmen.

Wäre es nicht schön, wenn es so etwas auch bei uns geben würde?

Am Eingang der Kirche haben wir uns schließlich noch Kerzen gekauft. Und weißt Du was, Michael, wir durften dafür unsere beiden Namen, die Namen von Mutti und Vati und auch Deinen Namen auf einen kleinen Zettel schreiben. Sie werden dann in einem der nächsten Gottesdienste mit vielen anderen Namen zusammen bei den Fürbitten vorgelesen.

Jetzt müssen wir leider Schluß machen, weil wir gleich mit dem Bus zu einem Höhlenkloster fahren. Es gäbe noch sooo viel Interessantes über die orthodoxe Kirche zu erzählen, aber das können wir ja zu Hause nachholen! Du kannst Dir dann dabei auch unsere Bilder anschauen.

Wir freuen uns darauf, Dich bald wiederzusehen und schicken Dir ganz liebe Grüße aus Kiew!

Deine Schwestern Ursula und Friederike

P.S. Viele Grüße auch an Vati und Mutti!

Ursula Hoverath/Friederike Maier

45   Ein Gast und eine Bibel

Stichworte:	Sowjetunion, Gastfreundschaft, Bibel, Pfarrer (evang.), Gastgeschenk, schenken/beschenken
Zum Text/ Problemfeld- beschreibung:	Ein deutscher Pfarrer reist mit dem Fahrrad über die Tschechoslowakei in die Sowjetunion ein. Als er in der ersten Stadt aufs Geratewohl jemanden nach einem Nachtlager fragt, trifft er auf eine christliche Familie, die ihn freudig aufnimmt und der er mit einer russischen Bibel als Gastgeschenk einen lang gehegten Wunsch erfüllt.
Vorlesezeit:	7 Minuten
Vorlesealter:	ab 10 Jahren

Eigentlich wollte ich ja mit dem Rad in die UdSSR einreisen. Aber an der Grenze vor Uzgorod merke ich die Probleme: man gewährt mir nur mit öffentlichem Fahrzeug den Grenzübergang. So ein Fahrrad ist da offenbar nicht öffentlich genug. Die slowakischen Grenzer machen mich schon vor der Grenze auf die wahrscheinlich bevorstehenden Komplikationen aufmerksam und lachen dazu. Tatsächlich, es kam so. Nach meiner enttäuschten Rückkehr vom Schlagbaum aber haben sie eine Empfehlung für mich: ich solle bis zum Abend warten, da gibt es einen Linienbus, der täglich die Grenze passiert und hinüber ins große Land fährt. Vielleicht läßt der Busfahrer mit sich reden und nimmt mein Radel als Reisegepäck mit in den Bus. Voller Hoffnung warte ich auf den Abend. Der Bus kommt pünktlich. Und ich scheine diesmal mehr Glück zu haben. Der Busfahrer ist mir auf der Stelle gewogen. Er ist ein freundlicher Russe mit viel Verständnis, der offenbar schon bei manchen Grenztragödien helfend mit eingegriffen hat. Er klemmt mein Vehikel irgendwo im Bus zwischen die Sitze, Platz ist reichlich vorhanden, es fahren nur acht Reisende mit, und er zwinkert mir beim Übergang zu: es werde schon klappen mit meinem sonderbaren Reisegepäck. Ja, es geht tatsächlich. Der Busfahrer legt ein Wörtchen für mich ein, und der Zollbeamte läßt mein sperriges „Handgepäck" passieren.
Auf der anderen Seite brauche ich den Bus nun nicht mehr. Ich will mich beim freundlichen Busfahrer bedanken und verabschieden. Er winkt ab und rät mir gleichzeitig: „Nicht der Mühe wert! Aber wenn du noch eine so weite Reise vorhast, dann spar wenigstens heute den Weg ein und fahr die 40 km bis zur Endstation mit!" Ich nehme das Angebot gern an. Und als ich am Ziel der Reise zahlen will, winkt er wiederum ab und lacht: „Ich hatte dich doch eingeladen! Die Fahrt ist mein Gastgeschenk!"
Das war ein guter Auftakt für die Reise gewesen.
Aber nun hatte sich das Blatt offenbar gewendet. Am Ziel für den heutigen Tag sieht's recht hoffnungslos aus: es regnet Strippen vom Himmel. Der Busbahnhof wird gleich geschlossen, denn durch die Zeitverschiebung ist's hier zwei Stunden später, längst Schlafenszeit. Wo soll ich denn nun, in der Unwirt-

lichkeit, mir eine Bleibe für die Nacht suchen können? Ich frage mich auf der nächtlichen, inzwischen menschenleeren Straße bei verspäteten Passanten durch zum Bahnhof. Vielleicht kann ich dort die Nacht zubringen. Und dann stolpere ich barfuß durch die Pfützen in die angegebene Richtung. Es regnet stark. Ich kann keinen Fahrweg erkennen und gehe neben dem Rad, bleibe möglichst auf der Mitte der Straße, denn an der Seite platscht das Wasser von den Dächern. Ich merke bald: ich hab offenbar die Richtung verfehlt. Die Wegerklärung zum Bahnhof war zu kompliziert gewesen. Nun irre ich planlos durch die leeren Straßen einer dunklen, abweisenden Stadt, ohne Vorstellung, wie ich denn nun die Nacht verbringen soll.

Irgendwo ist noch ein Fensterchen erleuchtet, und eine ältere Frau schaut gerade heraus, um kurz Luft zu schöpfen. Ihr rufe ich aufs Geratewohl zu – die Frage rutscht mir eigentlich mehr unbeabsichtigt heraus und ohne Hoffnung auf Reaktion –, ob sie wisse, wo man auf einem trockenen Fußboden schlafen könne. Ihre Antwort, als habe sie nur drauf gewartet: „Na, bei uns! Aber nicht auf dem Fußboden, sondern auf dem Diwan! Warten Sie, ich komme gleich heraus!" Ich bin verblüfft. Das kam unerwartet. Ich schäme mich meiner Aufmachung. Die Sandalen hatte ich an die Lenkstange gehängt. Aus dem Regenumhang guckten von meiner vermummten Gestalt nur die nackten Stachelbeerbeine heraus, und vom Kopf ist nur ein bißchen nasser, sehr schwarzer Bart und verklebtes Haar zu sehen. Ich bin überzeugt davon, daß ich in der Landstreicheraufmachung keinen besonders leutseligen Eindruck erwecke.

Da kommt sie auch schon, öffnet das Hoftor und hält mir zwei Lappen entgegen, einen für die nassen Beine, einen fürs Fahrrad, das auch gleich nebenan in der Garage sein Quartier finden soll. Sie führt mich ins Haus. Ich lenke nun selber entschuldigend ein: „Ich bin aber Ausländer!" „Na, dann brauchen Sie ja erst recht eine Bleibe für die Nacht. Kommen Sie nur weiter!" Und dann bekomme ich noch ein Handtuch, daß ich mir die verklebten Haare trocken reiben kann. Ich schäle mich aus meiner nassen Regenhülle und hoffe, mich bald in eine zivilisierte Gestalt verwandeln zu können. Sie aber, während ich noch kopfrubbelnd dastehe und außerdem Pfützen um mich verbreite: „Wissen Sie, warum ich Sie beherberge? Ich bin Christ, und da ist es mein Prinzip zu helfen!"

Und dann ist sie vor Freude fast aus dem Häuschen, als sie erfährt, daß ich Pfarrer sei. Ja, sie glaubt's mir sogar, obwohl in der Sowjetunion sonst zum Pfarrerstatus ein wesentlich würdigerer Habitus gehört. Sie fragt mich: „Dann besitzen Sie wohl auch eine eigene Bibel? Haben Sie die mit? Ich möchte liebend gern wieder einmal in eine Bibel schauen können." Ich hatte eine mit, eine russische, die ich an passender Stelle verschenken wollte. Hier schien mir nun die passende Stelle zu sein. Als sie die Bibel in den Händen hält, hat sie bald mich und ihre ganze Umgebung vergessen. Sie ist ganz versunken in sich, sagt sich Bibelstellen her, schlägt sie nach und liest sich dann mit freudiger Bewegung die Texte vor.

Ich frage sie nach einer Weile, ob sie nicht gern eine Bibel besitzen möchte. „Oh, sehr, sehr gern!" Aber Bibeln seien knapp. Sie wüßte nicht, woher sie eine bekommen könnte. „Und wenn ich Ihnen nun meine Bibel schenke?" „Nein, nein", wehrt sie ganz erschrocken ab, „die brauchen Sie doch selber!" Ich müßte ja als Pfarrer unbedingt selbst eine eigene Bibel haben. Da weise ich sie lachend darauf hin, ob ihr denn gar nicht aufgefallen sei, daß dies doch eine russische Bibel sei, ich aber brauchte doch für mich eine deutsche. Die russische hätte ich extra zum Verschenken mitgebracht. Ob sie die nun gern haben wollte. Sie ist zunächst durch die freudige Überraschung der vielen neuen Eindrücke ganz verwirrt. Nun steht sie ungläubig da und kann das Angebot noch gar nicht ganz fassen. Aber dann endlich begreift sie's: „Ja, ja unbedingt! Ich will sie, ich brauch' sie!" Und sie streichelt die Bibel — und dann mich. Und dann macht sie ihrer Freude Luft und sagt's jedem, der da so spät noch nach Hause kommt, dem Mann, der Tochter, dem Enkel. „Seht nur, wir haben einen Gast und eine Bibel geschenkt bekommen!"

Am anderen Tag wird's bei mir natürlich noch nichts mit Weiterradeln, sondern ich werde noch einen weiteren Tag zum Bleiben eingeladen. Sie führt mich zur Nachbarschaft, in die Kirche des Ortes und zu mehreren Bekannten. Und immer wieder höre ich überall dieselben Erklärungen: daß ihr ein Gast und eine Bibel geschenkt seien. Erst am nächsten Tag breche ich auf, verabschiedet mit vielen Umarmungen und beladen mit noch mehr guten Wünschen, mit reichlicher Wegzehrung und mit mehreren Adressen für die Übernachtungen auf der weiteren Reise.
Wer war denn nun eigentlich der Beschenkte?

Fritz Opitz

Erlebnis in Tbilissi

Stichworte:	Sowjetunion, Orthodoxie, Liturgie, Kreuz, Materialismus, Symbole, Geschenke, Dankbarkeit
Zum Text/ Problemfeld- beschreibung:	Ein Besucher aus der Bundesrepublik Deutschland besucht einen Gottesdienst in der orthodoxen Sioni-Kathedrale im georgischen Tbilissi. Eine ältere Frau, die mit ihrem Enkel den Gottesdienst besucht, erklärt ihm die Liturgie und drückt ihm dabei ein metallenes Kreuz in die Hand. Hilflos und beschämt über das Geschenk und Zeichen des Glaubens, reicht er dem Enkel der Frau eine Tafel Schokolade.
Vorlesezeit:	3 Minuten
Vorlesealter:	ab 13 Jahren

Vor ein paar Jahren besuchte ich mit einer Touristengruppe die Sowjetunion. Dabei kamen wir auch in den Kaukasus, nach Tbilissi, der Hauptstadt Georgiens. Eine wunderschöne, uralte Stadt ist das. Schon um 330 wurde der christliche Glaube nach Georgien gebracht von einer Frau, die als Kriegsgefangene in das Land verschleppt worden war. Mitte des 4. Jahrhunderts war das Christentum dort Staatsreligion. An der Spitze der georgischen Kirche steht seit dem fünften Jahrhundert ein Patriarch. Die georgisch-orthodoxe Kirche zählt heute etwa 2,5 Millionen Mitglieder.

Mitten in der Altstadt von Tbilissi steht die Sioni-Kathedrale aus dem 6. Jahrhundert. Unsere Reiseleiterin machte uns darauf aufmerksam, daß jeden Abend um ½ 8 Uhr dort ein Gottesdienst gefeiert wird; wenn wir ihn besuchen wollten, müßten wir aber rechtzeitig hingehen, weil wir sonst vielleicht keinen Platz bekommen würden. Als wir um sieben Uhr ankamen, war die Kirche schon ziemlich voll. Still verweilten wir vor den zahlreichen Ikonen, den Heiligenbildern, die den Raum schmückten. Ältere Frauen, aber auch viele Kinder kamen, bekreuzigten sich und zündeten Kerzen davor an. Pünktlich begann der Gottesdienst. Der Patriarch, ein freundlicher Herr mit einem gewaltigen Bart und kugelrunder Nase, hielt ihn selbst. Dicht gedrängt standen wir und schauten und hörten. Wunderschöne Gesänge erklangen. Weihrauchduft erfüllte den Raum.

Neben mir stand eine Frau, die mit ihrem etwa sechsjährigen Enkel zum Gottesdienst gekommen war. Sie versuchte, mir den Verlauf der Feier zu erklären. Plötzlich drückte sie mir ein kleines metallenes Kreuz in die Hand. Ich war sehr überrascht. Etwas hilflos überlegte ich mir, wie ich mich wohl für dieses kleine Geschenk bedanken könnte. Einfach „Danke schön" sagen? Aber was sollte ich zum Zeichen meiner Dankbarkeit geben? In meiner Manteltasche steckte eine Tafel Schokolade. Ich reichte sie dem Jungen: „Das ist für dich!"

Norbert Scholl

47   Böhmische Brüder oder: Christen im Alltag

Stichworte:	CSFR (vor 1989), Benachteiligung von Christen, Bibelstunde, Kirchenchor, Namensgebung (bei der Taufe), Gemeinschaft, Atheismus, Gemeinde als Treffpunkt, Dan 6
Zum Text/ Problemfeldbeschreibung:	Ein Ehepaar in der Tschechoslowakei erfährt die Benachteiligung der Christen im Alltag, aber auch das freie Gespräch, Geborgenheit und Solidarität unter Christen in der Bibelstunde und das Erlebnis gemeinsamen Singens im Kirchenchor.
Vorlesezeit:	4 Minuten
Vorlesealter:	ab 12 Jahren

Daniel hatten sie ihn genannt. Ihr erstes Kind war ein Junge geworden. Sie hatten nicht geglaubt, daß sich durch das Kind soviel ändern würde in ihrem Leben. Jan war damals noch beim Militär. Es gab noch keine Wohnung, Mirjam lebte noch bei den Eltern, war in der Klinik als Krankenschwester beschäftigt. Alles war so schnell gekommen. Sie hatten sich in der Bibelstunde donnerstags kennengelernt. Das war so ein Treff für junge Leute. Da konnte man offen sprechen. Der Pfarrer war ganz nett und die Gespräche immer interessant, auch gesungen wurde ganz gut, einige brachten ihre Instrumente mit. Das mit der Bibel war auch nicht verkehrt, obwohl sie eigentlich wegen Jan, dem jungen Arzt, hingegangen war; der Pfarrer mit der Bibel hatte immer etwas Neues zu erzählen und war kein Mann von gestern, wie es in der Schule immer geheißen hatte. Sie liebte die Gruppe. Schade, jetzt war das alles anders. Das Kind hielt sie fest. Das zweite war schon unterwegs. Ja, wenn Jan Arzt wäre im Westen, dann . . . Sie dachte nicht weiter.
Jan kam immer spät nach Hause. Die Wohnung war klein hier draußen in den Neubauten, und die Wege waren weit. Aber einmal in der Woche, da klappte es doch. Sie freute sich die ganze Zeit darauf; dann kam sie einmal heraus. Und der Vater, er war ja schon pensioniert mit seinen 58 Jahren, konnte den Bus nehmen, eine Stunde, schon war er da und hatte dann seine Freude mit dem kleinen Daniel. Für sie war es ein Fest, im Chor zu singen. Das hatten sie beide hier gefunden, einen Abend mit Gesang. Eigentlich machten sie Musik nur für sich selbst, aber regelmäßig trat der Chor doch im Gottesdienst auf. Und auch die Gemeinde hier war ganz frei und offen; sie hatten sich schnell eingelebt. Wenn sie sich das so vorstellte: sie hatte sich nie denken können, einmal Mutter zu sein; sie hatte davon geträumt, die Welt zu verändern, schreiben wollte sie, Journalistin werden; aber mit solcher Lebensgeschichte? Die Eltern schon waren aufgefallen durch ihre Bindung an die Kirche; schon der Vater hatte es nicht geschafft, befördert zu werden bei der Post, obwohl er doch studiert hatte, Amtsleiter wurde er nie. Und so versuchte Mirjam es schon gar nicht mit dem Studium. Ein pflegerischer Beruf, das war ja auch schön; sie liebte die Krankenpflege, sie hatte viele interessante Begeg-

nungen dort gefunden. Aber dann war Jan gekommen, und alles war anders geworden. Wirtschaftlich hatten sie keine Not. Nein, darüber durfte sie nicht klagen. Auch die Wohnung gefiel ihr; viele mußten damit auskommen, zwei Zimmer und Küche, das war genug, und billig wohnte man auch; natürlich, die vielen Menschen hier draußen, der eine Supermarkt, die schlechten Straßen, die harten Betonklötze überall; sie sehnte sich manchmal zurück in die kleine Stadt, in der sie aufgewachsen war. Da gab es wenigstens einen Garten. Vieles hatte sich auch dort geändert, aber man konnte die Heimat immer noch liebhaben.

Sie fuhr sich mit der Hand über den Kopf, um die Gedanken ein wenig zu ordnen. Warum hatte sie eigentlich ihre Kirche so gern? Für ihr berufliches Fortkommen war das noch nie ein Vorteil gewesen. Im Gegenteil. – Sie besann sich, versuchte sich zu erinnern. Begonnen hatte es eigentlich mit dem Gefühl: da ist etwas Verbotenes, da gehst du hin. Obwohl es gar nicht verboten war, wie sich herausstellte. Aber erwünscht war es auch nicht. Sie war neugierig gewesen und hatte Menschen getroffen, richtig offene, fröhliche Menschen. Das war es wohl gewesen. Und sie hatte eine Geschichte gefunden, die sie immer wieder anzog, eine Geschichte, die anzeigte: Du bist bewahrt! – Deshalb hatten sie beide, Jan war ganz einverstanden, ihren Jungen Daniel genannt. Daniel unter dem tschechischen Löwen. Das war doch ein schöner Gedanke? Er gefiel ihr.

Friedhelm Borggrefe

48   Ich besuch' dich mal. Ahoi!

Stichworte:	CSFR (vor 1989), hussitische Kirche, Bibel, Bibelarbeit, Pfarrer, Jugendliche, Spannung Kirche / Staat, Kommunismus, Freiheit, Jugendarbeit, kirchenferne Christen, 1. Mose 11
Zum Text/ Problemfeldbeschreibung:	Im Pfarrhaus der hussitischen Kirche in der tschechischen Stadt Chrudim findet eine Bibelstunde mit zahlreichen Jugendlichen statt. Beim anschließenden gemütlichen Zusammensein erfährt die Besucherin den Anfang dieses Unternehmens: Der Pfarrer hatte einen Jugendlichen beim Trampen mitgenommen, und dieser hatte versprochen, einmal mit seiner ganzen Clique zu kommen. Pavel und seine Freunde, eher unchristliche Leute, wollten wissen, was es mit Kirche und Glauben auf sich hat. Daraus hatte sich diese − damals vom Staat noch nicht erlaubte − Zusammenarbeit ergeben.
Vorlesezeit:	4 Minuten
Vorlesealter:	ab 12 Jahren

Meine Reise durch die Tschechoslowakei führt mich auch nach Chrudim; dort bin ich im Pfarrhaus der hussitischen Kirchengemeinde* zu Gast. Am späten Nachmittag ziehe ich mich in mein Zimmer zurück und lasse die zurückliegenden Tage in Plzeň und Praha noch einmal aus der Erinnerung auftauchen und mache einige Notizen in mein Tagebuch.

Irgendwann reißt mich Lärm aus meinen Gedanken: Zuerst sind es einzelne, dann immer mehr Jugendliche, die mit Mofas daherflitzen und vor dem Pfarrhaus haltmachen. Neugierig beobachte ich das Geschehen vom Zimmer aus. Die Jugendlichen treffen sich vor dem Pfarrhaus, viele kommen auch zu Fuß daher. „Ahoi! Ahoi!" begrüßen sie einander freudig. Ich fühle mich mitten in Böhmen auf hohe See versetzt!

Was die wohl hier wollen? Jugenddisco? Inzwischen sind es ungefähr fünfundzwanzig Jugendliche, die sich nach und nach aufs Pfarrhaus zubewegen − und darin verschwinden. „Einen Stock tiefer treffen die sich also!"

Ich beschließe nicht länger zu beobachten und zu spekulieren, was da sein könnte. Kurzentschlossen gehe ich zu Jiři Nemec, dem Pfarrer, und frage ihn, was da los sei − und ob ich auch mit dabei sein könne. In fünf Minuten − um sechs Uhr − fange die Bibelstunde an, ich könne mitkommen.

Kurz vor Beginn der Bibelstunde − wir sind gerade dabei, in einem großen Kreis Platz zu nehmen −, kommt Anežka zu mir und sagt, daß sie mir zwischen-

---

* Die tschechoslowakische Hussitische Kirche wurde nach dem Ersten Weltkrieg gegründet und bezieht sich u. a. auf das Erbe von Jan Hus.
In der Tschechoslowakei gibt es 18 Religionsgemeinschaften, die vor den politischen Veränderungen 1989 eine staatliche Genehmigung brauchten. Elf nicht-katholische kleine Kirchen haben sich im Ökumenischen Rat der Kirchen zusammengeschlossen; die größte Kirche in der Tschechoslowakei ist die römisch-katholische Kirche.
Vor der „Novemberrevolution 1989" wurde die kirchliche Arbeit vom Staat finanziert (Pfarrgehälter, Pfarrhäuser, Religionsunterricht), war aber dadurch auch kontrolliert und von staatlichen Bestimmungen abhängig.

drin immer wieder erklären würde, worum es gerade geht. Sie spricht fließend Englisch. Ich frage sie, woher sie so gut Englisch kann. Sie erzählt mir, daß sie vor einem Jahr ihre Ferien in den USA verbracht habe – auf Einladung ihres Großvaters, der 1968 emigriert sei.

Da sitzen wir also im Gemeinderaum des Pfarrhauses. Mit vielem hatte ich gerechnet, aber daß die Jugendlichen hier in solchen Massen zur Bibelstunde anrücken würden, das ist für mich doch einigermaßen überraschend. Anežka sitzt neben mir und hält mich auf dem laufenden: heute ist der Turmbau zu Babel dran; seit ein paar Wochen beschäftigt sich die Gruppe mit Texten aus dem ersten Buch Mose. Der Pfarrer hält eine lange Bibelarbeit, danach Rückfragen und Diskussion – insgesamt eineinhalb Stunden. Zwischendrin, wenn meine Dolmetscherin pausiert, höre ich einfach dem Tschechischen zu . . . verstehe nichts . . . wie Musik! Und: ich wundere mich weiter über die Bibelstunde dieser Gruppe.

Nach getaner Arbeit kommt der gemütliche Teil, wo einige Jugendliche ihre spärlichen Deutschkenntnisse nutzen, um von mir etwas über die Bundesrepublik, Schulen, Kirchen und Jugendlichen zu erfahren. Und: ich werde auch noch meine Fragen los! „Wie kommt es, daß ihr euch einmal in der Woche zur Bibelstunde trefft – und so viele? Stammt ihr aus christlichen Elternhäusern? Schickt euch jemand hierher?"

Die Antworten wirbeln durcheinander: Vor zwei Jahren waren es knapp fünfzig Leute, und angefangen hat das Ganze so: Jiři hatte einen Tramper, einen aus ihrer Clique, mitgenommen. Dieser stellte unterwegs überrascht fest, daß Jiři Pfarrer ist – und fand das total spannend. Als sich Jiři und Pavel, der Tramper, nach guter Fahrt und interessantem Gespräch trennten, versprach Pavel: „Ich besuch' dich mal! Ahoi!" Gesagt – getan. Eines Abends war es soweit: Jiři bekam Besuch von Pavel – und ungefähr fünfzig Freundinnen und Freunden. Die ganze „Szene" aus der Umgebung war angereist, völlig unkirchliche Leute, und wollten von Jiři genau wissen, was es mit Kirche und Glauben auf sich hat. Sie hatten von Pavel gehört, daß Jiři ein ganz vernünftiger Typ sei.

Vor zwei Jahren war so eine Sache allerdings noch ziemlich brisant. Gemäß den staatlichen Vorschriften durfte ein Gemeindepfarrer Jugendarbeit nur für Jugendliche aus dem Einzugsbereich seiner Kirchengemeinde anbieten. Diese Jugendlichen kamen aber zum großen Teil von auswärts, aus Orten bis zu zwanzig Kilometer Entfernung! Die Sache war so gesehen nicht ganz legal. Doch Not macht erfinderisch: Aus Sympathie für diese Initiative nahm der Dekan, der ja für den ganzen Bezirk zuständig ist, an der Bibelstunde der Jugendlichen teil.

Seit der „Novemberrevolution 1989" gibt es solche Einschränkungen nicht mehr. Es gibt viele neue Freiheiten. Was wird daraus werden?

Adelheid Reininghaus

49   Mit den Eltern in Taizé
Aus dem Tagebuch von Sebastian

Stichworte:	Frankreich, „Konzil der Jugend", Interkontinentales Treffen, Taizé, Brüder, Gebet, Schweigegruppe, Gottesdienst, Sprachenprobleme, Brief an die Kinder, Kloster
Zum Text/ Problemfeldbeschreibung:	Das Leben und die Aufgaben der Taizé-Bruderschaft wird aus der Perspektive eines Zwölfjährigen erzählt, der mit seinen Eltern ein paar Tage in dieser Gemeinschaft zubringt. Dabei stehen für ihn das geistliche und gottesdienstliche Leben und das Zusammensein mit Erwachsenen und Kindern aus anderen Ländern im Vordergrund.
Vorlesezeit:	12 Minuten
Vorlesealter:	ab 8 Jahren

7. Tag in Frankreich (Samstag, 9. August 1986)
Wir campieren jetzt mit unseren Zelten im Familienlager von Taizé. Da sind noch andere Kinder. Ich kann mich leider nicht mit ihnen verständigen. Sie sprechen eine andere Sprache.
Seit vielen Jahren kommen junge Leute zu dem Kloster hier zu Besuch. Bis vor kurzem hieß das Treffen *Konzil der Jugend*. Normalerweise treffen sich nur Bischöfe zu einem Konzil. Aber hierher kommen viele junge Leute, und auch ältere, aus ganz Europa und aus vielen anderen reichen und armen Ländern. Deshalb heißt das jetzt *Interkontinentales Treffen*. Die Leute bleiben dann eine Woche hier und reden miteinander. Und gehen miteinander in die Kirche.
Abends. Jetzt schreibe ich im Schlafsack.
Es war sehr merkwürdig. Wir sind vorhin in die Kirche gegangen. Vor der Kirche ist ein Zelt, so ein Zirkuszelt mit blauen und gelben Streifen. Und das gehört zu der Kirche! In der Kirche saßen Leute mit weißen Kutten. Die heißen hier aber nicht Mönche, wie die mit den schwarzen Kutten, sondern *Brüder*. Es waren 83, ich habe sie gezählt! Mutter sagt, sie heißen Brüder, weil sie in einem Kloster leben. Sie sind nicht alle richtige Brüder. Sie kommen in die Kirche morgens, abends und mittags auch. Zum Beten. Zwischendurch arbeiten sie wie andere Menschen.

8. Tag in Frankreich (Sonntag, 10. August 1986)
Gestern konnte ich gar nicht mehr aufschreiben, wie das dann in der Kirche weitergegangen ist. Die hatte hinten, wo der Altar steht, bunte Fenster, aber sonst war die Kirche recht dunkel. Die Brüder saßen in der Mitte und die vielen anderen Menschen drumherum. Es gibt aber keine Bänke in der Kirche, alle sitzen auf dem Teppich, nur ein paar auf einem Hocker. Ich saß ganz nah neben einem von den Brüdern. Und plötzlich kam einer der Brüder auf mich zu, er gab mir die Hand und fragte: „Willst du mit den anderen Kindern bei

mir sitzen?" Er fragte das natürlich auf französisch, so reden sie alle hier. Aber er konnte auch deutsch! Mutter sagte mir, daß der alte Mann der Prior des Klosters ist. Bruder Roger heißt er. Sehr nett. Also saß ich bei den anderen Kindern. Ein Junge war aus Afrika. Und ein anderes Mädchen sah aus wie auf einem Foto, das Vater in Asien machte. Aber ich mochte gar nicht die Bilderbücher, die sie da hatten. Ich habe lieber zugesehen.
Sie haben viel gesungen. Sehr viel. Und dann gab es Kerzen. Jeder hatte eine. In der ganzen Kirche. Zum Schluß hat der alte Mann dann von einem Zettel etwas vorgelesen. Den Zettel hat er in der Kirche liegenlassen. Ich schreibe das ab und bringe ihn wieder zurück. Da steht:

> Gott, du bist immer unter uns,
> du willst nicht Not und Elend,
> sondern unbeschwerte Freude.
> Du leidest mit jedem,
> der auf der Erde leidet.
> Du nimmst jeden auf,
> der dir alle seine Lasten anvertraut,
> so, als würdest du uns überall, an jedem Ort,
> im Haus eines Bruders empfangen.

11. Tag in Frankreich (Mittwoch, 13. August 1986)

Ich bin gar nicht dazu gekommen, von allem zu berichten, so viel war hier los. Die erste Entdeckung war, daß sie hier nicht nur Brüder haben, sondern auch Schwestern. Sie helfen hier überall mit. Weil sie aber nicht diese weißen Kutten tragen, erkennt man sie nicht. Eigentlich ist ihr Kloster ja in Holland, aber sie sind trotzdem hier.
Die Eltern treffen sich mit den anderen Erwachsenen, um miteinander zu reden. Immer muß einer übersetzen, weil sie sich sonst nicht verstehen. Da erzählen sie sich, was sie zu Hause so machen, wo sie arbeiten. Und was sie von Gott halten.
In der Kirche treffen sich alle dreimal am Tag. Sie singen da in einer Sprache, die keiner mehr spricht: Lateinisch ist das, sagte Mutter. Das singen sie zum Beispiel (ich schreibe einfach aus dem Liederbuch ab, das Vater gekauft hat):
Jubilate Deo omnis terra, servite Domino in laetitia.
(Die ganze Erde juble Gott! Dient dem Herrn in Freude!)
Ubi caritas et amor, ibi caritas Deus est.
(Wo Güte und Liebe ist, da ist Gott.)
Veni sancte spiritus.
(Komm heiliger Geist.)
Dann habe ich noch den Jungen aus Afrika wiedergetroffen. Er kommt aus Senegal, soviel habe ich verstanden. Und er spricht französisch. Wir haben uns in einer Zeichensprache unterhalten, die nur wir beide kennen. Wir sind dann hier um das Dorf gewandert. Das Dorf liegt auf einem Hügel. Wir haben

viele Leute gesehen, die allein oder in Gruppen spazierengingen. Sie wollten aber gar nicht mit uns reden. Nur einer aus Österreich hat uns erzählt, daß er in einer Schweigegruppe ist. Da reden sie den ganzen Tag kein Wort und das eine ganze Woche lang! Nur morgens erzählt ihnen ein Bruder aus dem Kloster von der Bibel. Darüber denken sie den ganzen Tag nach. Und nachmittags dürfen sie eine Stunde lang miteinander reden.

Wir sind dann auch noch in die Kirche gegangen. Draußen stand dran: Église de la Reconciliation. Das heißt einfach Versöhnungskirche. Sie brauchen das Zelt vor der Kirche wirklich immer, weil die Leute gar nicht in die Kirche reinpassen. Wir haben in der Kirche auch viele Leute getroffen, obwohl das „Gebet" (so nennen sie den Gottesdienst hier) schon lange vorbei war.

Wir haben auch noch eine kleine alte Kirche im Dorf entdeckt. Dort waren die Brüder früher drin. Das ist schon lange her, es waren erst wenige und so paßten sie noch in die kleine Kirche rein. Damals haben sie Juden geholfen, die vor Hitler und den Deutschen geflohen sind.

Nachmittags waren wir dann auch in der Kirche. Zur Chorprobe. Da sitzen 100 Leute auf den Stufen an der Seite der Kirche, ein paar haben Instrumente. Dann kommt der lustige Spanier und dirigiert. Dabei hüpft er immer. Melanie und ich haben viel gelacht. Und auch ein bißchen gesungen.

15. Tag in Frankreich (Sonntag, 17. August 1986)

Wir haben Taizé schon wieder verlassen und sind jetzt in einer Großstadt: Lyon. Die ist hektisch und laut. Die Leute sind nicht mehr so nett wie in Taizé. Gestern abend gab es noch einmal die vielen Kerzen in der Kirche. Toll!

Mutter erzählte, daß Bruder Roger jedes Jahr mit einigen jungen Leuten nach Indien oder in ein anderes armes Land fährt. Da schreiben sie zusammen mit den armen Leuten, bei denen sie wohnen, einen Brief an die anderen Christen. Sie haben letzten Winter einen *Brief aus Madras* geschrieben. Über diesen Brief haben die Eltern mit den anderen Leuten in Taizé gesprochen. Aber sie haben auch einen Brief an die Kinder geschrieben:

„Brief an die Kinder und alle,
die ihnen zuzuhören verstehen.

Wäre jeder Tag wie eine Weihnacht . . .

Ganz jung könnt ihr bereits Botschafter des Vertrauens sein und Verzeihen aussähen.

Viele von euch kennen andere, um die sich niemand kümmert. Es ist ganz wichtig, daß ihr auf Gleichaltrige zugeht, deren Familie zerbrochen ist.

Wird man größer, beunruhigt einen gelegentlich das eine oder andere, was man bei sich oder anderen entdeckt. Da ist es befreiend, wenn euch jemand zuhört, der euch mit dem Abstand des Alters uneigennützig zu verstehen versucht.

Und zahlreich seid ihr Männer und Frauen auf der Erde, . . . die ihr verstehen könnt, was sich unter dem Herzen eines Kindes, eines Jugendlichen tut.

Wenn ihr ihnen unangefochtenes Vertrauen vermitteln könntet: die Vergangenheit ist in Gottes Herz versenkt, und um unsere Zukunft kümmert er sich jeden Tag.

Würden sich alle, Kinder, Frauen und Männer, auf ein solches Vertrauen einstellen – jeder Tag würde wie eine Weihnacht erstrahlen."

Wolfram Meyer zu Uptrup

Ein Brief aus Taizé 50

Stichworte:	Frankreich, Anglikaner, Protestanten, Katholiken, Baptisten, Methodisten, Orthodoxe, Taizé, Gebete, Gesänge (mehrstimmige), Schweigezeiten, christliche Gemeinschaft, Predigt, Einheit der Kirche, Kommunität, Kirchengebäude, Bibellesung, Ökumene
Zum Text/ Problemfeldbeschreibung:	Martina schreibt ihrer kranken Freundin Sabine einen Brief aus Taizé und beschreibt dabei ihren Aufenthalt in der ökumenischen Kommunität. Beeindruckt ist sie von den vielen Menschen aus verschiedenen Kontinenten und von den Gottesdiensten mit den vielen Liedern und Schweigezeiten.
Vorlesezeit:	6 Minuten
Vorlesealter:	ab 10 Jahren

Sabine und Martina sind Freundinnen. Beide wurden im Frühjahr konfirmiert und von ihrem Pfarrer zu einer Gruppenfahrt nach Taizé eingeladen. Gleich haben sie sich zu dieser Reise angemeldet, denn sie wollen all das, was sie bereits über die großen Jugendtreffen im französischen Taizé gehört haben, selbst miterleben.

Zwei Tage vor der Abfahrt bekommt Sabine jedoch hohes Fieber und alles, was zu einer ordentlichen Grippe dazugehört. Der Arzt verordnet strengste Bettruhe; und so kommt es, daß Sabine zuhause bleibt, während Martina, ohne ihre Freundin, mit einer Gruppe Jugendlicher und ihrem Gemeindepfarrer im Kleinbus Richtung Taizé unterwegs ist.

Nach wenigen Tagen beginnt sie, einen Brief an Sabine zu schreiben:

Liebe Sabine!

Wie geht es Dir? Es ist wirklich zu schade, daß Du kurz vor unserer Abfahrt krank geworden bist, wo wir doch so gespannt waren auf die Tage hier in Taizé. Deshalb will ich Dir nun alles ganz genau schreiben.

Vieles ist tatsächlich genau so, wie wir es von unserem Pfarrer und den anderen, die schon öfters hier waren, gehört haben. In Taizé treffen sich junge Leute, aber auch Erwachsene, aus den verschiedensten Ländern! Viele kommen aus

Frankreich, Deutschland und der Schweiz, aber auch aus England, Spanien und Holland. Sogar Mexikaner, Chilenen und Inder sind da. Alle geben sich größte Mühe mit der Verständigung, es finden sich immer welche, die übersetzen können. Somit erfährt man viel über das Leben der Menschen in fremden und fernen Ländern.

Unterbringung und Verpflegung sind hier wirklich sehr einfach und bescheiden. Kein Wunder, bei so vielen Gästen! Zur Zeit sind ungefähr 600 – 800 Besucher da, an Ostern oder in der Sommerferienzeit sollen es sogar mehrere Tausend sein! Da kann man halt keine Einzelzimmer zur Verfügung stellen.

Das alles sind aber nur die Äußerlichkeiten von Taizé, die weniger wichtig sind. Mittelpunkt des Lebens hier sind die Gebete und Gottesdienste in der großen Kirche – dreimal am Tag! Was hier passiert, läßt sich schwer beschreiben, man muß es selbst miterleben.

Ich will Dir trotzdem von dem ersten Abendgottesdienst erzählen, den wir am Montag, kurz nach unserer Ankunft, mitfeierten.

Ich kam in die Kirche und hatte das Gefühl zu spät zu sein, denn es waren schon viele Leute da. Sie saßen oder knieten auf den kleinen Gebetshöckerchen oder direkt auf dem Fußboden, alle ganz still, z. T. ins Gebet vertieft, nur die Orgel spielte. Schnell suchte ich mir ein freies Plätzchen und ließ mich nieder. Vor Aufregung konnte ich aber nicht sehr andächtig sein. Alles war so neu und vor allem so anders, als in den Gottesdiensten bei uns zuhause, ich wollte alles ganz genau beobachten.

Ich merkte bald, daß ich nicht zu spät gekommen war, denn es kamen immer noch mehr Taizé-Gäste in die Kirche, und auch die Brüder kamen nach und nach durch einen besonderen Eingang in die Mitte der Kirche, wo sie ihre festen Plätze haben, ebenfalls auf kleinen Holzbänkchen. In ihren langen weißen Gewändern, die sie nur zu den Gebetszeiten tragen, sehen sie sehr festlich, trotzdem aber schlicht aus.

Dann schien es richtig loszugehen mit den fast endlosen mehrstimmigen Gesängen, die wir ja z. T. schon kennen. Ich war völlig beeindruckt von dem schönen, vollen Klang und ließ mich von ihm tragen. Manchmal sang ich ein paar Verse mit, dann wieder lauschte ich nur und achtete dadurch mehr auf den Text. Zwischen den Gesängen wurden Gebete und kurze Bibeltexte von den Brüdern vorgelesen, immer in verschiedenen Sprachen, so daß alle sie verstehen konnten. Mittelpunkt des Gottesdienstes war keine Predigt, wie bei uns, sondern eine lange Schweigezeit. Sie dauerte ungefähr 10 Minuten, aber mir kam sie endlos vor, weil ich nicht recht wußte, worüber ich nachdenken sollte. Ich war nur fasziniert von dieser Stille, die genauso voll und stark war, wie die Gesänge. Sie war erfüllt von den Gedanken und Gebeten der Brüder und Gäste, erfüllt von Gemeinschaft. Aber warum hat dort niemand eine Predigt gehalten? Die Verkündigung ist doch in unserer Kirche das wichtigste! Warum nicht auch hier? Diese Frage beschäftigt mich seit dem ersten Gottesdienst. Vielleicht sollte ich einfach einen von den Brüdern fragen. Am Ende der Gebetszeiten stehen immer einige von ihnen an den Seitenwänden der Kirche. Dann kann man auf sie zugehen und mit ihnen reden. Soll ich das mal machen? Ich weiß nicht recht, ob ich mich traue! Vielleicht versteht er meine Frage ja gar nicht, findet sie unnötig oder gar lächerlich . . .?

2 Tage später!

Liebe Sabine!

Stell Dir vor: Heute abend habe ich all meinen Mut zusammengenommen und habe einen der Taizé-Brüder nach dem Abendgebet angesprochen. Es war ein Franzose, der zum Glück recht gut deutsch konnte. Er war sehr freundlich, nahm mich und meine Frage ernst und gab mir eine einleuchtende Antwort! Hier in Taizé bemühen sich Menschen, die ganz unterschiedlichen Kirchen angehören, in christlicher Gemeinschaft miteinander zu leben. Es sind nicht nur Evangelische und Katholiken, sondern auch Anglikaner, Baptisten, Methodisten, Leute aus der russischen Kirche und noch viele andere. Sie sind alle sehr, sehr unterschiedlich! Absolute Gleichheit und Übereinstimmung finden sie nur in der Bibel, den Gebeten, den Gesängen und in der Stille.
Er sagte, eine Predigt würde eher die Unterschiede und auch die Streitpunkte zwischen den einzelnen Kirchen herausstellen, anstatt Gemeinschaft und Einheit zu stiften. Deshalb wird in den Taizé-Gottesdiensten auf Predigten verzichtet.
Mit solch einer Antwort hatte ich gar nicht gerechnet, aber sie erscheint mir logisch.
Vielleicht red' ich mal mit unserem Pfarrer darüber. Ich bin gespannt, was er dazu meint.
Liebe Sabine, ich wünsche Dir gute Besserung und grüße Dich ganz herzlich aus Taizé.
Deine Martina

Maite Rettig

51 Ein Segen auf Lateinisch

Stichworte:	Frankreich, Tod, Segen, Sprache, Trauer, Ökumene, Kirche (eine heilige, allgemeine), Protestanten / Katholiken, Gastfreundschaft
Zum Text/ Problemfeld-beschreibung:	Ein protestantischer Pfarrer besucht seinen katholischen Bekannten Roger in Frankreich. Gerade in diesen Tagen wird Rogers Schwester tot aufgefunden. Zu Hause aufgebahrt, nehmen Freunde und Bekannte Abschied. Da ein Pfarrer nicht so schnell zu finden ist, bittet Roger den deutschen Pfarrer, den Segen über die Tote zu sprechen. Dieser nimmt all seine Lateinkenntnisse zusammen, um der Bitte seines katholischen Freundes, über Nationen und Konfessionen hinweg, zu entsprechen.
Vorlesezeit:	4 Minuten
Vorlesealter:	ab 13 Jahren

Roger, einen jungen französischen Rundfunkjournalisten, haben wir zum erstenmal in einem französischen Familienferienheim im Baskenland getroffen. Dort freundeten wir uns mit ihm an. Als wir im nächsten Jahr nach Frankreich fuhren, besuchten wir ihn in seinem Heimatdorf. Es war eine Reise mit großen Hindernissen. In Nîmes wurde uns das Auto aufgebrochen, so daß wir ohne Geld und Reisepaß festsaßen. Viele freundliche Helfer, auch von der Polizei, machten es möglich, daß wir unsere Reise doch fortsetzen konnten. Aber davon wollte ich eigentlich gar nicht erzählen, sondern daß wir Roger besuchten. Er wohnt mit seinen Eltern in einem kleinen Straßendorf bei Toulouse. Wir wurden sehr herzlich aufgenommen und bei einem befreundeten Ehepaar untergebracht, das uns einige Tage bestens versorgte. Schon bei unserer Ankunft zeigte sich, daß irgend etwas Roger und seiner Familie große Sorgen machte. Als wir ihn danach fragten, ließ er uns wissen, daß seine Schwester, mit der er sich ganz besonders gut verstand, verschwunden sei. Sie habe Schwierigkeiten mit ihrem Mann und sie befürchteten, sie könnte sich vielleicht etwas angetan haben.

Die nächsten Tage waren für die Familie von großer Ungewißheit erfüllt. Wir konnten wenig helfen, und so fuhren wir in die Umgebung zu den wunderbaren Kirchen von Toulouse, dem bizarren Kreuzgang von Moissac und den nahezu uneinnehmbaren Burgen der Katharer.

Als wir am dritten Tag zurückkamen, empfingen unsere Gastgeber uns mit der schrecklichen Nachricht, daß man Rogers Schwester in ihrem Auto tot aufgefunden habe. Wir gingen in das Haus von Rogers Familie, wo die Tote in einem Sarg aufgebahrt lag. Laufend kamen Nachbarn und Verwandte, um der Familie zu kondolieren und einen Blick auf die Tote zu werfen. Die Familie Rogers war untröstlich, und auch wir konnten nur stammelnd unser Beileid aussprechen.

Ein Pfarrer fand sich nicht so schnell, und so bat Roger mich, den Segen über die Tote zu sprechen. Was sollte ich tun? Der Bitte des Freundes konnte ich mich, der ich Pfarrer bin, nicht entziehen. Aber wie sollte ich ihn sprechen, den Segen? Mein Französisch reicht dafür nicht aus. Und auch die lateinische Segensformel konnte ich nur halbwegs und deutsch wollte ich den Segen nicht sprechen. So nahm ich all meine Lateinkenntnisse zusammen und sprach in Anwesenheit der Familie und der Besucher den Segen über die Verstorbene. Ich spürte, daß uns da etwas miteinander verband, uns, die Protestanten aus der Bundesrepublik, und sie, die Katholiken aus dem französischen Dorf. Daß wir nämlich miteinander zur einen, heiligen, allgemeinen Kirche gehören und von der segnenden Gnade des einen Herrn Christus leben.

Jörg Thierfelder

Die Kirche war wirklich schwer zu finden 52

Stichworte:	Frankreich, Protestantismus, Hugenotten, Reformierte Kirche, Calvin, Protestanten / Katholiken, Kirchengemeinderat, Kirchensteuer, Spenden, Kirchenopfer, Diakonie, Bibelschule, Katechismusunterricht, Konfirmandenunterricht, Jugendarbeit, Glaubensbekenntnis, Jesus, Gottesdienst, Kirchengebäude, Abendmahl, Eucharistie, Gemeinschaft, Gastfreundschaft, Diaspora, Minderheit, Laien (in der Kirche), kirchliche Unterweisung, Sozialarbeit, Glaubensbekenntnis
Zum Text/ Problemfeldbeschreibung:	Ein Besucher aus der Bundesrepublik Deutschland erlebt die protestantische Kirche in Frankreich. Durch den Besuch einer Kirchengemeinderatssitzung, eines Katechismusunterrichts und eines sonntäglichen Gottesdienstes gewinnt er einen Einblick in diese Minderheitenkirche mit ihrem lebendigen Laienelement.
Vorlesezeit:	8 Minuten
Vorlesealter:	ab 14 Jahren

„Besucht uns doch einmal!" rief uns Michel, ein junger französischer Pfarrer zu, als wir uns von ihm verabschiedeten. Wir hatten ihn bei einem Ferienaufenthalt am Mittelmeer kennengelernt. Seine Frau fiel uns auf, weil sie sonntags immer ein eigenartig geformtes goldenes Kreuz um den Hals trug, an dem eine kleine Taube befestigt war. Auf unsere Nachfrage sagte sie uns, daß man an diesem Hugenottenkreuz die französischen Protestanten erkennen könnte. Wir freuten uns über die Einladung, dachten aber, weil andere Franzosen Ähnliches gesagt hatten: „Das wird schon nicht so ernst gemeint sein."
Doch dann bekamen wir zu Weihnachten einen Brief von Michel, in dem er seine Einladung noch einmal wiederholte. Wir beschlossen, ihn zu besuchen. Schon lange interessierte uns, wie die Protestanten in Frankreich, wo sie doch nur eine kleine Minderheit bilden, eigentlich lebten.

Es war gar nicht so einfach, Michel zu finden. Die große und berühmte katholische Kathedrale ja, die war nicht zu übersehen. Sie überragte die ganze Stadt. Aber wo war die evangelische Kirche?

Wir wußten nur noch den Namen der Straße. Doch von einer Kirche mit einem Kirchturm war nichts zu sehen. Aber dann fiel unser Blick auf ein eher unscheinbares Haus, über dessen Tür mit weißen Lettern eingemeißelt stand: Église Reformée (= reformierte Kirche). Neben der Kirche stand das Pfarrhaus. Michel und seine Frau empfingen uns begeistert. „Eine größere Kirche zu bauen, dazu fehlte unseren Vorfahren im letzten Jahrhundert das Geld. Wir brauchen auch keine größere Kirche. Wir sind nur eine kleine Gemeinde. Nur knapp 400 Familien gehören dazu", erklärte uns Michel. Und er fuhr fort: „Meine Gemeindemitglieder wohnen im Umkreis von 30 km. Es gehören neben einheimischen Familien auch Menschen, die aus Deutschland, Afrika, ja Haiti stammen, dazu. Sonntags muß ich an verschiedenen Orten Gottesdienst halten. Wir leben hier in der Diaspora. Das dürft ihr nicht vergessen. Der überwiegende Teil der Franzosen ist katholisch. Früher waren die Beziehungen zu den Katholiken ganz schlecht. Heute verstehen wir uns besser. Die Katholiken haben ähnliche Probleme wie wir. Auch bei ihnen gehen nicht mehr so viele Gemeindemitglieder in die Kirche. Heute machen wir manche Dinge mit den Katholiken zusammen, z. B. einen ökumenischen Bibelabend."

In den nächsten Tagen lernten wir die Gemeinde von Michel immer besser kennen. An einem Abend gingen wir mit ihm zur Kirchengemeinderatssitzung. Dazu gehörten außer Michel noch 20 Mitglieder. Der Vorsitzende ist ein Laie. In dieser Gemeinde spielen die Laien eine viel größere Rolle als in vielen deutschen Gemeinden. Sie haben alle ein wichtiges Amt in der Gemeinde übernommen. Viele von ihnen predigen regelmäßig sonntags, da es der reformierten Kirche an Pfarrern fehlt. „Uns geht es gut", meinte ein älterer Herr, der schon über 40 Jahre lang die Finanzen der Gemeinde verwaltet. „Viele Gemeinden müssen längere Zeit ohne Pfarrer auskommen."

Die Sitzung, an der wir teilnahmen, war für uns besonders interessant. Der Kirchengemeinderat unterhielt sich über die Einnahmen und die Ausgaben der Kirchengemeinde im folgenden Jahr.

Schnell merkten wir, daß es da große Unterschiede zu den deutschen Gemeinden gibt. In Frankreich kennt man keine Kirchensteuer. Die Gemeinde lebt von den freiwilligen Gaben ihrer Glieder. In Michels Gemeinde sieht das so aus: Die Hälfte der Einnahmen sind Spenden, die andere Hälfte setzt sich vor allem aus dem sonntäglichen Kirchenopfer, das unter anderem an zwei Sonntagen des Jahres gesammelt wird, zusammen. Die Gemeinde muß sehr sparen. Die Gehälter der hauptamtlichen Mitarbeiter sind, verglichen mit der Bundesrepublik, sehr niedrig. Am Ende des Abends diskutierte der Kirchengemeinderat über einen Bericht der Kirchengemeinde und ihre Tätigkeit. Wir waren überrascht, wie aktiv die Gemeinde ist. Neben Gottesdienst und kirchlicher Unterweisung spielt vor allem die soziale Arbeit eine große Rolle. Man küm-

mert sich um die Gefangenen. Man hilft Einwanderern, die sich mit den französischen Verhältnissen nicht auskennen.

Am nächsten Tag wollten wir von Michel wissen, was in seiner Gemeinde für
Kinder und Jugendliche getan würde. Er erzählte uns, daß es in Frankreich
keinen Religionsunterricht an den normalen staatlichen Schulen gibt und daß
darum die Kirchengemeinde selbst die Aufgabe hat, Kinder und Jugendliche
im Glauben zu unterweisen. Für Kinder existiert die Bibelschule, zu der sie
sich zweimal im Monat treffen. Hier steht vor allem die biblische Erzählung
im Mittelpunkt.

„Kommt doch mit, ich hole die Kinder ab, denn das größte Problem ist das
Transportproblem." Wir steigen in den klapprigen R 5, den Dienstwagen von
Michel. Wir fahren zu Familien in modernen Vorstadtwohngebieten, aber wir
klingeln auch an Türen heruntergekommener Sozialwohnungen, in denen meist
die Emigranten wohnen. Auch an diesem Morgen machen wir einmal einen
Weg von 15 km umsonst, denn dort erfahren wir, daß der kleine Pierre krank
ist und nicht kommen kann. Auch das gehört zu Michels Alltag. Es ist erstaunlich, wie viele Kinder in dem kleinen Auto Platz finden. Uns scheint, daß das
Einsammeln der Kinder länger dauert als die Bibelschule selbst. Dann fahren
wir zur Kirche. Dort erwarten uns bereits die restlichen Kinder aus der Stadt,
die keinen so weiten Weg haben. Michel ist froh, wenn die Eltern ihre Kinder
anschließend selbst abholen können.

Am Sonntag ist eine Art Kindergottesdienst. Während der Pfarrer in der Kirche
predigt, kommen die Kinder in einem Nebenraum der Kirche zusammen.

Für die Jugendlichen von 13–17 Jahren gibt es den Katechismusunterricht.
Wegen der weiten Entfernungen wurde er in Michels Gemeinde so organisiert,
daß sich die Jugendlichen einmal im Monat zu einem Wochenende in einem
Gemeindehaus treffen. Für viele Jugendliche ist dieses Wochenende ein richtiges
Gemeinschaftserlebnis. Während unseres Besuchs trafen sich Jugendliche aus
protestantischen Familien, die aber auch regelmäßig ihre katholischen Freunde
oder solche, die einer anderen Religion angehören, mitbringen. Bei unserem
Aufenthalt waren es 25 Jugendliche; mehr hätten in dem kleinen neuerbauten
Gemeindehaus auch kaum Platz gefunden.

In der ersten Hälfte des Wochenendes sprach man, wie bei uns im Konfirmandenunterricht, über das Glaubensbekenntnis, und zwar über den 2. Artikel.
Einige Jugendliche besprachen dabei einen Bibeltext, andere verglichen Jesus
mit anderen berühmten Persönlichkeiten der Weltgeschichte. In der zweiten
Hälfte diskutierte man über Probleme, die sich die Jugendlichen selbst heraus-
gesucht hatten, einmal über die Straffälligkeit in Frankreich und zum anderen
über den Konflikt in Nordirland, der damals ganz besonders aktuell war. Die
Jugendlichen führten dabei ein Rollenspiel auf. Die eine Hälfte spielte die
Protestanten, die andere die Katholiken in Nordirland. Wir waren überrascht,
wie politisch interessiert die jungen Leute waren. Am Schluß des Katechismus-
unterrichts steht für manche die Konfirmation.

Am Ende unseres Aufenthalts in Michels Gemeinde besuchen wir den Gottesdienst am Sonntagmorgen. Nun konnten wir die Kirche auch von innen sehen. Der schlichte Kirchenraum enthält nur einfache Holzbänke, eine Orgel, eine Kanzel und einen Abendmahlstisch. Das entspricht den Vorschlägen von Johannes Calvin, auf den die Gründung der reformierten Kirche im 16. Jahrhundert zurückgeht. Michel hielt den Gottesdienst nicht im Talar, sondern im Anzug. Man merkte ihm an, daß er einen guten Kontakt zu seiner Gemeinde hat und ihre Probleme kennt. Nach der Predigt feierten wir das Abendmahl, und zwar so, daß wir in einem großen Kreis um den Abendmahlstisch standen. Wir fühlten uns ganz in die Gemeinschaft dieser französischen Gemeinde hineingenommen. Nach dem Gottesdienst konnten wir gar nicht so schnell weggehen. Wir mußten zunächst viele begrüßen, die wir im Lauf der Woche kennengelernt hatten. „So ist das immer hier", sagten uns Gemeindmitglieder, „wir gehen nicht gleich heim nach dem Gottesdienst. Wir stehen noch zusammen und tauschen uns aus."

Wir sind gar nicht gerne weggefahren. Das lag sicher auch an der großen Gastfreundschaft, die wir im Hause Michels erfahren hatten. Aber wir waren auch berührt von der Lebendigkeit dieser kleinen, armen Gemeinde in Frankreich, die auf ihre Weise versucht, Nachfolge Jesu in ihrer Umgebung zu leben.

Jörg Thierfelder / Claudia Wurst

53 „Meine Schuld war die Wahrheit"

Stichworte:	Rumänien, Reformierte Kirche, Minderheit, Terror, Verfolgung, Widerstand, Geheimdienst, Menschenrechte, Unterdrückung, Versöhnung, Pfarrer
Zum Text/ Problemfeldbeschreibung:	Der reformierte Pfarrer László Tökés schildert seine Verfolgung durch den rumänischen Geheimdienst und seinen Widerstand gegen das terroristische Regime.
Vorlesezeit:	3 Minuten
Vorlesealter:	ab 12 Jahren

„Meine einzige Schuld war", – so sagt László Tökés, reformierter Pfarrer der ungarischen Minderheit in Temesvár – „daß ich die Wahrheit sagte. Es war die Wahrheit, daß die ungarische Minderheit in Rumänien unterdrückt wurde, daß ihre Dörfer zerstört wurden.

Und, daß das rumänische Volk wie eine einzige Schar von Galeerenhäftlingen lebte: bei Wasser und Brot. Es mußte alles unternommen werden, um dieses Regime zu stürzen.

Meine Frau wurde terrorisiert. Auch ich hatte Angst: Jeden Tag kamen neue Morddrohungen. Aber ich hörte nicht auf, gegen Ceausescu zu kämpfen. Ich sagte: Wenn mich die Securitate töten will, kann sie mich töten. Ich verlasse meine Kirche nur als freier Mensch.

Am 2. November 1989, abends um 19.30 Uhr, drangen vier maskierte Männer in mein Haus ein. Leute von der Securitate. Sie fingen an, wie verrückt auf mich einzuschlagen. Ich fiel auf den Boden, sie fielen über mich her und bearbeiteten mich mit Fußtritten. Sie schlugen mich mit allem, was ihnen in die Hände kam. Aber auch ich tat so. Zum Glück waren gerade Freunde bei mir. Sie halfen mir, die Eindringlinge abzuwehren. Ich weiß nicht wie, aber irgendwie konnte ich ihnen entkommen. Während zwei der Terroristen mit meinen Gästen beschäftigt waren, stand einer Schmiere vor dem Haus. Der vierte griff mich immer wieder an, aber es gelang mir, mit einem Stuhl das Messer, das er gezückt hatte, aus seiner Hand zu schlagen. Sie haben sicherlich nicht damit gerechnet, daß sie auf einen so starken Widerstand stoßen und daß es auch andere Leute im Haus gibt. Nur aus diesem Grund scheiterte der Versuch, mich umzubringen. Der Grund, weshalb sie mich verfolgten, war auch eine Eingabe, die ich Ende Oktober 1989 an die UNO gesandt hatte. Ich schrieb unter anderem: Meine Situation ist ausweglos. Seit Jahren werde ich verfolgt, angezeigt und bestraft. Mein Fall ist symptomatisch für den ganzen staatlichen und kirchlichen Unterdrückungsapparat. Was mit mir geschieht, geschieht mit allen Bürgern des Landes, vor allem mit den Minderheiten und den Christen . . .

Am 19. November bekam ich erneut Besuch von der Securitate. Sie drohten mir: Du kannst wählen, sagten sie, was Du lieber haben möchtest. Entweder Du schweigst, oder Du wanderst für fünfzehn Jahre hinter Gitter. Weil Du im Solde ausländischer Mächte stehst. Es ist besser für Dich, wenn Du aufgibst. Außerdem ist Deine Frau schwanger. Es wäre für Dich günstiger, wenn Du weniger Wind machen würdest.

Ich konnte den Schergen Ceausescus entkommen. Nun heißt es, dieses Land aufzubauen. Im Zeichen der Versöhnung und Liebe. Und die Grenzen dürfen uns nicht mehr trennen, sondern sie müssen uns verbinden . . ."

László Tökés

54   Ein Erlebnis in Rumänien

Stichworte:	Rumänien, Ostern, Osterliturgie, Verkündigung, Mission, Orthodoxie, Ostergruß, teilen
Zum Text/ Problemfeld- beschreibung:	Eine alte, ärmlich gekleidete Frau kommt an Ostern mit Weidenkätzchen und Tannengrün in ein Zugabteil, um die Osterliturgie der orthodoxen Kirche zu singen.
Vorlesezeit:	2 Minuten
Vorlesealter:	ab 12 Jahren

Osterdienstag 1980. Der unbeheizte Personenzug, der die Pendler zur Arbeit und wieder nach Hause bringt, rattert durch die siebenbürgische Landschaft. Mit diesem späten Morgenzug fahren nur wenig Leute. An jeder kleinen Halte- stelle steigen einige Leute ein und aus und stapfen den morastigen Weg zum Dorf entlang.

Da öffnet sich zwischen zwei Haltestellen die Tür des Abteils, in dessen Fenster- ecke ich friere. Eine ärmliche Frau, an die sechzig Jahre alt, steht da. Sie ist nicht schön. In der Hand hält sie Weidenkätzchen und Tannengrün. Will sie betteln? Will sie verkaufen? Doch nein: Sie beginnt zu singen.

> Christus ist von den Toten erstanden,
> den Tod hat er durch den Tod vernichtet.
> Und denen aus den Gräbern schenkt er Leben.

Ein kleines brüchiges Stimmchen singt hier im Zug die Osterliturgie ihrer Kirche. Und während sie ihre Botschaft verkündet, bricht sie einen Zweig von ihrem Tannengrün und wirft ihn, noch singend, in einem hohen leisen Bogen ins Abteil. Das hat sie von den liturgischen Gesten ihrer orthodoxen Priester gut abgesehen. Dann geht sie aus dem Abteil, um ihren Botengang fortzusetzen.

Sie hat nicht gebettelt, sie hat ausgeteilt. Etwas von ihrem Glauben hat sie mit anderen geteilt, ihnen mitgeteilt.

P. Z.

Die Gastfreundschaft Abrahams 55

Stichworte:	Griechenland, orthodoxe Akademie, Feiertag der Verklärung, kirchliches Fest, Gottesdienst, Ikonenwand, Festikone, Prozession, Brot (geweihtes), Gastfreundschaft, Versöhnung, Begegnung, Tischgemeinschaft, 1. Mose 18, Hebr 13,2
Zum Text/ Problemfeldbeschreibung:	Eine deutsche Gruppe erlebt in einem abgelegenen Gebirgsort auf Kreta, der im Zweiten Weltkrieg unter der deutschen Besatzung gelitten hatte, den Feiertag der Verklärung. Sie lernt die sprichwörtliche griechische Gastfreundschaft kennen und erlebt, daß Gemeinschaft von Christen auch angesichts bitterer Erfahrung möglich ist.
Vorlesezeit:	5 Minuten
Vorlesealter:	ab 14 Jahren

In der orthodoxen Akademie Gonia im Westen der großen Insel hielten wir mit 25 Gemeindegliedern ein Sommerseminar über die orthodoxe Kirche und ihre Theologie. Dazu gehörte, daß wir uns am Feiertag der „Verklärung" aufmachten, um in einem der abgelegenen Gebirgsdörfer dieses Fest nach alter Tradition mitzuerleben, d. h. mitzufeiern.

Wir kamen zum zweiten Teil des Gottesdienstes, zum Abendmahlsteil, gerade recht. Obwohl das Dorfkirchlein überfüllt war, ließ man uns bereitwillig bis zur Ikonenwand vor, damit auch unsere Augen an dem Gottesdienst teilnehmen konnten. Bei dem Umzug mit der Festikone um das Kirchlein nahm man uns in die Prozession auf, am Schluß des Gottesdienstes reichte der Priester jedem aus unserer Gruppe ein Stück des geweihten Brotes, des „Antidoron", das man den Gläubigen als gesegnete Speise mit auf den Weg gibt — zur Stärkung für die Gottesdienstbesucher und für die daheimgebliebenen Alten und Kranken.

Nach dem Gottesdienst standen wir mit den Dorfbewohnern zusammen und kamen ins Gespräch über „das Fest und die Welt". Plötzlich fiel dem Priester ein: „Wo bleiben die 25 Deutschen heute mittag?"

„In der Taverne eures Dorfes", versicherte ich.

„Nein", antwortete der Priester, „hier gibt es keine Taverne, und wenn . . . ihr kommt aus dem fernen Deutschland, habt mit uns Gottesdienst gefeiert, wir haben mit euch das geweihte Brot geteilt, und nun solltet ihr irgendwo in der Taverne essen? Ausgeschlossen, ihr seid unsere Gäste!"

Unauffällig wurden wir in kleine Gruppen aufgeteilt. Die Familie, der wir zugesprochen wurden, ließ schon auf dem Weg durchblicken: „Viel haben wir nicht, aber was wir haben, das ist für euch."

Dann mußten wir im einzigen Raum des Dorfhäuschens Platz nehmen, eine Süßigkeit und ein Anisschnaps wurden uns als Zeichen der Gastfreundschaft angeboten. Dann bewegte man Betten hin und her und Kissen, Nachbarn brachten Teller und Bestecke.

Nach einer Stunde stand das „Wenige" auf dem Tisch: mindestens 40 Teller mit Gemüse, Oliven, Joghurt, Gurken, Tomaten, Ziegenkäse und Fleisch, dazu reichlich Brot und Wein. Wir genossen das „Wenige", das Gespräch wurde herzlicher und offener. „Eigentlich", so brach es schließlich aus unseren Gastgebern heraus, „eigentlich waren wir entsetzt, als wir hörten, 25 Deutsche wollten uns besuchen. Wißt ihr, was wir im Krieg gelitten haben, wie viele Männer, Großväter und Enkel wir verloren? Es war zwar Krieg, aber mußte euer Volk so grausam sein . . . jetzt seid ihr hier, bemüht euch, unsere Sprache zu sprechen, ihr habt mit uns im Gottesdienst gebetet, ihr seid auch Christen — da können wir eigentlich nur sagen: laßt uns Freunde sein, laßt uns bitten, daß Frieden und Eintracht für immer bleiben möge zwischen unseren Völkern."

Beim Nachdenken darüber gerate ich an eine Ikone, an das Bild der „Gastfreundschaft Abrahams." Dieses Bild ist in jeder östlichen Kirche zu finden und häufig auch in der häuslichen Bilderecke. So hat es sich dem Bewußtsein orthodoxer Christen tief eingeprägt.

Vater Abraham (links) und Frau Sarah (rechts) üben in klassischer Weise Gastfreundschaft an den drei fremden, rätselhaften Wüstenwanderern. Der Gastgeber trägt das Beste auf, was er besitzt: Brot, zartes Fleisch, Getränke. Die fremden Besucher sollen sich bei ihm wohl- und angenehm fühlen und zugleich seine Freude darüber spüren, daß sie bei ihm eingekehrt sind.

Im letzten sind nicht wir es — auch nicht Abraham und Sarah! —, die Gastfreundschaft üben, sondern Gott selbst ist es, der uns zu Tisch lädt und uns an seinen Gaben Anteil gibt. Wir schenken nur etwas von dem weiter, was wir selbst empfangen haben. Die Begegnung mit Fremden, mit Menschen einer anderen Kultur, vermag uns neu die Augen dafür zu öffnen, wie wir alle von der Vielfalt und Freundschaft Gottes leben.

Ein orthodoxer Christ bemerkt zu unserem Bild: Er betrachte mit besonderer Innigkeit das Bild der Gastfreundschaft Abrahams, die Ikone der heiligen Dreieinigkeit, damit dessen Anblick „die Schrecken der haßerfüllten Zwietracht dieser Welt besiege".

Burkhard Meyer

Alle mögen teilhaben an dem Fest des Glaubens 56

Stichworte:	Griechenland, Orthodoxie, Ostern, Karfreitag, roter (grüner) Donnerstag, Fasten, Osterlamm, Auferstehung Jesu, Licht, Osternacht, Gottesdienst, Brauchtum, Friedhof, Trauer, Freude, Fest, Feier, Priester (orth.), Passion, Lesung im Gottesdienst, Osterfreude, Ostergruß, Osterruf, Trauerzug
Zum Text/ Problemfeldbeschreibung:	Die Geschichte läßt teilhaben an den letzten Tagen der „Großen Woche" (Karwoche) in Griechenland: dem „roten Donnerstag" mit der Auswahl der Osterlämmer und dem Gedenken an den Kreuzestod am Abend, dem Karfreitag mit allen Formen des Totengedenkens bis in den Samstag hinein. Schließlich folgt als Wende und Höhepunkt die Feier der Osternacht mit ihrer ansteckenden Auferstehungsfreude.
Vorlesezeit:	15 Minuten
Vorlesealter:	ab 13 Jahren

Bald ist Ostern. Hier in Deutschland. Aber auch in Griechenland, wo ich zu Hause bin. Überall in der ganzen Welt ist Ostern.

Bei uns in Griechenland ist Ostern in diesem Jahr wieder eine Woche später als in Deutschland; das hängt damit zusammen, daß unsere Berechnung des Ostertermins nach dem Julianischen Kalender erfolgt.

Meiner Überzeugung nach ist Ostern das größte und das schönste Fest. Jedenfalls für uns Griechen ist das so. Für Deutschland bin ich mir da nicht ganz sicher. Die Menschen feiern ihre Feste ja sehr verschieden; und manchmal, so habe ich den Eindruck, können sie überhaupt nicht mehr so richtig feiern. Noch nicht einmal Ostern. Das ist traurig, zumal Ostern das „Fest aller Feste" ist, wie wir orthodoxen Christen sagen.

Ich glaube, hier in Deutschland tut man sich mit dem Feiern besonders schwer; vor allem bei den Festen unseres Glaubens. Vielleicht kommt das daher, daß die Deutschen alles immer viel zu sehr mit dem Kopf machen. Ich meine, daß sie viel zu sehr mit ihren Gedanken beschäftigt sind, auch beim Feiern; und wenn ihnen nichts einfällt, dann wird es auch mit dem Feiern nichts. Das Feste-Feiern ist aber nichts, was in der Hauptsache die Gedanken angeht.

Bei uns Griechen, da ist das jedenfalls so, daß wir Ostern nicht nur mit dem Kopf feiern; ich meine, mit unseren Gedanken allein. Wir feiern mit unserem ganzen Körper. Mit den Augen und den Ohren, mit dem Mund und dem Magen. Wir feiern mit den Armen und den Füßen; auch mit unserem Herzen, mit ganzer Seele. Ich glaube, das ist, weil wir orthodoxe Christen sind. Bei uns war das nie anders.

Vielleicht interessiert es, wenn ich erzähle, wie Ostern bei uns in meiner Heimat gefeiert wird. Denn: so richtig Ostern feiern können wir eigentlich nur in unserer Heimat. Da, wo unsere Verwandten und Freunde leben. Da, wo unsere Kirchen sind. Da, wo alles mitfeiert: Die Berge, die Kanonen, die Lichter und die Tiere. Ich will also erzählen, wie das bei uns zu Hause ist.

Ich muß vorher aber noch etwas sagen, was wichtig ist. Für alles Feiern, nicht nur für Ostern. Aber ich glaube, für „Ostern" ist das ganz besonders wichtig. Es hört sich ganz selbstverständlich an. Aber, wie bei allen „selbstverständlichen" Dingen: Man tut's nicht. Man muß es aber tun, gerade zu Ostern.

Ich glaube, man kann nur dann richtig froh sein, wenn man vorher nicht froh gewesen ist, wenn man niedergeschlagen oder betrübt war. Vielleicht ist auch das der Grund – und nicht die Sache mit dem Kopf –, weshalb wir Griechen uns zu Ostern so rundherum, so mit allem, was wir sind, freuen können; weil wir orthodoxen Christen in der Zeit vorher nämlich wirklich voll Traurigkeit sind und es einem richtig an die Nieren geht; vor allem in den letzten Tagen vor Ostern. Darum muß ich auch mit dem Erzählen in der Woche vor Ostern beginnen; allerdings nicht schon am Palmsonntag, sondern am Donnerstag, denn sonst würde der Bericht wirklich zu lang werden.

Ich denke also an die Woche vor Ostern in meinem Dorf, oben in den Bergen, wo ich zu Hause bin.

Wenn man's nicht wüßte, dann würden's auch schon die Kinder spätestens am Donnerstag vor Ostern merken, daß es soweit ist, daß Ostern kommt. Denn dann treiben die Hirten ihre Schafe hoch oben von den Bergen in die Dörfer, auch zu uns auf den Markt, um die Osterlämmer zum Kauf anzubieten. Ein Jahr alt dürfen sie nur sein, männlich und ohne jeden körperlichen Fehler. Das geht auf Vorschriften in der Bibel zurück. Die Osterlämmer, die dann später, am Fest, von uns über offenem Feuer gebraten werden, haben auf dem Rücken ein rotes Kreuz aufgezeichnet; nur dann sind es richtige Osterlämmer. Es gibt kein Haus, es gibt keine Familie in Griechenland, die Ostern kein Lamm zum Essen hätte. Auch die Ärmsten haben es. Am Gründonnerstag also, da werden die Osterlämmer gekauft. Doch da fällt mir ein: der Gründonnerstag, wie er in Deutschland genannt wird, der heißt bei uns „roter Donnerstag". Das kommt daher, daß man in den Familien an diesem Tag mit dem Färben der Eier beginnt und die Ostereier, die sind bei uns in Griechenland rot; nur rot, nichts sonst.

Warum die Eier rot sind, das weiß ich nicht so genau. Ich glaube, keiner weiß das. Meine Mutter hat mir früher einmal erzählt, daß vor langer, langer Zeit eine alte Bäuerin nicht glauben wollte, daß Christus von den Toten auferstanden wäre. Sie kam gerade aus dem Hühnerstall und hatte ein paar frische Eier in der Hand, als man ihr die frohe Botschaft verkündete. Die Bäuerin soll nur gelacht und gesagt haben: „Wenn die Eier, die ich in der Hand habe, rot werden, dann will ich glauben, daß Christus auferstanden ist von den Toten, sonst nicht!" Und dann wären die Eier tatsächlich rot geworden, sagte meine Mutter; die Bäuerin habe geglaubt, und von diesem Zeitpunkt an hätte man die Eier zu Ostern dann immer rot gefärbt. Mein Vater hatte eine andere Erklärung. Er meinte, die Eier wären rot, weil „rot" so eine leuchtende Farbe ist und damit die Freude über die Auferstehung Christi zum Ausdruck gebracht werden sollte. Auch diese Erklärung finde ich nicht ausreichend. Gewiß ist

„rot" leuchtend-schön. Aber auch Blut ist rot, nicht wahr? Und ich glaube, die Farbe der Ostereier hängt damit zusammen, daß Christus am Kreuz sein Blut vergossen hat für uns, als er starb. Und das soll man eben auch zu Ostern nicht vergessen. Das ist meine Meinung. Jeder kann das aber halten, wie er will. Mit der Anzahl der Ostereier ist es ebenso. Bei uns gibt es für jeden, der zur Familie gehört, eins für die Osternacht. Aber auch im Osterkuchen sind noch welche; in der Regel drei. Die Osterkuchen werden übrigens auch am „roten Donnerstag" gebacken. Manche haben die Form eines Kreuzes; die meisten aber sind rund geflochten, wie eine Dornenkrone. Auch der Osterkuchen soll Hinweis sein darauf, daß Christus am Freitag vor Ostern unsere Erlösung geschaffen hat. Solche Hinweise haben wir alle nötig; allzuleicht geschieht nämlich, daß man über den äußeren, schönen Dingen eines Festes vergißt, weshalb dieses Fest gefeiert wird. Und dann ist auf einmal auch das Fest selber nicht mehr da; mit dem Feiern ist es dann auch aus. Aber mit dem „Feiern" fängt Ostern ja nicht an; auch nicht mit den äußeren Vorbereitungen dazu, sondern vielmehr mit einer großen Traurigkeit. Es ist so, wie wenn sich dunkle Wolken über das Herz legen. Alles wird bedrückender, düsterer in der Woche vor Ostern. Die Menschen sind zwar noch geschäftig, aber doch viel stiller als sonst. Jedenfalls bei uns in unserem Dorf. Man merkt: Da braut sich etwas zusammen. Und wir wissen auch, was sich da zusammenbraute: Christus wird verraten, verspottet, gefoltert und gekreuzigt. Der Tod des Gottessohnes wirft einen dunklen Schatten über die Große Woche. Ich erinnere mich ganz deutlich: das machte sich auch bei uns Kindern früher bemerkbar. Selbst das Essen will nicht mehr richtig schmecken; aber davon gibt es sowieso nicht mehr allzu viel vom „roten Donnerstag" an bis Ostern.

Wir sind viel in der Kirche in den Tagen vor Ostern, abends auf jeden Fall. Aber auch tagsüber gehen viele hin. Die Kirche ist ja das Haus Gottes. Wenn jemand krank ist oder stirbt, dann macht man einen Besuch. Wenn der Sohn Gottes leidet, so meinen wir, dann soll man die Wohnung Gottes aufsuchen. Am Donnerstagabend werden in der Kirche die wunderbar-strahlenden, goldglänzenden Leuchter und die schönen, goldumrahmten Bilder mit dunklen Tüchern umhängt. Die Gesänge klingen jetzt viel langsamer und getragener. Und wenn die große Geschichte vom Leiden und Sterben des Gottessohnes verlesen wird, dann läßt das keinen gleichgültig. Es drückt einem fast das Herz ab, daß man da so ohnmächtig ist und nicht helfen kann; man kann nur beten und vielleicht ein paar Blumen unter das riesige Kreuz legen, das in der Kirche aufgestellt ist; oder den sterbenden Gottessohn am Kreuz küssen. Für uns ist das alles sehr wirklich in der Kirche. Wir denken uns das nicht aus. Wir sehen das, was geschieht. Und wir erleben das mit unserem Herzen. Und manchmal denken wir dann auch an unsere Schuld; denn wegen unserer Schuld hat ja Christus den Tod erleiden müssen. Manch einer schämt sich da schon sehr, und manches, was man getan hat, tut einem leid.

Am Freitag wird Christus vom Kreuz genommen. In der Kirche steht dann das Epitaphion, ein Tisch, der die Bahre darstellen soll, auf der Christus liegt. So, wie die Toten in unseren Häusern auch aufgebahrt werden, bis man sie auf den Friedhof bringt. Christus wird aufgebahrt. Ein Bild auf dem Tisch macht das deutlich. Der Tisch ist über und über mit roten und weißen Blüten geschmückt. Von den vier Ecken her erheben sich zwei Bögen, die in der Mitte mit einer Krone zusammengefaßt sind; mit einer Krone, die oben drauf ein kleines Kreuz hat. Es ist ja nicht irgendeiner, der hier aufgebahrt ist. Es ist der Sohn Gottes, der Herr aller Herren, der König aller Könige. Deshalb trägt man die Bahre in einem großen, feierlichen Trauerzug durch die Straßen und wer nur eben kann, geht mit, eine brennende, braun-gelbe Kerze in der Hand. Leise werden Trauerlieder gesungen und Gebete gesprochen. Meist geht auch eine Musikkapelle mit, die Trauermärsche spielt, langsam und nicht zu laut. Alle sind tief ergriffen und viele weinen, weil der Sohn Gottes gestorben ist. Nach der Prozession wird die Bahre wieder in die Kirche gebracht. Soldaten halten bei ihr Wache, weil Pilatus ja auch Soldaten zur Wache vor das Grab gestellt hat. Bei uns zu Hause hatten wir keine Soldaten. Da haben Pfadfinder und andere Schüler Wache gehalten, die ganzen Stunden lang; das Gewehr, das wir in der Hand hielten, war nach unten gerichtet. Ohne Pause kamen die Leute aus unserem Dorf, um still zu werden vor dem Grab Christi und um zu beten. Denn am Karfreitag wird bei uns zu Hause nicht gearbeitet. Die Gräber auf den Friedhöfen, die werden allerdings schön weiß gekalkt, weil „weiß" die Farbe der Auferstehung ist und Ostern unmittelbar bevorsteht. Gegessen wird auch in den meisten Familien nichts mehr am Samstag vor Ostern.

Am Samstagabend sind dann alle in der Kirche. Schulter an Schulter stehen wir im düsteren Dämmerlicht, bei traurig-monoton klingenden Gesängen. Wir warten, daß das große Ereignis geschieht. Kurz vor Mitternacht erlischt dann in unserer Kirche die Beleuchtung. Nur noch ein einziges Lichtlein brennt, das nie ausgeht; es ist das „Ewige Licht". Jeder ist jetzt von großer Erwartung erfüllt. Und dann geschieht es! Der Priester erscheint. An seiner Kleidung kann man schon sehen, daß jetzt das „Fest der Feste" beginnt. Gold, Edelsteine und Perlen schmücken das Priestergewand und auf dem Kopf trägt er eine schöne Krone. Aber wichtiger noch ist die weiße Kerze, die er in der Hand hat. Am ewigen Licht hat der Priester seine weiße Osterkerze entzündet und reicht nun das Licht weiter an die, die ihm am nächsten stehen. Dabei sagt er: „Kommt her und empfanget Licht vom ewigen Licht und preiset Christus, denn er ist von den Toten auferstanden!" Damit ist nun der Bann gebrochen. Jeder gibt seinem Nachbarn für seine Kerze das Licht weiter und im Nu erstrahlt die Kirche im wunderbaren Glanz, denn auch die goldenen Kronleuchter haben all ihre Kerzen wieder entzündet. Das Licht hat die Finsternis besiegt. Das Leben ist stärker als der Tod.

„Christus ist auferstanden" ruft der Priester in die Menge der Gläubigen hinein.

Und alle antworten glücklich, befreit und voller Jubel: „Er ist wahrhaftig auferstanden!" Immer wieder geht dieser Ruf hin und her und alle sind voller Freude. Die Nachbarn und Freunde, die Verwandten zuerst, sie geben sich jetzt den Osterkuß, den „Kuß der Liebe", wie wir ihn nennen. Jeder holt dann sein rotes Osterei aus der Tasche; man klopft die hartgekochten Eier aneinander und ist gespannt, welches Ei am längsten hält und die meisten anderen Eier kicken kann. In uns allen ist eine unbeschreibliche Freude, die aus der Kirche hinaus will, auf die Straßen, in das ganze Dorf. Deshalb gehen wir mit dem Priester vor die Kirchentür, die große Osterfreude im Herzen, und rufen es allen Menschen zu, ja der ganzen Schöpfung; allen Blumen und Bäumen, den Tieren und den Steinen; den Sternen am Himmel und dem Wasser im Brunnen: „Christus ist auferstanden!" Und immer wieder geben wir uns die Bestätigung: „Er ist wahrhaftig auferstanden!" Auch die Glocken sind jetzt wieder da und stimmen in unseren Jubel ein. Und selbst die alte Kanone, die am Berghang unseres Dorfes steht, böllert los. Hier und da werden Leuchtraketen entzündet. Aus vielen Lichtergarben strahlt es auf wie hier in Deutschland in der Sylvesternacht. Vor allem die Jungen haben ihre helle Freude daran. Die kleineren Kinder schwenken ihre bunten Lampions. Die Finsternis und der Tod sind ja nun endgültig besiegt; denn „Christus ist auferstanden von den Toten!" Deshalb feiern wir Ostern.

Und so gehen wir freudig erregt in der Osternacht von der Kirche aus wieder nach Hause; mit der ganzen Familie, mit allen Nachbarn und Freunden. Jeder hat seine Osterkerze in der Hand und ruft denen, die ihm begegnen, den Ostergruß zu: „Christus ist auferstanden!" Und wieder erhält er zur Antwort: „Ja, er ist wahrhaftig auferstanden!" Dieser Gruß gilt das ganze Osterfest über. Eigentlich gilt er ja immer und überall, zu jeder Zeit und an jedem Ort. Aber zu Ostern, da weiß man das ganz besonders und man tut dann, was man weiß. Man scheint glatt vergessen zu haben, daß man sonst „Guten Morgen!" oder „Guten Tag!" sagt.

Zu Hause angekommen, wird der Osterkuchen hervorgeholt. Über offenem Feuer, am Spieß, wird dann auch das Osterlamm gebraten, und jeder bekommt etwas davon ab. Denn das Fasten hat ein Ende. Man trinkt Wein zum Osterlamm und zum Brot. Es wird gesungen und getanzt. Alles ist fröhlich.

In einer Predigt unseres Kirchenvaters Johannes Chrysostomos (345–407), die in der Osternacht immer wieder vorgelesen wird, heißt es: „Alle, ihr alle, tretet ein in die Freude unseres Herrn: die Ersten wie die Letzten, die Reichen wie die Armen! Jubelt alle: die Enthaltsamen und die Faulen; die da gefastet und die, die nicht gefastet haben. Freuet euch alle! Die Tafel ist reich gedeckt. Alle dürft ihr euch daran ergötzen! Das Kalb ist gemästet. Niemand möge hungernd davon gehen; alle mögen teilhaben an dem Fest des Glaubens. Niemand darf wegen Not weinen, weil das gekommen ist, was alle reich macht. Niemand möge seine Sünden beweinen, da die Allvergebung aus dem Grabe erstrahlte. Niemand möge den Tod fürchten, da uns des Erlösers

Tod befreit hat. Christus ist auferstanden, und die Hölle ist besiegt. Christus ist auferstanden, und die Dämonen fielen auf ihr Angesicht, um seine Übermacht anzuerkennen. Christus ist auferstanden, und die Engel freuen sich. Christus ist auferstanden, und kein Toter ist mehr in den Gräbern gefangen. Lasset uns jubeln, denn ewig ist die Freude. Lasset uns unsere Empfindungen reinigen. Lasset uns im unbeschreiblichen Osterlicht den strahlenden Christus erblicken. Freuet euch alle! Lasset uns den neuen Wein trinken, die Quelle der Unsterblichkeit. Lasset uns fröhlich einander umarmen und sagen: ‚Bruder!' Vergeben wir denen, die uns hassen, wer es auch sein mag, der Auferstehung des Christus wegen..."

Jeder freut sich, auch zu Ostern, auf seine Weise. Die Völker, auch die einzelnen Menschen, sind da sehr verschieden.

Nicht jeder freut sich so, wie wir in meiner Heimat es tun, mit dem ganzen Körper: Mit den Augen und den Ohren, mit dem Mund und dem Magen, mit Armen und Füßen, mit unserm Herzen auch; mit allem, was wir sind und haben. Aber ein bißchen mehr als nur mit dem Kopf allein und in seinen Gedanken sollte man sich doch freuen zu Ostern, an dem „Fest aller Feste". Ich glaube, wir alle dürfen das nicht vergessen, daß zur Traurigkeit kein Grund mehr besteht. Die Wolken, die sich um das Herz gelegt hatten, sind ja verflogen. Christus, der Gottessohn, den man ans Kreuz geschlagen und getötet hatte, ist ja nicht im Grab geblieben. Christus ist auferstanden. Der Tod hat ihn nicht kleingekriegt. Und weil wir in der Kirche mit ihm in Gemeinschaft leben, sind auch wir nicht kleinzukriegen; auch nicht durch den Tod. Dafür wird Christus schon sorgen. Ist das kein Grund, um sich zu freuen?

„Ostern" ist eben das „Fest der Feste". Dagegen kann nichts und niemand etwas machen. Nur: Richtig vorbereiten darauf und es dann auch richtig fröhlich feiern, das sollte man schon tun. So, wie bei uns in Griechenland. Oder aber anders. Nur eben so, daß ein wirkliches Fest dabei herauskommt.

Manolis Kalatsopoulos/Wilfried Kroll

Gute Zeit 57

Stichworte:	Griechenland, Zeit, Orthodoxie, Kloster, Mönchtum, Kontemplation, Liturgie, Stundengebet, Licht, Priester, Diakon, Berg Athos, Öllampe, Silvester, Responsorium, Gesänge
Zum Text/ Problemfeldbeschreibung:	Im Abstand von fünf Jahren besucht der Autor einen Gottesdienst im Kloster auf dem Berg Athos und beobachtet dabei den gleichen Mönch bei der gleichen liturgischen Verrichtung. Er erfährt hier zeitlose, erfüllte Zeit.
Vorlesezeit:	4 Minuten
Vorlesealter:	ab 15 Jahren

Es war Silvester, ich hielt mich bei den Mönchen des Klosters Dionysiu auf, das nach Art der tibetanischen Bergklöster auf einen Felsen gebaut ist; der Felsen steht hoch überm Meer. Ich betrat die nächtliche Klosterkirche, die klein war, goldglitzernd, holzgeschnitzt, von den Gesängen der Mönche durch die Jahrhunderte selber zum Tönen gebracht, eine Bratsche. Aus dem Singen und Beten und Schreiten und Knien der Mönche in jener Fest-Nacht löste sich mir ein Moment, machte sich selbständig, schwebte ab, kam später zurück, setzte sich fest in meinem Gedächtnis; warum gerade er, blieb dunkel. Wir kennen den Vorgang, aber wir kennen die Gründe nicht, warum aus einer ununterbrochenen Folge von Eindrücken sich einige lösen und haften; wir müssen sie machen lassen.

In solchen Fest-Nächten ziehen die Dienste sich viele Stunden lang hin. Der Priester singt, der Chor der Mönche antwortet, Hymnen blühen, auch Laien sprechen. Lichter werden entzündet und wieder gelöscht, es geht Stunden um Stunden. Manchmal scheint die Liturgie klein zu brennen, dann wieder flammt sie.

So kam es, daß ein junger Mönch, ein Diakon, mit einer Bart-Krause, wie sie die jungen Männer auch hier wieder tragen, dort aber von jeher, dazu lange Haare, die überm Nacken in einem Knoten enden, sich der Stelle näherte, wo ich im Dämmer stand, und Öl-Lampen anzündete, wie es sein Dienst war. Er neigte dabei sein Gesicht, um den wollenen Docht schräg von unten zu prüfen, nichts Besonderes, kaum eine Gebärde zu nennen; ich sah in sein unausgeschlafenes, dennoch bemühtes Gesicht, ohne daß mir der Vorgang, der nebensächlich genug war, spürbaren Eindruck gemacht hätte, warum auch. Als ich aber nach vier oder fünf Jahren wieder auf dem Berg Athos zu Gast war und wieder nach Dionysiu kam, dieses Mal an einem Tage im Spätherbst, und wieder an der nächtlichen Hore teilhatte, kam derselbe Diakon wieder und, als wären nicht Tage und Jahre vergangen, zündete er dieselbe Öl-Lampe an, hatte wieder den dienstlich bemühten, unausgeschlafenen, prüfenden Schrägblick zur langsam aufbrennenden Lampe. Auf einmal sah ich die vielen Tage und Nächte, die vergangen waren und die kommen würden in seinem Leben, in denen sich nichts, nichts begab. Aneinander gefädelt die Tage; Zeit, die große Fälscherin, fast gelöscht, fast entmachtet. Zeit aufgelöst wie Honig in Wasser. Erfüllte Zeit, weil sie keinerlei Füllsel hat, keinerlei Neuigkeiten. Zeit wie eine Wunde, auf die Salbe getan wird.

Ich begriff, welcher Abgrund besteht zwischen unserem erfolgreichen Leben, das vollgestopft ist mit Taten, Untaten, Fortschritt und ewigem Rückfall, und dem alten untergehenden Osten, der die zu voll gekritzelte Tafel zu löschen suchte, um sie frei zu machen für etwas, das Weisheit zu nennen schon zu tüchtig, zu stolz klänge.

Erhart Kästner

58   Angelo aus Sardinien

Stichworte:	Italien, Kinderarbeit, Engel (= Angelo), Meßdiener, Küster, Sonntag, Kirchgang, Lebensfreude, Mk 10, 13–16
Zum Text/ Problemfeld- beschreibung:	Der 13jährige Angelo bedient in einer Strandkneipe stets fröhlich die Touristen. Zu seiner anstrengenden Arbeit gehört auch der freiwillige Dienst als Küster und Ministrant. Das Vorbild Angelos (= Engel) veranlaßt den Feriengast Robert, an diesem Sonntag selbst zum Gottesdienst zu gehen.
Vorlesezeit:	5 Minuten
Vorlesealter:	ab 12 Jahren

Noch war es dunkel und still draußen, als der junge Mann aus dem Zelt kroch, sich die Haare aus der Stirn strich und, die Arme emporbiegend, sich müde stehend streckte, um den trägen Nachtschlaf aus den Gliedern zu vertreiben. Der junge Mann hörte das Klatschen der Wellen am Strand des sardischen Nestes Budoni, mitten in dieser zauberhaft-schönen archaischen Landschaft der wilden Insel. Kenner der Insel hatten vom Sonnenaufgang über dem Meer geschwärmt. Dem ganz Frühen nur würde sich der Zauber solcher Stunde erschließen.

Kein Mensch war jetzt am Strand zu sehen. Auf den Zelten hing der perlende Tau, den die aufgehende Sonne in Silber verwandeln würde. Rechts am Strand stand die kleine sardische Kneipe im Familienbetrieb, um den sich die Zelte vor dem Meer geschart hatten: deutsche, italienische und einige holländische und auch das Zelt des englischen Ehepaars mit den beiden Kindern, die tagsüber nicht aus dem Wasser zu bekommen waren. Der Kneipenwirt machte hier in den wenigen Sommermonaten das Geschäft des Jahres und konnte sich dann, wie der junge Mann es aus Angelo herausgefragt hatte, mit seiner Familie in die kleine Casa, das Haus in den Bergen um Nuoro, zurückziehen.

Überhaupt: Dieser Angelo war das Herz der Familie des Kneipenwirts. Eben dreizehn Jahre alt, immer ein fröhlich-ansteckendes Lachen auf den Lippen, die die glänzend-weiße Perlenkette der Zähne freigaben. Angelo heißt Engel, wußte der junge Mann. Und dieser Angelo war unermüdlich für die zeltenden Menschen und die durstigen Kehlen um die Kneipe und an der Theke tätig. Er rannte und flitzte, um Speisen und Getränke zum Strand und an die Zelte zu bringen und keinen der Gäste in der Kneipe zu übersehen. Den ganzen Tag sah man Angelo laufen und springen. Und nie verlor sich sein ansteckendes Lachen. Gestern abend hatte der junge Mann, der auf den Aufgang der Sonne über dem Wasser vor Budoni wartete, nachdem die Schalter und Rolladen der Kneipe geschlossen worden waren, Angelo, den kleinen Engel, unter dem Vordach der Kneipe auf einem Packen aus Zeitungen und Wellpappe erschöpft liegen und schlafen sehen. Angelos Mund stand offen. Die schwarzen Haare lagen über Stirn und dem Kindergesicht. Er schlief in den Sachen, die er abends beim Bedienen anhatte. Den nicht mehr neuen Trainingspullover hatte er zum Hals hin geschlossen. Ein wenig war der Pullover verrutscht, gab den braungebrannten Streifen des Bauches frei, während Angelo nahezu andächtig gefaltet die Hände in die Hose geschoben hatte. So schlief er tief und erschöpft nach arbeitsreichem Tag dem Morgen entgegen, im Schlaf unter dem Vordach gleichsam noch die Kneipe bewachend. Der junge Mann hatte gerührt dem Erschöpfungsschlaf des Angelo-Engels zugeschaut und war dann ins Zelt gekrochen. – Nun saß er ausgeschlafen am Strand von Budoni und wartete das Aufsteigen der Sonne ab. – Da hörte er noch vor dem Erscheinen des Glutballs gedämpfte Geräusche von der Kneipe her und sah, wie Angelo, müde und unausgeschlafen, die Rolläden hochzog, um kurz danach, am jungen Mann vorbeikommend, eiligen Schrittes dem Trampelpfad nach Budoni zuzulaufen.

„Wohin so früh, Angelo?" winkte der junge Mann und sah, daß gleich das fröhliche Lachen wieder Besitz von Angelos müdem Gesicht ergriff und die Züge des Kindergesichtes verklärte.

„Ich hab wirklich keine Zeit, Signore, bin schon spät dran. Ich bin Küster und Meßjunge drüben in unserer Kirche in Budoni. Ich muß noch Staub wischen, sauber machen und den Priester erwarten."

Angelo lachte und wollte den Pfad entlang weiterlaufen. Dann aber, als gereue es ihn, den Signor aus dem Norden nicht genügend gegrüßt zu haben, sah er sich um und rief fröhlich mit dem singenden Tonfall junger Sarden: „Ich bin in einer Stunde zurück zur Bedienung. Wenn Sie etwas wünschen, Signore, stehe ich gerne zur Verfügung. Ciao, tschau! Ich muß laufen und komme gleich wieder, Signore Robert!"

Dann rannte er den Trampelpfad entlang der Messe in der Kirche zu, während der junge Mann soeben den ersten Glutstreifen der Sonne über den Horizont klettern sah und den Fotoapparat schußbereit machte. Lieber Gott im Himmel, dachte der junge Mann aus dem Norden Europas, der zu Gast auf der archaischen Insel Sardinien weilte: Sie benutzen die Kinder zur Arbeit, nutzen sie bis zur Erschöpfung aus. Und dieser Angelo lacht darüber wie ein unschuldsvoller Engel, ist abends restlos fertig, schläft auf Papier und Wellpappe und eilt noch freiwillig vor Aufgang der Sonne, um seinen Dienst in der kleinen Kirche und am Altar zu verrichten! Dieser Angelo ist wirklich so etwas wie ein Engel, dachte der junge Mann innerlich gerührt. Daß es das wirklich gibt! Ich habe diesen Jungen Angelo in all den vierzehn Tagen nicht einmal mürrisch und unwillig gesehen. Er hat mich daran erinnert, daß heute ja Sonntag ist. Man lebt in einem sardischen Urlaub ja geradezu in den Tag hinein, ohne nach Alltag und Sonntag zu fragen.

Als die Sonne in wenigen Minuten über dem Meer aufstand und mit goldenem Glanz im Meer badete, begab sich der junge Mann zurück zum Zelt, um sich sonntäglich anzukleiden und Angelo auf den Spuren des Trampelpfades zum Frühgottesdienst zu folgen, was er gar nicht vorgehabt hatte. Und irgendwann fiel dem jungen Mann, der über Kinderarbeit und Ausbeutung auf dem Weg nach Budoni nachdachte, ein, daß Jesus gesagt hatte: Lasset die Kinder zu mir kommen...

Helmut Ludwig

59   Don Pietro schließt die Kirchentür

Stichworte:	Italien, Alte, Armut, Hartherzigkeit, Predigt, Gemeinde, Umkehr
Zum Text/ Problemfeldbeschreibung:	In einer kleinen italienischen Gemeinde statuiert der Pfarrer ein Exempel: Weil zwei alte Mitbürger keine Bleibe finden, vernagelt er die Kirchentüren. Eine Gemeinde, die ihre Alten auf der Straße läßt, braucht keinen Gottesdienst. Das führt zum Umdenken, Mt 25,35.
Vorlesezeit:	5 Minuten
Vorlesealter:	ab 10 Jahren

Don Pietro erfuhr von den Sorgen der beiden alten Mercators. Der Mann war krank und bettlägerig. Seine Frau pflegte ihn nach besten Kräften. Aber der Hauswirt hatte ihnen gekündigt. Signor Botta kannte da keine Rücksicht. Er sagte, daß sein Sohn heiraten wolle und das Zimmerchen, in dem die beiden alten Leute hausten, benötige. Sie sollten sehen, wie und wo sie anderweitig unterkämen. Kein Mensch im ganzen Ort wollte die alten Leute aufnehmen. Man wußte, daß der Mann krank war und daß sie nicht viel Miete zahlen konnten. Überall, wo Frau Mercator vorgesprochen hatte und ihre Notlage schilderte, hatte man sie abgewiesen. Don Pietro war der Pfarrer des Ortes. Und er wußte um die Hartherzigkeit mancher Familien, die den alten, kranken Signor Mercator lieber auf der Gasse sterben lassen würden, als ihn aufzunehmen und Herberge zu bieten.

Gewiß, die alten Leute hatten nicht viel Miete bei Signor Botta bezahlt, aber sie waren ehrlich und zahlten das Wenige stets pünktlich und willig. Jeder kann einmal alt und krank werden. Don Pietro wußte auch, daß es umsonst war, bei Signor Botta um Kündigungsaufschub zu bitten.

Also beschloß der Pfarrer, ein Exempel zu statuieren und seiner Gemeinde eindringlich ins Gewissen zu reden. Er predigte am kommenden Sonntag: „... denn ich war hungrig, und ihr habt mir nicht zu essen gegeben. Ich war durstig, und ihr habt mich nicht getränkt. Ich war fremd, und ihr habt mich nicht beherbergt ..." Die Predigt war gut und wurde gehört und verstanden. Aber keiner kümmerte sich um die beiden alten Leute in ihrer Notlage. Vielleicht würde der alte Mercator sterben? Und wer hatte gern Aufregung im Haus?

Der Pfarrer nahm die beiden alten Leute in einer kleinen Kammer auf, die ihm als Übernachtungszimmer diente, und schlief auf dem Boden. Er hoffte, daß diese vorübergehende Aufnahme den Anstoß zur endgültigen Unterbringung in der Gemeinde geben würde, denn im kleinen Pfarrhaus des Dorfes war wirklich kein Platz für zwei zusätzliche Dauerbewohner.

Als nach drei Wochen immer noch keine Lösung gefunden war, erklärte Don Pietro, daß er morgen die Glocken eine halbe Stunde lang als Aufruf und Mahnung gegen Hartherzigkeit läuten werde. Die Glocken drangen bis in die entfernteste Hütte. Aber es fand sich kein Echo. Die beiden alten Mercators fanden auch keinen Gastgeber, der sie aufnehmen wollte.

Da nagelte Don Pietro eines Abends die Kirchentür mit zwei Brettern zu und erklärte den Herumstehenden, daß eine Gemeinde, die ihre Alten auf der Straße lasse, keinen Gottesdienst mehr brauche.

Diese Handlung wurde in Windeseile bekannt. Aber es geschah nichts, was Hilfe brachte. Zwei Wochen blieb die Kirchentür vernagelt.

Dann endlich fiel das erlösende Wort. Der Gastwirt erklärte sich zur Aufnahme der beiden alten Mercators bereit, wenn sich jemand finde, der ihm hülfe, den Dachboden ordentlich auszubauen. Zwei vernünftige Zimmer könnte man so einrichten. Bis es soweit wäre, wollte er die beiden Alten in seinem Fremdenzimmer kostenfrei unterbringen.

Ein Beispiel zog Kreise. Enrico kam als erster und bot seine Maurerkenntnisse an; kostenlos, wie er sagte. Und dann kam eine merkwürdige Bewegung in die kleine italienische Gemeinde, die so hartherzig und verstockt gewesen war. Jeder wollte mithelfen, wiedergutzumachen, was bisher versäumt worden war. Auf dem Dachboden der Gaststätte begann ein fröhliches Arbeiten.

Don Pietro aber ging mit Hammer und Eisen an die Kirchentür und löste die quergenagelten Bretter.

Am kommenden Sonntag war die Kirche gefüllt. Don Pietro predigte über das Licht, das in die Dunkelheit der Welt eingedrungen war und einen neuen Schein verbreitete.

Helmut Ludwig

60   Besuch in einer Waldensergemeinde in Sizilien

Stichworte:	Italien, Synode, Waldenser, Waldensergemeinde, Diaspora, Sozialarbeit, katholische Kirche, soziale Mißstände, illegale Einwanderer, Armut, Pfarrerin, Reich Gottes, Remigranten, soziales Engagement, Abendmahl
Zum Text/ Problemfeld- beschreibung:	Wir sind zwei Tage bei Laura Leone, einer Waldenserpfarrerin in West- sizilien, zu Gast. Sie erzählt uns über die sozialen Mißstände auf der Insel im Süden Europas und die schwierigen Bedingungen ihrer Arbeit. Als wir zusammen mit Laura durch die Stadt gehen, um Hausbesuche zu machen, werden wir mit Armut, Anonymität, aber auch sozialem Engagement konfrontiert.
Vorlesezeit:	7 Minuten
Vorlesealter:	ab 13 Jahren

„Ich suche nach einem großen T-Shirt mit einer Palme und einem Affen aufge-druckt", entschuldigt sich Laura für ihre Unordnung, wie sie uns die Tür öffnet. „Das ziehe ich dann zur diesjährigen Synode der Waldenser in Torre Pellice an, damit die im Norden überhaupt einmal eine Vorstellung davon bekommen, wo ich lebe und arbeite. Ich bin hier nämlich in Afrika."
Laura Leone ist Pfarrerin in den kleinen evangelischen Gemeinden Marsala und Trapani, am Westrand von Sizilien, einer Gegend, die in Lebensstil und Kultur sehr viel stärker nordafrikanisch als süditalienisch geprägt ist.
Zwei Tage sind wir bei Laura zu Gast, um die Gemeinden und ihre Arbeit kennenzulernen.

Wir sitzen mit Laura in ihrer Wohnung zusammen. Dabei erzählt sie: „Wenn ich hier von Waldensergemeinde spreche, sind das wahrscheinlich andere Zah-lenverhältnisse als bei euch in deutschen Kirchengemeinden. Als evangelische Minderheitenkirche sind es in Trapani immerhin 70 Gemeindemitglieder und hier in Marsala 25. Und dennoch sind die Gemeindemitglieder in der evangeli-schen Kirche sehr engagiert, besonders in der Sozialarbeit. Sie wollen Verände-rungen. Ihr müßt euch vorstellen, daß es hier massive soziale Probleme gibt. Der Drogenhandel blüht, und die Zahl der Drogenabhängigen nimmt immer mehr zu. In der Klasse meiner Tochter, und Vera ist erst 15 Jahre, gibt es schon zwei Todesfälle.
Dazu kommt eine große Zahl illegaler Einwanderer aus Nordafrika, vor allem aus Tunesien und von der Insel Mauritius. Diese Menschen kommen nach Marsala und Trapani, verdienen sich ihr Geld durch Gelegenheits- und Saison-arbeit, wie z. B. Erntehilfen, sparen sich etwas an und verschwinden dann wieder, um einige Zeit später wiederum da zu sein. Für die Behörden existieren sie offiziell nicht. Sie hausen oft außerhalb der Stadt unter katastrophalen hygienischen Bedingungen. Aber ihre Arbeitskraft wird gebraucht."

Aufgestachelt durch die Medien, interessiert uns natürlich die Frage nach der Mafia.

„Die Mafia findet bei solchen Auswüchsen ideale Bedingungen. Gerade neben unserem Haus wurde neulich ein Tabakladenbesitzer auf offener Straße erschossen, weil er irgendwelche Zahlungen nicht eingehalten hat. Ihr seht, die Mafia ist Alltagsgeschehen.

Manchmal denke ich, die Arbeit hier ist ein Faß ohne Boden. Wo soll ich beginnen?

Dann sind Kleidersammlungen für die Einwanderer zwar ein Tropfen auf dem heißen Stein, aber ein Anfang ist gemacht."

„Wie reagiert denn die katholische Kirche auf die sozialen Mißstände?" unterbrechen wir Laura in ihren Ausführungen.

Resignierend gibt sie uns zur Antwort: „Ich hatte schon öfter versucht, die katholische Kirche darauf aufmerksam zu machen. Aber die feiert lieber ihre Prozessionen und Heiligenfeste."

Am nächsten Tag gehen wir mit Laura durch Marsalas Altstadt. Neben modernen kleineren Geschäftshäusern stehen alte verfallene, allerdings noch bewohnte Villen. Es ist, als ob sich hier keiner zuständig fühlt. Alles bleibt, wie es war. Sizilianische Mentalität?

Laura lacht: „Darüber könnte ich Romane erzählen."

Wir gehen mit Laura an einem baufällig gewordenen Viertel entlang, das abgesperrt ist. An einer Bauzaunlücke steigen wir über Gerümpel. Am Ende der schmalen Gasse wohnt der kleine Mustafa, ein Sohn einer illegal eingewanderten Familie aus Nordafrika. Die Mutter hält sich versteckt hinter der Tür.

„Ich bin es, Laura. Bitte richten Sie ihrem Sohn aus, falls er heute nachmittag Zeit hat und nicht zu arbeiten braucht, daß heute die Kindergruppe der Leseanfänger stattfindet."

„Wie soll ich irgendwelche Hilfe und Unterstützung von Behörden bekommen, wenn diese Menschen offiziell gar nicht existieren und Kinderarbeit nach wie vor große Unterstützung findet", sagt sie uns zugewandt.

Auch innerhalb der Waldensergemeinde gibt es Menschen, die am Rand ihres Existenzminimums leben. Laura führt uns zu einem alten Haus, in eine Art Garage. Diese ist als Wohnstube eingerichtet, wohl das vornehmste Zimmer im ganzen Haus.

„Dieser Hausbesuch ist nur möglich, weil der Mann arbeitet und ich eine Frau bin. Manchmal werde ich nur als Gesprächspartnerin gebraucht."

Langsam füllt sich der Raum mit Kindern, der Mutter und Großeltern. Die Großmutter ist schon jahrelang krank. Es fehlt einfach das Geld für die notwendigen Medikamente und einen Kuraufenthalt.

Die Armut ist an der Kleidung der Anwesenden und an der Ausstattung des Zimmers abzulesen. Zur Freude der Kinder hat Laura für jedes von ihnen ein Schulheft mitgebracht.

Wie wir wieder auf der Straße stehen, wird gerade ein Rolladen an einem Lebensmittelgeschäft heruntergelassen.

„Dort, in diesem verfallenen Haus", Laura zeigt in die Richtung, „wohnt der Ehemann, der nicht am Abendmahl teilgenommen hat, weil seine Frau mit mir zusammen das Brot austeilte.

Gott sei Dank erlebe ich jetzt immer öfter, daß ich als Frau auch Vorteile genieße. Ein männlicher Kollege könnte tagsüber nie Hausbesuche machen, wenn die Ehemänner bei der Arbeit sind, das verbietet die Moral.

Ich muß noch bei Ornella vorbeischauen. Sie hat zusammen mit anderen Frauen eine kleine Kooperative gegründet. Sie weben nach traditionellen Mustern Decken, Tischläufer und Taschen. Für die Materialbeschaffung und den Vertrieb sind sie selbst verantwortlich."

Ornella mischt sich selbst in das Gespräch: „Das mit der Verantwortung stimmt zwar. Doch so einfach war das nicht. Wir Frauen sind dabei immer wieder auf die gleichen Probleme gestoßen: Die Männer. Als Ehemänner sehen sie es nicht gerne, wenn eine Frau arbeitet oder sich selbständig macht. Als einige Frauen es versuchten, gab es Ehekonflikte. Eine Frau hat schließlich zu Hause zu bleiben. Und die Händler hatten bisweilen schon versucht, uns in Geschäftsangelegenheiten damals völlig unerfahrenen Frauen reinzulegen."

Im Herausgehen erfahren wir, daß Ornella sehr viel für die Gemeinde tut.

„Für Ornella, die alleinstehend ist, ist die Gemeinde wie ein Zuhause. Hier lebt sie auf. Sie erledigt die Formalitäten für unsere Rückkehrer. Viele der Arbeitsemigranten kommen nach 20 Jahren zurück. Die Beziehungen auf Sizilien wurden fast völlig abgebrochen und die Beziehungen zu den Ländern, aus denen sie zurückkehren, bestehen nur zu Arbeitsämtern und Rentenversicherungsanstalten. So versucht Ornella bei der Eingliederung in die Gemeinde und beim Schriftverkehr zu helfen."

Die Hitze ist schier unerträglich geworden. Wir machen uns zu einem schattigen Platz auf.

„Ich denke, daß man über das kommende Reich Gottes viel diskutieren kann. Besser ist es allerdings, den Menschen zu zeigen, daß sie ein Recht auf bessere Lebensqualität haben und, daß das durch Engagement umgesetzt werden kann. Ich bin froh darüber, daß das hier einige Leute begriffen haben. Es entwickelt sich langsam ein Netz sozialer Aktivitäten und man beginnt, trotz Mentalität, über Mißtrauen und Anonymität hinaus, sich gegenseitig zu helfen."

Beim Rundgang durch die Altstadt Marsalas kommen wir noch durch viele kleine Gassen und erfahren von einigen Schicksalen. Der Straßenverkehr ist unbeschreiblich. Vor einem heruntergelassenen Rolladen bleibt Laura stehen, schließt auf und sagt: „Das ist unsere Kirche."

Wir sind in einem kleinen fensterlosen Raum, höchstens 35 qm groß. Darin stehen einige Reihen Stühle, vorne ein Lesepult. Hier also trifft sich die Gemeinde zum Gottesdienst, hier finden Gesprächskreise statt, Alphabetisierungskurse und Kindergruppen. Trotz einer kleinen Gemeinde ist das soziale Engagement groß. Ein wenig erschöpft kommentiert Laura unsere Verwunderung über die finanziellen Nöte der Waldenserkirche hier im Süden Europas. „Ich bin hier, um zu lernen, hinzuhören, die Lebensumstände zu begreifen und dann gemeinsam nach Veränderungsmöglichkeiten zu suchen."

Evangelische Schülerarbeit Baden

Mehmet — ein Christ in Istanbul 61

Stichworte:	Türkei, Gastarbeiter, Terrorismus, Opfer, Nächstenliebe, Nachfolge, Intoleranz, Christ in muslimischer Umgebung, Ausweglosigkeit, Barmherzigkeit
Zum Text/ Problemfeld- beschreibung:	Mit seinem in Deutschland verdienten Geld eröffnet Mehmet in Istanbul ein Lokal, das er zusammen mit seiner deutschen Frau betreibt. Mehmet ist in Deutschland Christ geworden. Als ihm Terroristen eine Bombe ins Lokal werfen, opfert sich Mehmet, um Gäste und Passanten vor Schaden zu bewahren.
Vorlesezeit:	4 Minuten
Vorlesealter:	ab 13 Jahren

Mehmet stand hinter der Theke seines kleinen Restaurants und wartete auf Gäste. In einer Stunde würde kaum ein Platz frei sein. Jetzt war das Lokal noch leer, und Mehmet hatte Zeit zum Nachdenken. Er dachte nach über Vergangenheit und Zukunft. Und er war zufrieden mit sich und der Welt.
Drei Jahre Gastarbeiterzeit. Er hatte gut verdient, hatte gute Menschen kennengelernt. Andere auch, aber in der Mehrzahl gute. Besonders seine Frau! Zwei Jahre waren sie verlobt, Mehmet und Marita aus D. Sie war eine fromme Frau. Mehmet war ihr zuliebe Christ geworden. Er hatte es nicht bereut. Er bildete sich sogar ein, seitdem bewußter zu leben.
Als sie genügend zusammengespart hatten, wurde die Hochzeit gefeiert. Ein Jahr später war Marita ihm nach Istanbul gefolgt. Sie hatten das kleine Lokal gepachtet in der Nähe der Hagia Sophia, der berühmten Christenkirche und Moschee, die gleich rechts um die Ecke stand und viele Gäste anzog, die anschließend Mehmets Gäste im Lokal waren.
Nach links ging man zum Topkapi-Sultanspalast mit den Schätzen des Orients, zum Serail, zum großen Areal des Sultanspalastes.
Auch von dort kamen viele Gäste zu Mehmet, weil es im Restaurant des Palastes nicht gerade billig war, wenn man speisen wollte.
Abends, wenn in Mehmets Lokal Hochbetrieb war, kam Mahmud, sein Bruder, zur Aushilfe. Marita schaffte die Küche in den Stoßzeiten nicht allein. Mehmets

Schwester half stundenweise mit. So ernährte der Betrieb Mehmet und Marita und einen Teil seiner Familie.

Mehmet ging nach draußen, stieg die paar Stufen zur Mauer empor und blickte hinüber zum goldenen Horn. Noch stand die Sonne darüber. Wenn sie in zwei Stunden sich zum Untergang neigte, war das Goldene Horn, die Halbinsel der großen Stadt, in das strahlende Feuer ihres Gegenlichtes getaucht. Dann machte das Goldene Horn seinem Namen alle Ehre, stand gülden glänzend über dem Spiegel des Bosporus.

Mehmet liebte die Stadt seiner Jugend: Istanbul, die ewig junge Stadt mit ihrer reichen Vergangenheit. Byzanz, Konstantinopel, Istanbul, das waren Metamorphosen jener immer geschäftigen, immer junggebliebenen Stadt. Und weil er die Stadt liebte, machte er sich große Sorgen um den zunehmenden Terror rechter und linker Gruppen, die immer neue Erschütterung über die Stadt brachten. Auch ihm hatten sie gedroht, als er den „Schutzzoll" für das Lokal verweigert hatte. Die „Grauen Wölfe", deren Gesinnung er nicht teilte. Sie hatten ihm vorgeworfen, er habe ihre politischen Gegner in seinem Lokal bedient.

Mehmet war für all seine Gäste da, ohne Rücksicht auf deren politische Anschauungen und Ziele. Sie suchten Vorwände gegen ihn. In Wirklichkeit paßte es ihnen nicht, daß er das Lokal hochgewirtschaftet hatte und daß er Christ geworden war. Sie hatten ihm gedroht. Mehmet nahm das ernst, aber nicht so ernst, daß er Angst vor ihnen hatte.

Die ersten Gäste kamen. Mehmet ging in sein Lokal, nahm Bestellungen auf, eilte zwischen Theke und Küche fleißig hin und her. Eine Stunde später war kein Platz mehr frei, genauso, wie Mehmet es vorausgewußt hatte.

Mitten in das laute und gesprächige Treiben im Lokal flog plötzlich das Ding zwischen die Tische der Gäste. Mehmet war geistesgegenwärtig genug, das Ding aufzuheben und zu erkennen, daß es eine Bombe sein mußte. Im Bruchteil einer Sekunde sprang er zu, trug die Bombe in beiden Händen und hetzte nach draußen, um sie loszuwerden, wegzuschleudern, unschädlich zu machen, die Gäste vor Schaden zu bewahren.

Er erreichte die Tür, wollte die Bombe von sich werfen, erkannte den Bettler auf der anderen Straßenseite, der dort saß und den Hut auf die Straße gestellt hatte. Mehmet blickte nach rechts, sah die Gruppe der Kinder auf sich zukommen, wollte die Bombe nach links werfen. Da stiegen neuangekommene Menschen aus dem geparkten Bus. Mehmet erkannte blitzartig die Ausweglosigkeit der Lage, wollte um jeden Preis Menschen schonen, um jeden Preis. Auch um den Preis der Selbstpreisgabe. Er krümmte sich über der Bombe zusammen, deckte sie voll mit seinem Körper zu, lag vor der Tür auf der Straße und sah die Szene wie eine Blitzlichtaufnahme. Dann zerriß ihn die Explosion…

Helmut Ludwig

Gewagte Versöhnung

Stichworte:	Belgien, Drittes Reich, Krieg, Haß, Jugendlager, Gottesdienst, Abendmahl, Versöhnung, Brüder, Frieden, Vergebung, Feindesliebe
Zum Text/ Problemfeldbeschreibung:	Ein junger Belgier hatte im Zweiten Weltkrieg seine Eltern durch die SS verloren und sich daher geschworen, die Mörder ein Leben lang zu hassen. In einem Jugendlager, Jahre später, steht ein Deutscher neben ihm beim Abendmahl. Da begreift er, daß Christus auch für diesen Deutschen gestorben ist und daß die Versöhnung Christi stärker ist als alles, was Menschen trennt.
Vorlesezeit:	1 Minute
Vorlesealter:	ab 12 Jahren

Ein junger Belgier, dessen Eltern im Dritten Reich von Deutschen erschossen wurden, berichtet sein Erlebnis aus einem Jugendlager: „Ich muß euch etwas erzählen. Ich war im vergangenen Krieg ein kleiner Junge und lebte in Belgien. Meine Eltern wurden von der Nazi-SS erschossen. Ich hatte mir geschworen, die Mörder meiner Eltern mein ganzes Leben lang zu hassen. Dann bin ich in dieses Jugendlager gefahren, um französische Freunde zu treffen. Ich wußte nicht, daß auch Deutsche hier sein würden, denn ich kann nicht vergessen. Ich könnte nicht vergeben. Dann, als ich die Deutschen traf, wollte ich so tun, als seien sie nicht da.

Heute morgen, beim Gottesdienst, war neben mir ein Platz frei. Ein Deutscher kam und setzte sich neben mich. Es war ein kalter Tag, ich hatte einen Umhang da, der Deutsche neben mir nicht. Ich legte meinen Umhang um uns beide, aber ich sagte mir: Er ist nicht dein Freund. Er ist ein Deutscher. Du mußt ihn hassen. Er wußte es natürlich nicht und lachte mich an.

Nachher beim Abendmahl standen wir vorn wieder nebeneinander. Da wußte ich: Christus ist nicht nur für mich, sondern auch für diesen Deutschen gestorben. Und ich entdeckte, daß auch die Deutschen Brüder sind.“

63   Großmutter Arnajoks Pfingstgesang

Stichworte:	Grönland, Eskimos, Bärenjäger, Iglu (Schneehöhle), Stummheit, Pfingsten, Pfingstgottesdienst, Pfingstlieder, Harmonium, Zauber(er)
Zum Text/ Problemfeld- beschreibung:	Die Geschichte erzählt davon, wie unter den Eskimos an der Siksikbucht ein Pfingstgottesdienst so gefeiert wurde, daß eine Frau ihre verlorengegangene Sprache wieder erlangte. Im Hintergrund steht (auch hier) die Auseinandersetzung zwischen Missionar und Zauberer.
Vorlesezeit:	12 Minuten
Vorlesealter:	ab 10 Jahren

Wenige Wochen vor dem Pfingstfest verlor Großmutter Arnajok ihre Stimme, ganz schnell, von einem Atemzug zum nächsten. Daran war der Nanuk, der Eisbär, schuld und kein anderer. Das aber kam so:
Ehe das Tauwetter einsetzte und das Eis schmolz, wollte Onkel Irkrotak, der Bärenjäger, noch einmal mit dem Schlitten über die Siksikbucht, um im Norden oben auf Jagd zu gehen. „Da kannst du mich mitnehmen", sagte Großmutter Arnajok. „Ich steige bei den Klappmützenleuten aus und besuche meine Schwester, falls sie noch unter den Lebenden ist."
Onkel Irkrotak packte also die Großmutter in den Schlitten und fuhr los. Kaum jedoch hatten sie die Bucht überquert, erhob sich ein mächtiger Schneesturm, der im Nu alles unter sich begrub. Obgleich es fast völlig dunkel geworden war, gelang es Onkel Irkrotak doch, in aller Hast einen Iglu aus Schneeblöcken zusammenzusetzen und sich mit der Großmutter darin zu verkriechen. Die Hunde blieben draußen. Sie rollten sich in ihrem dicken Pelz zusammen und ließen sich einschneien. Nicht lange, und die Hunde schliefen ganz gemütlich in ihrer kleinen Höhle, wo ihnen Sturm, Kälte und Schnee nichts anhaben konnten.
Gemütlich hatten es Onkel Irkrotak und Großmutter Arnajok in ihrem engen, feuchten Iglu nicht gerade. Aber geschützt vor dem heulenden Toben draußen waren sie auch. Onkel Irkrotak hatte sogar einen kleinen gekrümmten Tunnel als Ausgang zustandegebracht, mit einer vor dem Sturm geschützten Öffnung. Mitten in der Nacht wachte Großmutter Arnajok auf. Was war das für ein schreckliches Heulen da draußen? Jaulte so denn immer noch der Sturm? Oder waren es die Hunde? Wenn es die Hunde waren, so mußten sie fürchterliche Angst haben. Aber wovor? Großmutter Arnajok hatte keine Angst, überhaupt nicht. Falla Markus, der Eskimo-Missionar, behauptete sogar, er kenne nur einen Menschen, der frei von Angst wäre: Großmutter Arnajok.
Onkel Irkrotak lag zusammengekrümmt auf dem Bauch und schnarchte wie ein uraltes Sägegatter. Großmutter Arnajok knuffte ihn in die Seite. Eine Weile hörte es sich an, als wäre das Sägegatter auf einen rostigen Nagel im Holz gestoßen, dann gab es wieder die gleichen Töne von sich. „Nicht mal ein Eimer

Eiswasser über den Kopf würde ihn jetzt wachkriegen", murrte die Großmutter. „Da muß ich selbst nachschauen, was die Hunde haben."
Großmutter Arnajok wälzte sich auf die Knie und kroch zum engen Tunnel hinaus. Das heißt, sie wollte hinauskriechen. Ehe sie dazu kam, hatte sie einen Zusammenstoß. Eine schwarze Schnauzenspitze stieß gegen ihr Gesicht, dahinter ein langer, gelblich weißer Kopf mit listigen Augen. Und darunter zwei Pranken, die mit einem einzigen Hieb, das wußte die Großmutter, den Schädel eines Walrosses zertrümmern konnten. Großmutter Arnajok stieß ein grelles „Nanuk!" aus, sank zu Boden, und sagte von da ab kein einziges Wort mehr. Gewiß, ein Eimer Eiswasser über den Kopf hätte Onkel Irkrotak nicht aus dem Schlaf gebracht. Kaum aber hatte das Wort Nanuk Großmutter Arnajoks Mund verlassen und war in des großen Jägers Ohr geschlüpft, so stammelte Onkel Irkrotak auch schon: „W..w..wo? W..w..was? Wo ist er, der Nanuk? Her mit ihm!" Er schnappte sich ein Gewehr und brach ungestüm durch die Schneewand des Iglus ins Freie.
Er rannte wild umher, machte die Hunde los und trieb sie in alle Richtungen. Sie steckten die Schnauzen tief in den Schnee und schnupperten alle möglichen Düfte. Doch es half nichts: Nanuk, der Eisbär, war und blieb verschwunden. Was leider nicht wieder verschwand, war die gelähmte Zunge der Großmutter Arnajok. Als sie später an der Seite ihrer Schwester bei den Klappmützeneskimos saß, kam immer noch kein verständlicher Laut über ihre Lippen. Und was hätte sie nicht alles zu erzählen gehabt! Wem denn von all den Anwesenden war je die Ehre zuteil geworden, vom Nanuk selbst ganz persönlich mit der Schnauzenspitze begrüßt zu werden? Und hatte er nicht einen hübschen blauen Fleck auf ihrer Wange zurückgelassen?
Auch als Großmutter Arnajok zur Siksikbucht heimkehrte, wartete man vergebens darauf, Näheres über ihr unerhörtes Erlebnis zu erfahren. Soviel der kleine Wakki auch bat und bettelte, seine Großmutter blieb stumm. Man war einzig und allein auf die Behauptungen des Jägers Irkrotak angewiesen, und der log bekanntlich das Blaue vom Himmel herunter. Er erklärte schließlich, vom Zauberer Mihuk unterstützt, es hätte kein Eisbär sein können, der Großmutter Arnajok angestoßen und mit Stummheit geschlagen hätte. Wäre es wirklich ein Nanuk gewesen, hätte ihn Onkel Irkrotak da nicht erlegen müssen? Oder hatte man je von einem Nanuk gehört, der sich dem Jäger Irkrotak auf mehr als zwei Schritte nähern konnte, ohne alsbald tot umzusinken, von seiner Kugel getroffen? „Nein, ein echter Nanuk war dies nicht", behauptete jetzt auch Mihuk, der Zauberer. „Ich will es euch sagen, Leute: dies war ein Tupidek, ein böser Geist!" Weil aber Großmutter Arnajok mit der Hand abwinkte, fügte er hinzu: „Doch, doch, ein Tupidek war's ganz bestimmt! Vielleicht einer, der Nanuks Maske vorgebunden hatte, um die Großmutter irre zu führen."
Für den kleinen Wakki war Großmutters Stummheit besonders schlimm. Das Eis schmolz nun zwar und der Frühling nahte, aber die Abende waren immer

noch lang. Wer sollte ihm da Märchen und Geschichten aus den alten Zeiten erzählen?

Wakki ging zu Falla Markus, dem Missionar. „Kann man denn gar nichts dagegen machen, Falla", fragte er, „daß die Zunge meiner Großmutter durch des Tupideks Anhauch ihre Sprache verlor?"

„Du redest ja so gestelzt wie Mihuk, der Zauberer", entgegnete Falla Markus, „und auch so wenig gescheit! Es gibt keine Tupideks, wie oft soll ich dir das noch sagen! Es wird so gewesen sein, wie Onkel Irkrotak erzählte, ehe Mihuk sich einmischte. Deine Großmutter ist eine tapfere Frau – aber stoße einmal in einem engen Schneetunnel mit dem Gesicht gegen eine Eisbärenschnauze und rieche den scharfen Atem des Raubtieres! Manche Leute kriegen weißes Haar vor Schreck, manche reden irre oder zittern immerzu an allen Gliedern. Deine Großmutter hat leider die Sprache verloren. Aber sonst ist sie ja, Gott sei Dank, gesund geblieben!" Der Missionar machte eine Pause. Dann sagte er: „Nachher, wenn es dunkel geworden ist, kannst du mir übrigens helfen, die Kiste in die Kirche zu schleppen."

Die Kiste! Die Kiste in die Kirche schleppen, endlich! Wakki schüttelte heftig den Kopf. Das bedeutet bei den Eskimos soviel wie: Jawohl, selbstverständlich, ich schleppe mit!

Die Kiste war mit dem ersten Schiff gekommen, das sich durch das aufgebrochene Eis in die Siksikbucht gewagt hatte. Was man sonst noch ausgeladen hatte, waren alles wohlvertraute Dinge gewesen. Die Kiste dagegen hatte eine eigentümliche Form und war breiter, als auch der breiteste Eskimo seine Arme spannen konnte, und höher als der höchste. Onkel Irkrotak kam mit einem Eisen angerannt, die Kiste aufzustemmen. Und Falla Markus mußte starke Worte gebrauchen, ihn daran zu hindern. Alle fragten, was denn in der Kiste stecke. Aber keiner erfuhr es. Die allerlästigsten Frager schließlich wurden aufgefordert, am Pfingstmorgen in die Kirche zu kommen, sich aber vorher, bitte sehr, die Ohren recht fein auszuputzen. Daraus schloß man, es war etwas, das man mit den Ohren vernehmen konnte. Aber was?

Am Abend stellte sich heraus, daß Falla Markus seine und Wakkis Kräfte doch überschätzt hatte. Nein, zu zweit schafften sie die Kiste nicht von der Hütte des Missionars hinüber zur Kirche. Wakki mußte seinen Onkel zu Hilfe holen. Onkel Irkrotak legte tüchtig Hand an und schwitzte sehr dabei, aber hauptsächlich aus Neugier. Einmal ließ er absichtlich eine Ecke der Kiste auf den Boden bumsen. Da vernahm er ein zartes Schwingen, zarter noch als das Sirren des Nordlichts in stillen Nächten.

Als die Kiste endlich in der Kirche neben dem Altar stand, schickte der Missionar Wakki und seinen Onkel zu ihrer großen Enttäuschung fort. Er schloß hinter ihnen ab, verhängte die Fenster und dann erst stemmte er die Kiste auf – behutsam natürlich.

Wakki und Onkel Irkrotak horchten noch lange draußen an der Tür. Der Onkel trollte sich schließlich nach Hause. Wakki aber harrte weiter aus. Als er später in die Hütte kam, stotterte er wirres Zeug von himmlischen Heerscharen und überirdischen Tönen. Doch es verstand ihn keiner. Onkel Irkrotak schnarchte schon, und Großmutter Arnajok hörte wohl gar nicht zu. Ob sie inzwischen auch taub geworden war?

Am Morgen des Pfingsttages zogen die Eskimos in hellen Scharen zur Kirche. Was die für Augen machten, als sie neben dem Altar etwas glänzen sahen von poliertem Holz und funkeln von Metallbeschlägen, etwas, das sie noch nie gesehen hatten. Keiner hatte eine Ahnung, was es sein könnte. „Es ist rot wie ein trockenes Walroß in der Abendsonne!" − „Es schimmert, daß man sich darin spiegeln kann!" − „Es hat ein Maul wie ein Grönlandwal und bleckt mehr denn hundert Zähne, weiße und schwarze, aber mehr weiße!" So schwirrte es durcheinander. Dann nahm der Missionar vor dem unbekannten Ding Platz, trat mit den Füßen gegen die schrägen Brettchen unten, griff in die Tasten, die die Eskimos für Zähne gehalten hatten, und eine Melodie erklang, die sie alle schon selbst gesungen hatten! Falla Markus sang das Pfingstlied vom Schöpfer Geist und nickte ihnen zu, einzufallen. Manche, die schon ängstlich eine Schulter zum Ausgang gedreht hatten, drehten sie wieder zurück. Schließlich sangen sie alle − und mitten unter ihnen sang auch die Großmutter Arnajok.

Weil aber alle beim Singen so gebannt auf das Harmonium schauten, aus dem diese herrlichen, noch nie vernommenen Töne stiegen, dauerte es lange, ehe jemand merkte, daß auch Großmutter Arnajok sang. Großmutter Arnajok, die doch ihre Stimme verloren hatte!

Erst wurde Onkel Irkrotak, der neben ihr stand, stumm und starrte sie an. Dann drehte der kleine Wakki sich um und vergaß das Singen. Bald schaute auch Falla Markus zur Sängerin hinüber. Zum Schluß spielte nur noch das Harmonium zu dem lauten und, das muß man sagen, ziemlich falschen Gesang der Großmutter.

Als Großmutter Arnajok merkte, daß sie jetzt ganz allein sang, hörte sie auf und sagte laut und deutlich: „Was hockt ihr denn da und gafft wie die Moschusochsen? Singt doch weiter! Ihr hört ja, ich habe meine Stimme wiedergefunden. Aus Schreck vor dem riesigen Nanuk im Schneetunnel hatte ich sie verloren. Und nun hat Falla Markus hier in seiner Kirche solch ein wunderbares Ding aufgerichtet, das meine Augen noch nie erblickten, und spielt so schön − da hab ich sie eben wiedergefunden. Nun singt doch weiter!"

In dem Augenblick, da Großmutter Arnajok zu reden anfing, hatte der Missionar mit dem Spielen aufgehört. Jetzt griff er wieder in die Tasten. Und das Pfingstlied erscholl noch einmal von vorn und so mächtig, daß keiner, auch der älteste Eskimo nicht, sich erinnern konnte, es je so laut und schön gehört zu haben.

Günther Blau

64   Erntedank ohne Narwalzahn

Stichworte:	Grönland, Eskimos, Nordpol, Missionar, Erntedankfest, Altar, Kirche, Zauber(er), Aberglauben
Zum Text/ Problemfeld-beschreibung:	Erzählt wird von einem Erntedankgottesdienst unter den Eskimos an der Siksikbucht, bei dem ein besonders kostbarer Walzahn vom Altarschmuck verschwunden ist. Auf der Suche danach stößt der Missionar auf den noch immer einflußreichen Zauberer.
Vorlesezeit:	12 Minuten
Vorlesealter:	ab 10 Jahren

Als Falla Markus seine kleine Kirche betrat, sah er mit einem Blick, was geschehen war. Er preßte die Lippen zusammen. Hätte ich gestern abend doch nur abgeschlossen, war sein erster Gedanke, dann läge der Narwalzahn noch an seinem Platz.

Zum Erntedankfest war der Altar mit all den Dingen geschmückt worden, die die Eskimos im Meer oder auf dem Land erbeuten. Falla Markus' Gehilfe, der kleine Wakki, hatte alles zusammengetragen. Da lag auf einem zottigen Eisbärfell der bleiche Schädel eines Walrosses mit Stoßzähnen, so lang wie der Unterarm eines Mannes. Eine Steinschale war gefüllt mit Robbentran. Ihren breiten Rand zierten Löffel, geschnitzt aus dem Horn des Moschusochsen. Großmutter Arnajok hatte ein Bündel Rentierfelle gestiftet, die man dort oben als Säuglingswindel benutzt, weil sie so weich sind. Es gab Vogeleier in vielerlei Farben und Größen, das weiße Federkleid eines Schneehuhns, einen Topf voll Seetang, getrocknete Fische und, von Wakki beigetragen, ein großes Stück Seehundspeck. So schön dies alles auch auf dem Altar aufgebaut war, Falla Markus, der Missionar, hatte keine Freude mehr daran. Denn die Hauptsache, die Krönung des Ganzen, fehlte, war über Nacht gestohlen worden: ein Narwalzahn, gewunden wie eine Schraube und fast drei Meter lang!

Falla Markus ärgerte sich nicht so sehr über den Diebstahl selbst. Gewiß, ein Narwalzahn von solcher Länge war eine große Kostbarkeit. Onkel Irkrotak, der Jäger, hatte ihn nur zögernd zum Erntedankfest ausgeliehen. „Macht eure Kirchentür nur fest zu", hatte er noch gestern abend den Missionar gemahnt. Doch Falla Markus war da anderer Meinung. „Meine Kirche soll offen bleiben bei Tag und bei Nacht", hatte er, zuversichtlich lächelnd, geantwortet. „Irkrotak, ich habe Vertrauen zu euch allen!" Darauf hatte Onkel Irkrotak auch gelächelt, aber er hatte dabei die Achseln hochgezogen und ein bedenkliches Gesicht geschnitten.

Nun war der Zahn also weg. Falla Markus würde ihn Onkel Irkrotak ersetzen müssen. Am meisten ärgerte sich der Missionar jedoch darüber, daß sein Vertrauen enttäuscht worden war. Er wußte zwar, daß es die Eskimos mit dem Eigentum nicht so genau nehmen. Sie leben wie in einer großen Familie zusammen. Wenn es nicht gerade ein Schlitten oder ein Boot war, so lieh man sich den Gegenstand, den man gerade brauchte, aus und brachte ihn eines Tages zurück. Aber von einem Erntedank-Altar das kostbarste Stück wegzunehmen, das war gemein!

Falla Markus predigte sonst nicht schlecht. Doch heute fiel es ihm schwer, die richtigen Worte zu finden. Nicht viel hätte gefehlt, und statt über den Erntedank wäre es eine Predigt über Dein und Mein geworden. Während der Missionar nach Worten suchte, wanderten seine Augen über die kleine Gemeinde. In der ersten Reihe saß Wakki. Warum nur senkte er jedesmal den Blick, wenn Falla Markus ihn ansah? Hatte Wakki mit dem Diebstahl zu tun? Oder etwa der alte Kohasak neben ihm?

Plötzlich merkte der Missionar, daß Onkel Irkrotak fehlte. Das wunderte ihn. Wenn er nämlich nicht gerade auf Jagd war, kam Onkel Irkrotak ziemlich regelmäßig zur Kirche. Sollte Irkrotak aber heute, bei diesem Schneesturm, auf Jagd sein? Und warum fehlte er gerade jetzt, wo er doch so stolz auf seinen Narwalzahn war?

Schließlich kam dem Missionar der Zauberer Mihuk in den Sinn. Nicht alle Eskimos der Siksikbucht besuchten den Gottesdienst, genauer gesagt, kaum die Hälfte. Die anderen glaubten weiter an böse Geister und Spukgestalten. Seit so vielen Jahren schon kämpfte der Missionar dagegen an. Besonders tief wurzelte der Aberglauben noch in den älteren Leuten. Der Zauberer Mihuk war ihr Anführer.

Wieder fiel der Blick des Missionars auf den kleinen Wakki in der ersten Reihe. Auf Wakki konnte man sich eigentlich verlassen. Aber warum schaute auch er jetzt so schuldbewußt beiseite? War es möglich, daß er mit dem Zauberer unter einer Decke steckt? Der Missionar mochte es nicht glauben.

Die Eskimos in der Kirche sangen mit heiseren Stimmen schon das Abschlußlied, als plötzlich die Tür aufgestoßen wurde. Im schwarzen Schein der Öllampen sah man als erstes etwas länglich Weißes – und dann dahinter Onkel Irkrotak. Onkel Irkrotak hatte den Narwalzahn eingelegt unter dem Arm wie eine Lanze. Hastig bahnte er sich einen Weg durch die Eskimos und kam erst unmittelbar vor dem Altar zum Stehen. Jetzt sah man auch, daß seine Fellkleidung vor Nässe triefte.

Onkel Irkrotak legte den Narwalzahn auf den Altar neben die anderen Gaben und fuhr sich mit dem Zeigefinger unter der Nase her. Das machte er immer, wenn er in Verlegenheit war.

„Irkrotak, wie ist das möglich", staunte Falla Markus, „draußen heult ein Schneesturm, und Ihr kommt hereingestürzt wie ein Wasserfall!"

„Tut mir leid", keuchte Onkel Irkrotak, „aber es ging nicht schneller. Ich bin gerannt wie ein Schneemann, wenn's donnert! Ich habe das frische Eis der Siksikbucht unter meine Füße genommen, als wäre es glühendes Eisen." –

„Und das glühende Eisen hat den großen Jäger Irkrotak so versengt", lachte Falla Markus, „daß es noch jetzt von Wasser trieft und er mit seinen Schneehuhnfüßen in einer Pfütze steht, tief genug, ein Kind darin zu baden." Onkel

Irkrotak schüttelte sich und machte brr, denn vom Baden halten die Eskimos gar nichts. „Erzähle weiter, ich bin ganz Ohr", forderte ihn Falla Markus auf. „Ich horche wie der Grönlandwal, wenn der Gletscher kalbt!" (Der Gletscher kalbt, sagen die Eskimos, wenn große Eisbrocken vom Rand des Gletschers ins Meer stürzen.)

„Ja, richtig, der Grönlandwal", seufzte Onkel Irkrotak und tappte sich auf den nicht gerade kleinen Bauch. „Ich muß auch das Gewicht von so einem Ungetüm haben, wie hätte sonst das Eis der Bucht unter mir zusammenbrechen können, keine zehn Schritt vom Ufer? Aber den dicken Zahn hab' ich dabei nicht aus den Händen gelassen, Missionar, zuverlässig wie ich bin!"

„Meine Augen sahen es", bestätigte Falla Markus, „aber es wundert mich doch, weshalb Ihr so lange mit dem Zahn unterm Arm im Schneesturm spazierengeht und auch noch ein Bad nehmt. Warum ist der Narwalzahn nicht auf dem Altar geblieben?"

Irkrotak wischte wieder mit dem Finger unter der Nase her und warf einen langen Blick zu Wakki hinüber. Man sah dem Jungen an, daß er jetzt an jedem Ort der Welt lieber gewesen wäre als gerade hier unter Falla Markus' Augen.

„Wer hat den Zahn vom Altar genommen", wollte Falla Markus wissen, „nur heraus mit der Sprache! Wakki, warst du es?"

Wakki schüttelte den Kopf. Und das bedeutet in der Eskimosprache so viel wie jawohl, leider, ich war's! Onkel Irkrotak versuchte, Einwände zu machen. Doch Falla Markus sagte: „Immer hübsch der Reihe nach, erst Wakki, dann ihr!"

„Ich hab' den Altar für den Erntedank hergerichtet", begann Wakki stockend, „und von meinen eigenen Sachen hab' ich ein großes Stück Robbenspeck hinzugetan, viel größer als das Stück von..." – „Ich weiß", unterbrach ihn Falla Markus, „aber es geht hier nicht um Robbenspeck, es geht um einen Narwalzahn! Erzähle, wie er auf Wanderschaft geraten ist, Wakki!"

Wakki holte tief Luft und fuhr fort: „Gestern abend, als ich die Kirche verließ, traf ich den Zauberer Mihuk. Er sagte, ich soll mit in seine Hütte kommen. In seiner Hütte schwebte in einer Ecke ein kleiner Seehund, über und über weiß, auch das Gesicht! Mihuk schenkte mir den Backenzahn von einem Eisbären. Mit so einem Zahn kann man..."

„Ach ja", sagte Falla Markus, „er schwimmt auf dem Wasser, und deshalb kann man ihn als Köder zum Fischefangen benutzen. Und den schwebenden weißen Seehund von Mihuk kenne ich auch. Der hängt an einem schwarzen Zwirnsfaden in einer dunklen Ecke. Aber daß Wakki dem Zauberer für ein Stückchen Eisbärknochen gleich einen ganzen Narwalzahn herbeischleppt und noch dazu vom Erntedank-Altar!"

Wakki machte ein ängstliches Gesicht. „Er hat mir doch gedroht! Er hat gesagt, wenn ich ihm nicht schleunigst den Zahn herbeischaffe, kann er die bösen Geister nicht abwehren. Sie fallen über mich her und verwandeln mich in ein Erdhörnchen, nicht länger als einen Daumen."

„Und solchen Unsinn glaubt Wakki?" sagte der Missionar traurig. „Deswegen schleicht er sich in die Kirche zurück und nimmt den Zahn vom Altar?" „Der Zahn war sehr schwer", entgegnete Wakki. „Ich mußte ihn ganz allein schleppen bis auf die Landzunge. Ich mußte ihn oben in einen hohen Steinhaufen stecken, damit Mihuk ihn richtig verzaubern konnte."

Falla Markus schüttelte den Kopf und sagte: „Und ich hatte immer geglaubt, es gäbe keinen Tüchtigeren zum Schmücken des Erntedank-Altars als Wakki! Ich sehe aber, im nächsten Jahr muß ich mir dazu einen anderen suchen. Dann bist du also zurückgelaufen und hast Onkel Irkrotak alles erzählt?"

Jetzt mischte Onkel Irkrotak sich ein. „Der Junge war furchtbar aufgeregt", verteidigte er ihn. „Er gab nicht eher Ruhe, bis ich mich aufmachte, noch mitten in der Nacht, und den Zahn vom großen Zauberer zurückholte. Wirklich, er hat sogar geweint! Und es wäre ja auch alles nicht so schlimm gewesen, wenn nicht das Eis gebrochen wäre unter meinem Gewicht. Hättet ihr die Kirche fest verschlossen, Missionar, so hätte ich kein Bad zu nehmen brauchen!"

Jetzt mußte Falla Markus sich doch ein Lächeln verbeißen. Er stellte sich den dicken Jäger Irkrotak vor, wie er ins Wasser plumpste und dabei den langen schweren Zahn nicht aus den Händen ließ. Aber daß der kleine Wakki sich so von dem alten Zauberer hatte beschwatzen lassen, machte ihn traurig. Hatte sich nicht gerade Wakki schon oft über den Aberglauben seiner Landsleute lustig gemacht? Und nun war er selbst wieder auf so einen faulen Zauber hereingefallen.

Wakki schien die Gedanken des Missionars zu erraten. Er begann plötzlich in der Tasche seines Anoraks zu kramen. Dann tauchte seine Hand wieder auf und hielt Falla Markus etwas entgegen. Es war ein Lämmchen. Wakki selbst hatte es mühevoll an vielen langen Winterabenden aus Speckstein geschnitzt. Der Missionar wußte, daß Wakki an diesem seinem ersten Werk sehr hing. Man hatte ihm schon eine ganze Tafel Schokolade dafür geboten. In der Siksikbucht, so nahe dem Nordpol, war das eine große Kostbarkeit. Aber selbst dafür hatte Wakki sein Lämmchen nicht fortgegeben.

Nun hielt er es Falla Markus entgegen. Der Missionar nahm es und legte es oben auf die Spitze des Narwalzahns. Dann wandte er sich wieder Wakki zu und sagte: „Dein Lämmchen da oben ist noch schöner, mein Junge, als der ganze lange Narwalzahn! Es steckt wohl doch ein tüchtiger Altarschmücker in dem kleinen Wakki?"

Dann schaute er den Jäger Irkrotak freundlich an und meinte: „Euch klappern ja die Zähne vor Kälte, Irkrotak. Seht nur zu, daß Ihr schleunigst aus dem nassen Zeug herauskommt! Was aber meine Kirche hier betrifft, so will ich Euch noch sagen: Sie bleibt weiter offen für jedermann, bei Tag und bei Nacht – selbst auf die Gefahr hin, daß wir das nächste Erntedankfest wieder ohne Narwalzahn feiern müssen!"

Günther Blau

65   Ein ungewöhnlicher Kirchenbesuch

Stichworte:	Schweden, lutherische Kirche, Kirchengebäude, Andacht, Abendmahls-feier, Pfarrerin, Asyl, Asylsuchende, Ausweisung, Bischof, Bischofskon-ferenz, Flüchtling, Folter, Genfer Konvention, Asylrecht, Christen/Mus-lime, politisch Verfolgte, Bittschrift, Kirche (als Schutzdach für Verfolgte und Treffpunkt)
Zum Text/ Problemfeld-beschreibung:	Beim Besuch des Doms von Uppsala stoßen Bo und Magnus zu ihrer Überraschung nicht nur auf eine kleine Andachtsgemeinde, sondern im Vorraum der Kirche auch auf eine Gruppe Asylsuchender. Hier können diese unter dem Schutz und mit der Unterstützung der Kirche leben; denn vielen von ihnen droht neuerdings die Ausweisung durch die Regie-rung.
Vorlesezeit:	7 Minuten
Vorlesealter:	ab 11 Jahren

Magnus wohnt in Örebro, einer kleinen Stadt in Mittelschweden. An einem Wochenende besucht er seinen Vetter Bo in Uppsala. Die beiden wollen zur Abendandacht in den Dom gehen. Der Dom von Uppsala ist das größte Kir-chengebäude in ganz Skandinavien. Darauf ist Bo stolz!

Bo: Sieh mal, hier am Eingangsportal erkennst du besonders gut, daß die ganze Kirche aus einzelnen kleinen Backsteinen gemauert ist.

Magnus: Ja, kaum zu glauben. Und wie hoch die beiden Türme sind! Dagegen kommt mir unsere Nikolaikirche daheim richtig winzig vor.

Bo: Komm, wir gehen rein. Du brauchst aber nicht so viel zu erwarten. Die Kirche hätte wohl Platz für tausend Leute, es kommen aber nur eine Handvoll. Die allermeisten Schweden sind zwar von Geburt an Mitglieder in der Lutherischen Kirche, sie interessieren sich aber wenig dafür. Mir gefällt es hier. Ich kann mich ein bißchen ausruhen und treffe ab und zu Freunde.

Magnus: Schau mal, was ist denn hier in der Vorhalle los? Das sieht gar nicht nach Stille und Andacht aus. Sind hier immer so viele Leute, die herumstehen und miteinander reden? Es sieht fast wohnlich aus mit den Tischen und Stühlen. Da steht sogar Geschirr zum Kaffee-trinken.

Bo: Nein, so etwas habe ich noch nicht gesehen. Normalerweise ist es hier ganz leer, auch ohne Tische und Stühle. Komisch. Was wollen die hier? Es sind fast nur Leute mit dunkler Hautfarbe, dazwischen einige Schweden. Ich glaube sie reden auf Englisch miteinander.
Da drüben steht ein Plakat, darauf steht „Jetzt sind wir schon 32 Tage hier". So etwas! Jetzt müssen wir aber in die Kirche vollends hinein, sonst fängt die Andacht ohne uns an.

Weiter vorne in dem riesigen Kirchenschiff sitzen ein paar Leute, einzeln oder zu zweit, in gebührendem Abstand voneinander entfernt.
Die Orgel spielt einen Choral, der hoch im Gewölbe der Kirche nachklingt.
Die Pfarrerin liest aus der Bibel vor und hält eine kurze Predigt. Sie hat ein schönes, grünes Gewand an, um die Schulter liegt ein weißer Schal, der vorn mit den beiden Enden fast bis zu den Füßen reicht. Zum Abendmahl gehen alle nach vorne und knien vor dem Altar nieder. Nachdem sie Brot und Wein bekommen haben, verbeugen sie sich und gehen auf ihre Plätze zurück. Zum Schluß singen alle noch einen Choral zusammen. Bo und Magnus gehen langsam wieder zum Ausgang.

Bo:	War schön, nicht wahr? Schade, daß so wenige Leute kommen. Sonntagmorgens sind es natürlich mehr.
Magnus:	Ich habe mir die ganze Zeit überlegt, was die Leute da draußen im Vorraum machen. Sie sind nicht zur Andacht hereingekommen. Ich traue mich nicht so recht, zu fragen. Aber die Frau da drüben sieht nett aus, sie spricht auch schwedisch. Entschuldigen Sie, ich würde gerne wissen, wer Sie sind und was Sie hier machen!
Marjan:	Hallo, ich heiße Marjan. Schön, daß ihr euch für uns interessiert. Wir sind eine Gruppe von ungefähr 20 Flüchtlingen aus verschiedenen Ländern und wohnen seit vier Wochen hier im Dom. Die Regierung hat ein Gesetz geändert, das für uns bedeutet, daß wir in unsere Heimatländer zurück müssen. Wir suchen hier in der Kirche Schutz vor der Ausweisung und wollen die Menschen auf unsere schwierige Lage aufmerksam machen.
Bo:	Was passiert denn mit euch, wenn ihr jetzt in euer Land zurückkommt?
Marjan:	Das wissen die meisten von uns selbst nicht genau. Viele kommen sofort ins Gefängnis oder werden gefoltert, weil sie eine andere Meinung haben als die Machthaber. Diejenigen, die vor dem Krieg geflohen sind, können erschossen werden. Wir haben Angst und wollen im Moment nicht zurück, obwohl wir natürlich Heimweh nach unseren Verwandten und Freunden haben.
Magnus:	Aber wenn das so gefährlich für euch ist, heimzukehren, warum erlaubt unsere Regierung dann nicht, daß ihr hier bleibt?
Marjan:	Es ist nicht so einfach für uns, unsere Situation zu beweisen. Um als Flüchtling anerkannt zu werden, muß man die Bedingungen der „Genfer Konvention" erfüllen, das ist eine Abmachung der Vereinten Nationen. Die schwedische Regierung hat aber bis heute auch Kriegsflüchtlinge und Menschen mit anderen schwerwiegenden Gründen anerkannt. Nur 20 % haben bisher die UN-Bedingungen erfüllt. In Zukunft sollen nur noch diese 20 % aufgenommen werden.

	Wir bleiben so lange hier in der Kirche, bis die Regierung ihren Entschluß rückgängig gemacht hat.
Magnus:	Ich finde, wir haben genug Platz in unserem Land.
Bo:	Und außerdem gibt es Arbeit im Überfluß.
Magnus:	Können wir euch irgendwie helfen, Marjan?
Marjan:	Ja, klar! Ihr könnt uns öfter hier besuchen und auch andere Freunde mitbringen. Wenn ihr wollt, könnt ihr auf dem Brief vom Erzbischof an die Regierung unterschreiben – da drüben liegen Listen.
Bo:	Ach ja, das wollte ich auch noch fragen: Warum kommt ihr eigentlich gerade hierher in die Kirche, obwohl ihr ja gar keine Christen, sondern Moslems seid?
Marjan:	Das ist eine gute Frage. Einige von uns sind Christen, aber natürlich können wir nur deshalb hier sein, weil es uns erlaubt wurde. Der Erzbischof ist sehr freundlich zu uns, er hat an die Regierung geschrieben und uns während der Bischofskonferenz letzte Woche mit elf Kollegen aus ganz Schweden besucht. Wir merken, daß die Kirche sich für Verfolgte einsetzen will. Aber wir wissen nicht, wie lange wir hier noch bleiben dürfen.
	Außerdem fühle ich mich hier im Dom wohl. Ich glaube an Gott, vielleicht ist es ja der gleiche wie euer Gott. Manchmal setze ich mich in eine Bank in einer stillen Ecke der Kirche und denke nach.
Bo:	Ich glaube, wir machen uns so langsam auf den Heimweg. Vielen Dank, daß Sie uns so viel erzählt haben. Magnus wohnt ja nicht in Uppsala, aber ich werde sicher noch öfter bei euch vorbeischauen.
Marjan:	Danke für euer Interesse. Übrigens haben wir heute abend ein Fest hier. Unsere Freunde bringen selbstgekochtes Essen aus unseren Heimatländern, wir tanzen und singen. Wenn ihr Lust habt, könnt ihr gerne kommen. Ihr könnt auch euren Schlafsack mitbringen und in der Kirche übernachten.
Bo:	Das ist nett, mal sehen. Ich würde schon gern mal euer Essen probieren und eure Musik hören. Aber ich glaube kaum, daß wir hier übernachten. Vielen Dank, Tschüs!
Magnus:	Macht's gut, wir denken an euch!

Die beiden gehen hinaus.

Bo:	Weißt du, Magnus, irgendwie hat sich jetzt meine Auffassung von der Kirche verändert. Sie ist nicht nur für stille Andacht und Gottesdienste gut, sondern sie ist auch Schutzdach für Verfolgte und Treffpunkt, wo man Leute kennenlernen kann. Vielleicht kommen deshalb so wenige Menschen in die Kirche, weil sie das nicht wissen.

Magnus: Das kann ich mir gut vorstellen. Ich finde, das war ein spannender, sehr ungewöhnlicher Kirchenbesuch. Stell dir vor, im größten Kirchenbau Skandinaviens zu übernachten. Kann ich dich nicht doch dazu überreden?

Susanne Blatt

Diene dem Herrn mit Freude 66

Stichworte:	Norwegen, lutherische Kirche, Abendmahl, Kommunion, Eucharistie, Brot und Wein, Predigt, Lieder im Gottesdienst, Stola, Talar, Pfarrer, Mission, Entwicklungshilfe, Kollekte, Friedensgruß, Erstkommunion, Kinderabendmahl, 1. Kor 11,23-26/Mt 28,18 f.
Zum Text/ Problemfeld- beschreibung:	Lars, ein norwegischer Junge, besucht mit seiner Mutter einen lutherischen Gottesdienst mit einer Abendmahlsfeier. Sehr bewußt erlebt er Einzelheiten des Geschehens; ganz besonders beeindruckt ihn die Austeilung von Brot und Wein.
Vorlesezeit:	7 Minuten
Vorlesealter:	10 Jahre

„Nimmst du diese Tüte, Lars, dann schaffe ich die beiden anderen." Mutter hob die Plastiktüten aus dem Einkaufswagen.

„Am Samstag ist immer so viel einzukaufen", sagte sie und ging auf den Ausgang zu. „Gut, daß wir keinen langen Weg haben."

Sie gingen zusammen nach Hause.

„Morgen ist ein Fest bei Ahn", sagte Lars. „Ein großes Fest, für ihn ganz allein."

„Hat er Geburtstag?" fragte Mutter.

„Nein", sagte Lars, „er hat Erstkommunion."

Lars nahm die Tüte in die andere Hand.

„Was hast du gesagt, hat er?" Mutter sah Lars unwillkürlich an.

„Erst-kom-mu-nion." Lars sagte es langsam und deutlich.

„Was in aller Welt ist das?" Mutter verstand nicht.

„Weißt du das nicht?" Lars war zufrieden. Endlich gab es etwas, was er wußte und Mutter nicht. „Kommunion ist das gleiche wie Abendmahl."

„Du liebe Zeit", sagte Mutter. „Was du alles weißt ... Gehen katholische Kinder wirklich mit zum Abendmahl?"

„Kinder können in unserer Kirche auch mit zum Abendmahl kommen, das hat Tor gesagt", entgegnete Lars. Er war jetzt noch zufriedener. Heute konnte er Mutter das eine oder andere erzählen, das sie noch nicht wußte.

„Tatsächlich", sagte sie. „Das ist mir neu."

„Das ist jetzt so", sagte Lars. „Es muß nur ein Erwachsener dabei sein."
Mutter blieb stehen und setzte die Tüten ab.
„Möchtest du gerne zum Abendmahl mitkommen?" Sie sah ihn an.
„Ich weiß nicht", sagte Lars. „Aber ich hätte Lust, mal zu sehen, wie das ist."
„Das wird sich wohl machen lassen", meinte Mutter. „Wir können morgen
zum Gottesdienst gehen. Lene geht vermutlich zur Sonntagsschule, aber du
und ich können gehen. Auf die Art und Weise komme ich auch wieder einmal
in die Kirche. Das ist sowieso nicht allzu oft."
„Dann will ich aber auch ganz vorne sitzen, so daß ich gut sehen kann", sagte
Lars.
„Kein Problem", sagte Mutter und hob die Plastiktüten wieder auf. „Dann
haben du und ich also eine Verabredung."

Die Glocken begannen genau in dem Augenblick zu läuten, in dem Mutter
und Lars durch die Kirchentür eintraten. Es war fast ein wenig peinlich, ganz
nach vorne zur ersten Bank zu gehen, fand Lars. Niemand sonst tat das. Aber
was soll's! Er wollte gut sehen können.
Ganz rechts war die Kanzel. Darüber war ein kleines rundes Dach, wie ein
Regenschirm. Merkwürdig.
Direkt vor ihnen stand das Taufbecken. Darinnen glänzte eine blanke Schüssel.
Da bin ich getauft worden, dachte er.
Noch war keine Musik da, nur die Geräusche von Menschen, die hereinkamen
und leise miteinander redeten.
Das Licht von draußen war so schön, wenn es durch die farbigen Fensterschei-
ben drang. Es schien über die Blumen und Kerzen auf dem Altar. Das Bild
über dem Altar mochte er gern leiden: Jesus, wie er Brot und Wein an die
Jünger austeilte. Jesus sah ernst aus. Nicht verwunderlich. Er wußte ja, was
hinterher passieren würde.

Da begann die Orgel zu spielen. Ein Schwall von Musik und viele Stimmen.
Lars hatte das Gefühl, von der Musik und dem Gesang hochgehoben zu werden.
Der Pastor war hereingekommen und stand vor dem Altar, in einem weißen
Talar mit einer Art langem, grünem Schal, der vorne an beiden Seiten herunter-
hing.
Als der Gesang zu Ende war, kniete der Pastor nieder und betete. Lars konnte
hören, daß viele in der Kirche zusammen mit dem Pastor beteten.
„Gut, daß wir hier vorne sitzen", flüsterte er seiner Mutter zu, als der Pastor
auf die Kanzel trat. Es war leichter, ihn zu verstehen, wenn man sein Gesicht
sehen konnte.
Alle erhoben sich, als er aus der Bibel vorlas. Er las darüber, daß Jesus die
Jünger auf einem Berg traf, nachdem er wieder lebendig geworden war. Er
sagte zu ihnen: „Mir ist gegeben alle Macht im Himmel und auf Erden. Darum
gehet hin und machet zu Jüngern alle Völker ..."

Lars konnte nicht alles behalten, aber der Text endete so schön damit, daß Jesus sagte: „Und siehe, ich bin bei euch alle Tage, bis an der Welt Ende." Lars blieb sitzen und ließ die Worte auf sich wirken, sie waren zuversichtlich und wohltuend.

Der Pastor redete weiter, ziemlich erwachsen, schien es Lars. Aber plötzlich wachte er auf. Der Pastor redete von Bhutan und von den Missionaren und von der Kollekte für die Straße!

„Groß und klein hier in der Gemeinde haben gute Arbeit geleistet, um Geld für diese Straße zu beschaffen. Das ist Handeln nach Jesu Willen. Danke für euren Einsatz!" sagte der Pastor. „Gemeinsam werden wir den Rest auch noch zusammenbekommen. Diejenigen, die möchten, können heute im Gottesdienst etwas für die Bhutan-Arbeit spenden. Danke für das, was ihr gebt."

Lars fühlte sich glücklich und stolz. Er und ganz Kahmaculela waren dabei gewesen. Das würde er den anderen erzählen.

„Kommt nicht bald das Abendmahl?" flüsterte er Mutter zu, als der Pastor von der Kanzel kam.

„Erst kommen die Psalmen und Kirchengebete und die Kollekte", flüsterte Mutter zurück. „Wir können jetzt gehen, wenn es dir zu lange dauert, zu warten."

„Nein, wir bleiben", flüsterte Lars. „Aber sag mir Bescheid, wenn das Abendmahl kommt."

„Jetzt fängt es an", flüsterte Mutter nach einer Weile.

Lars drehte sich um, um zu sehen, ob jemand zur Altarkniebank kommen würde. Nein, alle saßen. Er drehte sich zum Altar. Dort stand der Pastor mit einem sehr schönen grünen Umhang über dem Talar.

„Der Herr sei mit euch!" sang er.

„Und mit dir sei der Herr", sangen alle zurück und erhoben sich. Mehrere Male ging der Gesang zwischen dem Pastor und ihnen hin und her, wie eine große, sanfte Welle. Dann wurde es ganz still, so, als ob alle auf etwas warteten. Da hob der Pastor die Schale mit dem Brot und den Becher mit dem Wein hoch, während er von dem einen Mahl erzählte, als Jesus Brot und Wein an seine Jünger austeilte: „Unser Herr Jesus Christus, in der Nacht, als er verraten wurde, nahm er das Brot, dankte, brach es, gab es den Jüngern und sagte: Nehmt dies und eßt. Dies ist mein Leib, für euch gegeben …"

Lars schien es fast, er sei dort zusammen mit den Jüngern, als Jesus sagte: „Tut dies zum Andenken an mich."

Nun drehte der Pastor sich zu ihnen um. Lars konnte hören, daß die Leute jetzt begannen, nach vorne zur Altarkniebank zu kommen.

Vielleicht geht Ahn genau in diesem Augenblick in seiner Kirche nach vorne zum Altar, schoß es ihm plötzlich durch den Kopf. Ob wohl ein paar Kinder hier nach vorne kommen würden? Er konnte keine sehen.

Aber es kamen viele Erwachsene. Ein Mann war so alt, daß ihn jemand stützen mußte. Sie halfen ihm in die Bank neben Lars. Vielleicht mußte er etwas ausruhen ...

Jetzt waren einige niedergekniet. Die Leute sahen ganz anders aus, wenn sie knien, als wenn sie stehen, entdeckte Lars. Er hatte nie unter die Schuhe von Leuten gesehen, aber jetzt konnte er das tun. Einige hatten alte Schuhe mit schiefen Absätzen, jemand hatte ein Loch mitten in der Sohle, ein anderer hatte ganz neue Sportschuhe an, jemand anderes hatte hohe, spitze Absätze. Er konnte auch die Gesichter sehen. Viele schlossen die Augen und sahen aus, als ob sie ganz weit weg wären. Ein Mann beugte sich nach vorne. Seine Schultern bebten so eigenartig. Da hob er den Kopf und sah auf zum Bild über dem Altar. Aber, der Mann weinte ja ... Trotzdem sah er glücklich aus.

„Dies ist Jesu Leib." „Dies ist Jesu Leib." Lars hörte die Stimme des Pastors jedesmal, wenn er denen, die knieten, Brot gab. Eine Frau in weißer Tracht teilte Wein aus. Sie schenkte jedem etwas in einen kleinen Silberbecher, den sie ihr entgegenhielten. „Dies ist Jesu Blut", sagte sie jedesmal. Als alle etwas bekommen hatten, erhoben sie sich. Dann kamen einige andere und knieten nieder. Die ganze Zeit spielte die Orgel. Manche von denen, die auf den Altar zugingen, sangen.
Da kam ein Mann, der zwei Kinder bei sich hatte, einen Jungen und ein Mädchen! Etwas größer als ich, dachte Lars. Der Mann ist wohl ihr Vater. Sie gingen nach vorne und knieten nieder, der Vater in der Mitte und an jeder Seite eins der Kinder.
„Siehst du, es sind Kinder dabei!" flüsterte er Mutter zu.
„Da hast du recht", flüsterte sie zurück.
Lars mußte aufstehen, um gut sehen zu können. Die Kinder bekamen Brot und Wein, genau wie die Erwachsenen. Bevor sie aufstanden, legte der Mann seine Arme um beide Kinder.
Der alte Mann saß immer noch neben Lars. Wollte er denn nicht nach vorne gehen und niederknien?
Vielleicht wollte er ja auch nur gut sehen können, dachte Lars.
Aber da kamen der Pastor und die Frau in der weißen Tracht vom Altar zu dem Mann. Dann gaben sie ihm Brot und Wein da, wo er saß. Jetzt konnte Lars das Brot besser sehen, es war ziemlich klein, ganz rund, dünn und weiß und mit einem Stempel darauf.
„Friede sei mit dir", sagte der Pastor. „Und Friede sei mit dir", lächelte der Mann zurück. Sein Gesicht strahlte jetzt.
Der Pastor ging zurück zum Altar. Der alte Mann blieb neben Lars sitzen.
Vielleicht konnte er nicht alleine zurückgehen?
Lars blieb sitzen und dachte an die beiden Kinder. Er kam erst wieder zu sich, als der Pastor den Segen sprach. Dann wurde es ganz still.
– Ding, ding, ding ...

Die Glockenschläge, dachte Lars. Jetzt kann ich im Stillen etwas nur zu Gott sagen.
– Ding, ding, ding …
Lieber Gott, beschütze alle Menschen und danke für den heutigen Tag.
– Ding, ding, ding …
AMEN.

Es wurde ganz still. Dann hörte er die Stimme des Pastors: „Gehet hin in Frieden und dient dem Herrn mit Freude!"

Liv Sødal Alfsen/Übersetzung: Sabine Nickel

Glaube, den man hören und sehen kann   67

Stichworte:	Norwegen, Jugendchor, Gemeinschaft, Lieder, Musik, lutherische Kirche, Freikirche, Freundschaft, christliche Lehre, Andacht, Bibelkreis, Jugendarbeit, Solidarität, Mt 25, 1–13
Zum Text/ Problemfeld- beschreibung:	Viele Jugendliche kommen in der norwegischen Stadt Drammen jede Woche zusammen, um im Chor zu singen. Zum Gemeinschaftserleben und der Freude an der Musik kommt die Möglichkeit, miteinander über den christlichen Glauben zu sprechen.
Vorlesezeit:	6 Minuten
Vorlesealter:	ab 12 Jahren

Ohne allzuviele Rempeleien finden die Sänger ihren Platz im Chor. Die Soprane stellen sich links auf, die Tenöre in der Mitte und die Altstimmen rechts. Sie beginnen mit Atemübungen und dem Einsingen der Stimmen. „Mo-mo-mo-mo, mo-mo-mo-mo", singen sie auf den ersten acht Tönen von „Bruder Jakob". Dann klettern sie einen Ton höher und wiederholen die gleiche Strophe. Und einen Ton höher. Und noch einen.
Es ist die Probe im christlichen Jugendchor Youngspiration in Drammen. Sie findet jeden Freitag im Haus der Inneren Mission statt. Etwas über 30 Jungen und Mädchen ab 14 Jahren sind dabei.
Sie sind mit dem Einsingen fast fertig, als ein Mädchen ganz außer Atem zur Tür hereinkommt. Es ist Louise, die sich verspätet hat. Sie beeilt sich, an ihren Platz zu kommen, der vorne rechts ist.
Der Dirigent teilt die Noten für ein Lied aus, das sie nie zuvor geprobt haben. Es ist das alte Liebeslied „I can't help falling in love with you". Die Stimmen müssen einzeln geübt werden, bevor der ganze Chor das Lied gemeinsam probt.

Einer der Jungen hat die Solostimme schon vorher eingeübt, und als er dazu-
kommt, kommt Gefühl in die Sache.

Danach singen sie „Wo Jesus ist, grüßt die Erde den Himmel" und „Every
life has reason, for I made it so". Das sind Lieder, die sie schon gut können.

Louise Winnes pflegt ansonsten nicht zu spät zu kommen. Sie ist 15 Jahre,
geht in die achte Klasse und ist seit bald einem Jahr Chormitglied. Bevor sie
in diesem Chor anfing, hatte sie seit der dritten Klasse in einem Kinderchor
gesungen. Damals kam sie durch eine Freundin, die schon mitmachte, in den
Chor. Nun singen vier ihrer Mitschüler ebenfalls bei Youngspiration.

Die Freundschaft mit den anderen Chormitgliedern bedeutet Louise viel. Alle
sind nett zueinander und respektieren einander. In dieser Atmosphäre ist niemand ausgeschlossen.

„Eigentlich ist die christliche Gemeinschaft das Wichtigste am Chor", sagt sie.
„Der Gesang hilft uns, untereinander Bindungen entstehen zu lassen, aber
durch ihn wollen wir auch anderen die christliche Lehre nahebringen."

Von denen, die im Chor anfangen, möchten einige ein christliches Leben führen. Andere haben noch keinen Entschluß gefaßt. Manchmal kommt es vor,
daß jemand beginnt, an Jesus zu glauben, wenn er eine Weile im Chor gesungen
hat.

Neulich passierte das mit einem Jungen, der vor einigen Monaten dort begonnen hatte. Er fing immer wieder Diskussionen an und kam mit allen möglichen
Gegenargumenten, die er gegen das Christentum hatte. Aber zuweilen kann
eine Atmosphäre überzeugender wirken als Argumente.

„Eines meiner Lieblingslieder im Chor heißt ‚Don't let your heart be harde-
ned'", erzählt Louise. „Es sagt, wie wichtig es ist, für Gott offen zu sein und
sich ihm gegenüber nicht zu verschließen."

Nachdem der Chor die Lieder geprobt hat, werden die nächsten Termine
bekanntgegeben. Der Chor soll bei einem Gospelabend und zwei Konfirma-
tionsgottesdiensten auftreten. Im Sommer werden sie in Sunnmøre auf Tournee
gehen und unter anderem in Ørsta und Ålesund Konzerte geben. Auf die Frage,
ob fünf von ihnen sich melden können, um Kuchen zu backen, die bei einer
Verlosung verlost werden sollen, gehen die Hände nur zögernd in die Höhe.
Einige sagen, daß sie die Kuchen lieber essen wollen, als sie zu backen.

Dann ist Andacht. Ein Junge aus dem Chor spricht ein Gebet und liest das
Gleichnis von den zehn Jungfrauen aus dem Matthäus-Evangelium. Er sagt,
daß alle Christen Jesus in ihrem Alltag brauchen. „Wenn wir den Kontakt zu
ihm abbrechen, verlöschen unsere Lampen."

Ein anderer bittet danach um das Wort. Er erzählt von einem Jungen, der vor
einiger Zeit anfangen wollte, wie ein Christ zu leben, und den Chor ein paarmal
besucht hat. Jetzt hat er wieder Alkoholprobleme, war in eine Messerstecherei
verwickelt und liegt im Krankenhaus. Sie einigen sich darauf, für ihn zu beten.

Drei von ihnen beten laut. Sie beten, daß er gesund werden möge und sie ihn gut aufnehmen mögen, falls er in den Chor zurückkommt.

„Es kommt oft vor, daß wir einander solche Dinge mitteilen und bei den Proben für sie beten", sagt Louise.

Louise singt nicht nur im Chor. Sie spielt auch Klavier, und außerdem tanzt sie. Sowohl Standard- als auch lateinamerikanische Tänze stehen auf dem Übungsprogramm, und bald wird sie anfangen, bei Turnieren zu tanzen.

„Aber meine besten Freunde habe ich im Chor*", sagt sie. „Viele von ihnen sind daneben noch in einem Bibelkreis, und ich werde auch in eine solche Gruppe gehen."

Dann fügt sie hinzu: „Ich weiß, daß nicht alle gerne singen, deshalb ist der Chor nicht für jeden das Richtige. Aber wenn man Christ sein will, braucht man den Kontakt mit Gleichgesinnten. Von daher ist es gut, daß es viele verschiedene christliche Jugendgruppen gibt. In einer so großen Stadt wie Drammen findet sich für die meisten ein Angebot."

Vidar Kristensen/Übersetzung: Sabine Nickel

---

* Der Chor, in dem Louise singt, ist einer von über 600 christlichen Jugendchören in Norwegen. Das bedeutet, daß zwischen 20 000 und 30 000 norwegische Jugendliche zwischen 13 und 20 Jahren Mitglied eines solchen Chores sind. Ungefähr 200 dieser Chöre sind Ten-Sing-Chöre, die dem CVJM – CVJF Norwegen angehören. Betrachtet man die Kirchenzugehörigkeit, so sind rund 100 der Chöre in den verschiedenen Freien Kirchen zu Hause, während etwas mehr als 500 Verbindungen zu Organisationen und Gemeinden innerhalb der Norwegischen Staatskirche haben.

Diese Chöre machen nur einen Teil der christlichen Jugendarbeit in Norwegen aus. Zusätzlich gibt es rund 2 500 organisierte Jugendgruppen. Ungefähr 500 dieser Gruppen sind freikirchlich, ca. 2 000 dagegen lutherisch.

Die christliche Jugendarbeit gehört zu den Aktivitäten, die norwegische Jugendliche am meisten wahrnehmen. Nur die Mitgliederzahlen der Sportvereine und Blaskapellen sind höher. Es gibt zum Beispiel in den christlichen Jugendorganisationen doppelt so viele Mitglieder wie in den politischen.

68   Kinder in Bodø

Stichworte:	Norwegen, Jesus Christus, Kinder, Jahreslauf, Diaspora
Zum Text/ Problemfeld- beschreibung:	In Nordnorwegen betreiben Dominikanerinnen einen Kindergarten. Das Wetter und der Wechsel von ewigem Tag im Sommer und ewiger Nacht im Winter bestimmten auch das Leben der Kinder.
Vorlesezeit:	7 Minuten
Vorlesealter:	ab 9 Jahren

Bodø ist eine Hafenstadt in Nordnorwegen. Es war im Jahre 1953, daß vier Schwestern aus dem Orden des hl. Dominikus mit dem Schiff aus England hier ankamen. Sie lebten ganz arm in einer kleinen Unterkunft und wollten die Vorbereitung von katholischen Kindern auf Erstkommunion und Beichte übernehmen. Aber was bedeutete das in Bodø? In der ganzen Stadt gab es ja nur drei katholische Familien. Doch die Pfarrgemeinde erstreckte sich ja weit über Bodø hinaus, und Kinder kamen zu dieser Vorbereitung aus mehr als 300 km Entfernung. Freilich nicht allzu viele Kinder, aber doch einige. In ganz Nordnorwegen gibt es ja nur etwa 600 katholische Christen.
Die Schwestern schauten sich in Bodø um, und vor allem die Kinder hier wurden bald ihre kleinen Freunde. Und dann bauten sie einen Kindergarten, in den kommen konnte, wer will. In Bodø war so etwas damals unbekannt. Dann errichteten sie auch noch ein Tagesheim für Schulkinder und schließlich auch eines für Teenager. Ja, und manchmal fanden sie Zeit, Briefe nach Hause zu schreiben. Da erzählten sie vor allem von Kindern, wie diese in Bodø leben. In diesen Briefen wollen wir ein wenig schmökern und mit den Schwestern auf die Straße von Bodø gehen.
Die Straße, wo wir wohnen, heißt Hernesveien. Sie führt über Ödland und Moore und verbindet die Stadt mit dem Flughafen. Es ist eine große Straße, hat aber keine Gehwege.
Alle unsere Nachbarn haben Kinder. Wir waren ganz schön erstaunt, als wir bemerkten, wie selbständig schon die kleinsten Kinder sind. Bereits Dreijährige gingen allein zum Einkaufen oder überbrachten kleine Mitteilungen von ihren Eltern. Doch bekamen wir einen riesigen Schrecken, als wir sahen, daß die Kinder sich auch mitten auf die Straße setzten und ganz sorglos spielten. Als dann ein Unfall passierte, wußten wir, daß wir uns für unsere kleinen Nachbarn um einen sicheren Spielplatz kümmern mußten.
Bodø heißt auch „die Stadt der vier Winde"! Denn es weht fast immer, vom Meer her, von den Bergen her, die Küste entlang. Und der Regen: Auch er ist typisch für unsere Stadt. Doch nicht so sehr dieses Wetter überraschte uns, sondern die Art und Weise, wie die Leute mit dem Wetter fertig wurden. Die Kinder zum Beispiel spielen immer im Freien, bei jedem Wetter, und niemand ruft sie nach Hause, nur weil es gerade wieder regnet. Keiner sagt auch etwas,

wenn sie im knietiefen Matsch herumtollen. Und wenn es dunkel ist – davon hört ihr hier noch –, spielen sie eben bei Taschenlampenlicht.

Als wir 1953 nach Bodø kamen, meinten wir geradewegs ins „Weihnachts-baumland" gekommen zu sein. Dabei gibt es dieses Brauchtum in Norwegen noch gar nicht so lange, wie uns erzählt wurde. Aber wir fanden den Weih-nachtsbaum zur Weihnachtszeit überall, wirklich überall: Omnibusse waren damit geschmückt, auf Booten leuchtete er, und aus jedem Haus schaute er heraus. Der Weihnachtsbaum wird nämlich immer so aufgestellt, daß er auch von der Straße aus sichtbar ist, durch Fenster, die keine Fensterläden kennen, oder durch die Haustür. Geschmückt ist er mit Kerzen, gebastelten Ornamen-ten, mit kleinen Fähnchen. Unter ihn werden eingepackt die Geschenke gelegt, um am Abend vor Weihnachten ausgepackt zu werden. Da sind dann ab Mittag die Geschäfte schon geschlossen, und auf der Straße trifft man keine Menschenseele mehr. Jeder will zu Hause sein, um in aller Ruhe Weihnachten feiern zu können.

Ein altes Sprichwort sagt: „Wenn Canute kommt, geht Jul hinaus." Der 13. Januar ist damit gemeint, das ist nämlich der „St. Canutes Tag". Da sind die Festtage dann vorbei, und die Schule geht wieder an. Und der Weihnachtsbaum muß dann hinaus. Seine glänzende Erscheinung hat sich inzwischen in ein trauriges Skelett verwandelt. Und wohin nun damit? Überall ist ja tiefer Schnee. Aber doch nicht überall. Denn der steinige Strand des Meeres, das bei uns wegen einer warmen Strömung nie zufriert, ist immer schneefrei. Und da ziehen dann ganze Kinderprozessionen mit den Resten der Weihnachtsbäume hin und werfen sie auf einen Haufen zusammen. Dann werden die Stapel angezündet, die Flammen schlagen hoch und lassen die Gesichter der Kinder noch einmal leuchten.

Aus allen Teilen der Welt kommen Touristen zu uns, um im Sommer die Mitternachtssonne zu sehen. Da ist nämlich bei uns ewiger Tag, und die Sonne versinkt nicht hinter dem Horizont, sondern ist immer da, auch um Mitter-nacht. Manchmal freilich erlebt man nur ein 24 Stunden langes Tageslicht, sieht die Sonne selbst nicht, weil sie durch die Wolken verdeckt ist. Wenn man sie aber sieht, wie sie um Mitternacht in prachtvollen Farben, golden oder hochrot, über dem Horizont steht, dann ist es ein gewaltiges Erlebnis. Da versteht man, warum unsere Vorfahren die Sonne verehrt haben und warum Jesus Christus mit der Sonne verglichen wird. Für die Kinder hier zählt freilich das stundenlange Tageslicht mehr als die Schönheit der Sonne. Freude über Freude: Keiner mehr weiß sicher, wann es Zeit ist, ins Bett zu gehen.

Dafür ist es in der Winterzeit immer etwas dunkel. Denn da bleibt die Sonne verschwunden, taucht eine lange Zeit nicht mehr über den Horizont heraus. Da weiß dann keiner genau, wann man aufstehen soll in der Frühe – wenn man keinen Wecker oder keinen Gockel hat.

Schwester M. Ansgar

69   Besuch in Budapest

Stichworte:	Ungarn (vor der Wende), reformierte, Gemeinde, Gottesdienst, Jugendgruppe, Abendmahl, Kirche in der sozialistischen Gesellschaft, Rumänien, politische Flüchtlinge, Sozialismus, Begegnung (Drittlandbegegnung)
Zum Text/ Problemfeldbeschreibung:	Zusammen mit einer Gruppe von Jugendlichen aus der Bundesrepublik und der DDR besucht Kristina eine reformierte Gemeinde in Budapest. In einem Brief an Anja in der Bundesrepublik berichtet sie von einem ungarischen Gottesdienst und von Gesprächen mit jungen ungarischen Christen.
Vorlesezeit:	7 Minuten
Vorlesealter:	ab 13 Jahren

Liebe Anja,
ich bin voller Eindrücke – nach einem Tag in Budapest – und weiß noch nicht, ob ich englisch, französisch oder deutsch denken und schreiben soll. Jedenfalls will ich die dreistündige Zugfahrt zurück zum Balaton nutzen, um Dir endlich zu schreiben. Ich habe mir das schon seit einigen Tagen vorgenommen, aber in unserer Gruppe (acht Jugendliche aus der Bundesrepublik und acht Jugendliche aus der DDR) ist immer so viel los, daß ich bis jetzt noch nicht dazu gekommen bin. Klar! Budapest ist Pflichtprogramm für Ungarntouristen! Aber für uns war es kein Touristentrip; wir waren von einer Jungen Gemeinde der Reformierten Kirche in Budapest eingeladen.
Es war ein langer Tag: jetzt ist es halb elf Uhr nachts – und wir sind schon um fünf Uhr aufgestanden; kurz nach sechs fuhr bereits der Zug nach Budapest. ... Ziemlich verschlafen fuhren wir durch die Landschaft.
In Budapest angekommen, machten wir uns auf den Weg zur Kirche; sie war gar nicht weit vom Bahnhof entfernt. Trotz genauer Wegbeschreibung und mit Stadtplan in der Hand sind wir am Ziel vorbeigegangen, weil wir eine Kirche erwartet hatten. Zu unserer Überraschung war es aber eine große Villa, ein Gemeindehaus, wie die benachbarten Häuser mit viel Grün bewachsen und von einem hohen Gartenzaun umgeben. Bei unserer Runde durchs Haus bekamen wir einen ersten Eindruck: zwei Wohnungen im ersten Stock, eine davon bewohnte László, der Pfarrer, der uns eingeladen hatte. Im Erdgeschoß waren verschiedene Gemeinderäume, einer davon der Gottesdienstraum, und eine kleine Küche; im Untergeschoß waren verschiedene Räume, u. a. auch der Jugendraum. Auffällig war, daß in keinem dieser Räume auch nur ein Bild aufgehängt war ... (Später erfuhr ich, daß das irgendwie mit der Reformierten Kirche zusammenhängt.) Im Jugendraum konnten wir uns zuerst einmal von unserer langen Reise erholen und wurden von László mit Limonade begrüßt. Dann kurze Vorstellungsrunde und Informationen, wie der Tag geplant und vorbereitet war. Besonders gründlich besprachen wir den Gottesdienst. László

sagte uns noch, daß er selbst Kindergottesdienst halten würde und zum Abendmahl anwesend sei ... sein Kollege predige aber sicher sehr interessant! Außerdem: auch wenn wir nicht viel Wörter verstehen würden, das Wichtigste sei, daß wir mit unseren Herzen verstehen. In der Tat verstanden wir nur die Wörter „Jesus Christus", „Halleluja" und „Amen". Die Lieder sang die Gemeinde allerdings so sehr aus vollem Herzen, daß wir einfach versuchten mitzusingen. Obwohl nur eine von uns, Sabine, Ungarisch kann, hatten wir alle Gesangbücher bekommen.

Wir hatten auch zwei Lieder vorbereitet: den Kanon „Dona nobis pacem" und noch ein zweistimmiges Lied „Halleluja" – das konnte unsere Gastgemeinde auch verstehen! Nach dem Gottesdienst sind viele zu uns her gekommen und haben uns gedankt: Sie haben sich sehr gefreut, daß wir in den Gottesdienst gekommen sind, daß wir Lieder gesungen haben – und erzählt haben, wer wir sind und was wir machen.

Irgendwie ist es komisch: Einerseits kommen wir in einem fremden Land einfach in einen Gottesdienst und fühlen uns zu Hause, andererseits ist alles ein bißchen oder zum Teil auch ziemlich anders als bei uns. Beim Abendmahl z. B. gab es für alle einen kleinen Kelch mit einem Schluck Wein und ein Stückchen Brot. Die ganze Gemeinde ging in einer langen Schlange – nach einer ganz bestimmten Ordnung – an den beiden Pfarrern vorbei, der eine verteilte das Brot, der andere den Wein.

Nach dem Gottesdienst gab es im Nebenraum ungarischen Kaffee und kleine, selbstgebackene Kuchenstücke. Dabei konnten wir uns mit verschiedenen Gemeindegliedern unterhalten. Einige ältere Leute sprachen deutsch – und wollten uns das auch zeigen. Sie fragten uns, woher wir kämen, ob uns Ungarn gefalle, was wir machten. Und sie erzählten uns, was sie von Deutschland kannten und wußten.

Nachdem die meisten sich auf den Nachhauseweg gemacht hatten, gingen wir wieder nach unten in den Jugendraum und setzten uns dort mit den Jugendlichen aus der Gemeinde zusammen; wir konnten einander Fragen stellen über alles, was uns interessierte. László übersetzte dann Fragen – und Antworten. Aber in einer Gruppe von 25 Leuten war das gar nicht so einfach; es war ziemlich steif. Interessant war, daß die Jugendlichen weniger die sozialen Probleme, die in Ungarn z. Zt. rapide zunehmen, im Blick haben; was sie hingegen sehr stark beschäftigt, sind die Probleme der ungarischen Minderheit in Rumänien. Es gibt jetzt die ersten offiziellen politischen Flüchtlinge in einem sozialistischen Land!

Auf dem Weg zum Restaurant wurden die Gespräche schon etwas lockerer – und beim Essen gab es dann regelrecht lebhafte Gespräche. Auf englisch, französisch, deutsch und ungarisch, je nachdem, was wir konnten. Und immer wieder fragte jemand über den Tisch: „Was heißt dies oder das auf englisch oder französisch?" So war ein munteres Durcheinander aus verschiedenen Sprachen, so daß wir beinahe das Essen vergaßen.

Nachdem wir gut und lange gespeist hatten, machten wir noch gemeinsam eine Tour durch Budapest und in die Umgebung. Dabei setzten wir die begonnenen Gespräche fort. So erfuhren wir viele Einzelheiten über das Leben in Ungarn und auch über Glauben, Religion und Kirche. Dies interessierte uns besonders, weil wir in unserer Gruppe in Balatonlelle schon häufig darüber gesprochen hatten: Was bedeutet es für Christen und Kirchen, in einer sozialistischen Gesellschaft zu existieren? Mein Eindruck ist, daß der Unterschied zu unserer Gesellschaft gar nicht so groß ist. Vielleicht ist das Gemeindeleben, wie wir es kennengelernt haben, etwas intensiver, als ich es bei uns kenne. Jedenfalls haben wir festgestellt, daß für solche und noch ganz andere Fragen mehr und längere Begegnungen nötig sind. Aber ein Anfang ist gemacht: So gab es dann einen sehr herzlichen Abschied mit einer Einladung fürs nächste Jahr. Ich hoffe, ich kann dann wieder mitfahren.

Jetzt kommen wir gleich in Balatonlelle an; deshalb beende ich hier den Brief. Ich werde Dir bestimmt noch mehr erzählen, wenn ich wieder zu Hause bin.
Viele Grüße und bis bald
Kristina

Elke Kristina Stark

70   Sein Name geht immer weiter ... und weiter

Stichworte:	Niederlande, Reformierte Kirche, Pfarrerin, Taufe, Namen, Gottesdienst, Tod, Beerdigung, Schmetterling als Symbol der Auferstehung, Leben nach dem Tod, Auferstehung, Trauer, Generationen, Verwandlung, Symbole, Heiliger Geist, Vogel als Symbol des Heiligen Geistes, Predigt, Trost, Taufrolle, bleibende Erinnerung
Zum Text/ Problemfeld- beschreibung:	Beim Gottesdienst spricht die Pfarrerin mit den Kindern über ihre Taufe, und sie betrachten dabei die Taufrolle an der Kirchenwand, worauf alle Namen der dort Getauften stehen. Hans hat denselben Namen wie sein Opa, der kurz darauf stirbt. In der Beerdigungspredigt verweist die Pfarrerin auf die Verwandlung der Raupe bis hin zum Schmetterling, der zum Symbol der Auferstehung, des neuen Lebens bei Gott wird. Auch daß Hans denselben Namen wie sein Opa hat, kann als ein solches Zeichen verstanden werden.
Vorlesezeit:	7 Minuten
Vorlesealter:	ab 8 Jahren

Jeden Sonntagmorgen fährt Hans mit seinen Eltern zur Kirche. Dort sitzt er zwischen seinem Vater und seiner Mutter oder neben Opa und Oma. Während der Predigt geht Hans mit vielen anderen Kindern zum Kindergottesdienst.

Am Ende des Gottesdienstes kommen die Kinder dann wieder zurück. Hans erzählt immer, was sie da gemacht haben und welche Geschichte das Fräulein erzählt hat. Die ganze Familie Jakobse sitzt immer in derselben Reihe. Manchmal sitzen da auch seine Tanten und Kusinen und sein Onkel. Wenn einer sich in diese Reihe setzt, der nicht zur Familie gehört, wird er meistens von jemandem darauf hingewiesen: „Da darf man sich nicht hinsetzen, da sitzt die Familie Jakobse." Und natürlich respektieren das die Fremden und setzen sich in eine andere Reihe.

Hans ist jetzt genau sieben Jahre alt. Solange er sich erinnern kann, geht er jeden Sonntagmorgen mit den Eltern zur Kirche. Er weiß genau, wie es in der Kirche geht: Singen, beten, zusammen Antwort geben, wenn die Pfarrerin etwas gesagt hat. Und das letzte Wort ist immer „Amen". Das weiß er auch. Hans wartet, bis die Pfarrerin klingelt. Es ist eine kleine Klingel. Sie macht aber viel Lärm. Die Klingel haben sie aus Polen bekommen.
Sie klingelt! Hans steht von der Bank auf und rennt nach vorn zusammen mit den anderen Kindern. Er steht als erster da, genau vor der Pfarrerin.
„Stellt euch so hin, daß ich alle sehen kann! Erzähl mal, wie heißt Du eigentlich?" fragt sie.
„Hans!" Das weiß sie doch! Warum fragt sie das?
„Warum haben deine Eltern dir diesen Namen gegeben? Weißt du das, Hans?"
„Weil mein Opa so heißt. Ich habe mehrere Opas. Opa Hans sagen wir immer. Ich heiße wie Opa Hans!"
„Steht dein Name auch an der Wand geschrieben, Hans?"
Natürlich steht sein Name auf der Taufrolle in sehr großen und schönen Buchstaben geschrieben: HANS JAKOBSE 6. März 1983.
Und Karin, steht dein Name auch darauf? Und Peter, Liselore ...?
Nicht alle Namen von euch stehen da an der Wand. Ralf und Brigitte zum Beispiel sind ja nicht in unserer Gemeinde getauft.
Warum stehen eure Namen dort? Damit wir sie nie vergessen!
Ja, das ist eben so. Aber es bedeutet noch etwas: Weil dein Name, HANS, KARIN oder wie du auch heißt, einmal hier in der Kirche in einem Atem mit dem Namen des dreieinigen Gottes, des Vaters, des Sohnes und des Heiligen Geistes gerufen worden ist.
Gott will mit dir verbunden sein. Er ist wie der Schatten an deiner rechten Hand. Du kannst nicht auf deinen Schatten treten. Du kannst nicht genau sehen, wer das ist. Nur wenn es hell ist, kannst du deinen Schatten sehen. Aber im Dunkeln ist der Schatten auch da. So ist Gott bei dir. Er ist immer dabei, auch wenn du es nicht sehen kannst.
Wenn Kinder getauft werden, singen wir immer ein Tauflied. Das fängt so an: „Ich werde dasein, für dich." Dann singen wir, was wir schon gehört haben. Heute erzählen wir über eure Namen.
Gott ruft Menschen bei ihren Namen und sagt: ‚Du bist mein!'

„Jetzt dürft ihr zum Kindergottesdienst gehen!" sagt die Pfarrerin. „Da hört ihr weiter, warum wir von euren Namen sprechen!"

Nach einer knappen halben Stunde, nach der Predigt, kommen die Kinder wieder. Stolz zeigen sie, was sie da gemacht haben.
„Was hast du denn, da, Hans? Zeig doch mal!"
Hans hat einen kleinen Vogel aufgesteckt. Sein Name steht daran geschrieben!
Wieso denn einen Vogel?
Hans erzählt: „Das ist das Zeichen für den Heiligen Geist. Er tröstet immer, wenn keiner in der Nähe ist."

Die nächste Woche passiert etwas ganz Schlimmes. Opa Hans stirbt. Er war nicht einmal krank. Auf einmal ist er einfach von ihnen gegangen. Der Arzt hat erzählt, daß sein Herz ganz schlecht war, einfach abgenutzt. Was ist der kleine Hans traurig! Und nicht nur er, sondern die ganze Familie.
Mutter fragt: „Hans, möchtest du mitfahren, wenn wir uns von Opa Hans verabschieden?" Natürlich möchte Hans mit, aber er ist auch ängstlich.
Vater und Mutter erzählen genau, wie es bei einer Beerdigung zugeht. „Zuerst fahren wir zur Kirche. Die Pastorin hält einen kurzen Gottesdienst. Dann fahren wir weiter zum Friedhof und verabschieden uns von Opa Hans."

Endlich ist es soweit. Auf einmal sieht die Mutter, daß Hans den Vogel angesteckt hat. Sie begreift es sofort. Gott tröstet, heißt das.
Die Mutter geht zusammen mit Oma. Sie ist am traurigsten.
Der Vater geht mit Hans. Eigentlich ist es wie am Sonntag. Es sind viele Menschen in der Kirche versammelt. Nur Opa sitzt nicht in der Bank, er ist vorne in der Kirche aufgebahrt. Hans muß einen Augenblick weinen. Vaters Hand tröstet ihn.
Nun ist die kurze Predigt zu Ende. Die Pastorin sagt: „Liebe Kinder!"
„Das sind wir!" sagt Hans zu seinem Vater.
„Ich möchte jetzt etwas zu euch sagen. Wenn ihr nachher zu Hause seid, dann fragt ihr bestimmt: ‚Vater, Mutter, wo ist denn Opa jetzt?'
Die Frage ist nicht nur eure Frage, sondern auch die Frage eurer Eltern. Ist Opa bei Gott im Himmel? Oder liegt er auf dem Friedhof?
Darum erzähle ich euch eine kleine Geschichte.
Wenn hier jetzt ein farbiger Schmetterling fliegt, dann wißt ihr bestimmt, daß dieser Schmetterling zuerst eine Raupe war. Die Raupe wohnt eine Zeit in einem Kokon. Das ist ihr Haus. In ihrem Kokonhaus ist es dunkel. Es sieht von außen so aus, als ob die Raupe tot sei.
Eines Tages passiert etwas. Die Raupe kriecht aus ihrem Haus. Die Raupe? Nein, ein farbiger Schmetterling. Also war doch etwas Lebendiges im Haus! Der Schmetterling breitet seine Flügel aus und fliegt weg, dem Licht entgegen. Weg ist er. Sein Haus ist kaputt, zurückgeblieben.

Liebe Kinder, Opa Hans ist gestorben. Bald werden wir seinen Körper begraben.

Aber sein Leben, womit er euch liebte, womit er tröstete, wenn ihr traurig wart, ist, wie der Schmetterling, zu Gott.

Jetzt liebt er Gott von Tag zu Tag.

Und wenn wir an Opa Hans denken, dann erzählen wir, wie er für uns war:
— er war Opa Hans, der schön zeichnete für uns;
— er war Opa Hans, der immer etwas aus dem Garten mitgebracht hat, eine große Erdbeere oder einen Apfel oder eine Wurzel, ein Paar Veilchen.

Und wenn es im Garten nichts mehr gab, hatte er immer etwas zum Naschen bereit.

Denkt jetzt einmal nach, was euch an Opa Hans erinnert.

Vergeßt also seinen Namen nicht und was er in seinem Leben gemacht hat."

„Du heißt auch Hans", sagt die Pastorin.

„Vielleicht machst du weiter, was dein Opa Hans angefangen hat.

Weißt du eigentlich, daß in Holland, in der Provinz Groningen auf alten Grabsteinen ein Schmetterling in den Stein gehauen ist?

Das bedeutet, daß der Tod nicht das Letzte ist. Der Schmetterling sagt, daß dieser Mensch bei Gott weiterlebt, wie der Name von Opa Hans unter uns weiterlebt.

Vor 75 Jahren hat Gott deinen Opa bei seinem Namen ins Leben gerufen, jetzt hat er ihn zurückgerufen bei seinem Namen.

Achte auf die Taufrolle!

Sein Name geht immer weiter von Geschlecht zu Geschlecht, weiter ... und weiter."

Käti van Bergen

Afrika

71 Ich werde zum Medizinmann gehen

Stichworte:	Südafrika, Krankheit, Heilung, Leiden, Lernen, Begegnung, traditionelle afrikanische Heilkunst
Zum Text/ Problemfeld- beschreibung:	Der Arzt Dr. White, der als Entwicklungshelfer unter der schwarzen Bevölkerung Südafrikas lebt, beginnt, die traditionellen Heilmethoden der afrikanischen Medizinmänner zu schätzen.
Vorlesezeit:	12 Minuten
Vorlesealter:	ab 14 Jahren

Drei Tage und drei Nächte kämpfte der junge Dr. White um das Leben von Jeremo Mpholo. Dann war es geschafft. Der Dreißigjährige, Vater von vier Kindern, würde nicht sterben. Die Krankheit war gebannt.

Den Arzt erfüllte Freude und ein tiefes Gefühl der Dankbarkeit, das ihn für alle Entbehrungen in diesem Land entschädigte. Sein winziges Krankenhaus war eher eine Ambulanz, das Behandlungszimmer halb offen. Von der Veranda aus konnte man zusehen, wenn er die Patienten untersuchte. Es gab nur drei Krankenzimmer mit insgesamt acht Betten. Sie waren für solche Notfälle gedacht, die nicht mehr in die Stadt gebracht werden konnten. Operiert wurde in der Stadt. Die hundert Kilometer dorthin auf schlechter Naturstraße waren für die Patienten und Fahrer oft eine einzige Qual.

Mit Freude teilte Dr. White seinem Patienten mit, daß er nun bald wieder heim könne. „Du bist gerade noch rechtzeitig gekommen", erklärte der Arzt, „und zum Glück hatten wir Penicillin..."

„Ja", sagte Jeremo, und dann fügte er hinzu: „Wir werden die Rechnung bezahlen."

Mit „wir" meinte er seine Familie. Er hatte zwei Frauen. Sie bebauten jede ein Stück Land. Er hatte auch einige Ochsen und Ziegen.

Es ging Jeremo von Tag zu Tag ein wenig besser. Aber er blieb schweigsam. Auf Dr. White wirkte er bedrückt. Ob es wegen der Krankenhausrechnung war? Er nahm sich vor, mit ihm darüber zu reden.

Doch dem jungen Arzt verschlug es die Sprache, als Jeremo am Tag der Entlassung sagte: „Ich werde noch heute zum Medizinmann gehen."

„Du meinst Moracho, den Alten?"

„Ja, den meine ich."

„Und was willst du dort?"

„Er muß mich heilen."

Jeremo sagte das mit größter Selbstverständlichkeit. Aber er stutzte einen Augenblick, als er das Erstaunen auf dem Gesicht des Arztes sah.

„Jeremo, du bist doch jetzt geheilt, du bist wieder gesund, du kannst wieder arbeiten, und du kannst dir auch Zeit lassen mit der Rechnung."

„Du hast mir geholfen und ich werde zahlen, aber gesund bin ich noch nicht", kam es fest über Jeremos Lippen.

Hatte er es hier mit einem Hypochonder zu tun, der sich die Krankheit einbilde-
te? Das traute er Jeremo allerdings gar nicht zu. Er würde der Sache auf den
Grund gehen.

„Kennst du Moracho, den Zauberer, gut?" fragte er Jeremo.

„Wie alle hier."

„Und warum bist du nicht gleich zu ihm gegangen? Warum bist du zu uns
ins Spital gekommen?"

„Moracho wollte das so. ‚Gehe in das Spital der Weißen‘ hat er gesagt. ‚Die
Weißen haben Medikamente, die sind stark und gut. Nimm sie, sie tun deinem
Körper gut. Zahle auch die Rechnung. Die Spitäler der Weißen sind wie
Autowerkstätten. Wenn am Auto etwas kaputt ist, kann man es in eine Werk-
statt bringen. Deshalb mußt du mit deinem Körper auch in die Werkstatt der
Weißen und vertrauensvoll ihre Medizin schlucken. Wenn du das getan hast,
kommst du wieder zu mir, dann werde ich dich heilen.‘"

„Einen Gesunden heilen! Wie meinst du das?" Dr. White mußte seinen Ärger
unterdrücken.

„Du hast die Krankheit aus mir ausgetrieben, das stimmt. Aber heil bin ich
deswegen noch nicht. Moracho wird die Harmonie wiederherstellen."

„Die Harmonie?"

„Ja, alles ist gestört, die Harmonie in mir, mit meinem Nachbarn, der Erde.
Erst wenn wieder Friede in mir ist, bin ich heil. Ich muß auch wissen, wer
meine Krankheit verursacht hat."

„Jeremo, red' nicht solchen Unsinn! Es war eine Infektion…"

„Und warum habe ausgerechnet *ich* mich angesteckt?"

„Du hattest eben nicht genug Widerstandskraft."

Jeremo wandte sich ab. Für den Arzt eine deutliche Sprache: Jeremo war nicht
willens, das Gespräch fortzusetzen. Dr. White hob hilflos die Arme. Er wollte
noch etwas sagen, unterließ es dann aber. Das Denken dieser Leute war ihm
einfach fremd.

Einige Zeit später kam Father Richard, der alte Missionar, zu Besuch. Immer
wenn er zu den Außenstationen unterwegs war, trank er im Spital seinen Tee.
Noch nie hatte Dr. White ihn mit solcher Ungeduld erwartet; er wollte mit
ihm über Jeremo sprechen.

„Ich versteh' das einfach nicht", sagte er. „Ist dieser Aberglaube denn nie
auszurotten? Da tun wir alles, ein Mann wird geheilt, der aber macht sich auf
und geht zum Medizinmann. Damit die Harmonie wiederhergestellt wird!
Damit der ihm sagt, wer ihn krank gemacht hat!"

„So ist es."

Wollte der alte Missionar sich über ihn lustig machen? Warum regte sich der
nicht auf? Zauberei und Aberglaube fielen doch noch mehr in dessen Geschäft
als in seines.

„Father, es stört Sie doch auch, wenn die Leute zum Medizinmann gehen?"

„Nein!"

„Höre ich recht? Zauberer waren doch seit jeher die Gegner der Missionare."
„Moracho ist kein Zauberer. Auch kein Scharlatan. Er ist ein guter Medizin-mann. Ich kenne ihn. Einmal habe ich mich in dieser Gegend verlaufen. Das war am Anfang, als ich noch nicht lange hier war. Damals glaubte auch ich, jeden Medizinmann als heidnischen Zauberer ablehnen zu müssen. Also. Ich fand mich allein mitten in der Dornensteppe. Die Sonne ging unter. In der Dunkelheit, das wußte ich, würde ich den Rückweg niemals finden. Plötzlich höre ich jemanden neben mir atmen. Der Medizinmann! Er steht da wie aus dem Boden gekommen. Er grüßt höflich und bietet mir an, mich heimzubrin-gen. Er geht vor mir her, nein, er schwebt mehr, als er geht. Nur seine nackten Zehen berühren den Boden. In der pechschwarzen Nacht torkele ich hinter ihm her. Wenn es über Steine geht, reicht er mir die Hand und mahnt mich zur Vorsicht. Sonst redet er nichts. Nach etwa zwei Stunden erreichen wir die Außenstation. ‚Ho, hui, ho!' rief er, ‚ich bringe euch den weißen Priester!' Ich bat den Mann, mit mir zu essen. Er nahm dankend an. Wir sprachen die halbe Nacht miteinander. Ich durfte manches lernen."
Dr. White hatte interessiert zugehört.
„Vielleicht sollten Sie selbst einmal den alten Moracho besuchen", fuhr der Missionar weiter, „wir beide sind inzwischen Freunde geworden. Von ihm lernte ich, daß alle Krankheiten auf vier Entfremdungen zurückgehen. Entfrem-dung von Gott, vom Du, von der Erde und sich selbst. Wir Abendländer sehen da viel zu einseitig. Daß eine Krankheit immer den ganzen Menschen betrifft, lassen wir völlig außer acht. Wir sehen nur den Körper, ja, nur den gerade befallenen Körperteil. Wir sollten die traditionellen afrikanischen Heilmetho-den nicht unterschätzen."
„Moracho sieht wie ein Zauberer aus dem Bilderbuch aus. Ich habe ihn hin und wieder gesehen. Gesprochen habe ich ihn nie."
„Moracho drängt sich nicht auf. Er ist aber kein Gegner des Spitals. Sein Wissen hat er von seinem Vater, dem er als Junge den Medizinbeutel trug. Er heilt mit Baumrinde, Wurzeln, Kräutern und Tierteilchen. Er ist auch zuständig für Streitereien in der Sippe. Von Anatomie, Physiologie und Pharmakologie versteht er nicht viel, um so mehr aber von Soziologie und Psychologie, von der Religion des Stammes und vom ganzheitlichen Denken des Afrikaners. ‚Ich darf bei der Heilung ein Finger Gottes sein', erklärte er mir einmal. Und so sehe ich das auch. Moracho hilft den Menschen, daß sie Frieden finden mit ihrer Gemeinschaft, ihrer Umwelt und Gott. Heilung durch Frieden, ist das nicht schön?"
„Es gibt Scharlatane", nahm der junge Arzt noch einmal einen Anlauf.
„Die gibt es sicher. Es gibt auch schlechte Ärzte. Wir Europäer suchen zwar auch nach den Ursachen der Krankheit, wir wissen, daß viele Krankheiten durch gesellschaftliche Spannungen verursacht sind. Der Afrikaner sucht nicht nach abstrakten Erklärungen, er geht der Sache nach. Warum werden Men-schen krank? fragt er. Gott ist doch nicht böse, sondern gut. Also schickt er

uns keine Krankheit. Der Medizinmann setzt sich mit seinem Patienten hin, meditiert mit ihm über Knochen und Tierfelle. Erst wenn sie über alles gesprochen haben, wenn der Mensch seinen Frieden wiedergefunden hat, gilt er als geheilt. Etwas schwierig zu verstehen, nicht wahr?"

Auf dem Gesicht des Arztes lag ein spöttischer Zug. Er wollte nicht weiter widersprechen, den alten Missionar nicht kränken. Wenn man lange in diesem Land lebt, dachte er, wird man eben selbst auch abergläubisch. Es ist vielleicht eine Schutzmaßnahme. Wie sonst könnte der Mensch vor dem vielen Fremden bestehen?

In den kommenden Wochen ertappte er sich dabei, daß seine Gedanken immer wieder zu Moracho abschweiften. Die traditionelle afrikanische Heilkunst begann ihn zu interessieren.

„Einzelne Scharlatane trugen immer dazu bei, die Zunft der afrikanischen Medizinmänner in Mißkredit zu bringen", las er in einem Buch über afrikanische Heilkunst. „Ärzte und Priester waren von vornherein vom Aberglauben der Medizinmänner und -frauen überzeugt und haben sie bekämpft. Mit der Zeit jedoch bahnte sich ein anderes Denken an. Der internationale missionswissenschaftliche Kongreß in Harare 1985 wies zum Beispiel darauf hin, daß Heilung auch Wesensmerkmal der Kirche sei, und forderte, daß die traditionelle Medizin nicht länger ein Randdasein führen dürfe."

Im Winter 1986 erhielt Dr. White den Brief einer ehemaligen Mitstudentin, die in Westafrika wirkte. Auch sie hieb in die gleiche Kerbe.

„Selbst auf die Gefahr hin, daß Du mich für verrückt erklärst, muß ich Dir heute erzählen, daß mich die traditionelle afrikanische Medizin bekehrt hat", schrieb sie. „Die Natur ist eine wunderbare Apotheke Gottes. Ich bin lange Zeit mit meinem Lehrmeister, dem Medizinmann Dady, durch den Busch gezogen. Diese Lehrzeit war schwieriger als mein Studium an der Universität. Dady kannte kein Erbarmen. Bei größter Hitze waren wir unterwegs, oft ohne Trinkwasser, aber mit Säcken voller Kräuter auf dem Rücken. Über hundert Kräuter verwende ich heute bereits bei meinen Kranken. Sie ersetzen mir zum Teil westliche Medizin. Eine Französin unter westafrikanischen Nomaden, so hörte ich neulich, setzt Kräuter und Pflanzen sogar mit Erfolg bei Leprakranken ein. Unter den westlichen Medizinern wird ihre Forschungsarbeit weitgehend belächelt. Ich persönlich aber weiß, daß wir auf diesem Weg weitermachen müssen. Deine diesbezüglichen Erfahrungen im Zululand würden mich interessieren..."

Erfahrungen? Hatte er welche?

Eines Tages kam Jeremo ins Spital, um seine Rechnung zu bezahlen. Seine Bedrücktheit war von ihm gewichen. Er wirkte entspannt und zufrieden.

Kurze Zeit darauf besuchte Dr. White den alten Medizinmann, nachdem er gehört hatte, daß die Ahnen ihn bald holen würden.

Moracho lag in seiner Hütte, zu schwach, um sich zu erheben. Aber sein Geist war hellwach. Über seinen nahen Tod gab es für ihn nichts zu sprechen. Der war natürlich. Aber wie ein Schrei brach es aus ihm heraus: „Weißer Mann, ganz Afrika ist krank! Unsere jungen Leute zieht es in die großen Städte. Dort werden sie von Krankheiten heimgesucht, die niemand heilen kann. Die Menschen in den Städten haben keine Wurzeln mehr für ihre Seelen. Die Harmonie mit Gott und der Natur haben sie verloren. Weißer Mann, jetzt kann ich auch nicht mehr helfen."

„Das große Wissen, das mit diesem alten Medizinmann ins Grab gelegt wird! Ich hätte früher zu ihm gehen sollen", dachte Dr. White, „ich hätte viel von ihm lernen können…"

Jetzt war es zu spät. Moracho, der „Finger Gottes", wies in eine andere Richtung, hinaus über Afrika und Europa.

Eva-Maria Kremer

72   Wie ich meine Angst vor den Weißen verlor

Stichworte:	Südafrika, Apartheid, Rassismus, Verfolgung, Folter, Gefängnis, Leid, Gewaltlosigkeit, Angst, Mut, Hoffnung, Ausnahmezustand, politischer Ungehorsam
Zum Text/ Problemfeld- beschreibung:	Ein schwarzer Gewerkschaftler, der als überzeugter Christ für Gewaltlosigkeit eintritt, wird in der Nacht von der Polizei abgeholt und ins Gefängnis gebracht. Die Tochter bewundert die mutige Haltung ihrer Mutter in dieser Situation.
Vorlesezeit:	12 Minuten
Vorlesealter:	ab 12 Jahren

Es war eine Winternacht, wie es viele gibt. Doch sie war leidvoll und wird für immer in die Geschichte Südafrikas eingehen. Die tiefsitzende Angst der Weißen, die ihre Vorrechte nicht aufgeben wollen, offenbarte sich der ganzen Welt. Angst ist kein guter Ratgeber. Sie macht unfrei. Deshalb machte ein weißes Regime Jagd auf jene Menschen, die diese Angst nicht kannten trotz ihrer schweren Ketten der Apartheid.

Am liebsten hätten sie diese aufsässigen Schwarzen gleich mundtot gemacht. Das war aber unmöglich; denn die Weltöffentlichkeit ließ die Vorgänge in Südafrika nicht aus den Augen. So mußte man äußerst diskret vorgehen bei den Verhaftungen in diesen Tagen vor dem 16. Juni. Eine Mauer des Schweigens wurde errichtet. „Ausnahmezustand", hieß es.

Doch diese Mauer hatte Löcher. Spärlich sickerten Nachrichten durch, aber sie sickerten. Keine guten Nachrichten.

Es war der 12. Juni 1986. Vier Tage vor jenem denkwürdigen Tag, an dem sich die blutige Tragödie von Soweto zum zehntenmal jährte. Edward Shamwana kam todmüde heim. Die vergangenen Wochen waren für den schwarzen Gewerkschaftler besonders schwer gewesen. Die meisten seiner Landsleute hatten die Geduld verloren; sie wollten nur noch zuschlagen, blindwütig vor Enttäuschung und Haß. „Niemand kann uns verbieten, unser Blut und Leben zu geben! Wir haben viel zu lange an gewaltfreien Widerstand geglaubt! Wir müssen zuschlagen!" So redeten sie, als es hieß, daß Versammlungen und öffentliche Gedenkfeiern zum 16. Juni verboten seien.

„Keine Einzeltragödien bitte!" hatte Edward Shamwana gesagt, „wir müssen zusammenstehen. Habt noch etwas Geduld!"

Sie hatten ihre Fäuste zum Black-Power-Gruß geballt und – sich gefügt.

„Es ist kalt heute", sagte Mrs. Shamwana, als sie sich früher als gewohnt schlafen legten. Ihr Mann nickte. Die Kälte, so dachte er, kommt nicht so sehr von draußen, sie sitzt tief im Herzen, befällt die Nerven. Selbst in der Nähe eines Feuers kann es einem in solchen Zeiten nicht warm werden.

Obwohl er sehr müde war, ließen ihn die Ereignisse der vergangenen Wochen nicht zur Ruhe kommen. Die Gewerkschaften hatten zum Streik aufgerufen. Ihm, dem Juristen, hatten seine Landsleute immer wieder die gleiche Frage gestellt: „Sollen wir uns immer noch damit begnügen zu streiken? Vor zehn Jahren haben die Weißen sogar unsere Kinder abgeknallt, wie Kaninchen. Sechshundert Opfer kosteten die Unruhen von Soweto. Und was hat sich seitdem verändert?!"

Edward hatte alles getan, um sie zu beruhigen, und immer wieder zur Besonnenheit aufgerufen. Was in seiner Familie vor sich ging, hatte er kaum noch zur Kenntnis genommen. Er hätte nicht sagen können, was er aß oder welches Kleid Grace, seine Tochter, trug. Seine Gedanken kreisten jetzt, zehn Jahre nach den Ereignissen von Soweto, mehr denn je um die Zukunft seines Landes. „Der Tag unserer Freiheit ist nicht mehr fern", so dachte er. „Die Regierung hat Angst. Sie begreift allmählich, daß man unseren Körper zwar in Ketten legen kann, nicht aber unseren Geist. Sie sind unfrei, nicht wir."

Er war seiner Frau dankbar, daß sie ihn wenig fragte, ihm einfach vertraute. So war Gladys immer gewesen. Seine Stütze in jeder Situation. Die sechzehnjährige Tochter hatte nicht die gleiche Geduld, und Nick mit seinen acht Jahren war noch zu jung, um sich viele Gedanken zu machen.

Gladys neben ihm konnte ebensowenig schlafen wie er. Sie spürte die Unruhe ihres Mannes, wußte aber, daß sie ihn in solchen Stunden mit keinem Wort erreichen konnte. Deshalb schwieg sie.

Das Schlafzimmer des Ehepaares lag gleich hinter dem Wohnzimmer. Der Raum führte zu einem kleinen Garten, an dem sich die ganze Familie freute. Familie Shamwana gehörte nicht zu den Reichen. Aber sie hatten es doch zu einem bescheidenen Wohlstand gebracht.

Gegen ein Uhr in der Nacht klopfte es an die Haustür. Grace hörte es zuerst; denn sie schlief am nächsten beim Hauseingang. Erschreckt fuhr sie hoch und öffnete einen Spaltbreit die Tür ihres Zimmers. Nächtliches Klopfen bedeutet nichts Gutes, das wußten alle.

Das Klopfen wurde lauter, drängender. Jetzt schienen es auch die Eltern gehört zu haben. Sie sah den Vater kommen und wunderte sich, daß er bereits richtig angezogen war.

„Du gehst besser in dein Zimmer", sagte er freundlich, aber sehr bestimmt. Grace zögerte. Wie ruhig der Vater auf die Haustür zuging und den Riegel zur Seite schob!

Vier Polizisten kamen herein und drängten den Vater sofort gegen die Wand.

„Edward Shamwana?"

„Ja."

„Sie sind verhaftet. Sie können sich von Ihrer Frau verabschieden."

Gladys war bereits hinzugekommen. „Lassen wir den Jungen schlafen!" sagte der Mann zu ihr. Grace konnte sich nicht mehr halten. Laut weinend warf sie sich dem Vater an den Hals. „Daddy, warum denn nur, warum?" schluchzte sie.

Edward fuhr ihr über den Kopf. „Sei tapfer, Kleines." Er umarmte seine Frau, deren Gesicht eine graubraune Farbe angenommen hatte. Aber sie weinte nicht. „Mach dir um uns keine Sorgen", sagte sie nur. Sie hörten noch den Motor eines Lastwagens aufheulen, dann war alles still. Eine schreckliche, lähmende Stille. Mutter und Tochter blickten sich an. Gladys Shamwana stand hochaufgerichtet. Ganz ohne Angst schien sie. Sie strahlte Würde aus.

„Wenn sie nur reden würde! Nur jetzt nicht schweigen!" dachte Grace. Sie kannte ihre Mutter. Wenn ihr der Schmerz das Herz zusammenschnürte, zog sie sich meistens ganz zurück und sagte kein einziges Wort. Doch jetzt legte sie den Arm um ihre Tochter und sagte: „Du kannst dich neben mich in Vaters Bett legen, wenn du nicht allein sein willst."

Grace atmete auf. Das Bett des Vaters war noch warm. Hatte sie die letzte halbe Stunde wirklich erlebt? Oder war alles nur ein böser Traum gewesen?

„Mum, warum haben sie Vater abgeholt?"

„Ach, weißt du, in diesen Tagen müssen wir mit allem rechnen. Damit beweisen die Weißen nur, daß sie Angst haben. Vater wird nicht der einzige sein, den sie in dieser Nacht verhaften."

„Mum, warum hatten die Kinder von Soweto keinen Erfolg?"

„Wie können Kinder Erfolg haben, die mit Steinen gegen Maschinengewehre angehen? Bis heute ist noch jeder Aufstand gegen die Apartheid niedergeprügelt und niedergeschossen worden."

„Und wenn sich die Kinder auch jetzt nicht an den Ausnahmezustand halten? Wenn sie wieder Steine nehmen?"

„Dann wird es ein noch größeres Blutvergießen geben. Kinder dürfen kein Kanonenfutter sein, das hat dein Vater immer vertreten."

„Vater ist für Gewaltlosigkeit, nicht wahr?"

„Ja. Aber ich wüßte gern, ob er immer noch so denkt. Vater ist überzeugter

Christ. Sich zu Christus bekennen, das heißt für ihn auch handeln. Du kannst stolz auf deinen Vater sein."

„Ich weiß. Aber ich bin auch stolz auf dich. Du bist stark, Mum."

„Allein wäre ich das nicht. Aber wir sind schon viele, und wir machen uns gegenseitig Mut. Denk nur an Bischof Desmond Tutu, an Winnie Mandela, auch an die vielen weißen Kirchenführer, die auf unserer Seite stehen! Der Papst in Rom verurteilt die Apartheid... Soll ich dir mal erzählen, wie ich meine Angst vor den Weißen verlor?"

„O ja, Mum! Schlafen kann ich ja doch nicht."

„Da war ein Kleider-Geschäft. Es hieß, daß dort nur Weiße einkaufen. ‚Warum hast du nicht den Mut und gehst einfach hinein?' sagte ich mir. ‚Sie werden dich zwar hinauswerfen, aber du bringst doch immerhin ein wenig Leben in ihre künstliche Ordnung.' So ging ich einige Male dorthin und beobachtete von ferne die Frauen, die dort ein- und ausgingen. Ich sah nie eine Schwarze in dem Geschäft einkaufen. Sollte sich doch einmal eine dahin verirrt haben, wurde sie schnell wieder durch den Hintereingang hinausbefördert. Eines Tages betrat ich hocherhobenen Hauptes, als wäre es das Natürlichste von der Welt, das Geschäft."

„Du hattest aber Mut."

„Vielleicht war auch Trotz dabei."

„Und wie ging es weiter?"

„Zunächst geschah nichts. Die Verkäuferinnen taten, als wäre ich Luft, bis ich an einen Kleiderständer ging, ein Kleid nahm und sagte: ‚Dies hier möchte ich anprobieren.' Die Verkäuferinnen tuschelten. Die weißen Damen wurden unruhig. Sie sahen mich an, als hätte ich Lepra. Eine der Verkäuferinnen sagte, ich solle durch den Hinterausgang hinausgehen und draußen das Kleid anprobieren. ‚Nein', sagte ich, ‚ich bleibe drin, mein Geld hat den gleichen Wert wie das der Weißen.' Die weiße Kundschaft hatte inzwischen fluchtartig den Laden verlassen. Die Verkäuferinnen durchbohrten mich mit giftigen Blicken, aber sie ließen es geschehen, daß ich das Kleid anprobierte und kaufte. Meine Geschichte machte die Runde und die eine oder andere faßte sich auch ein Herz und ging in den Laden.

Es ging uns einzig und allein darum, zu zeigen, daß wir keine Angst haben, daß man uns nicht einfach unsere Würde nehmen kann.

Ermutigt zu meiner Tat war ich durch Winnie Mandela; sie schwört auf politischen Ungehorsam. Er ist tatsächlich eine Waffe, doch dafür ist es jetzt wohl zu spät..."

„Wie meinst du das?"

„Ich denke an die vielen Menschen im Gefängnis. Dort lernen sie hassen. Viele, die früher nichts von Gewalt wissen wollten, sagen heute: ‚Wie können wir ohne Gewalt zu unserem Recht kommen? Wie unsere Kinder vor den Kugeln schützen? Schon in die Kinder wird der Haß hineingeprügelt.' Ich kann ihren Haß verstehen."

Grace lag unbeweglich. Nach einer Weile des Schweigens sagte sie: „Mum, werden Gefangene gefoltert?"

Gladys Shamwana erschrak. Unsere Tochter weiß mehr, als wir vermuteten! Ob sie den Bericht der Bezirksärztin gelesen hatte? Frau Wendy Orr hatte vor dem Gericht eine eidesstattliche Erklärung abgegeben. 153 Gefangene, die sie behandelt hatte, waren gefoltert worden. Sie hatten furchtbare Verletzungen, mehreren hatte man das Trommelfell durchstoßen, man hatte sie gezwungen, ihr Haar zu essen und Benzin zu trinken.

„Mum, warum antwortest du nicht?"

„Ich war nie im Gefängnis, Grace. Ich glaube nicht, daß sie deinen Vater foltern. Der Freiheitsentzug und die Erniedrigung sind allerdings Folter genug. Dein Vater gehört zu jenen, die das Leid nicht umwirft, es macht ihn stark. Aber schlaf nun! Morgen wissen wir sicher schon mehr."

Durch die Medien erfuhr man nichts. „Dieser ist verhaftet worden, jener...", so hieß es. Namen fielen von Arbeitern, Akademikern, Geistlichen, Gewerkschaftlern.

Am 16. Juni, dem zehnten Gedenktag der Unruhe von Soweto, ging Frau Shamwana mit Grace und Nick zum Gottesdienst. Viele Menschen hatten sich versammelt. Auch die Polizei war da. Sie beobachtete alles, griff aber nicht ein. Die Gemeinde betete für die Verfolgten mit einer solchen Inbrunst, wie es nur Menschen können, für die die Verfolgung Name und Gesicht hat.

Auf dem Heimweg sagte Grace: „Mum, der Priester hat gesagt, daß Gott die Tränen in Freude verwandelt. Aber wann denn? Erst, wenn wir gestorben sind?"

„Ich weiß nicht, wann. Aber eines weiß ich", gab die Mutter zur Antwort, „Gott will die Freiheit und die Freude für alle und schon in dieser Welt."

Eva-Maria Kremer

„Unsichtbare" Kirche in Südafrika 73

Stichworte: Südafrika, Apartheid, Rassismus, Protest, Streik, Ökumene, Solidarität, Pfarrer, Gemeinde, Kirche

Zum Text/ Die farbige Jugend Südafrikas unternimmt immer wieder Protestaktio-
Problemfeld- nen gegen das Apartheidregime. Christen unterstützen sie in ihrem ge-
beschreibung: waltlosen Kampf.

Vorlesezeit: 9 Minuten

Vorlesealter: ab 14 Jahren

George Kaas ist Pfarrer in Elsies Rivier, einem Vorort von Kapstadt in Südafrika. Er hat dieselbe braune Hautfarbe wie alle seine Gemeindeglieder, die in der Rassen-Skala des Landes als „Farbige" eingeordnet werden, weil ihre Vorfahren der internationalen Gesellschaft von Europäern und Hottentotten, Afrikanern und Malayen angehörten, die am Kap der Guten Hoffnung noch keine getrennte Entwicklung kannten. Wenn sie zum Gottesdienst in ihrer Kirche zusammenkommen, dann singen und beten sie auf Afrikaans, wie es auch die Weißen in den Kirchen der City tun. Auch wenn die leitenden Stellen in der Wirtschaft von Weißen besetzt sind, ist die Gemeinde nicht arm: Sie hat ihrem Pfarrer ein gutes Pfarrhaus gebaut und stellt ihm für seine weiträumige Arbeit ein Auto zur Verfügung.
Heute morgen fährt er zum Religionsunterricht in die Oberschule. Der Wind bläst jetzt im Juni empfindlich kühl vom Meer herüber, und George steckt sich eine Pfeife an. Die Pforte zum Schulhof ist, wie immer, offen, und er parkt seinen Wagen neben dem Lehrerzimmer. Aber der Klassenraum ist leer. Als er wieder heraustritt, begegnet er drei der älteren Schüler.
„Morgen, Jungs", sagt George, „wo steckt ihr denn heute morgen?"
„Heute ist nichts mit dem Unterricht", bekommt er zur Antwort, „fahren Sie ruhig wieder nach Hause."
„Was heißt das? Seid ihr etwa auf Streik?"
„Das nicht gerade, Herr Pfarrer; dies ist ja kein Arbeitskampf. Aber wir haben was Wichtigeres zu tun, als uns von zweitklassigem Unterricht berieseln zu lassen, wo es zuwenig Schulbücher und nicht genug Lehrer gibt und die Klassen überfüllt sind. Warum gibt man uns soviel weniger als den Schulen der Weißen in Kapstadt?"
„Das sehe ich auch nicht ein", meint George, „aber was kann man da machen?"
„Unsere Schüler- und Studentenvertretung, das ,Komitee der 81', hat eine Aktion ,Relevante Ausbildung' angeregt. Statt zum Unterricht zu gehen, denken wir in Arbeitsgruppen über neue Wege zu einem besseren Erziehungssystem für Südafrika nach."
„Na ja", meint George und zündet seine Pfeife wieder an, „dann seht mal zu: aber macht keine Dummheiten, bei denen Menschen zu Schaden kommen. Ich

habe euch immer gesagt: Alle Menschen tragen das Bild Gottes in sich." Und damit steigt er wieder in sein Auto und tritt die Heimfahrt an.

Unterwegs stößt er auf eine Verkehrsstauung. Er parkt den Wagen am Rand der breiten Straße um nachzusehen, was da los ist. Vorn steht ein Bus mit eingeschlagenen Fensterscheiben; drum herum ein Haufen farbiger Schüler, die auf die Passanten einreden, die damit gekommen sind.

„Wie könnt ihr nur mit dem Bus fahren? Der Fahrpreis ist doch jetzt so erhöht, daß es eine Schande ist, ihn zu zahlen."

„Aber die Busgesellschaft muß doch so hohe Benzinkosten abfangen", sagt eine verschüchterte schwarze Hausangestellte, „und wir müssen doch zur Arbeit. Wovon sollen wir denn sonst leben?"

„Überlege doch mal, Mütterchen", erwidert einer der Jugendlichen, „was bleibt denn bei diesen Fahrpreisen noch von deinem Lohn übrig? Fahr doch lieber mit der Bahn nach Kapstadt."

„Der Weg zur Station ist aber furchtbar weit...", will sie dagegen einwenden. Doch da entsteht schon wieder eine Bewegung. Zwei Mannschaftswagen brausen heran, Polizisten in Kampfanzügen springen herunter und drängen die Menschen zurück. Ein paar Steine fliegen ihnen entgegen. Hat nicht eben ein Stein einen Polizisten am Bein getroffen? Der Mann wird nervös und löst einen Schuß aus seiner Schrotflinte. „Sie schießen", schreien einige in der Menge. Mehr Steine fliegen. Mehr Schüsse fallen. George sieht noch, wie die Ordnungshüter einige der Schüler, die sich strampelnd wehren, zum Streifenwagen schleppen.

Dann ist der ganze Spuk vorbei: Die Menge hat sich zerstreut, der Bus fährt weiter, gefolgt von den Polizeifahrzeugen, und George steigt wieder in seinen Wagen. „Das hat doch sicher keiner gewollt", murmelt er hinter dem Steuer, „aber wie können wir die Verhältnisse nur friedlich verändern, daß alle Menschen am Fuße des Tafelberges als Freunde miteinander leben?"

Die Spannung steigt von Tag zu Tag. Der „Argus" und die „Cape Times" bringen täglich neue Berichte von Zwischenfällen.

Drei Tage später läutet bei George Kaas das Telefon. Sein Kollege von der Methodistischen Kirche ist am Apparat. „George, hast du mal Zeit, kurz zu uns rüberzukommen?" fragt er.

„Gut. Mach ich! In einer halben Stunde?"

„O.k.", sagt der Methodist und legt auf.

Auf der Autobahn verkehren die Busse wie üblich. Viele Fensterscheiben sind zersplittert; kaum ein Passagier fährt mit. Aber sie fahren weiter. Ab und zu überholen sie einen Kleinlastwagen, der mit Menschen vollgestopft ist. Die Kirchen haben einen freiwilligen Transportdienst eingerichtet, um die Leute zur Arbeit in die City von Kapstadt zu fahren.

Im Hof des methodistischen Pfarrhauses stehen schon mehrere Autos. Pfarrer verschiedener Konfessionen und Hautfarbe sind im Halbkreis versammelt, zu dem einzelne immer noch wieder dazukommen, und halten ein ökumenisches

Morgengebet. Dabei werden auch Nachrichten ausgetauscht und gemeinsames Handeln abgesprochen.

„Die Angehörigen der Verhafteten können jetzt dienstags und freitags Besuche im Gefängnis machen", berichtet einer, „nun müssen wir für Fahrgelegenheit sorgen, damit sie davon auch Gebrauch machen können." Da wird nicht viel organisiert, das wird nur mitgeteilt, und in Nachbarschaftshilfe wird dann für das Nötige gesorgt.

„Die Inhaftierten dürfen jetzt FM-Geräte (= ‚Volksempfänger', mit denen man nur südafrikanische Sender empfangen kann) besitzen, wenn sie auf ihren Namen zugelassen sind", berichtet ein anderer Pfarrer, „das hat mir Spaß gemacht, und ich habe gleich einen gekauft und ihn auf den Namen von William registrieren lassen." Auch dieses Beispiel steckt an.

Ein bärtiger Pfingstler erzählt: „Die Verhafteten haben um Trainingsanzüge gebeten."

„Die wollen wohl im Gefängnishof ‚joggen'", witzelt einer dazwischen.

„Kaum", gibt der Alte zurück, „aber wahrscheinlich frieren sie und brauchen etwas Warmes."

Nächster Punkt: „Die Kinder im Gefängnis dürfen jetzt Grundschulbücher bekommen. Wir haben bei der Verwaltung 15 Rand (= ca. 35 DM) für Schreibpapier und Briefmarken hinterlegt, damit sie ihre Examen schriftlich einreichen können."

„Ja, das geht", ergänzt ein anderer und erzählt von einem Theologiestudenten, der sein Examen in der Haft geschrieben hatte und dazu ein griechisches Neues Testament in die Zelle bekam, das seine Wärter nicht lesen konnten.

„Ein achtjähriges Mädchen hat einen Stein in die Frontfensterscheibe eines Busses geworfen und den Fahrer verletzt", meldet sich ein anderer, „wir müssen mit der Bevölkerung reden, daß beim Busboykott keine Menschen zu Schaden kommen."

Wieder ein anderer fügt hinzu: „Der Bus, mit dem die Krankenschwestern morgens zum Krankenhaus fahren, ist mit Steinen beworfen worden. Nun will die Busgesellschaft Busse ohne Fenster schicken, und das ist für die Schwestern zu kalt."

Da sind nun Verhandlungen mit der Busgesellschaft und mit der Bevölkerung fällig, damit der Dienst an den Kranken nicht behindert wird. „Wir hatten ja erklärt, der 16. und 17. Juni sollten ‚Tage des Schweigens' sein, zum Gedenken an die toten Kinder in Soweto vor vier Jahren."

„Sollen dann die Geschäfte auch schließen?" fragt George, „Montag und Dienstag nach dem Wochenende sind eine lange Zeit, wenn die Leute so lange keine Milch kaufen können."

Nach kurzer Diskussion wird empfohlen, daß die Läden mit leichtverderblichen Nahrungsmitteln am Montag öffnen sollen, damit die Bevölkerung keine Not leidet.

Nach einer halben Stunde befehlen sich diese südafrikanischen Christen dem

Segen Gottes und steigen wieder in ihre Autos. Von der Versammlung der „unsichtbaren Kirche" sieht man nun so wenig wie zur Zeit der Bekennenden Kirche im Dritten Reich. Solch ein Gottesdienst mag uns fremd vorkommen; aber für die Christen in Südafrika ist er Ausdruck ihrer Verantwortung für das Geschehen in ihrer besonderen Lage.

74 „Kaffern-Bruder" sein — das ist gefährlich

Stichworte:	Südafrika, Apartheid, Rassismus, Unterdrückung, Solidarität, Bruder
Zum Text/ Problemfeld- beschreibung:	Ein deutsches Mädchen lebt mit seiner Familie in Südafrika. Als ein Schulfreund seine Familie eines Tages als „Kaffern-Brüder" beschimpft, beginnt es zu begreifen, was Apartheid ist.
Vorlesezeit:	5 Minuten
Vorlesealter:	ab 10 Jahren

Jeden Montagmorgen kommen Martha und Sophia zum Wäschewaschen. Man hört sie schon schwatzen, wenn sie die Auffahrt heraufwandern. Schön sehen sie aus, die beiden schwarzen Hererofrauen in ihren langen farbigen Gewändern mit dem kunstvollen Turban auf dem Kopf.
Sie streben auf den mit Wellblech überdachten Wäscheplatz unter dem Kühlhaus zu und beginnen mit dem Sortieren des Wäschebergs. Die Weißwäsche kommt zum Einweichen bis morgen in die große Zinkwanne, in der kleineren Wanne beginnen sie gleich mit dem Waschen der bunten Sachen. Ist es so viel Wäsche, oder haben sie sich soviel zu erzählen? Jedenfalls dauert das Unternehmen immer bis in die Nachmittagsstunden. Es wird heiß unter dem Wellblechdach. Sie siedeln in den luftigeren Schatten der Zitronenbäume um. Hier sind sie auch näher am Wasserschlauch und können die schmutzige Brühe gleich in die Baumscheiben unter den Bäumen gießen. Es riecht gut, wenn sie sich zwischendurch ein Pfeifchen anzünden, und stört sie nicht beim Schrubbeln der Wäsche und beim Schwatzen. Daß Sophia dabei noch ein Kindchen im Tuch auf den Rücken gebunden hat, kann man fast vergessen, weil es meist schläft. Wird es unruhig, so stillt sie es, und weiter geht die Schrubbelei. So ist es jeden Montag.
Am Dienstag ist die Weißwäsche dran. Mittwochs riecht es anders auf dem Waschplatz: nicht nach Kernseife und Wäsche, sondern nach dem Feuer, in dem Sophia und Martha die Kohlen zum Glühen bringen. Die glühenden Kohlen schieben sie in das Bügeleisen hinein. Ist das Eisen nicht mehr heiß genug, werden neue Kohlen eingefüllt. Meist riecht es auch donnerstags noch nach dem Bügelfeuerchen.
Sophia und Martha gehören zu den Wochentagen, ihr Arbeiten, ihr Schwatzen,

ihr Pfeifchen und ihr Feuer, und sie gehören zu uns. Sophias kleiner Emmanuel kann inzwischen laufen. Jetzt hat Martha ein Rückentuch, in dem ihre neugeborene Maria steckt, mit ihren feinen Händchen. Die kleine Maria weint öfter, muß öfter gestillt werden. Auch Martha geht es in der letzten Zeit nicht so gut. Sieht sie besonders müde aus, dann bringt unsere Mutter sie nach Hause. Vorsichtig muß sie mit dem breiten Chevrolet durch die schmalen Gassen der Wellblechsiedlung fahren, auf Schmutzrinnen, Hühner, Hunde und die vielen spielenden Kinder achten.

Manchmal kommt es jetzt vor, daß Martha gar nicht zur Arbeit da ist, dann braucht Sophia auch noch den Freitag zum Bügeln. Als sie an einem Montag beide ausbleiben und auch am Dienstag nicht kommen, fährt die Mutter zur „Rontok-Siedlung" hinaus und bringt ihnen Medizin, zwei Decken und den Wochenlohn; sie müssen ja Essen kaufen.

„Kaffern-boetje", „Kaffern-boetje" (= Kaffern-Bruder), dieses Wort hört das Mädchen in der letzten Zeit immer häufiger. Auf dem Schulweg wechselt der blonde Gerd plötzlich die Straßenseite. „Was ist denn mit dir los?" Aber Gerd läuft stur weiter ohne zu antworten. Das Mädchen geht auf seine Seite hinüber: „Was hast du denn heute?" Da bricht es aus Gerd heraus: „Laß mich in Ruh, sag ich dir! Meine Eltern sagen, ihr seid ‚Kaffern-boetjes', und da muß man aufpassen." Ratlos fragt sie: „‚Kaffern-boetjes'? Wieso sollen wir denn ‚Kaffern-boetjes' sein?" Gerds blaue Augen funkeln jetzt vor Empörung: „Das weiß hier doch jeder! Ihr kutschiert die Waschweiber in eurem eigenen Auto herum und zahlt ihnen auch noch Lohn, wenn sie krank markieren. Mein Vater sagt, ihr ‚Kaffern-boetjes' macht noch das Land kaputt, weil dann kein Kaffer mehr seinen Platz kennt. – So, jetzt weißt du's, und ich geh nicht mehr mit dir zur Schule."

Das Mädchen kommt an diesem Morgen zu spät zur Schule. Sie schaut Gerd nach und möchte weinen. Langsam setzt sie einen Fuß vor den andern und denkt nach: Weil sie ein „Kaffern-boetje" ist, soll Gerd nicht mehr mit ihr spielen. Und er ist doch so ein lustiger Kumpan beim Reiten und Schwimmen. Sie versucht zu verstehen: Wenn man müde Menschen mit dem Auto heimfährt, wenn man kranken Menschen Medizin bringt, wenn man armen Menschen ihren Lohn gibt, wenn es schwarze Menschen sind, die Jahr um Jahr alle schmutzige Wäsche gewaschen haben, dann ist man ein „Kaffern-boetje", ein „Kaffern-Bruder". Und ein „Bruder" sein das ist etwas Schlechtes, wenn man der Bruder von einem Kaffer ist. Bruder sein kann gefährlich sein – wenn der Kaffer vergißt, daß sein Platz immer unten ist.

„Warum ist unser Platz immer oben?" fragt das Mädchen am Abend. „Das ist Apartheid", antwortet die Mutter.

„Apartheid": das versteht das Mädchen jetzt.

Inger Hermann

75   Christus ist stärker als die Ahnen

Stichworte:	Südafrika/Deutschland, Pastor, Kindergottesdienst, Medizinmann, Ahnenkult, Mission, Bibel, afrikanische Religionen, Bekehrung
Zum Text/ Problemfeldbeschreibung:	Andreas Khosa, ein südafrikanischer Christ, ist Pastor in einer deutschen Gemeinde. In einem Kindergottesdienst erzählt er deutschen Kindern von seiner Heimat. Auf die Frage eines Mädchens, wie er Christ geworden sei, erzählt er seine Lebensgeschichte. Als Sohn eines mächtigen Medizinmannes hatte er das große Erbe seines Vaters anzutreten. In der dramatischen Auseinandersetzung zwischen Ahnenkult und christlichem Glauben entscheidet er sich bei seiner Weihe zum Medizinmann für Gott.
Vorlesezeit:	7 Minuten
Vorlesealter:	ab 12 Jahren

Andreas Khosa, ein schwarzer Pastor aus Südafrika, ist heute zu Gast in dem Kindergottesdienst der Kirchengemeinde von Nieder-Weimar. Er zeigt den Kindern die Kleidungsstücke und Gegenstände und Waffen der Menschen aus seiner Heimat. Die Kinder spielen mit den Sachen und freuen sich, daß sie das alles einmal sehen und anfassen dürfen.

Pastor Khosa ist nun schon sechs Jahre als Pastor in der Gemeinde Nieder-Weimar in Hessen.

Da fragt ihn ein kleines Mädchen, wie er eigentlich Christ geworden sei, und weshalb er aus seiner Heimat Südafrika hier nach Deutschland gekommen sei.

Da erzählt Pastor Khosa den Kindern seine Lebensgeschichte:

Mein Vater war ein mächtiger Medizinmann. Viele Leute kamen zu ihm, um sich bei ihm von ihren Krankheiten heilen zu lassen. Er gab ihnen Kräuter und bittere Säfte. Manchmal sprach er auch geheimnisvolle Worte und rief damit die Ahnen an. Die Ahnen, das sind alle, die vor uns in unserer Familie gelebt haben, unsere Vorfahren.

Es kamen auch Leute, die wollten gern wissen, was in Zukunft geschehen würde und wie ihr Leben weiter verlaufen würde. Dann nahm mein Vater Knochen, Steine und Wurzeln und ließ sie auf die Erde fallen. Er pustete sie an zum Zeichen seiner Macht. Dann sah er sich genau an, wie die Knochen lagen. Aus ihrer Lage hat dann mein Vater die Zukunft seines Lebens vorausgesagt.

Andere kamen auch, die waren krank. Sie wollten von meinem Vater wissen, wer ihnen die Krankheit angehext hatte. Dann zerstreute er die Knochen auf der Erde, schaute sich ihre Lage an und sagte dann, wer der böse Mensch sei, der den anderen so krank gemacht habe. Als Bezahlung für seine Hilfe brachten die Leute dem Medizinmann Geld oder manchmal auch ein geschlachtetes Huhn.

Oft durfte ich dabei zuschauen, wenn mein Vater als Medizinmann tätig war. Ich sollte später auch einmal solch ein großer Medizinmann werden wie mein

Vater. Deshalb zeigte er mir, welche Kräuter für welche Krankheiten wichtig sind. Ich mußte lernen, wo man diese Kräuter findet.

Er lehrte mich auch den Glauben an unsere Ahnen. Auch wenn sie nicht mehr unter uns leben, sondern schon lange tot sind, haben sie große Macht über uns, sagte mein Vater. Man muß nur tun, was sie verlangen, dann helfen sie einem. Wenn man das nicht tut, strafen sie den Menschen. So lehrte mich mein Vater. Darüber habe ich mich gewundert. Oft habe ich auch Angst gehabt vor der Strafe meiner Ahnen.

Mein Vater zeigte mir auch, wie man aus der Lage der Zauberknochen und -wurzeln wichtige Ereignisse herauslesen kann. Das war für mich am Anfang sehr schwer. Ich konnte wenig aus den Knochen erkennen. Mein Vater sagte mir, ich müsse nach dem Willen der Ahnen fragen, dann würde ich es lernen. Ich wollte gern ein großer Medizinmann werden, aber ich hatte auch große Angst vor dem Zorn der Ahnen.

Eine Zeitlang ging ich mit anderen Jungen und Mädchen in die Schule. Dort lernte ich lesen und schreiben. Das war für mich ein großes Erlebnis, als ich die Zeichen, die auf dem Papier standen, erkennen und aussprechen konnte. Von dem Lehrer habe ich viel gelernt. Er war Christ und glaubte an *einen* Gott. Er hatte keine Angst vor seinen Ahnen.

Er sagte: „Mein Gott hat alle Menschen lieb. Keiner braucht Angst zu haben." Das hatte ich noch nie gehört. Das war für mich ganz neu und ich wurde neugierig. Der Lehrer zeigte mir ein Buch, in dem alles von dem Gott der Christen aufgeschrieben stand. Ich las darin. Ich las von Jesus Christus, der allen bösen Geistern die Macht genommen hat.

Als mein Vater das Buch sah, wurde er wütend und sagte zu mir: „Der fremde Gott bringt dir Unglück. Wenn du nicht tust, was die Ahnen dir befehlen, wird ihr Zorn dein Leben zerstören."

Da gehorchte ich meinem Vater, denn er war ein erfahrener Mann. Er nahm mich mit zum Kräutersammeln und sagte mir, daß ich nun bald auch Medizinmann werden würde. Oh ja, ich wollte so gern Medizinmann werden, wie mein Vater. Wenn ich Zeit hatte, ging ich wieder zur Schule und lernte fleißig. Dann fragte ich nach dem Buch der Christen und las darin. Einmal las ich: Gott hat die Menschen so lieb, daß er seinen Sohn zu ihnen geschickt hat. Allen, die ihm vertrauen, schenkt er neues Leben.

Als ich das las, wurde ich froh. Der Gott der Christen war ganz anders als unsere Ahnen. Von unseren Ahnen fühlte ich mich immer ernst und drohend beobachtet, ob ich auch alles im Leben richtig machte.

Von dem Gott der Christen fühlte ich mich freundlich eingeladen. Mir war dabei so frei um das Herz. Was sollte ich bloß machen? Ich war hin- und hergerissen. Einerseits wollte ich gern ein großer Medizinmann werden. Ich wollte meine Ahnen befragen und ihnen dienen.

Aber dann dachte ich auch wieder an den Gott der Christen. Jedesmal, wenn ich in dem Buch las, fühlte ich mich zu ihm hingezogen.

Einmal las ich, was Jesus sagte: Kommt alle her zu mir, wenn ihr Angst habt und traurig seid, ich will euch helfen und euch froh machen.

Ja, dachte ich, zu diesem Gott will ich auch gehören. Da fühle ich mich wohl. Da habe ich keine Angst mehr. Gott, hilf mir, daß ich Christ werden kann – dachte ich oder betete ich!?

Dann kam der große Tag, an dem ich zum Medizinmann geweiht werden sollte. Meine Eltern und Verwandten kamen alle und tanzten um mich herum. Sie zogen mir die Kleidungsstücke an, die ein Medizinmann trägt. Mein Vater setzte mir feierlich den Kopfschmuck auf; er ist die Würde jedes Medizinmannes. Mein Onkel gab mir den Speer, zum Zeichen der Stärke.

Aber – ich wollte nicht mehr Medizinmann werden. Mir war ganz schrecklich zumute. Was sollte ich nur machen?

Ich wollte weglaufen, aber das ging nicht. Sie tanzten alle in einem Kreis um mich herum. Sie freuten sich alle auf diesen Tag. Sie wollten das große Fest mit mir feiern. Und die Trommeln dröhnten.

Oh Gott, hilf mir doch.

Nun kam der Höhepunkt des Festes: Alle Festteilnehmer machten sich auf den Weg zu der Stelle, wo die Ahnen angebetet werden. Ich mußte bei dieser feierlichen Einführung als Medizinmann allein mit den Ahnen sprechen und sie um ihren Segen bitten.

Jetzt ging ich allein weiter. Die anderen hockten sich hin und warteten. Sie blickten in die Richtung unseres Dorfes. Keiner durfte den Ort der Ahnen schauen. Sie warteten, bis ich wiederkommen würde.

Jetzt war ich an der Stelle angekommen. Ich war ganz verwirrt. Jetzt stand ich zwischen den Göttern und dem lebendigen Gott. Die Entscheidung fiel mir sehr schwer.

Aber dann ging ich langsam weiter. Fort von den Ahnen – fort von meinen Eltern und Verwandten. Ich wollte ein Christenmensch werden. – Jesus hatte mich eingeladen. Und nun nahm er mir alle Angst. Ich schaute mich nicht mehr um. Ich konnte mutig weitergehen und lief die ganze Nacht, bis ich in ein Dorf kam, in dem eine christliche Gemeinde war.

Als ich nicht wiederkam, gingen alle, die auf mich gewartet hatten, zornig nach Hause.

Meine Eltern habe ich erst viele Jahre später wiedergesehen.

So wurde ich Christ und dann auch Pastor in einer Gemeinde meiner Heimat Südafrika.

Später wurde ich hierher nach Deutschland eingeladen. So ist es gekommen, daß ich als afrikanischer Christ, Pastor in eurer Gemeinde geworden bin.

Ich freue mich, daß ich nicht nur in meiner südafrikanischen Heimat, sondern auch hier in Deutschland Menschen zu Jesus einladen kann.

Und ihr – ihr dürft auch andere zu Jesus einladen, denn diese Einladung geht um die ganze Welt.

Johannes Schulze

Gott wird für alles sorgen

Stichworte:	Kenia, Slum, Armut, Gottvertrauen, Kinder, Familie, Hilfsbereitschaft
Zum Text/ Problemfeldbeschreibung:	In Mathare Valley, dem größten Slum der kenianischen Hauptstadt Nairobi, lebt Helen allein mit ihren Kindern. Wie viele Frauen dort schlägt sie sich mit dem Verkauf von alkoholischen Getränken und mit Prostitution durch. Ihre Zugehörigkeit zu einer christlichen Gemeinde verändert ihr Leben im Slum.
Vorlesezeit:	12 Minuten
Vorlesealter:	ab 12 Jahren

Man muß sein Haupt schon sehr demütig senken, um in ihr Haus zu gelangen; der Eingang ist so niedrig. Ihre Hütte lehnt sich gegen den Hang im Mathare Valley. Wir kriechen in ein schrecklich dunkles Loch. Aber ein kenianisches Sprichwort sagt: „Verachte keine Hütte, solange du nicht weißt, wer darin schläft!"

Helen Mumbi schläft in diesem Augenblick nicht, und sie heißt Schwester Piedad und mich herzlich willkommen. Helen ist sehr gastfrei und freut sich immer über Besuch.

Sie ist eine außergewöhnliche Frau, kräftig und wohlgestaltet – und Arme hat sie: um die könnte sie selbst ein Dockarbeiter beneiden! Sie kocht auf ihrem Holzkohleherd gerade Tee – mit großzügig viel Milch. Gleichzeitig näht sie an einer Flickendecke. Und während sie uns auffordert, Platz zu nehmen, geht sie zur Tür und verkauft eine Blechdose voll Holzkohlen. Damit verdient sie sich einen Teil ihres Lebensunterhalts. Sie fragt, wie es mir gesundheitlich geht, und erzählt Piedad das Neueste über die gemeinsamen Bekannten. Sie schimpft mit uns, wenn auch nicht ganz ernst gemeint, daß wir so lange nicht mehr hier waren. Dann spendet sie der alten Frau, die auf ihrem Bett liegt, ein paar tröstende Worte: „Mit dem Bein wird es bald wieder besser gehen", versichert sie. „Gott wird dafür sorgen. Du mußt ihm nur Zeit lassen. Bete nur, aber sag ihm nicht, was er tun soll. Er weiß, was not tut, und wird es auf seine Weise und zu seiner Zeit tun. Und wenn du mir nicht glaubst, dann frage Mathieu, er ist Priester."

Ich möchte Helen nicht widersprechen, besonders wenn sie von ihrem Freund Gott spricht, der ihr so oft geholfen hat. Ich frage, wer diese Frau ist: eine Verwandte? Nein, es sei keine Verwandte, sondern eine Frau aus der Nachbarschaft, die kaum gehen kann. Helen muß wegen ihres Handels mit Holzkohle im Haus bleiben, so kann sie sich tagsüber um diese Frau kümmern. Helen benutzt ihr Bett nie während des Tages. „Wenn man helfen kann, sollte man es tun", so einfach ist das für Helen. „Kusaidia ni kuwekesha akeba", sagt sie, d. h.: „Hilfsbereitschaft ist eine Investition."

Victoria, ein kleines, etwa drei Jahre altes Mädchen, kommt hereinspaziert und will sich auf Helens Schoß setzen. Helen hat nichts dagegen – im Gegenteil!

Aber zuerst muß Victoria den Gästen die Hand geben. Dieses Kind ist Helens Stolz und Freude. Sie nimmt sich viel Zeit, um ihm Liebe und Zuwendung zu geben. Hier im Mathare Valley bekommen die meisten Kinder zu wenig Zuwendung – die Mütter haben anscheinend nicht genug Zeit dafür. Zum Glück kann aber Helen vieles gleichzeitig tun.

Wieder wendet sie sich der alten Frau zu: sie solle Gott vertrauen. Hatte Gott ihr nicht Victoria geschenkt? Und hätte sie das je erwartet – zu jener Zeit an jenem Ort? Helen hat offensichtlich ein ungeheures Gottvertrauen; aber das ist nicht immer so gewesen.

Helen ist als kleines Kind mit ihren Eltern ins Mathare Valley gekommen, das damals noch nicht so dicht bewohnt war wie heute. Sie ist hier aufgewachsen und hat eine harte Jugend gehabt. Sie ist in der Armut und im Elend vom Mathare Valley groß geworden. Wie so viele hier schien sie dazu verurteilt, in der Gosse zu enden. Ihr einziger Schatz waren ihre drei Kinder. Sie weiß nicht, wer die Väter sind, weil sie damals häufig betrunken war. Sie erzählt Piedad, daß sie nicht das schwache Bier der Europäer getrunken hat. Nein, sie hat das harte Zeug getrunken, den Chang'aa, der dir im Magen brennt.

Helen spricht offen über ihre Vergangenheit. Sie schämt sich ihrer nicht. Ihrer Schwester war es gelungen, aus Mathare Valley wegzukommen. Sie hatte versucht, in Uganda ihr Glück zu machen, während Helen im Mathare Valley weiter dahinvegetierte. Ihre älteste Tochter brachte einen Mann ins Haus und verschwand eines Tages mit ihm. Immerhin hatte sie noch ihre jüngste Tochter, die sie sehr liebte. Diese wurde eines Tages krank, und Helen wußte nicht, was ihr fehlte. Manche sagten später, es sei eine Hirnmalaria gewesen. Eines Abends ging die Tochter zur öffentlichen Toilette auf der anderen Straßenseite und kam nicht wieder zurück. Als man nach ihr suchte, fand man sie tot. Sie war auf der Toilette gestorben. Helen war untröstlich. Ihr über alles geliebtes Kind war gestorben und dazu noch auf der Toilette. Das ist vor vier Jahren gewesen. Sie kann sich kaum an die Beerdigung erinnern. Irgend jemand hatte gesagt: „Gott nimmt uns Leben, aber er kann es uns auch wiedergeben."

In jener Zeit fing Helen an zu beten. Manchmal war sie halb betrunken, doch häufig war sie äußerst nüchtern. Vielleicht war sie doch noch nicht zu alt für ein weiteres Kind.

Da ging Helen eines Abends auf die Toilette – zusammen mit zwei anderen Frauen, denn das ist im Dunkeln sicherer. Man wird nicht so leicht von betrunkenen Männern belästigt. Da hörten sie ein Baby schreien. Vielleicht war eine Frau mit einem Baby in einem Toilettenraum. Doch als sie gehen wollten, schrie das Baby immer noch. Eine gute Mutter sollte ihr Kind nicht schreien lassen. Die Frauen riefen: „Wer ist da?" Niemand antwortete. Sie lauschten und warteten. Schließlich schauten sie nach. In der Toilette fanden sie ein Neugeborenes, eingewickelt in Zeitungspapier.

Diese Nacht behielt Helen das Baby bei sich. Am nächsten Morgen meldeten die Frauen den Vorfall der Polizei. Doch die ist wohl nicht darauf vorbereitet, neugeborene Babys zu versorgen. Es wurde ein Protokoll angefertigt. Dann fragten die Frauen, ob sie das Baby behalten dürften. Die Antwort war: Das könnten sie wohl, sofern die Mutter sich nicht meldet. Sie wußten, daß die Mutter sich nicht melden würde. Mütter, die ihr Baby auf einer Toilette lassen, pflegen sich nicht bei der Polizei zu melden. Sowohl Helen als auch ihre Freundin wollten gern das Baby haben. Für Helen war alles so eindeutig, daß es keiner langen Diskussion bedurfte. Das Baby war von der ersten Nacht an bei ihr gewesen; doch das war nicht alles. War nicht ihre eigene Tochter in derselben Toilette gestorben? War das nicht eine deutliche Antwort auf alle ihre Gebete in den letzten Monaten? Das Baby war am selben Ort gefunden worden, wo sie ihre Tochter verloren hatte.

Helen behielt also das Baby. Es war oft krank. Es hatte eine Hautkrankheit. Sie sorgte sich um das Kind und ging zu verschiedenen Ärzten. Piedad unterstützte sie mit Rat und Tat. Das Kind überlebte tatsächlich. Helen schrieb das nicht so sehr den Ärzten zu. Sie dankte Gott, der ihr das Kind gegeben und ihr gezeigt hatte, daß er für beide sorgt. Er hatte ihr Kind geheilt.

Sie wollte, daß das Kind getauft würde − aber dabei spielt der Lebenswandel der Eltern eine Rolle. Sie selbst war zwar getauft, und sie hatte ein paar Freunde, die Christen waren. Das war auch schon alles.

„Gott liebt dich, aber liebst du ihn?" fragte sie jemand. „Was für ein Leben wirst du diesem Kind bieten?"

Diese Fragen gingen Helen nach. Sie führte ja wirklich kein vorbildliches Leben; aber wie sollte sie denn ihren Lebensunterhalt verdienen, wenn nicht durch den Handel mit Chang'aa?

Gott hatte ihr zuvor geholfen, und so besprach sie die ganze Angelegenheit mit ihm. Wenn sie das Trinken und die Prostitution aufgäbe, dann müsse ihr Gott schon zu einem anderen Einkommen verhelfen. Ihr Holzkohlengeschäft ging gut, und auch mit den Flicken, die sie zusammennähte, konnte sie etwas Geld verdienen. − Ihr Kind wurde auf den Namen Victoria getauft.

Ihre Schwester aus Uganda schrieb ständig, wie schlecht es ihr ginge. Ihr Mann hatte sie und ihre vier Kinder verlassen. Sie brauchte dringend Hilfe. Helen lieh sich kurzerhand etwas Geld und stieg in den Bus nach Uganda − ein Abenteuer, das kaum jemand wagt. Es gelang ihr, mit Bestechungen über die Grenze zu kommen und ihre Schwester zu finden. Helen nahm sie und die Kinder zu sich ins Mathare Valley. Ihre Schwester war Alkoholikerin. Helen baute einen kleinen Raum an ihre Hütte an und sorgte nun auch noch für ihre Schwester und deren Kinder. Sie arbeitete Tag und Nacht. Das war das Äußerste, was sie tun konnte. Alles andere mußte Helen ihrem Freund Gott überlassen, über den sie ständig spricht. „Bei mir ist nie jemand hungrig zu Bett gegangen", versichert sie uns.

„Glaubst du immer noch nicht, daß Er dir helfen wird?" fragt sie die alte Frau auf ihrem Bett. „Er hat mir geholfen, und ich war bestimmt keine gute Frau. Ich weiß, er wird auch dir helfen!"

Helen ist ein aktives Mitglied in einer kleinen christlichen Gemeinde in ihrer Nachbarschaft geworden. Sie bezeugt ihren Glauben durch das Leben, das sie führt – und überallhin nimmt sie Victoria mit. Sie ist ihr Vorzeigekind. Eine Zeitlang nannten die Leute das Kind „Choo Baby", d. h. Klokind. Aber eines Tages machte Helen eindeutig klar, daß ab sofort niemand mehr diesen Schimpfnamen benützen dürfe – oder es passiere etwas. Die Leute wußten, daß Helen es ernst meinte. Seitdem ruft jedermann ihr Kind nur noch Victoria.

Wenn ich Helen so zuhöre und zusehe, wie sie drei Dinge gleichzeitig erledigt, muß ich an die starke Frau in den Sprüchen Salomos denken: Sie ist energisch, eine harte Arbeiterin und hält nach Geschäften Ausschau. „Sie arbeitet bis spät in die Nacht", heißt es in den Sprüchen Salomos (31,18), und genau das tut Helen.

Welcher Mann würde diese starke Frau bekommen? Es ist schwer zu sagen, ob Kago sie oder sie Kago fand. Kago ist jedenfalls ein anständiger Kerl. Er hat sogar einen kleinen Job. Aber es ist Helen, die zu Hause das Sagen hat – mit Gottes Hilfe, versteht sich!

Helen nahm Kago mit in die Gemeinde und erklärte den Versammelten: „Dieser Kago ist jetzt mein Mann." Eigentlich ist es traurig, daß eine solche Erklärung vor der Gemeinde nicht als kirchlich geschlossene Ehe anerkannt wird. Eine kirchliche Trauung ist aber eine komplizierte Angelegenheit und braucht Zeit. Mir scheint, daß Helen mehr Verständnis für die Kirche aufbringt als die offizielle Kirche für sie.

Helen bietet uns eine zweite Tasse ihres schrecklich süßen Tees an; mit dem Zucker ist sie wirklich großzügig. Dabei versichert sie uns wieder, daß Gott ihr immer hilft und für alles sorgt. Während ich ihren Tee trinke, denke ich an das afrikanische Sprichwort: „Was Gott den Armen vorbehalten hat, geht nie verloren."

Mathieu Haumann/Übersetzung: Brigitte Schwerk

Charlie

Stichworte:	Kenia, Armut, Liedermacher, Prediger, Liebe und Gerechtigkeit
Zum Text/ Problemfeld- beschreibung:	Charlie ist ein gescheiterter Künstler, der in bitterer Armut lebt und trotz seiner geistigen Behinderung die Wahrheit kennt und sagt: Mit seinen Liedern erzählt er von der Liebe Gottes und von dem Frieden unter den Menschen.
Vorlesezeit:	10 Minuten
Vorlesealter:	ab 14 Jahren

Mit seiner billigen Gitarre unter dem Arm kommt Charlie eines Abends zu mir. Er begrüßt mich herzlich, auf seinem Gesicht liegt ein eigenartiges trauriges Lachen. Aber die Hand reicht er mir nicht, wie das sonst alle Afrikaner tun. Charlie gibt keinem mehr die Hand. „Egal, ob du zu ihnen gehörst oder nicht – die Menschen sind sich alle feind", sagt er.

„Charlie ist ein verrückter Trottel", sagen eben die Menschen.

Charlie wirft sich vor mir auf die Knie und sagt: „Mathieu, bete für mich, bete für meinen Kopf, daß er einige Tage in Ordnung bleibt, damit ich meine Musik spielen kann."

Nun bin ich aber kein so großartiger Beter. Darum schlage ich vor, daß wir es gemeinsam versuchen. Und so beten wir zusammen um ein wenig Licht in seinem verworrenen Kopf. Wir beten auch für seine Mutter. Sie ist zwar richtig im Kopf, aber dadurch empfindet sie das Elend und die Armut ihrer Familie um so stärker.

Es ist oft so schwierig, mit Charlie zu reden. Er muß lange und tief nachdenken, bevor er etwas sagen kann. So tief, daß er selbst darüber lachen muß. Das kommt davon, wenn man solch einen Kopf hat – und er weiß das. Manchmal ist es so schlimm, daß er sich an eine Straßenecke stellt und über Jesus Christus predigt. Das tut er besonders dann, wenn er müde ist oder sich besonders bedrückt fühlt.

Das ist schon etwas sonderbar, und Charlie lacht oft selbst darüber, obwohl er mitunter nicht mehr genau weiß, worüber er eigentlich gepredigt hat – aber schließlich passiert das manch einem Pfarrer auch (wie ich aus eigener Erfahrung weiß!).

„In solchen Augenblicken bin ich krank", sagt Charlie. Er sieht mich ganz traurig an, aber dann lacht er schon wieder und meint: „Was soll ich mit so einem Kopf?"

Ich sehe das gern, wenn Charlie lacht; er lacht mit dem ganzen Gesicht. In solchen Momenten erinnert er mich an einen Clown. Ja, das ist Charlie auch: ein Clown!

Charlie ist nicht sein eigentlicher Taufname. Er heiß James. Aber die Menschen, die ihn als Musikanten, als Clown, als Tänzer sahen, nannten ihn „Charlie".

Für sie war er noch viel komischer als Charlie Chaplin. Denn er spielte seine Rollen nicht, sondern er lebte sie. Ja, das waren seine guten Jahre: Charlie zusammen mit den Menschen und unter ihnen! Der Beifall und die Rufe: „Weiter! Noch mehr!" Da spielte er und tanzte und sang...

Aber, wie so viele Künstler, begann er Rauschmittel zu nehmen; immer mehr und immer häufiger. Schließlich begann das Elend mit dem Kopf. Alles fing an zu bröckeln. Am Ende kam er sogar in eine Nervenheilanstalt. „Das nie wieder", sagt er jetzt, „das war ein regelrechtes Irrenhaus!"

Charlie denkt noch über seine Predigten nach. „Wirklich ein bißchen verrückt", meint er. Aber dann sieht er mich an, wird ganz ernst und sagt: „Die verstehen das einfach nicht, das von Jesus und den Menschen. Ich meine: Jesus, der Sohn Gottes, mitten unter den kleinen Leuten, einfach so. Das kapieren die nicht. Könige besuchen Könige. Der Präsident geht doch nicht zu irgendeinem alten Bettler!"

Für Charlie war es das Selbstverständlichste auf der Welt, daß der Papst, als er in Kenia war, nicht ins Mathare Valley kam. Ich hatte so darauf gehofft, Charlie dagegen hatte das niemals erwartet. Wenigstens sagte er das, aber seine Lieder zeugen von anderen Gedanken.

Charlie fällt das Singen leichter als das Sprechen, und er greift nach seiner Gitarre. Und dann singt er mit geschlossenen Augen von seiner Königin, die die Armen besucht. Sie geht allein, sie spricht mit ihnen, sie ißt mit den Menschen und hört aufmerksam zu, wenn sie über ihr Leben erzählen. Charlie singt mit Inbrunst und aus vollem Herzen.

Ich lausche und hänge meinen Gedanken nach. Es berührt mich, daß Charlie seine Königin nicht große Gaben und Geschenke bringen läßt.

Als er geendet hat, hebt er den Kopf und sieht mich an.

„Das ist ein sehr schönes Lied, Charlie."

„Ja", sagt er, „es ist ein sehr schönes Lied, denn ich habe es selbst gemacht." Dann wird er wieder traurig, denn Menschen tun so etwas nicht, meint er.

„Nur dieser Jesus, nicht wahr, er war wie meine Königin, er war auf der Seite der Armen", denkt Charlie laut vor sich hin und fügt dann hinzu: „Aber das beweist ja gerade, daß er zugleich Gott war."

Ich finde, daß Charlie eine zu geringe Meinung von den Menschen hat, und ich sage ihm das. Aber Charlie schüttelt traurig den Kopf: „Nein, Menschen lieben die Menschen nicht echt. Gott ist der einzige, der die Menschen wirklich liebt."

Wir fahren fort, miteinander zu reden und zu suchen. Hat Charlie denn niemals echte Liebe erfahren? „Sind die Menschen wirklich so schlecht?", frage ich.

Charlie denkt nach – so richtig tief. „Nein", sagt er schließlich, „ich glaube nicht, daß die Menschen schlecht sind, aber ..." Er kann sich nicht so recht ausdrücken, aber er könnte darüber auch etwas singen.

Er versucht, seine Gitarre zu stimmen. Das ist recht schwierig und dauert lange, denn die eine Saite ist schon ziemlich schlecht. „Ich müßte eine neue

haben", sagt Charlie, „aber das kostet Geld." Endlich ist die Gitarre leidlich gestimmt; und mit einem Lächeln im Gesicht und Traurigkeit in der Stimme beginnt er zu singen:
„Wenn du ausreichend hättest und ich gerade genug –
wir würden einander nicht hassen.
In Frieden würden wir leben und in Liebe."
Ich lausche voller Bewunderung. Könnte es sein, daß die wahren Theologen auf der Straße wandern und nicht hinter großen Schreibtischen sitzen und Bücher schreiben?
Ich denke darüber nach, was wohl „ausreichend" sein könnte und was „gerade genug" ist. Auf jeden Fall ist beides mehr als das, was Charlie zur Zeit hat.
„Vielleicht könnten wir dann hingehen und all die anderen Menschen lieben..." singt Charlie.
Als er geendet hat, ist es ganz still um uns. Wir hängen beide mit unseren Gedanken den Worten nach. Und ich frage mich, wann dieser sogenannte „Halbverrückte" sich all das ausdenkt.
Hin und wieder scheint sein Kopf absolut klar zu sein, und eine tiefe Stille umgibt ihn. In seinem nächsten Lied bezeichnet Charlie diese Stille als den „Mittag der Nacht". Sein Singen wird fast zum Flüstern und sein Gitarrespiel auch. Charlie singt über den Mittag der Nacht, wenn alles still ist und die Nacht in tiefem Frieden ruht. Nur dann findet man zur wahren Erkenntnis von Leid, und doch kann man auch gleichzeitig Freude erfahren. Dinge gewinnen Klarheit; und man kann singen. Das ist die Stunde, wo Charlie seine Lieder und Balladen macht.
Wie er seine Gitarre wieder beiseite legt, sagt er: „Es ist so gut, daß du dir die ganze Zeit meine Lieder anhörst. Nur wenige Leute tun das, weil sie nur unglückliche Liebesgeschichten hören wollen."
Ich weiß nicht, was ich darauf sagen oder tun soll, und so gebe ich Charlie etwas Geld für eine neue Saite. Oft sind wir Europäer so arm, daß wir nichts anderes als Geld geben können. Er steht sofort auf, um die Saite zu kaufen. Ich frage ihn noch, wie es seinem Kopf jetzt geht. Er befühlt ihn mit der Hand, lacht mich mit einem Augenzwinkern an und klopft dagegen, als wolle er sagen: „Unberufen, auf Holz klopfen..."
„Charlie ist ein Trottel", sagen die Leute.

Mathieu Haumann/Übersetzung: Brigitte Schwerk

78   Zuramba oder das Kloster „Rundherum"

Stichworte:	Äthiopien, orthodoxes Kloster, Abt, Mönche, (Kloster)-Schüler, Wanderschüler, Schule
Zum Text/ Problemfeldbeschreibung:	Eine Momentaufnahme aus Geschichte und Gegenwart eines der abgelegenen orthodoxen Felsenklöster in Äthiopien. Hier finden schon Kinder und Jugendliche, die die väterlichen Ziegenherden verlassen haben, eine Heimat und eine Schule.
Vorlesezeit:	5 Minuten
Vorlesealter:	ab 12 Jahren

Wir kamen am Fuß des Felsklotzes an, der inmitten der flachen Talmulde jäh aufragt – so hoch, daß man den Hals recken muß.

„Hier", sagte Memhir Wuhibije, Abt des Klosters, das auf der Bekrönung liegt, „hier kam vor 1400 Jahren abba Aragawi an, der Mönchsvater, der weit aus Syrien herbeigewandert war. Droben in der reinen Luft des Gipfels muß man sich in der Nähe Gottes fühlen, sagte sich Aragawi. Aber nirgends ließ sich eine Möglichkeit zum Aufstieg entdecken. ‚Geh' rundherum, Vater!' sprach eine Engelsstimme zu ihm. Aragawi machte die Runde. Umsonst. Da reckte er sein Priesterkreuz hoch und bezeichnete die Felswand mit dem Kreuzeszeichen. Krachend barst der Fels auseinander, kreuzartig aufgeschlitzt."

Im Felsspalt, der von unten nach oben führte, klettern die Mönche von Zuramba noch heute hinauf zu ihrer Klosterkirche und ihren armseligen Hütten. Wir vermuteten, daß wir droben nur greisenhaft alte Mönche mit langen weißen Bärten antreffen würden. Aber nein! Es wimmelte von flinken, braunschwarzen Knaben. Bettel-Tamari nennt man sie. Denn während sie als Hirten die väterlichen Ziegen hüteten, war in ihnen die Sehnsucht erwacht, in die Weite hinaus zu wandern und einen Lehrer zu suchen, bei dem sie das Bücherlesen lernen könnten, um in die Geheimnisse Gottes einzudringen. Nachts waren sie, ohne von Vater und Mutter Abschied zu nehmen, als kleine Ausreißer, vom elterlichen Hof weggeschlichen. Mit dem Bergziegenfellumhang als Wanderschüler kenntlich, konnten sie ihre tausend Meilen wandern. An jedem Abend fanden sie eine Bäuerin, die ihnen ein Stück Fladenbrot reichte und ihnen erlaubte, zwischen Hühnern und Ziegen unter dem grasgedeckten Dach des Tukul eine Bleibe zu finden. Hier, im Kloster Zuramba, hatten sie die Lehrer gefunden, die ihnen nach dem Herzen waren.

„Sollen wir die Psalmen Davids singen?" Ein kecker schwarzer Bursche fragte das. Er ist zehn Jahre alt und schon mit Handauflegung des Bischofs zum Diakon geweiht. Haile Mikael heißt er, das bedeutet soviel wie „Kraft, die mir der Erzengel Michael verleiht, der gegen alles Böse ankämpft". Haile Mikael hatte den ganzen Psalm im Kopf, sang er doch an allen Festtagen in der Klosterkirche. Als ich nun fragte: „Soll ich euch heute Schule halten?", jubelten die Knaben allesamt und lagerten sich rund um mich auf dem Rasen vor der Klosterkirche. Pult und Bank braucht man in Äthiopien nicht, um Schule zu halten.

Die Knaben waren so eifrig im Lernen, daß wir beschlossen, unter deutschen Studenten Geld zu sammeln, damit sie auch all das lernen können, was die alten Lehrermönche ihnen nicht erzählen konnten. Wie schön muß es sein, hier als Schüler zu leben, der Erde entrückt, in tiefem Frieden.

„Nicht immer lag das Kloster Zuramba in tiefem Frieden", sagte Memhir Wuhibije. Er hockte sich zu uns und erzählte die schlimmste Geschichte aus der Klostervergangenheit:

„Das ist jetzt gerade viereinhalb Jahrhunderte her", erzählte Wuhibije, „daß der schreckliche Emir des Nachbarlandes, Mohammed Granj, in unser friedliches Land einbrach. ‚Granj' bedeutet Linkshänder, denn der Emir konnte mit seiner starken linken Hand das Schwert schwingen. Des Nachts konnten wir an den brennenden Kirchen in der Ferne erkennen, daß sich der Heereszug des Emirs näherte. Flüchtende Bauern kletterten zu unserem Kloster hoch. Hier droben, so meinten sie, wird man nichts zu fürchten haben. Wer im steilen Felsspalt hochklettern will, den werden wir in die Tiefe stürzen. Bald sah man schon Pferde und Reiter mit Krummsäbeln. Aus der Höhe sahen sie aus wie kleine Puppen. Sie schlugen ihre Zelte rundherum auf. Man konnte es ganz genau beobachten. Eine Woche ging vorüber — nichts geschah. Aber wer könnte wohl aus dem Felsenkloster ins Tiefland gelangen, um frisches Wasser zu holen? Einer wagte es, den schlugen die Feinde tot. So sind die äthiopischen Mönche von Zuramba verdurstet, und der Linkshänder Mohammed konnte das Kloster niederbrennen. Aber so ist es stets in der äthiopischen Geschichte geschehen: Neue gläubige Mönche kletterten auf die Bekrönung des Felsens, bauten die neue Kirche und bemalten sie mit den Bildern Christi — Bilder, wie sie sie in ihrem gläubigen Herzen trugen."

Friedrich Heyer

79 Isaias im Kloster

Stichworte:	Äthiopien, Kloster, Mönche, Armut, Unrecht, Strafe, Vergebung, Hilfe
Zum Text/ Problemfeld- beschreibung:	Isaias, ein eritreischer Junge, lebt in einem katholischen Männerkloster. Eines Tages droht ihm der Ausschluß.
Vorlesezeit:	ca. 7 Minuten
Vorlesealter:	ab 10 Jahren

Diese Geschichte trug sich zu, als ich noch in meiner Heimat, in Eritrea, war. Dort lebte ich in einem katholischen Männerkloster. Das Kloster lag in Asmara, der Hauptstadt Eritreas – einer wunderschönen Stadt mit weißen Häusern und vielen grünen Palmen, die in der Sonne leuchteten.

Es war gut für mich und die vielen anderen Jungen, daß die Klosterbrüder sich um uns kümmerten. Viele von uns stammten ja aus sehr armen Familien. Aber im Kloster bekamen wir genug zu essen, und die Brüder schickten uns in die Schule. Dafür halfen wir nachmittags bei der Arbeit im Haus und auf den Feldern.

In der ersten Zeit – ich erinnere mich noch gut – hatte ich großes Heimweh nach meiner Mutter und meinen Brüdern. Nachts lag ich oft wach und dachte an mein Dorf. Aber mit der Zeit verging das Heimweh, und in den Ferien war ich dann auch immer wieder zu Hause.

Inzwischen lebte ich schon einige Jahre im Kloster. Irgendwann – ich weiß heute gar nicht mehr, warum – bekam ich mit einem der anderen Schüler Streit. Ich weiß nur noch, daß Temesken – so hieß er – und ich uns mit Steinen bewarfen und daß ich ihn dann schlug, obwohl er der ältere war. Seine Nase blutete sogar. Das war der erste größere Streit, den ich seit fünf Jahren im Kloster hatte. Nun war es Pflicht, wenn so etwas passierte, sogleich dem Oberen Bescheid zu geben. Temesken und ich hielten das aber nicht für nötig. „Wir sind doch keine Kinder mehr, die alles immer gleich beichten müssen!" dachten wir. Außerdem hatten wir uns schnell wieder vertragen und unseren Streit fast vergessen.

In einer der folgenden Nächte hatte ich einen seltsamen Traum: Man wollte mich aus dem Kloster ausstoßen! Verwirrt wachte ich auf. Weil ich aber immer irgend etwas träumte, nahm ich den Traum nicht so wichtig.

Dann kam der Tag, an dem alle Klosterschüler ein langes Gespräch mit dem Oberen hatten. Ein solcher Besinnungstag fand einmal im Halbjahr statt. Jeder von uns wurde dann zum Oberen gerufen. Der erkundigte sich, ob man sich im Kloster wohlfühlte, wie man mit den anderen auskam ... Es wurden viele Fragen gestellt, und man bemühte sich, ausführlich zu antworten.

Schließlich kam auch ich an die Reihe. Das dachte ich jedenfalls. Aber man sagte mir, mein Gespräch mit dem Oberen sei verschoben worden. Ich sollte warten. Ich wartete — Stunden, einen Tag, zwei Tage. Alle anderen hatten ihr Gespräch schon hinter sich, nur ich nicht. So bekam ich langsam Angst. Ich begann, über vieles nachzudenken, über wichtige und unwichtige Dinge. In der Nacht lag ich wach. Die anderen Jungen stellten mir an jenen zwei Tagen ganz merkwürdige Fragen, so, als würden sie mich gar nicht kennen. Ich war verwirrt und erschreckt und gab keine Antwort.

Da kam mir mein Traum wieder in den Sinn, und ich begann zu beten. Schließlich faßte ich mir ein Herz und fragte den Oberen, was denn los sei. Seine Antwort war: „Warte, bis ich dich rufe!"

Das alles geschah kurz vor Weihnachten. Die anderen übten Weihnachtslieder ein, bastelten eine Weihnachtskrippe und putzten das Haus — mir aber war nicht nach Feiern zumute.

Endlich ließ der Obere mich zu sich rufen. „Es tut mir leid, daß ich dich so lange habe warten lassen", begann er, „aber ich mußte es tun."

Was dann kam, war ein richtiges Verhör. „Hast du irgendwann einmal mit anderen Streit gehabt?" fragte er.

Den Kampf mit Temesken hatte ich fast vergessen, aber nun fiel er mir schlagartig wieder ein. „Ja", antwortete ich, „aber es ist sechs Monate her."

Da begann er, laut zu schimpfen: „Ich kann dir nicht mehr trauen! Du hast mein Vertrauen verloren!"

Ich sah ihn erstaunt an. War er wegen des Kampfes so furchtbar wütend? Endlich beruhigte er sich etwas. In ruhigerem Ton sagte er: „Hör einmal gut zu! Erstens haben die anderen einen schlechten Eindruck von dir. Viele mögen dich nicht besonders. Zweitens hast du Geheimnisse vor mir. Warum erzählst du mir nicht, daß du dich mit Temesken geschlagen hast? War ich nicht immer wie ein Bruder zu dir?"

„Ich kann alles erklären!" rief ich.

Seine Antwort aber war: „Jetzt brauche ich keine Erklärung mehr. Die hättest du mir früher geben müssen."

Ich versuchte zu entgegnen: „Ich bin doch kein Kind mehr. Temesken und ich haben uns auch schon längst wieder versöhnt!"

Doch er hörte mir nicht mehr zu. Statt dessen brüllte er: „Von heute an gehörst du nicht mehr zum Kloster! Wir können dich hier nicht mehr gebrauchen!"

Da dachte ich: „Nun ist mein Traum also wahr geworden."

Als der Obere mir dann noch anbot: „Ich werde dich mit dem Auto nach Hause bringen", entgegnete ich ebenso wütend: „Ich brauche deine Hilfe nicht mehr!" und knallte die Tür hinter mir zu. Dann machte ich mich auf den Weg in die Stadt.

Wie verirrt lief ich in Asmara umher. Wohin sollte ich nun gehen? Meine Familie war sehr arm. Allerdings gab es ein, zwei reiche Onkel. Einer war Viehhändler. Ich beschloß, ihn um Hilfe zu bitten.

Als ich an seinem Haus ankam, ließ mich die Köchin nicht hinein. Mein Onkel war nicht zu Hause, und sie durfte Fremden nicht öffnen. Ich mußte einige

Stunden lang warten. Endlich kam er. Ich streckte ihm die Hand entgegen, um ihn zu begrüßen, er aber übersah sie. Statt dessen rief er der Köchin zu: „Was will denn dieses schmutzige Schwein hier? Sag ihm, er soll verschwinden!" Was sollte ich bei solchen Worten tun? Im Nu war ich weg.

Ich mußte ins Kloster zurückgehen, um meine Sachen zu packen. Lange war dieser Ort meine Heimat gewesen, nun war er eine Hölle. Noch nie hatte ich erlebt, daß jemand aus einem so nichtigen Grund das Kloster verlassen mußte.

Ich ging in die Küche. Die Köchin wußte bereits, was geschehen war. Doch sie war so nett wie immer zu mir und gab mir etwas Gutes zu essen.

Plötzlich kam der Obere in den Speisesaal. Er fragte, ob alles geklappt hätte. „Nichts hat geklappt", antwortete ich kurz. Wieder begann er, mir Fragen zu stellen. Ich erzählte ihm, was mein Onkel gesagt hatte, und daß ich zu den eritreischen Freiheitskämpfern gehen wolle, und vieles mehr über mich. Endlich hörte er mir zu. Es war, als ob er mich erst jetzt kennenlernen würde. Er schüttelte oftmals seinen Kopf. Stunden saßen wir so zusammen. Vieles wußte er nicht – auch nicht, daß ich ein uneheliches Kind war, was in unserem Land immer noch als große Schande galt. Er war sichtlich betroffen.

Doch was er dann sagte, enttäuschte mich maßlos: „Geh zurück in die Stadt, Isaias, und versuche es noch einmal bei deinem Onkel. Wenn es nicht gelingt, werden wir einen anderen Weg finden."

Ich machte mich noch einmal auf den Weg nach Asmara, aber nur seinetwegen. Ziellos lief ich dort umher. Gegen Abend kehrte ich zurück.

Eigentlich hätte ich früher zurück sein müssen, weil ich eine Kindergruppe betreute, der ich Geschichten aus der Bibel erzählte und Lieder beibrachte. Den Kindern war aber gesagt worden, sie sollten, bis ich zurückkäme, einen Weihnachtsfilm sehen.

Der Obere hatte mich durch das Fenster kommen sehen. Als er hörte, daß ich nichts erreicht hatte, sagte er: „Laß uns feiern, denn morgen ist Weihnachten. Du kannst noch eine Weile hierbleiben, bis du eine andere Bleibe gefunden hast. Wenn du willst, kannst du auch noch nach Weihnachten mit uns in Urlaub fahren. Und nun geh zu den Kindern und mache ihnen Freude wie früher!"

Ich ärgerte mich über seine Angebote. Mir war wirklich nicht nach Feiern und Urlaub zumute. Ich ging zu den Kindern, die ich gern hatte. Sie hatten schon gehört, was vorgefallen war, und waren traurig. Nun warteten sie auf meinen Abschiedstag.

Inzwischen waren zwei Tage vergangen. Weihnachten war vorbei. Ich hatte beobachtet, daß es auch dem Oberen nicht so gut ging. Schließlich ließ er mich in sein Büro rufen. Wir redeten eine Weile, plötzlich kniete er nieder. Ich dachte, wir würden nun zusammen beten. Doch es kam anders. „Verzeih mir, Isaias!" hörte ich ihn sagen. Überrascht sah ich ihn an. „Ja", er erwiderte meinen Blick, „es war eine falsche Entscheidung, ein Fehler. Vergiß alles und, bitte, bleib bei uns!" Er hatte Tränen in den Augen.

Ich konnte es noch nicht glauben. War das sein Ernst? Sollte doch noch alles gut werden? Dann war der Damm gebrochen. Ich umarmte ihn. Nun weinte auch ich.

Wir versöhnten uns. Es war ein wunderbarer Tag und für mich das schönste Weihnachten, das ich je erlebt hatte. Auch für die anderen Jungen war es ein ungewöhnlicher Tag. So etwas war im Kloster noch niemals vorgekommen. Einen Tag später fuhren wir alle zusammen in Urlaub.

Tekele Mekonnen/Susanne Beck

Kinder in Kamerun 80

Stichworte:	Kamerun, Schule, Schulgarten, Landbau und Kunsthandwerk als Unterrichtsfächer, Advent, Erntedankfest, Versteigerung
Zum Text/ Problemfeld-beschreibung:	Berichtet wird von dem Schulalltag in einer Dorfschule in Kamerun, wo die Schüler auch zum finanziellen Unterhalt der Schule beitragen, und von der Feier des Erntedankfestes am 1. Adventssonntag, an der Kinder und Erwachsene teilnehmen.
Vorlesezeit:	5 Minuten
Vorlesealter:	ab 8 Jahren

Nun will ich euch ein paar Erlebnisse erzählen, die ich mit Kindern hatte. Ich besuchte Schulen im Grasland von Kamerun. Das Grasland ist die Gegend im Inneren des Landes. Hier gibt es keinen Urwald, nur Savannen. Savannen sind ähnlich wie bei uns die Wiesen, nur ist das Gras viel trockener, viel zäher und höher. Das ganze Gebiet liegt auf etwa 2000 Meter Höhe, und es ist etwa gleich warm wie bei uns im Sommer. Da sitzen die Kinder zu dritt in den Schulbänken. Und wie aufmerksam sie sind! Jedes mit einer uralten, zerkratzten Holztafel vor sich.

Und was denkt ihr euch, wie groß eine einzige Schulklasse ist? Etwa 60 bis 80 Kinder, das ist ganz normal. In Bamessing saßen in der ersten Klasse sage und schreibe 155 Mädchen und Buben – und das mit einem einzigen Lehrer. Die Schule dauert von acht Uhr morgens bis ein Uhr mittags. Weil es immer um sechs Uhr abends schon dunkel ist, wäre es nicht gut, wenn der Unterricht bis vier oder fünf Uhr nachmittags dauern würde. Viele Kinder haben nämlich einen sehr langen Schulweg und müßten dann im Dunkeln heimmarschieren. Nach zwei Lektionen gibt es ganz kurze Pausen. Dann kommt eine lange, fast einstündige Pause: Zeit zum Herumtollen, aber auch zum Mittagessen. Jedes bringt sein Eßpäckchen mit. Darin hat es oft Fufu, schön in ein feuchtes Blatt eingewickelt. Fufu ist ein dicker Brei aus Maismehl. Mit einer scharfen Sauce schmeckt er zwar fremd, aber gar nicht schlecht. Es können im Päckchen auch gekochte Bohnen sein oder Yams. Yams, das ist einfach gesagt die Kamerun-Kartoffel. Brot kennt man in den ländlichen Gegenden kaum, und wenn, dann höchstens um etwas damit zu kochen. Ich habe einige Tage bei einer einheimischen Pfarrfamilie gewohnt. Zum Frühstück gab es Fotzelschnitten. Ihr wißt doch, Fotzelschnitten, das sind Brotscheiben, die man in zerklopfte Eier taucht und dann brät. Bei uns ist das eher ein Abendessen.

Zu jeder Schule gehört ein Garten. Was da, um zu lernen, gepflanzt wird, kann auf dem Wochenmarkt verkauft werden. Das gibt Geld, und mit diesem Geld wird Schulmaterial gekauft. Im Handarbeitsunterricht flechten die Kinder Körbe. Auch damit wird Geld für die Klasse verdient. So lernen die Kinder in der Schule nicht nur lesen und schreiben, sondern ganz selbstverständlich auch Landbau und Kunsthandwerk. Das ist für diese Menschen hier sehr wichtig, sind doch die wenigsten reich, und Bargeld ist rar.

Am ersten Adventssonntag war ich in Kumba im Gottesdienst. Um neun Uhr sollte er anfangen. Wir waren pünktlich da – gerade zum Schluß der Predigt! Man feierte das Erntedankfest. Und weil diese Gottesdienste immer mindestens bis um zwölf Uhr dauern, hatte man einfach eine Stunde früher angefangen! Für Afrikaner etwas ganz Normales.

Schade, daß ihr nicht dabei sein konntet. Ihr hättet das Singen hören müssen. Die Kirche war bis auf den letzten Platz gefüllt. Alle klatschten und wiegten sich im Rhythmus zu den Liedern. Da – plötzlich eine Gruppe von Kindern, schön in der Reihe. Jedes mit Früchten oder Gemüse in den Händen. Sie schritten zum Altar und legten ihre Gaben nieder. Größer und größer wurde der Haufen. Was die wohl damit machen wollten?

Ein Mann trat vor, ergriff eine Ananas, ein paar Bananen, ein Büschel Rüben, was gerade obenauf lag, hielt sie hoch in die Luft, und die Leute begannen Preise zu rufen. Wer am meisten dafür bot, bekam dann die Frucht oder das Gemüse. Ich habe mir zwei Ananas ersteigert und sie mit heimgebracht. Sie schmeckten mir natürlich besonders gut!

Das eingenommene Geld kommt ebenfalls der Kirchenarbeit zugute. Wißt ihr, was mir eben einfällt? So etwas könntet ihr doch bei euch auch machen. Das Geld könntet ihr dann vielleicht an eine Schule in Kamerun schicken für neue Tafeln oder Hefte.

Hanni Rueff

Wie Christen in Kamerun Gottesdienst feiern 81

Stichworte:	Kamerun, Gottesdienst, Predigt, Chor, Tanz, Opfer, Erntedankfest
Zum Text/ Problemfeld- beschreibung:	Erzählt wird von einem Gottesdienst der presbyterianischen Kirche in einer Landgemeinde in Kamerun. Eine wichtige Rolle spielen dabei das Singen und die Musik (von fünf Chören gestaltet) – und das Opfer, das zum Teil in Naturalien gegeben und dann versteigert wird.
Vorlesezeit:	10 Minuten
Vorlesealter:	ab 10 Jahren

Um 8.45 Uhr beginnen die zwei Glöckchen unserer stattlichen Kirche zu läuten. Nur ganz wenige Gemeinden haben hier Glocken wie unsere altehrwürdige Missionsstation. Oft rufen die großen Sprechtrommeln, die aus Baumstämmen herausgeschnitzt sind, zum Gottesdienst oder Felgen von Autoreifen, die an Bäume gehängt sind und an die man mit einem Eisenstab klopft.

Kurz vor 9 Uhr formt sich die Prozession vor dem Haupteingang. Sie gestaltet den Anfang des Gottesdienstes. Eine Orgel gibt es so gut wie nirgends. Die Prozession besteht aus einem Chor, der dem Prediger, dem Liturg und dem Vorsitzenden voraus singend in die Kirche einzieht.

Unsere Gemeinde hat fünf Chöre, die in der Regel alle im Gottesdienst aktiv sind. Da ist zunächst einmal der Ndala Bito. In ihm singen meistens ältere Einheimische auf Duala. Das ist die alte Kirchensprache des Waldlandes. Die Lieder sind oft schwer und getragen. Dann gibt es den Frauenkreis. Er singt schwungvoller, und das Singen geht oft ins Tanzen über. Sie haben ein eigenes Liederbüchlein. Weiter zu nennen ist das Jugendwerk. Es singt oft Chorusses. Das sind mitreißende, schmissige Liedlein, zu denen geklatscht und getrommelt wird. Einer singt vor, die anderen nach. Diese Chorusses werden auch in der Kinderkirche und in der Jungschar gesungen. Vor zwei Jahren ist als vierter Chor der „English Choir" entstanden, der englische Kirchenlieder pflegt, die wir oft als süßlich empfinden. Als wir vom Heimaturlaub zurückkamen, war inzwischen ein fünfter Chor entstanden: ein Halleluja-Choir. In ihm singen Leute, die aus dem Grasland kommen, auf Mungaka, der alten Kirchensprache des Graslandes. Was sie singen, klingt viel afrikanischer. Sie begleiten ihren Gesang mit vielerlei Instrumenten, z. B. auch einer großen selbstgeschnitzten Flöte. Es gibt im Gottesdienst hier also ganz verschiedene kirchenmusikalische Ausdrucksweisen. Übrigens muß jeder Chor damit rechnen, jederzeit vom Prediger oder Liturg zu einem Beitrag aufgefordert zu werden. Die verschiede- nen Singgruppen sind meistens auch in überörtlichen Verbänden zusammenge- faßt, die sich zu großen Rallyes treffen, bei denen dann stundenlang gesungen und gefestet wird.

Im Tanzschritt und singend zieht also die Prozession in die Kirche ein. Mar- schieren, sich tanzend bewegen oder schreiten, ist hier ganz wichtig. Es gibt viele Lieder, die diese Bewegung aufnehmen und auf den Glauben beziehen, z. B. „The Lord knows the way through the wilderness. All I need to do is to follow." (Der Herr weiß den Weg durch die Wüste. Alles, was ich tun muß, ist zu folgen). Auch zum Opfer zieht die Gemeinde mindestens einmal im Gottesdienst zum Altar und je nach Stimmung und Können auch singend und tanzend. Wie faszinierend das Marschieren ist, erleben wir an unseren Töchtern Barbara und Veronika: „Mir machat a Feschtle", sagten sie kürzlich. „Und was soll da passieren?" fragten wir. „Mir martschat wie d' Waipis" (wir marschieren wie die Jungen Presbyterianer [YP]).

Wenn die ersten Chormitglieder kurz vor dem Altar angelangt sind, bleibt der Chor stehen und bildet ein Spalier. Der Liturg liest hinter dem Chor stehend den Psalm des Sonntags. Aus irgendeinem Grund bewegt mich dieser erste gesprochene Text des Gottesdienstes oft besonders. Nach der Psalmlesung gehen die Prediger, der Liturg und der Vorsitzende durch das Spalier zum Altar. Der Chor zieht dann singend an seinen Platz.

Drei Gesangbücher sind in Gebrauch: eins auf Duala, eins auf Mungaka, dazu das Gesangbuch der Kirche von Schottland, die ja die Mutter aller presbyterianischen Kirchen ist. Dazu kommen die vielen Chorusses, von denen offenbar laufend neue getextet und komponiert werden. „Duala" und „Mungaka" enthalten viele übersetzte englische und deutsche Kirchenlieder. Ein Lied hat die Melodie von „Weißt du wieviel Sternlein stehen". Beim Abendmahl wird oft ein Lied angestimmt, das nach der Melodie „Goldne Abendsonne" geht. Unafrikanisch? Vielleicht. Aber die Leute singen die Lieder mit Inbrunst. Und gleichzeitig entwickeln sich Lieder aus afrikanischen Traditionen heraus.

Auf die Frage zum Beispiel, was mir hier besonders gefällt, würde ich antworten: „zum Beispiel das Singen". Da strömt es in vollen Tönen in Ober- und Unterstimme. Daneben wirkt unser Singen in deutschen Kirchen wie ein Genuschel. Die Menschen hier können beim Singen wie auch beim Tanzen so viel von sich hergeben.

In den Abkündigungen, die immer ein Laie vorträgt, wird auch verlesen, wer am kommenden Sonntag die erste und wer die zweite Schriftlesung liest, welche Frauen vor dem nächsten Sonntag die Kirche richten. Auf die Abkündigungen folgt oft etwas Besonderes. Kürzlich hat die Leiterin des Frauenkreises ein Zeugnis von der Kirchenleitung überreicht bekommen, daß sie sich um die Kirche in vielen Jahren verdient gemacht habe. Sie hob das Glanzpapier dann strahlend mit beiden Händen hoch, daß es die ganze Gemeinde sehen konnte, und fing an zu singen: „I have decided to follow Jesus" (ich habe mich entschieden, Jesus zu folgen), und alle stimmten ein und klatschten. Ein anderes Mal werden backsliders, d. h. solche, die eine Zeitlang nicht mehr voll mitgemacht haben, wieder aufgenommen. Vor einiger Zeit ging an dieser Stelle ein gewichtiger Mann mit seiner Familie nach vorn, um vor der Gemeinde Gott dafür zu danken, daß er eine schwere gesundheitliche Krise gut überstanden hat. Taufen von Erwachsenen und Kindern, Konfirmationen, Aufnahmen in den Frauenkreis usw. können an dieser Stelle gefeiert werden. An solche Besonderheiten schließt sich meistens ein Sonderopfer an, durch das man seine Verbundenheit mit denen, die heute besonders feiern, ausdrücken kann.

Die zwei Schriftlesungen übersetzen die, die es können, oft auf Pidgin, ein afrikanisches Englisch, das die Umgangssprache unseres Kirchengebiets ist. Da die große Mehrheit der Christen (europäisches) Englisch kaum versteht, ist das wichtig.

Gepredigt wird immer auf Pidgin. Predigen ist hier etwas ganz anderes als bei uns. Die mühsamen 10 samstäglichen Stunden am Schreibtisch gibt es hier praktisch nicht. Die meisten Kameruner können ja jederzeit auch ohne Vorbereitung Reden halten. Es kann schön sein, wenn jemand aus seiner Geistesgegenwart, seinem Erleben heraus spricht.

Mit Opfergang, Fürbittgebet und Segen eilt der Gottesdienst dann seinem Ende zu. Der „führende Chor" zieht wieder aus der Kirche heraus, nun aber durch eine Tür beim Altar und dann durch eine andere wieder herein zum Altar, wo dann der Prediger mit dem Chor betet.

Eine gute Gelegenheit, die Einkünfte der Gemeinde zu steigern, ist das Erntedankfest. Früher haben wir es in unserer Gemeinde nur einmal gefeiert, jetzt etwa siebenmal, d. h. jede Gruppierung, wie der Frauenkreis, die kirchliche Schule, die Chöre feiern ihr eigenes Erntedankfest, zu dem die ganze Gemeinde eingeladen ist. Der Kirchengemeinderat schätzt jede Gruppe auf einen Betrag je nach ihrer Stärke. Die Gruppe setzt nun alles daran, diesen Betrag zu erreichen oder möglichst zu überbieten.

Im Gottesdienst sagt der Liturg nach dem Fürbittgebet: „Jetzt übernimmt der Vorsitzende." Der Vorsitzende der Kirchengemeinde stellt die Leute vor, die das, was nun folgt, leiten: einen Vorsitzenden des Tages, einen Schatzmeister, einen Sekretär, mehrere Funktionäre. Der Raum um den Altar herum ist nun mehr oder weniger gefüllt je nach Gruppe. Beim Frauenkreis und beim Ndola Bito war er voll von Brennholz in großen Körben, Cocoyams, Yams, Kochbananen, Bananen, Wäldern von Setzlingen für Kochbananen und Cocoyams, auch allerlei Gemüsen, Eiern. Ich habe schon Tomaten- und Krautsetzlinge gebracht. Auch Hühner haben schon während der Predigt gegackert. Dem jungen, aktiven Halleluja-Chor hat ein Mitglied einen trockenen Baum in seiner Farm gestiftet. Die Mitglieder haben ihn gefällt, versägt, 2−3 km zur Straße getragen und dann, um das Ergebnis zu erhöhen, verkauft.

Beim Gottesdienst wird nun die Gruppe des Tages aufgerufen, ihr Opfer zu bringen. Die Gruppe singt ein möglichst schwungvolles Lied. Das Opfer ist schon in einem Korb gesammelt und wird nun meistens von einer Frau oder einem Mädchen nach vorne getanzt. Wenn sie es besonders schön macht, gibt es Beifall. Männer sind meistens nicht so frei, sich tänzerisch zu bewegen. Wagt es doch einmal einer, erhält er Beifall. Vom Tisch des Vorstands tanzt jemand entgegen, bis die Übergabe zustande kommt. Das Opfer wird alsbald auf den Vorstandstisch geleert und gezählt, während die Gemeinde singt. Ist gezählt, bringt auf gleiche Weise eine Gruppe nach der anderen ihre Gabe nach vorn. Die anderen Gruppen, die ihre Erntedankfeste an anderen Sonntagen feiern, geben ihre Gabe als Unterstützung der Gruppe, die dran ist, damit sie ein möglichst eindrucksvolles Ergebnis erzielt, natürlich auch, damit diese sie an ihren Terminen auf die gleiche Weise unterstützt. Ist das Opfer der Gruppen gegeben, werden alle, die keiner Gruppe angehören, aufgefordert, nach vorne zu kommen und ihre Gabe einzulegen. Ist das, was die Christen als reines Opfer zu geben bereit sind, gegeben, kommt die nächste Phase. Nun wird man oftmals zu einem Tisch eingeladen, auf dem viele geschlossene Emailschüsseln stehen. Der Frau, die hinter dem Tisch steht, kann man einen Betrag geben und sich dann ein kleines Vesperle, ein Stückchen gebratenes Fleisch oder gebratenen Fisch, ein paar geröstete Erdnüsse oder puff puff oder chin chin, beliebte kleine Bäckereien, aus einer der Schüsseln nehmen. Was nicht verzehrt wird, wird später versteigert. Nun kommt der Höhepunkt: die Versteigerung, die in ländlichen Gemeinden öfter im Jahr am Schluß des Gottesdienstes stattfindet, wenn nämlich einer kein Bargeld hatte und ein paar Eier, ein Zuckerrohr, ein paar Bananen oder gar ein Huhn als Opfer einlegte.

Nun kommt meistens Stimmung auf. Wettgeist, Interesse an bestimmten Artikeln, Opferfreude, Geltungsbedürfnis sind wahrscheinlich untrennbar vermischt. Wenn für eine Kolanuß bis zu 1000 Francs geboten werden, gibt es Applaus. In Bamenda habe ich einmal erlebt, daß ein Gockel 20000 Francs brachte. Das war ein Jubel! Immer wieder wird man ermahnt, auszuharren bis zum Schluß. Beim siebten Erntedankfest ist die Freudigkeit natürlich nicht mehr so groß wie beim ersten. Als ich kürzlich einmal um 12 Uhr nach drei Stunden Aufenthalt in der Kirche heimgegangen bin, habe ich gegen 1 Uhr die Schreie der Auktionäre noch in unser Haus hinüberhallen hören.

Am Schluß spricht der Liturg noch den Segen.

Klaus und Elfriede Thierfelder

Drei Männer im Dorf 82

Stichworte:	Kamerun, tägliches Brot, Stadt—Land, Fortschritt, Widerstand
Zum Text/ Problemfeld- beschreibung:	Drei Gäste aus der Stadt, darunter der landwirtschaftliche Berater, wollen den Fortschritt in ein kamerunisches Dorf bringen, indem sie den Anbau von Baumwolle statt der üblichen Hirse anordnen. Im Zusammenhang mit der Vater-Unser-Bitte um das tägliche Brot werden die Vor- und Nachteile solcher fortschrittlichen Maßnahmen reflektiert.
Vorlesezeit:	10 Minuten
Vorlesealter:	ab 12 Jahren

Die Trommeln setzen ein. Dann erfüllt der Gesang des Chores den ganzen Kirchenraum. Helle und tiefe Stimmen wechseln sich ab. Langsam erheben sich die Jungen, die ganz vorn auf der linken Seite sitzen. Sie schreiten durch den Mittelgang dem Ausgang zu. Dann stehen die Mädchen auf der rechten Seite auf. Ihre Gesichter sind ernst und würdevoll. Als sie durch das Portal auf die Wiese vor der Kirche treten, verwandelt sich ihr Ernst in eine übermütige Ausgelassenheit. Einige beginnen im Rhythmus der Musik zu tanzen, die aus der Kirche nach draußen dringt.

Jara aber hat an diesem Sonntag keine Lust mitzutanzen. Sie weiß selbst nicht so recht, warum, denn sonst ist sie meist die erste, die nach dem Gottesdienst mit den anderen herumspringt. Doch dann merkt sie, wie ihr ein Satz nicht mehr aus dem Kopf gehen will.

Alle hatten das Gebet laut und langsam gesprochen. Die ganze Gemeinde. Und mittendrin war dann dieser Satz. Jara hat ihn schon hundertmal gebetet, oder noch öfter: Unser tägliches Brot gib uns heute.

Genau das ist es, was Jara sich wünscht: Brot. Langes, weißes Baguettebrot, so wie es die Leute in der Stadt essen.

Bei Jara zu Hause gibt es immer nur Hirse. Vielleicht auch mal Jams oder Mais. Aber Brot gibt es nie. Das ist viel zu teuer. Und außerdem kann man es nur in der Stadt kaufen. Aber wann kommt schon mal einer aus ihrem Dorf in die Stadt?

Und wie selten kommt ein Auto aus der Stadt zu ihnen ins Dorf? Das ist immer ein ganz besonderer Tag. So wie heute. Da wird ein Wagen aus der Stadt erwartet. Der landwirtschaftliche Berater, der Bezirksvorsteher und der Unterpräfekt wollen ihr Dorf besuchen.

So ein offizieller Besuch kommt selten zu ihnen. Das ganze Dorf erwartet gespannt die drei Männer. Was sie wohl bei ihnen im Dorf wollen? Jara weiß es auch nicht. Sie weiß aber, daß sie ihrer Mutter dabei helfen wird, den Herren aus der Stadt das Essen zuzubereiten. Jara wird Hirse stampfen müssen. Und vielleicht darf sie auch beim Servieren des Essens helfen. Dann kann sie die drei Besucher vielleicht ganz aus der Nähe sehen.

Leute aus der Stadt sind immer aufregend, denkt Jara. Sie leben ganz anders als sie hier im Dorf. Sie tragen Anzüge, fahren Autos, wohnen in Steinhäusern und essen Brot. Weißes Stangenbrot, von dem Jara träumt. Irgendwann, wenn sie groß ist, möchte Jara auch in der Stadt leben. Und Brot statt Hirse essen. Jeden Tag.

Unser tägliches Brot gib uns heute!

Rumm, ramm. Rumm, ramm. Jara stößt ihren Stampfer abwechselnd mit ihrer Mutter in den Holzmörser. Jara kann das schon im Schlaf, ohne aus dem Rhythmus zu kommen. Jeden Tag hilft sie ihrer Mutter beim Stampfen der Hirse. Aber an diesem Tag ist es anders als sonst. Jedem Handgriff ist anzumerken, daß heute Gäste aus der Stadt bei ihnen essen werden. Jaras Mutter ist bekannt dafür, daß sie vorzügliche Hirse-Boule kocht.

Während Jara stampft, muß sie unentwegt an die drei Männer denken. Und an die Stadt, aus der sie kommen. Und von dem Brot, das dort gegessen wird. Der Satz vom Morgen geht ihr nicht aus dem Kopf: Unser tägliches Brot gib uns heute.

Die Hirse ist gemahlen und gesiebt. Jaras Mutter schiebt größere Holzscheite in die Feuerstelle. Das Holz ist feucht. Dicker, weißer Rauch steigt auf. Sie setzt einen Kessel auf die Steine. Es dauert eine Weile, bis das Wasser kocht. Dann schöpft sie mit einer alten Konservendose etwas von dem kochenden Wasser ab und gießt es über die Hirse. Mit ihren Händen mischt sie das Wasser mit dem Mehl und knetet einen Teig. Jara hat ihr schon oft dabei zugesehen. Sie hat es auch schon selber gemacht. Aber heute läßt ihre Mutter sie nicht an den Teig. Denn für die Gäste aus der Stadt müssen die Hirse-Boule ganz besonders gut werden. Jaras Mutter rührt den Teig ins Wasser und läßt ihn aufkochen. Auch dabei darf Jara nur zusehen.

Jara ist enttäuscht, daß sie an diesem besonderen Tag beim Kochen der Hirse-Boule nicht mithelfen darf, und auch beim Zubereiten der Spinatsoße nicht. Selbst die Erdnußpaste darf sie nicht hinzugeben. Ihre Mutter tröstet sie damit, daß sie dafür beim Servieren des Essens helfen kann. Jara freut sich. Da wird sie die Männer aus der Stadt ganz aus der Nähe sehen können.

Unter dem alten Baobab in der Mitte des Dorfes geht es nicht immer so lebhaft zu wie an diesem Abend. Überall sitzen kleine Gruppen von Männern und reden lautstark miteinander. Die Frauen stehen etwas abseits. Aber sie unterhalten sich nicht weniger erregt. Die Dorfversammlung, die der landwirtschaftliche Berater, der Bezirksvorsteher und der Unterpräfekt einberufen hatten, ist beendet.

Die Herren aus der Stadt haben sich mit den Dorfältesten unter dem großen Baum niedergelassen, um das Abendessen einzunehmen. Und Jara darf sie bewirten. Sie ist ganz aufgeregt. Aufmerksam beobachtet sie, wie die Dorfältesten mit den drei Gästen reden. Sie behandeln sie höflich, aber sehr zurückhaltend. Jara merkt sofort, daß irgend etwas auf der Versammlung geschehen sein muß. Sonst würden auch nicht so viele Gruppen zusammenstehen und hitzig diskutieren.

Jara trägt die Hirse-Boule durch das Gedränge zum Tisch unter dem Baum. Dabei versucht sie bewußt langsam zu gehen, um aus den Gesprächen der Männer etwas zu erfahren.

Zunächst bekommt sie nur Wortfetzen mit.

„Keine Hirse", hört sie. Und „Baumwolle".

Irgendwer ruft aufgeregt: „Die können doch mal versuchen, Baumwolle zu essen!"

Jara kann sich auf alles keinen Reim machen. Es ergibt einfach keinen Sinn. Wie sie am Tisch unter dem Baum ankommt, stellt sie die Schüssel mit den Boule auf die Tischplatte. Der Berater lächelt ihr zu. Jara wird ganz heiß. Verlegen lächelt sie zurück. Aber der Mann bemerkt es gar nicht. Er ist schon wieder mitten im Gespräch mit den anderen.

Und jetzt versteht Jara endlich, was geschehen ist. Die drei Männer aus der Stadt haben auf der Versammlung angeordnet, daß alle Bauern ihre Hirsepflanzen aus dem Boden reißen müssen. Statt dessen sollen sie Baumwolle anpflanzen.

„Das bringt mehr Geld", sagt der Berater beschwörend.

„Aber Geld kann man nicht essen", entgegnet einer der Dorfältesten. „Um satt zu werden, müssen wir Hirse kaufen. Und die müssen wir teuer bezahlen. Da bauen wir sie doch lieber selber an."

Der Unterpräfekt kann sich kaum noch halten: „Man muß aber auch an das ganze Land denken. Wenn wir zum Beispiel Autos, Fernseher oder Weizenmehl für Brot aus dem Ausland kaufen wollen, brauchen wir Geld. Oder etwa nicht?"

Er sieht in die Runde, um jeglichen Widerspruch sofort zu entdecken.

„Und Geld bekommen wir nur, wenn wir etwas anbauen, was wir im Ausland verkaufen können. Zum Beispiel Baumwolle. Mit dem Geld können wir dann alles einkaufen, was unser Land braucht."

„Aber Autos, Fernseher und Brot, das habt doch nur ihr in der Stadt", unterbricht ihn der Mann. „Und wir sollen das alles bezahlen!"

„Aber der Fortschritt...", versucht der Berater zu beschwichtigen.

„Fortschritt! Fortschritt!" ruft ein anderer erregt. „Ist das etwa Fortschritt, wenn wir unsere Hirse kaufen müssen, anstatt sie selbst anzubauen? Wer garantiert uns denn, daß das Geld, das wir für die Baumwolle bekommen, auch wirklich reicht?"

Der Bezirksvorsteher versucht zu Wort zu kommen. Aber ein anderer fragt laut in die Runde: „Wenn wir jetzt die Hirse herausreißen und Baumwolle pflanzen, wovon sollen wir denn dann bis zur ersten Baumwollernte leben?" Er ruft immer lauter und erregter. „Dazu fällt den Herren aus der Stadt auch nichts ein!"

Da erhebt sich der Dorfälteste: „Hirse ist die Quelle unseres Lebens", sagt er in ruhigem Ton. „Hirse bedeutet Leben."

„Jara!"

Das Mädchen schreckt zusammen. Das war doch die Stimme ihrer Mutter.

Jara hat so gebannt zugehört, daß sie die Soße ganz vergessen hat. Sie schiebt sich durch das Gedränge zurück. Dabei hört sie, wie einige Bauern sagen, daß sie der Anordnung nicht folgen würden. Andere wenden ein, daß sie dann möglicherweise mit Bestrafung rechnen müssen. Sie meinen, daß ihnen wohl nichts anderes übrig bleibe, als die Hirse herauszureißen. Irgendeiner sagt sogar etwas von Widerstand.

Die Mutter drückt Jara unwirsch den Topf mit der Soße in die Hände. Sie weiß nicht, ob ihre Mutter über ihre Verspätung oder die Anordnung der Männer aus der Stadt verärgert ist. Jara nimmt den Topf und bringt ihn zum Tisch.

Wie sie die Soße vor die drei Besucher hinstellt, sieht sie, daß die drei Männer die Hirse-Boule nicht angerührt haben. Sie essen Weißbrot, das sie sich aus der Stadt mitgebracht haben.

„Komm, Kleine", sagt der Unterpräfekt zu Jara, „wenn du möchtest, kannst du ein Stück Brot haben."

Jara ist verwirrt. Durch ihren Kopf schwirren die Worte vom Morgen. Unser tägliches Brot gib uns heute. Brot aus der Stadt. Die Hand des Unterpräfekten hält es ihr entgegen. Sie muß an das denken, was diese Männer angeordnet haben. Und dann fällt ihr wieder das Wort des Bauern ein. Widerstand hat er gesagt.

Jara dreht sich entschlossen um und kehrt den drei Männern den Rücken zu. Der Unterpräfekt schüttelt den Kopf und schiebt sich das Brot in den Mund.

Hans-Martin Große-Oetringhaus

83 Jeremiah Chi Kangsen

Stichworte:	Kamerun, Mission, Schule, Pfarrer, theologische Ausbildung, Regierungsamt/Minister, Kirchenpräsident, Häuptling, Flüchtlingsarbeit, zwischenkirchliche Hilfe
Zum Text/ Problemfeld- beschreibung:	Der ungewöhnliche Lebensweg des späteren Kirchenpräsidenten der presbyterianischen Kirche in Kamerun, Jeremiah Chi Kangsen, wird hier nacherzählt. Dabei erfährt man auch etwas über den Weg Kameruns zur Unabhängigkeit und den Weg dieser ursprünglichen Missionskirche zu ihrer Selbständigkeit.
Vorlesezeit:	10 Minuten
Vorlesealter:	ab 12 Jahren

Bohnen waren sein Lieblingsessen. Allerdings gab es die nur selten und wenn, dann zu wenig. Der Hauptteil stand dem Vater zu, die Kinder teilten sich den Rest. Als der junge Jeremiah Chi Kangsen von einem Gott hörte, der alles könne, war das für ihn eine interessante Botschaft. Dieser Gott müßte dann auch – so folgerte er – Bohnen in Hülle und Fülle auf den Tisch bringen können.

So kam Kangsen mit dem Christentum in Berührung. Sein Bruder hatte ihm von Missionaren berichtet, Weißen aus Europa, die von diesem allmächtigen Gott erzählten. Der Heilige Geist hat viele Möglichkeiten, den Weg zum christlichen Glauben zu ebnen!

Der junge Kangsen war ein aufgewecktes Bürschchen. Und so erlaubte ihm sein Vater in die Schule zu gehen, in eine jener Schulen, die Missionare aus Basel im Grasland Kameruns eröffnet hatten. Bald genügte die erste Schule nicht mehr. Kangsen sollte in der „English School" weitermachen, weit weg von zu Hause, im Waldland an der Küste. An den Schulweg erinnerte sich Kangsen bis ins hohe Alter. Acht Tage war er unterwegs vom Heimatort Wum bis nach Bombe, der Station am Mungofluß. Dort sprachen die Leute Duala, nicht seine Muttersprache Mungaka. Am schwierigsten war die Überquerung der Flüsse. Und da Kangsen nicht sehr groß gewachsen war, mußte er oftmals warten, bis ihn jemand durch den Fluß trug.

In Bombe begegnete Kangsen dem damaligen Afrikainspektor der Basler Mission. Er war von kleiner Gestalt, und das verblüffte Kangsen ungemein. „Wir mußten lernen, daß ein großer Geist in einem kleinen Mann wohnen kann", sagte er nach diesem Besuch. Klein oder groß, Gott gibt jedem seine eigenen Gaben. Minderwertigkeitskomplexe waren Kangsen fremd. „Ich mag die kleinen Leute", konnte er vor der größten Versammlung sagen!

Kangsen wurde Lehrer. Was er gelernt hatte, das wollte er weitergeben. Zeitlebens lagen ihm die Schulen am Herzen, von der Grundschule bis zur beruflichen Ausbildung. Aber bald wuchs in ihm der Wunsch, Pfarrer zu werden. Afrikaner als Pfarrer, das war damals in den Jahren vor dem Zweiten Weltkrieg noch ganz ungewöhnlich. Zudem gab es in Kamerun noch keine theologische Schule.

Die Basler Missionare schickten Kangsen nach Ghana, in die älteste Kirche, die aus der Arbeit der Basler Mission entstanden war. Wofür wir unser Wissen einsetzen, welchen Sinn Gott unserem Leben gibt, das war Kangsen wichtig. Die Antwort darauf suchte er mit Hilfe der Bibel zu geben. Wo er nur konnte, förderte er später die theologische Ausbildung, nicht nur für die, die später Pfarrer wurden, sondern genauso für die sogenannten „Laien" in den Gemeinden.

Als Kangsen aus Ghana zurückkam, hatte sich vieles verändert. Der Krieg war vorbei. Die Länder der Dritten Welt waren auf dem Weg der Selbständigkeit. Und für Kangsen war klar geworden, daß die afrikanischen Christen auch eine afrikanische Kirche brauchten, unter eigener Leitung, selbständig, eine Kirche, die selbst das Evangelium weitergeben konnte.

Für solche Überlegungen blieb ihm freilich nicht viel Zeit. Sein Landkreis schickte ihn in die Politik. Kangsen wurde Abgeordneter im Parlament in

Enugu. Damals wurde das englische Westkamerun von Nigeria aus verwaltet. Unter den Abgeordneten war Kangsen bald bekannt. Man nannte ihn einfach den „Pfarrer". Und er war stolz darauf. Die Leute sollten von vornherein wissen, welch Geistes Kind er sei.

Kangsen wurde bald Minister für Erziehung und soziale Fragen. Als solcher eröffnete er 1956 offiziell das erste Krankenhaus der Kameruner Kirche in Manyemen. Zehn Jahre war Kangsen als Politiker tätig. Ihm schwebte ein selbständiges Westkamerun vor, sollte es zur politischen Unabhängigkeit kommen. Aber die Volksabstimmung 1961 verlief anders: im Norden Zusammenschluß mit Nigeria, im Süden mit dem französischen Teil Kameruns. Kangsen gab deshalb seine politische Laufbahn auf und kehrte in die Kirche zurück.

Er wurde Lehrer an der theologischen Schule in Nyasoso, die mittlerweile gegründet worden war. Mit seiner Erfahrung bildete er nun Kameruner Pfarrer aus. Aber schon ein paar Jahre später, 1967, wählte ihn die Synode der Kameruner Kirche zu ihrem „Synod clerk". Er hatte die Beschlüsse der Synode auszuführen und war, wie er in seiner ersten Rede sagte, bereit, „die Schwierigkeiten der Menschen auf sich zu nehmen, wie einst der Prophet Jeremia", dessen Namen er seit seiner Taufe trug.

Im Jahr darauf, 1968, übertrug die Basler Mission die Verantwortung für alles, was sie in Kamerun aufgebaut hatte, an die Kameruner Kirche. „It has happened", (es ist geschehen), so begann Kangsen seine Predigt an jenem denkwürdigen 28. April 1968. Ein Jahr später wurde er Kirchenpräsident und war verantwortlich für die Gemeinden und ihre Pfarrer, für Schulen, Krankenhäuser und alle sonstigen Einrichtungen. Er reiste nach Uppsala in Schweden, wo 1968 die Kirchen der Welt zusammenkamen.

Aber am liebsten besuchte Kangsen die Gemeinden, selbst wenn sie noch so abgelegen waren. Kein Weg war ihm zu weit oder zu schwierig. Das Gespräch mit den einzelnen war ihm wichtig. Kangsen konnte zuhören. Er predigte sehr anschaulich. Durch seinen Humor und seine Schlagfertigkeit löste sich manche spitze Situation in befreiendes Lachen auf. „Wenn wir im Paradies sind, dann bringt ihr Weißen uns das Arbeiten und wir euch das Tanzen bei." Auch in den vielen Begegnungen mit europäischen Kirchen und Christen blieb Kangsen ein selbstbewußter, humorvoller und geistreicher Afrikaner.

Ganz überraschend wurde er 1977 als Häuptling seines Stammes Su-Aghem vorgeschlagen. Kangsen machte sofort klar, daß er als Christ und Kirchenpräsident dieses neue Amt nicht übernehmen könne. Aber die Abgesandten überzeugten ihn davon, daß nicht nur die Christen gute Führer verdienten, sondern auch sie, sein Stamm. Kangsen stellte Bedingungen. Er werde keine Opfer bringen, weder den Ahnen noch den Göttern, weil er Christ sei und auch bleibe; er werde neben seiner Ehefrau, der Mutter seiner elf Kinder, keine weitere Frau heiraten, wie es bisher üblich gewesen war für einen Häuptling; zumindest zum jetzigen Zeitpunkt sei seine Hauptaufgabe die Leitung der Kirche, für das Amt des Häuptlings werde er einen Vertreter einsetzen müssen.

Diese Bedingungen wurden angenommen, und Kangsen wurde in einem großen Fest zur Freude seines Stammes als Häuptling eingesetzt. Als bewußter Christ übernahm er dieses Amt. Er wollte auch darin seinem Glauben treu bleiben als „Dienst in Liebe, Gerechtigkeit und Wahrheit". Er wollte einstehen „für die Rechte der Schwachen", alle gleich behandeln, denn alle waren nach dem Bild Gottes geschaffen", und „Christus starb für sie alle". „Mein Leben als Christ sollte sichtbar sein im alltäglichen Leben, in kleinen Dingen wie in großen Aktionen."

Unermüdlich war Kangsen in seinen Gemeinden unterwegs, um sie zu ermuntern und zu ermutigen. Den Schreibtisch im Kirchenbüro liebte er weniger. Er vertrat seine Kirche auf Konferenzen überall in der Welt. Der Hochkommissar für Flüchtlingsfragen der Vereinten Nationen übertrug ihm die Sorge für die Studenten, die aus den Nachbarstaaten Tschad, Sudan, Zaire, Uganda, Zentralafrikanische Republik nach Kamerun geflüchtet waren. Die kleinen Anliegen waren ihm so wichtig wie die großen. Als ich mich tief im Busch einmal vergeblich abmühte, den harten Kern der Ölpalme aufzubrechen, sagte Kangsen lächelnd: „Oh, ihr Weißen, ihr könnt auf den Mond fliegen, aber ihr seid nicht imstande, eine kleine Nuß zu knacken."

Kangsen war ein guter Prediger. Er benützte gern Bilder und Geschichten wie die alten afrikanischen Erzähler. Und Kangsen war ein Meister der Sprache, auch des „Pidgin", das er nicht so sehr liebte, weil es keine afrikanische Sprache war. Aber „Pidgin" war lingua franca, die Umgangssprache auf den Märkten, in den Dörfern und in der Kirche. „Na who i go cook water for we?" fragte er bei einer Reise durch das Missionsgebiet Frukangkang. „Wer wird uns über den Fluß rudern?" und jeder sah vor sich den Einbaum und das unter den Ruderschlägen „kochende" Wasser des Flusses Katsina.

1985 legte Kangsen sein Amt als Kirchenpräsident in jüngere Hände. Er zog zurück in seine Heimatstadt Wum. Nun hatte er mehr Zeit für seine Leute, aber er blieb ein Mann der Kirche, ein Afrikaner, der Geschichte und Tradition, die eigene Kultur hoch schätzte, aber auch sah, daß man nicht einfach im Althergebrachten verharren durfte. Ihm hatte das Evangelium die ersten Anstöße für ein Leben mit Zukunft gegeben. Dafür trat er auch daheim in Wum ein. Eine Poliklinik stand in seinen Plänen, die Fertigstellung einer Kirche. Viele suchten seinen Rat, und jeder war im „Palace" des Häuptlings willkommen.

Das große Unglück am Nyos See 1986 brachte Kangsen eine neue Aufgabe. Durch das ausfließende Gas waren über 1500 Menschen ums Leben gekommen. Die Überlebenden wurden in acht Lager evakuiert. Kangsen wurde Koordinator der kirchlichen Hilfe, die höchst nötig wurde, als die Katastrophenhilfe von seiten anderer Organisationen ausgelaufen war. Entlang der „Ringstraße" im Grasland waren die Menschen in Zelten untergebracht. „Wo habt ihr einen Raum für eure Religion?" fragte Kangsen den „chef" des Lagers bei Esu, einen alten Moslem. Der war mehr als verblüfft über diese Frage eines Christen. Bis jetzt hätten sie noch keinen Raum, antwortete er. „Dann will ich dafür sorgen", sagte Kangsen. Solche Großzügigkeit war für die Moslems im Lager ein viel beredteres Zeugnis des überzeugten Christen als jeder Versuch, mit großen Versprechungen aus ihnen Christen „zu machen". Eine Notsituation so auszu-nützen, lag Kangsen fern. Dies hat das Evangelium nicht nötig. Und das spürte Kangsen jeder ab.

Als er einmal angesichts der finanziellen Nöte der Kameruner Kirche von einem Journalisten gefragt wurde, wie er denn die Zukunft seiner Kirche einschätze, sagte Kangsen kurz und ohne Zögern: „Glänzend, denn die Zukunft der Kirche ist Jesus Christus." Das sagte er nicht nur, das lebte er auch. „Daß Gott bei uns ist, ist jeden Tag ein Grund zum Feiern." Das war der Grundton seines Lebens. Daß er seinen Glauben den Basler Missionaren verdankte, hat er nie vergessen. „Ich bin das Lieblingskind der Basler Mission", konnte er sagen. Als er pensioniert wurde, war geplant, daß er die alten Missionare, die noch lebten, besuchen würde, in der Schweiz und in Deutschland. Dazu kam es nicht mehr. Bei einem Autounfall am 9. April 1988 kam er ums Leben. Jeremiah Chi Kangsen hat vielen viel gegeben, als Afrikaner und Häuptling, als Politiker und Kirchenführer, als Mensch und Christ.

Eberhard Renz

84 Ein Mädchen kehrt nach Afrika zurück

Stichworte:	Nigeria, Identität, Heimat, Tod, Hilfe, Trost
Zum Text/ Problemfeld- beschreibung:	Hanatu, die in den USA aufgewachsen ist, kehrt mit ihrer Familie nach Nigeria zurück. Die Umstellung fällt ihr zunächst schwer. Als ihre Mutter unerwartet stirbt, fühlt sie sich heimatlos.
Vorlesezeit:	7 Minuten
Vorlesealter:	ab 10 Jahren

Sie saß auf der Küchentreppe hinterm Haus. Die afrikanische Nacht war voller Geräusche. Das schrille Zirpen der Grillen übertönte das Gemurmel der vielen Stimmen, das aus den geöffneten Fenstern drang. Unablässig strömten die Menschen herbei, seit ihre Mutter vor vier Tagen gestorben war.

Waren jemals so viele Menschen zu ihnen gekommen, als die Mutter noch lebte? Hanatu versuchte nachzudenken: Die Mutter ist fort — sie ist tot — Mutter — warum?

In den letzten Wochen war die Mutter mehr zu Hause gewesen als sonst. Sie hatte gesagt, sie fühle sich krank und sei zu müde, um zu den Vorlesungen an die Universität zu fahren. Aber sie waren miteinander auf dem Markt gewesen, hatten Erdnüsse gekauft und um Mangos gehandelt. Hanatu hatte sich heimlich ein bißchen gefreut. Die Mutter würde doch nicht mehr tagelang wegbleiben, um Vorlesungen zu halten. Sie würde zuhause sein, wenn Hanatu aus der Schule käme. Es würde wieder so sein wie früher in Amerika.

Amerika! Hanatu konnte sich noch gut erinnern. Damals war der Vater jeden Morgen zur Universität gefahren und die Mutter war zuhause geblieben. Sie hatte mit ihr und dem jüngeren Bruder Manuel gespielt und ihnen im ersten Schuljahr geholfen, die amerikanische Sprache zu lernen. Und dann die Abreise – das riesige, silberne Flugzeug: „PANAM" hatte Hanatu entziffert. „Jetzt fliegen wir nach Afrika, endlich wieder nach Hause!" hatten die Eltern gesagt und gelacht.

Die Lautsprecheranlage im Flugzeug hatte Hanatu geweckt: „Wir befinden uns jetzt im Anflug auf Kano in Nordnigeria. Bitte anschnallen!"

Glühende Hitze und gleißende Helle empfing sie. Schwaden fremder Gerüche, faulende Früchte, Urin und Blütenduft. Benommen saß sie auf dem Rücksitz des alten Peugeot, mit dem Onkel Ibrahim sie abgeholt hatte. Sie waren durch Kanos verstopfte Straßen gefahren, in denen Esel und Schafe sich zwischen den Fahrzeugen drängten, vorbei an der großen Moschee zwischen staubigen Palmen. Sie fuhren weiter ins Land hinein. Nur noch vereinzelt standen die rechteckigen, arabischen Lehmgehöfte mit ihren Flachdächern und schönen hornartigen Verzierungen. Das Land war jetzt hügeliger und immer häufiger tauchten die grasgedeckten afrikanischen Rundhütten auf.

Als sie sich nach mehrstündiger Fahrt dem Dorf der Mutter näherten, hatte Hanatu sich auf ein Bad gefreut, auf ein kühles Zimmer und eine Limonade aus dem Kühlschrank. Die geteerte Straße hatte aufgehört und der Wagen rumpelte mühsam über den ausgewaschenen Weg. „Jetzt!" rief die Mutter, „jetzt sind wir zu Hause!"

„Zu Hause?" Lange hatte Hanatu an jenem ersten Abend nicht einschlafen können. Der Rauch des am Hüttenboden schwelenden Feuers konnte die Moskitos nicht abhalten, quälend war ihr hohes Summen und beunruhigend das Rascheln und Schnurpsen der Ziegen in der Hütte gleich nebenan. Die Laute der afrikanischen Nacht ängstigten sie. In ihren Reisekleidern lag sie auf der Matratze, die sie mit dem Bruder teilte. So hatte sie lange gelegen und ins kunstvolle Geflecht des Strohdaches hinaufgeschaut. Sie dachte an ihre Wohnung in Amerika, die sie vor zwei Tagen verlassen hatte, im siebten Stock eines Hochhauses. Die Bilder verwischten sich und schließlich war sie eingeschlafen.

Ganz dicht an den Bruder und an die Eltern hatte sie sich in diesen ersten Tagen gehalten. Mit ihnen konnte sie amerikanisch sprechen, sie verstanden, wenn sie eine Speise nicht essen konnte, eine Tarantel sie ängstigte, die Hitze sie quälte. Aber dann war es so schnell gegangen. Bald konnte sie barfuß laufen, wie die andern Kinder. Manuel tollte mit den Buben durchs Dorf, ging mit dem Ziegenhirten in den Busch und brachte Schildkröten, Ratten und wilden Honig mit nach Hause. Und auch Hanatu folgte den Mädchen, wenn sie zum Fluß hinunter gingen, um das Wasser heraufzuholen. Einen vollen Eimer frei auf dem Kopf tragen, das konnte sie freilich noch nicht. Aber das rhythmische Zerstampfen von Gemüse und Körnern im hölzernen Mörser machte ihr Spaß, und bald konnte sie geschickt ein Holzfeuer anzünden, ohne dabei an den Elektroherd im 7. Stock zu denken.

Die Mädchen zeigten ihr auch, wie sie das Tuch knoten mußte, in dem sie die kleine Rahilla auf dem Rücken herumtrug. Es hatte nicht lange gedauert, da konnte auch Hanatu auf einer Strohmatte am Boden schlafen. Sie konnte das jaulende Kläffen der Hyäne unterscheiden vom heiseren Bellen der Affen, die allnächtlich auf den Erdnußfeldern raubten. Sie lauschte dem Rascheln der Hirsestengel und dem Rauschen der Palme hoch über der Hütte: Ja, Afrika war ihre Heimat, und lächelnd schlief sie ein.

Hanatu setzte sich auf den Zementstufen zurecht. Die Coca-Cola-Flasche war leer, aber sie hielt sie immer noch in den Händen und lutschte am klebrigen Rand.

Das alles war vor vier Jahren gewesen. Dann war der Tag gekommen, an dem der Vater ihnen gesagt hatte, es sei jetzt Zeit, in die Stadt, nach Jos zu ziehen. Sie wohnten seither auf dem Campus der kirchlichen Hochschule von Nord-Nigeria in einem Backsteinhaus, hatten einen Kühlschrank und einen Elektroherd wie in Amerika, und sie trugen weiße Söckchen zur blauen Schuluniform. Wenn Hanatu am Abend im Bett lag, hörte sie nicht das Rascheln der Hirsestengel. Und was manchmal wie das Heulen einer Hyäne klang, kam aus einer Musikbox im Studentenwohnheim. Auch dies war Afrika.

Zuhause sprachen sie jetzt in der Stammessprache der Eltern, aber auch Haussa konnte Hanatu, man brauchte es auf dem Markt und zum Spielen mit anderen afrikanischen Kindern. Nur mit den weißen Kindern der Kollegen ihres Vaters sprach Hanatu Englisch. Aber sie konnten es oft selbst nicht so gut, denn sie kamen nicht alle aus England oder Amerika.

Da waren Olaf und Lona aus Dänemark, Maria aus Indien, Anselm und Almuth aus Deutschland. Hanatu hatte sich anfangs ein wenig gewundert: auch die Mädchen aus Deutschland und England trugen ihre Puppenkinder auf dem Rücken, und die amerikanischen, deutschen und dänischen Buben jagten Ratten, erbeuteten Honig und aßen fliegende Ameisen. Hatte Afrika sie diese Spiele gelehrt?

Dann war Mutters Krankheit gekommen. Nicht so schlimm anfangs. Schön war es, daß sie nun fast immer zuhause war. Doch jetzt war sie wieder fort. Für immer. Vor vier Tagen war sie gestorben. Seither kamen die Menschen, nahe und ferne Verwandte und Freunde. Hanatu versuchte im Dunkeln die Kästen mit leeren Coca-Cola-Flaschen zu zählen, die neben der Treppe abgestellt waren. „Was machst du denn hier?" Es war Manuel, der Bruder. Er setzte sich neben sie auf die Stufe. „Frauen aus unserem Dorf sind eben angekommen. Sie tanzen drüben. Komm mit!" Sie konnten das klagende Singen und dampfende Stampfen der Frauen hören. Als sie um die Hausecke bogen, sahen sie die dunklen Gestalten, die in schweren Rhythmen barfuß im Kreise tanzten. Sie schmeckten den aufgewirbelten Staub auf den Lippen. „Warum tanzen sie, wenn ein Mensch gestorben ist?" sagte Hanatu leise, wie zu sich selbst. „Weil wir in Afrika sind!" Manuel hatte nicht so viele Fragen. Hinter den Frauen sahen sie helle Kindergesichter im Dunkeln. Sie gingen hinüber zu den Freunden. Lange standen sie, und immer neu scholl die gesungene Klage über die gestampften Rhythmen. Da fühlte Hanatu sich an die Hand genommen. Sie erkannte die blonden Zöpfe ihrer Freundin: „Komm mit mir nach Hause", bat die kleine Almuth. Oft hatte Hanatu in den letzten Monaten bei den deutschen Freunden geschlafen. Und so ging sie auch in dieser Nacht mit. „Komm nach Hause!" – „Nach Hause . . .?" murmelte Hanatu, als sie sich vom Haus ihrer Eltern abwandte und dem weißen Kind in die Dunkelheit folgte.

Inger Hermann

Heimweh nach der Sonntagsschule
85

Stichworte:	Nigeria/Deutschland, Kirche, Ökumene, Gemeinschaft, Freude, Gottesdienst, Sonntagsschule
Zum Text/ Problemfeldbeschreibung:	Almuth ist in Nigeria aufgewachsen. Mit ihrer Familie nach Deutschland zurückgekehrt, hat das kleine Mädchen großes Heimweh nach der afrikanischen Sonntagsschule.
Vorlesezeit:	7 Minuten
Vorlesealter:	ab 10 Jahren

Draußen schneit es. Almuth hält ihren Teddy im Arm und schaut in die wirbelnden Flocken.
„Du mußt dich anziehen, wenn du rechtzeitig zur Kinderkirche kommen willst."
Die Mutter kommt ins Zimmer herein, aber Almuth rührt sich nicht. „Was ist denn heute los mit dir?"
Da bricht es schluchzend heraus: „Ich will aber viel lieber zur ‚Sunday-School'! In der Kinderkirche sind nur weiße Kinder, und wir singen und sprechen und beten nur in einer einzigen Sprache!" Almuth stößt es heraus, als sei dies nun wirklich etwas ganz Schlimmes: nur weiße Kinder, nur eine Sprache.
„Und du fandest es in Afrika viel schöner in der Kinderkirche?"
Almuth nickt, immer noch schluchzend.
Da setzt sich die Mutter zu ihr, und miteinander erinnern sie sich, wie es war, als Almuth noch in die „Sunday-School" ging. Das war in Nigeria, dem großen Land im Westen Afrikas, wo Almuth bis vor einem halben Jahr mit ihren Eltern gelebt hat.

Jeden Sonntagmorgen war es das gleiche. „Salam" (Friede sei mit euch) riefen die afrikanischen Freundinnen schon unter den Eukalyptus-Bäumen vor dem Haus, dann quietschte die Mosquito-Tür, und sie standen mitten im Wohnzimmer: „Almuth, are you coming?" Kommst du mit? Ja, natürlich kam sie mit, nur die Haare mußten noch gekämmt werden.

„Wo ist meine Bibel?" rief jetzt Almuth und stürmte ins Arbeitszimmer des Vaters. „Ihre Bibel", das war nicht die deutsche Lutherbibel, auch nicht die englische „Good-News-Bible", die der Bruder mitnahm. „Ihre Bibel" war ein besonders dickes altes Testament in der Haussa-Sprache. Almuth konnte noch gar nicht lesen, aber es wäre ihr nie eingefallen, ohne Buch zur Sonntagsschule zu gehen. Wie die Freundinnen legte sie es auf den Kopf und ging aufrecht auf dem schmalen Pfad durch das hohe Gras hinten den schwarzen Kindern zur Kirche.

Das war nun wirklich ein lärmendes Treiben! Über hundert Kinder, viele mit ihren Bibeln auf dem Kopf oder unter dem Arm, strömten zusammen. Obwohl es trotz der Frühe schon recht warm war, trugen heute die meisten Kinder Söckchen, sonst ein unnötiger Luxus, heute Zeichen der Sonntagsfeierlichkeit. Einige hatten ihre Bücher auf die Kirchenstufen gelegt und spielten Fangen. Doch kaum sahen sie ihre Sonntagsschullehrer kommen – es waren wieder vier Studenten der nahen kirchlichen Hochschule –, hörten die Spiele auf, und alle drängten sich in den kühlen, dämmrigen Raum des Kirchleins. Und nun war es mäuschenstill. Einer der jungen Sonntagsschullehrer sprach das Morgengebet: Er dankte für den sonnigen Morgen, für den Frieden in ihrem Land und dafür, daß sie alle genug zu essen hatten. Dann betete er für die Kranken und ihre Gemeinde und bat Gott um Regen, Regen, auf den sie schon so lange warteten, Regen, den sie alle brauchten, wenn nicht Hunger und Krankheit ihnen drohen sollte. Ein vielstimmiges, lautes „Amen" zeigte, daß alle diese Kinder nur zu gut die Wassernot und ihre Folgen kannten.

Doch schnell verflog die gedämpfte Stimmung: „Me zai raba ni da Kaunar Allah" – was soll mich von der Liebe Gottes trennen? So sangen jetzt alle Kinder. Auch Almuth sang in Haussa mit und merkte gar nicht, daß sie nicht jedes Wort verstand. Dann wurden sie eingeteilt – nicht nach Altersgruppen, sondern nach der Sprache, die sie am besten konnten. Die meisten Kinder gingen in die Haussa-Gruppe. Auch wenn sie mit ihren Eltern zu Hause in einer anderen Stammessprache redeten, so war doch Haussa die Sprache, die man in Nordnigeria am meisten hörte: auf dem Markt, im Verkehr, auch als Unterrichtssprache in den Schulen. So war es auch nicht verwunderlich, daß die Kinder aus dem fernen Sudan und Bitrus und Naomi aus Kamerun in die Haussa-Gruppe gingen. Mit ihren Eltern waren sie nach Nordnigeria gekommen, weil ihre Väter an der kirchlichen Hochschule studierten, um Pfarrer zu werden. In der Birom-Gruppe waren meist jüngere Kinder aus der näheren Umgebung. Almuths nigerianische Freundinnen, Hanatu und Hamsatu, kamen in die englische Gruppe; mit ihrem Vater, dem afrikanischen Konrektor der

Hochschule, hatten sie früher in Amerika gelebt. Almuth ging mit ihnen, obwohl sie Englisch auch nicht viel besser konnte als Haussa, denn in der Familie sprach sie ja Deutsch. Auch die anderen weißen Kinder gingen lieber in die englische Gruppe. Das war ja natürlich bei Mike und Kevin aus Amerika und bei den Zwillingen aus England, aber auch Maria aus Indien und Olaf und Kerstin aus Dänemark hatten es leichter mit Englisch als mit Haussa oder Birom. Sie hörten die Geschichte vom barmherzigen Samariter. Altmuth verstand nicht, warum der Priester und der Levit dem verwundeten Mann nicht helfen wollte. Gehörten sie zu einem anderen Stamm, sprachen sie eine fremde Sprache? Sie spürte nur die fröhliche Gemeinschaft mit all den Kindern um sich herum und ahnte nichts von den Trennungslinien zwischen Völkern und Religionen. Viel weniger wußte sie, daß alle die Kinder und ihre Eltern sich nach verschiedenen Kirchen unterschieden. Da gab es Lutheraner und Reformierte, Baptisten, Methodisten und Anglikaner. Dort wo die Erwachsenen, ihre Eltern, Studenten und Lehrer manchmal Mühe hatten, da erlebten die Kinder nur Freude und Geborgenheit im gemeinsamen Singen und Beten zu dem einen Gott.

Dann war die Sonntagsschule aus, und lachend drängelten sie sich zur Kirchtür hinaus.

Almuth hatte ihre dicke Haussa-Bibel wieder auf den Kopf gelegt, nahm sie aber doch herunter, als Hanatu sie an der Hand zog: „So und jetzt komm schnell mit uns frühstücken."

Im Galopp liefen sie das Weglein zwischen dem Gras zurück, vorbei an den Eukalyptus-Bäumen und dem großen Hühner-Gehege. Da kam ihnen schon der Duft entgegen: in Fett gebackene Bohnenküchlein! Dazu durften sie sonntags süßen schwarzen Tee trinken. Mutter Halima hatte ihnen gut europäisch den Tisch gedeckt, nickte aber nun freundlich, als sie die ganze Schüssel voll Bohnenküchlein mit auf die Küchentreppe hinter das Haus nahmen. Schnell waren Schuhe und Strümpfe abgestreift, und die Zehen bohrten im warmen Sand, während sie die heißen, fettigen Bohnenküchlein aßen.

Zufrieden schauten die Kinder in das weite, sonnige Land, aber lange stillsitzen konnten sie nicht. „Praise the Lord, Hallelujah" − gelobt sei der Herr, Hallelujah −, summte Hamsatu eines der alten Lieder aus dem Gottesdienst. Klatschend fielen Hanatu und Almuth mit ein. Und bei der zweiten Strophe standen sie schon − singend, klatschend, tanzend. In Afrika kann man Gotteslob auch tanzen: Praise the Lord!

Die Schneeflocken wirbelten nicht mehr, aber die Sonnenstrahlen verzauberten die Tannenbäume vorm Fenster in ein funkelndes Winterwunder.

„Sieh mal, Almuth, ist das nicht schön?"

„Doch, Schnee ist schön und Schlittenfahren auch, aber am schönsten ist es, mit ganz vielen verschiedenen Kindern zusammen in der Kirche zu sein, zusammen zu singen und zu essen und zu tanzen."

Inger Hermann

86 Planung und Hakuri

Stichworte:	Nigeria, Entwicklungshilfe, Gemeinde, Kirche, Frauenarbeit, Geduld
Zum Text/ Problemfeld- beschreibung:	Eine Entwicklungshelferin, die sorgfältiges Planen gewöhnt ist, scheitert damit an ihrer nigerianischen Umgebung. Auf diese Weise lernt sie die Geduld − Hakuri − der Nigerianer schätzen.
Vorlesezeit:	5 Minuten
Vorlesealter:	ab 14 Jahren

Diese Geschichte ist sehr typisch für den Lernprozeß, den ein Europäer in Nigeria durchmacht. Ich − ein durchschnittliches Produkt europäischer Erziehung und Kultur − geschult als Lehrerin und damit zur langfristigen Vorausplanung, muß staunend sehen, wie meine afrikanischen Schwestern wichtige und weniger wichtige Dinge des Lebens mit Gelassenheit auf sich zukommen lassen und damit sehr praktisch den Satz leben: Sorget nichts, jeder Tag hat seine eigene Plage.

Ich hatte ein Frauenwochenende geplant, es sollte der Beginn und Auftakt zum ersten Kirchenkreis-Frauenkurs sein. Eine große Sache für die Frauen, aber auch für mich. „Lehren zu lehren", wollte ich diese Frauen, die zum Teil weder lesen noch schreiben können, ihnen zeigen, wie man eine Frauenstunde über Ernährungslehre plant. Viel Zeit hatte ich mit Nachdenken über den Ablauf und den Inhalt dieses Kurses und speziell dieses Wochenendes verbracht, und nun rückte es immer näher. Zweieinhalb Tage gemeinsames Leben mit lernen, spielen, nachdenken, kreativ sein, Sport treiben und über der Bibel meditieren sollten in Gavva auf dem Kirchengelände stattfinden. Es gab dort nichts als ein paar leere Räume. Im ehemaligen Taufunterrichtsraum hatte mir ein Freund eine Neonröhre angebracht, so daß wir sogar am Abend würden lesen können, falls der Generator nicht streikte. Dieser Raum war überhaupt das „Staatsstück", gefegt, mit Bildern dekoriert, mit Baublocks zum Sitzen ausgestattet. Er war meines Planens passabler Anfang. Und sonst? Immer wieder pendelte ich zwischen Begeisterung und Verzweiflung: Woher sollte ich das nötige Wasser für uns alle bekommen? Auf unserem Gelände gab es ja schon seit Wochen keines mehr. Wie konnte ich die frischen Lebensmittel rechtzeitig einkaufen und doch nicht so früh, daß sie ohne Kühlschrank verdarben? Bei Temperaturen von ca. 35 Grad Celsius ist das allein ein Kunststück.

Dieses „jeder bringt etwas auf die allerletzte Minute", wie ich es hier schon zur Genüge gesehen hatte, wollte ich auf keinen Fall erleben. Darum hatte ich die Frauenkreise von Gavva und Ngoshe schon zwei Wochen vorher gebeten, Wasser zu bringen und vier Frauen für das Kochen zu bestimmen.

Da das Thema Ernährungslehre war, sollte das geplante Essen als Beispiel einbezogen werden. Reis und Grieß hatte ich bereits gekauft, das Brot sollte am Freitag geliefert werden und die zu schlachtende Ziege (unser Fleischlieferant) sprang um mein Haus herum. Ich war mit mir zufrieden. Der Einkauf des Gemüses war am Donnerstag vorgesehen, ebenfalls die Wasserlieferung. Am Freitag sollte der Kurs beginnen.

So weit, so gut. Am Donnerstag mußte ich eine kranke Schülerin ins Spital fahren, ich hatte also keine Gelegenheit, zum Markt zu gehen. Ich bat daher meine Freundin Maryamu, für mich einzukaufen. Diese kam am Abend fröhlich ohne die Dinge zurück. „Heute hätte sie anderes zu tun gehabt und schließlich bräuchten sie die Sachen erst morgen." – Ich atmete tief durch: Hakuri – das Wasser war nämlich auch nicht gebracht worden . . . Hakuri. Wenn es nicht ohnehin schon so heiß gewesen wäre, ich hätte jetzt zu schwitzen angefangen.

Der Freitagmorgen kam. Gut hatte ich nicht geschlafen – ich hatte mir Sorgen gemacht. 32 Frauen würden kommen, und wir hatten bis jetzt noch keinen Tropfen Wasser und für das Essen erst Reis, Grieß und eine Ziege. Ich mußte zur Schule und verließ mich mit dem Einkauf ganz auf Maryamu.

Als ich um 12.30 Uhr von der Schule zurückkam, stand mein bereitgestellter Tank „trocken wie die Wüste" in der Sonne, und von meiner Freundin Maryamu keine Spur. Ich stellte die drei Kochtöpfe, die ich gerade auf strapaziöse Weise bekommen hatte, seufzend ab. Was war passiert? Als ich vor Wochen David, unseren Schulkoch gebeten hatte, mir grosse Töpfe für dieses Wochenende auszuleihen, hatte er gesagt: „Jederzeit, das ist überhaupt kein Problem, komm dann nur, wenn du sie brauchst." Doch als ich jetzt kam, hieß es: „Keinen Topf habe ich übrig, die Mädchen verstecken viele in den Schlafsälen als Wasserbehälter." „O Herr, das darf nicht wahr sein, ich muß wenigstens zwei Töpfe finden", betete ich und: „Gib mir Geduld, sonst fange ich jetzt zu schreien an." Eine Schülerin fand sich, die mir beim Suchen half: Unter zwei Betten und aus einem Schrank angelten wir drei der „verschwundenen" Töpfe hervor. Sie wurden gewaschen, und ich konnte damit abziehen. Ja, da stand ich nun mit den Töpfen. Ich ging langsam zu meinem Haus, um die Kochvorräte – die paar vorhandenen – und das Lehrmaterial für den Nachmittag zu holen. Irgend etwas mußte ich doch tun.

Als ich zurückkam, fegten zwei Frauen den Kochplatz, ein Zeichen der Hoffnung! Die Uhr rückte auf 15 Uhr, um 16 Uhr sollte der Beginn sein.

Ich schaute die Straße hinunter, Maryamu kam mit dem klapprigen Klein-Lastwagen strahlend angefahren, mit allem möglichen, nur nicht mit dem Gemüse, das ich geplant hatte. Aber was tat das? Sie hatte wenigstens etwas Eßbares. In diesem Augenblick kamen vier Frauen um die Ecke, jede mit einem Eimer Wasser auf dem Kopf, und sch-scht rauschte es in den Tank. Ich starrte auf die Pfütze.

Die ersten Teilnehmerinnen trafen ein, sie lachten und schwatzten in Vorfreude. Noch zwei Frauen kamen mit Wasser. Dankbar schaute ich sie an. Mit ihren Babies auf dem Rücken hatten sie das Wasser einen langen Weg getragen. Singen und Gelächter waren plötzlich zu hören, ca. 50 Frauen von Ngoshe kamen mit dem heißersehnten Wasser. Wie erleichtert ich war. Leise fragte ich die Leiterin: „Wieso kommt ihr denn erst heute?" „Ihr fangt doch jetzt erst an", sagte sie lachend. Was hatte ich dem entgegenzusetzen? Nun war alles bereit, wir konnten anfangen.

Ich hatte geplant – wir hatten geplant – und wie verschieden waren unsere Vorstellungen über das „zur rechten Zeit"!

„Sorget nicht um den morgigen Tag, denn der morgige Tag wird seine eigene Sorge haben. Jeder Tag hat genug an seiner eigenen Plage."

Renate Müller

87 Ein Kind wünscht sich einen deutschen Weihnachtsbaum – in Nordnigerien

Stichworte:	Nigeria, Identität, Solidarität, Ökumene, Gemeinschaft, Kirche, Weihnachten
Zum Text/ Problemfeld- beschreibung:	Für zwei deutsche Kinder, die mit ihren Eltern in Nigeria leben, wird das Weihnachtsfest zu einem besonderen Erlebnis, als sie die verschiedenen Weihnachtsbräuche ihrer europäischen und afrikanischen Nachbarn kennenlernen. Sie begreifen: „Manches ist gleich, und manches ist verschieden. Aber bei allen ist richtig Weihnachten."
Vorlesezeit:	ca. 10 Minuten
Vorlesealter:	ab 14 Jahren

Als Missionarsurenkelin im südlichen Afrika aufgewachsen, war ich von Kindheit an untypische Weihnachtsbäume gewöhnt. Und als wir heirateten, tauschte auch mein Mann gern den urdeutschen Tannenbaum gegen einen „afrikanischen Lichterbaum" ein. In Deutschland dienten uns dazu zimmerhohe Kirschzweige, Weißdorn, kahle, junge Buchen – jede Art von schöngewachsenen, lichtdurchlässigen Bäumchen.

Unser Anselm war vier, als er zum erstenmal fragte: „Warum haben wir keinen Weihnachtsbaum wie alle anderen?" Und er war fünf, als er sich dringend wünschte: „Nächstes Jahr möchte ich auch einen Baum wie alle anderen. Einen richtigen grünen Weihnachtsbaum mit Kugeln und so!"

Wir versprachen, diesen Kinderwunsch zu erfüllen.

Im nächsten Jahr, Weihnachten 1977, aber waren wir in Nordnigeria! Weihnachtszeit – Trockenzeit. Der Harmattan, ein kalt-schleichender Wind aus der Sahara, legt Wüstenstaub auf das ohnehin trockene gelbe Land.

Auch am College haben wir nur stundenweise rationiertes Wasser. Tannenbäume! – ?

Aber da war nicht nur der Kinderwunsch, der erfüllt werden sollte. Etwas anderes war hinzugekommen. Uns Eltern war es in unserer Motivation, in den Missionsdienst zu treten, immer wieder um Solidarität gegangen. Solidarität mit den anderen, den Fremden, den Armen. Nach Südwestafrika und Uganda ist Nigeria das dritte afrikanische Land, in dem wir leben. Und immer deutlicher, oft schmerzlich, haben wir erfahren, Solidarität, mehr als an der Oberfläche, ist oft kaum möglich. Identität dagegen ist nötig. Vielleicht haben uns auch die eigenen Kinder die Augen geöffnet für die Gefahren der Wurzellosigkeit, die aus dem wiederholten Aufgeben von Heimat und Brauchtum wachsen. So war zu dem Kinderwunsch nach einem „richtigen Weihnachtsbaum" der Elternwunsch hinzugekommen, das Fest getrost einmal „deutsch" zu begehen – in Nord-Nigeria, unter dem Harmattan.

„Do you know, they are selling Christmas trees, just outside Bukuru." Dieser erstaunlichen Mitteilung eines amerikanischen Kollegen folgend, spürten wir, zusammen mit zwei deutschen Arztfamilien, zwei Tage vor Weihnachten tatsächlich ein Wäldchen auf, in dem Lebensbäume geschlagen und verkauft wurden. Mit Eifer machten sich die Kinder auf die Suche nach „unserem" Baum. Bald hatten sie ihn gefunden, und während wir noch andere Bäume ansahen, hatte Anselm den nigerianischen Arbeiter gebeten, diesen Baum für uns zu schlagen. Es war ein kräftiger Stamm. Mit weitem Schwung holte der Holzfäller aus – ein schrecklicher Doppelschrei von dem Kind und dem Mann! Anselm war mit der Stirn in die metallene Rückseite der ausholenden Axt hineingelaufen. Das Licht der Nachmittagssonne reichte nicht bis in die Tiefe des klaffenden Loches, das der Arzt behutsam auseinanderzog. „Das wird wohl ein Schädelbruch sein", meinte die mitgefahrene Ärztin. „Wir müssen nach Jos zum Chirurgen." 30 Kilometer. Die Zweige des Weihnachtsbaumes, den die Arbeiter doch noch auf dem Autodach festgezurrt hatten, wippten vor der Windschutzscheibe. Anselm wimmerte leise vor sich hin. Die kleine Almuth wimmerte mit.

Jan Kwano Hospital in Jos an einem Donnerstagnachmittag um 4 Uhr. Den nigerianischen Chirurgen, mit dem wir befreundet sind, holten wir in seiner Wohnung ab. Er hatte den Schlüssel zum Operationssaal, aber nicht zum Röntgenraum. Kein Röntgenarzt, kein Anästhesist, keine kundige Schwester. Auch im nächstgelegenen Krankenhaus kann man nicht röntgen. Der Apparat ist seit Tagen betriebsunfähig. Keine Röntgenaufnahme also. Eine sorgenvolle Vorweihnachtsnacht. Erst am nächsten Tag gab uns eine Röntgenaufnahme die Gewißheit, daß der Schädelknochen – noch eben – heilgeblieben war.

In unserem geräumigen Haus hier ist das Wohnzimmer zugleich Hauseingang, Flur und Eßzimmer. Schmücken hinter verschlossenen Türen, wie es in Deutschland Sitte war, ging also nicht. Ein Tag Harmattan hatte unseren Weihnachtsbaum mit graugelbem Staub wie eingepudert. Vorsichtig machten wir uns daran, mit kleinen Schüsselchen des kostbaren Wassers das Grün hervorzuwaschen. Dann stand er im Wohnzimmer, die Äste steif nach oben gerichtet. „Wir müssen Kugeln dranhängen." Aber die schweren Glaskugeln haben wir nicht mitgebracht. „Dann nehmen wir Steine und wickeln sie in Goldpapier." Aber wir haben kein Goldpapier. „Dann halt Buntpapier!" Es gibt kein Buntpapier in Nigeria. „Dann machen wir welches!" Gleich darauf saßen beide Kinder und verwandelten Briefpapier mit Hilfe von Wasserfarben in Buntpapier. Und weil wir es gleich brauchten, trockneten wir es auf dem Keksblech im Backofen. „Statt Lebkuchen − weil wir sowieso keine Pottasche haben." Steine in Briefpapier und halbierte, mit Draht festmontierte Haushaltskerzen am abgestaubten Lebensbaum − war das nun ein „richtiger Weihnachtsbaum?" Anselms Gesicht war heiß vom Helfen, der Verband über der Schläfe schmutzig vom Staub. Tief ausatmend stand er vor dem Baum. „Dies ist unser Weihnachtsbaum!"

Am Spätnachmittag des Heiligen Abends gingen wir hinüber zum Collegekirchlein. Es war kalt und die Sonne eine lichtlose Scheibe hinter den Schleiern des Harmattanstaubes, der sich lautlos auf das dürre Gras legte. Etwas Besonderes war darin, wie die Staubwand sich von allen Seiten um uns zuzog und die Hügel, die Felsen, dann die nächsten Häuser erst noch schemenhaft, bald gar nicht mehr zu sehen waren.

Die Welt war eng, und es schien nichts anderes zu geben, als die etwa 40 Deutschen und Dänen, Kinder und Erwachsene, die festlich gekleidet zum Heiligabendgottesdienst auf die kleine Kirche zugingen. Plötzlich lautes Bubengeschrei. Aus dem gelben Nebel tauchten Nendi, Olaf und Jackson auf, Anselms nigerianische und amerikanische Freunde, mit Katapult auf Eidechsenjagd. Tief erschrockene Gesichter unserer Kinder: „Wissen sie denn gar nicht, daß Weihnachten ist!?"

„Doch. Aber sie feiern es morgen."

„Ist es dann auch noch *richtig* Weihnachten?"

Ja, dies war nun wirklich ein deutscher Gottesdienst, zu dem viele Familien, die als Ärzte, Lehrer, Ingenieure in und um Jos arbeiten, zusammengekommen waren. Ist es denn richtig, in Nordnigeria zu leben und dann als Deutsche zusammenzukommen, um einen Gottesdienst zu feiern? Wäre es nicht viel richtiger, hinauszugehen und zu sehen, wie die nigerianischen, die englischen, die amerikanischen Nachbarn, die Menschen im Dorf das Fest begehen? Mich beschlich Unbehagen. − Und dann war es doch gut, nach vielen Monaten eine deutsche Predigt zu hören, ein Gebet in der Muttersprache zu sprechen, einmal vertraute Melodien zu singen.

Am Abend im Wohnzimmer. Noch nie standen unsere Kinder so still und andächtig vor dem brennenden Baum. Dann jauchzte Almuth: „Unser Weihnachtsbaum! Unser Weihnachtsbaum!"

Und Anselm: „Weißt du, das ist ein Weihnachtsbaum, wie bei den anderen Kindern in Deutschland. Aber ich glaube, es ist der Allerschönste!"

Bald darauf Klopfen, ein Kollegensohn wollte etwas ausrichten: „Oh, I am sorry, I didn't know you have Christmas − today."

Darauf Anselm: „That's because we are German. Just come in and see our

German Christmas tree." (Er war mitten im Prozeß, kulturelle Identität und kulturelle Unterschiede zu begreifen. Es scheint eine beängstigende und eine beglückende Erfahrung zugleich.)

Am Morgen des ersten Weihnachtstages zogen unsere Kinder auf dem College-Campus los, um den Freunden kleine Geschenke zu bringen. Es dauerte eine ganze Weile, bis sie zurückkamen.

„Denkt mal! In Christophers Haus waren die Kinder noch im Schlafanzug und haben ihre Geschenke ausgepackt. Sie sagen, der Weihnachtsmann hat sie nachts in die aufgehängten Strümpfe gesteckt! Gehen denn da überhaupt genug Geschenke rein? Aber ihnen macht es nichts, weil es bei allen englischen Kindern so ist. Und wißt ihr was? Olafs Familie hat einen Baum, der nie, nie verwelken kann. Aus Papier! Aber keine Kerzen. Lauter elektrische, bunte Kugeln. Kommt das, weil sie aus Amerika sind?".

„Wart ihr denn auch bei Nendi?" Nendis Vater, Doktor Gotom, ist der nigerianische Rektor des Colleges.

„Ja. Aber bei Nendi ist gar kein Weihnachtsbaum. Und keine Geschenke. Aber ganz schöne, neue Kleider haben sie alle. Ist Weihnachten denn in jeder Familie anders? Wie ist denn richtig Weihnachten?"

In unser Gespräch über das „richtige Weihnachten" kamen zwei Studenten. Sie wollten „grüßen" und „Frohe Weihnachten" wünschen. Weihnachten sei in besonderer Weise ein Fest des einander Grüßens. Miteinander gingen wir in den Vormittagsgottesdienst. Und zu Anselms Erstaunen waren diesmal alle Freunde da: die dänischen, die amerikanischen, die englischen, nigerianischen. „Jetzt haben die alle zusammen Weihnachten", flüsterte er mir zu.

Nach der Kirche kommt Nendis Mutter in unser Haus mit einer großen Schale Gebackenem. Weihnachten sei das Fest des miteinander Essens und Essenteilens, erklärt sie. „In den Dörfern trennen sich am Weihnachtstag die Familienmitglieder und schließen sich in Altersgruppen zum gemeinsamen Essen zusammen. Und ihr seid ja etwa unsere Altersgruppe", fügt sie scherzend hinzu.

Noch oft öffnet sich an diesem Tag die quietschende Moskitotür. Noch viele kleine Geschenke, Grüße, Speisen gehen hin und her. Noch oft sagt Anselm: „Come in and see our German Christmas tree!"

Am Spätnachmittag kommt Nendi gerannt: „Kommt schnell zu unserem Haus. Leute aus unserem Dorf sind gekommen und tanzen für meinen Vater!"

Der Harmattan ist nicht mehr so dicht wie am Heiligen Abend und das Nachmittagslicht goldener, als wir bei Gotoms Haus stehen und miteinander dem Tanzen, Singen und Trommeln zuschauen. Nendi tanzt auch: „Christmas is a feast for dancing!" ruft er Anselm aufmunternd zu. Doch nur Almuth nimmt es auf und hüpft im Rhythmus der Trommeln.

So müde sind die Kinder am Abend! Nach dem Singen und Beten stopfe ich die Ecken des Moskitonetzes unter die Matratze: „Du, Mutti, wie kommt das nur? Manches ist gleich, und manches ist verschieden. Aber bei allen ist richtig Weihnachten!"

Und dann sind sie auch schon eingeschlafen.

Wir Eltern sitzen mit Freunden noch eine Weile am Weihnachtsbaum. Uns waren diese Tage – auch noch die folgenden – in besonderer Weise eine Zeit der geöffneten Türen. Wir haben Mut gewonnen, das Eigene zu gestalten und davon auszugehen auf das andere zu, um verändert und reicher zurückzukehren. So erlebten wir die Weihnachtstage als gedrängtes Abbild unserer mehrjährigen Aufgabe in Nordnigeria. Aufeinanderzugehen, ohne die eigene Identität aufzugeben. Miteinander zu erfahren: wir sind verschieden, aber das Weihnachtsereignis, „das richtige Weihnachten", ist für uns alle geschehen. Weihnachtszeit – Zeit der geöffneten Türen. Das wollen wir in diesem Jahr weiter üben.

Inger Hermann

88   Eine Überraschung in der Steppe

Stichworte:	Nigeria, Verachtung, Rivalität der Stämme, Begegnung, traditionelle afrikanische Religion, Begrüßung, Vorurteil, Fremder, Nomaden, Gast, Würde
Zum Text/ Problemfeldbeschreibung:	Der alte Saleh aus dem Nomadenvolk der Fulbe bekommt überraschend Besuch von einem Fremden aus dem Volk der Haussa, die die Lebensgewohnheiten der Fulbe verachten. Wider Erwarten verhält der Haussa sich dabei äußerst höflich, weil er ein Christ ist.
Vorlesezeit:	3 Minuten
Vorlesealter:	ab 10 Jahren

Schon die Art, in der der Mann aus seinem rostigen Auto stieg, sagte Njobdi alles. Das war kein Pullo. Keiner aus seinem Volk. Nein. Obwohl der Mann, der nun durch das staubige Steppengras auf das kleine Wohnlager zukam, zweifelsohne ein Afrikaner war, zog sich Njobdi blitzschnell hinter eines der Strohmattenzelte zurück und weckte seinen Großvater, der sich dort ein Mittagsschläfchen gönnte.

Auch dem alten Saleh schwante nichts Gutes, als er hochaufgerichtet dem Fremden entgegentrat und dabei vielsagend seinen langen Speer auf den knochentrockenen Boden stieß. Anders als Njobdi, dem es noch an Erfahrung mangelte, hatte Saleh gleich auf den ersten Blick sehen können, daß der Besucher dem Haussa-Volk zugehörte. Was, in aller Wassergeister Namen, hatte ein Haussa hier zu suchen! Einer von denen, die die Lebensweise der Fulbe, ihr Herumwandern in der Steppe, ihre Bräuche und ihre Liebe zu ihren Rinderherden oft so hochmütig ablehnten und verachteten.

Schweigend wartete Saleh, bis der Fremde sein Anliegen vorgetragen hatte.

Der Mann aus dem Auto wollte wissen, wie er einen gewissen Pullo Damina finden könne. Er habe gehört, daß Damina mit seinen Herden in den letzten Wochen aus Burkina Faso nach Nigeria gekommen sei und sich jetzt hier in der Gegend aufhalte.

Natürlich wußte der alte Saleh, daß Damina höchstens eine halbe Autostunde entfernt in einem trockenen Flußbett lagerte. Aber gerade, als er dazu ansetzte, eine abweisende Antwort zu geben, tat der Fremde etwas ganz und gar Unerwartetes. Etwas, was Saleh noch niemals erlebt und auch niemals für möglich gehalten hatte: Der Haussa-Mann neigte den Blick hinab zu Vater Erde, beugte die Knie vor Saleh und erwartete höflich hockend die Antwort des Älteren.

„Du gibst mir die Ehre?" murmelte Saleh verwirrt. „Ich grüße dich — du bist willkommen." Und wie es der Brauch seines Volkes war, senkte auch er den Blick und kauerte sich neben den Fremden, damit kein Unterschied mehr sei zwischen ihm und dem Gast, der seine Würde geachtet hatte.

Ohne zu hören, worüber die beiden sprachen, hatte Njobdi alles genau beobachtet. Als der Fremde weitergefahren war, sagte Saleh nachdenklich: „Wohl stammt auch er von den vielen in diesem Land ab, die sich unserer schämen, die uns als Herumtreiber verachten und schlecht von uns denken, weil wir anders leben als sie. Aber zugleich ist er doch keiner mehr von diesen. Er ist ein Christ, hat er gesagt, sogar einer ihrer „Hirten", die sich „Pastor" nennen. Achte auf die Christen, Njobdi! Vielleicht sind viele von ihnen so wie dieser Mann."

Manfred Perlitz

Salomos erste Reise in die Stadt   89

Stichworte:	Zaïre, Armut, Korruption, Lüge, Strafe, Glaube, Mut, Hoffnung
Zum Text/ Problemfeldbeschreibung:	Salomos Vater, der in Kinshasa Möbel verkauft hat, fällt in die Hände von korrupten Polizisten. Als er sich weigert, ihnen Geld zu geben, werfen sie ihn ins Gefängnis.
Vorlesezeit:	ca. 7 Minuten
Vorlesealter:	ab 9 Jahren

„Tatá azalí kosála níni?" — „Was macht Papa?" fragt Salomo neugierig.

Sein Vater packt die Stühle und Tische zusammen. Die ganze letzte Woche hat er daran geschreinert und geschnitzt. Eisig hart ist das Holz. Es braucht viel Kraft, um all die alten, schönen Muster ins Holz zu kerben.

„Morgen kommt der Lastwagen, und dann fährt der Vater in die Stadt. Er wird die Möbel verkaufen", erklärt die Mutter ihrem kleinen Sohn.

Salomo ist das älteste der drei Kinder der Familie Nzinga. Mit seinen Eltern und den beiden kleinen Schwestern wohnt er in einem Dorf an der Straße nach Kenge. Kenge gehört zur Provinz Bandundu im westafrikanischen Staat Zaïre. Tatá Nzinga ist sehr stolz auf seinen Sohn. Er hat ihm ganz bewußt den Namen Salomo gegeben. Weise wie der große König Salomo soll der Bub einmal werden. Besser wie dem Vater soll es ihm ergehen. Tatá Nzinga ist ein einfacher Bauer. Daneben beherrscht er aber meisterhaft die Kunst des Schnitzens.

Weit und breit die schönsten Möbel, prächtig verziert mit traditionellen Ornamenten, entstehen unter seinen geschickten Händen. Diese verkauft er dann von Zeit zu Zeit in der Hauptstadt Kinshasa. Das bringt der Familie ein wenig Geld. Sonst leben die Nzingas von dem, was sie selber anpflanzen. Brauchen sie nicht alles Gemüse für sich, verkauft es die Mutter auf dem nahen Markt und verdient so noch etwas Geld dazu.

In der Stadt Kinshasa sieht Tatá Nzinga jeweils die reichen Leute, die es zu etwas gebracht haben. Er sieht all die vielen Dinge, die man dort kaufen kann. Dinge, von denen er nicht einmal zu träumen wagt. Er bleibt jeweils für länger in der Stadt, und er hat auch die Universität gesehen. Dort soll der kleine Salomo einmal studieren! Das hat sich der Vater ganz fest vorgenommen.

Zur Zeit ist diese Hoffnung allerdings in weite Ferne gerückt. Die Schule im Dorf ist geschlossen worden. Seit Monaten hat der Lehrer vom Staat keinen Lohn mehr bekommen. Da will er auch nicht mehr länger Unterricht geben. Er muß sich eine andere Arbeit suchen. Auch er braucht Geld, um Lebensmittel und Kleider zu kaufen. Salomo ist sehr traurig. Er geht gerne in die Schule. Er träumt immer wieder von der Universität in der Stadt. Vom großen, schönen Haus, das er dann hier haben möchte. Dort soll dann die ganze Familie leben. Dann brauchte der Vater auch nicht mehr wochenlang wegzufahren, um die Möbel zu verkaufen.

Die Stadt Kinshasa, die möchte Salomo schon lange einmal sehen. Wäre das jetzt nicht eine gute Gelegenheit? Jetzt, wo keine Schule stattfindet, könnte er doch den Vater dorthin begleiten. Die Mutter ist von dieser Idee nicht gerade begeistert. Tatá Nzinga aber meint, eine solche Reise könnte dem Buben eigentlich gar nicht schaden.

So klettert Salomo am nächsten Morgen in aller Frühe zusammen mit dem Vater auf den Lastwagen. Sie sind nicht die Einzigen. Übervoll schon ist der Laster beladen! Zahlreiche Dorfbewohner benützen diese Transportgelegenheit in die Stadt. Alle möglichen Waren, Lebensmittel und Früchte werden höher und höher aufgestapelt. Zuoberst kommen dann die Menschen drauf, zwischen ihnen noch Tiere.

„Kendéké malámu!" – „Macht's gut!" ruft die besorgte Mutter. Wie der Motor beim Starten aufheult und schnaubt!

„Tikálá malámu!" – „Auf Wiedersehen!" tönt es von oben herab zurück. Kindergeschrei – Rufen – Lachen. Eine riesige Staubwolke hüllt alles ein; Lastwagen und Straße. Weg sind sie! Von weitem dröhnt noch der Motor.

Erst nach zwei, drei Wochen werden Tatá Nzinga und sein Sohn wieder zurück sein — hoffentlich!

Es kommt alles anders. In Kinshasa geht zwar alles gut. Nzinga kann seine Möbel schnell und zu einem guten Preis verkaufen. Er geht mit Salomo zur Universität, auf der er einmal studieren soll. Dann machen sie sich auf den Weg. Auch diesmal geht es auf einem hochbepackten Lastwagen heimwärts. Dieser bringt all die Dinge ins Dorf, die es nur in der Stadt zu kaufen gibt. Nach gut zwei Dritteln des Weges überquert die Straße den Kwangofluß, der aus dem Nachbarland Angola kommt. Jenseits der Brücke herrscht ein buntes Treiben. Zwischen kleinen Hütten wird alles mögliche feilgeboten. Auch essen und trinken kann man hier. Lastwagen in jeder Größe stehen herum: neue, alte, kaputte, geflickte. Einigen traut man keine paar Kilometer Fahrt mehr zu. Aber das kümmert die Polizisten, die hier herumstehen, überhaupt nicht. Nicht die Fahrzeuge interessieren sie, sondern die Menschen, die darauf transportiert werden. Tatá Nzinga beeilt sich, seinem Sohn noch einige Bananen für die Weiterfahrt zu kaufen.

„Okeí wápi mbángo boye?" — „Wohin gehst du so schnell?" tönt es barsch und streng hinter ihm her.

„Ich will Bananen kaufen", antwortet Nzinga dem grimmig dreinblickenden Polizisten.

Dieser packt ihn am Ärmel. „Bananen, die wachsen doch bei dir zu Hause. Hast du dafür Geld?"

„Das geht dich doch nichts an", antwortet Nzinga.

„Wenn du es gestohlen hast, geht mich das sogar sehr viel an", grinst der Polizist.

Tatá Nzinga reißt sich los: „Ich habe nichts gestohlen."

„Zeig, wieviel Geld du hast."

Es sind zwei weitere Polizisten hinzugekommen. Sie nehmen Nzinga in ihre Mitte, durchsuchen seine Taschen und finden das Geld, das er beim Möbelverkauf in der Stadt verdient hat. Alle drei behaupten sie nun felsenfest, er habe gestohlen. „Du bist verhaftet."

Da gibt es nichts zu machen. Tatá Nzinga und ein paar Mitfahrer im Lastauto betonen immer wieder: „Er ist unschuldig." Es nützt nichts, er wird festgenommen und muß mit den Polizisten gehen. So etwas passiert hier häufig. Und man kann den Polizisten nicht einmal richtig böse sein. Ihnen geht es nämlich wie dem Lehrer im Dorf von Salomo. Sie haben seit Monaten keinen Lohn bekommen und versuchen nun, auf diese Weise zu etwas Geld zu kommen. Sie wären sofort bereit, Tatá Nzinga wieder freizulassen, wenn er ihnen eine entsprechende Summe bezahlen würde. Das aber will er auf keinen Fall.

„Ich verstehe eure Not, aber was ihr tut, ist Unrecht. Ihr seid Polizisten. Auf euch muß ich mich verlassen können, muß sich das Land verlassen können. Ich möchte euch helfen, aber nicht auf diese Weise. Als Christ kann ich das nicht mitmachen. Wir müssen ehrlich sein, einander vertrauen können."

Es nützt nichts. Tatá Nzinga wird verhaftet und später eingesperrt.
Schreckensbleich und wie gelähmt sitzt Salomo auf dem Lastwagen. Er muß
allein ins Dorf zurück.

„Tatá Nzámbe wápi yo" − „Lieber Gott, wo bist du?" betet er voller Verzweiflung. Und täglich betet er mit seiner Mutter und seinen Geschwistern für den
Vater, daß er doch bald wieder zur Familie zurückkehren könne. Niemand
weiß genau, wo er ist. Die Polizei gibt keine Auskunft, will von nichts wissen.
Eines aber weiß man im Dorf: Tatá Nzinga ist ein aufrichtiger Christ, der zu
seinem Glauben steht. Das macht großen Eindruck.

Nach drei Wochen wird das Gebet der Familie erhört. Vater Nzinga kann
nach Hause.

„Wir Christen haben eine große Verantwortung, daß wir in einem ehrlichen
und freien Land ohne Angst leben können." Das ist das Einzige, was er immer
wieder mit großem Nachdruck zu seinem Erlebnis in der Stadt sagt.

Salomo hat seine erste Reise in die Stadt Kinshasa nie mehr vergessen.

Eduard Abel (Redaktion)

90   Der alte Isaka in Kisarawe

Stichworte:	Tansania, Gottesdienst, Evangelist, Presbyter, Dankopfer, Altar, Opfergabe, Kollekte, Dank, Gemeindeälteste
Zum Text/ Problemfeldbeschreibung:	Am Ende des Gottesdienstes bringen alle ihre Opfergaben an den Altar, darunter auch der alte Isaka. Er freut sich ganz besonders, daß er heute ein Huhn zum Altar bringen kann, und verbindet dies mit einem innigen Dank an Jesus.
Vorlesezeit:	ca. 3 Minuten
Vorlesealter:	ab 7 Jahren

Es war einer der numerierten Sonntage nach Trinitatis und gar kein besonderer
Anlaß. Die Gemeinde versammelte sich zum Gottesdienst. Thomas, der Evangelist, hält die Predigt, zwei, drei Presbyter teilen sich die Liturgie.

Nach der Predigt ruft Thomas zum Dankopfer auf. Damit kommt Leben in
die Gemeinde. Wir singen einen Liedvers. Währenddessen kramen sie geschäftig in Bündeln, Körben und Taschen, die sie zwischen den Knien oder zwischen
den Füßen auf dem Boden halten.

Dann beginnt der Altarumgang. Wir treten in langer Reihe nach vorn, ein
jeder mit seiner Gabe in der Hand oder auf der Schulter; Apfelsinen, Hühner,
Geld, Kassawawurzeln, eine Tüte mit Zucker, eine Handvoll Zwiebeln, Tomaten. Es sieht bunt aus. Wer gerade etwas Geld besitzt, gibt davon ab. Geld

kommt auf die Altarplatte, rechts neben die Bibel. Früchte und Hühner werden auf dem Boden abgelegt.

Vor mir geht der alte Isaka. Er trägt ein Huhn in den Armen. Er hat ihm die Füße zusammengebunden, dann gackert es nicht so viel. Bevor er an der Reihe ist, dreht er sich zu mir um und drückt mir das Huhn in die Hand und bringt sein Äußeres schnell in Ordnung. Er glättet sein langes Gewand, fährt sich mit den Fingern durch die Haare, wischt sich mit dem Ärmel den Schweiß aus dem Gesicht. Dann nimmt er mir sein Huhn aus der Hand, geht langsam die Stufen zum Altar hinauf, sucht sich einen besonders schönen Platz für das Huhn, so zwischen Taufstein und Liedertafel. Dann faltet er seine Hände und schaut zum Holzkreuz hinüber.

„Haya, mein Jesus. Hier ist also das Huhn. Ich hatte es dir ja versprochen. Letzten Sonntag. Na ja, du weißt ja, es war nicht viel. Aber heute! Heute kann ich es dir geben. Es ist ein schönes Huhn! Nimmst du es an? Bitte, Herr, nimm es an!"

Die anderen warten geduldig. Dann geht Isaka auf seinen Platz zurück. In seinem Gesicht steht geschrieben, daß er soeben eine wichtige Angelegenheit geregelt hat. Nach dem Segen verläßt er mit uns allen den Kirchenraum. Mit gefalteten Händen. „Ahsante", murmelt er vor sich hin. Das heißt „Danke". Und wieder „Ahsante, Ahsante, Ahsante, Yesu mwangu, Ahsante, Ahsante..."

Dietrich Hempel

Ein ganzes Dorf wehrt sich 91

Stichworte:	Tansania, Pfarrer, Laienpredigt, Gottesdienst, Konfirmandenunterricht, Gemeinde
Zum Text/ Problemfeld- beschreibung:	Mama Alima hatte in der Zeit ohne Pfarrer dessen Aufgaben im Dorf versehen. Als der neue Pastor kommt, führt dies zu Konflikten zwischen beiden, besonders im Konfirmandenunterricht. Die Kinder und Eltern des Dorfes stehen auf Mama Alimas Seite, da sie Verständnis für Alt und Jung hat. Der Pastor lenkt schließlich ein, und es kommt zu einer guten Zusammenarbeit.
Vorlesezeit:	ca. 5 Minuten
Vorlesealter:	ab 10 Jahren

Vor ihr hatten alle Respekt. Ihr Name? Jeder nannte sie Mama Alima. Oft sah sie jemanden in ihrem tansanischen Dorf nur an. Sie brauchte nichts zu sagen, und doch hatte der andere sie verstanden. Und mehr noch: Er hatte auch schon getan, was sie für richtig hielt. Sie war eine Persönlichkeit.

Das Dorf hatte schon lange keinen Pastor mehr gesehen. Sonntags predigte Mama Alima. Sie lernte mit den Konfirmanden Bibeltexte und Kirchenlieder und besuchte auch die Kranken und die Alten. Ihre Nachbarn waren froh, daß sie da war, und halfen ihr beim Bestellen ihrer Mais- und Hirsefelder.

Wieder war Gottesdienst. Alle waren schon in der kleinen Dorfkirche versammelt, und Mama Alima las gerade einen Bibeltext vor. Da öffnete sich die Tür, und ein unbekannter tansanischer Pastor im Talar kam herein. Mama Alima las ihren Bibeltext zu Ende.

Dann ging sie zu dem Pastor und sagte: „Willkommen hier bei uns im Dorf. Ich bin Mama Alima und habe, als wir allein waren, Gottesdienst gehalten. Es ist schön, daß Sie jetzt da sind."

Der Pastor gab ihr die Hand und sagte: „Ich bin Pastor Shale Muri. Wir wollen jetzt zusammen beten."

Und das tat die Gemeinde. So sah alles recht freundlich aus.

Eines Tages hatte Mama Alima gerade wieder die Konfirmanden versammelt, als der Pastor kam und sich dazusetzte. Er hörte ziemlich lange zu. Dann tadelte er Mama Alima vor allen Schülern: „Du sagst das nicht richtig. Laß mich weiterreden."

Mama Alima setzte sich hin.

Wieder sollte Konfirmandenstunde sein. Der Pastor hatte seine Bücher schon auf den Tisch der Schulklasse gelegt. Aber kein einziger Konfirmand ließ sich blicken. Pastor Muri ging zu Mama Alimas Haus. „Wo sind die Schüler?" herrschte er sie an.

Die Frau wußte es, aber sie wollte die Jugendlichen nicht verraten. Ausweichend antwortete sie: „Ich habe sie zum letztenmal vor zwei Stunden gesehen."

Auch zur nächsten Unterrichtsstunde war niemand erschienen. Pastor Muri rief abends alle Eltern zusammen und schimpfte: „Ihr seid ja schöne Christen. Ihr könnte nicht mal eure Kinder zur Konfirmandenstunde schicken."

Der Dorfälteste meinte darauf: „Pastor Muri, sie haben uns alle beleidigt, indem sie Mama Alima entlassen haben. Unsere Kinder sind gern zu ihr in den Unterricht gegangen, weil sie Verständnis für sie hat. Sie hat nicht nur mit ihnen gelernt. Sie hat ihnen auch beigebracht, uns Erwachsene zu verstehen. Mama Alima hat mit unseren Kindern gescherzt und gelacht. Und sie ging zu ihnen, wenn sie wußte, daß einer von ihnen traurig war, weil er Kummer hatte. Was wissen Sie von uns? Unsere Jungen wünschen sich einen Pastor, der sie versteht."

Mama Alima hatte ganz hinten gesessen. Sie war ganz rot geworden.

Nachdenklich war der Pastor in sein Haus gegangen. Am liebsten hätte er seine Sachen gepackt: In seiner alten Gemeinde hatten die Menschen das gemacht, was er für richtig hielt. Lachhaft, daß die Leute hier zu einer Frau hielten ...

Eines Tages traf der Pastor Mama Alima: „Bitte, komm zu mir, wir müssen sprechen. Ich glaube, es ist besser, wenn du mit dem Konfirmandenunterricht weitermachst", schlug er vor. „Du kennst die Kinder hier wirklich. Außerdem habe ich noch fünf andere Dörfer, in denen ich überall viel Arbeit habe. Ich hoffe, du trägst mir nicht nach, daß ich dich gekränkt habe. Und bitte, erzähl mir, wie ihr hier immer gelebt habt."

Lächelnd hatte Mama Alima zugehört und berichtete freundlich von den Menschen im Dorf.

In der nächsten Konfirmandenstunde hatte keiner gefehlt. Und der Gesang der Schüler war bis zu den Feldern zu hören.

Jahre waren vergangen. Inzwischen hatte der Pastor das Vertrauen seiner Gemeinde. Auf Mama Alima ließ er nichts kommen. Sie hatte ihm geholfen, daß die Dorfbewohner zu ihm fanden.

Ingrid Michel

Aber bis dahin muß ich noch viel lernen 92

Stichworte:	Tansania, Pfarrer, Schule, Religionsunterricht, Familie, Lebensverhältnisse in Afrika
Zum Text/ Problemfeldbeschreibung:	Der Pfarrersohn Samweli Mwafute erzählt von seinem Leben im Dorf und in der Schule und von seinen Erwartungen, wenn er jetzt in die weit entfernte Stadt auf die Oberschule gehen soll.
Vorlesezeit:	5 Minuten
Vorlesealter:	ab 8 Jahren

Ich heiße Samweli (= Samuel) Mwafute und bin jetzt 16 Jahre alt. Ich wohne in einem Dorf im südlichen Bergland von Tansania. Aus dem Erdkundeunterricht weiß ich, daß unser Dorf 1.700 m über dem Meer liegt und auf dem 9. Breitengrad südlich des Äquators. Ich bin bis jetzt noch nicht weit aus unserem Dorf herausgekommen, denn bis zur nächsten Stadt sind es 433 km und bis zur größten Stadt Tansanias, bis Daressalaam, müßte ich über 800 km reisen. In den nächsten Tagen werde ich meine erste größere Reise machen, nämlich nach Morogoro, etwa 600 km von hier. Mein Vater wird mich dorthin bringen, weil ich die dortige Oberschule besuchen darf. Wir werden wahrscheinlich zwei Tage unterwegs sein, wenn wir die richtigen Busse erwischen.

Mein Vater ist Pfarrer. Die Leute nennen ihn Mchungaji. Manche sagen auch Baba Samweli zu ihm, weil ich sein erstgeborener Sohn bin. Meine Mutter wird von allen Leuten Mama Samweli gerufen. Meine Mutter ist sehr stolz auf mich, weil ich die Prüfung für die Oberschule bestanden habe. Sie selber hat nämlich nie eine Schule besuchen können. Aber sie hat sich das Lesen und Schreiben selber beigebracht. Sie ist eine sehr schöne und kluge Frau. Die anderen Frauen im Dorf haben sie zu ihrer Leiterin gewählt. Manchmal muß sie sogar in der Kirche predigen, und alle hören ihr aufmerksam zu. Leider ist sie oft krank und hat Malaria. Diese Krankheit wird von Mücken (Moskitos) verursacht und kommt bei uns sehr häufig vor. Ich habe noch zwei Schwestern: Rehema geht in die 5. Klasse der Grundschule und Grace in die 1. Klasse. Mein kleiner Bruder Emanueli geht noch nicht zur Schule, sondern ist den ganzen Tag bei der Mutter. Er schläft auch bei ihr im Bett.

Ich kam mit neun Jahren hier in die 1. Klasse, und jetzt nach 7 Schuljahren habe ich die Grundschule abgeschlossen. Ich bin jeden Tag um 6 Uhr aufgestanden, habe mich am Fluß gewaschen und war immer pünktlich um 7 Uhr in der Schule. Zuerst müssen wir Schulkinder immer Chagachaga machen. Da rennen wir im Dauerlauf durch das Dorf und singen dabei. Da wird man richtig warm, denn in den Monaten Juni bis September ist es bei uns in den Bergen ziemlich kalt, besonders nachts und am Morgen. Im Januar machen wir kein Chagachaga, sondern gehen gleich um 7 Uhr aufs Feld und pflanzen auf dem Schulfeld Mais und Bohnen. Meine Klasse hat auch Bananen und Zitronenbäume gepflanzt. Jedes Schulkind muß eine Hacke und eine Blechbüchse mitbringen. Wir arbeiten meistens auch am Nachmittag auf unserem Feld. Wenn der Regen ausbleibt, müssen wir nämlich mit unseren Büchsen Wasser vom Fluß holen und die Pflanzen gießen, damit sie nicht verdorren. Was wir auf unserem Stück Feld ernten, verkaufen wir an die Leute im Dorf. Von diesem Geld kauft dann unser Lehrer Kreide und Schulbücher. In einem Jahr war die Bohnenernte so gut, daß wir für unser Klassenzimmer Fensterglas kaufen konnten. Das war ganz toll. Jetzt sind leider die meisten Fensterscheiben schon wieder kaputt, und der Wind und der Regen dringen in unser Klassenzimmer. Deswegen haben sich viele Kinder, die am Fenster sitzen, erkältet.

Wir sitzen immer von 8 – 12 Uhr im Zimmer. Wir sind 65 Schüler in meiner Klasse. Wir lernen Kiswaheli, unsere Landessprache, und Englisch, auch Mathematik, Erdkunde, afrikanische Geschichte und Biologie. Jede Woche haben wir 2 Stunden Religion. Da kommt der Evangelist zu uns und erzählt uns biblische Geschichten und lehrt uns die Lieder der Kirche. Manchmal haben wir auch Werkunterricht und basteln allerlei Sachen aus Holz oder Lehm oder Gras. Ich habe ein Messer und kann aus Holz kleine Tiere und Löffel schnitzen, auch Schlafmatten aus Elefantengras kann ich herstellen. Meine Schwester Rehema hat schon gelernt, wie man aus Gras Körbchen für Erdnüsse und Bohnen flechtet. Das ist ziemlich schwierig, und meine Mutter hat ihr dabei geholfen. Meine Mutter kann auch nähen und stricken. Das hat sie von einer deutschen Frau gelernt, die bei uns im Dorf wohnt.

Unsere Lehrer sind sehr streng. Auf dem Pult liegt immer der Fimbo. Das ist ein Stock, mit dem wir auf den Hintern gehauen werden, wenn wir nicht aufpassen oder wenn wir zu spät zur Schule kommen. Aber ich hatte in der letzten Klasse einen guten Lehrer, der nur selten schlug. Er gab mir sogar jeden Sonnabend Nachhilfeunterricht in Englisch und Mathematik, damit ich die

Prüfung für die Oberschule bestehen konnte. Mein Vater hat ihm etwas Geld dafür gegeben, denn unser Lehrer verdient nur etwa 30.– DM im Monat. Jetzt freue ich mich sehr auf die neue Schule in Morogoro. Ich bekam schon eine neue Schuluniform: ein weißes Hemd und eine khakifarbene Hose und schwarze Schuhe. Bis jetzt bin ich immer barfuß gelaufen, aber in der Oberschule müssen wir Schuhe und Strümpfe tragen. Mein Vater machte sich ziemlich Gedanken, wie er das alles bezahlen soll. Denn in Morogoro muß ich auch 8.500,– Schilling an Schulgeld pro Jahr bezahlen. Das sind ungefähr 120,– DM. Aber mein Vater verdient nur 1.800 Schilling im Monat, und davon müssen wir auch die Miete bezahlen und Salz, Zucker, Petroleum für unsere Lampe, Kleidung für die ganze Familie und Kunstdünger für unser Feld kaufen. Der Boden ist bei uns unfruchtbar, wenn man keinen Dünger streut, und das bißchen Mist von unseren Hühnern reicht nicht aus. Wir haben auch zwei Schweine, einen Eber und eine Sau. Die hatten Junge; meine Mutter hat die Ferkel verkauft, und so konnten wir das Schulgeld zusammenkriegen. Wenn ich groß bin, möchte ich Pfarrer werden wie mein Vater. Aber bis dahin muß ich noch viel lernen.

Originalbeitrag in Kiswaheli, übersetzt von Johanna Hausdörfer

Vom Hasen und den Hyänen   93

Stichworte:	Tansania, Evangelist, Gleichnisse, Laienprediger, Bilder, Fabel
Zum Text/ Problemfeldbeschreibung:	Ein Laienprediger erzählt auf dem Markt von Mawakini den umgesiedelten Menschen Tansanias die Botschaft des Evangeliums. Mit Hilfe der afrikanischen Fabel vom Hasen und den Hyänen macht er ihnen die Situation verständlich und ermutigt sie zu einem neuen Anfang.
Vorlesezeit:	4 Minuten
Vorlesealter:	ab 10 Jahren

„Ein hungriger Hase traf auf eine Gruppe ausgehungerter Hyänen. Sie beschlossen, miteinander in die Steppe zu gehen und nach Wild zu suchen.
Am Abend fanden sie einen toten Büffel. Gleich machten sie sich daran, ihren Magen voll zu schlagen. Sie fraßen die ganze Nacht hindurch, vom Abend bis zum Morgen.
Als es hell zu werden begann, wurde es gefährlich, denn Jäger hielten sich in dieser Gegend auf. Da kam dem Hasen die Idee. Er sagte: ‚Freunde, wir können uns den Rest des Fleisches sichern, wenn jeder ein Loch in die Büffelhaut beißt, dann seinen Kopf durch das Loch steckt – und so tragen wir das Büffelfleisch mit der Haut an einen sicheren Ort.'

Dieser Vorschlag wurde mit Begeisterung aufgenommen. Jeder biß ein Loch in die Haut, steckte seinen Kopf hindurch, und dann zogen sie los. Als es zehn Uhr geworden war, fing die Haut an, trocken zu werden. Da sagte der Hase: ‚Freunde, laßt uns lieber die Köpfe aus der Büffelhaut herausziehen, denn sie wird hart, und dann hängen wir fest drin!' Doch die Hyänen wollten auf das leckere Fleisch nicht verzichten und verachteten den Rat des Hasen. Dieser zog seinen Kopf aus der Haut, lief neben den Hyänen her und warnte sie vor einem bösen Ende.

Mittags war die Büffelhaut ganz fest und trocken geworden. Nun schnitt sie den Hyänen in den Hals. Da entdeckten sie, daß sie fest hingen, den Kopf nicht mehr herausbrachten und sich nicht mehr helfen konnten. Einige erstickten, andere wurden von Jägern erlegt. So hatten sie nichts vom Fleisch, auf das sie nicht verzichten wollten, sondern verspielten ihr eigenes Leben. Der Hase, der früh genug seinen Kopf aus der Büffelhaut gezogen hatte, war längst in Sicherheit."

Elisants Mariki, der dunkelhäutige Evangelist, hat diese Geschichte auf dem Markt von Mawakini erzählt. Um ihn standen Sänger und Trommler, Klingholzschläger und Triangler. Und in großem Kreis um Prediger, Sänger und Musikanten standen die Kinder, die Frauen, die Jugend und die Männer des Dorfes, die noch nie von Jesus gehört hatten.

Elisants Mariki hat ihnen die Geschichte erzählt. Nun erklärt er sie ihnen: „Liebe Freunde: Die Welt ist wie diese Büffelhaut. Sie lockt uns mit leckerem Fleisch und vielen Vergnügungen. Jeder steckt seinen Kopf hinein, um sich sein Teil zu sichern. Der eine trinkt zuviel, der andere lügt, einer stiehlt, der nächste ist verantwortungslos. Wir alle haben unseren Kopf in die Sünde gesteckt. Sehen wir uns vor, daß wir nicht hängenbleiben und unser ganzes Leben verspielen und zerstören! Seien wir klug wie der Hase, der rechtzeitig seinen Kopf herausgezogen hat. Zieht euch von der Sünde zurück, ehe sie euch für immer gefangen hält!"

Wieder klingt ein Lied. Die Mädchen in ihren neuen, bunten Kitenge-Kleidern, die Jungen mit dem weißen Hemd singen aus vollem Herzen und unermüdlich die christlichen Lieder im Dorf dort am Stausee. In Mawakini sind viele Menschen aus dem ganzen Land Tansania angesiedelt worden – nun bringen ihnen die jungen Christen aus der Nachbargemeinde die gute Nachricht von Jesus, dem Retter der Menschen. Sie sind keine Pfarrer; sie haben sich einen Tag Urlaub genommen und haben die Autos gemietet und selbst bezahlt, damit sie den neuen Siedlern am See die Botschaft Gottes bringen können und sie einladen zur Familie Gottes. Die Bilder, die sie in ihren Ansprachen und Liedern verwenden, sind aus dem Alltag, dem Leben in der Steppe, entnommen. So kann jeder begreifen, was die jungen Christen meinen – wie bei der Geschichte vom Hasen und den Hyänen.

Christoph Maczewski

Lumala ist krank 94

Stichworte:	Uganda, Geisteskrankheit, Zauber, Gebet, Vertrauen, gesund/krank, Geschöpf Gottes, Dorf als Lebensgemeinschaft, Sozialhelferin
Zum Text/ Problemfeldbeschreibung:	Lumala ist ein bekannter Fußballspieler. Als er psychisch krank wird, läßt die anfängliche Hilfsbereitschaft der Dorfgemeinschaft mit der Zeit nach. Die Sozialhelferin Tante Naziwa hält zu ihm; er wird wieder gesund.
Vorlesezeit:	14 Minuten
Vorlesealter:	ab 12 Jahren

„Mann, wo hast du dein Hirn? In den Frackschößen des Oberkellners? Denkst du deswegen so verkehrt? Ich habe dir gesagt, du sollst meinen Koffer dem Bus in den Hintern stecken, nicht auf den Kopf!"
Allgemeines Gelächter.
„Eeh, Muzeyi, langsam, langsam, alte Dame. Schickt sich das?"
An der Autobushaltestelle trifft man sehr seltsame Typen. Und die Ton-Boys sind die seltsamsten. Sie feilschen um den Preis dafür, daß sie das Gepäck der Passagiere aufladen, und wenn man fest bleibt, gehen sie auch herunter, aber sie fluchen wie verrückt.
„Alt? Wer ist da alt?"
Diese Stadtfrauen wollen immer jung sein. Die Dame hier ist mindestens so alt wie meine Mutter, aber sehr gepflegt. Sie ist sorgfältig gebleicht, fast wie ein Albino sieht sie aus; sogar Lippenstift trägt sie. Ihr Mund ist wie das Gefahrenzeichen auf den Hochspannungsmasten, sagen die Ton-Boys.
Die meisten Passagiere lachen mit den Ton-Boys über die feine Dame. Der Fahrer startet den Motor, der Schaffner steigt ein. Wir fahren los. Es ist auch höchste Zeit, wir haben bereits Verspätung.
Ich freue mich auf daheim. Drei Monate lang war ich nicht zu Hause, und die Arbeit war anstrengend. Jeden Tag von sechs Uhr morgens bis spät abends. Wir mußten den Bauern Vorträge darüber halten, wie man den Ertrag der Felder vergrößern kann. Die alten Männer waren nicht begeistert von den neuen Ideen.
„Zu viele Veränderungen", sagten sie und erinnerten an den Wasserbock, der sich lahm tanzte, bevor das eigentliche Fest begann. „Vielleicht später einmal", sagten sie. „Nicht in unserer Zeit."
Meine Gedanken wandern zurück zu dem Abschiedsfest gestern abend, zu den Trommeln, den Tänzen, den fröhlichen Gesichtern...
Ich wache auf, weil der Bus stehenbleibt. Es ist halb sechs Uhr früh. Bei der nächsten Station steige ich aus.
Ich gehe hinüber zu Kefas Laden. Er ist ein entfernter Verwandter. Die Leute blicken mich merkwürdig an, sehen gleich wieder weg. Irgend etwas stimmt da nicht.

Kefa begrüßt mich, aber er vermeidet es, mir direkt in die Augen zu schauen.
„Was ist los?"
„Nun – also wenn ich du wäre, würde ich mich beeilen..."
Mein Herz schlägt so hart, daß ich meine, er müßte es hören. Ich packe meine
Kiste und laufe nach Hause.
Auf der Straße stehen einige der Frauen, die wir „Kassettenrecorder" oder
„Dorfradio" nennen.
„...Mulira ist noch ärger, der hat so viele Freundinnen, daß seine Familie halb
verhungert..."
„Ach, die streiten ständig, aber die Frau ist stark! Sie rauft oft mit ihm, und
wenn sie ihn am Boden hat, bedient sie sich aus seiner Brieftasche."
Sobald sie mich sehen, verstummen sie. Dann sagt eine: „Wir fühlen alle mit
dir."
„Was ist geschehen?"
„Eh-eh, du weißt es nicht einmal ... wo es doch in deiner eigenen Familie ist?"
Ich renne weiter. Der Schweiß läuft mir in den Kragen.
Aus unserem Gehöft tönt kein Kindergeschrei wie sonst.
Meine Mutter sitzt im Hof, umringt von Nachbarn.
„Ah, wir sollten einen Wagen mieten", sagt einer.
Ich trete näher.
Meine Mutter blickt auf. Ihre Augen sind rot, ihr Haar ist nicht geflochten
wie sonst. Sie weint nicht, aber das wäre auch nicht ihre Art. Sie starrt mich
nur an. Endlich sagt sie meinen Namen, dann verstummt sie wieder.
„Bitte, Maa, sag mir doch endlich, was los ist!"
Sie starrt auf einen Punkt hinter meinem Kopf.
„Lumala ist wahnsinnig geworden."
„Was?"
„Wahnsinnig!"
Es ist wie ein Strahl eiskaltes Wasser mitten ins Gesicht. Die Gesichter ringsum
verschwimmen vor meinen Augen.
Lumala!
Knapp bevor ich wegfuhr, hatte er seinen großen Tag.
Das Juniorteam errang zum erstenmal den Pokal. Zwei Spiele waren unent-
schieden ausgegangen. Das dritte Spiel zeigte beide Teams von ihrer besten
Seite. Es war ein kämpferisches Spiel, Klassefußball mit guten Kombinationen
und einem rasanten Tempo, das fast bis zum Schluß gehalten werden konnte.
Obwohl Lumala beinhart gedeckt wurde, war er der gefährlichste Mann für
den gegnerischen Angriff. Als die Gegner in den letzten Minuten versuchten,
den Ball in den eigenen Reihen zu halten, sprang Lumala dazwischen – und
schon zappelte das Leder im Netz.
Die Zuschauer waren außer Rand und Band. „Lu-Lu-Lumala! Lu-Lu-Lumala!
Lu-Lu-Lubabu!"
Lubabu war ein Ehrenname und bedeutete „Der Gefährliche".

Es war ein großer Augenblick, als der Landessportrat dem Kapitän den Pokal überreichte und der ihn an Lumala weitergab.

Das Gemeinschaftshaus war zum Bersten voll. Der Landesrat erklärte, daß er Lumala als Mittelstürmer aufstellen werde für die kommende Bundesliga der Junioren. Die Tische bogen sich, Lumala schüttelte unzählige Hände.

„Warte nur, eines Tages wirst du Profi..."

„...die holen dich noch zu West Bromwich Albion..."

Die ganze Familie teilte seinen Triumph.

„Banange Munsamulule... bitte, macht mich los...", höre ich Lumala drinnen schluchzen. „Maa... bitte... was habe ich getan?"

Ich gehe ins Haus.

Lumala ist in der Speisekammer eingesperrt. Er liegt auf dem Boden, die Hände hinter dem Rücken gebunden, die Füße gebunden. Die Stricke schneiden in seine Handgelenke. Tränen laufen ihm über die Wangen. Er hat Schrammen im Gesicht.

Ich binde ihn los.

Er schlägt nach mir und fragt, wer ich bin.

Er ist wirklich verrückt!

Ich kann die Tränen nicht mehr zurückhalten.

Und gerade jetzt ist Tataa in Nairobi, und auch Onkel Tomtom ist weg. Beide kommen frühestens in zwei Wochen zurück.

Bruchstückhaft erfahre ich, wie es begonnen hat:

Lumala hatte am Morgen einen leichten Malariaanfall. Maa schickte ihn zur Krankenstation, wo man ihm eine Injektion gab und ihm sagte, er solle im Bett bleiben. Am Spätnachmittag begann er zu brüllen. Maa rannte ins Schlafzimmer und beruhigte ihn. Eine Stunde später sprang er aus dem Bett und lief nackt auf die Straße. Unsere Geschwister rannten ihm nach, aber er war schon auf der Hauptstraße, tanzte Jig-Jigja und schlug einen Vorübergehenden, bevor meine Geschwister ihn fassen und zurückbringen konnten.

Er wurde ins Bett gesteckt und bekam starken Mululuza Tee, der wie Chinin wirkt, aber noch stärker.

An diesem Abend rührte kaum einer sein Essen an.

Maa sprang immer wieder auf und lief in Lumalas Zimmer, der unruhig schlief. In der Nacht begann er zu murmeln, am Morgen fing das Schreien und Fluchen wieder an. Die Nachbarn kamen, um zu sehen, ob sie helfen könnten. Der Arzt wurde gerufen.

„Da kann ich leider gar nichts tun... das beste ist, ihn ins Schwerpunktkrankenhaus zu bringen."

Inzwischen hat jemand Kanakulya geholt, den reichsten Mann im Dorf, der drei Autos hat. Kanakulya hat Bedenken, seinen Landrover zur Verfügung zu stellen.

„Wenn er alle Fenster zerdrischt?"

Der Fahrer nickt heftig. Er fürchtet sogar, Lumala könnte dem Wagen Unglück bringen. Die Nachbarn haben Geld für Benzin gesammelt. Schließlich gelingt es uns gemeinsam, Kanakulya zu überreden.

Lumala schlägt um sich und tobt. Mit Hilfe der Nachbarn überwältigen wir ihn schließlich.

Die hundert Kilometer bis zum Krankenhaus sind lang. Am späten Abend kommen wir an. Lumala erhält eine Injektion. Fast unmittelbar danach wird er ruhig. Seine Arme schlenkern. Er wird in ein Bett gelegt. Maa darf sich draußen auf einer Matte ausstrecken, ich sitze auf einer Bank. Wir schlafen beide nicht in dieser Nacht.

Am Morgen kommt der Arzt. Lumala ist wach, wir hören ihn durch die Tür murmeln. Nach langem Hin und Her erlaubt uns die Stationsschwester, den Arzt zu begleiten.

Sobald die Tür aufgeht, springt Lumala auf. Zuerst lacht er böse, dann schreit und flucht er. Er reißt einer Krankenschwester die Schürze weg.

Wir haben alle Angst. Eine Schwester führt einen Wagen mit mehreren spitzen Scheren und anderen scharfen Instrumenten. Der Doktor blickt Lumala in die Augen und spricht mit ihm. „Setz dich, du bist sicher müde."

Lumala brüllt Beleidigungen und die gräßlichsten Flüche, die ich je gehört habe. Der Arzt redet weiter mit ihm. Ganz ruhig. Schließlich bekommt Lumala eine Injektion und schläft sehr schnell ein.

Wir atmen alle hörbar aus.

„Cerebrale Malaria", sagt der Arzt. „Die Malaria hat das Gehirn angegriffen. Keine Sorge, er wird wieder gesund."

Nach sechs Wochen zeigt Lumala noch immer keine Zeichen einer Besserung. Man verlegt ihn in das Psychiatrische Krankenhaus. Anfangs sind die Schwestern freundlich, auch Lumala ist ruhig und freundlich. Dann aber beginnt er wieder zu fluchen, er spuckt die Schwestern an. Die jüngeren von ihnen sind besonders aufgebracht. Sie sagen, er ist ein hoffnungsloser Fall, er gehört in eine geschlossene Abteilung. Die Ärzte wollen noch zuwarten.

Maa ist mager geworden. Sie läßt sich von einer Tante die Haare fast bis zur Kopfhaut abschneiden. Sie geht nicht mehr rasch wie sonst, alle ihre Bewegungen sind langsam.

Tataa sagt immer wieder: „Ich vertraue der Jungfrau Maria. Sie wird unsere Gebete erhören."

Ich fahre fast jeden Tag ins Krankenhaus. In der Regenzeit sind die Wände im Krankenhaus feucht, als ob auch sie krank wären, und die langen Gänge riechen noch stärker als sonst nach Medizin und nach Desinfektionsmitteln.

Ich habe das Gefühl, daß viele Nachbarn Lumala nur deshalb besuchen, weil die Leute sonst reden würden. Die „Kassettenrecorder" kommen fast jeden Tag, sie hocken im Kreis wie eine Versammlung, und dann gehen sie und amüsieren sich in der Stadt. Gegen einen Krankenbesuch kann kein Ehemann etwas einwenden.

Ein entfernter Verwandter, ein alter Mann, kommt ins Krankenhaus.

Bei Lumala spricht er nicht viel, aber hinterher sagt er zu uns: „Vielleicht ist das ein Zeichen. Euer Großvater hat den Medizinmann von einer der wichtigsten Zeremonien weggejagt... die Geister sind böse. Vielleicht ist jemand neidisch auf euch und war bei einem Zauberer, der sich auf schwarze Magie versteht."

Er bietet den Eltern an, einen Medizinmann zu bezahlen. Tataa und Maa lehnen ab.

Der alte Mann schüttelt den Kopf. „Hat nicht der weiße Mann selbst ein Buch geschrieben mit den Worten Gottes? Hat er nicht geschrieben, daß wir nicht zerstören sollen, was unsere Vorväter begonnen haben?"

Einige Zuhörer nicken.

Tataa aber sagt ruhig: „Jeder von uns hat seine Prinzipien. Ich kann nur dem einen, richtigen Weg folgen und auf die Heilige Jungfrau vertrauen."

Eines Morgens weigert sich Lumala, einen Bissen zu essen. Er schlägt der Schwester die Teetasse aus der Hand. Die Ärzte reden davon, daß man ihn nun doch in eine Anstalt bringen müsse. Hier könne man nichts mehr für ihn tun.

Gerade an diesem Tag kommt Tante Naziwa. Sie hat als Sozialhelferin in einem entlegenen Dorf gearbeitet und wurde erst vorgestern in ihre Heimatgemeinde zurückversetzt, weil sie über sechzig ist. Tante Naziwa ist ungeheuer energisch und kann alle zum Lachen bringen, auch wenn außer ihr niemand einen Grund zum Lachen sieht.

Sie legt den Arm um Maas Schulter und sagt: „Ihr macht ihn ja kränker, als er ist, weil ihr ihn alle anseht wie einen Kranken. Wie einen Verhexten. So lange er eingesperrt ist, kann er auch nicht gesund werden."

Sie geht zum Arzt und redet mit ihm. „Was er braucht, ist vor allem Vertrauen. Und Liebe." Der Arzt warnt sie, ob sie auch weiß, was sie auf sich lädt, wenn sie Lumala heimnimmt, auf ihre eigene Verantwortung. Sie lacht. „Er ist doch kein toller Hund. Er ist ein Mensch..."

Sie bringt ihn in ihr eigenes Haus. Den Mitgliedern ihrer Familie schärft sie ein, sie sollen Lumala genauso behandeln wie jeden anderen.

Das ist nicht einfach. Die jüngeren Enkelkinder starren Lumala an und rennen vor ihm davon.

„Tante... es hat doch keinen Sinn... ich kann nicht mehr."

Sie bittet ihn, Geduld zu haben, ruhig zu sein.

Manchmal sieht es aus, als hätte sie Erfolg. Manchmal muß sie die Nachbarn zu Hilfe holen, um ihn mit Gewalt zu füttern.

Einige ihrer Freunde gehen ihr aus dem Weg, hören auf, sie zu besuchen. Sie kämpft weiter. Sie bittet Lumala, im Haus zu helfen.

Eines Tages geht er Wasser holen. Als er mit seinem Eimer in die Nähe des

Bohrlochs kommt, rennen die jüngeren Kinder wie aufgestörte Hühner quiet-schend auseinander.

„Der Wahnsinnige!"

Eine ältere Frau versucht, die Kinder zum Schweigen zu bringen. Aber Lumala hat schon gehört und verstanden.

„Tante, ich muß weg. Ich kann mein Gesicht nicht mehr im Dorf zeigen. Wie die Leute mich ansehen... meine eigenen Leute, als ob sie mich anklagen woll-ten, daß ich im Land der Geister eingedrungen bin... Ich kann nicht mehr."

Sie sagt: „Ja, so ist das Leben. Du mußt dich dem stellen. Wohin willst du rennen? Denke nicht nur an dich. Du lebst in einer Gemeinschaft, auch wenn die Gemeinschaft oft grausam und ungerecht und gemein ist. Denke an deine Eltern, an deine Brüder und Schwestern. Die haben dich nicht aufgegeben, weil sie dich lieben. Die haben dich nicht in eine Anstalt einsperren lassen, zu den Menschen mit den toten Gehirnen. Du mußt kämpfen. Du mußt allen zeigen, daß du gesund bist."

Sie kämpft mit ihm für ihn.

Sie hört ihm zu. Sie ermutigt ihn, weiterzusprechen, wenn er einen Satz ab-bricht.

„Als Gott dich erschuf", sagt sie, „da wollte er, daß du lebst, was immer auch kommen mag. Du mußt zu dir halten − wie Mann und Frau, die vor dem Altar versprechen, einander zu helfen in guten wie in bösen Zeiten. Wenn du dich jetzt umbringst, weil du dir unerwünscht und verflucht vorkommst, dann bist du ein Feigling. Du mußt zu dir halten, dann werden auch die anderen zu dir halten."

Meist redet sie mit ihm während ihrer Hausarbeit. Sie konzentriert sich gern auf das Gespräch, während ihre Hände beschäftigt sind. Sie sitzt zum Beispiel auf einer Matte, die Knie mit Bananenblättern zugedeckt, um ihre Kleider nicht zu beschmutzen, das Ekyambe-Messer in der Hand, schält eine Banane, und ihr Oberkörper beschreibt eine Kurve, genau wie die der Banane, die sie schält. Dann läßt sie die geschälte Banane wie einen springenden Fisch in den Kochtopf schnellen.

Lumala sitzt ihr gegenüber und lächelt.

Manchmal läßt sie die Hände sinken, sieht ihn mit weiten offenen Augen an, schüttelt den Kopf und nimmt ihre Arbeit wieder auf.

Inzwischen ist ein Jahr vergangen.

Gestern wurde unsere Bezirksauswahl Cupsieger in der Junior-Liga!

Die Zuschauer haben Lumala einen neuen Namen gegeben: der Ballzauberer.

Renate Welsh

Heute kommt Moses! 95

Stichworte:	Togo, Glaube/Alltag, Moses, endzeitliche Erwartung
Zum Text/ Problemfeldbeschreibung:	Der kleine Hippolyt verbringt die Wochenenden immer zusammen mit seinen Eltern auf der Farm seines Großvaters. Eines Tages hat er Langeweile, und so bittet er den Großvater, ihm Geschichten zu erzählen. Dieser weist ihn mit der Bemerkung ab, daß sie abends den biblischen Moses erwarten. Dies bringt den Jungen zum Arbeiten, aber auch zum Nachdenken.
Vorlesezeit:	8 Minuten
Vorlesealter:	ab 10 Jahren

Hippolyt ärgerte sich wieder einmal über das Schaf mit den schwarzen Strümpfen. Wenn alle anderen in der Pferch blieben, so mußte dieses eine über den Zaun springen und die jungen Kaffeepflanzen anknabbern. Der Großvater hatte sie erst vor kurzem gesetzt und hatte lang genug darüber geschimpft, wie teuer sie waren.

Hippolyt hetzte hinter dem Schaf her. Jedesmal, wenn er meinte, jetzt könnte er es fassen, machte es einen Satz in eine unerwartete Richtung. Hippolyt landete zweimal auf dem Bauch. Schließlich erwischte er das Schaf am Schwanz. Es blökte laut. Hippolyt trieb es in die Pferch zurück.

Der Vater stand am Brunnen und pumpte. Sein nackter Rücken glänzte vor Schweiß. Samstag und Sonntag hier auf der Farm bei den Großeltern war der Vater ganz anders als die Woche über in der Stadt. Dort fuhr er jeden Morgen ins Gerichtshaus, im dunklen Anzug und mit Krawatte. Einmal hatte Hippolyt den Vater im Gerichtshaus besucht. Der Vater hatte einen langen, schwarzen Talar getragen und so feierlich ausgesehen, daß Hippolyt es kaum gewagt hatte, ihn anzureden. So feierlich sah er sonst nur aus, wenn er betete, oder wenn er am Abend beim Tisch saß und in der Bibel las.

Eigentlich war Wasserholen ja Frauenarbeit. Aber der Vater tat sie, wenn er hier auf der Farm war, weil der Brunnen so tief und das Pumpen so schwer war. Es lachte auch niemand darüber, daß der Vater Frauenarbeit machte. Er tat es, seit Hippolyts Lieblingstante, Tassi Akossiwavi, die Zwillinge verloren hatte. Die waren zu früh auf die Welt gekommen, weil Tassi Akossiwavi sich beim Pumpen überanstrengt hatte. Sie waren gestorben, noch bevor der Tag aus war.

„Da bleibst du!" sagte Hippolyt streng zu dem schwarzbestrumpften Schaf. Es drehte ihm den Rücken zu.

Der Großvater kam über den Hof.

„Großvater, erzähl mir was!" bat Hippolyt.

Der Großvater konnte besser Geschichten erzählen als die Lehrerin, besser als der Pfarrer, besser als alle Menschen, die Hippolyt kannte. Jetzt aber schüttelte er den Kopf.

„Heute nicht, Hippo. Heute haben wir zu tun. Am Abend kommt Moses. Wir müssen bereit sein."

„Moses? Zu uns? Wirklich Moses?"

Hippolyt sah den Großvater sehr genau an. Machte er Spaß? Wie damals, als er gesagt hatte: Wir fahren zum Himmel. Und dann waren sie ins Nachbardorf gefahren. Der Großvater schmunzelte nicht, er zwinkerte nicht, er nickte ernst. Die Sonne schien durch seine grauen Haare.

„Der aus dem Körbchen?" fragte Hippolyt. „Der, den die Pharaonentochter aus dem Nil gefischt hat?"

„Der das auserwählte Volk durch das Rote Meer geführt hat und durch die Wüste", sagte der Großvater. „Und jetzt müssen wir den Hof kehren."

Hippolyt las Zweige, Steinchen, Hühnerfedern, Blätter, abgenagte Knochen und die Reste einer zerfransten Palmmatte auf. Dann begann er zu kehren. Er kehrte gewissenhafter als sonst. Mit Sand, dachte er, kennt sich Moses bestimmt aus. Nach der langen Zeit in der Wüste. Und Moses war streng. Bestimmt noch strenger als der Vater. Hippolyt fuhr mit dem Besen in die Ecke. Immer, wenn er meinte, fertig zu sein, fand er noch einen Zweig, noch eine Feder. Als er endlich soweit war, kam der Hund und scharrte sich eine Kuhle in den frisch gefegten Sand. Hippolyt hatte gute Lust, ihn wegzujagen. Aber der Hund war sein Freund. Und alt war er auch. Seufzend rückte er hin und her, bis ihm der Platz behagte. Dann legte er den Kopf auf die Pfoten.

Der Großvater schritt langsam zwischen den Kaffeebäumen auf und ab. „Was da wieder gewachsen ist", sagte er. Er rupfte büschelweise das harte, borstige Gras aus, das den jungen Bäumen das Wasser wegnahm.

„Die Setzlinge verdursten. Die gehen uns noch ein."

„Aber..."

Der Großvater blickte Hippolyt erstaunt an. Hippolyt schluckte, dann setzte er nochmals an: „Aber... wenn Moses kommt... stört ihn denn das Gras? Soll ich nicht zuerst...?"

„Nein", sagte der Großvater. „Vierzig Jahre hat er sein Volk geführt. Männer und Frauen und Kinder und Schafe und Ziegen und Kamele. Überlege doch, wieviel Ärger du mit dem einen Schwarzstrumpfschaf hast. Und erst ein ganzes Volk! Wenn Moses nicht alles gesehen und alles gemerkt hätte, auch die kleinste Kleinigkeit, dann wären sie heute noch in der Wüste!"

Hippolyt nickte. Er wollte ja Ordnung machen, nicht nur im Hof, auch im Haus. Wo sollte Moses überhaupt schlafen? Welche Decke sollte er bekommen?

Zu dumm, daß Hippolyts Schuluniform zu Hause in der Stadt im Schrank hing. Die war viel feierlicher für einen so hohen Besuch als das bunte Hemd und die kurzen Hosen.

Der Großvater prüfte die Kalebassen, die an den Palmen hingen. Fast alle waren halb voll, eine war sogar ganz gefüllt mit Saft. Der Großvater nahm sie ab.

„Das wird der Palmwein für Moses", sagte er. Das ist der beste, den wir haben."
Hippolyt fragte: „Trinkt Moses Wein? Er war doch so streng und so böse über das goldene Kalb!"
„Kalb ist Kalb und Palmwein ist Palmwein", sagte der Großvater.
Hippolyt hätte noch mehr Fragen gehabt: Würde Moses am Ende auch die ägyptischen Plagen mitbringen, die Frösche und die Stechmücken, das Ungeziefer und die Viehpest, den Hagel und die Heuschrecken? Oder gar die Finsternis und den Tod der Erstgeburt? Es lebten ja Leute im Dorf, die von der Bibel nichts wissen wollten. Waren die wie die Ägypter für Moses? Hippolyt dachte hin und her, immer mehr Fragen tauchten auf und bedrängten ihn.
Er beschloß, sich von der Großmutter bunte Wollfäden zu holen und sie den Schafen ins Fell zu flechten. Das würde hübsch aussehen, und Moses, der so lange mit den Herden gezogen war, würde es sicher bemerken.
Aus allen Hütten stieg Rauch auf. Die Sonne ging unter, und sofort war der Wald schwarz. Hippolyt hatte plötzlich Angst. In dem schwarzen Wald gab es Geister. Das sagten alle. Nur der Großvater und der Vater sagten: Es gibt keine Geister. Aber Hippolyt konnte das nur bei Tag glauben. Sobald es finster wurde, war er nicht so sicher.
Er rannte zur Hütte der Großeltern, stolperte über die Schwelle, riß Tassi Akossiwavi fast um, als er sich an ihr festhielt.
„Na-na-na", murmelte sie und strich ihm übers Haar.
Aus der Küche roch es nach brutzelnden Zwiebeln. Sicher kochte die Großmutter Dessi. Hippolyt merkte, daß er sehr hungrig war. Moses sollte sich doch, bitte, beeilen.
Jetzt erst fiel ihm auf, daß Tassi Akossiwavi ihr gewöhnliches Kleid anhatte, das sie den ganzen Tag lang bei der Arbeit trug. Nicht ihr schönes mit dem rot-gelben Muster.
„Was ist?" fragte sie. „Warum siehst du mich so an?"
Wußte sie es denn nicht?
Die Mutter kam herein. Auch sie trug ein gewöhnliches Kleid und flocht Bastzöpfe. Feiner Blattstaub rieselte auf den sauber gefegten Boden. Tassi Akossiwavis kleine Töchter kamen gelaufen, stießen einander an, verschwanden in der Küche, schleckten, als sie ins Zimmer traten, die Finger ab, und die Großmutter schimpfte hinter ihnen her.
Alles wie an einem gewöhnlichen Tag.
Der Großvater und der Vater waren noch nicht im Haus.
Vielleicht warteten sie draußen auf Moses, vielleicht waren sie ihm entgegengegangen.
Hippolyt wanderte in die Küche.
Im großen Kessel dampfte Akoume aus gelbem Mais. Im anderen aber kochte kein Rindfleisch mit Tomaten und Zwiebeln, kein Dessi. Bloß Gemüse wie alle Tage!
Die Großmutter streute Salz in den Kessel.

Wenn Moses wirklich käme, hätte sie Dessi gekocht. Wie sie es immer tat, wenn ein Fest war. Und wie erst für Moses! Dem hätte sie das feinste Dessi gekocht, und er hätte das größte Stück Fleisch bekommen.

Hippolyt rannte hinaus. Er stampfte auf und ab. Er stampfte sich die Wut aus dem Bauch. Sand spritzte über den Hof.

Dann setzte er sich mit dem Rücken gegen die Hauswand und blickte hinüber zu den anderen Hütten. Eine Fledermaus warf einen riesigen Schatten quer über das Stück Himmel zwischen der Bananenstaude und der ersten Palme.

Wenn Moses wirklich gekommen wäre, dachte Hippolyt, hätten sie dann auch fortziehen müssen? Vierzig Jahre lang durch die Wüste?

Er wollte nicht weg von hier.

Und wo war das Gelobte Land überhaupt?

Hippolyt bohrte seine Zehen tief in den Sand.

Von mir aus braucht er gar nicht zu kommen, dachte er.

Als die Großmutter zum Essen rief, sprang er auf und ging ins Haus.

Der Großvater zwinkerte ihm zu und flüsterte: „Vielleicht morgen."

Hippolyt zuckte mit den Schultern.

Die Großmutter häufte ihm einen großen Löffel Akoume auf den Teller.

Renate Welsh

96 Kofie will getauft werden

Stichworte:	Ghana, Taufe, Amulett, Generationenkonflikt, Geisterglaube, traditionelle afrikanische Religionen, Magie, Befreiung von Mächten
Zum Text/ Problemfeld- beschreibung:	Kofie will getauft werden. Vorher muß er als letztes Hindernis ein Säckchen verbrennen, das ihm der Fetischpriester seines Dorfes auf Veranlassung seiner Eltern an den Schulort mitgegeben hat.
Vorlesezeit:	6 Minuten
Vorlesealter:	ab 10 Jahren

Er sagte es dem Vorsitzenden unseres Vereins an seiner Schule. Und als ich hochkam, sagte der es mir.

Ich freute mich und fragte, ob er sich schon eine Kirche ausgesucht habe. Ja, sagte mein Freund, aber der hat noch ein Problem, das er mit uns besprechen möchte.

Wir gingen zu Kofie hinüber. Der spielte gerade Tischtennis. Als sein Satz zu Ende war, setzten wir uns auf die Treppe, und er legte los.

Afrikaner schämen sich nicht, ihre Probleme ganz offen vor allen möglichen Leuten auszubreiten. Wir saßen nicht nur zu dritt auf der Treppe, sondern etliche andere Leute kamen und gingen, hörten zu und sagten ihre Meinung.

„Also sonst ist alles klar", sagte Kofie. „Ich glaube, daß Jesus Christus mich erlöst hat, und ich möchte ihm nachfolgen. Ich habe mich bei den Reformierten schon angemeldet. Aber da ist noch die Sache mit dem Säckchen. Die muß vorher geklärt werden. Ich komme aus einem Dorf, in dem es keine christliche Kirche gibt. Es ist wegen des dortigen Fetischpriesters in ganz Aschanti berühmt. Der macht die erstaunlichsten Sachen. Du würdest mir nur die Hälfte glauben, wenn ich dir das erzählte, was ich gesehen habe. Ich weiß, der hat seine Tricks, und vieles ist Zufall und Übung. Aber immerhin, er heilt Kranke und sagt Todesfälle voraus. Unser Dorf steht in seinem Bann. Natürlich ist der Kerl gegen jede Schule eingestellt. Der lebt von der Unwissenheit der Leute. Jeder fürchtet ihn. Natürlich auch meine Eltern. Es dauerte sehr lange, ehe sie mir die Erlaubnis gaben, in eine Schule zehn Meilen von uns zu gehen.

Als ich mit der Volksschule fertig war, schickte mich der Lehrer zu einer Prüfung für die Oberschule. Die bestand ich, und mir wurde ein Freiplatz auf dieser teuren und guten Schule angeboten.

Die Eltern wollten mich nicht gehen lassen. Der Vater brauchte mich auf der Kakaofarm, die Oma hielt schon ein Jahr Schule für zuviel, und die Mutter fürchtete sich: ‚Junge, du wächst zu hoch aus dem Dorf heraus. Das haben die Geister und Leute nicht gern. Die werden neidisch. Die gönnen dir das nicht. Hier haben wir unseren Priester, der alles voraussagt. Hier kennen wir uns aus. Da draußen, hinter der großen Stadt Kumasi, ist alles ganz anders. Wer beschützt dich da? Auch da wird es Neid geben und Leute, die dich mit einem Juju verrückt machen wollen.'

Ich versuchte, ihr das auszureden, doch das ging nicht. Die Mutter weinte. Sie ging zum Fetischpriester, und als ich mich dann doch verabschiedete, gaben sie mir ein kleines Säckchen in die Hand.

‚Junge, das nimm mit. Hänge es dir um den Hals oder stecke es in die Tasche. Laß das immer bei dir sein. Du brauchst Schutz. Und der ist da drin. Die Sachen in dem Sack sind heilig. Die haben Menschen schon viele, viele Monde vor Tod und Gefahr beschützt. Die sind vom Priester besprochen. Der hat Blut darüber gespritzt.'

Ich mußte mit der Mutter noch einmal zum Fetischpriester gehen, und der machte eine Beschwörung für mich.

In der Volksschule hatte ich schon von dem Gott gehört, der diese Götter und Beschwörungen nicht mag. Aber der war so weit weg von uns hier im Dorf, dachte ich.

Ich nahm das Säckchen an mich und ließ es nicht von mir. Ich trage es immer in der Tasche. Ich glaube nicht mehr daran. Aber ich habe mich an das Ding so gewöhnt. Ich weiß, was darin ist. Lächerliche Knochen, Steine und Stöckchen für euch, aber ich bin daran gebunden.

Oft versuchte ich, die Bindung abzustreifen. Ich denke daran, was ich aus der Mathematik, Physik und Theologie weiß. ‚Quatsch', sagte ich dann und bin fast dabei, es wegzuschmeißen. Doch dann sind die Worte der Mutter wieder

da, die Gesten des Fetischpriesters und unser Dorf im Busch, wenn morgens der Nebel darüber hängt und der Priester Blut spritzt und Tiere opfert.
Ich hänge an diesem Sack und fürchte mich, den wegzuschmeißen. Ich weiß, daß der nur Unsinn enthält und daß ich abergläubisch bin. Doch ich habe nicht genügend Mut, mich von dem Geschenk meiner Mutter zu trennen. Vielleicht kann der Fritz das als Europäer nicht verstehen, aber ich bin sicher, daß ihr andern das kapiert."
Die nickten. Und ich verstand das auch. Ich kannte Europas abergläubische Lächerlichkeiten. Ich wußte, wie ich in meiner Fliegerzeit daran gehangen hatte und wie ich manchmal vor einer dummen Zahl zuckte.
„Du willst dich taufen lassen", sagte einer zu Kofie, „das geht aber nur, wenn du das Säckchen vernichtest."
„Ich fürchte mich davor", sagte er, „ihr müßt mir helfen."
„Ist o.k.", beschlossen wir, „wir schichten ein Feuer, schmeißen das Zeug darauf und verbrennen es."
Kofie sah erschrocken hoch, als die schon Holz sammelten. Mit so schneller Hilfe hatte er nicht gerechnet. Die Tischtennisspieler unterbrachen ihre Sätze und sahen interessiert auf den Holzstoß am Sportplatz. Alle möglichen Leute kamen hinzu. Einer lief zum Direktor und bat um Feuererlaubnis. Die wurde gegeben, als man ihm den Grund sagte.
Dem Kofie stand der Schweiß auf der Stirn.
„Willst du dich taufen lassen oder nicht?" fragte ihn der Vorsitzende. „Glaubst du daran, daß Jesus Christus stärker ist als alle Knochen und Knüppel eines Fetischpriesters?"
„Ja", sagte Kofie fest.
„Also, dann wird der Sack sofort verbrannt."
Das Feuer loderte auf.
Wir stellten uns um den Stoß herum. Einer stimmte einen Choral an. Einer las Abschnitte aus der Bibel vor. Dann nahm der Kofie das Säckchen aus seiner Tasche.
„Schmeiß rein!" rief der Vorsitzende.
Kofie zögerte einen Augenblick, aber dann warf er es ins Feuer. Das verbrannte ohne eine Explosion. Ein paar Leute schlugen das Feuer aus.
„War hart", sagte Kofie, „aber jetzt bin ich frei. Halleluja."

Fritz Pawelzik

Akua erzählt von Tante Aba 97

Stichworte:	Ghana, afrikanische Religion, Ahnen, Fest für die Ahnen, Trinkopfer, Gebet, Götter, Krankenhaus, Bekehrung, Taufe
Zum Text/ Problemfeld- beschreibung:	In einem Dorf in Ghana bleiben Tante Aba und ihr Mann der alten afrikanischen Religion treu: Sie feiern ein Fest für die Ahnen und bringen Gebete und Trinkopfer dar. Die Begegnung mit anderen Christen während eines längeren Krankenhausaufenthalts wird für sie zum Anlaß, sich der christlichen Gemeinde anzuschließen.
Vorlesezeit:	ca. 4 Minuten
Vorlesealter:	ab 10 Jahren

Als ich klein war, gab es in meinem Dorf noch viele Nichtchristen. Auch meine Tante Aba gehörte zu ihnen. In der alten afrikanischen Religion spielten vor allem die Feste eine große Rolle. Ich erinnere mich noch, wie meine Tante Aba das Fest für die verstorbenen Vorfahren, die „Ahnen" feierte: Da wurde ein ganz besonders gutes Essen gekocht aus Yams-Wurzeln und Eiern. In einem besonderen Raum unseres Hauses hat man dann einen Tisch für die Ahnen gedeckt. Alles wurde vorbereitet, als ob jemand zum Essen kommen würde. Wir Kinder durften diesen Raum nicht betreten. Meine Mutter sagte: „Heute ist ein besonderer Tag für unsere Ahnen". Auch die Christen feierten mit. Tante Aba brachte im Verlauf des Festes ein Trinkopfer dar. Sie stand dann in der Mitte des Hauses und hatte eine Kalabasse (Kürbisschale) mit Schnaps in der Hand. Sie sprach ein Gebet. Darin dachte sie an all das, was die Ahnen für uns Menschen getan hatten, bevor sie starben. Sie wußte, daß die Ahnen noch immer unter uns leben und uns helfen. Und so hat sie auch um Hilfe bei Unheil, Krankheit und Katastrophen gebetet und auch für die Gesundheit der Familie, viele Kinder, und eine gute Ernte. Dann hat sie ein wenig von dem Schnaps auf den Boden gegossen. In den anderen Familien bringen die Männer dieses Trinkopfer dar. Aber bei uns machte das meine Tante; sie war die einzige Nichtchristin im Haus. Zum Schluß trank dann meine Tante den Rest des Schnapses. Wir haben nur zugeschaut, verstanden aber nichts. Und dann setzten wir uns an den Tisch und ließen uns das gute Essen schmecken. Meine Tante fühlte sich mit den Ahnen und den Göttern sehr eng verbunden. Manchmal sagte sie zu uns Christen: „Wir haben doch unsere eigene alte Religion! Warum sollten wir Christen werden? Das Christentum — ist das nicht die Religion des weißen Mannes? Wenn die zu Jesus beten, dann können wir Afrikaner zu unseren Göttern beten." Eines Tages wurde meine Tante schwer krank. Sie lag zwei Monate lang im Krankenhaus. Dort bekam sie auch Besuch von Christen. Christliche Frauen von der Gemeinde an dem Ort, wo das Krankenhaus steht, kamen jede Woche. Sie gingen von Station zu Station, sprachen mit den Kranken, beteten, sangen und beschenkten die Patienten mit Obst und Eiern. Sie kamen auch zu meiner

Tante Aba. Als meine Tante entlassen wurde, sagte sie: „Es war für mich eine große Freude, daß die Christen auch mich besucht haben, als ich krank war." Und dann wurde sie auch Christin. Die Begegnung mit anderen Christen hatte sie überzeugt.

Drei Jahre später trat dann auch ihr Mann zum Christentum über. Anfangs hat er es gar nicht so gern gesehen, wenn seine Frau abends so oft wegging. Sie war nämlich so begeistert von dem neuen Glauben, daß sie in allen Gruppen mitarbeiten wollte. Aber meine Tante hatte viel Geduld mit ihrem Mann. Sie erklärte ihm immer wieder, warum sie sich entschieden hatte, Christin zu sein, und warum sie in der Gemeinde mitarbeiten wollte. Schließlich ließ auch er sich taufen.

Rose Akua Ampofo / Jörg Thierfelder

98   Yaa

Stichworte:	Ghana, Reise nach Deutschland, Pfarrer, Briefe, Gebet, Geburtsanzeige, Schwester
Zum Text/ Problemfeld- beschreibung:	Yaa aus Ghana erzählt von dem Besuch ihrer Mutter, die zusammen mit anderen Gemeindemitgliedern für drei Wochen in eine deutsche Gemeinde eingeladen worden ist. Deutsches Leben aus afrikanischer Sicht: Vieles scheint herrlich, manches sehr fremd. Als den deutschen Gastgebern ein Mädchen geboren wird, entsteht eine besondere, alle Grenzen überschreitende Verbindung.
Vorlesezeit:	6 Minuten
Vorlesealter:	ab 10 Jahren

Freudig erregt kam Mama damals von der Synode. „Stellt euch vor, die Deutschen haben 12 von uns eingeladen. Sie wollen aber nicht nur alte Pfarrer, sie wollen auch Frauen, junge Frauen. So haben sie mich in der Synode ernannt. Ist das nicht herrlich?"

Ich fand das gar nicht herrlich. Mama wollte drei Wochen weg.

„Yaa, freust du dich gar nicht?" fragte mich Mama.

„Nein, ich will nicht, daß du nach Deutschland reist! Dann sind wir ganz allein. Wer kocht für uns Fufu? Wer tröstet uns? Wer betet mit uns?"

Auch Papa und meine vier Geschwister machten lange Gesichter.

Mama wurde ganz ernst: „Ja, daran habe ich in meiner ersten Freude nicht gedacht. Also – vielleicht kann meine Schwester so lange zu euch kommen, Rex' Mutter."

Rex' Augen leuchteten. Rex wohnte immer bei uns. Seine Mutter hat keinen

Mann und lebt in der Stadt. Ja — mit Tante Akua könnten wir die Zeit aushalten. Wir wurden wieder fröhlicher. Mama durfte reisen.

In den nächsten Wochen sammelten wir, was wir von Deutschland erfahren konnten. Wir bestaunten die Bilder der festen Häuser, die schönen Kleider und vor allem die Schuhe. Minutenlang klebten unsere Augen an den Schuhen. Solche wollten wir auch. „Mama — bitte bring uns Schuhe mit", bettelten wir. Die Jungens träumten von einem richtigen Fußball; Papa von einem Radiorecorder. Die Deutschen sind so reich. Das wird alles kein Problem werden. So wuchsen unsere Wünsche und blieben nicht bei dem Genannten stehen.

Dann war endlich der Tag der Abreise da. Die ganze Gemeinde war versammelt und betete. Wir winkten, bis wir den Bus nicht mehr sahen. Danach beteten wir täglich für Mama, daß ihr nichts geschehe und daß sie bald glücklich zurückkehre.

Übermäßig lange blieb sie weg. Die drei Wochen wollten nicht enden. Da kam der Bus des Ramseyer Center in Abetifi. Mama stieg aus. Sie öffnete die Arme. Wir umarmten sie. Da war sie wieder, glücklich und gesund. Nichts war ihr in Deutschland geschehen, außer daß ihr Gepäck zugenommen hatte.

Wir trugen alles nach Hause. Die Nachbarn kamen. Nach der Willkommens-zeremonie mußte Mama berichten.

Es war einfach herrlich. Von ganzen Feldern mit Autos, von Tunnels, von Bergen und Schnee, von Schulklassen und Sportunterricht, von Kirchen und Schiffen, von vielen vielen Brüdern und Schwestern, die wir in Deutschland hätten. Nicht alles war herrlich, so z. B. die unheimliche Geschichte von den sterbenden Bäumen oder von den alten Menschen im Asyl, deren Kinder gar nicht zu Besuch kamen.

Das Seltsamste jedoch war das Pfarrerehepaar, bei dem sie zu Gast war. Sie wohnten in einem großen weißen Haus. Seine Frau arbeitete als Lehrerin, und sie hatten keine Kinder. Dabei wünschten sie sich so sehr Kinder, aber sie bekamen keine. Mama schien die beiden sehr lieb zu haben, denn sie erzählte viel von ihnen, von ihrem Haus, der Kirche und der Gemeinde. Jeden Sonntag und jeden Abend betete sie für das Kind.

In der Folgezeit schickte Mama Briefe, und wir erhielten Briefe, hin und wieder ein Päckchen. Die Jungens bekamen einen Lederfußball, wir Schürzchen und andere schöne Sachen.

Das neue Jahr begann. Mama erzählte immer weniger von Deutschland. Die Zeit war wieder wie früher. Ab und zu kam und ging ein Brief nach Deutschland. Aber so selten, daß uns Kindern kaum noch etwas auffiel.

Bis plötzlich zum nächsten Jahreswechsel ein ganz kleiner Brief aus Deutschland kam. So etwas Niedliches hatte ich nie zuvor gesehen. Die Briefmarke war fast zu groß für das Kuvert. Aber die Deutschen hatten lauter solch seltsame Einfälle aus Papier, und das Format paßte nie.

Mama öffnete das Briefchen. Es enthielt ein Kärtchen, völlig in Deutsch. Was sollte das? Auf der Innenseite stand ein Psalmvers. Mama holte die Bibel und schlug nach. Ihr Gesicht leuchtete. Es mußte irgend etwas Freudiges sein. Dann schauten wir die Vorderseite an. Es zeigte ein Bild. Auf diesem schaute ein Baby aus einem Wägelchen mit vier Rädern und einer Querstange hervor. Darunter ein Sternchen und zwei Wörter — vermutlich ein Name.

Jetzt dämmerte mir. Ich schaute Mama an. Sie hatte denselben Einfall. Der deutsche Pfarrer und seine Frau müssen ein Kind bekommen haben. Mamas Augen glänzten. Sie rannte zu allen Presbytern der Gemeinde und schrie: „Gott hat unser Gebet erhört — Halleluja! Praise the Lord!"

Sie war den ganzen Tag außer sich vor Freude. Am nächsten Tag schrieb sie sogleich einen Brief nach Deutschland. Sie wollte natürlich wissen, an welchem Wochentag das Kind geboren sei und welchem Geschlecht es angehöre.

Schon nach drei Wochen kam Antwort. Es war ein Mädchen. Am Donnerstag geboren. Also eine Yaa, wie ich.

Seit ich das weiß, bin ich ganz stolz. Wenn der deutsche Pfarrer und seine Frau so lieb sind, wie Mama sagt, dann betrachten sie mich sicherlich auch als ihre Tochter. Schließlich bin auch ich eine Yaa, und jetzt habe ich eine kleine Schwester, ganz weit weg in Deutschland.

Ulrich Müller-Fross

99   Lofin

Stichworte:	Liberia, Ahnenkult, Lied, traditionelle afrikanische Religion, Fetisch, Muslime, Mut, Taufmedaille, Lk 15,11 ff.
Zum Text/ Problemfeld-beschreibung:	Der kleine Dee kommt eines Tage zu seinem Großvater Lofin und bittet ihn um ein Lied für die biblische Geschichte vom verlorenen Sohn. Dem Großvater wird anhand dieser Geschichte das Schicksal seines Sohnes und das vieler anderer, die in die Stadt abgewandert sind, deutlich. So wird das Lied, das er seinem Enkel vorsingt, ein Mutmachlied auch für ihn selbst.
Vorlesezeit:	15 Minuten
Vorlesealter:	ab 10 Jahren

Lofin stand sehr früh auf. Die Sonne schien schon über der Hütte, aber der rote Staub auf der Dorfstraße war noch kühl. Jetzt war die beste Zeit, auf das Feld zu gehen.

Lofin nahm eine Hacke und ein Buschmesser und machte sich auf den Weg. Sein Feld lag eine halbe Stunde entfernt im Busch. Der Pfad war schmal zwischen den großen Bäumen. Lofin stieg über Wurzeln und kleine Rinnsale.

Er dachte an seinen Sohn in der Stadt. Der war um diese Zeit auch schon unterwegs, auf einer harten Straße voller Autos, und Lichter sagten ihm, wann er gehen durfte und wann nicht. Lofin sandte seinem Sohn einen guten Gedanken. Während er auf dem Feld arbeitete, lernte sein Sohn in einem großen Haus, wie man mit Maschinen umgeht. Lofin hatte ihn nicht dorthin geschickt, der Sohn hatte selber in die Stadt ziehen wollen.

Drei Stunden lang arbeitete Lofin auf dem Feld. Er hatte ein Stück Busch für eine neue Reispflanzung gerodet. Gemeinsam mit Freunden hatte er die Baumriesen gefällt und die Wurzelstrünke ausgegraben. Jetzt hackte er die Erde auf. Die Asche der verbrannten Wurzelstrünke würden sie düngen.

Die Sonne stieg. Der Schweiß rann Lofin über Nacken und Rücken. Dieses neue Feld würde Kindern und Enkeln Nahrung bringen. Zur Reisernte wollte er sechs Trommler einladen. Zum Dröhnen der Trommeln arbeitet der Mensch heiter und freudig. Es war weise von den Ahnen, Trommler zur Arbeit zu bestellen. Lofin ehrte die Ahnen, indem er ihre Weisheit seinen Söhnen weitergab.

Der Buschwald war dunstiggrün, als er ins Dorf zurückging. In den Termitenbauten am Rand des Pfades raschelte und knackte es. Lofin machte einen Umweg. Er trat vor die Gräber seiner Ahnen, Hügel von roter Erde zwischen dem Unterholz. Lofin löste die kleine Kalebasse von seinem Gürtel und goß ein paar Tropfen Palmwein über den ersten Hügel. Er legte seine Hand auf die rote Erde.

„Seid gegrüßt", sagte er. „Ich habe euren Feldern ein neues hinzugefügt. Segnet es für eure Söhne und Enkel."

Er nahm drei Kolanüsse aus seiner Tasche, teilte sie mit dem Messer und wog die Hälften in der Hand.

„Euer Kind Baua, mein ältester Sohn, lernt in der Stadt. Wir haben lange Zeit nichts von ihm gehört. Wir sorgen uns um ihn."

Er warf die Nußhälften in die Höhe und beobachtete, wie sie auf den Grabhügel fielen. Drei lagen mit der glatten Seite nach oben, drei mit der runden Seite. Lofin seufzte.

Er warf sie noch einmal. Vier Nüsse lagen mit der glatten Seite nach oben, zwei mit der runden.

Lofin warf sie ein drittes Mal. Die Nüsse fielen und lagen mit der glatten Seite nach oben. Lofin bückte sich und sammelte die Nüsse auf.

Als er in die Hütte zurückkam, hatte seine Frau schon Wasser gewärmt. Sie trug es in einem hohen Krug zum Badehäuschen. Er ging hinter ihr her.

„Unserem Sohn in der Stadt geht es gut", sagte er.

Sein erstes Geld

Als Dee, Lofins Enkel, sein erstes Geld verdiente, war er sieben Jahre alt. An den schulfreien Nachmittagen sammelte er Brennholz im Wald, bündelte es und verschnürte die Bündel mit Stricken aus Pflanzenfasern. Er knotete die Bündel an einen langen Ast und schleppte und zerrte sie hinter sich her in die Stadt. Das erste Bündel verkaufte er vor der Schule an seinen Lehrer, die anderen an die Frauen der Minenarbeiter. Er steckte das Geld in einen Lederbeutel, der an seinem Hals hing. Dort bewahrte er seine Taufmedaille und ein kleines Knochenamulett auf, das ihn vor Krankheit bewahren sollte. Hier bei diesen heiligen Dingen war sein erstes selbstverdientes Geld gut aufgehoben. Während der Schulwoche schlief er in der Stadt bei einer Familie, der er nichts von seinem Schatz verriet. Am Ende der Schulwoche lief er die Dreistundenstrecke in sein heimatliches Dorf in zwei und einer halben Stunde. Als er über den Marktplatz rannte, sah er, daß der Händler unter dem Schattenbaum seine Waren ausgebreitet hatte. Dees Herz klopfte, und sein Atem kam in Stößen. Vor den Hütten seiner Familie spielten seine kleinen Brüder und Schwestern. Er winkte ihnen zu, dann trat er in die Hütte seines Großvaters. Er grüßte und wartete, daß Lofin ihn ansprach.

„Angst und Freude machen schnelle Beine", sagte Lofin freundlich.

„Freude!" sagte Dee und öffnete den Beutel an seinem Hals. „Schau, Großvater, mein erstes Geld."

Lofin schnalzte anerkennend.

„Geh mit mir zum Händler", bat Dee.

Lofin stand auf und begleitete seinen Enkel auf den Marktplatz. Es wurde schon Abend. Der Himmel hinter dem Wald im Westen färbte sich rot. Aus den Büschen am Dorfrand lachte der Kookaburravogel. Das schien Dee ein gutes Zeichen.

„Schnell!", sagte er zu Lofin.

Aber Lofin blieb stehen und legte Dee die Hand auf die Schulter.

„Warte", sagte er.

Der Händler unter dem Schattenbaum goß aus einer blauen Teekanne Wasser über seine Hände und Füße. Er rollte seinen Teppich aus und bereitete sich zum abendlichen Gebet.

„Aber er hat noch nicht angefangen zu beten", flüsterte Dee. „Wir könnten noch schnell – "

„Nein", sagte Lofin. „Denn bevor er zu seinem Gott spricht, sammelt er seine Gedanken auf ihn, und das ist so, als würde er schon beten. Wir müssen warten."

Dee umklammerte sein Geld, daß es warm wurde in seiner Faust. Aber er wartete still, bis der Mohammedaner seine Gebete vollendet hatte. Dann ging er mit dem Großvater zu ihm hin.

Der Händler begann, seine Waren zu loben.

Dee sah alles genau an.

Die schönen Messer blitzten im roten Abendlicht. Die Bleistifte lagen mit scharfen Spitzen da, wie die Speere der Krieger in alten Zeiten. Die Ledergürtel rollten sich wie Schlangen ein, und ihre Schnallen schimmerten.

Dee hatte noch kein eigenes Taschenmesser, keinen Gürtel und nur einen einzigen Bleistift für die Schule.

Aber er schüttelte den Kopf. Er zeigte sein Geld und sagte: „Erdnüsse, bitte, so viele ich dafür haben kann."

Der Händler füllte zwei braune Säckchen voll.

Dee drückte sie an seine Brust. Jetzt erst merkte er, wie müde er war. Langsam ging er hinter dem Großvater zu den Hütten seiner Familie. Die Frauen waren von der Farm ins Dorf zurückgekommen. Sie standen vor den Mörsern und stampften die Maniokknollen für das Abendessen. Dee begrüßte seine Mutter und die beiden jüngeren Mütter, die Großmutter, den Onkel und alle Kinder. Jeder formte seine Hände zu einer Schale, und Dee schüttete seine Erdnüsse hinein.

Sie lachten und bedankten sich und ließen sich erzählen, wie er das Geld für die Erdnüsse verdient hatte.

Sie sagten: „Dee ist noch klein, aber er fängt schon an, sich einen guten Namen zu machen."

Lofin sagte nichts. Er saß vor seiner Hütte, hatte die Pfeife neben sich auf die Erde gelegt und steckte eine Nuß in den Mund. Er kaute sie lange und andächtig.

Ein Lied für den Verlorenen Sohn

Dee ging zu seinem Großvater Lofin.

„Großvater, ich brauche ein Lied."

„Mach dir eins", sagte Lofin.

„Die Worte mach' ich selber, die Worte schon", sagte Dee. „Aber ich hätte gern eine starke alte Musik dazu, zum Singen und Trommeln."

Lofin schaute seinen Enkel an.

„Wofür brauchst du das Lied?"

„Für die Schule", sagte Dee. „Wir haben eine Geschichte gehört, die Geschichte vom Verlorenen Sohn. Es ist eine Geschichte, die Jesus erzählt hat. Wir haben ein Theaterstück daraus gemacht. Wir wollen es aufführen. Aber wir brauchen noch ein Lied dazu. – Soll ich dir die Geschichte erzählen?"

Lofin nickte.

Dee erzählte: „Da war einmal ein Vater mit vielen Söhnen, die haben miteinander ihre Felder bebaut. Aber dem jüngsten Sohn war die Arbeit auf der Farm zu langweilig. – Hier im Busch halte ich's nicht mehr aus, hat er zum Vater gesagt. Ich gehe in die Stadt, dort verdiene ich viel Geld und werde ein großer Mann. – Der Vater war traurig, aber der Sohn hat sich den Plan nicht ausreden lassen. Gib mir für den Anfang ein bißchen Geld, hat er zum Vater gesagt. Damit ich anständig aussehe, wenn ich in die Stadt komme."

„Ja", sagte Lofin. „Ich weiß, was der Sohn gesagt hat: Du kannst mich doch nicht so arm in die Stadt ziehen lassen. Das wäre eine Schande für die ganze

Familie. Ich brauche Schuhe und ein Hemd, und ich muß mir auch etwas zu essen kaufen."

„Kennst du die Geschichte?" fragte Dee.

„Nein", sagte Lofin. „Aber das sagen die Söhne, wenn sie fortziehen."

Dee erzählte weiter: „Der Vater hat einen Teil der Reisernte verkauft und dem Sohn das Geld gegeben. Der Sohn ist in die Stadt gezogen. Die Stadt hat ihm sehr gut gefallen, die Kinos und die Geschäfte und die Mädchen in den schönen Kleidern. Er hat gleich viele Freunde gefunden, die hat er zum Essen eingeladen, und sie waren sehr nett zu ihm. Sie haben ihm beigebracht, wie man Karten spielt, und er hat gespielt und gespielt und sein ganzes Geld verspielt. Da ist er gegangen und hat Arbeit gesucht. Er hat aber keine bekommen."

„War er bei den Minen?" fragte Lofin.

„Ja", sagte Dee. „Und auf der Gummiplantage von Firestone. Aber niemand hat ihm Arbeit gegeben."

Lofin wiegte den Kopf.

„Was hat er da gemacht?"

„Gebettelt hat er", sagte Dee. „Und versucht, Essen zu stehlen, aber dabei hat ihn die Polizei erwischt und verprügelt."

„So eine Schande für die ganze Familie!" rief Lofin.

„Daheim haben sie nichts davon gewußt", sagte Dee. „Sie haben geglaubt, er ist schon ein großer Mann."

„Und weiter?" fragte Lofin.

„Der Sohn hat an zu Hause gedacht. Dem ärmsten Mann, den mein Vater für die Reisernte anstellt und der gar nicht zu unserer Familie gehört, geht es besser als mir! Ich will heimgehen. Ich will meinem Vater sagen: Ich habe Schande über euch alle gebracht. Du mußt nicht tun, als wäre ich dein Sohn. Ich verdiene das nicht. Aber stell mich als Arbeiter für die Reisernte an und gib mir am Abend eine Schale voll Hirsebrei."

„In Wirklichkeit gehen die Verlorenen Söhne nicht nach Hause zurück", sagte Lofin. „Sie schämen sich zu sehr."

„Er hat sich geschämt, aber er ist zurückgekehrt", sagte Dee. „Der Vater hat ihn kommen sehen. Der Sohn war müde vom weiten Weg und schmutzig und schwach vor Hunger. Der Vater ist ihm entgegengelaufen. Mein liebes Kind! hat er zu ihm gesagt. – Nein, hat der Sohn gesagt, ich kann nicht mehr dein Kind sein, nach allem was war. Aber du bist auch zu fremden Menschen gut und gibst ihnen Arbeit und Essen auf deiner Farm. Sei zu mir wie zu einem fremden Armen. – Doch der Vater hat den Sohn umarmt und ist mit ihm zu seinen Hütten gegangen. Er hat die Frauen gerufen: Schnell, macht ihm Badewasser warm! Legt ein schönes Kleid bereit! Kocht einen großen Topf voll Reis! Ich will eine Kuh schlachten, es soll ein großes Fest werden, denn mein Sohn ist nicht verlorengegangen, er ist wieder bei uns! – Da sind die Brüder von der Arbeit auf dem Feld gekommen und haben den jüngsten Bruder gesehen und gesagt: Was, der Nichtsnutz ist wieder da, und ein Kuhfest wird für ihn gefeiert? Da tun wir aber nicht mit bei diesem Fest! – Und sie sind draußen vor dem Dorf gesessen und waren sehr böse. Der Vater ist zu ihnen hinausgegangen und hat sie gebeten: Kommt doch zum Fest! Es ist ein großes Glück für die Familie, daß dieser Sohn wieder da ist. Er war tot für uns, aber jetzt ist er wieder lebendig. Seid freundlich zu ihm und macht ihm das Heimkommen nicht schwer. – Da sind die Brüder nach Hause gegangen und haben zu dem Jüngsten gesagt: Na, da bist du ja wieder! Gehst du morgen aufs Feld mit uns? – Ja, hat der Verlorene Sohn gesagt, wenn ihr mich mitnehmt. Da haben sie die Trommeln geholt und zu singen und tanzen begonnen. Und siehst du, Großvater, dafür brauchen wir ein Lied!"

Lofin saß da, er starrte zu den Mangobäumen hinüber, aber er sah keine Bäume. Er sah weit, weit in die Stadt hinüber, die hinter dem Buschwald lag.

„Dieses Spiel werdet ihr aufführen?" fragte er endlich.

„Ja", sagte Dee. „In der Schule, vor vielen Leuten."

„Das ist gut", sagte Lofin. „Vielleicht sind auch Verlorene Söhne unter den Zuschauern. Sie sollen Mut bekommen."

Lofin trommelte mit den Fingerspitzen auf seinen Knien.

„Ich kenne ein altes Lied", sagte er. „Aus alten Zeiten. Damals haben die Helden unseres Volkes eigene Mutsänger gehabt. Der Mutsänger hat den Helden auf Schritt und Tritt begleitet und ihm Mut zugesungen. So ein Lied ist gut für den Verlorenen Sohn. Denn er braucht Mut, wenn er zurückkommt, und seine Brüder und sein Vater brauchen Mut, daß sie ihn aufnehmen und nicht auf das Reden und Spotten der Dorfleute hören."

Lofin holte die kleine Trommel aus seiner Hütte.

„Komm, Dee, setz dich zu mir! Du sollst das Mutlied lernen!"

Renate Welsh

100   Keine Schule für Sara

Stichworte:	Namibia, Rassentrennung, Schwarze – Mischlinge – Weiße, Schule, Farmarbeiter
Zum Text/ Problemfeldbeschreibung:	Was Rassentrennung und -diskriminierung bedeutet, das schildert diese Geschichte am Beispiel Saras, ihrer Eltern und Geschwister, die in ihrer Hütte auf einer Farm leben und dort unter einem „Herren" arbeiten. Die Weißen sind die Herren: das bekommt auch Sara zu spüren, die in der Stadt in einer katholischen Schule einen Platz gefunden hat. Widergespiegelt ist hier die Situation der Afrikaner vor der Unabhängigkeit Namibias: Jetzt ist die Zeit gekommen, „wo keiner mehr schwarze Kinder wegholen darf".
Vorlesezeit:	12 Minuten
Vorlesealter:	ab 10 Jahren

Das Mittagessen ist zu Ende. Es hat Milipapp gegeben, wie jeden Tag. Sara und Elisabeth wischen die Tische ab. Alle Kinder setzen sich an ihre Hausaufgaben. Schwester Franziska geht von einem zum andern, lobt, tadelt, hilft, wo es nötig ist. Sara greift über den Tisch und nimmt Elisabeths Rechenbuch. Die beiden Freundinnen sind gleich alt, gehen in die gleiche Klasse – aber in verschiedene Schulen. Elisabeth ist ein Mischling und geht in eine Mischlingsschule. Sara ist eine Nama und geht in eine Namaschule.
„Komm bitte her und sieh dir das an!" ruft Sara. „In Elisabeths Schule lernen sie andere Sachen als bei uns. Schwerere als wir. Die glauben wohl, wir sind zu dumm dafür, weil wir schwarz sind? Aber ich bin nicht zu dumm! Elisa hat mir ein paar Aufgaben erklärt, und ich habe sie gleich verstanden. Stimmt's?"
Elisabeth nickt.
Schwester Franziska nickt auch.
„Warum machen sie das mit uns?" fragt Sara. „Und glaubst du, daß die Kinder in der weißen Schule noch mehr lernen als in Elisas Schule?"
„Ja", sagt Schwester Franziska. „In der weißen Schule lernen sie am meisten."
„Das ist ungerecht", sagt Elisabeth.
„Das ist eine Gemeinheit", sagt Sara. „Sie tun so, als ob wir zu dumm wären, dasselbe zu lernen wie sie. Sie lassen uns weniger lernen, damit wir dumm bleiben. Sie haben sicher Angst, daß wir so klug werden könnten wie sie."
Schwester Franziska legt ihre schwarze Hand auf Saras schwarzes Kraushaar.
„Eines Tages", sagt sie, „werden wir das ändern. Wenn wir Farbigen endlich in diesem Land zu bestimmen haben, dann werden alle Kinder in dieselben Schulen gehen."
„Wann wird das sein?" fragt Sara.
„Bald!" sagt Schwester Franziska.

Die Sonne steht schon tief über der fernen Hügelkette. Trotzdem ist es noch immer heiß. Die rote Erde glüht kupfern. Im Farmhaus drüben, wo der Baas, der Herr, wohnt, läuft atemlos eine Frau auf die Hütten der Schwarzen zu. Das Baby im Tragtuch auf ihrem Rücken wird hin und her gerüttelt und geschüttelt. Ein kleines schwarzes Mädchen läuft der Frau entgegen.
„Mama! Gut, daß du kommst, Mama!"
„Was ist passsiert?"
Die Kleine berichtet aufgeregt, daß Sam sich einen Dorn eingetreten hat. Der zweijährige Samuel sitzt unter dem Schattendach vor der Hütte und weint. Die Mutter zieht ihm den Dorn heraus, saugt die Wunde aus, wickelt einen Fetzen um den Fuß und tröstet ihn. Erst dann bindet sie das Tragtuch mit dem Baby ab. Mirjam möchte mit dem Baby spielen, aber die Mutter schickt sie aufs Weideland hinaus. Die zwei Ziegen müssen losgepflockt und zur Tränke geführt werden.
Mirjam geht, ohne zu murren. Sie ist verständig für ihre vier Jahre und hilft der Mutter, so gut sie kann. Mit dem Palmblattwedel fegt sie die Hütte sauber, kümmert sich um Sam, wäscht ihn, füttert ihn und versucht, ihm beizubringen, wie man aus Hirsebrei zwischen den Fingern runde Kugeln formt und sie in den Mund steckt. Mirjam kann das schon lange, aber der Bruder hat keine Geduld. Er ist lebhaft und neugierig und den ganzen Tag unterwegs auf seinen flinken braunen Beinen. Dauernd stellt er irgend etwas an, reißt die Töpfe und Schüsseln herunter, zerrt die Wäsche von der Leine oder verschwindet im Grasland zwischen den Binsen. Mirjam hat es schwer mit ihm.
Aber wer hat es denn nicht schwer hier in den Hütten, die dem Baas gehören – so wie ihm alles hier gehört? Nicht nur das Wellblechdach über dem Kopf und der Boden unter den Füßen und die Weide, auf der die Ziegen grasen: alles Land gehört ihm, Meilen und Meilen, und die Arbeitskraft der schwarzen Farmarbeiter gehört ihm auch.
Der kleine Sam ist stolz auf seinen Verband. Er hält den Fuß in die Luft und rutscht im Sitzen zu dem Baby hin, das auf seiner Matte liegt. Er streichelt es und kitzelt es, er rollt es behutsam hin und her, bis das Baby vor Freude gurgelt. Die Mutter muß an die weißen Kinder im Farmhaus denken, die immer streiten und einander ärgern und kratzen und beißen. Die Größeren schlagen oft auf die Kleinen ein. Niemals könnte die weiße Herrin ihre Kinder allein lassen, wie sie es mit Mirjam und Samuel tun muß. Tagsüber ist sie drüben im Farmhaus als Küchenhilfe beschäftigt, acht Stunden Arbeit, so steht es im Vertrag. Zwischendurch stiehlt sie sich manchmal davon, um zu Hause nach dem Rechten zu sehen. Trotz aller Verständigkeit ist Mirjam eben doch noch zu jung, um von morgens bis abends auf den kleinen Bruder aufzupassen. Die Nachbarn helfen aus, wenn sie können, aber denen geht es ja genauso wie ihr. Die Mutter seufzt, dann schaut sie zu Sam und dem Baby hin und lächelt. Sam krabbelt mit den Fingern über den Babybauch bis unters Kinn und wieder zurück. Das Baby jauchzt.

Nächstes Jahr, denkt die Mutter, ist Mirjam fünf, ein großes Mädchen. Und Samuel ist drei und auch schon vernünftiger. Beide zusammen können dann auf das Baby aufpassen, und ich werde vielleicht drüben beim Baas eine bessere Arbeit bekommen, bügeln vielleicht, das wird etwas besser bezahlt als die Küchenarbeit. Und später, in noch einmal zwei Jahren, wird Mirjam in die Schule gehen.

Jemand schlingt die Arme um ihren Hals. Mirjam ist zurück. Sie sagt, daß die trächtige Ziege schon bald ihr Junges bekommen wird, so dick ist sie schon. „Hast du den Papa gesehen?" fragt die Mutter. „Lauf ihm entgegen! Er freut sich, wenn du beim Schattenbaum auf ihn wartest."

Der Hirsebrei ist fertiggekocht, als Vater und Tochter in der Hütte anlangen. Die Mutter sieht sie kommen. Sie gehen langsam Hand in Hand, Mirjam zieht seinen Hirtenstab hinter sich her. Die Mutter sieht, wie müde der Vater ist. Seine Schultern hängen nach vorn, sein Gesicht ist zerfurcht. Die Mutter denkt: Heute ist etwas anders als gestern. Sein Schritt ist anders, seine Schultern hängen anders. Ist einem der Rinder etwas zugestoßen? Hat er Ärger mit dem Aufseher gehabt? Oder gar mit dem Baas? Es dauert lange, bis sie alle gegessen haben, bis die Kinder zum Schlafen gebracht sind, bis die Nachbarn, die zum Plaudern herübergekommen waren, gegangen sind.

Die Eltern sitzen vor der Hütte. Am Himmel hängt ein schmaler Mond zwischen Millionen Sternen.

„Der Baas hat mich rufen lassen", beginnt der Vater. „Es ist wegen dir."

Die Mutter nickt. Sie ahnt, was jetzt kommt.

„Weil du so oft von der Arbeit wegläufst. Die Herrin hat sich beim Baas beklagt."

Die Mutter nickt wieder. Die Herrin beklagt sich oft. Man kann es ihr schwer recht machen. Sie sagt, daß alle Neger faul sind, verlogen und diebisch. Jeden Tag zählt sie in der Speisekammer die Konservendosen, die Flaschen und Pakete, kontrolliert, wieviel Eier verbraucht sind, fragt, wer sich da wieder heimlich ein Brot genommen hat.

„Hast du ihm nicht gesagt, warum ich weglaufe?" fragt die Mutter. „Daß ich nach den Kindern sehen muß und dann doppelt so schnell arbeite, damit ich die Zeit einbringe?"

„Ich habe es ihm gesagt. Aber der Baas sagt: Du bringst die Zeit nicht ein. Der Baas sagt: Im Kontrakt steht, daß du acht Stunden im Haus zu sein hast, aber du bist oft nur sechs Stunden da. Der Baas sagt: Wenn wir uns nicht an den Kontrakt halten, dann hält er sich auch nicht daran. Dann müssen wir gehen."

„Das hat er gesagt?"

„Ja. Das hat er gesagt."

„Was ist das für ein Mensch! Ein schlechter Mensch . . ." Die Mutter schlägt die Hände vors Gesicht und weint.

„Nicht schlechter als andere. Sogar besser. Du weißt, daß auf anderen Farmen geprügelt wird und mit dem Sjambok gepeitscht. Das tut unser Baas nie. Er hat auch nichts von verjagen gesagt. Nur, daß wir unsere Hütte verlassen müssen und daß es noch andere Hirten gibt, die mit seinen Rindern umgehen können, und andere Frauen, die in der Küche arbeiten und nicht zwischendurch nach Hause laufen."

„Der gute Baas!" sagt die Mutter mit Bitterkeit. „Er verjagt uns nicht. Er befiehlt nur, daß wir die Hütte verlassen. Und wohin wir dann gehen sollen, das weiß er nicht, das ist ihm auch egal, und wenn wir verrecken, das ist ihm auch egal, dafür kann er nichts, es ist nicht seine Schuld, o nein, nur unsere eigene . . ."

Der Vater sitzt vornüber gebeugt. Er hat die Unterarme auf die Schenkel gelegt. Seine Hände baumeln zwischen den Knien.

„Und du?" fragt die Mutter. „Du hast nichts gesagt? Hast nicht versucht, ihn umzustimmen?"

„Doch. Ich habe ihm gesagt, daß unsere Tochter Mirjam und unser Sohn Samuel bald groß genug sind, um allein zu bleiben. Aber daß unser Samuel eben ein sehr munteres Kind ist und sich ein Erwachsener wenigstens hin und wieder um ihn kümmern muß. Ich habe ihm gesagt, daß er doch selbst ein Vater ist und weiß, wie munter Kinder sind – aber das war ein Fehler. Das hätte ich nicht tun sollen, seine Kinder und unsere Kinder vergleichen . . ."

Die Mutter lacht bitter. „Seine haben die richtige Hautfarbe und unsere die falsche!"

„Er hat nur gesagt, daß ihm Samuels Munterkeit bekannt ist. Seine Frau hat ihm erzählt, was er in der Küche angestellt hat."

Vor einigen Wochen war Mirjam krank gewesen, und weil Mutter nicht wußte, wohin mit Sam, hatte sie ihn in ihrer Not mitgenommen und mit Mama Baibi, der Köchin, ausgemacht, daß sie ihn ein paar Tage unbemerkt herumkrabbeln lassen würden, bis Mirjam wieder gesund war. Mama Baibi hatte selbst ein halbes Dutzend Kinder großgezogen. Sam bekam von ihr Obst und Kuchen und war begeistert. Noch begeisternder aber fand er es, sich seine Genüsse selbst zu beschaffen. In einem unbewachten Augenblick lief er in die Speisekammer und richtete dort Unheil an. Eine Schüssel mit ausgelösten Erbsen zerklirrte am Boden, eine Flasche mit Himbeersaft folgte. Die Erbsen rollten nach allen Seiten, hellgrün im dunkelroten Himbeersaft-See. Genau in diesem Augenblick kam die Herrin in die Küche. Mama Baibi schob Sam kurzerhand in die Besenkammer und sagte, das Unglück mit den Erbsen und der Flasche sei ihr selbst passsiert, aber die Herrin glaubte ihr nicht. Sie holte den weinenden Samuel aus der Besenkammer und fuhr die Mutter an, es sei doch, weiß Gott, genug damit, wenn sie das Baby ständig bei der Küchenarbeit herumschleppe. Ob denn hier ein schwarzer Kindergarten eröffnet werden solle. Sie verbot Sam und allen schwarzen Kindern das Farmhaus. Sie zog der Mutter die Schüssel und den Himbeersaft vom Lohn ab. Und sie berichtete dem Baas ausführlich von dem Vorfall.

„Seit damals will sie mich loswerden", sagt die Mutter. „Wenn Mama Baibi mich nicht beschützte . . ."

Der Vater legt den Arm um ihre Schultern.

Eine Weile sitzen sie stumm. Die Mutter spürt, daß er noch nicht zu Ende ist mit dem, was er ihr sagen muß. Sie versucht, ihm zu helfen.

„Der Baas hat uns also gedroht. Wenn ich mich nicht bessere, dann müssen wir fort. Und das war sein letztes Wort?"

„Nein. ,Du hast doch eine größere Tochter', hat er gesagt. ,Ihr habt sie in die Schule geschickt. Hol sie heim. Sie soll auf die jüngeren Kinder aufpassen.'"

„Sara?" sagt die Mutter. „Sara bleibt in der Schule! Sie lernt gut. Pater Benedikt und Schwester Franziska sagen beide, daß sie ein gescheites Mädchen ist. Man kann sie von dort nicht wegnehmen."

„Doch. Man kann — sagt der Baas. Es gibt kein Gesetz, daß Sara in die Schule gehen muß. Auch wenn sie einen Freiplatz im Heim hat. Das Gesetz gilt nur für Weiße. Wenn ich hinfahre, muß der Pater sie mir geben."

„Du redest, als würde Pater Benedikt sie mit Gewalt dort halten! Als wären wir nicht glücklich gewesen, du und ich und Sara, daß sie dort sein und lernen darf!"

Der Vater nickt. Ja, sie waren froh gewesen. Aber der Baas hatte gesagt: Sara ist nur ein Mädchen. Mit vierzehn oder fünfzehn heiratet sie und verläßt dein Haus und folgt ihrem Mann und bekommt Kinder und kümmert sich nur noch um ihre eigene Familie.

„Der Baas hat gesagt . . ."

„Der Baas! Der Baas!" Die Mutter schüttelt den Arm des Vaters ab. „Als er damals hörte, daß Sara in die Schule kommt, war er gleich dagegen. Die Weißen wollen nicht, daß wir Schwarzen etwas lernen."

„Wir werden Samuel hinschicken, wenn es soweit ist", sagt der Vater. „Ich werde den Pater bitten, daß er ihm Saras Platz aufhebt. Söhne bleiben in der Familie und sorgen für ihre alten Eltern."

Auch das hatte der Baas gesagt.

Der Vater steht auf. Es ist Zeit, schlafen zu gehen. Der Tag eines Hirten beginnt früh.

„Nächste Woche hole ich sie heim. Es ist wichtig, daß wir unsere Arbeit behalten, unsere Hütte, unser Leben hier. Viel wichtiger, als daß Sara ein studiertes Mädchen wird, in die Stadt geht und uns einmal im Jahr besuchen kommt. Du weißt ja — wer in die Schule geht, will in die Stadt und will nicht mehr zurück aufs Land."

„Sara ist eine gute Tochter", murmelt die Mutter. „Sie wird uns Geld schicken."

„Vielleicht. Vielleicht auch nicht. Es bleibt dabei: Ich hole sie."

Er geht in die Hütte.

Die Mutter folgt ihm.

Sie denkt: Was ist nur aus ihm geworden? Als wir heirateten, hat er davon gesprochen, daß die neue Zeit anbricht. Daß wir Schwarzen unser schwarzes

Land selbst besitzen und selbst bebauen werden. Und daß die Weißen zurückkehren müssen in ihr weißes Land, wo sie hergekommen sind. Wie stolz und
mutig hat er damals gesprochen! Wir werden kämpfen, hat er gesagt. Wir
werden unsere Kinder in die Schule schicken, hat er gesagt. Wer lesen und
schreiben und rechnen kann, der ist besser gerüstet für den Kampf. Wir werden
wie Menschen leben, hat er gesagt. Wir werden uns nicht mehr ducken vor
dem Baas, hat er gesagt. Und jetzt − jetzt ist er ein gebrochener Mann.
„Früher hast du anders geredet", sagt sie.
„Ja, früher!"

Sara weint, als sie hört, daß sie aus dem Heim und aus der Schule fort muß.
Daß sie nicht weiterlernen darf und Lehrerin werden, wie sie es sich gewünscht
hat.
Sie hat ihre Familie lieb. Sie umarmt den Vater, als er sie im Zimmer von
Pater Benedikt begrüßt, sie fragt, wie es der Mutter geht und Mirjam und
Samuel und dem Baby. Dabei laufen ihr die Tränen über die Wangen.
„Hier hast du deine Hefte", sagt Schwester Franziska. „Nimm sie mit. Vergiß
nicht, was du gelernt hast. Vielleicht kannst du später wieder zu uns kommen.
Wir halten deinen Platz frei, Sara."
Pater Benedikt legt ein Buch zu den Heften.
„Das schenke ich dir, Sara. Es wird dir gefallen. Abends, wenn du mit der
Arbeit fertig bist, lies darin . . ."
„Abends ist es dunkel", sagt Sara. „Wir haben kein Licht in der Hütte." Pater
Benedikt nimmt ein Paket Kerzen aus dem Schrank. „Nimm sie, Sara. Und
wenn sie zu Ende sind, schreib uns oder komm selbst und hole dir neue."
Schwester Franziska macht ein Paket aus Saras Sachen: die Kleider, die Hefte,
die Kerzen.
Sie küßt Sara und winkt ihr lange nach, als sie mit dem Vater davongeht.
Dann wendet sie sich an Pater Benedikt:
„Brot stehlen ist verboten. Wer Brot stiehlt, wird bestraft. Aber uns stehlen
diese weißen Herren die Kinder!"
Pater Benedikt sagt nach einer langen Pause: „Die Zeit kommt, wo keiner
mehr schwarze Kinder wegholen darf."
„Und wann?" fragt Schwester Franziska.
„Bald", sagt Pater Benedikt.

Renate Welsh

101   Unterwegs — wohin?

Stichworte:	Schwarzafrika, Begegnung schwarz/weiß, Jesus Christus, Jesusbild, Fremdheit, weltweite Christengemeinschaft
Zum Text/ Problemfeldbeschreibung:	Ein Weißer verläuft sich bei einem Ausflug in den Busch. Er stößt schließlich auf ein kleines Dorf. Die anfängliche Spannung legt sich: Eine Afrikanerin zeigt ein Jesusbild, das als Erkennungszeichen der weltweiten Christenheit dient.
Vorlesezeit:	3 Minuten
Vorlesealter:	ab 7 Jahren

Hui, diese Hitze! Und meine armen Füße! Immer schwerer werden sie.

Vor ein paar Stunden hat mich mein schwarzer Freund ermahnt: „Geh ja nicht allein in den Busch hinaus!"

Ich bin trotzdem gegangen! Einen Weg gibt es schon lange nicht mehr. Überall sieht die Landschaft gleich aus. Hohes Gras, Elefantengras heißt es hier, Gebüsch und Bäume mit riesig breiten Baumkronen.

Kein einziger Mensch ist mir bis jetzt begegnet. Hin und wieder fliegt ein Vogel auf, ein paar Affen äugen neugierig zwischen Zweigen hervor. Ich glaube, sie staunen über die komische Gestalt, die da durch die Gegend stolpert.

Da — steigt da nicht Rauch auf? Gibt es ein Dorf in der Nähe? Es raschelt! Ich bleibe stehen, horche! Vielleicht eine Schlange, oder kommt gar ein Löwe — oder sind es Elefanten?

Zwei Kinder sind es. Erschreckt schauen sie mich an und rennen dann weg, so schnell sie können.

Sie rennen heim, erzählen vom Fremdling, den sie gesehen haben. Ein Fremder, unterwegs zu ihrem Dorf! Noch nie hat sich ein Weißer hierher verirrt!

Jetzt habe auch ich das Dorf erreicht. Sämtliche Bewohner sind auf den Dorfplatz gekommen. Gespannt starren mich die vielen Augen an: Was will dieser Weiße? Ist er wohl wirklich allein oder kommen noch andere?

Mir wird es unheimlich zumute! Begreifen diese Menschen wohl, daß ich nichts Ungutes im Schilde führe? Daß ich einfach gegen den Rat meines Freundes aus lauter Neugier losmarschiert bin?

Komisch — wir stehen uns gegenüber, starren uns an, reden kein Wort. Natürlich, wir können einander ja gar nicht verstehen. Meine Sprache verstehen sie nicht, und ihre Sprache ist für meine Ohren etwas ganz Neues. Wir sind uns ganz nahe, und trotzdem stehen unsichtbare Riesenberge zwischen uns. Hilflos schauen wir einander an.

Plötzlich läuft eine Frau weg, eilt zu ihrer Hütte. Und schon ist sie wieder zurück, kommt auf mich zu und streckt mir ein kleines Bildchen entgegen, ein Bildchen, wie ich es früher im Kindergottesdienst bekommen habe: der Heiland im langen, blauen Gewand, die Hand zum Segen ausgestreckt.

Die Frau schaut mich an, nickt mir zu und deutet auf die anderen Dorfbewohner. Ah, endlich begreife ich. Sie will zeigen: ich, wir, gehören zu diesem Jesus, wir alle hier sind Christen! Und du? schaut sie mich fragend an. Ich nicke. Ja, ich bin auch Christ, ich gehöre auch zu diesem Heiland.

Wie herrlich, wir können zwar nicht miteinander reden, aber wir verstehen uns trotzdem. Als Christen. Ob hier in Afrika oder in Europa oder sonst irgendwo auf der Welt.

Hanni Rueff

Brief von der Jesusgemeinde am Oberlauf des Okulu   102

Stichworte:	Schwarzafrika, Mission, Partnerschaft, Verhältnis Europa/Afrika, Gemeindeleben, gegenseitige Verantwortung, Missionsauftrag
Zum Text/ Problemfeldbeschreibung:	Betrübt äußert sich die Gemeindeversammlung am Oberlauf des Okulu in einem Brief an eine deutsche Gemeinde über deren Situation in den Kirchen und teilt den Beschluß mit, ein afrikanisches Missionarsehepaar nach Deutschland zu schicken, damit die deutsche Gemeinde „wieder von der befreienden Liebe Gottes" angesteckt wird.
Vorlesezeit:	ca. 4 Minuten
Vorlesealter:	ab 12 Jahren

Liebe Brüder und Schwestern!

Zuerst wollen wir Euch im Namen unseres gemeinsamen Herrn herzlich grüßen, und wir hoffen, daß es Euch allen gutgeht, was wir von unseren Gemeinden auch sagen können. Wie nach einer langen Trockenzeit der erste Regen überall das Grün hervorbrechen läßt, so erleben wir hier den Aufbruch in den Gemeinden. Wir sind täglich dem Herrn der Kirche neu dankbar, daß er uns aus seiner Fülle leben läßt.

Wir haben den Herrn der Kirche in der Vergangenheit auch um Arbeiter in seinem Weinberg gebeten, und er hat sie uns geschenkt.

Und deshalb schreiben wir Euch heute.

Unser treues Gemeindeglied Aga Bota hat vor kurzem bei einer Geschäftsreise in Eurer Gemeinde den Gottesdienst besucht. Er hat uns von Euch erzählt, daß Ihr so traurig wart und daß Ihr unseren Bruder Aga Bota in Eurem Gottesdienst gar nicht begrüßt, nicht mit ihm geredet und ihn nach dem Gottesdienst zu Euch eingeladen habt, wie es in unserer Gemeinde üblich ist. Er hat uns erzählt, wie nur eine Handvoll Leute in Eurer Kirche saßen, wie einsam Euer Gemeindehirte war und er überhaupt keine Zeit hatte. Unser Bruder erzählte von den vielen Dingen, die Ihr in Euren Kirchen und Gemeinden und Christenwohnungen habt, aber daß sie Euch nicht erfreuen und Ihr traurige

Gesichter habt. Wir waren durch seine Erzählungen auch ganz traurig und in Unruhe versetzt worden.

Darum sind wir vor den Herrn aller Kirchen getreten und haben mit ihm über Eure Probleme gesprochen. Wir haben ihn um Arbeiter in seinem Weinberg in Eurer Gemeinde gebeten und daß Ihr wieder von der befreienden Freude der Kinder Gottes angesteckt werdet. Wir leben in unserer Gemeinde wie in einem bequemen, sicheren, warmen Nest. Wir haben aber vergessen, daß es noch viele Leute gibt, die draußen stehen, allein. Ohne Freude. Viele erfrieren.

Wir wollen unseren Auftrag ernst nehmen, den wir von unserem Herrn bei seinem Abschied bekommen haben, in alle Welt zu gehen.

Wir sind bereit, eine Familie aus unserem bequemen, warmen, sicheren Nest zu entsenden, die Familie Aruun.

Wir wissen, daß uns unsere Geschwister in unserem Nest fehlen werden. Wir werden aber andere aus unserer Mitte berufen, die Kraft von oben zu bekommen, um die Dienste in unserer Gemeinde weiterzuführen.

Unseren Geschwistern Aruun versprechen wir, aus der Ferne in unserem gemeinsamen Herrn verbunden zu sein. Wir werden ihrer nicht nur in unserer täglichen Fürbitte gedenken, sondern ihnen auch regelmäßig schreiben, und unsere Geschäftsreisenden und unsere bei Euch Studierenden werden sie besuchen, um ihnen nahe zu sein.

Wir dachten nun, daß wir die Familie Aruun zunächst für fünf Jahre zu Euch schicken. Bruder Aruun ist ein erwachsener Mann von 39 Jahren. Er hat unter anderem zehn Jahre in der Zentrale der afrikanischen Firma Sico gearbeitet, hat dann in unserem kirchlichen Ausbildungszentrum die Kurse 1—7 absolviert und ist seit fünf Jahren in unserer Gemeinde von ihr bezahlter und hochgeschätzter Mitarbeiter.

Er hat eine Frau (früher Lehrerin) und drei Kinder im Alter von drei bis sechs Jahren. Bruder Aruun wird erst einen Deutschkursus besuchen und dann sicher nach kurzer Einarbeitungszeit in Eurer Gemeinde mitarbeiten können.

Wir hoffen, daß Ihr uns bald schreibt, damit die Familie Aruun den Umzug rasch vorbereiten kann.

Seid herzlich gegrüßt in der Verbundenheit des gemeinsamen Herrn.

Im Auftrag der Jesusgemeinde am Oberlauf des Okulu,

gez. Abalon

Leiter der Gemeindeversammlung

Florian Sorkale

Hilfe für den Zauberer Makanzu 103

Stichworte:	Schwarzafrika, Zauberer, Krankenpfleger, Heilung, Jesus als Heiler, Medizinmann, krank/gesund, Heilkunst (afrik.), Schule
Zum Text/ Problemfeld- beschreibung:	Der Zauberer Makanzu wird bei der Jagd verwundet. Sein Leben kann nur durch das Eingreifen des christlichen Krankenpflegers und seiner Medizin gerettet werden. Für den Krankenpfleger gibt es keine Zauberei; doch können sich europäische und afrikanische Heilkunst ergänzen.
Vorlesezeit:	9 Minuten
Vorlesealter:	ab 12 Jahren

Als das letzte Mal die große Krankheit kam, die Grippeepidemie, war Loso Halbwaise geworden. Ihre Mutter war an der Krankheit gestorben. Sogar ihr Vater hatte das nicht verhindern können, dabei war er doch der große Zauberer Makanzu. Er lebte allein in einer großen Hütte, wo er alle seine Zaubergegenstände aufbewahrte, dazu die alten Masken, mit denen aber schon lange nicht mehr getanzt wurde. Der Vater hatte Loso befohlen, in der Hütte von Tante Mazanga zu schlafen. Die Tante war schon alt, und immer häufiger plagte sie das Rheuma, so daß sie tagelang ihre Matte nicht verlassen konnte. Auch die Kräutersalbe ihres Bruders, des großen Zauberers, half nichts mehr gegen die Schmerzen, und so redete Tante Mazanga immer häufiger vom Sterben, so daß Loso gar nicht gerne in ihrer Hütte wohnte, ihr nur widerwillig das Essen kochte und langsam Angst vor ihr bekam.

Loso war erst zehn Jahre alt, aber sie mußte alle Arbeiten verrichten. Dazu kam noch, daß ihr Vater selten ein gutes Wort für sie fand, nicht einmal wenn sie ihm half, seine Tinkturen zu richten.

In letzter Zeit holte er sie immer wieder, wenn er Kranke, die kamen, behandelte.

Doch der große Zauberer Makanzu hatte nicht mehr so viel zu tun wie früher, als noch kein Krankenpfleger im Ort praktizierte. Jetzt gingen die Kranken in die Ambulanz und ließen sich dort Spritzen geben und Tabletten. Loso hat diese Pillen gesehen, sie waren bunt und hatten auch verschiedene Größen. Sie heilten Schmerzen, das hörte sie immer wieder von den Leuten.

Von weitem lauschte Loso auch den Gottesdiensten, hörte wie gesungen wurde, lauschte der Trommel. Wie gerne wäre sie auch dorthin gegangen, wo sie die Kirche gebaut hatten, aber ihr Vater erlaubte es nicht. Keiner wollte etwas zu tun haben mit ihr. Kaufte sie Maniokwurzeln, gab man ihr alles anstandslos, ohne groß zu verhandeln über den Preis. Man fürchtete ihren Vater, den Zauberer.

Loso litt unter dem Makel, der ihr anhaftete, und doch war sie ein fröhliches Kind, das gerne lachte und sang und so gerne Freundinnen gehabt hätte. Manchmal kamen Leute in der Nacht, um Geschäfte mit Makanzu zu machen. Loso wußte davon, daß ihr Vater großes Unheil über Menschen bringen konnte.

Loso legte die Maniokwurzeln zum Trocknen aus. Sie beobachtete dabei, wie Mädchen und Buben auf dem Weg zur Schule gingen.

Ihr Vater saß vor der Hütte und reinigte sein Gewehr. Die große Jagd würde noch an diesem Tag beginnen.

Loso wußte um die ganzen Vorbereitungen, die getroffen wurden. Der Leopard war gesichtet worden, vielleicht würde man ihn dieses Mal erlegen.

„Vater, könnte ich nicht doch zur Schule gehen?" Allen Mut hatte Loso zusammengenommen und noch einmal gefragt.

Der alte Mann stand zornig auf. „Nein", donnerte er wütend und fuchtelte mit seinem Gewehr durch die Luft. „Du bist meine Tochter und bleibst hier in meiner Hütte."

Mit diesen Worten ließ er Loso stehen und ging mit schnellen Schritten in den Wald.

Die Jäger hatten die Savanne angezündet, und über dem Dorf lag der Rauch der großen Feuer. Auch ein Stück vom Wald brannte und Loso hörte die Flammen knistern und in der Nacht leuchtete es glutrot.

Tage vergingen. Die Männer kehrten ins Dorf zurück ohne große Beute gemacht zu haben. Loso wartete auf ihren Vater. Mehrmals waren schon Leute da gewesen, die ihn sprechen wollten, aber wieder gehen mußten, da er nicht kam.

„Vielleicht ist er in die Stadt oder er folgt einer Spur. Wollte er nicht den Leopard jagen?" sagte Tante Mazanga und ließ sich erneut von Loso das Bein mit der grünen Paste einreiben und verbinden.

Loso schlief in dieser Nacht nicht. Sie überlegte schon, was sie unternehmen sollte, um nach ihrem Vater zu suchen, doch da hörte sie gegen Mitternacht Schritte. Sofort stand sie auf, lief hinaus und sah im hellen Mondlicht ihren Vater, wie er sich mühsam auf sein Gewehr gestützt zu seiner Hütte schleppte. Loso folgte ihm.

„Vater, was ist geschehen?" Sie sah den Verband am Arm, entdeckte das Blut überall.

„Hole Wasser", keuchte er, „mache nicht so viel Lärm, ich will kein Aufsehen." Loso holte den Kanister und schleppte ihn in die Hütte und gab ihrem Vater zuerst einmal zu trinken.

Im Schein der Kerze sah sie die schreckliche Wunde am Arm. Der Muskel war bis auf den Knochen aufgerissen.

Daß ihr Vater diese unheimlichen Schmerzen aushalten konnte und dabei nicht ohnmächtig wurde, wunderte Loso. Zitternd kam sie allen seinen Befehlen nach, holte das, was er an Kräutern wollte.

„Der Leopard hat mich angesprungen. Er wollte mich töten. Meine Kugel hat ihn verfehlt. Früher wäre mir das nie passiert, meine Augen sind nicht mehr die besten."

Loso mußte den Arm fest umwickeln und mit Bast festschnüren, dann legte sich ihr Vater zum Schlafen nieder.

Loso verließ die Hütte nicht. Dieses Mal blieb sie bei ihrem Vater, obwohl er wieder befohlen hatte, zu Tante Mazanga zu gehen, denn diese brauche dringender Hilfe als er, da sie Schmerzen nicht ertragen könne und sich vor dem Alleinsein fürchte.

Den ganzen Tag über lag Dunst über dem Tal, und der Wind blies Asche bis zu den Hütten. Makanzu lag ganz still bis zum Abend. Erst da wurde er unruhig. Das Fieber machte ihm zu schaffen. Er begann zu toben, und Loso hatte Mühe, ihn in der Hütte zu halten.

Sie kauerte in der Ecke und überlegte, was sie tun sollte. Weiter warten würde die Sache noch mehr verschlimmern, das ahnte Loso. Schon jetzt hatten seine Kräfte zusehends abgenommen.

Loso stand auf, nahm all ihren Mut zusammen, lief durch das Dorf und klopfte an der Hütte des Krankenpflegers. Sie mußte nicht lange warten, bis er kam.

„Mein Vater braucht deine Hilfe. Er liegt in seiner Hütte. Er wurde von dem Leopard verwundet."

Tuka, der Krankenpfleger, sah Loso wortlos an. Er zögerte, denn er wußte, was für ein gefährlicher Mann der alte Makanzu war und was für Macht er ausstrahlte.

„Bitte komme mit. Er wird sterben, wenn du ihm nicht hilfst. Er ist mein Vater und ein Mensch wie all die andern auch."

Tuka kannte Loso. Er hatte schon manches Mal ihre Verbände gesehen, die sie bei Patienten angelegt hatte, die zuerst ihren Vater aufgesucht hatten und dann zu ihm gekommen waren.

Loso mußte sehr geschickt sein, obwohl sie noch so jung war. „Gut, ich werde mit dir gehen", entschied Tuka seufzend. Er holte seine Tasche und begleitete Loso zur Hütte am Dorfrand.

Der Alte erkannte den Krankenpfleger nicht. Das Fieber hatte ihn schon an den Rand des Wahnsinns gebracht. Tuka sah, daß es hier auch nur noch mit Gottes Hilfe eine Rettung geben konnte.

Im Schein der Taschenlampe, die Loso hielt, nahm er den verkrusteten Verband ab, säuberte die schreckliche Wunde und legte einen neuen Verband an. Dann gab er Makanzu eine Spritze und ließ Loso noch mehrere Medikamente da.

„Du mußt ihm alle zwei Stunden davon geben, vielleicht übersteht er das Wundfieber. Es liegt allein in Gottes Hand."

Tuka wusch sich sehr gründlich die Hände in der Schüssel und packte danach alles wieder in seine Tasche.

„Ich werde morgen abend wieder kommen und nach deinem Vater sehen. Laß ihn jetzt nicht allein."

Tuka eilte hinaus in die Nacht, und Loso wachte bei ihrem Vater, tupfte ihm den Schweiß von der Stirn, reichte ihm zu Trinken, wenn er danach verlangte. Mehrmals rief Tante Mazanga nach ihr, aber Loso wagte sich nicht vom Lager ihres Vaters weg. Manchmal war er für einen Moment bei Bewußtsein, dann aber war sein Geist wieder von tiefer Ohnmacht umgeben.

Würde Tuka kommen, obwohl er damit rechnen mußte, daß Makanzu, wenn er bei Bewußtsein war, ihn verwünschen und verfluchen würde? Großer Mut gehörte dazu und ein großes Vertrauen in diesen Gott, dem Tuka angehörte, der ihn auch beschützte vor der Zauberkraft ihres Vaters.

Mit Spannung wartete Loso, und Tuka kam nach Sonnenuntergang, so wie er es gesagt hatte.

Loso kam ihm entgegen.

„Wie geht es deinem Vater?"

Sie lächelte erleichtert. „Du hast ihm wirklich geholfen. Es geht ihm besser. Er wird nicht sterben, das sehe ich."

Große Dankbarkeit klang in ihren Worten mit.

Tuka ging in die Hütte. Seine Augen mußten sich erst an das Halbdunkel gewöhnen. Außer dem Feuer gab es kein Licht.

„Was willst du hier?" Makanzu hatte den Pfleger erkannt.

„Hat deine Tochter dir nichts erzählt?" fragte Tuka. Sie hat dich vor dem Tod bewahrt. Du wärest gestorben, wenn sie weiter gewartet hätte. Ich gebe dir jetzt noch eine Spritze, dann wirst du bald wieder gesund sein."

Wortlos ließ der Alte zu, daß Tuka ihm die Spritze gab und noch einmal die Wunde versorgte.

Als der Pfleger zur Tür ging, rief er ihn zurück. „Ich danke dir. Dein Wissen hat das Meine besiegt. Du bist der Stärkere."

Tuka schüttelte den Kopf.

„Nein Makanzu, so ist es nicht. Dein Wissen und mein Wissen können sich ergänzen. Du weißt sehr viel über Kräuter und pflanzliche Substanzen. Vieles, was ich nicht weiß. Nur − ich arbeite nicht mit Zauberei, die brauche ich bei meiner Arbeit nicht."

„Du gehörst zur Kirche, ich weiß. Dieser Jesus, zu dem ihr alle betet, hat auch geheilt. Er hat Lahme zum Gehen gebracht, und Blinde wurden sehend."

„Du weißt gut Bescheid, Makanzu."

„Ich habe schon manche Geschichte von euch gehört."

Er zeigte plötzlich auf die schweigend dasitzende Loso.

„Nimm meine Tochter mit. Sie kann von heute an die Schule besuchen. Ich werde mich nicht mehr dagegen stellen. Sie soll später das lernen, was du kannst."

Loso wollte ihren Vater umarmen, er aber wehrte ab.

„Geh mit Tuka, ich werde allein gesund. Ich werde dich bald in der Schule besuchen, denn ich will wissen, was man dich lehrt."

Traudel Witter

„O du fröhliche, o du selige . . .“ 104

Stichworte:	Marokko, Kinderarbeit, Teppich-Fabrik, Weihnachten, arm/reich
Zum Text/ Problemfeldbeschreibung:	Erzählt wird auf zwei Ebenen: Kinder in den Teppich-Fabriken Marokkos erhalten einen Hungerlohn für ihre schwere Arbeit. Der echte „Berber“ unter dem Weihnachtsbaum in der Bundesrepublik kostet das Zwanzigfache dessen, was in Marokko eine Meisterin, die die Kinder beaufsichtigt, verdient.
Vorlesezeit:	7 Minuten
Vorlesealter:	ab 10 Jahren

Es war ruhig geworden in der kleinen Halle, in der die Mädchen hockten. Nach zehn Stunden Arbeit hatte man sich nichts mehr zu erzählen. Nur gelegentlich unterbrach eine laute Stimme die Stille, wenn eine Meisterin ein Mädchen anfuhr, nicht einzuschlafen, und sie antrieb, schneller zu knüpfen. Aischa hörte nicht mehr hin. Sie spürte nur noch ihren Rücken und den Schmerz in den kleinen Fingern. Aischa war erst neun Jahre alt, wie die meisten der anderen Mädchen auch, aber ihre Hände und Finger sahen aus wie die einer alten Frau. Am Morgen waren die Finger noch flink und kräftig, doch am Abend gehorchten sie nicht mehr, griffen den falschen Faden, waren kraftlos und konnten die Knoten nicht mehr richtig zurren. Aischas Fingerkuppen waren wundgescheuert und schmerzten. Gelegentlich steckte sie ihre Finger in den Mund, um sie zu kühlen.
Jeden Tag ging das so, zwölf Stunden lang. Wenn die Meisterin nur nicht so treiben würde. Aber sie wurde ja selber von Abu Batuta angefahren, wenn er am Abend nicht zufrieden war und meinte, daß sie zu wenig Meter geknüpft hätten. Zudem zahlte er die Meisterinnen schlecht, so daß sie auch nur wenig an die Mädchen weitergeben konnte. Zwanzig Dirham bekam sie für ein Stück von einem mal einem Meter. Und was sie davon den Mädchen am Abend auszahlte, reichte oft nicht einmal für ein Stück Brot. Aischa spürte in ihrem Magen ein Gefühl der Leere. Schon seit Stunden hatte sie großen Hunger, aber sie würde erst wieder etwas zu essen bekommen, wenn sie zu Hause sein würde.

Durch den Spalt der angelehnten Tür fiel der Schein der Kerzen. Sabine und Karsten stürzten herein.
„Hey! Nicht so eilig!“ lachte der Vater. „Wollen wir nicht erst einmal ein Weihnachtslied singen?“
Doch sein Vorschlag ging in dem „Ahh“ und „Ohh“ unter. Auch seine Frau hatte es sofort gesehen: da lag er mitten im Zimmer, flauschig, weich und weiß, ein echter Berberteppich. Lange starrte sie ungläubig zu Boden und die Röte stieg ihr ins Gesicht.
„Aber Liebling“, brachte sie nur hervor und fiel ihrem Mann um den Hals.

Dann kniete sie sich zu Boden und nahm eine Kante des Teppichs prüfend zwischen die Finger:

„Der ist sehr sorgfältig geknüpft. Das ist eine ausgezeichnete Qualität!"

„Eben", strahlte ihr Mann. „Extra für dich."

„Aber der muß doch unwahrscheinlich teuer gewesen sein?" sah die Mutter fragend zu ihrem Mann hoch.

„Ganz billig war er nicht gerade", antwortete er, „aber es war ein günstiges Angebot. Da mußte man einfach zugreifen. Und du hattest dir doch schon immer einen echten Berber gewünscht."

Seine Frau nickte und schaute dabei noch immer ungläubig zu Boden.

„So, jetzt laßt uns erst einmal ein paar Lieder singen", schlug der Vater vor, „und dann schauen wir nach, was in den Päckchen unter dem Baum ist."

Die Mutter stimmte „Stille Nacht, heilige Nacht" an, und Sabine, Karsten und der Vater fielen mit ein. Während sie sangen, blickten alle in den glänzenden Schein der Kerzen, die sich in den silbernen Kugeln widerspiegelten.

Es war schon längst dunkel geworden, und das Licht der Glühbirnen, die nackt von der Decke hingen, erleuchtete nur notdürftig den Raum. Aischas Augen brannten und konnten kaum noch die Knoten erkennen. Von Zeit zu Zeit fielen ihr die Lider zu, aber dann gab sie sich jedesmal wieder einen Ruck und versuchte, sie weit aufzureißen.

„Schlaf nicht ein!" hörte sie hinter sich die Stimme der Meisterin.

„Ihr kommt nicht eher nach Hause, bis das Soll erfüllt ist. Abu Batuta wird sonst Ärger machen. Und dann zahlt er noch weniger. Und ich muß euch dann auch weniger geben." Aischa bekam einen Schrecken. Ihre Eltern brauchten das Geld doch. Wie würden sie schimpfen, wenn sie mit weniger Geld nach Hause käme.

„O du fröhliche, o du selige, gnadenbringende Weihnachtszeit!"

Das letzte Lied hatten sie schon ganz schnell gesungen, und Karsten hatte dabei überlegt, ob in dem großen Päckchen wohl das ersehnte Flugzeugmodell sein könnte. Und was war wohl in all den anderen Paketen? Dann ging es ans Auspacken. Karsten sah den Aufdruck bereits durch das Papier schimmern. Zu oft hatte er sich das Modell schon im Schaufenster angesehen, als daß er nicht das Bild auf dem Karton genau gekannt hätte. Und Sabine packte eine richtige Puppenstubeneinrichtung aus. Da war der Kühlschrank und der Herd. Zwar war keine Waschmaschine dabei, aber dafür eine kleine Kaffeemaschine. Der Mutter fiel ein, daß sie das Kaffeewasser aufsetzen und den Kakao heißmachen wollte. Während Sabine und Karsten ihre Geschenke bestaunten und ausprobierten und Vater in seinem neuen Buch herumblätterte, hantierte Mutter in der Küche. Dann trug sie auf einem Tablett die gefüllten Tassen herein, und der Duft von Kakao und Kaffee vermischte sich mit dem des Tannengrüns, des Kerzenwachs und der Süßigkeiten.

Die Mutter sah zufrieden auf ihre Kinder und stellte ihnen die Kakaotassen hin. „Paß doch auf!" konnte sie gerade noch hervorstoßen. Doch dann war es auch schon passiert. Karsten war mit dem rechten Flügel seines Flugzeuges an die Tassen gestoßen. Sie kippten um, und der Kakao sickerte in den weichen Teppich ein. Mutter lief gleich in die Küche, kam mit einem Schwamm und einem Schüsselchen Wasser zurück und versuchte, den braunen Fleck herauszureiben.

Aischa mußte sich mehr und mehr anstrengen, ihre Augen offenzuhalten. Immer häufiger bekam sie einen Faden nicht zu fasssen. Ihre Finger waren kraftlos, aufgerissen und wund. Die Kuppe des rechten Zeigefingers schmerzte besonders. Und plötzlich war es geschehen! Ein Blutstropfen quoll auf die weißen Wollfäden und wurde von ihnen sofort gierig aufgesogen. Ein kleiner roter Fleck, aber unübersehbar. Was würde die Meisterin sagen? Und was erst Abu Batuta? Würde er toben? Und würde die Meisterin ihr den Lohn kürzen? Oder sie gar vor die Tür setzen?
Aischa blickte sich scheu um. Die Meisterin stand am Ende des Ganges. Hastig steckte Aischa die Finger ihrer linken Hand in den Mund, befeuchtete sie und versuchte, den roten Fleck zu verreiben. Dann kam die Meisterin auf sie zu.

Hans-Martin Große-Oetringhaus

Eine koptische Familie im Gottesdienst 105

Stichworte:	Ägypten, koptische Kirche, Ikonostase, Priester, Priestergewand, Kreuz, Barett, Weihrauch, Kommunion, Chorraum, Liturgie, Palmsonntag, Passionszeit, fasten, Trauer, Gründonnerstag, Gesänge, Marienikone
Zum Text/ Problemfeldbeschreibung:	Die kleine Agapi besucht wie jeden Sonntag zusammen mit ihrer Familie den Gottesdienst der Koptischen Kirche. Ihr erster Gang führt zur Ikonostase. Heute ist Palmsonntag. Jetzt beginnt die Passionszeit mit Fasten und Gebeten.
Vorlesezeit:	4 Minuten
Vorlesealter:	ab 8 Jahren

Heute ist Sonntag. Die Kirchenglocken rufen die Bevölkerung zum Gottesdienst der ältesten afrikanischen Kirche, der Koptischen Kirche.
Die meisten Kirchgänger sind Fellachen, so auch Botros und seine Frau Maria mit ihren Kindern. Seit Botros denken kann, ist er jeden Sonntag in die Kirche gegangen. Er hat nie lesen und schreiben gelernt; dennoch kennt er alle Lieder auswendig. Seine Frömmigkeit hat ihren Grund nicht in etwas Geschriebenem, sondern gründet in Erfahrungen im Gottesdienst und Alltag. Diese werden von Generation zu Generation weitergegeben.

Als die Familie die Kirche betritt, ist sie fast bis auf den letzten Platz gefüllt. Botros geht zielstrebig nach vorn zum Altar. Dort kniet er ehrfurchtsvoll nieder. Marias erster Gang führt zur Ikonostase. Dort dürfen Mina und Agapi eine Kerze anzünden. Die kleine Agapi drängt ihre Mutter, sie auf den Arm zu nehmen. Jetzt kann sie die Jungfrau Maria mit dem Jesuskind besser küssen. Auch die anderen Gläubigen verneigen und bekreuzigen sich in einer bestimmten Reihenfolge vor den Ikonen. Agapi steht noch einige Zeit andächtig davor. Dann öffnet sie ihren Geldbeutel und steckt eine Münze in den Opferkasten. Die Mutter wird langsam ungeduldig: „Komm, Agapi, gleich beginnt der Gottesdienst."

Agapi hat es sich in einer Bank bequem gemacht. Sie muß sich erst einmal durch die Köpfe hindurch umsehen. Ihr Blick fällt auf den Priester mit seiner schlichten schwarzen Mönchskutte, darüber ein aus Leder geflochtenes koptisches Kreuz, das er um den Hals trägt. Das Haar bedeckt ein schwarzes Kopftuch. Darauf sitzt das runde Barett. Außer einer dicken Brille und einem langen Bart kann Agapi kein Gesicht erkennen.

Agapi weiß, daß jetzt die Passionswoche beginnt. Nichts soll vom leidenden Jesus ablenken, so hat es ihr die Mutter erzählt. Sie hat auch am Morgen mitbekommen, daß ihre Eltern fasten. Agapis Blicke schweifen umher. Alles ist anders als sonst. Die Menschen beten viel inbrünstiger, und Weinen begleitet das stille Beten. Ab Gründonnerstag bedecken schwarze Tücher und Bänder die Säulen als Zeichen der Trauer.

Beim Singen ist Agapi still. Ein wenig kann sie schon mitsummen. Sie liebt diese Gesänge, die eine lange Tradition haben. Doch bei den Lesungen wird sie immer unruhiger. Sie rutscht auf ihrer Bank hin und her und will Mina von ihren Beobachtungen erzählen.

Mina, ihr wenig älterer Bruder, stößt ihr in die Seite. „Du mußt ruhig sein. Wir sind hier im Hause Gottes. Der ganze Raum ist mit Engeln und Heiligen gefüllt."

Schlagartig wird sich Agapi dessen bewußt. Gespannt und mucksmäuschenstill wandern ihre Blicke nach oben. Vielleicht ist es ja möglich, einen Heiligen zu Gesicht zu bekommen. Sie sucht den Blickkontakt mit Maria. Hoffentlich hat sie die Mutter Gottes nicht allzu erzürnt.

Agapi sieht, wie ihre Eltern sehr in Gedanken versunken sind. Der Geruch von Weihrauch steigt ihr in die Nase. Vorn schwingt der Diakon das Räucherfaß. Jetzt werden die beiden Seitentüren der Chorwand geöffnet. Agapi weiß, was jetzt passiert: Durch die rechte Tür kommen die Männer, durch die linke die Frauen. Sie knien im Chorraum hinter einer Schranke und empfangen die Kommunion. Ein Lied und der Schlußsegen beenden den Gottesdienst.

Nächste Woche wird Agapi zusammen mit ihren Eltern wieder zum Gottesdienst kommen. Dann feiern sie die Auferstehung Christi.

Ursula Kress (erzählt nach Maurice Assad)

Die Wüste lebt 106

Stichworte:	Ägypten, koptische Kirche, Liturgie, Kloster (als Zufluchtsort), Mönch, Kreuz, Christen/Muslime, Tradition, verfolgte Kirche, Glaubensbekenntnis (Athanasianum), frühes Christentum, Mission, Begegnung von Christen, Selbstbewußtsein der Kirche, Christen als Minderheit, Choral, Textlesung
Zum Text/ Problemfeldbeschreibung:	Eine Reisegruppe von Pfarrer/innen besucht das koptische Kloster St. Beshoy in Ägypten. Schließlich finden sie zwischen den zahlreichen einheimischen Besuchern den Mönch, der sie empfängt. Statt der erwarteten Klagen über das Leben von Christen in einem mehrheitlich muslimischen Land erfahren sie, wie selbstverständlich diese Kirche mit ihren Schwierigkeiten umzugehen versteht. Sie weiß sich in der unmittelbaren Tradition der ersten Christen, denen Jesus Verfolgungen und Leiden vorausgesagt hat. Das Selbstbewußtsein der „später missionierten" Besucher aus dem Norden wandelt sich in Bescheidenheit und ein tieferes Verständnis für diese Christen und ihre fast zweitausend Jahre alte Liturgie.
Vorlesezeit:	8 Minuten
Vorlesealter:	ab 14 Jahren

Unser Bus hatte Gize noch keine fünf Minuten verlassen, da waren wir schon in der Wüste. Auf beiden Seiten der großen Straße nach Alexandria standen ab und zu kleine Steinhäuser: Vorposten der Landwirtschaft, die von der Regierung den Auftrag hatte, dem unendlichen Sand Zitrusfrüchte abzugewinnen. Wir sahen keine Bauern. Es sah so aus, als hätten die Pioniere ihre Anwesen schon verlassen. Die Sandmassen hatten die kleinen Zäune aus Palmblättern überstiegen. Der Kampf gegen die Wüste ging verloren.

Die Reisegruppe im Bus war ziemlich gelangweilt. Alle waren noch erfüllt von den Erlebnissen der letzten Tage entlang dem großen Nil, Assuan, Edfu, Luxor, Tal der Könige und Kairo, dem Unermeßlichen. Es waren junge Pfarrerinnen und Pfarrer aus Deutschland. Wie konnten sie durch Ägypten reisen, ohne den christlichen Verwandten in Ägypten einen Besuch zu machen. In Kairo selbst hatten wir schon das koptische Museum besucht und zwei der alten Kirchen. Aber das war eine Begegnung mit längst Vergangenem. Ägypten war einmal ein christliches Land. Ganz am Anfang der Kirche. Ja, es war sogar einmal für einige Zeit das Zentrum der Christenheit. Damals, als die römischen Kaiser die Christen verfolgten, war es das Land der Bekenner. Hier starben für ihren Glauben mit vielen anderen die Frauen Sophia, für die später in Konstantinopel eine große Kirche gebaut wurde, und Katharina, die später auf dem Kloster am Sinai beigesetzt wurde. In diesem Land begann die Bewegung des christlichen Mönchtums mit seinem Vater Pachomius. Im ägyptischen Alexandria lebten die ersten großen Lehrer der Christenheit. Athanasius vor allem, der für die Kirche das wunderbare Glaubensbekenntnis formulierte:

Wir glauben an einen Gott Vater, den Allmächtigen,
den Schöpfer alles Sichtbaren und alles Unsichtbaren.
Und an den einen Herrn Jesus Christus, den Sohn Gottes,
geboren einzig aus dem Vater, aus dem Wesen des Vaters,
Gott aus Gott, Licht aus dem Licht,
wahrer Gott aus dem wahren Gott,
geboren, nicht geschaffen,
wesensgleich dem Vater,
durch welchen alles wurde,
das im Himmel und das auf Erden,
der für uns Menschen und für unser Heil herabgekommen ist,
Fleisch wurde und Mensch,
der litt und auferstand am dritten Tag,
aufstieg zum Himmel und wiederkommen wird
zu richten Lebende und Tote.
Was war aus dieser großen Zeit der Kirche in diesem Land noch übriggeblieben? Man hatte uns gesagt, in Ägypten lebten unter der islamischen Bevölkerung noch etwa 10 Prozent Christen. Auf einem Markt in Assuan bin ich einem begegnet. Er zeigte mir ein kleines Kreuz, das auf seinem rechten Arm eintätowiert war.
Nach etwa sechzig Kilometern Fahrt auf der Wüstenstraße nach Alexandria kamen wir nach Medinet el Sadat. Auf der Landkarte liest man auch Sadat-City. Aber der Name täuscht. Es ist ein armer, in der Wüste verlorener Flecken. Hier bogen wir von der großen Straße ab ins Natron-Tal. Nach wenigen Minuten hielt unser Bus vor dem Kloster St. Bishoy.
Das Kloster war wie eine Festung gebaut. Ein Zufluchtsort seit frühesten Zeiten. An diesem Tag war das Tor offen. Wir hatten erwartet, daß uns der koptische Mönch, mit dem wir verabredet waren, dort empfängt. Aber wir waren nicht die einzigen Besucher. Am Tor drängten viele Menschen hinein und heraus, Frauen, Männer und Kinder. Es waren keine Touristen, sondern ägyptische Familien aus Alexandria und Kairo, die an diesem arbeitsfreien Wochentag schon früh zum Kloster gekommen waren. Innen im Kloster war ein Gedränge wie bei einem Fest. Die Mönche gingen zwischen den Besuchern unter. Und doch wußte außer uns jeder, wohin er ging und was er tun wollte. Die Menschen bewegten sich wie in ihrem eigenen Haus und in ihrem eigenen Garten. Durch offene Türen sahen wir in Räume, in denen ganze Nachbarschaften beim Frühstück zusammensaßen. Im Hof wurde von einem Mönch Suppe gekocht. Kinder sahen uns dastehen und versuchten, uns etwas zu sagen, bis uns der zuständige Mönch fand und in einen Empfangsraum führte.
Wir wurden im Namen der Brüder des Klosters freundlich begrüßt. Bei einem Glas Pfefferminztee gab es eine Aussprache in Englisch. Vor allem wollten einige von uns wissen, wie die Lage der wenigen Christen in Ägypten sei. Wie Christen als Minderheit in einem islamischen Land leben. Die meisten von uns

warteten auf eine Klage. Aber unser Gastgeber war eher verwundert über unsere Fragen. Was ist daran Besonderes, daß Christen in der Minderheit sind? Sind sie nicht genauso gute ägyptische Staatsbürger wie die Muslime? Leistet nicht jeder Mönch, bevor er ins Kloster geht, auch seinen Militärdienst? Und was ist daran Besonderes, daß die Christen immer wieder Schwierigkeiten ausgesetzt sind? Ist das nicht vom Anfang der Kirche an so gewesen? Verfolgungen, Zurücksetzungen, Vertreibungen? Ja, immer wieder. Aber hat das Jesus nicht selbst seinen Jüngern vorausgesagt? Wir verstanden schnell, daß wir in diesem Empfangsraum einen Nachhilfeunterricht in Kirchenkunde erhalten hatten. Unser Nachhilfelehrer war nicht ungeduldig. Er wußte, daß wir von dem weit im Norden liegenden Land kamen, das seine Mönchbrüder erst spät zum Christentum gebracht hatten, und vielleicht wußte er auch, daß das Christentum bei uns nicht durch die Prüfung der Verfolgung gegangen war. Wir sangen einen deutschen Choral zum Dank an unseren Lehrer. Wir merkten, daß er noch anderes zu tun hatte an diesem Tag. Draußen warteten seine Mitchristen aus Alexandria und aus Kairo.

Mitten im Kloster stand die Kirche. Der Gottesdienst hatte schon lange angefangen. Aber die Tür war offen. Man konnte jederzeit hineingehen. Der Raum war nicht allzu groß. In einigen Nischen beteten einzelne Frauen. In der Mitte stand die Gemeinde, Männer vor allem, die mit ihrem Gesang auf die biblischen Textlesungen der Priester antworteten. Der Gottesdienst der koptischen Christen wurde in arabischer Sprache gehalten. Wir verstanden die Worte nicht. Der Gesang der Gemeinde aber klang genau so, wie Menschen singen müssen, um einander gegenseitig Mut zu machen. Es wurde mir plötzlich klar, durch welche Zeiten diese Liturgie hindurchgegangen war. Das war der Gesang, den viele Jahrhunderte vorher schon die Menschen gesungen hatten, die in diesem Kloster Zuflucht vor den Überfällen der Raubheere gesucht hatten, und vielleicht waren es die Gesänge, die schon gesungen wurden, als Diokletian die ägyptischen Christen verfolgte.

Draußen im Klosterhof war der Platz der Kinder. Wer sich niedersetzte, war schnell von mehreren umringt. Sie waren neugierig auf so merkwürdige Christen wie wir, sagten ihre Namen und fragten nach den unseren. Mütter waren dabei und halfen in Englisch dolmetschen. Eines der Kinder schrieb seinen Namen in mein Skizzenbuch und setzte dazu ganz selbstverständlich das kleine Kreuz, das ich Tage vorher auf dem Arm des Mannes in Assuan schon gesehen hatte. Dann wurde ich geprüft. Ich mußte das Vaterunser in meiner Sprache sagen. Die kleinen Zuhörer und ihre Mütter waren erleichtert, daß ich es konnte. Eines der Kinder bat mich, es aufzuschreiben. Ich trennte ein Blatt aus meinem Buch und schrieb zum erstenmal in meinem Leben das Gebet der Christen, so schön ich konnte, und zeichnete am Ende das kleine Kreuz dazu, durch das sich Christen in Ägypten zu erkennen geben.

Robert Schuster

Südamerika/
Mittelamerika

107 Die eigene Sprache wiederfinden...

Stichworte:	Kolumbien, Indianer, Reich Gottes, miteinander teilen, Mission, Sprache, Identität, Kulturen, Katechese, indianische Kultur, Vertreibung, Evangelium, Gastfreundschaft, Schöpfungsverantwortung, Evangelisation
Zum Text/ Problemfeldbeschreibung:	Ein Missionar beim Indianerstamm der Awá-Kwaiker berichtet über seine Arbeit. Vordringliches Ziel dabei ist, den Indianern ihre eigene Sprache und Identität wiederzugeben. Für die Katechese bedeutet das vor allem, in den Bräuchen und Gepflogenheiten Spuren des Evangeliums aufzufinden, so z. B. in der Praxis des Miteinander-Teilens des Ernteerlöses.
Vorlesezeit:	ca. 7 Minuten
Vorlesealter:	ab 14 Jahren

Liebe Freunde!

Mit diesem Brief grüße ich Euch herzlich aus meinem Einsatzgebiet bei den Awá-Kwaiker-Indianern am Westrand der Anden Kolumbiens. Wenn ich einmal von den Seilbrücken über die Flüsse absehe, komme ich in den bergigen Regenwäldern dieses Gebietes besser zurecht, als vorauszusehen war. Darüber bin ich natürlich sehr froh. Ihr könnt das Gebiet auf der Landkarte finden, wenn Ihr die Grenze zwischen Ecuador und Kolumbien vom Meer her einen Fingerbreit landeinwärts geht. Das Gebiet erstreckt sich vom Fuß der Anden bis auf etwa 2000 m. Altaquer, ein kleines Dorf, das uns als Ausgangsort dient, dürfte nicht eingezeichnet sein. Es liegt ziemlich genau in der Mitte der Straße von Pasto nach Tumaco. An diesem Bergrand regnet es sich vom Meer her beständig ab. Im flachen Vorland ist das Klima wie in einem botanischen Treibhaus, und in unserer Bergzone wie ein verregneter deutscher Sommer mit Dauertemperaturen um 22°. Dieses Gebiet läßt sich wegen seiner sumpfigen, ausgelaugten Böden, vor allem aber wegen der bergigen Regenwälder schwer bewirtschaften. Die Kwaiker-Indianer, die hier verstreut und versprengt im Urwald leben, ernähren sich überwiegend von Kochbananen. Sie lebten nicht ursprünglich hier, sondern sind – obwohl Nachfahren des großen Chibcha-Geschlechts – durch Vertreibungen verschiedensten Ursprungs hier gelandet. Selbst in diesem Jahrhundert lassen sich noch die Vertreibungen feststellen. Hier zeigt sich schon eine unserer Aufgaben als Missionare: nämlich an der Entstehung bzw. Wiederentstehung des indianischen Volkes Kwaiker (in ihrer Sprache: Awá) beizutragen. Wer ein wenig die Bibel kennt, insbesondere das Alte Testament, weiß, wie zentral dort der Volks- und Gemeinschaftsgedanke ist und daß dort „Land" mehr bedeutet als Kauf, Besitz und Tauschobjekt. Auch für die Indianer ist ihr Land der Ort ihrer persönlichen Identität. So ist es z. B. möglich, einem Indianer den Verkauf seines Landes anzuschwatzen, sofern er nur mit seiner Familie auf dem Land wohnen bleiben kann. Er ist dann seinem Patron völlig ausgeliefert und arbeitet wie ein Sklave. Der Wechsel der Besitzpapiere ist für ihn ein abstrakter Prozeß. Aufgrund der schlechten Erfahrungen bahnt sich jedoch ein neues Bewußtsein an.

Wir wollen die Indianer dabei begleiten, daß sie nicht Objekte der vorherrschenden Kultur bzw. Zivilisation sind, aber auch nicht bloß die Außenwelt kopieren, sondern ihren eigenen Weg der Begegnung mit der vorherrschenden Kultur finden.

In dem Gebiet, in dem die Überfälle passierten, haben sich die Indianer in den letzten 18 Jahren schon so an die Welt der Weißen bzw. der Mestizen angepaßt, daß sie ihre eigene Sprache nicht mehr an ihre Kinder weitergaben.

Hierzu eine Anekdote: Bei meiner ersten Zusammenkunft mit ihnen sprach ich auch einige Worte Deutsch und trug ihnen ein Lied in meiner Sprache vor, um mich auf diese Weise vorzustellen. Hinterher erfuhr ich, daß viele ganz beeindruckt davon waren, daß man sich einer anderen Sprache nicht zu schämen brauche. Und die Kinder in dieser Zone drängen jetzt die Eltern, auch sie ihre eigene Sprache wieder zu lehren.

Mein Compañero in der Indianerarbeit ist Pablo Alfonso, ein kolumbianischer Priester. Wir sind ungefähr gleich alt. Er arbeitet schon einige Jahre in diesem Gebiet und versteht sehr gut die Sprache des Volkes, sowohl der Weißen im Dorf wie der Indianer in den Bergen. Er hat einen sehr weit gespannten Horizont und eine sehr realistische Arbeitspraxis. Für mich ist er die beste Einführung, die ich mir denken kann.

Ganz bewußt wollen wir in unserer Arbeit die Weißen, nicht umgekehrt (gegenüber den „bevorzugten" Indianern), als Menschen zweiter Klasse behandeln. Wir arbeiten daraufhin, daß sich die beiden Kulturen besser wahrnehmen und begegnen. So nehmen wir z. B. auf unseren Wegen zu den Indianern junge Leute aus dem Dorf mit, damit sie persönlich erleben, wie die Indianer leben. Oft kommen sie ganz bestürzt zurück und schämen sich der schlechten Behandlung der Indianer durch die Weißen. Auf diese Weise begannen einige im Dorf mit einer Gemeinschaftsküche für die Indianer, wenn diese zu großen Festen ins Dorf kommen. Und einige tanzen jetzt auch mit ihnen.

In diesem Team habe ich als Theologe den Bereich der Katechese als Schwerpunkt übernommen. Das heißt nicht, daß ich unsere Glaubensinhalte möglichst geschickt und „indianergerecht" an den Mann bringen soll. Meine Aufgabe ist es, daß ich erst einmal die indianische Kultur erforsche und studiere. Leider ist durch die Vertreibungen schon sehr viel verlorengegangen. Außerdem versuchen wir zu erkunden, wo das Evangelium bereits in den Indianern lebendig ist. Leider fehlt in unserer Kirche eine „Theologie der nicht-christlichen Kulturen", die mir hierbei helfen könnte.

Die Großzügigkeit Gottes, „der die Erde, die Flüsse, die Nahrung an die Menschen verteilt", kennen sie — vorbewußt — besser als wir! Wenn ein Indianer z. B. ein Schwein verkauft, sieht das so aus: Er kauft für das halbe Schwein wieder ein kleines, die andere Hälfte ißt er mit seinem Brüderbund auf. Selbst bei einem dürftigen Ergebnis der seltenen Maisernten geht man als erstes in die anderen Häuser und gibt ihnen ihren Teil. So ist das gegenseitig. Das ist die Praxis, aus der „Reich Gottes" entsteht. Und unsere Aufgabe ist es, diese Realitäten und Erfahrungen des Evangeliums in die Sprache zu bringen. Immerhin verwandte Jesus das Teilen des Brotes als Zeichen der Gegenwart Gottes schlechthin.

Wenn ein Indianer ein Feld bestellt, helfen die anderen mit. Mir wohlgenährtem Deutschen tut es manchmal weh, wenn diese armen Leute sich in ihrer Gastfreundschaft nicht davon abhalten lassen, eines ihrer wenigen Hühner für uns Besucher zu schlachten.

Während sonst in Kolumbien und in der „zivilisierten Welt" das Prinzip gilt: „Geld bewegt alles, oder es geschieht nichts", bewegt sich hier vieles ohne Geld. Auch die Zeit scheint etwas zu sein, was die Indianer miteinander teilen. Als ich mich für länger an einem einzigen Ort aufhielt, fiel mir besonders auf, wie viel Zeit sie für Besuche und schweigendes „Zusammenhocken" verwenden. Aus diesem Zusammenhocken, glaube ich, wird in den nächsten Jahren das meiste für meine Arbeit hervorgehen.

Ihr werdet gut nachvollziehen können, wie sehr ich hier Lernender bin. Ich lerne sogar die Realitäten meines eigenen Glaubens. Und ich sollte mich nicht zu schnell darum bemühen, etwas in Worte zu bringen, wenn ich es selbst noch nicht tief genug erforscht habe.

Umgekehrt zählen für die Indianer auch die Erfahrungen, die sie mit uns machen: Sie registrieren sehr genau, daß wir schwere Wege auf uns nehmen, daß wir keinen materiellen Gewinn haben, daß wir sie mit „Sie" und nicht mit einer üblichen verächtlichen Form des „Du" ansprechen, daß sie ihre Sprache vor uns nicht verbergen müssen, daß wir uns für sie interessieren und uns an ihre Familienmitglieder erinnern − diese unsere Sprache verstehen sie, auch ohne daß wir sogleich die christlichen Worte dazusagen: Ihr seid Ebenbild Gottes!

Norbert Spiegler

Warum wir feiern

Stichworte:	Kolumbien, Gottesdienst, Priester, Eucharistie, feiern, Angst, Freude
Zum Text/ Problemfeldbeschreibung:	Eine kleine kolumbianische Gemeinde ist in der Kirche zu einem Gottesdienst zusammengekommen, den ein neuer Priester hält. Als er die Eucharistie feiern will, bittet er die Gemeinde, ihm zu sagen, was gefeiert werden soll. Die Gemeinde kann zunächst nicht antworten, da sie in ihre Ängste und Nöte verstrickt ist. Nach einer langen Schweigezeit beginnt der Priester die Kelche abzuräumen. Daraufhin besinnen sich immer mehr Kirchenbesucher in Dankbarkeit und Freude auf den wirklichen Grund der Eucharistiefeier.
Vorlesezeit:	4 Minuten
Vorlesealter:	ab 12 Jahre

Die Kirche ist voll. Von weit her kamen die Menschen, Mann und Frau, Kind und Kindeskind. Schon mehr als eine Stunde vor Beginn des Gottesdienstes kamen die ersten. Manche waren eine oder zwei Stunden unterwegs.

Der Gottesdienst, das ist der Ort, an dem man seine Lasten und Mühen abladen kann. Einmal in der Woche war hier eine Erholung möglich. Die Sorgen vergessen, sie Gott geben. Man würde sie hinterher wieder haben, die Sorgen, aber nach einem Gottesdienst schien es, als ließen sie sich leichter tragen.

Heute war ein neuer Priester da. Er sollte nun für die nächsten Jahre in dieser Gemeinde bleiben. Endlich! So lange hatte man sich selbst helfen müssen, und nur einmal im Monat war der Priester aus der Nachbargemeinde gekommen. Aber nun hatte man selbst wieder einen eigenen Priester. Gott sei gelobt und gedankt dafür! Viele Menschen waren gekommen, den neuen Priester zu treffen, zu sehen und zu hören, welch ein Mensch er wohl ist.

Der Gottesdienst war schön. Die Predigt gut. Es war eine richtige Feier. Und nun die Eucharistie. Es wurde noch feierlicher. Die Mütter nahmen die Kinder auf den Arm. Es sollte ruhig werden. Und es wurde ganz still im Raum.

Der Priester ging zum Altar, und dann geschah etwas, was noch nie geschehen war. Der Priester drehte sich um zur Gemeinde und sagte: „Ja, jetzt wollen wir die Eucharistie feiern. Aber wenn wir feiern, müssen wir auch wissen, warum wir feiern. Darum bitte ich euch, mir zu sagen, was ihr erlebt habt, das wir feiern sollen."

Es war mucksmäuschenstill in der Kirche. Was dachte sich der Priester wohl? Man hatte Sorgen, Ängste. Aber Grund zum Feiern? Und sollte man denn hier, vor all den anderen Leuten reden? Vom Hunger und von der Arbeitslosigkeit, da konnte man etwas sagen — aber doch nicht vor all den anderen. Die hatten doch die gleichen Nöte!

Nach einer unendlich langen Zeit des betretenen Schweigens sprach der Priester wieder: „Ja, wenn wir keinen Grund zum Feiern haben, dann wollen wir auch nicht so tun als ob."

Und er begann, die Kelche wegzunehmen vom Altar, seine Festrobe, die er nur bei der Eucharistie trug, abzulegen.

Da kam von ganz hinten aus der Kirche eine Stimme: „Wir, unsere ganze Familie, hat sich die ganze Woche sattessen können. Das will ich feiern." Der Priester sah erstaunt auf. Er zog seine Robe langsam wieder an.

Und dann noch eine Stimme aus der Kirche: „Ich hatte in diesem Monat genug Geld, das Schulgeld für meinen Sohn zu bezahlen." — „Ich hatte solche Angst, daß ich krank werden würde, aber nun sind die Bauchschmerzen wieder weg." — „Mein Mann hat in dieser Woche an jedem Tag Arbeit gehabt."

Immer mehr Leuten fiel ein, warum sie die Eucharistie feiern wollten. Der Priester hatte seine Festrobe wieder an, stellte die Kelche wieder auf den Altar, und dann feierte man die Eucharistie, die Gemeinschaft mit Gott.

Ja, Gott ist gut! Er gibt uns nicht nur Not und Angst, er gibt uns auch Freude und hilft uns. Diesmal war es anders als sonst. Nach dem Gottesdienst waren nicht sofort die Sorgen alle wieder da. Man dachte vielmehr an all die Gründe, warum die Eucharistie gefeiert worden war. Gott ist gut! Er läßt uns nicht allein.

Erzählt von dem kolumbianischen Priester Carlos Calderon, nacherzählt von Dorothea Friederici

109 Auf dem Weg nach Ayabaca

Stichworte:	Peru, Guerilla, Priester, Jesus, Gewalt, Todesdrohung, Gebet, Kirche, sündige/heilige Kirche, Tischgemeinschaft, Feindschaft, Freund/Feind, Elend, Ausbeutung, Armut, Ungerechtigkeit, Evangelium, Klassenkampf, Freundschaftsdienst, Seelsorge, Joh 13,1–20
Zum Text/ Problemfeldbeschreibung:	Padre Pablito will sich zum Alleinsein in seine Hütte in den Anden zurückziehen. Dort trifft er zu seiner Überraschung auf einen verletzten Guerillero des „Leuchtenden Pfades". Anfangs bedroht der ihn mit seiner Waffe, doch die Behandlung seiner Wunde und das glaubwürdige Verhalten des Priesters lassen beide miteinander ins Gespräch kommen.
Vorlesezeit:	ca. 15 Minuten
Vorlesealter:	ab 13 Jahren

Noch drei Kurven in der Höhe von 3800 m, dann hat er seine Rasthütte erreicht. Vor Jahren hat er sie gekauft, die einsame grasgedeckte Lehmhütte an der Felswand zwischen San Juan und Ayabaca. Sie erspart ihm auf seinen Seelsorgereisen den Umweg über den Marktflecken und bietet ihm Schutz für die Nacht. Inzwischen ist sie ihm sogar ein wenig zur Heimat geworden; denn in ihr findet er die Ruhe, die ihn meidet, wenn sich die Campesinos um ihn scharen und ihm mit hundert Fragen kommen, wenn ihr erbarmungsloses Elend ihn bedrückt und er sich angesichts der Ungerechtigkeit, Ausbeutung und Armut in allen Formen unsäglich klein und hilflos vorkommt und nicht weiß, wie unter den Indios des Andenhochlandes Gottes frohe Botschaft wahr werden soll. „Padre Pablito", tröstet er sich oft, „als Priester bist du doch Gottes Mitarbeiter, was willst du mehr!" Aber wenn der „Chef" nicht zu sprechen ist und die Berggemeinden dringend Hilfe von ihm erwarten? Hier in der Hütte schämt er sich jedesmal seiner Kleingläubigkeit. Hier erfährt er, daß er selbst ruhig sein und in das große Schweigen eintauchen muß, um den „Chef" zu hören.

Fröstelnd, trotz des dicken Pullovers, steigt er aus dem Jeep. Er freut sich auf die Nacht fernab der Menschen, die etwas von ihm wollen, auf die Nacht des tiefen Schweigens und Gebetes in der Bergeinsamkeit. Solche Nächte, die sich doch immerhin zwei-, dreimal im Jahr ergeben, schenken ihm neue Kraft.

Die Tür zur Hütte steht halboffen. Rosa wird hier gewesen sein, denkt er. Rosa, die Schäferin, sucht hier hin und wieder Schutz vor Gewittern. Die alte Frau spricht nicht viel. Selten begegnet er ihr in der grenzenlosen Weite der Bergeinsamkeit. „Du kannst ruhig meine Hütte benutzen", hatte er ihr gesagt. Sie aber hatte geantwortet: „Nur wenn das Feuer (Blitze) aus den Felsen schlägt. Sonst bin ich bei meinen Schafen."

Seltsam, so hatte Rosa die Hütte noch nie hinterlassen. Der klapprige Stuhl steht nicht mehr beim Holztisch. Das wenige Geschirr liegt schmutzig in der Lehmmulde. Das Feuer im Ofen scheint soeben erst erloschen zu sein. Und dabei hat es doch gar kein Gewitter gegeben. Der Priester wundert sich. Wer könnte sich denn hierher verlaufen haben?

Er stellt seinen Rucksack auf den Lehmboden, packt die Petroleumlampe und seine wenigen Lebensmittel aus, macht Feuer und wirft seinen schweren Schlafsack auf die alte Matratze in der Ecke. Nachdem er die Lampe angezündet hat, sieht er genau, daß gerade noch jemand in der Hütte gewesen sein muß. Auch das frische Quellwasser im Krug bestätigt es ihm. Er wäscht sich, trinkt etwas und setzt sich in die Nähe des Ofens. Dies ist die Stunde der Meditation, auf die er sich jedesmal freut.

Aber die Stille wird jäh unterbrochen. Obwohl er mit dem Rücken zur Tür sitzt, weiß er, daß es kein Gast ist, der die Tür zur Hütte aufstößt, sondern ein Eindringling. Ihm ist, als streife ihn der Atem des Todes. Nur zögernd dreht er sich um und — starrt in einen Gewehrlauf.

„Keine Bewegung! Ich schieße!"

Der Fremde mit dem Gewehr, das erkennt der Priester sofort, macht nicht nur Worte. Das ist ein Mann, der zu töten gewöhnt ist.

„An die Wand!" befiehlt der Fremde und durchsucht den Priester nach Waffen. Als er in dessen Tasche einen Rosenkranz findet, lacht er kurz auf.

„Ein Priester?"

„Ja. Mein Name ist Padre Pablito. Ich bin auf dem Weg nach Ayabaca."

Der Fremde humpelt zum Krug und nimmt einen großen Schluck. Erst jetzt sieht der Priester, daß Lumpen um den rechten Fuß gewickelt sind, blutige Fetzen Stoff. Verletzt? Plötzlich weiß der Padre, wer dieser Fremde ist. Er ist einer der Guerilleros, die in der Nähe von San Juan tätig geworden sind. Der Katechet hatte ihm davon erzählt. Zehn Männer seien es gewesen, die das Haus des Dorfvorstehers in die Luft gesprengt hätten. „Als das Militär eintraf, flohen sie in die Berge", hatte der Katechet gesagt.

„An was denkst du, Pfaff?"

„An den ‚Leuchtenden Pfad'. Du bist einer von ihnen. Du bist ein Guerillero. Wenn sie dich finden…"

„Jage ich ihnen eine Kugel durch den Kopf und dann mir. Lebendig kriegen die mich nicht. Auch dich werde ich töten. Du könntest mein Versteck verraten."

Der ungebetene Gast läßt seine Augen durch die Hütte schweifen. Den Schlafsack kann ich gut gebrauchen, sagt sein Blick, Lampe und Lebensmittel auch. Und wenn in einigen Tagen mein Fuß ausgeheilt ist, kann ich weiter.

Eigentlich müßte ich jetzt furchtbare Angst haben, denkt der Priester. Aber seltsam, er hat keine. Er wäre nicht der erste Priester, der in Peru umgebracht würde, und auch nicht der letzte. Sie würden ihn vielleicht irgendwo in einer Felsspalte finden und sich viele Gedanken darüber machen, wer ihn umgebracht hätte. Sie würden eine Messe für seine Seelenruhe lesen lassen, doch dann würde ihr hartes Leben weitergehen.

„Was denkst du jetzt wieder?"

„Ich denke an meinen Tod."

„Kein schöner Gedanke, he?"

„Ein notwendiger Gedanke."

Der Fremde verzieht sein Gesicht, doch nicht der Antwort wegen, sondern weil er Schmerzen hat.

„Ich könnte es gleich tun, aber ihr Priester versteht doch etwas von Wundbehandlung. Ich bin verletzt. Der Fuß. Die Kugel habe ich mir schon mit dem Messer herausgefummelt. Aber die Sache hat sich entzündet. Hast du Verbandszeug?"

„Ja. Und auch Desinfektionsmittel. Laß dir helfen, Freund!"

Hat er „Freund" gesagt? Pablito wundert sich darüber. Das Wort war ihm einfach so über die Lippen gekommen. Der andere scheint es gar nicht gehört zu haben. Die Behandlung des Fußes dauert lange. Bis nur das Wasser heiß genug ist, um die Wunde damit auszuwaschen! An die Fußwaschung muß er denken, als er vor dem Guerillero auf dem Lehmfußboden kniet. Diesen Fuß hier wäscht er allerding nicht nur symbolisch; der hat es bitter nötig.

„Laß mich auch deinen anderen Fuß waschen", bittet er, „es wird dir guttun." Der Guerillero läßt es geschehen. Als der Priester die Wunde mit Jod abtupft, begehrt er auf: „Ihr verdammten Priester müßt in jede Wohltat etwas Bitteres hineintun!" Aber als er am Schluß seinen frischverbundenen Fuß betrachtet, pfeift er anerkennend durch die Zähne: „Nicht schlecht, kleiner Pfaff, du verstehst etwas davon. Solltest auch Guerillero werden. Da kannst du mehr für dein Volk tun als mit dem Rosenkranz und Beten."

„Wie kann ein Toter Guerillero werden?"

„Nun, unter solchen Umständen könnte ich dich leben lassen", sagte der Fremde langsam und sieht den Priester ernst und prüfend an.

„Danke. Ich werde kein Guerillero, und wenn du meinst, daß du mich unbedingt töten mußt, tue es bald."

Betont lässig bringt der Fremde das Gewehr in Anschlag, sagt aber dann eisig und abgehackt: „Ich scherze nicht!"

Das weiß der Priester, aber er gibt keine Antwort. Er betet. Zu seiner Überraschung läßt der Fremde das Gewehr wieder sinken, das er übrigens, selbst während der Priester seinen Fuß behandelte, nicht aus den Händen gelassen hatte.

„Verflucht", stößt er aus, „im Kampf ist es leichter. Warum winselst du nicht um dein Leben?"

„Weil das doch nichts nützen würde. Wir Menschen sterben so oder so. Es ist immer nur eine Frage der Zeit."

„Denken alle Priester so?"

„Das weiß ich nicht, ich weiß nur, wie ich denke."

„Warum bist du Priester?"

Der Padre glaubt nicht richtig gehört zu haben. Er soll sterben und dem Mörder Rechenschaft ablegen über das, was ihn geführt hat?

„Würdest du mich töten, wenn ich nicht aufpasse?" fährt der Fremde weiter, wohl weil er keine Antwort auf seine vorherige Frage erwartet.

„Nein. Warum sollte ich dich töten? Wer gäbe mir das Recht dazu? Gott, der dich bei deinem Namen gerufen hat, wird dich richten."

Der Guerillero lacht bitter auf. „Bei meinem Namen? Dummer Pfaff! Weißt du überhaupt, was du da redest? Er — und mich bei meinem Namen rufen! Weißt du, wie ich heiße?"

„Nein. Du hast mir deinen Namen nicht gesagt."

„Ich heiße wie er."

„Was meinst du damit: wie er?"

„Ich heiße Jesus." Der Mann wird plötzlich gesprächig. „Ja, ich heiße Jesus wie der Mann aus Nazareth. Ich war mal Christ. Ich wurde getauft. Ich wuchs in einer christlichen Familie auf. Weißt du, christlich dem Namen nach, sonst aber ganz schön bürgerlich und auf ihren Profit bedacht. Ich habe sogar eine christliche Schule besucht, in Lima, da, wo ich aufgewachsen bin. Da staunst du, was? Über meinen Namenspatron wurde wenig gesprochen. Anderes war wichtiger. Schön sich anpassen, heucheln, goldverzierte Heilige durch die Straßen tragen. Der Gott der Christen ist ein Gott der Reichen. Der arme Jesus aus Nazareth hatte da keinen Platz. Und als ich später erfuhr, was diese verdammten Christen unserem armen Volk angetan haben und — heute noch antun! All diese Greueltaten im Namen des christlichen Gottes! Bluthunde haben sie auf die Indianer gehetzt, junge Indianerinnen mußten ihren Gelüsten dienen. Scheußlichkeiten ohne Ende! Wo war da dein Gott?"

„Er wurde in ihnen neu gekreuzigt."

Es ist eigenartig, muß der Priester denken, da sage ich wieder etwas, das ich nicht durchdacht habe. Die Worte kommen aus meinem Inneren heraus. Es sind Worte der Wahrheit.

„Du meinst, dein Jesus wird in den Menschen neu gekreuzigt?"

„Ja, das glaube ich."

„Er wird dann auch in dir sterben?"

„Und auferstehen."

„Nach seinem Tod, so wird behauptet, war dieser Jesus mächtiger als vorher. Ich heiße zwar Jesus, aber ich glaube nicht an Märchen! Ich glaube an keinen Gott. Hörst du? An gar keinen! Ich glaube an den Klassenkampf und an den neuen Menschen nach dem Sieg. Ich glaube an alles, was groß und stark und frei macht."

„Schade, daß dir in den Christen immer nur ein Zerrbild dieses Jesus begegnet ist. Es gibt auch andere, glaub mir! Die Kirche der Armen richtet sich ganz nach dem Jesus aus Nazareth. Es gibt eine sündige, es gibt aber auch eine heilige Kirche. Wer immer nur der sündigen Kirche begegnet, der lebt in der Hölle. Wer nie die Erfahrung des Glaubens gemacht hat, der kann nicht froh sein."

„Pfaff, glaubst du, was du da redest?"

„Ja, mein Freund."

„Nenn mich nicht Freund; ich bin dein Feind."

„Warum solltest du mein Feind sein? Du warst ein Fremder für mich. Dann durfte ich dir die Füße waschen. Das ist ein Freundschaftsdienst. Ich durfte auch deinen Namen erfahren, und du hast mir aus deinem Leben erzählt. Wie könntest du da mein Feind sein?"

„Und wenn ich dich ins Jenseits befördere?"

„Dann bleibt mir sowieso keine Zeit mehr für Feindschaft", lächelt der Priester. Der Fremde legt sein Gewehr auf den Tisch – immer noch griffbereit und die Mündung auf den Priester gerichtet.

„Ich werde leichtsinnig", spottet er. „Wie kann ich dir trauen? Wenn du versuchst mich umzubringen?"

„Ich habe dir schon mal gesagt, warum sollte ich?"

„Mann, bist du heilig, einfältig oder blöd? Um dein Leben zu retten natürlich!"

„Es ist doch längst gerettet", antwortet der Priester. Dann geht er zu seinem Rucksack und kommt mit einem Stück Brot an den Tisch.

„Laß uns zusammen etwas essen", sagt er einladend. Dann zeigt er auf das Gewehr: „Es muß doch nicht zwischen uns liegen, wenn wir miteinander essen? Hier, ein großes Stück für dich und einen Bissen für mich. Ich hatte meine Mahlzeit schon."

Der Fremde schiebt das Gewehr zur Tischkante, während der Priester ein kurzes Gebet spricht. Ernst und nachdenklich essen sie. Aber sie sprechen kein einziges Wort.

Schließlich erhebt sich der Priester und sagt: „Ich könnte dir morgen den Schlafsack zurücklassen und die Lebensmittel. Für diese Nacht werden wir uns die Hütte teilen müssen."

Es wird für beide eine ruhige Nacht.

Eva-Maria Kremer

Was bedeutet Bibelübersetzen ins Ketschua?* 110

Stichworte:	Peru, Bibel, Bibel in der Muttersprache, Bibelübersetzung, Bibelgesellschaft
Zum Text/ Problemfeldbeschreibung:	Jorge aus dem Hochland von Peru hat die Bibel ins Ketschua übersetzt. Er erklärt seinem Freund Pablo die Besonderheiten des Bibelübersetzens.
Vorlesezeit:	3 Minuten
Vorlesealter:	ab 9 Jahren

Folgendes Gespräch zwischen den Indios Jorge Arce, Übersetzer der Cuzko-Ketschua-Bibel, und dessen Freund, Pablo, macht die Besonderheiten des Bibelübersetzens deutlich.

Jorge Arce lebt im Hochland von Peru, auf 4000 m Höhe. Zusammen mit einigen Landsleuten und einem Berater der Bibelgesellschaften hat er die Bibel in seine Muttersprache, Ketschua, übersetzt.

Pablo: Hallo, Jorge. Schon lange nicht mehr gesehen! Wo steckst du denn die ganze Zeit?

Jorge: Hallo Pablo! Du weißt doch, ich übersetze die Bibel in unsere Ketschua-Sprache.

Pablo: Das wäre nichts für mich. Ist das nicht schrecklich kompliziert? Diese komischen hebräischen Buchstaben kann man ja nicht einmal lesen.

Jorge: Ja – so ging es mir zuerst auch. Aber dann hat mich die Bibelgesellschaft zu einem Übersetzerseminar eingeladen und mir alles erklärt. Außerdem helfen mir Übersetzungsberater, wenn ich auf theologisch und sprachwissenschaftlich schwierige Stellen stoße.

---

* In Ketschua gibt es über 500 verschiedene Worte für unser Wort „Liebe". Die erste Bibelübersetzung in Ayacucho-Ketschua kennt 539 Wortverbindungen, in denen „kuyay", das Grundwort für „Liebe", vorkommt. Der längste Ausdruck mit „kuyay" lautet: kuyapayariykusunaykichikpaq". Das heißt ungefähr: „damit er dir mit großer Zuversicht begegne".

Pablo: Warum übersetzt du nicht einfach aus dem Spanischen und übersetzt ein Wort nach dem anderen? (Spanisch ist Amtssprache in Peru).

Jorge: Nein, Pablo, das geht nicht. Weißt du, das Alte Testament wurde eben ursprünglich nicht in Spanisch geschrieben, sondern in Hebräisch. Ich arbeite mit einem Kollegen zusammen, der gut Hebräisch kann und mir den Sinn des Textes genau erklärt. Ich suche dann in unserer Ketschua-Sprache die Ausdrücke, die den Sinn am besten wiedergeben.

Pablo: Ihr nehmt also immer ein hebräisches Wort und schreibt dann das gleiche Wort in Ketschua darunter? Übersetzt man so die Bibel?

Jorge: So stellen es sich die meisten Leute vor. Aber weißt du, jede Sprache hat ihre eigenen Regeln. Wenn wir Ketschuas uns begrüßen, brauchen wir für die Frage: Wie geht es dir? nur ein einziges Wort: „Imaynallan?" Die Bedeutung ist aber die gleiche.

Pablo: Das ist mir zu hoch, Jorge! Kannst du es mir nicht einfacher erklären?

Jorge: Also, machen wir einen Vergleich. Schau, dort kommt Juanito mit einem Krug Wasser. Er trägt ihn ins Haus und leert ihn in den Kochtopf. Der Krug und der Topf sehen unterschiedlich aus, aber beides sind Gefäße. Das Wasser, das vom einen Gefäß ins andere geleert wird, ist dasselbe. So kann man auch sagen: Hebräisch ist der Krug...

Pablo: ...und Ketschua ist der Topf! Jetzt begreife ich. Die Botschaft, die Bedeutung der heiligen Schrift, ist wie das Wasser, und du als Übersetzer gießt es von einem Gefäß ins andere.

Jorge: Ja, Pablo. Und was ich hier vom Krug in den Topf leere, ist nicht gewöhnliches Wasser — es ist das Wasser des Lebens!

Wenn die Heiligen weinen   **111**

Stichworte:	Ecuador, Aberglaube, Heidentum, Frömmigkeit, Lebensfreude, Armut, Christianisierung, Messe, Pater, Meßstipendien, Prozessionen, Kerzenopfer, Kreuz und Auferstehung, Theologie der Befreiung, soziale Verantwortung (der Kirche), Bischof
Zum Text/ Problemfeldbeschreibung:	Padre Angelo ist Priester in Quibuto. Besonders stolz ist er auf seine fromme Gemeinde, die vielen Prozessionen und Kerzenopfer. Bischof Proaño vertritt in seinen Augen die für ihn fragwürdige „Theologie der Befreiung". Zu einer Auseinandersetzung kommt es, als der Priester am Festtag von San Isidor die Kirche verläßt und auf arbeitende Männer stößt. Die werfen ihm vor, daß die Kirche zu den größten Großgrundbesitzern gehört und daß es nicht genügt, den Heiligen die Füße zu küssen. Erbost über die Auflehnung wendet er sich an den Bischof. Er gibt ihm den Rat, für fromme und denkende Menschen zugleich zu sorgen.
Vorlesezeit:	12 Minuten
Vorlesealter:	ab 14 Jahren

Glocken und Böller, Flöten, Gitarren und Trommeln preisen San Isidor, dessen Statue in feierlicher Prozession durch Quibuto, ein Andendorf in Ecuador, getragen wird. Der Ortsheilige trägt einen mächtigen Strohhut auf dem Kopf. Frauen und Kinder hinter der geschmückten Statue murmeln: „Die Dürre darf unsere Felder nicht zerfressen. San Isidor, gib unserem Arbeitgeber ein mildes Herz. Wir bringen dir Blumen, wir opfern eine Kerze, wir lassen eine Messe lesen, San Isidor, wir tun ja alles, hilf uns also auch."

„Halala, halala, ha!" Männer und Frauen, die sich weit hinter der geschmückten Statue befinden, sind nicht mehr so andächtig. Hier, am Ende der Prozession, macht der Maisschnaps bereits die Runde. „Halala, halala, ha, ha!" Immer die gleiche Taktfolge. Die Erregung steigert sich. Der alte Gonzalola ist stockbesoffen. Auch Rodriguez kann sich kaum noch auf seinen Füßen halten. Sonst schüchterne Frauen lachen aufdringlich. Der Schnaps hebt die Laune. San Isidor ist es gewohnt.

Aberglaube und Heidentum, Frömmigkeit und unbändige Lebensfreude, Armut und Ausschweifung leben hier dicht nebeneinander.

Als die Spanier Ecuador eroberten, wurden die Feste der Indios nicht einfach abgeschafft. Sie wurden ‚christianisiert'. Christianisierung aber bestand hauptsächlich darin, heidnischen Festen den Namen eines Heiligen zu geben. Der Padre feierte die Messe und segnete die Leute. Er wußte sehr wohl, daß sie nicht nur zu San Isidor, San Francisco, San Miguel, Santa Barbara und Santa Cecilia beteten, sondern auch zu Imbambura, dem heiligen Berg, weil sie dachten, es sei besser, jederzeit zwei Eisen im Feuer zu haben.

Padre Angelo von Quibuto kümmert das wenig, solange seine Leute ihm den notwendigen Respekt erweisen. Bis jetzt konnte er sich nicht beklagen. Die Pächter lassen eine Messe lesen, wenn der Regen nicht kommt, wenn ein Dieb herausgefunden werden muß, wenn die alten Leute von der Gicht geplagt werden oder die Kinder das starke Halsweh bekommen. Padre Angelo hat sich auch daran gewöhnt, daß die große Hochzeit in der Kirche oft erst dann gehalten wird, wenn eine Reihe Kinder das Brautpaar begleitet. Man lebt eben schon vor der Eheschließung wie Mann und Frau zusammen. Was bleibt ärmeren Pächtern auch anderes übrig? Eine Hochzeit kostet viel Geld. Verwandte und Bekannte warten auf die Einladung zum Mahl, und Mazamorra, eine Suppe mit indischem Spanferkel, ist ein Genuß, für den die Brautleute tief in die Tasche greifen müssen.

Padre Angelo selber lebt hauptsächlich von den Meßstipendien. Er lebt davon nicht gerade gut, aber im Vergleich zu den Pächtern von Quibuto auch nicht gerade schlecht.

Bischof Proaño von Riobamba ist in den Augen des Priesters ein Spinner, weil er wünscht, daß seine Priester auf dem Lande von ihrer Hände Arbeit leben. Sie sollen sich für Messen, Taufen, Hochzeiten und Beerdigungen nicht bezahlen lassen.

„Halala, halala, ha!" Die Stimmung hat unterdessen ihren Höhepunkt erreicht. Nochmals krachen die Böller. Die Statue wird nun in die Kirche getragen.

Die Leute sind fromm, stellt der Priester beruhigt fest. Die meisten hier haben nie eine Schule besucht. Sie verlassen sich auf das Urteil des Priesters und auf den Großgrundbesitzer, den Dueño Gustavo Mejia. Der Dueño ist zwar ein Erzgauner, der die Pächter ausnützt, wo immer er kann. Vier Tage in der Woche schuften sie für ihn, aber statt dem vorgeschriebenen Lohn gibt er ihnen nur einen blauen Schein. Damit können sie in dem einzigen Laden des Dorfes (er gehört übrigens auch dem Dueño) einkaufen. Für einen Tageslohn von 20 Sucres (2,50 DM) ist nicht eben viel zu erstehen, wenn ein Liter Milch allein schon fünf Sucres kostet und daheim acht und mehr Mäuler zu füttern sind.

Nachdem San Isidor seinen alten Platz in der Kirche eingenommen hat, fühlt sich Padre Angelo rechtschaffen müde. Dennoch bleibt er eine kurze Weile in der Kirche knien. Nachdem er der Statue ehrfürchtig die Füße geküßt hat, geht er langsam hinaus. Blendet ihn auf dem Marktplatz die grelle Sonne? Er glaubt seinen Augen nicht zu trauen. Vor der Kirche stehen José, Nestor und Nazario. Die drei Männer sind nicht betrunken. Sie tragen schmutzige Arbeitskleidung. Keine Prozession, keine heilige Messe! Und das am Fest des Ortspatrons! Des Priesters Gesicht wird rot vor Zorn. In seinen Augen wird das Verhalten der Männer zur offenen Rebellion, zur Gotteslästerung, Todsünde.

„Wo kommt ihr her?" Die Stimme des Padre klingt wie das Grollen von einem Gewitter.

„Von der Arbeit."

„Habt ihr San Isidor vergessen? Was wird der Heilige in diesem Augenblick von euch denken?"

„Er wird vielleicht jetzt nicht mehr über uns weinen", antwortet Nazario.
Dem Priester verschlägt diese Antwort die Sprache. „Was soll das heißen?"
„Padre, es gibt 38 kirchliche Festtage im Jahr", erklärt er. „Wir haben sie
genau gezählt. Hinzu kommen die Sonntage. Du willst, daß wir an all diesen
Tagen eine Messe bezahlen. Aber das ist es nicht allein. Die Arbeit bleibt
liegen. Vier Tage in der Woche arbeite ich für den Dueño, in der Erntezeit
sind es sogar fünf Tage. Meine kleine Parzelle Land muß aber auch bearbeitet
werden, sonst verhungert meine Familie. Meine Frau braucht zudem Medizin
für ihre kranke Lunge, und die Schwiegermutter liegt mit geschwollenen Beinen
in der Hütte und ruft nach Fleisch. Ich kann ihr keines kaufen, weil ich kein
Geld habe. Jetzt habe ich mich mit José und Nestor zusammengetan. Wir drei
pflanzen Kartoffeln, die wir dann ohne Zwischenhändler zum Markt bringen.
Wenn noch mehr Pächter einsehen wollten, um was es geht, würden sie vielleicht auch mitmachen. Sie würden kaum noch Zeit finden für Prozessionen
und Kerzenopfer, aber um so mehr für ihre Familie arbeiten und nicht hoffnungslos besoffen in einer Ecke liegen."
„Die Heiligen werden dann nicht mehr weinen. Sie werden sich freuen", bekräftigten nun auch die anderen Männer.
„Ihr seid bei den Kommunisten in die Schule gegangen. Sie sind es, die euch
gottlose Gedanken in den Kopf setzten." Die Stimme des Padre klang nicht
mehr so wütend, eher traurig.
„Nein Padre, nicht bei den Kommunisten. Wir waren im Zentrum des Bischofs", antwortete Nazario stolz. „Unser Elend sei nicht einfach eine Strafe
Gottes, so wurde uns gesagt. Religion sei auch mehr als Katechismusunterricht
und Erstkommunion. Padre, die Kirche hat uns Pächtern in Ecuador schlecht
geholfen. Gehörte sie nicht mit zu den größten Grundbesitzern? Es genügt
nicht, wenn wir Katholiken den Heiligen die Füße küssen und Kerzen opfern.
Es genügt auch nicht, wenn wir unsere Hütten mit Eisenkreuzen schmücken.
Kreuz und Auferstehung gehören zusammen. Man hat uns bisher gesagt: Wenn
ihr geduldig in diesem Leben leidet, dann werdet ihr es im späteren Leben
einmal schön haben. Im Zentrum des Bischofs haben wir gehört, daß Jesus
Christus die Befreiung des Menschen schon in diesem Leben will. Der Mensch
hat Würde und muß für diese Befreiung arbeiten. Die Heiligen im Himmel,
Padre, säen und ernten nicht für uns, sie bauen uns auch keine Straßen und
keine Schulen. Wir müssen das selber tun, und wenn wir es tun, dann verehren
wir auch die Heiligen — mehr als durch Kerzen und Lieder. Die Arbeit muß
Gebet sein, und durch das Gebet müssen wir wieder Kraft schöpfen für die
Arbeit. Bisher haben wir auch gebetet, doch dann haben wir alles den Heiligen
überlassen. Wir haben Chicha getrunken, unsere Frauen verprügelt, unsere
Kinder zur Arbeit geschickt und dabei noch ergebungsvoll gedacht, Gott will
das so. Er will das aber nicht."
Nazario hatte noch nie in seinem Leben eine solch lange Rede gehalten. Nestor
und José blickten ihn ehrfürchtig an.

„Im Zentrum des Bischofs kann man euch nie und nimmer solche Dinge gesagt haben."

„Doch, Padre, geh selber hin, dann wirst du alles hören!"

Padre Angelo fühlte neue, aber ohnmächtige Wut in sich aufsteigen. Jetzt ergriff Nestor das Wort: „Man hat uns auch gesagt, daß die Kirche nicht immer ihre soziale Verantwortung erkannt hätte. Jetzt sei ein neues Pfingsten angebrochen. Der Bischof von Riobamba hat ein Zeichen gesetzt. Die Monstranz der Kathedrale wurde für 400 000 Dollar verkauft. Auch der mächtige Bischof von Rom, Papst Paul VI., trägt die dreifache Krone nicht mehr. Das alles sind Zeichen für eine erneuerte Kirche."

„Das alles sind Zeichen des Verrats. Die Kommunisten strecken ihre Hände nach dem Heiligsten aus", stöhnte der Padre.

„In Ecuador gibt es bereits eine Anzahl von Priester, die genauso denken wie der Bischof", riefen die drei Männer.

Unterdessen hatten sich einige Dorfbewohner um sie geschart. Verwundert folgten sie den Worten. Einige wirkten eher ängstlich. Das Gericht wird über diese drei kommen, so dachten sie. Wie können einfache Pächter es wagen, dem Padre so zu widersprechen?

„Man sollte sie ins Gefängnis stecken", rief Padre Angelo. Noch nie hatte ein Dorfbewohner ihn belehrt, noch nie hatte es jemand gewagt, ihm zu widersprechen. Noch nie war an einem Festtag zu Ehren der Heiligen gearbeitet worden. Der Priester war fest entschlossen, gegen diesen Ungeist in Quibuto anzukämpfen.

Ohne Gruß verließ er die Gruppe. Noch am gleichen Tag setzte er sich hin und schrieb einen langen Brief an den Bischof.

„Wir werden bald leere Kirchen haben", hieß es darin. „Ist es nicht schon schlimm genug, daß es kommunistisch infiltrierte Priester gibt, die die Hinwendung der Kirche zur Welt verkünden und nach Strukturwandel schreien? Wölfe im Schafspelz? Müssen diese Priester nun auch noch im Sozialzentrum der Diözese ihre Irrlehren verkünden? Ist es nicht Pflicht eines jeden Seelsorgers, fromme und brave Menschen heranzubilden? Das habe ich hier in Quibuto versucht. Dem Dueño habe ich gesagt, er müsse mildtätig gegenüber der Armen sein, die Armen habe ich belehrt, daß sie fleißig sein sollen, gehorsam, treu. Meine Lehren hatten Erfolg. Der Dueño war immer mildtätig gegenüber allen. Sie hätten manches Fest der Heiligen ohne seine Hilfe nicht feiern können, denn er stiftete Leuchtkörper und Schnaps, Kerzen und Blumen. Was soll ich tun, wenn jene, die im Zentrum waren, ketzerische Ansichten vertreten? Ich bin sicher, daß vieles falsch verstanden wurde, habe aber doch den Verdacht, daß sich kommunistische und protestantische Ideen unter den Lehrern breitmachen."

So und noch mit vielen anderen Worten beschwor Padre Angelo seinen Bischof. Als er den Brief beendet hatte, begab er sich erschöpft in die Kirche. War es Müdigkeit, war es die grelle Nachmittagssonne? Spielten ihm die Nerven einen

Streich? Es war ihm, als lächelte San Isidor. Es war ein richtiges Lausbuben-lächeln. Wie vom Bösen gehetzt, verließ der Padre die Kirche.

Einige Wochen später erhielt er die Antwort auf seinen Brief. Es war ein väterlich wohlwollendes Schreiben, doch da stand ein Satz, der Padre Angelo durchaus nicht gefallen wollte. Er lautete so: „Es ist leicht, fromme Leute zu betreuen. Es ist viel schwerer, eine denkende Gemeinde zu haben. Padre, sorgen Sie dafür, daß die Leute von Quibuto fromm und denkend zugleich sind."

Eva-Maria Kremer

Die Erde ist für alle da 112

Stichworte:	Brasilien, Vertreibung vom Land, arm/reich, Verbrechen, Martyrium, Katechet, Bischof, Ungerechtigkeit, Besitzrechte, Recht/Gerechtigkeit, Solidarität, Widerstand, Opfer, 1. Kön 21
Zum Text/ Problemfeld-beschreibung:	Die Witwe des Katecheten Pedro Balduino Soares erzählt, daß ihr Mann Sprecher der Bauern war, die der Vertreibung von ihrem angestammten Land Widerstand entgegensetzten. Sie erreichten vor Gericht, daß ihr Anspruch auf das Land anerkannt wurde. Sogar die Kirche, bis hinauf zum Bischof, habe sich auf ihre Seite gestellt. Doch Pedro wurde von bewaffneten Killern des Großgrundbesitzers umgebracht. Für die Bauern, die nun auf ihrem Land bleiben können, wird Pedro so zum Märtyrer.
Vorlesezeit:	12 Minuten
Vorlesealter:	ab 12 Jahren

Auf ihrem Gesicht liegt das Lächeln der Osterfreude, denkt der Priester Edoardo Dinerando, als ihm Doña Jolanda die Bilder zeigt.

Ja, die Frau lächelt. Doch wer genau hinsieht, erkennt, daß dieses Lächeln aus Leid geboren wurde. Doña Jolanda, Mutter von vier Kindern, ist erst fünfunddreißig Jahre alt. Aber sie sieht aus wie eine Fünfzigjährige.

Der Priester sieht sich noch einmal die zwei Fotos an. Sie zeigen den ermordeten Ehemann der Frau. Sein Leichnam liegt, von Schüssen durchsiebt, vor einer Hecke am Wegrand.

„Wer hat das getan?"

„Ich weiß es nicht." Für einen kurzen Moment verfinstert sich das Gesicht der Frau, doch sie faßt sich schnell wieder. Tränenlos erzählt sie die furchtbare Geschichte:

„Senhor Dolermando Olivera, der Großgrundbesitzer, wollte sein Weideland vergrößern. Doch wir Kleinbauern und Pächter brauchten dieses Land selbst. Wir sind vierzig Familien mit vielen Kindern.

‚Wir sind bereit wegzuziehen, wenn wir für unseren Grund und Boden entsprechend entschädigt werden', sagte mein Mann zu Senhor Dolermando Olivera. Der aber lachte und meinte, die meisten von uns könnten nicht einmal durch ein Dokument beweisen, daß es wirklich unser Land sei. Mein Mann wurde als Katechet zum Sprecher der anderen, aber der Großgrundbesitzer hörte nicht auf die Bauern. Er zog Zäune und trieb seine Rinder auf unser Land. Wir mußten zusehen, wie sie unser Gemüse und unser Getreide fraßen. Mein Mann und die Bauern gingen in die Stadt zum Richter. Der ordnete an, daß das Vieh wieder hinausgetrieben werden müsse. Aber es geschah nichts. Mein Mann sprach mit den Nachbarn: ‚Wir müssen durchhalten. Das Recht ist auf unserer Seite. Die Erde ist für alle Menschen da. Man darf sie nicht dazu benutzen, Zuckerrohr zu pflanzen oder Weideland davon zu machen, solange wir nicht genug Mais, Bohnen und Getreide für uns selbst haben. Es ist ungerecht, wenn man uns das Land einfach fortnehmen will. Unsere Väter haben bereits hier gelebt. Wir müssen deshalb zusammenhalten und uns an eine höhere Instanz wenden, die unsere Rechte verteidigt.'
Nur Kommunisten sagen solche Dinge, hieß es bald. ‚Es mag sein, daß Kommunisten auch so etwas sagen', meinte mein Mann. ‚Und wenn sie das sagen, haben sie recht. Ich bin jedoch kein Kommunist. Ich bin Christ und Katechet. Und als Christ und Katechet sehe ich, daß wir eine andere Landwirtschaftspolitik brauchen. Unser Land darf nicht nur Viehzüchter und Industrielle reich machen. Es soll doch unsere Familien ernähren. Können wir tatenlos zusehen, wenn unseren Kindern das Essen weggenommen wird? Alle meine Bananenstauden wurden vom Vieh zertrampelt. Aber Senhor Dolermando Olivera weigert sich, auch nur einen einzigen Cruzeiro Schadenersatz zu zahlen.'
Die Bauern waren sehr aufgebracht. Sie wandten sich an den Generalvikar und an José Maria Pires, den Erzbischof von Paraiba. Sie schrieben auch an Marcelo Pinto Cavalheira, den Weihbischof. Beide verfaßten ein Schreiben, das am zweiten Fastensonntag verlesen wurde. Die Gemeinden wurden aufgefordert, für die von Vertreibung bedrohten Landarbeiter zu beten."
Bei diesen Worten nimmt Dona Jolanda ein Stück Papier aus der Rocktasche. Es ist das vierte Pastoralschreiben der beiden Bischöfe.
Und der Priester Edoardo Dinerando liest:
„Ich fürchte, daß der Zorn Gottes einige Landeigentümer im Staat Paraiba ebenso trifft, wie er damals den König Ahab und seine Frau Isebel getroffen hat, die beide am Tod des Nabot schuld waren. Ahab, König von Israel, verfügte über Paläste, Landgüter und viele andere Besitztümer. In der Nähe seiner Residenz lebte ein Mann in bescheidenen Verhältnissen. Nun wollte der König seinen Palast verschönern. Deshalb beschloß er, aus Nabots Weinberg einen Park zu machen. Aber Nabot willigte nicht ein. Er wollte auf seinem Land bleiben und den Weinberg, den er von seinen Vätern geerbt hatte, weiterbestellen. Der König wurde sehr böse über die Hartnäckigkeit Nabots. Deshalb rief die Frau des Königs, Isebel, das Gericht an, nachdem sie falsche Zeugen

besorgt hatte, die gegen Nabot aussagen sollten. Der Winzer wurde verurteilt, gesteinigt und hingerichtet. Dieses Unrecht erzürnte Gott, und er schickte den Propheten Elia zum König mit der Botschaft, daß an derselben Stelle, an der die Hunde das Blut Nabots aufgeleckt hatten, sie auch sein und seiner Frau Blut auflecken würden. Das geschah dann tatsächlich, ihr könnt die Geschichte im 1. Buch der Könige, Kap. 21, nachlesen. Dabei werdet ihr feststellen, daß das, was heute in Mata-da-Vara geschieht, diesem Ereignis sehr ähnlich ist. Unsere Brüder dort sind friedliebende Menschen und gute Christen. Sie tun keiner Fliege etwas zuleide und haben keinen anderen Wunsch, als in Ruhe zu leben und ihrer Arbeit nachgehen zu können. Langsam aber verlieren sie den Glauben an Justiz und Regierung. Bis heute haben sie nur bei der Landarbeiterkammer und der Kirche Unterstützung gefunden. Bekanntlich hat unsere Justiz keine Eile mit den Armen. Die Reichen hingegen haben zahlreiche Möglichkeiten, um die Prozesse, die sie interessieren, zu beschleunigen. Wenn sie die Armen nicht mit Recht besiegen können, dann ringen sie sie mit Verschlagenheit, Drohung und Trägheit der Justiz nieder. Wir fürchten, daß die Geduld der Armen langsam aufhört. Wenn diese Geduld erschöpft ist, dann läßt auch Gottes Geduld nach. Gott selbst schafft Gerechtigkeit, die die Menschen zu schaffen sich weigerten."

Betroffen läßt der Priester das Blatt Papier sinken. „Hat dieses Schreiben etwas mit dem Mord an diesem Mann zu tun?"

„Ich nehme es an. Mein Mann war ein Kämpfer. Zusammen mit anderen Bauern wollte er über das Schreiben diskutieren. Sie wollten überlegen, welche Schritte nun unternommen werden könnten. Ich erinnere mich genau. Am 10. September hatten sich zwanzig Bauern bei uns versammelt. Sie besprachen ein Schreiben an das Nationalinstitut für Kolonisierung und Bodenreform. In der gleichen Nacht kamen vier Männer, alle bewaffnet. Sie wollten meinem Mann nur einige Fragen stellen, hieß es. Es ginge um die Höhe der Entschädigung. Senhor Dolermando Olivera sei bereit einzulenken. Zu diesem Zeitpunkt aber waren mein Mann und die anderen Bauern nicht mehr bereit, irgendeine Entschädigung anzunehmen. Sie wollten auf dem Boden ihrer Väter bleiben. Ich nehme an, daß mein Mann das später gesagt hat und man ihn deshalb umbrachte. Mein Mann und ich hatten beide ein ungutes Gefühl. ,Mach dir keine Sorge', versuchte er mich zu beruhigen. Aber ich machte mir große Sorgen. Die vier bewaffneten Männer gaben sich freundlich. ,In zwei Stunden ist dein Mann wieder zurück', sagten sie und nahmen ihn in die Mitte.

Als mein Mann am nächsten Morgen noch nicht da war, wuchs meine Unruhe. Ich machte mich auf und ging zur nächsten Polizeistation. Dort wußte man von nichts. Man zeigte mir sogar die leeren Gefängniszellen, damit ich mich überzeugen konnte, daß kein Gefangener darin war. In meiner Aufregung wußte ich überhaupt nicht mehr, was ich tun sollte. Ich benachrichtigte die Nachbarn, sie machten sich sofort auf, meinen Mann zu suchen.

Nach drei Tagen brachten sie mir diese beiden Fotos, auf denen ich sogleich meinen Mann erkannte. Da wußte ich, daß ich nicht mehr zu warten brauchte."

Die Frau macht eine Pause. Dann fährt sie ruhig weiter: „Ein halbes Jahr später wurden die Zäune niedergerissen. Senhor Dolermando Olivera nahm sein Vieh und zog in eine andere Gegend. Der Widerstand der Bauern hatte also Erfolg. Aber mein Mann hat dafür mit seinem Leben bezahlt. Unsere Kinder sind stolz auf ihn. Sie richten auch mich immer wieder auf, wenn ich traurig bin."

„Und ist nie herausgekommen, wer deinen Mann umgebracht hat?"

„Nein. Die Polizei gibt sich auch keine große Mühe. Sie meint, es müßten Banditen gewesen sein, denen er rein zufällig über den Weg gelaufen sei. Wie kann er ihnen rein zufällig über den Weg gelaufen sein, wenn sie ihn doch abgeholt haben? Niemand hier glaubt, daß es Banditen waren. Es war ein kaltblütig geplanter Mord. Mit meinem Mann wollten sie einen in ihren Augen subversiven Unruhestifter aus dem Weg schaffen. Und dabei war mein Mann kein Subversiver. Er war ein arbeitsamer Kleinbauer und stolz darauf, daß er nie mit der Polizei zu tun gehabt hatte."

„Und wie ist es hier weitergegangen?"

„Wir pflanzten neue Bananenstauden, Bohnen und Gemüse. Meine Kinder und ich mußten hart arbeiten, weil ja jetzt der Vater fehlte. Aber die Nachbarn halfen. Sie sagten: ‚Ohne deinen Mann wären wir nicht soweit. Wir wissen, daß er letztlich für uns sein Leben ließ. Die Erde sei für alle da, lehrte er. Deshalb wollen wir dir helfen, daß sie auch für dich und deine Kinder da ist.‘ Wir wissen, daß der Streit mit Senhor Dolermando und die Ermordung meines Mannes nur ein Fall unter vielen hier ist. Die Bischöfe der Kirchenprovinz Maranhao haben eine strenge Untersuchung aller Konfliktfälle gefordert. Wer unbedingt umgesiedelt werden müsse, dem sei eine Entschädigung zu geben, fordern sie. Die Kirche versprach auch, eine Rechtshilfe zu schaffen. Durch sie sollen die Bauern beraten und verteidigt werden. Es ist auch manches geschehen seither." Wieder huscht ein Lächeln über das Gesicht der Frau.

Der Priester, noch neu in der Gegend, hat ihr bewegt zugehört.

Später steht er am Grab des Katecheten Pedro Balduino Soares. Ein schlichtes Kreuz ziert den kleinen Hügel, auf dem frische Blumen stehen.

„Meine Kinder und die Kinder aus der Nachbarschaft kommen oft und bringen Blumen", erklärt die Frau. Ihre Stimme ist frei von Bitterkeit.

Ich wünsche mir, so stark zu sein wie er, denkt der Priester. Er ahnt, daß die Arbeit, die er in dieser Gegend aufgenommen hat, nicht leicht sein wird. Die ungerechte Verteilung des Bodens, die auf die Kolonialzeit zurückgeht, wird weitere Opfer fordern. Solange die Regierung eine Politik verfolgt, die der zügellosen Spekulation Vorschub leistet, solange sie den großen Agrar- und Viehzuchtgesellschaften Steuererleichterungen gewährt, solange es Kleinbauern und Pächter gibt, die durch keinerlei Dokumente ihr Eigentum beweisen können, solange würden zügellose Spekulanten ihre gierigen Augen auf den

Boden richten, und solange würden die Reichen der mächtige König Ahab und die Kleinbauern der Weinbauer Nabot sein.
Ich werde mit diesem Volk leiden, denkt der Priester. Er nimmt sich fest vor, ihnen nicht nur Glaubenswahrheiten für den Kopf zu vermitteln. Er will den ganzen Menschen suchen. Auch dann, wenn es gefährlich sein und Opfer kosten würde.

Eva-Maria Kremer

Carlos wird vertrieben 113

Stichworte:	Brasilien, Ausbeutung, arm/reich, Ungerechtigkeit, Solidarität, Hoffnung, Genossenschaft, Vertreibung vom Land, Wanderarbeiter, Basisgemeinde, Gemeinschaft, Priester, Ordensfrau, Hunger
Zum Text/ Problemfeldbeschreibung:	Carlos und seine Familie werden von ihrem Land, auf dem sie schon seit mehreren Generationen gewohnt haben, vertrieben. Schließlich finden sie auf einer Zuckerrohrplantage als Arbeiter ein kärgliches Auskommen. Als ein Pfarrer und zwei Schwestern aus der Stadt zu ihnen kommen und in gleicher Weise wie die landlosen Bauern ihren Lebensunterhalt verdienen, gewinnen sie das Vertrauen der Armen. Gemeinsam bauen sie eine Basisgemeinde auf und gründen eine Kooperative.
Vorlesezeit:	8 Minuten
Vorlesealter:	ab 10 Jahren

Weit weg von uns, auf der anderen Seite des Ozeans, liegt Brasilien. Es gehört zum Kontinent Südamerika und ist ein riesiges Land. Viel größer als Deutschland, etwa 34 mal so groß.
Mitten in diesem Land lebt Carlos mit seiner Familie. Carlos ist Bauer. Schon sein Vater war Bauer und auch der Vater seines Vaters. Sie alle haben seit vielen Jahren dasselbe Stück Land bearbeitet und darauf Reis, Bohnen und Mais angebaut. Es ist ein kleines Stück Land, aber gerade groß genug, um die Familie zu ernähren. Und mehr Land kann Carlos mit seiner Frau Josefa, seinem Sohn Pepe und seinen anderen Kindern auch nicht bearbeiten. Denn er besitzt keine Maschinen, die ihm die Arbeit erleichtern.
Doch Carlos und seine Familie sind zufrieden. Es ist ihr Land. Trotz harter Arbeit lachen und singen sie viel zusammen, denn sie haben meistens ausreichend zu essen. Und das ist viel — in Brasilien bleiben Millionen Menschen hungrig.
Es ist schon spät am Nachmittag, als Carlos zu seiner Hütte zurückkommt. Ein Mann steht davor, den er nicht kennt. Ein reicher Mann, denkt Carlos, denn er ist gut gekleidet. Sonst ist niemand zu sehen. Der Mann scheint

ungeduldig zu sein. Carlos begrüßt ihn freundlich. „Guten Tag, Senhor, was kann ich für sie tun? Möchten sie etwas zu trinken? Unser Wasser ist gut. Oder ist mit ihrem Auto etwas nicht in Ordnung?"
Aber der Mann will nichts. „Wie heißt du?" fragt er.
„Ich heiße Carlos, wie mein Vater und mein Großvater, aber mein Sohn heißt jetzt Pepe. Immer nur Carlos ist doch langweilig, nicht?"
„Mir ist egal wie dein Sohn heißt. Ich bin gekommen, dir zu sagen, daß du morgen von hier verschwinden mußt, mitsamt deiner ganzen Familie. Ich will euch hier nicht mehr sehen. Das ist mein Land!"
„Aber Senhor, das kann nicht sein! Das ist nicht ihr Land! Meine Familie wohnt hier schon viele Jahre. Alle Leute wissen, daß das hier Carlos Land ist. Das Land gehört mir!"
„Was heißt hier: das Land gehört dir? Es ist nirgends eingetragen in den amtlichen Büchern. Ich habe dieses Land von der Regierung gekauft. Es ist mein Land! Also mach, daß zu wegkommst!"
Carlos kann das nicht glauben. Es ist doch schon immer unser Land gewesen, denkt er, auch wenn ich keine Urkunde besitze. Kommt denn keiner und hilft mir, dem Mann das zu erklären?
„Hier sieh, auf dieser Urkunde steht, daß mir das Land gehört", sagt der Mann und zeigt Carlos ein Papier. Aber Carlos kann nicht lesen. Er kennt auch kein Amt, bei dem er seinen Besitz eintragen lassen kann. Und wo ist dieses Amt? Die nächste große Stadt ist weit weg. Carlos könnte die Reise dorthin nie bezahlen.
„Senhor", ruft er, „egal was sie sagen, dieses Land gehört mir. Es ist unrecht, was sie tun. Ich werde bleiben!"
„Was heißt hier unrecht", sagt der Mann, „hier, schau, ich habe das Papier. Wenn du bis morgen abend nicht verschwunden bist, schick ich meine Revolvermänner, die Pistoleiros, und laß dich vertreiben. Was denkst du, wer du bist! Willst einfach nicht von meinem Land verschwinden. Morgen abend bist du fort! Verstanden?" Verächtlich spuckt er vor Carlos aus und geht.
Es ist eine sehr traurige Nacht für Carlos und seine Familie. Sie wissen: gegen die Pistoleiros können sie nichts tun. Rauhe Burschen sind das, die für Geld alles machen – auch Menschen töten. Der Großgrundbesitzer handelt zwar gegen das Gesetz, aber er hat Geld und viel Macht bei den Behörden und sogar beim Gericht. Carlos aber ist arm und kann nichts tun.
Am nächsten Morgen packen sie ihre Habseligkeiten zusammen und machen sich auf den Weg. Unterwegs treffen sie auf viele, denen es genauso geht wie ihnen. Auch sie wissen nicht weiter. Vielleicht gibt es irgendwo ein Stück Land. Da wollen sie sich niederlassen. Aber wo wird das sein? Sie haben kein Geld, um sich Land zu kaufen.
Die reichen Großgrundbesitzer pflanzen nun Zuckerrohr und Soja auf dem Land an, das sie den kleinen Bauern weggenommen haben. Die Soja, eine besondere Bohnenart, verkaufen sie als Viehfutter in die reichen Länder, nach

Europa und Nordamerika. Zuckerrohr ergibt nur zu einem kleinen Teil süßen Zucker. Das meiste wird zu einer Art Benzin für Autos verarbeitet. Das bringt den Großgrundbesitzern viel Geld ein. Aber was ist mit Carlos und seiner Familie? Sie haben großen Hunger. Sie essen, was sie unterwegs finden. Manchmal kann Carlos oder eines seiner Kinder für einen Tag irgendwo arbeiten. Aber das reicht kaum für das Nötigste.

Carlos, Josefa, Pepe und seine Geschwister wandern viele Tage und Wochen immer weiter nach Süden. Sie sind jetzt „boias frias", Wanderarbeiter. Josefa schleppt die Wasserflasche und das Kochgeschirr. Auf dem Kopf hat sie ein paar Wäschestücke und ein wenig Seife zum Waschen in einem Tuch.

Carlos trägt auf dem Kopf die Schlafmatte der Familie. Aus starken Blättern geflochten ersetzt sie das Bett in der Nacht.

Auch Pepe, gerade elf Jahre alt, trägt seine Last: ein Bündel mit Kleidern in einem Korb. Überall fragen sie nach Arbeit. Aber viele andere Wanderarbeiter fragen auch. Arbeit ist knapp und die Löhne sehr niedrig. Aber wenn sie nicht für den niedrigen Lohn arbeiten wollen, werden sie erst gar nicht eingestellt. Es gibt genug andere. So verdienen sie kaum etwas. Es reicht fast nicht zum Leben. Und Land? Es gibt viel Land, auf dem niemand wohnt. Aber die Reichen kaufen alles auf. Sie lassen keinen darauf leben, auch wenn sie das Land nicht bebauen.

Endlich haben Pepe, Josefa und Carlos Arbeit auf einer großen Zuckerrohrplantage gefunden. Die Arbeiter leben in Hütten mitten in der Plantage. Morgens um fünf Uhr müssen alle aufstehen. Dann geht es mit dem Ochsenkarren zur Arbeit. Josefa hat Essen gekocht, das nehmen sie mit. Das kalt gewordene Essen zur Mittagszeit gibt den Wanderarbeitern ihren Namen: boias frias – Kaltesser. Den ganzen Tag müssen sie in der heißen Sonne arbeiten. Sie haben großen Durst und Hunger und dürfen kaum Pausen machen. Jeden Abend bekommen sie einen kleinen Lohn. Der aber wieder reicht fast nicht zum Leben. Wenn es schon beinahe dunkel ist, gehen sie müde und mit schmerzenden Gliedern zurück in ihre Hütten.

Manchmal treffen sich die Arbeiter und überlegen, was sie tun könnten, um wieder Land zu bekommen oder wenigstens etwas mehr Lohn. Allein schaffen sie es nicht. Sie brauchen Hilfe. Sie müssen lesen und schreiben lernen, um ihre Rechte besser zu kennen und durchzusetzen. Auch brauchen sie Medizin für kranke Kinder. Aber einen Arzt können sie nicht bezahlen. Er will immer zuerst Geld sehen, bevor er die Kranken behandelt.

Pepe, Carlos und Josefa sind Christen. Auch der Großgrundbesitzer ist ein Christ. Pepe und Carlos und Josefa beten oft in ihrer Hütte. Manchmal denken sie: Gott will uns nicht helfen. Sonst hätte er nicht zugelassen, daß man uns von unserem Land vertreibt.

Als sie eines Abends wieder todmüde heimkommen, haben sich die anderen Familien vor einer Hütte versammelt. Sie hören einem fremden Mann zu. Er ist zu Besuch aus der nächsten Stadt, die 42 Kilometer entfernt ist. Begierig

lauschen sie den Neuigkeiten. Auch Carlos und seine Familie setzen sich dazu. „Etwas Ungewöhnliches ist in der Stadt geschehen", berichtet der Besucher. „Vor Monaten kamen ein neuer Pfarrer und zwei Schwestern in die Stadt. Sie zogen jedoch nicht in das vornehme Pfarrhaus neben der Kirche ein, sondern mieteten sich ein einfaches Haus dort, wo die armen Familien leben. Sie pachteten bei einem Großgrundbesitzer ein Stückchen Land und begannen, es zu bebauen. Unter den gleichen schwierigen Bedingungen wie die armen Bauern. Die Leute in der Stadt wurden bald mißtrauisch, ihnen kam das Verhalten des Pfarrers und der beiden Schwestern ungewöhnlich vor."
Auch Carlos und die anderen blicken ungläubig. Der Besucher berichtet weiter. „Langsam haben der Pfarrer und die Schwestern das Vertrauen der Bauern gewonnen. Sie saßen abends gemeinsam nach dem harten Tagewerk auf der Straße und erzählten von ihrer Arbeit. Sechs Monate später war es, als der Pfarrer und die Schwestern die Bauern zur ersten Versammlung einluden. Seither treffen sie sich regelmäßig. Immer mehr Bauern finden sich in den Versammlungen ein. Sie sprechen gemeinsam über alle Probleme des täglichen Lebens. Sie lesen in der Bibel und hören, daß Gott eine ganz andere Welt will. Eine gerechtere Welt. Und sie hören auch von anderen Gemeinden, in denen Menschen dasselbe tun wie sie. Alle haben begriffen: Nur gemeinsam können wir unsere Probleme meistern."
„Davon habe ich auch schon gehört", ruft einer dazwischen, „da kommen Menschen wie wir zusammen, die gemeinsam so leben wollen, wie es uns Jesus vorgelebt hat."
„Ganz richtig", bestätigt der Besucher, „und jetzt sind sie auch in unserer Gemeinde dabei, sich gegenseitig zu helfen. Da werden gemeinsam Werkzeuge und kleine Maschinen gekauft, um die Felder besser bestellen zu können."
Carlos kann gar nicht mehr richtig zuhören. Hoffnung und Mut hat der Bericht aus der Stadt in ihm geweckt — er beginnt zu träumen: Er träumt, daß er nächste Woche auch zur Versammlung geht, daß er mit seiner Familie auch zu dieser Gemeinschaft gehört, daß er endlich ernst genommen wird und Hilfe erfährt, daß alles besser wird. Und leise beginnt er vor sich hinzusummen:
„Himmlischer Vater,
wann wird diese Welt unser sein?
Himmlischer Vater,
wann wird diese Welt den Armen, unseren Geschwistern gehören?
Himmlischer Vater,
wie bitter ist es, unsere Leute durch Unterdrückung gekreuzigt zu sehen.
Himmlischer Vater,
das zerissene Herz unserer Leute will eine Lösung.
Himmlischer Vater,
unsere Hoffnung bist du."

Krischan Johannsen/Gerhard Kuntz

Urwaldorganist Pedro in Venezuela 114

Stichworte:	Venezuela, Musik im Gottesdienst, Gottesdienst (evang.-luth.), Indios, Pfarrer, Armut, Rodung des Urwalds, Schule, Mission, Missionsarbeit, Abendmahl, Lk 19,1–10
Zum Text/ Problemfeld- beschreibung:	Ein deutscher Besucher begleitet einen Pfarrer und den „Urwaldorgani- sten" Pedro auf ihrer Fahrt zu den Indiogemeinden im Landesinnern. Beim Gespräch mit dem Pfarrer erfährt der Besucher, daß die begabten Kinder Pedros nicht zur Schule gehen können, weil ihre indianische Mutter keinen Geburtsschein vorweisen kann.
Vorlesezeit:	12 Minuten
Vorlesealter:	ab 12 Jahren

Wir sind in Venezuela. Nach stundenlanger Fahrt verlassen wir die befestigte Straße. An einem armseligen Gehöft halten wir. Die Wände des Gebäudes bestehen aus geflochtenen Zweigen, die mit Lehm verschmiert sind. Das Dach darüber ist mit abgeschlagenen Palmwedeln gedeckt. Mit Gekläff begrüßen uns ein paar ausgemergelte Köter. Hühner stieben auseinander. Truthähne gackern, ein Kälbchen und ein paar Ziegen glotzen uns neugierig an. Diese Tiere sind erschreckend mager. Man kann sich schlecht vorstellen, daß sich die Menschen in dieser abgelegenen Wildnis genug zum Lebensunterhalt erar- beiten können. Doch die Indio-Oma, die nun aus dem Haus tritt, ist kräftig und rund. Auf ihren Armen hält sie ein nacktes, schlafendes Baby. Während sie schnell und schnatternd mit Pastor Blanck spricht, breitet sich unter dem Baby auf ihrem Pulli ein großer nasser Fleck aus. Das scheint kein Schweiß zu sein.

Vier Leute des Gehöfts, zwei Kinder und zwei Erwachsene, sind bereit, mit uns weiterzufahren. Wir halten noch ein paar Mal an einsamen Gehöften, und immer wieder steigen Indios zu. „Nun müssen wir noch einen Umweg machen", erklärt Pastor Blanck. „Wir wollen noch unseren Organisten abholen." Eine rote Staubfahne hinter sich herziehend, rattert der Wagen hinter einer scharfen Kurve über eine klappernde Brücke, deren Bohlen nur lose nebeneinander gelegt zu sein scheinen. Trotz der Hitze läuft mir eine Gänsehaut über den Rücken, als ich daran denke, daß wir spät in der Nacht wieder über diese Brücke zurückkommen müssen. Aber dann richtet sich mein Interesse wieder auf den „Organisten". Was für ein Mann mag das wohl sein? Hier im Urwald wird es wohl kaum eine Orgel geben. Pastor Blanck hatte mir verraten, daß Pedro sein wichtigster Mitarbeiter bei seiner Missionsarbeit unter den Indios ist und ihn häufig auf seinen Fahrten begleitet.

Und dann halten wir auch schon vor einem exakt aus Baumstämmen gefügten Blockhaus. Ein gefegter Vorplatz erstreckt sich vor dem palmgedeckten Vorbau des Häuschens. Trotz aller Armut macht alles einen sauberen Eindruck. „Ist es wohl möglich, einen Blick in das Innere der Hütte zu werfen?" frage ich interessiert. Pastor Blanck winkt vorsichtig ab. „Die Leute würden sich wegen ihrer Armut sehr schämen", ist seine Antwort. So unterlasse ich es.

Pedro und seine Familie schienen schon auf uns gewartet zu haben. So konnte die Fahrt ohne Verzögerung fortgesetzt werden. Ich mache der schwangeren Frau Pedros Platz auf dem gepolsterten Sitz im Führerhaus und steige mit den fünf Kindern und Pedro − sein ältester Sohn ist taubstumm − nach hinten. Dort sitzen wir nun eng zu fast 15 Personen, zumeist Kinder. Pedro und seine Kinder beginnen sofort, ihre Musikinstrumente auszupacken und zu stimmen. Der „Urwaldorganist" bedient sich also der Geige, Gitarre und Rumbarasseln. Schnell ist alles eingestimmt, und Pedro beginnt, mit seinen Kindern zu musizieren. Alle anderen singen laut mit ihren hellen Stimmen mit. Lieder mit der christlichen Botschaft zu südamerikanischen Rhythmen erklingen aus dem auf holprigen Wegen dahinschaukelnden und steile Hänge hinaufkeuchenden Wagen. Indios halten in ihrer Arbeit inne, und in den Buschdörfern starrt man der singenden Fuhre nach.

Nur noch einmal wird die Fahrt unterbrochen. An einer Stelle haben Bauern den Urwald niedergebrannt, um Nutzland zu gewinnen. Einige Bäume sind über den Weg gestürzt. Mit vereinten Kräften gelingt es, den Weg so weit frei zu bekommen, daß das Auto passieren kann. Der Schweiß vermischt sich mit der roten Staubschicht, die Kleidung und Haut bedeckt. Ich vermute, daß ich nun auch wie ein Indio mit roter Kriegsbemalung aussehe. Pastor Blanck bemerkt dazu: „Die Kriegsbemalung ist gar nicht so unangebracht. Vor zwei Monaten hat es in diesem Gebiet ein Gefecht zwischen Regierungstruppen und Guerillas gegeben. Die Verluste der Guerillas bestanden in 2 Toten und 2 Gefangenen."

Heute ist jedoch alles friedlich. Unser Ziel ist eine größere, einsame Urwaldhütte auf einem Hügel. Ringsherum ist der Urwald abgebrannt, und grau-schwarze Asche vermittelt einen etwas düsteren Anblick. Die letzte Strecke wird zu Fuß zurückgelegt, da an ein Vorankommen mit dem Auto nicht mehr zu denken ist. Überall qualmen und schwelen noch die umgestürzten Urwaldriesen.

Die Bewohner heißen die Neuankömmlinge herzlich willkommen. Sie tun es, indem sie jedem mit einer Schöpfkelle aus einem Wassereimer einen Schluck nehmen lassen. Ein Huhn hat auf dem Rand des Eimers Platz genommen und läßt etwas in das Wasser fallen. Als es vertrieben wird, wendet es sich um, flüchtet in entgegengesetzter Richtung und fällt in den Eimer. Gackernd das Wasser aus den Federn schüttelnd entfernt es sich. Obwohl ich nach Hitze, Schweiß und langer Fahrt sehr durstig bin, verspüre ich keinen Appetit mehr auf einen Schluck Wasser. Ich habe wohl abgekochten Tee in einer Flasche bei mir, aber ich kann unmöglich in Gegenwart der Leute davon trinken. Das würde sie beleidigen und die Gemeinschaft zerstören. So durste ich lieber.

Pedro musiziert inzwischen vor dem Vorbau der Hütte und übt neue Lieder ein. Der Pastor richtet einen Tisch zu einem Altar her und bereitet das Heilige Abendmahl vor. Inzwischen sind noch einige Indios zu Fuß gekommen. Es mögen etwa bis zu 30 Menschen sein, die sich nun zum Gottesdienst vor der Hütte versammelt haben. Ein langer dicker Baumstamm dient als Bank. Die Schatten sind länger geworden, und die Sonne schickt sich an, hinter den Bäumen zu verschwinden.

Der Gottesdienst beginnt mit vielen Liedern. Nur wenige ähneln unseren Chorälen. Meist entsprechen die Melodien südamerikanischem Temperament. Der Takt wird von den Indios mit den Füßen gestampft oder mit den Händen geschlagen. „Urwaldorganist" Pedro streicht seine Fiedel, die Kinder begleiten mit Gitarre und Rumbarasseln.

Doch dann wird es still. Pastor Blanck erzählt die Geschichte von Zachäus, dem Zöllner aus Jericho. Mit einfachen Worten erklärt er, wie Jesus gekommen ist, den verlorenen Sünder zu suchen und zu retten. Die andächtige Stille wird nun unterbrochen von den herumflatternden Hühnern. Aber nach Sonnenuntergang sind auch diese verschwunden, und nur noch fünf kleine Ferkel tummeln sich hinter dem Altar. Sie werden schnell verscheucht. Ein etwa 30jähriger Indio hat einen Kassettenrecorder mitgebracht. Er nimmt die Predigt auf ein Tonband auf, um sie den zu Hause gebliebenen Angehörigen vorspielen zu können. Um selbst zu predigen, fehlen ihm vielleicht die Voraussetzungen. Aber er wird auf seine Weise zum Missionar. Er wird die Botschaft vom Sünderheiland nicht nur für sich behalten. Auch andere sollen das frohmachende Wort Gottes erfahren.

Schwarze Nacht ist hereingebrochen. Auf dem Altartisch steht jetzt die große Petroleumlampe, die wir mitgebracht haben. Sie tut nun ihren Dienst. Doch sie ist nicht die einzige Lichtquelle. Am jenseitigen Hang des Hügels flackern immer wieder Flämmchen auf, die noch vom Urwaldbrand übriggeblieben sind. Und jedesmal, wenn ein Windstoß kommt, glüht der ganze Hang in vielen tausend Pünktchen auf. Ab und zu stürzt mit lautem Brechen ein schwelender Urwaldbaum zu Boden und jagt eine Flut feuriger Funken in den nächtlichen Himmel. Hin und wieder schreit ein Nachtvogel. Unablässig zirpen die Zikaden.

Nach erneutem Gesang leitet Pastor Blanck zur Abendmahlsliturgie über. Sie ruft mich aus meiner Versunkenheit zurück zu der Realität, daß hier im entlegenen Urwald in venezolanischer Nacht braunhäutige Indios ihren evangelisch-lutherischen Gottesdienst feiern. Vor dem Abendmahl wird noch eine kurze Predigt gehalten, dann schließt der Gottesdienst mit Gesang, Gebet und Segen. Nur kurze Zeit bleibt man noch zusammen, dann muß an den langen Rückweg gedacht werden. In vier Wochen wird man sich wieder zum Gottesdienst treffen. Das wird das letzte Mal vor der beginnenden Regenzeit sein. Dann wird der Regen den feinen, roten Staub in schmierseifenglatten Schlamm und die kleinen Täler in reißende Bäche verwandelt haben und solche Missionsfahrten unmöglich machen.

Die Indios sind von dem Erlebnis des Gottesdienstes noch ganz erfaßt. Sie tauschen ihre Gedanken darüber aus. Obwohl es hinten im Auto stockdunkel ist, werden auf der Rückfahrt wieder die fröhlichen Lieder gesungen. Pedro fiedelt, die Kinder begleiten auf ihren Instrumenten, und wer nicht gerade seine Hände gebraucht, um sich in dem schaukelnden Fahrzeug festzuhalten, klatscht damit zum Takt.

Nacheinander laden wir unsere Freunde vor ihren Hütten ab. Noch sitze ich hinten und merke deshalb nur an den klappernden Balken, daß wir die gefährliche Brücke passieren. Und dann sind wir auch schon darüber hinweg, so daß zum Angstbekommen gar keine Zeit mehr bleibt.

Nachdem wir den letzten Indio abgeladen haben, nehme ich wieder vorn im Führerhaus Platz. Linker Hand funkelt vor uns das Kreuz des Südens über dem Horizont am klaren Sternenhimmel. Ich möchte noch mehr über den „Urwaldkantor" Pedro und seine Familie erfahren. So nehme ich das Gespräch auf: „Wo gehen eigentlich Pedros Kinder zur Schule?"

„Sie gehen gar nicht zur Schule."

„Aber ich habe doch gesehen, daß sie lesen können?"

„Das stimmt. Pedro hat ihnen Lesen und Schreiben beigebracht."

„Haben die Kinder denn keine Möglichkeit zur Schule zu gehen, weil der Schulweg zu weit ist?" will ich wissen.

„Nein, die Sache verhält sich anders. Die Kinder dürfen nicht zur Schule gehen. Es ist ein Jammer, weil die Kinder sehr begabt sind."

Und dann erzählt mir der Pastor: „Die Mutter der Kinder, Pedros Frau, ist Indianerin. Ihr Name Delvalle bedeutet soviel wie ‚die vom Tal' und weist darauf hin, daß sie weit im Inland in den Bergen Venezuelas fern von aller Zivilisation geboren wurde. Sie stammt aus einer kinderreichen Indianerfamilie, und ihre Mutter hat es versäumt, da wohl auch keine Gelegenheit war, ihre Kinder registrieren zu lassen. So besitzt Delvalle keinen Geburtsschein. Da bei der Schulanmeldung der Kinder der Geburtsschein der Mutter vorgelegt werden muß, Delvalle aber keinen besitzt, so dürfen ihre und Pedros Kinder keine Schule besuchen."

Ein seltsames Land! Auf der einen Seite diese sture Bürokratie und auf der anderen Seite ein Hinwegsetzen über alle Ordnungen. Hatte ich doch gestern auf der Post erlebt, daß der Beamte am Schalter, anstatt den Luftpostbrief auf die Briefwaage zu legen, diesen in der hohlen Hand abwog und danach das Porto bestimmt.

Pastor Blanck unterbricht die entstandene Stille. „Es gibt eine Möglichkeit, die Kinder zur Schule zu schicken. Doch Pedros Familie ist zu arm, um etwa 3000 bis 4000 Bolivars (2000 bis 2500 DM) aufzubringen. Soviel brauchen sie, damit ein Anwalt ihnen eine Geburtsurkunde beschafft."

„Das heißt also, eine Bestechung vorzunehmen?"

„Nein", widerspricht Pastor Blanck, „so heißt das hier nicht. Das ist allgemein üblich. Wir fragen nicht danach, was der Advokat mit dem Geld macht, wenn nur den Kindern geholfen werden könnte, damit sie eine Ausbildung bekommen."

Noch immer funkelt das Kreuz des Südens knapp über dem Horizont. Vor uns tauchen in einer weiten Mulde vor der Mündung des Rio Caroni in den Orinoko die zahlreichen Lichter von San Felix auf. Wir kehren zurück in die Welt der Zivilisation. Aber die Missionsfahrt in den venezolanischen Urwald wird unvergessen bleiben. Eines weiß ich jetzt schon, während wir die ersten Häuser von San Felix erreichen:

Wenn es eine Verbundenheit des christlichen Glaubens gibt, dann werde ich in Deutschland Menschen finden, die bereit sind, dem „Urwaldorganisten" Pedro und seinen Kindern zu helfen. – Und es wurde ihnen geholfen!

Gottfried Mai

Ein Lied für Teofilo   115

Stichworte:	Paraguay, Sterben, heilige Kommunion, Singen, Krankenölung, Hoffnung angesichts des Todes, Krankenbesuche, Pater, Danksagung, Trost, Verzweiflung, Beichte
Zum Text/ Problemfeldbeschreibung:	Ein Priester besucht den kranken Teofilo und reicht ihm nach Gebet und Beichte die Krankenölung und die heilige Kommunion. In das Lied des Priesters stimmt der Todkranke mit ein. Für beide und auch die anwesenden Verwandten werden diese Minuten zu einer tiefen Erfahrung angesichts des Todes.
Vorlesezeit:	2 Minuten
Vorlesealter:	ab 10 Jahren

Oft werde ich zu Kranken gerufen, auch zu jeder nächtlichen Stunde. Einen dieser Krankenbesuche kann ich nicht vergessen.

Vor kurzem rief man mich in der Nacht zu einem älteren kranken Mann, dem ich schon öfters die heilige Kommunion gebracht hatte. Als ich zu Teofilo kam, fand ich ihn vor Schmerzen zusammengekrümmt auf seinem Bett liegen, kaum fähig, sich zu rühren oder zu sprechen.

Wir beteten zusammen, er beichtete, empfing die Krankenölung und die heilige Kommunion. Dann beteten wir gemeinsam die Danksagung.

Als ich mich umwandte, sah ich die ganze Familie in Tränen aufgelöst. „Liebe Freunde", sagte ich, „dies ist kein Anlaß, traurig zu sein. Wir sollten dem Herrn danken, statt zu verzweifeln. Kommt, laßt uns miteinander singen!"

Ich begann zu singen – zum erstenmal unter solchen Umständen. Und siehe da – der alte Teofilo drehte sich im Bett um und begann mit uns zu singen, so laut, so klar und so schön, wie er nur konnte.

Als das Lied aus war, beugte ich mich zu ihm nieder und umarmte ihn. In

Guarani, der Indianersprache, versicherte ich ihm, wie gut es mir tue, hier bei ihm zu sein.

Schade, daß Sie nicht sehen konnten, wie dieser arme Mann, der sich, fast aufgerieben von Schmerzen, an mich geklammert hatte, in diesem Moment sein ganzes Elend vergaß und immer wieder sagte: „Schön, Pai (Pater), schön, wie schön!"

Auf dem Heimweg hatte die Nacht nichts Düsteres mehr für mich...

Donaldo D'Valle

116 Eine Kirche auf Dawson

Stichworte:	Chile, Gefangenschaft, Gewalt, Folter, Kirche, Hoffnung, Bibel, Christen/Atheisten, Messe, Gottesdienst, Kirchbau, Putsch, Kaplan, Bekehrung
Zum Text/ Problemfeldbeschreibung:	Der Privatsekretär des von den putschenden Generalen ermordeten chilenischen Präsidenten Allende ist mit anderen Opfern des Umsturzes auf einer Insel gefangen. Die Begegnung mit dem Pfarrer und der Bibel gibt diesem Atheisten wieder Mut und Hoffnung.
Vorlesezeit:	ca. 7 Minuten
Vorlesealter:	ab 14 Jahren

Dawson liegt über zweieinhalbtausend Kilometer südlich von Santiago vor der Küste von Feuerland. Eine Insel, ungefähr so groß wie Holland. Abgesehen von den Marineangehörigen, die hier stationiert sind, gibt es nur etwa zehn Einwohner. Eine schöne Insel, wenn man es recht bedenkt. Das Innere ist unerschlossen, und am Strand findet man jene seltsamen weißen Steine, die schwarz werden, wenn man sie in den Händen hält.

Aber der Wind, der unablässig vom Meer herüberweht, ist eisig und schneidend. Manchmal hat er eine solche Stärke, daß er faustgroße Felsstücke mitreißt. Als wir auf die Insel kamen, waren minus fünf Grad, und es lag eine dünne Schneedecke. Wir trugen noch die Santiagoer Frühlingsbekleidung.

Wir waren an die vierzig, Minister, Senatoren, Politiker der Unidad Popular. Clodomiro Almeyda, der Vizepräsident der UP-Regierung, Luis Corvalán, José Tohá, der Innenminister, und Orlando Letelier, die beide später ermordet wurden, keiner fehlte. Auch ich selbst, über zwanzig Jahre lang Privatsekretär des Präsidenten Allende, war gleich nach dem Putsch hierhergebracht worden, ebenso mein ältester Sohn, der bis zuletzt mit uns in der Moneda gewesen war. Vierzig Menschen, auf ebensoviel Quadratmetern Grundfläche zusammengepfercht in zwei kleinen Räumen.

Dabei kann man nicht einmal sagen, daß wir mit besonderer Brutalität behandelt worden wären. Wir wurden nicht gefoltert, nicht mit Elektroschocks und diesen Dingen. Aber es gab andere Möglichkeiten, uns zu quälen. Beschimpfungen, Erpressungsversuche. Schikanen aller Art. Einmal, nach Weihnachten, als ich schon nicht mehr auf der Insel war, mußten sämtliche Lagerinsassen vier Wochen lang Sand in Säcken vom Strand auf einen Berg schleppen, im Laufschritt und zehn Stunden am Tag – eine „Erziehungsmaßnahme".

Und schließlich die Scheinexekutionen, von denen wir nie wußten, ob wir sie überleben würden. Manchmal gab es vorher eine „Gerichtsverhandlung", in der man uns absurde Anklagen zur Last legte. Mit großem Aufwand wurde mein Sohn von einem Militärtribunal wegen Vorbereitung eines Bombenattentats im Lager zum Tode verurteilt, anschließend begnadigt, um kurz darauf von einem Trupp Bewaffneter zur eigenmächtigen Vollstreckung des Urteils „entführt" zu werden. Unsere Bewacher inszenierten das Spektakel in immer neuen Variationen mit schier unerschöpflichem Einfallsreichtum. Das eine Mal, als sie uns alle in einer Ecke der Baracke zusammentrieben und die Maschinenpistolen entsicherten, waren die Umstände so echt, daß kaum einer noch zu hoffen wagte, sie würden auch diesmal wieder mit Platzpatronen oder die üblichen Handbreit danebenschießen.

Aber es war noch etwas anderes, das uns in den ersten Wochen auf Dawson quälte, vielleicht mehr als alles andere. Wir befanden uns in Isolationshaft. Wenige Meter hinter dem Stacheldraht begann das Meer, aber wir waren abgeschnitten von der Umwelt und ohne jede Kontaktmöglichkeit. Seit dem Putsch hatten wir keinerlei Nachricht von unseren Familien, zwei Monate lang. Es war der November 1973.

Ich weiß nicht mehr, wer auf den Gedanken kam, bei den Militärs um einen Geistlichen nachzusuchen. Die wenigsten von uns waren konfessionell gebunden. Was wir suchten, war ganz einfach eine Möglichkeit, Verbindung nach draußen aufzunehmen.

Es kam ein sehr junger Kaplan. Seine Angst war ihm ins Gesicht geschrieben. Mehr Angst als bei einem Kind, das in den Löwenkäfig gesteckt wird. Später hat er uns erzählt, er sei ziemlich sicher gewesen, wir würden ihn als Geisel nehmen.

Wir haben lange miteinander gesprochen. Irgendwie muß er begonnen haben, uns mit anderen Augen zu sehen. Jedenfalls war es nicht einfach für ihn und nicht ohne Risiko, abgesehen von der Fahrt bis nach Punta Arenas, die er deswegen machen mußte. Tatsache ist, er kam eines Tages und brachte uns Nachricht von allen vierzig Familien, er hatte zu jeder telegrafisch oder telefonisch Kontakt aufgenommen. Unsere Frauen befanden sich seit September im Hausarrest, aber sie waren am Leben.

Dawson war für uns damit anders geworden. Wir waren nicht mehr lebendig begraben.

Wir mußten tagsüber im Walde arbeiten und hatten dabei eine uralte Holzkirche aus der Zeit der Missionare entdeckt. Sie war verfallen, längst schon gab es niemanden mehr, der hier hätte Gottesdienst halten wollen. Noch im November stellten wir bei der Lagerverwaltung ein Gesuch, in dem wir um Erlaubnis baten, die Kirche wieder aufbauen zu dürfen. Wir arbeiteten dafür sonntags und ein oder zwei Stunden am Abend. An Holz gab es keinen Mangel, und wir hatten Leute aus allen Berufen unter uns, auch ehemalige Architekten und Ingenieure. So haben wir auf Dawson eine Kirche gebaut, wir alle. Eigentlich am Anfang nur, um dem Kaplan unsere Dankbarkeit zu zeigen. Aber als wir dann das Holz bearbeiteten und die Stämme aneinanderfügten, wurde es uns unter den Händen zum Sinnbild unseres Ungebrochenbleibens.

Die Kirche von Dawson ist um Weihnachten herum fertig geworden. Cancino hielt eine einzige Messe, an der wir, die Maschinenpistolen unserer Bewacher im Rücken, teilnahmen. Danach ist er verschwunden, und wir haben nie wieder von ihm gehört. Es hieß, er sei auf eine Marinebasis in der Nähe des Südpols strafversetzt worden. Das einzige, was wir von ihm besitzen, ist die Widmung in einer Bibel, die er meinem Sohn als dem Jüngsten von uns schenkte:

„Kleiner Puccio": Das Wort Gottes gibt uns Antwort auf die großen Fragen des Menschen. Es weist uns den Weg der Liebe, wie Christus ihn gegangen ist, und läßt uns das Wertgefüge begreifen, das unsere Existenz so wunderbar macht.

Nimm dies an als Geschenk.
José L. Cancino, Marinegeistlicher

XI. 1973

Cancino hat nie versucht, uns zu „bekehren". Wenn wir auf Dawson trotzdem die Bibel lasen, dann deshalb, weil es das einzige Buch war, das zu lesen uns gestattet war. Und wir alle waren es gewohnt, viel zu lesen. Ich bin kein Christ. Aber ich habe auf Dawson erfahren, daß die Bibel eine gute Genossin sein kann. Ich habe sie durchgelesen, von der ersten bis zur letzten Seite. Sie gibt einem Mut zu leben, Hoffnung zu leben, Freude zu leben.

Als ich 1974 in ein Gefängnis nach Santiago überführt wurde, schrieben die anderen ihre Namen in eine unserer Dawson-Bibeln und schenkten sie mir zum Abschied. Sie hat mich seither überallhin begleitet.

Oswaldo Puccio/Brigitte Kahl

Das kugelrunde Jesuskind

117

Stichworte:	Südamerika, Weihnachten, Geburt, Priester, Jesus, Solidarität, Gemeindeaufbau, gesund/krank, essen, Maria, Hochzeit, Prozession, Taufe, Predigt, Eucharistiefeier, Gemeinschaft, Umkehr
Zum Text/ Problemfeldbeschreibung:	Padre Alfonso trifft auf seinem Weg zum Weihnachtsgottesdienst ein Paar mit einem neugeborenen Kind. Er legt dieses „Jesuskind" und seine Eltern seiner Gemeinde ganz besonders ans Herz. Die Sorge um das Kind und seine Familie wird vielen Mitgliedern der bisher wenig solidarischen Gemeinde zum Anstoß für einen Neuanfang.
Vorlesezeit:	15 Minuten
Vorlesealter:	ab 12 Jahren

Padre Alfonso steigt in seinen Landrover. Er blickt in den bewölkten Himmel der Kordilleren. Einsame Weihnachten, in die sich die Nacht mit blauen Nebelschwaden herabsenkt. Um acht Uhr muß er in der Nachbargemeinde sein. Dort warten 5000 Menschen auf ihn. Auch sie wollen ihren Weihnachtsgottesdienst.

Er ist ein Priester für 80000 Menschen.

Was kann er schon viel tun? Taufen. Für die Messe bei einer Fiesta sorgen. Beichte hören. Gemeindeaufbau? Das war ihm bisher nicht gelungen. „Padre, das war hier immer so", hatte Roberto ihn getröstet. „Die Leute wollen es nicht anders. Die Händler beuten die Armen aus. Und die Armen trauen einander nicht. Das Leben in den Kordilleren ist hart. Da wird der Mensch des Menschen Wolf."

Menschwerdung! denkt der Priester. Die Menschen hier durften nicht die Erfahrung machen, daß mit dem Kommen Jesu die Fülle des Lebens angebrochern ist. Ein heftiger Wind tut sich auf. In der Dunkelheit wird das Fahren auf der schlechten Straße zur Qual. 24. Dezember, geht es dem Priester durch den Kopf. Martina kommt ihm in den Sinn, die immer noch hofft, daß der Vater ihres Kindes bald heimkommt.

Es fallen ihm die Sätze ein, die er am Morgen gelesen hat: „Es bleibt immer ein Unterschied zwischen einem wirklichen Armen und jemandem, der sich arm gemacht hat. Hinter einem Menschen, der sich mit den Armen solidarisiert, fällt die Tür nie zu. Für den wirklich Armen war sie nie offen."

Der Landrover schaukelt, beißt sich in der löchrigen Straße fest. Wenn das so weitergeht, werde ich es nicht rechtzeitig schaffen, denkt der Priester, während er auf die Uhr schaut. Immer noch die alte Gewohnheit. Dabei wird hier Zeit anders gemessen. Aussaat und Ernte, viele Fiestas, Leben und Tod. Als hätten sich alle bösen Geister gegen ihn verschworen, wird der Himmel tiefschwarz. Es beginnt zu sprühen und zu spritzen. Die Tropfen werden dick und dicht. Die Straße verwandelt sich mehr und mehr in Morast.

Und dann sieht er sie.

Zwei Menschen im Gewitter gegen einen Felsen gelehnt. Der Priester drückt auf die Bremse. Wind und Regen peitschen ihm ins Gesicht, als er das Auto verläßt. Die Kälte dringt durch seinen Anorack hindurch. Das Elend in den Tropen ist schlimm, denkt er, das in der Kälte ist erbarmungslos.

Zwei Menschen am Wegrand. Im Schein der zuckenden Blitze erkennt der Priester, daß es sich um einen Mann und eine Frau handelt. Die Frau liegt im Schlamm. Der Mann hält etwas in seinem violetten Poncho gewickelt.

Das kann doch nicht wahr sein!

Eine Geburt in der Kälte und Einsamkeit? Das Kind im Poncho wimmert. Der Mann zittert vor Kälte, und die Frau im Schlamm stöhnt leise.

„Wir haben es nicht mehr erreicht", sagt der Mann. „Wir wollten zur Krankenstation. Ein Kind ist uns schon gestorben. ‚Die Schwestern werden uns helfen‘, sagt die Frau. Aber jetzt der Wind, das Gewitter…"

„Schnell in den Wagen!"

Der Priester hilft der Frau aus dem Schlamm. Er bettet sie auf den hinteren Sitzen. Der Mann mit dem Kind setzt sich neben ihn.

Für Fragen bleibt keine Zeit. Der Priester muß auf die Straße achten. Aber der Regen hört so plötzlich auf, wie er gekommen ist.

„Wie heißt du?" fragt er den Mann, als sie sich der Nachbargemeinde nähern. „José."

„Dann sag nur noch, daß deine Frau Maria heißt."

„Nein. Sie heißt Vicenta. Sie ist eine gute Frau."

„Die am Heiligen Abend im Gewitter der Kordilleren das Jesuskind geboren hat", fügt der Priester hinzu. Der Mann versteht nicht.

„Wir haben Weihnachten", sagt der Priester.

„Ich weiß", schaltet sich die Frau mit schwacher Stimme ein. Über ihr schlammverschmiertes Gesicht huscht ein Lächeln.

„Was ist mit dem Kind?" fragt sie.

„Alles in Ordnung. Dein Mann hat sich im grellen Schein der Blitze als gute Hebamme bewährt."

„Wenn du nicht mit dem Auto gekommen wärst…"

„Hätten wir heute kein Jesuskind."

„Jesuskind?"

Der Mann schlingt den Poncho enger über das kleine wimmernde Wesen.

„Ich meine, was ich sage. Dieses Jesuskind wurde im nackten Elend geboren. Dagegen war der Stall zu Bethlehem noch ein Palast", sagt der Priester.

„Dann soll er Jesus Maria heißen", sagt der Mann.

„Jesus Maria", wiederholt die Frau.

Die Schwestern der Krankenstation sind nicht wenig erstaunt, daß der schon lange erwartete Priester das Jesuskind gleich mitbringt.

Sie fragen nicht. Sie handeln. Frau und Kind werden gewaschen und liegen bald im warmen Bett. Der erbärmlich frierende Mann bekommt heißen Kaffee. Eine Schwester bringt ihm trockene Kleider.

„Jetzt ist wirklich Weihnachten", strahlt der Mann.

Später, während der Eucharistiefeier, spricht der Priester über das Ereignis. „Überall wird Jesus geboren. Oft muß er sterben, weil niemand da ist, der hilft. Das Ehepaar war ganz allein. Es gibt in der Nachbargemeinde drei Autos und auch mehrere Pferdefuhrwerke. Aber die Armen wagen nicht einmal, deren Besitzer um Hilfe zu bitten. Wenn jeder nur an sich denkt, können wir nicht von Gemeinde reden. Wenn es nur Egoismus gibt, wäre es besser, wir würden kein Weihnachten feiern." Der Priester hat seine Predigt vergessen. Ganz andere Worte kommen aus seinem Herzen. Und da sie aus seinem Herzen kommen, dringen sie auch zu Herzen. Frauen schließen nachdenklich die Augen. Männer horchen auf. Kinder flüstern einander zu:

„Bei uns ist das Jesuskind geboren..."

Ehe der Priester bei den Schwestern das Weihnachtsessen einnimmt, geht er nochmals zur Krankenstation. Frau und Kind schlafen friedlich.

„Glück gehabt", sagt die Krankenschwester. „Sie werden leben."

Glück?

Für den Priester war es Vorsehung.

Noch am gleichen Abend kommt einer der Wohlhabenden ins Schwesternhaus. Er riecht ein wenig nach Schnaps, ist aber keineswegs betrunken.

„Na", stottert er, „das ist so, wir haben uns gedacht, das Jesuskind hierzubehalten. Ich meine, wir denken uns das so, na, der Mann kann bei mir arbeiten und die Frau, na, das wird sich finden. Wie soll das Kind denn heißen?"

„Jesus Maria."

„Ein schöner Name, den gibt es bei uns noch nicht."

„Wirst du das Kind morgen taufen?"

„Nein." Der Priester wundert sich über sein hartes Nein. „Ich werde das Kind erst taufen, wenn hier eine Gemeinde entsteht, wenn ihr endlich begreift, daß Weihnachten mehr ist als eine schöne Fiesta, daß es nicht genügt, in den Gottesdienst zu gehen. Der Anfang wäre bereits gemacht", fügt er milder hinzu. „Aber ich möchte noch mehr Taten sehen. Durch Jesus Maria muß sich in dieser Gemeinde etwas ändern."

„Und wann wirst du das Kind taufen?"

„Wenn ich wiederkomme."

„Padre, du kommst so selten. Padre, das Kind könnte sterben..."

„Es wird nicht sterben, dieses Kind ist zum Leben geboren."

Mit welcher Sicherheit er das sagt, denken die Schwestern.

Am nächsten Tag fährt der Priester weiter. Als er sich von der Mutter verabschiedet, schreit Jesus Maria mit solch kräftiger Stimme, als hätte er sie sich von allen Chören der Engel geborgt. Mutter und Kind geht es glänzend. Nur der Vater hat einen Schnupfen, den er sich in der Kälte ohne Poncho zugezogen hat. Er ist stolz, daß ihm die Schwestern heißen Tee geben. Natürlich will er die angebotene Arbeit annehmen. Er ist voller Freude, daß sein Sohn gesund ist.

Frauen und Männer kommen zur Krankenstation. Auch Kinder. Alle wollen Jesus Maria sehen. Hirten, denken die Schwestern. Und es kommen nicht nur die Armen. Es kommen auch Wohlhabende.

Die Um-kehr einer Gemeinde beginnt.

Jesus Maria gedeiht prächtig. Das Leben geht weiter, aber es ist ein wenig anders geworden. José singt, wenn er nach getaner Feldarbeit die Ochsenpaare ausspannt. Die Tiere brüllen erleichtert und schlagen den Weg zur Weide ein. Die Frauen zwirbeln Wolle auf Fadenspindeln. In allen Farben entstehen Mützen und Jäckchen für das neugeborene Kind.

„Es ist unser Jesuskind", sagen sie.

„Wenn der Padre kommt, soll er staunen." Sie bringen Milch und Brei. Jesus Maria wird kugelrund. „Das kann nie schaden", sagt seine Mutter. „Es kommen immer wieder Zeiten des Hungers. Nur die kräftigen Kinder können sie überstehen." Es finden sich plötzlich auch einige Frauen und Männer, die mit den Eltern des Kindes am Taufunterricht teilnehmen wollen. Ganz neue Dinge gehen ihnen dabei auf.

Es passieren auch andere Dinge. Bald sind einige bereit, mit Hilfe der Schwestern einen Gottesdienst zu halten. Don Cipriano schimpft nicht mehr, wenn die Arbeiter um ein wenig mehr Lebensmittel bitten. Damian gibt es auf, heimlich in der Nacht Schafe zu stehlen. Er schenkt José seinen verbeulten Binsenhut.

Vicenta arbeitet in der Küche der Hacienda. Sie bekommt Bohnen und Weizen für ihre Arbeit und freut sich darüber, daß sie sich einen Vorrat an geröstetem Mais zulegen kann.

Die Herrin, Doña Ana, lächelt, wenn sie Jesus Maria sieht. „Das Kind bringt uns Segen", sagt sie, „die Ernte wird gut." Eines Tages heißt es: „Der Padre kommt!"

„Virgen Santisima", rufen die Frauen. „Jetzt bekommen wir unsere Fiesta. Jesus Maria wird getauft." Die Kirche ist hell erleuchtet von den vielen Kerzen. Jesus Maria wird herausgeputzt. Nur noch das kugelrunde Gesicht ist unter den vielen bunten Wolljäckchen und der Mütze zu sehen.

Der Priester lacht schallend auf, als er das kugelrunde Kind sieht.

„Wir sind jetzt eine Gemeinde", strahlt José. „Wir halten sogar selbst einen Wortgottesdienst." Die Menschen strömen in festlichen Kleidern zur Kirche. Die Jungfrau auf dem Altar in Altlas mit Glasperlenbesatz scheint zu lächeln, als der Priester den kugelrunden Jesus Maria tauft.

„Jetzt noch eine Prozession", wünschen sich die Leute nach der Tauffeier. Vier Männer heben die Jungfrau auf eine kleine Bahre. Aufrecht und feierlich tragen die Paten Jesus Maria hinter der Jungfrau her. Rotgelbe und grüne Röcke und ebenso bunte Ponchos geben der Prozession den notwendigen Glanz. Menschen lassen die Straße hinter sich und schlagen den Weg zum Rasen ein, vor dem Jesus Maria geboren wurde.

„Virgen Santisima", murmeln die Leute, „segne uns und unsere Felder!"

Der Priester stellt voller Freude fest, daß die Leute aus ihrer Passivität erwacht sind.

Kurz vor der Kirche humpelt der alte Simon auf den Priester zu. „Meinst du, es ist noch Zeit?" stottert er verlegen. „Du weißt schon, ich lebe seit zwanzig Jahren mit Jacinta zusammen. Sie wollte immer meine richtige Frau sein. Weiberwünsche, dachte ich. Aber Jacinta liegt mir nun ständig in den Ohren. Ohne richtige Ehe seien wir keine Christenmenschen, meint sie. Es sind da auch noch vier andere Paare, die richtig vor Gott Mann und Frau sein wollen."

Und dann gab es eine prächtige Hochzeit mit Böllerschüssen. Als fünf frisch vermählte alte Paare aus der Kirche traten, brach Jubel aus. Simon spielte auf seiner Flöte und ermunterte zum Tanz. Die Röcke der Frauen flogen. Es gab Chica, gerösteten Mais und gebratene Meerschweinchen.

Nur das kugelrunde „Jesuskind" verweigerte alle Nahrung. Die Leute hatten ihm schon zu viel gute Bissen in den Mund gesteckt.

„Schluß mit dem Mästen", sagte der Priester. „Die Gemeinde muß wachsen, er aber will abnehmen." Waren das nicht Worte aus der Bibel?

Padre Alfonso verstand sich selbst nicht mehr. Aber Jesus Maria lachte.

Eva-Maria Kremer

Kommunion der leeren Hände 118

Stichworte:	Südamerika, Eucharistie, Kommunion, Brot, Wein, Solidarität, Gefängnis, Hoffnung, Ostern, Leib Christi, Gemeinschaft, Gottesdienst, Liturgie, Auferstehung, Glaube, Gotteserfahrung, Christen/Nichtchristen, Kirche im Verborgenen
Zum Text/ Problemfeldbeschreibung:	In einem südamerikanischen Gefängnis feiern Christen illegalerweise die Eucharistie. Ohne die Elemente Brot und Wein konkret zu haben, erfahren sie die hoffnungs- und gemeinschaftsbildende Kraft dieser Feier.
Vorlesezeit:	ca. 5 Minuten
Vorlesealter:	ab 14 Jahren

Heute ist der Tag der Auferstehung: mein erstes Ostern im Gefängnis...

Unsere konfiszierten Sachen sind uns nicht zurückgegeben worden. Alles, was wir haben, sind unsere Feldbetten, unsere Zudecken und was wir so anhaben. Es gibt keine Tasse und kein Glas. Wer Wasser trinken will, muß es direkt aus dem Wasserhahn trinken.

Eine Menge von Gefangenen erlebt die Freude der Abendmahlsfeier – aber ohne Brot und Wein. Es ist die Kommunion der leeren Hände, der Gefangenen, der Hilflosen, der Verbannten und der Unterdrückten. Niemals zuvor haben wir so klar das Gewicht der Ewigkeit erfahren, die hervorbricht in unserer historischen Zeit. Die Nicht-Christen sagten: „Wir wollen ganz leise reden, damit ihr euch treffen könnt." Nahe bei den Wachen bildeten sie eine regelwidrige Gruppe und so den Vorhang normaler Unterhaltung, die uns das Zusammenkommen ermöglichte. Zu großes Schweigen würde die Aufmerksamkeit der Wachen erregt haben, wie ganz gewiß auch die alleinige Stimme des Predigers. Man hatte uns ja gewarnt, daß jedes Zusammensein, das nicht nur der belanglosen Unterhaltung dient, schwer bestraft werden würde.

Ich sagte meinen Freunden: „Wir haben kein Brot und auch kein Wasser, das wir anstelle des Weines nehmen könnten."

„Genau wie wir es als Kinder gemacht haben", sagte ein Junge von nicht ganz 19 Jahren, Mitglied eines Teams von Militanten, die zu mehr als 30 Jahren verurteilt waren. „In meiner Stadt spielten wir so, als ob wir Gäste wären, und tranken Mate stundenlang."

Und ich sagte ihm: „So wird es jetzt bei uns auch zugehen. Ihr wißt ja doch, daß Christus will, daß wir in der Einfalt der Kinder handeln."

Nahe bei uns saß ein Mitgefangener auf dem Feldbett mit einem wachsamen Auge auf die Wache, bereit, uns zu warnen, wenn sich die für uns unsichtbare zugesperrte Tür öffnen sollte.

„Christus wird unsere Feier annehmen", sagte einer der neuen Brüder zur Weitergabe an die anderen. „Es macht nichts, daß wir die richtigen Sachen nicht haben; worauf es ankommt, ist unsere Aufrichtigkeit."

„Dieses Mahl, an dem wir teilnehmen", sagte ich, „erinnert uns an das Gefängnis, an die Qual, an den Tod und an den endlichen Sieg Jesu Christi. Er hat uns geboten, daß wir uns bei der Wiederholung der Handlung im Geist der Gemeinschaft an ihn erinnern. Das Brot, das wir heute nicht haben, das aber gegenwärtig ist im Geist unseres Herrn Jesus Christus, ist der Leib, den er hingab für die ganze Menschheit. Daß wir kein Brot haben, weist sehr gut hin auf den Mangel an Brot bei dem Hunger von Millionen von Menschen. Als Christus das Brot unter seinen Jüngern austeilte oder als er Menschen zu essen gab, offenbarte er den Willen Gottes, daß Brot da sein sollte für alle. Der Wein, den wir heute nicht haben, ist sein Blut, gegenwärtig im Licht unseres Glaubens. Christus hat sein Blut vergossen für uns, um uns zur Freiheit hin zu leiten auf dem langen Marsch für Gerechtigkeit. Gott hat alle Menschen von einem Blut gemacht, wie die Bibel uns sagt. Das Blut Christi repräsentiert unseren Traum von einer geeinten Menschheit, von einer gerechten Gesellschaft ohne Unterschied von Rasse und Klasse."

„Diese Kommunion", sagte ich dann, „ist nicht nur eine Kommunion unter uns hier, sondern auch eine Kommunion mit all den Brüdern in der Kirche da draußen, und nicht nur eine Gemeinschaft mit den noch Lebenden, sondern auch mit den bereits Verstorbenen, und noch mehr: Es ist eine Kommunion mit denen, die nach uns kommen und die Jesus Christus die Treue halten werden."

Ich erhob meine leere Hand zu dem Nächststehenden rechts von mir und legte

sie auf seine offene Hand, und so mit allen: „Nimm, iß, dies ist mein Leib, der für euch gegeben worden ist; tut dies zu meinem Gedächtnis."
Und dann erhoben wir alle unsere Hände zu unseren Mündern und empfingen so, im Schweigen, den Leib Christi. „Nimm und trinke, dies ist das Blut Christi, das vergossen worden ist zur Bestätigung des neuen Bundes Gottes mit den Menschen. Laßt uns dankbar sein in der Gewißheit, daß Christus hier mit uns ist und uns stärkt."
Wir dankten Gott und erhoben uns und umarmten einander.
Nach einer Weile sagte ein nichtchristlicher Mitgefangener zu mir: „Ihr Christen habt etwas Besonderes, das ich auch haben möchte. Ich möchte später mit dir reden."
Ein Christ sagte: „Pastor, dies war eine wahre Erfahrung, ein Erlebnis! Ich glaube, heute habe ich entdeckt, was Glaube ist. Ich habe früher an solchen Gottesdiensten teilgenommen, aber da hat nichts mich innerlich getroffen. Nun, ich glaube, daß ich auf dem rechten Wege bin."

Aus Lateinamerika

Gottesdienst auf Solentiname 119

Stichworte:	Nicaragua, Exil, Widerstand, Gründonnerstag, Befreiung, Reich Gottes, Evangelium, Wandlung, Kommunion, Kommunismus, Revolution, Messe, Theologie der Befreiung, Basisgemeinde
Zum Text/ Problemfeld- beschreibung:	Nach der Revolution in Nicaragua kehrt der Priester Ernesto Cardenal, jetzt Minister in Managua, nach Solentiname zurück, wo er vor der Revolution eine Basisgemeinde gegründet hatte. Die Atmosphäre zwischen Cardenal und seiner ehemaligen Gemeinde ist sehr gehemmt. Den Durchbruch schafft ein früherer Gegner Cardenals, der sich jetzt zur gesellschaftlichen Umwälzung bekennt.
Vorlesezeit:	7 Minuten
Vorlesealter:	ab 14 Jahren

Die Kirche hatte die Guardia nicht zerstört. Nur die Heiligenfiguren aus Holz hatten sie hinausgeworfen und in Brand gesteckt. In der Kirche von Solentiname hatten sie eine Zeitlang ihr Lager aufgeschlagen. Vielleicht würde ja noch jemand auftauchen, den sie suchten. Es tauchte niemand mehr auf. Einige Bauern waren geflohen, lebten in Costa Rica im Exil, andere beteiligten sich am Widerstand, einige waren schon umgekommen.
Irgendein Priester tauchte damals auf und erklärte den verdutzten Bauern, daß jedes Sakrament, das Ernesto Cardenal ausgeteilt hatte, jede kirchliche Trau-

ung, jede Taufe, jede Kommunion null und nichtig sei. Daß Gott sie nicht anerkenne, alles müsse wiederholt werden. Cardenal sei ein Abtrünniger, er sei Kommunist. Aber die Bauern und Fischer wollten ihm nicht so recht glauben. Da verschwand er wieder.

Die Kirche stand dann leer, kein Gottesdienst wurde mehr gefeiert, auch an den Sonntagen trafen sich die Gemeindemitglieder hier nicht mehr. Zuerst aus Angst und später, weil Cardenal fehlte.

Gründonnerstag auf Solentiname. Nach drei Jahren wollte Cardenal in seiner ehemaligen Gemeinde wieder einen Gottesdienst zusammen mit den Bauern feiern.

Schon früh am Nachmittag sahen wir die kleinen Boote von den verschiedenen Inseln kommen. Ihr Priester war zu ihnen zurückgekommen. Es hatte sich schnell herumgesprochen. Die Kinder spielten und schlugen mit Stöcken nach den noch unreifen Mangofrüchten, sie näherten sich unserer Gruppe nur zögernd. Die Erwachsenen standen in kleinen Gruppen zusammen und mir schien, sie ignorierten uns Fremde.

Als Cardenal dann in die Kirche trat und die kleine Glocke läutete, kamen sie langsam näher, betraten den Kirchenraum, blieben aber am Rande und an den Ausgängen stehen. Nur einige ältere Frauen gingen mutig in den Innenraum auf Cardenal zu. Er hatte sein Priestergewand über sein Bauernhemd und seine Blue Jeans gezogen. Er ging ihnen entgegen, umarmte sie und klopfte ihnen auf den Rücken.

Es war still, als er anfing zu sprechen. „Heute sind wir hier wieder versammelt, wie früher in der Vergangenheit. Es ist anders heute, weil wir alle uns verändert haben, weil inzwischen Dinge geschehen sind, die das Leben von uns allen verändert haben. Und einige sind nicht mehr hier bei uns, die wir alle gekannt und geliebt haben. Ich denke an Elbis, an Donald und an Felipe. Sie haben für die Befreiung gekämpft, für unsere Befreiung aus Unterdrückung, Abhängigkeit, sie haben für die Armen gekämpft. Sie haben für die Verwirklichung des Reiches Gottes hier auf dieser Erde gekämpft. Ihr habt sie alle gekannt und ihr wißt, wie sehr sie Jesus Christus liebten und wie sehr sie an ihn glaubten. Und ihr kennt Natalia, die Mutter von Elbis, sie hat einmal während unserer Predigtgespräche hier in dieser Kirche gesagt: ‚Immer wenn einer für die Befreiung kämpft, findet das Evangelium statt.‘ Sie haben mit Liebe im Herzen gekämpft. Sie sind mitten unter uns."

Ich starrte durch die offenen Fensterläden auf den See. Ich hatte starkes Herzklopfen und dachte: Jetzt wird jemand dazwischenrufen: „Mein Sohn war es, der umgekommen ist, und du, du lebst immerhin noch!" Aber es rief niemand dazwischen.

„Wir werden eine Molkerei hier auf Solentiname aufbauen, eine Spielzeugwerkstatt, einige von euch, die begabt sind zu malen, und vor Jahren damit angefangen haben, werden Bilder malen oder Kunsthandwerk betreiben. Es werden neue Arbeitsplätze geschaffen, und keiner braucht mehr zu hungern."

Die Guitarren waren etwas verstimmt, und das Lied aus der Misa Campesina klang schräg und ungeübt. Lange waren sie wohl nicht gesungen worden, diese Texte, diese Lieder, die sie vor Jahren im Gottesdienst so begeisternd hatten schmettern können.

Auf dem Altartisch stand die Flasche „Oppenheimer Krötenbrunnen", die wir Cardenal aus dem Duty-Free-Shop mitgebracht hatten. Ich mußte lächeln, weil er daran gedacht hatte, diese Flasche mitzunehmen, damit wir hier auf Solentiname einen Meßwein für das Abendmahl hatten.

Nach der Wandlung des Weins in Jesu Blut und der in kleine Stücke aufgeteilten Tortilla in Jesu Leib wartete Cardenal mit dem Kelch und den Tortillastückchen, um sie an die Menschen auszuteilen. Nur einige Mutige, so schien mir, gingen zum Altar. Aber es war genug für alle da. Cardenal lächelte, dann wanderte er durch die Kirche, von einem zum anderen und reichte allen Brot. Und gemeinsam kommunizierten wir.

Nach der Messe zog Cardenal seinen Talar aus und legte ihn sorgfältig auf den Altar, trat zur Seite und blickte schweigend aus dem Fenster auf den großen See. Noch fehlte die Spontanität der früheren Jahre. Der Priester und seine Gemeinde verhielten sich sehr schüchtern zueinander.

Plötzlich stapfte ein Bauer durch die unschlüssig wartenden Menschen auf die Altarstufe zu. „Bevor ihr alle geht, möchte ich hier mal was sagen", fing er sehr laut an. „Wir haben alle dem Padrecito zugehört. Ihr kennt mich, reden ist eigentlich nicht meine Stärke." Einer rief: „Dafür aber saufen!", und alle lachten. – „Was ich sagen wollte", und er fuchtelte mit den Armen, „ich war ja eigentlich früher immer ein Gegner von dem, was hier alles so geredet wurde, ihr wißt das, für mich war das Kommunistengerede, und der Kommunismus ist Teufelswerk, behauptete man. Dann kam ja das mit dem Krieg und wie die Guardias hier gehaust haben. Und der Somoza ist ja dann auch abgehauen. Wenn der endlich verschwindet, dann wird alles anders, das haben wir doch alle gemeint. Bis jetzt ist hier noch nicht viel anders geworden. Bis heute, das muß ich sagen. Der Padre ist wiedergekommen, und er ist doch jetzt so ein berühmter Minister. Er hat doch jetzt wichtigere Dinge zu tun, stimmt's Padre?" Und er blickte zu Cardenal, der lächelte ihn an. „Er ist wiedergekommen und hat uns seine Pläne, die er mit uns hat, erzählt. Und das meint er ernst. Ich bin kein Kommunist, werd' nie einer werden, aber der Padre, was hat er davon, wenn er uns hilft, was? Das frag' ich euch. Er könnte sich doch jetzt ein schönes Leben machen. Er ist berühmt, hat genug Geld. Was soll er mit dem Geld machen, er hat ja keine Familie zu ernähren. Das muß seltsam sein. Also kommt er zu uns allen zurück. Das brauchte er ja nicht. Er liebt uns, wie seine Familie, die er nicht hat. Und bringt Geschenke. Und wenn der Padre wirklich ein Kommunist ist, wie viele sagen, und daß das schlimm wäre, dann denke ich, was ist schlimm an einem Kommunisten, der uns alle so liebt, wie er Jesus Christus liebt.

Das wollte ich euch allen heute mal sagen, weil ich früher immer so gegen alles war. Das wißt ihr ja alle. Ich hab' mich ja auch geweigert, lesen und schreiben zu lernen. Was soll so ein Mann wie ich damit anfangen, denn meine Fische fangen und meine Felder hacken, das kann ich auch so. Aber meine Kinder und selbst meine Frau, kein Mensch weiß warum, haben mitgemacht bei dieser Kampagne. Jetzt sag' ich es öffentlich, heimlich hab' ich auch mitgemacht. Ja, lacht ihr nur. Ich kann seit der Zeit kein bißchen besser fischen, auch mit den Feldern klappt es nicht besser, ich weiß einfach noch nicht wozu das gut ist. Vielleicht ist es das, was der Padre mit Revolution bezeichnet. Ja, so wird es sein."

Es wurde gelacht, sie klopften dem Redner auf die Schultern und fingen an, Lieder zu singen. Draußen lag der See ruhig und glatt, wie eine Silberplatte. Die Kinder tobten noch ein wenig. Am Landungssteg und auf der anderen Seite des Sees legten die kleinen Boote geräuschlos ab. Sie machten sich auf den Heimweg.

In wenigen Minuten würde die kurze Dämmerung in Nicaragua von der Tropennacht zugedeckt sein. Schon hämmerte im Hintergrund der Stromgenerator. Sie hatten ihn repariert, kleine Glühbirnen leuchteten uns den Weg zum wiederaufgebauten Gästehaus.

Ursula Schulz

120 Posadas

Stichworte:	Guatemala, Fest, Feier, Brauchtum, Prozession, Rosenkranz, Weihnachtsmesse, Krippe, Weihnachten
Zum Text/ Problemfeldbeschreibung:	Die Posadas sind weihnachtliche Prozessionen, bei denen Figuren von Maria und Josef in den Straßen herumgetragen werden – „auf der Suche nach einem Schlafplatz". In dem Haus, in dem die Figuren übernachten, wird ein großes Fest gefeiert. An Heiligabend werden Maria und Josef feierlich in die Kirche einziehen. Erst wenn das Jesuskind in der Krippe liegt, ist richtig Weihnachten. Dann endlich kann sich die Familie von Roberto auf die Messe und die Geschenke freuen.
Vorlesezeit:	7 Minuten
Vorlesealter:	ab 10 Jahren

Neun Tage noch bis Weihnachten. Roberto freut sich schon lange auf diesen Tag. Denn am 16. Dezember beginnen die „posadas". „Posada" heißt so viel wie Gasthaus, Herberge. Die „posadas" sind Prozessionen, in denen Maria und Josef in den Straßen herumgetragen werden – auf der Suche nach einem Platz für die Nacht.

Roberto hat noch drei Geschwister: Juan, der ist schon sechzehn Jahre alt, Maria und Ana, die acht Jahre alten Zwillinge. Robertos Familie lebt zusammen mit der Familie von Onkel Ricardo und den Großeltern auf einem Grundstück, das seit dem letzten Erdbeben nicht mehr bebaut worden ist. Aus Steinen, Brettern und Wellblech haben sie ihre einfachen Häuser gebaut. Robertos Vater ist Aushilfslehrer in einer Sprachschule. Von den 400 Mark, die er verdient, müssen alle leben. Onkel Ricardo ist seit einigen Monaten im Gefängnis. Er ist Lastwagenfahrer. Der Besitzer des Lastwagens versprach ihm Geld, falls er gestohlene Sachen transportiert.

Onkel Ricardo konnte nicht „nein" sagen: Er wollte endlich einmal zu Weihnachten seinen Kindern schöne Sachen schenken. Jetzt tut ihm sein Fehler natürlich leid, aber die Familie hält fest zusammen, und auch die Kinder besuchen ihn manchmal im Gefängnis.

An diesem 16. Dezember schaut Ricardo nachmittags in der Pfarrkirche vorbei. Dort bereiten einige Frauen und Männer die Figuren von Maria und Josef für die Prozessionen vor. Sie werden aus dem Glaskasten auf dem Altar herausgeholt; Maria bekommt ein blaues, neues Samtkleid, und sogar ihr Haar wird ausgewechselt: Prächtige dunkelblonde Locken bekommt sie. Josef braucht nur abgestaubt zu werden. Die Leute bringen Blumen und Kerzen für das Traggestell. Um fünf Uhr kommt Juan mit seiner Gitarre. Er übt mit der Jugendgruppe Lieder für die Prozession.

Nach dem Abendessen holt Robertos Vater die kleine Muttergottes vom Schrank, die Mutter stellt eine Kerze hin, und dann betet der Vater den Rosenkranz vor. So machen das viele Familien neun Tage vor Weihnachten: „Novena" heißt dieser Brauch. Beim vierten Gesätz wird Roberto ungeduldig, weil man schon die Musik von der „Posada" hören kann, und auch die anderen beten ein bißchen schneller, damit sie die Prozession vor der Haustür begrüßen können. Dort hinten halten sie gerade vor einem Haus; die Leute haben Kerzen in den Händen. Maria und Josef auf dem Podest werden von Lampen mit Batterien ganz besonders angestrahlt. Immer, wenn die Prozession hält und die Träger wechseln, zünden die Leute zu Ehren von Maria und Josef „cohetes" (Raketen) und „bombas" (laute Knaller) an. So hört man die Prozession am Singen und Knallen schon von weitem.

Bei den Sanchez, Robertos Nachbarn, ist heute die Endstation der Prozession. Dort dürfen Maria und Josef übernachten. Morgen werden sie feierlich zu einer anderen Familie getragen. Alle Nachbarn sind zu den Sanchez eingeladen. Ihre Tür ist festlich geschmückt, damit alle Leute sehen können, daß hier heute nacht Maria und Josef übernachten. Zuerst wird ein Lied gesungen, in dem Maria und Josef um Einlaß bitten. Dann dürfen sie ins prächtig geschmückte Wohnzimmer einziehen und alle Leute hintendrein. Familie Sanchez hat auf dem Eßtisch einen großartigen Altar aufgebaut mit Blumen, Kerzen und allen Heiligenbildern, die sich im Hause finden ließen. Alle beten noch ein Gesätz vom Rosenkranz, dann gibt es „ponche" für die Erwachsenen: Ein heißes

Fruchtgetränk mit Rum, „fresco" und „chocolate", Saft und Kakao für die Kinder und „dulces", süßes Gebäck, für alle. Jede Nacht werden Maria und Josef bei einer anderen Familie verbringen und am 24. Dezember feierlich zur Weihnachtsmesse in die Kirche einziehen. Dort ist schon eine Krippe vorbereitet. Erst nach der Messe holt der Pfarrer das Jesuskind aus der Sakristei. Er setzt sich mit dem Jesuskind vor den Altar. Alle Leute kommen in feierlicher Prozession, küssen das Jesuskind; die meisten Kinder geben auch Pfarrer Benito einen Kuß. Ganz zum Schluß bringt er dann das Jesuskind in die Krippe: Jetzt ist erst richtig Weihnachten.

Bei Roberto zu Hause bleiben alle lange auf. Um Mitternacht holt der Vater das Jesuskind vom Schrank. Alle beten zusammen. Dann legt der Vater das Jesuskind in die Krippe. Nun wird richtig gefeiert, und es gibt Geschenke: Buntstifte für die Zwillinge, einen Pullover für Roberto, und Juan bekommt richtige Joggingschuhe. Papa und Mama schenken sich Weintrauben – ein Weihnachtsfest ohne Weintrauben ist undenkbar. Alle sind auch ohne viele Geschenke sehr froh und glücklich.

Maria Christine Zauzich

121 Friede für El Salvador

Stichworte:	El Salvador, Massaker, Freischärler, Priester, Bürgerkrieg, Verrat, Mord, arm/reich, Erlöser, Theologie der Befreiung, Karfreitag
Zum Text/ Problemfeld- beschreibung:	In El Salvador herrscht Bürgerkrieg zwischen einer kleineren reichen Oberschicht und der armen Bevölkerung. Der kleine Francisco hat wie durch ein Wunder das grausame Massaker der Todesschwadronen, die in seinem Dorf Freischärler vermuteten, überstanden. Zurück bleiben die totale Verwüstung und ein Schild mit der Aufschrift „Friede für El Salvador". Die Kirche und der Priester, der auf der Seite der Armen stand, wurden getötet im Land „El Salvador del mundo", im Land, das nach dem Erlöser der Welt benannt ist.
Vorlesezeit:	6 Minuten
Vorlesealter:	ab 14 Jahren

Francisco, der durch ein wahres Wunder das blutige, grausige Massaker unbeschadet überstanden hatte, saß inmitten der Trümmer des abgebrannten Dorfes, zwischen schwelenden Balken im beißenden Qualm der Vernichtung mit seinen rotentzündeten Augen, die keine Tränen mehr freigaben in einem Kindergesicht voller Verzweiflung, abgrundtiefer Qual und stummer Ratlosigkeit, die lauter war als alle Schreie der vergangenen Nacht des Infernos. Gegen Morgen waren die Männer der rächenden „Todesschwadron" betrunken und

gröhlend abgezogen, während das Dach der kleinen Kirche, wo die Glocken nachts Alarm geläutet hatten, krachend einstürzte und jene unter sich begrub, die sich in letzter Minute in der Kirche verstecken konnten, ehe der Tanz der Bajonette seinen schrecklichen Tribut forderte.
Francisco, der in den Wald gerannt war, als der Vater schreiend aus der Hütte gezerrt worden war, hockte unter einem Pappschild, das der Kommando-Orden als Abschreckung und Warnung zurückgelassen und an einem stehengebliebenen Hausbalken befestigt hatte.
Friede für El Salvador! So stand es in unregelmäßigen Lettern groß auf das Schild gesprüht. Mit rotem Farbspray, mit der Farbe des Blutes. Und die Buchstaben waren ausgelaufen und verschmiert. Dreizehn Jahre alt war Francisco, der das schreckliche Geschehen nicht begreifen konnte. Der Vater hatte noch am Abend gesagt: Sie vermuten Freischärler im Dorf. Wir werden wachsam sein müssen und rechtzeitig in die Wälder fliehen! − Dazu war es nicht mehr gekommen. Der Tanz der Bajonette war schneller als alle Fluchtpläne gewesen. In der dunkelgrünen Farbe nasser Blätter waren sie gekleidet, als sie ins Dorf einfielen, während die Glocken die Todesahnung über die Häuser geschwungen hatten. Eine Maschinengewehrgarbe hatte die Glocken nicht zum Schweigen bringen können. Da versuchten es die Männer der Todesschwadron mit einer Handgranate, deren dumpfer Schlag Todesstille über dem Dorf auslöste, bis die ersten Schreie die Nacht zerrissen. Francisco hatte vom Wald aus den aufbrandenden Feuerschein verfolgt und aus sicherer Entfernung miterlebt, wie sein Heimatdorf den Flammen und der Vernichtung zum Opfer fiel. Die Schreie der nächtlich Gemarterten und Gemordeten wurden durch die Entfernung zum Wald gedämpft. Aber sie zerrissen Francisco das Herz, daß er stumm war vor Angst und Grauen. Der anfänglich über dem Dorf stehende Mond hatte sein Gesicht hinter einer schwarzen Wolke versteckt, weil er den Tanz der Bajonette nicht ertragen hätte. Aber Francisco wurde zugemutet, das alles zu ertragen. Francisco hatte bei seiner Rückkehr ins Dorf mit dem Beginn des aufsteigenden Morgens, als der Wald mit schrillen Lauten der Tiere erwachte, das Wasser des Baches blutig gefunden, als er sich Angst und Verzweiflung aus dem Gesicht waschen wollte. Und im Maisfeld hinter dem Dorf sah er den Priester mit dem Meßgewand gekleidet, tot mit dem Gesicht zur Erde hin liegen. Rot hätte normalerweise im grün-weiß-goldenen Meßgewand gefehlt, wie Francisco als Meßjunge wußte. Jetzt beherrschte das dunkle Rot das priesterliche Festkleid. Im Maisfeld war Blut geflossen. Francisco konnte das Ausmaß des Massakers mit seinem jungen Verstand nicht fassen. Er begriff das alles nicht, empfand nur das Pappschild mit der Sprayschrift als Ausfluß der Teufelei: Friede für El Salvador!
Vom Vater her wußte er, daß die Regierung nicht hinter den Armen stand. Daß die Armen aber das Volk von El Salvador waren, denen die Kirche beistand. Nun hatten sie die Kirche zerstört, die Todeskommandos der Machthaber El Salvadors. Noch nicht sehr lange war es gewesen, daß die Kunde von

der Ermordung des Erzbischofs ins Dorf gedrungen war. Da hatten sie gemurrt und aufbegehrt im Dorf. Auch der Priester. Francisco wußte es.
Nun waren sie gekommen, um mit Gewehren und Bajonetten den Tanz der Rache anzuführen. „Orden" nannten sich die Todeskommandos El Salvadors. Francisco erinnerte sich mitten im Qualm des Untergangs genau, daß der Priester im Unterricht erklärt hatte: Unser Land ist einmalig auf der Welt, weil es den Namen des Erlösers Jesus Christus trägt: El Salvador del mundo, der Erlöser der Welt! Nun war der Karfreitag des Verrats über das Land des Erlösers gekommen. Der Bürgerkrieg war ausgebrochen. Und wie ein letzter großer Verrat am Erlöser der Welt stand auf dem großen, schiefen Pappschild mit den ausgelaufenen roten Buchstaben in der Farbe des Blutes: Friede für El Salvador!
Rundum rauchte und quoll der Qualm der Vernichtung und Unterdrückung im Zeichen des Mordes und Verrats. Der beißende Rauch verbrannter Häuser und Hütten war der Abgesang der grausigen Musik zum Tanz der Bajonette. So kann der Friede nicht sein, von dem der Priester gesagt und gelehrt hatte, ging es Francisco durch das gemarterte Hirn. Er lief zurück in den Wald und schüttelte sich im Weinkrampf. Und noch immer versagten die wegschwemmenden Tränen im Kindergesicht Franciscos, das sich leergeweint hatte.
Viva El Salvador! Es lebe Salvador, hatte der Vater in der Versammlung der Männer vor zwei Tagen noch gerufen. Nun lagen sie tot unter den Trümmern des Dorfes, jene Menschen in El Salvador del mundo, im Lande, das nach dem Erlöser der Welt benannt war.

Helmut Ludwig

122 Das „Wunder" der Marktfrauen

Stichworte:	El Salvador, Schutzpatron, Verehrung, Predigt, Zeichen der Hoffnung, Fastenzeit, Kollekte, Genossenschaft, arm/reich, Basisgemeinde, Gottesdienst, Messe, Weihrauch, Herz-Jesu-Gedenkgottesdienst
Zum Text/ Problemfeld- beschreibung:	Die von Wucherern bedrängten Marktfrauen einer salvadorianischen Kleinstadt bitten die Basisgemeinde um Hilfe. Bei einem Gottesdienst zu Ehren des heiligen Herzens Jesu kommt es zu dem „erlösenden" Vorschlag, daß sich die Marktfrauen in einer Genossenschaft organisieren sollten. Die Basisgemeinde hilft mit all ihren Mitteln, den Vorschlag zu realisieren.
Vorlesezeit:	7 Minuten
Vorlesealter:	ab 12 Jahren

Eines Tages kamen die Marktfrauen zu mir. Sie wollten, daß ich ihnen mitten auf dem Markt eine Messe zu Ehren des Heiligen Herzens Jesu lesen sollte.

Diese Verehrung des Heiligen Herzens Jesu ist sehr populär auf den Märkten in El Salvador, da die Verkäuferinnen es zu ihrem Schutzpatron gemacht haben. Die Marktfrauen stellen eine regelrechte Institution in El Salvador dar. Viele von ihnen sind alleinstehend und von ihren Ehemännern verlassen worden. Sie sind sehr arm, aber ihr Mut, alle Schwierigkeiten zu bekämpfen, ist Tradition. Sie sind sehr kämpferisch.

In der Regel sind sie in den Mechanismus der Abhängigkeit von den Kredithaien und Wucherern verwickelt. Abends leihen diese ihnen ein bißchen Kapital, mit denen sie sich Obst und Gemüse am nächsten Morgen kaufen. Im Verlauf des Tages kommt der Kreditgeber vorbei und zieht die Zinsen ein: 20 Prozent des geliehenen Kapitals. Manchmal zahlen die Frauen auch etwas von dem Kapital zurück. Für einen Kredit von 100 Colones zieht er am ersten Tag 10 Colones als Zinsen und 10 Colones als Tilgung ein. Nach zehn Tagen hat der Wucherer das Kapital und die gleiche Menge an Zinsen zurückerhalten.

Ich war damit einverstanden, mit ihnen das Fest des Heiligen Herzens Jesu zu feiern. In der Gemeinde erläuterte ich die Situation der Marktfrauen, und allen schien es sehr schwierig, Wege zur Überwindung der Ungerechtigkeit, unter der die Frauen lebten, zu finden. Es handelte sich um eine alte „Krankheit", die schwierig zu heilen war. Aber sie hatten Glauben und wollten Jesus „berühren". Ich hatte mir schon Sorgen darüber gemacht, daß sie daran denken könnten, daß das Heilige Herz Jesu ihnen den Hauptgewinn in der Lotterie brächte oder so etwas. Für unsere Basisgemeinde war die Bitte der Marktfrauen eine Herausforderung: wir waren schon von so vielen Übeln geheilt worden, und nun sollten wir jene heilen. Aber wie? Die Feier auf dem Marktplatz mußte befreiend sein. Aber wie?

Es kam der Tag, an dem die Messe gefeiert werden sollte. Mit einigen Mitgliedern der Basisgemeinden fuhren wir zum Marktplatz. Ein großes Bildnis des Heiligen Herzens Jesu war dort, geschmückt mit Blumen und Girlanden. Die Lichter der Kerzen wetteiferten mit dem Licht der Mittagssonne. Der Altar war ein kleines Holztischchen, das kaum das Gleichgewicht hielt. Es war mit einer weißen Decke bedeckt, auf der ein kleineres Bildnis des Heiligen Herzens Jesu lag. Dieses Bildnis gehörte dem Kredithai des Marktes. Er war auch anwesend, mitten unter den Verkäuferinnen. Einige von ihnen dankten Gott für den Gewinn, den der Kredithai mit der Wucherei gemacht hatte. Kinder liefen überall herum und viele Hunde. Unter dem Altar standen Flaschen voller Wasser, die ich segnen sollte: Die Frauen wollten diese „geheiligte Medizin" mit nach Hause nehmen. Eine Verkäuferin verbrannte Weihrauch in einer Ecke. Die meisten Frauen trugen einen schwarzen Umhang. Die keinen hatten, schützten sich vor der Sonne mit der ersten Seite der Zeitung, auf der man lesen konnte: „Heute steigt der Milchpreis."

Als die Messe begann, sangen und beteten alle. In der Predigt begann ich einen Dialog mit ihnen. Über die Liebe, die sie untereinander praktizierten, über die größten Probleme, unter denen sie litten. Bald kamen wir dem Thema näher, das für sie alle gleich war: es fehlte Geld, die Kinder zur Schule zu schicken, sie ins Krankenhaus zu bringen, ihnen dreimal zu essen zu geben. Es tauchte das Thema der Kreditgeber auf. Einige dankten für ihre Dienste, die ihnen das Überleben erlaubten, andere schwiegen. Andere sagten, daß die Zinsen ihre Situation noch schwieriger machten. Es war ein Augenblick der Verwirrung. Das Heilige Herz Jesu kam in diesem entscheidenden Augenblick der Bewußtwerdung zur Hilfe, in dem die Armen ihre Fähigkeit sich auszudrücken entfalteten. Eine Frau schrie: „Die Zinsen sind zu hoch!" Andere stimmten zu. Dann bedeckten sie plötzlich ihre Gesichter mit den Umhängen und beteten, als ob sie um Verzeihung für ihre Rebellion bäten. Der Kredithai verließ wütend den Platz. Dann kam Angst auf. Einige Frauen waren sich darüber klar, daß sie in ein Fettnäpfchen getreten hatten und daß ihr Geschäft zu Ende war, wenn ihnen der Kreditgeber nicht mehr helfen würde. Die Angst wuchs.

Aber da schien das Licht Gottes mitten im Sturm. Könnte es nicht möglich sein, daß sie sich organisierten und eine Genossenschaft gründeten? Wäre dies nicht die beste Weise, das Fest des Heiligen Herzens Jesu zu feiern? Eine Frau sagte: „So etwas gibt es anderswo auch. Eine Freundin hat sich mit mir darüber unterhalten, und es geht ihnen gut, besser als mit den Kredithaien, die uns so zusetzen."

Das Wunder war geschehen.

Bei der Wandlung wurden Leuchtraketen zu Ehren des Heiligen Herzens Jesu abgefeuert. Nach allem, was passiert war, schienen die Knallkörper uns wie Zeichen der Hoffnung, die in die Zukunft geschossen wurden. Als die Feier beendet war, blieben die Frauen noch, um den Mantel auf dem Bildnis des Heiligen Herzens Jesu zu berühren. Ich hatte ihn auch „berührt". Alle hatten wir das Wunder gesehen. Am nächsten Tag trafen sich die Frauen in der Gemeinde, um eine Genossenschaft zu organisieren.

Es war uns klar, daß der Kredithai die Frauen unter Druck setzen würde. Deshalb mußten wir die Situation analysieren, um zu sehen, ob der Notfonds genügend Geld enthielt. Wir mußten uns mit Leuten in Verbindung setzen, die bessere Kenntnisse über Genossenschaften besaßen. Es war sehr viel auf einmal zu tun.

Aber am folgenden Tag nahm die neue Genossenschaft ihre Arbeit auf, mit Geld, das in der Gemeinde gesammelt worden war. Von da ab erschienen täglich zwei neue Kreditgeber auf dem Marktplatz: Maritza und Mery, die Kreditgeber der Genossenschaft. Sie führten Buch über alles, auch über das Geld, das von den Marktfrauen gespart wurde. Nach und nach wuchs das Vertrauen, und die Zahl der Mitglieder in der Genossenschaft nahm ständig zu. Die Bitten um Kredite übertrafen unsere bescheidenen Möglichkeiten, aber andererseits durften wir diese Frauen nicht enttäuschen. Als in diesem Jahr die Fastenzeit begann, mußten wir schwierige Augenblicke überstehen: Es fehlte an Geld. Wir organisierten deshalb einen Fasttag in der Gemeinde, um der Genossenschaft der Marktfrauen zu helfen. Ich werde mich immer an die

Kollekte am Ostersonntag erinnern. Santiago brachte 4 Colones. „Das waren 10 Centavos pro Tag während der 40 Tage. Hier sind sie also." Santiago lebt an den Abhängen, und er und seine Familie haben eigentlich das ganze Leben „gefastet", immer mußten sie Hunger leiden. Ich fragte ihn, wie er das Geld zusammenbekommen konnte. Er sagte, daß er während der ganzen Fastenzeit kein Frühstück eingenommen habe. Die 10 täglichen Centavos für sein Brötchen und seine Limonade hatte er aufgehoben für die Hilfe für die Marktfrauen. Mir erschienen die 4 Colones wie die 5 Brote und die 2 Fische, die Jesus in Galiläa vermehrt hatte. Und so war es. Denn diese Kollekte, die durch die Großzügigkeit der Allerärmsten zustande gekommen war, rettete die Genossenschaft. Es war ein Wunder: Wir alle waren Zeugen.

Sie nannten ihn Padrechico 123

Stichworte:	El Salvador, Honduras, Indios, Pater, arm/reich, Kirche der Armen, Seelsorge/Leibsorge, Solidarität mit den Armen, Beichte, Missionar, Ökumene, Glaubwürdigkeit, Ausbeutung, Paternalismus, Berufung, Menschenwürde
Zum Text/ Problemfeldbeschreibung:	Pater Bruckner, den die Indios zärtlich Padrechico (= Väterchen) nennen, arbeitet in einer abgelegenen Gegend Mittelamerikas bei den dortigen Indianern. Nach einem Krankenbesuch bei einem Indio besucht er den Großgrundbesitzer, um eine Verbesserung für das Leben der Indios zu erreichen. Dafür genießt er für kurze Zeit die Annehmlichkeiten eines solchen Hauses. Durch seinen Besuch bei dem Großgrundbesitzer hat er bei den Indios viel Vertrauen verloren.
Vorlesezeit:	15 Minuten
Vorlesealter:	ab 13 Jahren

Der Indio schob die Frau und das kleine Mädchen hinter die breit auszüngelnde Agave am Knick des Saumpfads. Ein karges Zeichen mit der Hand: Frau und Kind duckten sich, nahmen die Flachkörbe vom Kopf und preßten sie gegen den Leib. Aus dem Korb des Kindes fielen einige Kräuterbündchen und eine Orchidee in den grobkörnigen Sand.

Der Mann blieb in der Pfadmitte. Er spähte. Das müde gewordene Dunkel löste sich nur zögernd vom Boden. Der Morgen war naß und zu jung. Mit Mühe vermochte sein Licht die Umrisse einiger Felsbrocken und verkrüppelter Zedern in der Nähe freizulegen. Es zeigte nicht, woher der schleppende Hufschlag kam.

Der Indio zog die Machete eine Handlänge aus dem zerfaserten Gürtel. Hockstellung. Horchen, Warten, Argwohn.

Das Kind hinter der Agave fragte halblaut. Der Mann schaute hinüber. Seine Stirn wurde dabei schmal und runzlig.

Die Mutter streifte mit dem Handteller leicht den Mund des Kindes. Das Mädchen nickte, zog eifrig die Lippen zwischen die Zähne und tilgte so den Mund für eine Weile aus dem kleinen Gesicht. Der Vater lächelte. Der unmittelbare Gehorsam seines Kindes ließ Sicherheit auf ihn überströmen.

Als er den Blick wieder vorwärts richtete, die Sandfurche hinunter, sah er das Maultier und den gebeugten Reiter. Wieder griff der Indio zur Machete. Dann aber stieß er das breite Messer bis zum drahtgewickelten Knauf in den Strick zurück.

„Padrechico", sagte der Indio. Er trat mit der Seite seines bloßen Fußes einen Stein die ausgewaschene Rille hinunter. „Ich werde nach dem kranken Jorge sehen, wenn ich vom Markt wieder daheim bin, Padrechico."

Die Stimme des Indios war brüchig geworden. Er schaute den Pater nicht mehr an, sondern wich mit dem Blick zum Maultier aus, das ruhig neben dem Kind stand.

„Es ist gut, Jenaro", sagte der Pater. „Ich weiß, du wirst das Richtige tun. Wenn ich etwas Falsches gemacht habe – und ich mache oft etwas falsch, Jenaro –, dann weiß ich nachher doppelt so gut, wie ich das Richtige tun muß. Vielleicht kann man gar nicht wissen, was richtig ist, wenn man das Falsche nicht kennt. Wen einmal beim Umhauen der Stamm des Mahagoni-Baumes gestreift hat, der stellt sich beim nächstenmal auf die richtige Seite."

„Muchas gracias, Padrechico", sagte der Indio.

Der Pater ging zum Maultier. Es wendete den Kopf zu ihm hinüber, als er schnalzte. Das Kind legte dem Pater das schwarze Leder der Zügel in die Hände. Der Pater prüfte, ob das Gewicht des vollen Jutesacks zu beiden Seiten auf der Hinterhand des Maultiers gleichmäßig lastete. Dann stieg der Priester vorsichtig auf. Die Indios gingen neben dem Maultier den Pfad hinauf, bis sie zur Agave kamen. Sie blieben neben den Körben stehen und winkten. Es war Tag geworden. Sie konnten den Pater noch lange sehen, nachdem er sein Adios gerufen hatte.

Es ist gut, daß sie mich Padrechico nennen. Kleiner Pater, Päterchen. Ich bin einen Kopf größer als der größte von ihnen, und sie nennen mich Padrechico. Ich bin einer von ihnen. Ich habe Glück gehabt. Ich habe schon zu Hause begonnen, ihren Dialekt zu lernen. Als ich noch Pater Eugen Bruckner war. Als ich noch in der neuen Kirche aus Glas und Beton predigte. Modern. Glatt. Hart. Als ich mich aus dem Studio über die Bildschirme in Millionen Wohnungen schicken ließ. Als mich die Illustrierten zwischen dem letzten erfolgreichen Faustmatador und der nächsten erfolgreichen Eiskönigin placierten. Pater Eugen Bruckner. Kirchenmann, der in die Zeit paßt. In unsere Zeit.

Das Maultier knickte mit dem Vorderhuf ab. Aber es fing sich rasch wieder und klapperte den gewohnten Rhythmus auf den Felspfad.

Bis ich entdeckte, daß keiner mehr Hunger hatte, wo ich redete und sendete und Betrieb machte. Dann habe ich mir eine statistische Karte geholt. Mit Schraffuren und Farben. Und ich habe herauszufinden versucht, in welcher Gegend der Welt die Menschen am meisten Hunger haben. Da war dieses Stück Hochland. Irgendwo zwischen El Salvador und Honduras. Niemandsland ohne Glas und Beton. Menschen ohne Glas und Beton.

Es dauerte lange, bis ich hierher gehen durfte. Sie kommen doch prächtig an, hatte man mir gesagt. Großartig kommen Sie an. Und da wollen Sie weg? Gibt's doch gar nicht! Ist doch Koketterie! Menschenskind, Pater Bruckner, machen Sie mal'n bißchen Urlaub, und dann vergessen Sie den ganzen exotischen Zauber. Ihr Platz ist mitten in der Welt. Nicht am Rande. Wie gesagt: Sie kommen hier an! Verdammte Angst der Zeit, ankommen zu müssen! Wer nicht ankam, galt als lebender Leichnam. Der Politiker. Der Conférencier. Der Schriftsteller. Der Priester. Wer nicht ankommt, ist nicht da. Aber wo ankommen? Und wo war die Mitte der Welt? War die Mitte die sechsspurige Autostraße, griffig für jedes Profil? Oder dieser Saumpfad, auf dem sich die Mulis die Hufe zerschlugen? Oder ein drittes?

Flucht in die Romantik? Als ich endlich gehen durfte, warf man mir das vor: Flucht in die Romantik! Ich wußte, was mich hier erwartete. Indianerreservate. Fünf handtellergroße Tortillas am Tag. Ausgewalzte Maisplättchen. Ein paar Kräuter dazu. Sonst nichts. Ein Leben lang: sonst nichts. Doch; manchmal ist da etwas anderes im Leben. Da nimmt einer dem anderen die Frauen weg, und der andere schlägt sich dann mit Absicht die Sichel ins Bein, weil er den Schmerz in der Brust ablenken möchte. Aber nichts lenkt ab, und der Mann verhungert, und die Kinder verhungern. Hier muß ich rechtzeitig ankommen. Ob ich Jenaro klargemacht habe, daß er es war, der dem Jorge Icaza den scharfen Sichelmond ins Fleisch geschlagen hat? Und ob ich es ihm klargemacht habe, ohne seine Würde zu zerbrechen? Seine dignidad? Die dignidad, die das größte Vermögen der Menschen hier ist? Die dignidad, die mehr bedeutet als die dreimal tausend Quadratkilometer Kaffee- und Baumwollgrund des Hacendados auf der Hochfläche?

Das Maultier drückte sich gegen die Felsseite, als der Jeep auftauchte. Der Pater zwang das Tier auf die Pfadmitte zurück. Er rieb sich das Bein, das für Augenblicke zwischen Fels und Muli eingeklemmt war.

Der Mann im Jeep war Broderick Paw. Es gab nur einen Jeep hier oben und einen Mann darin. Broderick Paw aus Leftewood, Illinois. War schon länger hier als er, Bruckner. Gehörte einem Kreis an, der sich „Johannesjünger" nannte oder ähnlich. Broderick Paw wurde von den Indios Don Broderick gerufen oder mit El Señor Paw tituliert. Niemand nannte Paw „Padrechico".

„Ich habe einen Fehler gemacht, als ich hierher kam", sagte Paw zu Bruckner in einem der flüchtigen Gespräche, die sich im Laufe der Jahre vielleicht ein halbes dutzendmal ergeben hatten. Aber ich sage Ihnen nicht, wie dieser Fehler aussieht. Bin gespannt, ob Sie ihn auch machen, Pater!" Dabei lachte Paw. Sportlich. Ohne Hinterhalt. Paw war ein Jahrzehnt jünger als Bruckner. Die

Mission des Amerikaners lag in Chalchuapa. Ein Büro. Ein Lebensmittellager. Ein Schrank voller Traktate und Gesangbücher. Die Schriften verstaubten. Paw sorgte lieber dafür, daß neue Lebensmittel hereinkamen, die er täglich zu den Indios brachte. Hier oben ist Seelsorge Leibsorge! Dieser Satz, der von Bruckner nebenbei gesprochen worden war, wurde für alle Helfer zum Leitwort. Ganz gleich, woher sie kamen und auf welchen Geboten oder Statuten sie fußten. In den Methoden des Helfens gibt es nicht viel Nuancen. Ein Hungernder muß gespeist werden; ein Unbehauster braucht ein Dach über dem Kopf. Ein Arbeitsloser braucht Arbeit. Dennoch war Bruckner weitergekommen als Paw. Der Vorgänger von Paw hatte auch den Titel Padrechico gehabt. Aber nicht Paw hatte ihn bekommen, sondern Bruckner.

Paw stemmte sich auf das Lenkrad. „Wo kann ich Sie hinbringen, Pater?"

„Zu Jorge Icaza!"

„Der mit der Sichelwunde?"

„Woher wissen Sie, Paw?"

„Hab's vor einer Stunde auf dem Markt gehört. In meinem Notizbuch ist Jorge Icaza für morgen vorgemerkt. Aber ich bringe Sie gern hin. Spart Ihnen zwei Stunden."

„Einverstanden!" sagte Bruckner. „Warten Sie, ich binde das Maultier an. Nehmen Sie schon mal den Sack mit dem Maismehl in den Jeep."

Paw sprang seitlich aus der Wanne des Jeeps. Es machte ihm Spaß, zu helfen. Er krempelte sein Khakihemd aus der Hose, zog es über den Kopf und wuchtete mit nacktem Oberkörper den Maissack auf die Rücksitze. Es war im Grunde alles wie damals in der Army. Drahtig und notwendig. Die Schlachtfelder hatten sich verlagert. Das war alles.

Der Jeep brauchte lange, um den Drahtzaun endlich hinter sich zu lassen. Der Drahtzaun, der die Kaffee-Hazienda von Señor Geramo umspannte. Der Weg zur Hütte von Jorge Icaza führte an der Begrenzung des Geramoschen Besitzes entlang.

„Wieviel Arbeiter beschäftigt der Hacendado jetzt?" fragte Bruckner.

„Der Geramo? Genau einhundertachtundvierzig!" Paw prononcierte jede Silbe scharf.

„Nanu, so genau wissen Sie's? Sind Sie der Verwalter oder Personalchef von Geramo?"

„Nein, ich interessiere mich nur für die Plantage und was darauf vorgeht."

„Kennen Sie Geramo?"

„Flüchtig", sagte Paw. „Ich hatte nur einmal das Vergnügen, mit ihm ein paar Worte zu wechseln. Schon lange her."

„Mich bombardiert er jeden Monat einmal mit 'ner verschnörkelten Einladung", sagte Bruckner.

„Und?" fragte Paw.

„Bin noch nicht dazu gekommen, anzunehmen", sagte Bruckner. „Lohnt es sich denn?"

Paw schürzte nachdenklich die Lippen. „Na ja, der Mann hat 'nen vorzüglichen Tee, der Ihnen aus gediegenem Silber eingeschenkt wird. Und seine Plattensammlung, Schallplatten, meine ich, hat zum Beispiel sämtliche BeethovenSymphonien gleich dreimal, jedesmal von 'nem anderen Orchester. Und Bücher. Donnerwetter. Die Bücher. Was heute in der Buchbeilage der New York Times empfehlend rezensiert wird, bekommt der Geramo nächste Woche mit 'ner großen Kiste. Ist kein Banause, der Geramo. Ist er nicht, nein! Übrigens: die Villa von Jorge Icaza! Bitte sehr! Malerisch gelegen zur Rechten!"

Paw lachte nicht, als er den Fremdenführer imitierte und auf den Lehmstall zeigte, in dem Jorge Icaza mit sechs Kindern hauste.

Als Paw und Bruckner das verhungerte Kind begraben und Jorge Icaza frisch verbunden und allen zu essen gegeben hatten, war Bruckner müde. Er brauchte frische Luft nach dem Geruch von Krankheit und Verwesung in Icazas Pferch. „Nehmen Sie die beiden jüngsten Kinder im Jeep mit ins Krankenhaus. Ich gehe zu Fuß zum Maultier."

„Sie können auch hierbleiben, Pater!" sagte Paw. „Ich hole Sie dann heute abend ab, wenn die Kinder im Hospital versorgt sind."

„Nicht nötig, danke", sagte Bruckner. Er fühlte sich ausgelaugt und zerschlagen. Man hatte in Jorge Icazas Hütte kaum ein Wort gesprochen. Der Wortvorrat reichte für Situationen wie die vorgefundene nicht aus. Nicht mal zu einem läppischen Trost für Icaza hatte es gereicht.

Als Paw mit dem Jeep fort war, stapfte Bruckner ihm in den Reifenspuren nach. Nach dem Dreck etwas Sauberkeit, ein reines Handtuch zum Beispiel oder heißes klares Wasser. Ein neues Buch aufgeschlagen, das nach frischem Papier und dem Leinen des Einbandes duftet. Eine Tasse Tee…

Eine Tasse Tee? Der Hacendado! Jetzt war die Stunde für den Besuch. In der Hazienda war alles das gehäuft, was Bruckner plötzlich geradezu schmerzhaft entbehrte. Bruckner ging durch die Pforte des Drahtzauns. Der Indio, der dort die Wache hatte, öffnete das Tor sehr weit und stand gerade wie der CorralPfosten neben ihm. Der Mann sagte nichts. Nur seine Augen wurden kleiner, als er den Pater an sich vorbeiließ. Dann schloß er das Tor sorgfältig. Als der Pater im Wohngebäude der Plantage verschwand, kam ein alter Mann mit einem löcherigen Poncho am Portal des Drahtzauns vorbei. Der Indio, der die Wache hielt, sprach lange und betrübt mit dem Alten.

„Las Casas", sagte der Hacendado. Aber da hatte der Pater schon geduscht und Tee getrunken und die ersten Floskeln unverbindlicher Konversation hinter sich gebracht.

„Sie sagen Las Casas, Padre, und meinen damit, ich soll meine Indios anders behandeln."

„Besser behandeln", sagte der Pater.

„Aber soll ich wie Ihr vielgepriesener Las Casas auch dafür plädieren, daß Neger aus Afrika als Sklaven hierher importiert werden? Hat Las Casas gemacht. Können Sie nachlesen in seinen Berichten an die Majestät in Madrid.

Um seine Indios zu schonen, hat Las Casas die Negerschinderei propagiert. Euer geliebter Las Casas. Wußten Sie das, Padre?"
Bruckner hatte es nicht gewußt. Bruckner dachte: der Mann ist klug und ohne Erbarmen gleichzeitig. Eine gefährliche Mischung für den, der sie zu ertragen hat.
„Lassen wir Las Casas", sagte Bruckner müde. Bad und Tee hatten ihn nicht erfrischt, sondern matt werden lassen. „Und sprechen wir von der Lage der Indios hier und jetzt. Ich bin Ihr Gast, Señor. Aber gestatten Sie mir dennoch die Feststellung: Sie bezahlen den Indios zu wenig für die Arbeit, die sie leisten. Sie behandeln ihre Reitpferde besser als die Menschen, die eine Seele haben wie – wie Sie, Señor."
Der Hacendado lächelte. „Padre, Sie sind naiv. Ich habe erst geglaubt, Sie seien revolutionär oder aggressiv oder lästig. Aber Sie sind nur naiv. Welche Vorstellungen haben Sie? Gut, in diesem Jahr zahle ich meinen Arbeitern ein paar Geldstücke mehr. Meinen Sie, es bleibt dabei? Ich gebe Ihnen die Versicherung, daß in spätestens drei Jahren diese Burschen mir die Haustür einrammen und mich zwingen, mein Land zu zerschlagen und jedem ein Stück davon zu schenken. Und wenn ich's nicht tue, dann spalten sie mir mit der Machete den Schädel!"
„Und wenn Sie's tun?"
„Dann wirtschaftet jeder wild auf seinem Landfetzen herum und baut seinen Mais und seine Gummibäume oder Zuckerrohr oder alles gleichzeitig. Und wenn jeder mit seinem Eselskarren voll Ernte an die Großhandelsplätze oder an den Hafen kommt, dann schütteln sich die Aufkäufer vor Gelächter. Und keiner ist in der Lage, sich einen Traktor zu kaufen oder wenigstens ein paar neue, kräftige Zugochsen. Also, wenn ich will, daß die Indios hier völlig verlottern und das Land zugrunde richten und sich und ihre Familien dazu, dann brauche ich nur mit der wunderbaren Lohnvermehrung anzufangen, Padre!"
„Die Menschen auf Ihren Plantagen gehen jetzt zugrunde, Señor, nicht erst in fünf oder zehn Jahren. Sind Sie getauft, Señor?"
„Merkwürdige Frage", sagte der Hacendado verdrossen, „natürlich bin ich getauft. Und der Goldschrein um die Madonna von Chalchuapa stammt von mir, wenn Sie's noch genauer wissen möchten."
„Jetzt werden Sie naiv, Señor", sagte Bruckner. „Ich bin sogar sicher, daß Sie sich noch dann im Recht fühlen, wenn Ihre verzweifelten Indios Sie eines Tages aufknüpfen werden."
„Padre, Sie werden geschmacklos", sagte der Hacendado.
„Ich muß jetzt gehen", sagte Bruckner, „aber ich werde wiederkommen. Bald."
Bruckner konnte noch den Daumen zwischen Sonne und Berg schieben, als er Jenaro wieder erblickte. Es ist noch eine Stunde bis zum Abend. Jenaro hat seine Orchideen und Kräuter früh verkauft. Er und seine Frau und seine Tochter werden fröhlich sein.

Der Pater glitt vom Maultier und wartete. Er fühlte sich frischer als unter dem Ventilator des Hacendados.

Jenaro ging langsamer, als er den Pater sah. Auch Frau und Kind gingen langsamer.

Sie gehen langsam, weil sie ihre Beichte bedenken, dachte der Pater.

Aber als Jenaro mit den Seinen den Pater erreicht hatte, blieb er nicht stehen. Er drehte nur den Kopf zum Pater hin und sagte hastig: „Ich kann jetzt nicht beichten. El Señor Bruckner! Später. Vielleicht." Die Frau und das Mädchen schauten zu Boden.

„Wir gehen jetzt zu Jorge Icaza!" rief der Indio. „Ich muß noch sein Arbeitszeug von der Hazienda holen. Señor Geramo hat Jorge entlassen. Weil Jorge arbeitsunfähig ist seit dem – dem Unfall. Und der Hacendado kann nur gesunde Menschen auf seinem Gut gebrauchen. Darum muß Jorge morgen auch die Hütte verlassen. Sie gehört zur Hazienda. Señor Geramo hat es angeordnet. Sie kennen doch Señor Geramo, nicht wahr, El Señor Bruckner? Ist er nicht neuerdings Ihr Freund?"

Der Indio ging jetzt schneller. Er drehte sich nicht mehr um. Der Pater lehnte seine Stirn gegen den Hals des Maultiers. Der Tee des Hacendado, dachte er. Sie halten mich jetzt für einen Gesinnungsbruder des Mannes, von dem ich komme. Sie haben erwartet, daß ich mit ihnen gegen die Macht des Hacendado angehe. Und ich trinke mit dem Mann Tee. Darum nennen sie mich jetzt „Herr" und sprechen das Wort aus wie „Fahnenflüchtiger".

Als Bruckner das Maultier hinunterführte, war die Sonne schon halb hinter dem schattigen Horizont versackt.

Ich muß wieder von vorn anfangen, dachte Bruckner und strich dem Muli mit den Fingerkuppen über die nassen Flanken. Ganz von vorn.

Josef Reding

124 Bekehrung in den Bergen Kubas

Stichworte:	Kuba, Bibelarbeit, Gemeinschaft, Zeugnis ablegen, Baptisten, Ordination, Presbyterianer, Pfarrerin, Bekehrung, Ökumene, Pfingstler, Kommunismus, Marxisten, Kirche und Staat, Revolution
Zum Text/ Problemfeldbeschreibung:	Die Lebensgeschichte einer kubanischen Pastorin zeigt eine doppelte Bekehrung: einmal die Bekehrung zu Christus und zum anderen die Bekehrung zur Welt. Sie sieht ihre Aufgabe darin, zusammen mit anderen an der Neugestaltung der Gesellschaft zu arbeiten. Gegenwärtig arbeitet sie beim Ökumenischen Rat der Kirchen in Genf.
Vorlesezeit:	5 Minuten
Vorlesealter:	ab 14 Jahren

Ein Porträt der Pfarrerin Ofelia Ortega

„Es ist aufregend, in Kuba Christ zu sein. Jeden Tag gilt es, sich seines Glaubens zu vergewissern und ihn unter Beweis zu stellen. Unsere Lebenserfahrung ist hart, aber wir sind eine glückliche Kirche. Wir haben in unserer Gesellschaft jeden Tag eine Herausforderung."

Ofelia Ortega kommt aus einem armen Elternhaus. Die ganze Familie mußte zum Lebensunterhalt beitragen. Der Vater war ein einfacher Arbeiter. Die Mutter besorgte die Wäsche für reichere Familien. Ofelia und ihr älterer Bruder arbeiteten in der Bücherei ihrer Schule, um das Schulgeld zu verdienen.

Obwohl ihre Eltern (wie die große Mehrheit der Kubaner) katholisch waren, besuchte sie mit ihrem Bruder eine Schule der Prebyterianischen Kirche. Sie fühlte sich schon früh in dieser Kirche zu Hause, erzählt Ofelia Ortega im Rückblick auf ihre Jugendzeit. Die temperamentvolle, fröhliche Frau ist später die erste presbyterianische Pfarrerin in ihrem sozialistischen Heimatland geworden.

Rückblick

17 Jahre war sie alt, als sie nach eigenen Worten ihre „erste Bekehrung" hatte. Sie hörte einen Prediger, der sie direkt fragte, ob sie ihr Leben Jesus übergeben wolle. „Da stand ich auf, und alle waren sehr überrascht, daß ich noch kein Mitglied der Kirche war." Es war für sie ein grundlegendes Erlebnis, in Jesus „einen wirklichen Freund" zu finden.

Im Jahr 1959 begann in Kuba die Revolution. Ofelia wußte sich ganz Christus und der Kirche verpflichtet, verstand aber bis dahin kaum etwas von der Gesellschaft, in der sie lebte. „Ich meinte, daß die Kirche nur dazu da sei, das Evangelium zu predigen und christliche Unterweisung in der Schule zu erteilen."

Mehr oder weniger war das Handeln der Kirche auf das Heil des einzelnen ausgerichtet. Über die sozialen Verhältnisse hüllte sie sich in Schweigen. „Vor der Revolution dachte ich nicht wirklich an die Menschen, an ihren Lebenskampf in den Bergen und in den Feldern; nicht an die Menschen, die gefoltert oder getötet wurden. "

Bekehrung

Ein einschneidendes Erlebnis für sie war es, als sie zusammen mit ihrem Bruder, mit Professoren und Studenten in die kubanischen Berge zog, um die arme Landbevölkerung im Lesen und Schreiben zu unterrichten. Das Elend, das dort herrschte und ungleich größer war als die Armut in ihrem Elternhaus, machte sie zutiefst betroffen. „Vorher hatte ich die Bekehrung zu Christus erlebt. Als ich in die Berge ging, war dies meine Bekehrung zur Welt. " Sie lernte von der Bergbevölkerung den Gemeinschaftssinn und die Bereitschaft zu teilen. Zugleich lernte sie, „die Bibel mit neuen Augen zu lesen". Danach begann sie in einem armen Stadtviertel mit einer sozialen Arbeit, studierte später Theologie und wurde als erste Frau in ihrer Kirche zur Pfarrerin ordiniert. Sie leitete ein kirchliches Studienzentrum in Kuba, war zugleich Pfarrerin für zwei kleine Gemeinden und arbeitet heute im Ökumenischen Rat der Kirchen in Genf.

Ökumene

Die Ökumene spielt in ihrem Leben und in ihrer Arbeit eine große Rolle: Sie selbst kommt aus einem katholischen Elternhaus. Ihr Ehemann war Baptist, bevor er zur Presbyterianischen Kirche überwechselte. In einer ihrer Gemeinden arbeitete sie eng mit Pfingstlern zusammen, die kein eigenes Kirchengebäude besitzen. So bot sie an, daß der Gottesdienst abwechselnd von Pfingstlern und Presbyterianern für beide Gemeinden gemeinsam gehalten werde.
Von Außenstehenden wird sie immer wieder gefragt, wie man als Christ in der sozialistischen Republik Kuba (wo kein Christ in die regierende kommunistische Partei aufgenommen wird) leben kann.
Ofelia Ortega faßt es mit den Worten zusammen: „Wir sind in unserem Stadtviertel die einzigen Christen, doch man akzeptiert uns. Wenn du auf die Straßen hinausgehst, fühlst du, daß du den ganzen Tag ein Zeugnis zu geben hast: Du findest Menschen, die Hilfe brauchen.
Du findest andere, die dich nach deinem Glauben fragen. Du findest wiederum andere Menschen, die mit dir teilen wollen – auch Marxisten – und die mit dir gemeinsam an der Neugestaltung der Gesellschaft zu arbeiten bereit sind.
All das bedeutet nicht, daß wir keine Schwierigkeiten haben. Die gibt es wohl, wie in den meisten Kirchen in aller Welt."

Kirche und Staat

Schätzungsweise 100 000 Christen gehören den evangelischen Kirchen an, die im Kubanischen Kirchenrat vereinigt sind. Es gibt weit auseinanderliegende Meinungen über das Verhältnis von Kirche und Staat. Manche verstehen sich als „revolutionäre Christen", die ohne Wenn und Aber den Sozialismus gutheißen.

Viele andere Menschen gehen nach Ofelia Ortegas Worten zur Kirche, „um in einer spirituellen Welt – weit weg vom täglichen Leben – Zuflucht zu suchen". Und wieder andere denken immer noch, daß die Kirche nur dazu besteht, um dem Kommunismus Widerstand zu leisten.

Gerhard Fritz

125   Eslyn kommt zur Schule

Stichworte:	Trinidad, Rassenunterschiede, Vorurteil, Bibel, Afrikaner, Inder, Kindergottesdienst, Schule, Joh 4; Lk 16, 1–9; Mt 9, 9–13
Zum Text/ Problemfeld- beschreibung:	In einer Schulklasse in Trinidad, die ausschließlich von Schülern afrikanischer Herkunft besucht wird, kommt eines Tages ein indisches Mädchen namens Eslyn zur Schule. Niemand will etwas mit ihr zu tun haben. Der kleine Afrikaner Eustache beschließt, veranlaßt durch eine biblische Geschichte, trotz möglicher negativer Konsequenzen auf das indische Mädchen zuzugehen.
Vorlesezeit:	3 Minuten
Vorlesealter:	ab 8 Jahren

Ich heiße Eustace. Als ich zur Schule kam, war ich noch sehr klein. Als ich ein bißchen größer war, ging ich auch zum Kindergottesdienst. Ich war der einzige aus meiner Familie, der dort hinging. Ich ging, weil mein afrikanischer Freund auch geht und er mich eingeladen hatte.

Ich sage: afrikanischer Freund. Meine ganze Familie ist afrikanisch, und die meisten von uns in der Schule sind afrikanisch, und alle in meiner Klasse sind afrikanisch. Auch im Kindergottesdienst sind wir alle afrikanisch. In der Schule spielen wir Afrikaner nicht mit den Indern. Wenn ich das tun würde und meine Familie das herausbekäme, würden sie mich schlagen. Deshalb tue ich das nicht.

So kommt der September. Ich gehe wieder zur Schule, und meine afrikanische Klasse auch. Die Lehrerin kommt herein mit einer neuen Schülerin an ihrer Seite. Ich sehe: sie ist indisch. Wir fangen an zu reden: „Was ist das? Ein indisches Mädchen in unserer Klasse?" „Nein, ich sitze nicht mit ihr zusammen." „Wir hatten niemals Inder in unserer Klasse. Warum gerade jetzt?"

So redeten wir. Ich war ärgerlich. Ich schwöre, ich werde nicht mit ihr sprechen. Sie ist eine Inderin, und sie gehört nicht in unsere Klasse. Später finde ich heraus: Sie heißt Eslyn. Niemand in der Klasse spricht mit ihr, und ich passe auf, daß sie zu niemandem redet. Ich beobachte, wie sie Freunde unter den anderen Indern findet. Ich bin zufrieden. Sie drängt sich uns nicht auf. So geht es ganz gut, bis ich eines Tages in der Bibel lese. Ich lese in Johannes 4. Dort steht die Geschichte von der Frau am Brunnen. Sie war eine Samaritanerin, und Jesus war ein Jude. Die Juden mochten die Samaritaner nicht, und doch spricht Jesus mit ihr. Und dann denke ich an Matthäus und Zachäus, und wie Jesus mit ihnen redete. Und ich denke an mich und Eslyn. Ich fühle mich ein bißchen komisch, aber ich denke: „Jesus kann mit ihr reden, aber ich nicht. Niemand wird mich dazu bringen, mit einem indischen Mädchen zu reden. Das mag gut sein für Jesus, nicht für mich."
Aber dann denke ich, ich müßte das auch so tun wie Jesus. Aber das ist hart. Sie ist nicht nur eine Inderin, sie ist auch ein Mädchen! Die anderen Jungen würden mich sogar prügeln, wenn ich mit einem afrikanischen Mädchen redete. Meine Eltern werden mich schlagen, wenn ich mit einer Inderin rede.
Aber Jesus würde mit einem indischen Mädchen reden. So muß ich wohl auch mit ihr sprechen. Wenn ich das muß, dann werde ich es tun. Ich hoffe, keiner sieht mich!

Aus Trinidad/Übersetzung: Ulrich Becker

Sister Julia oder Energie aus dem Abfall 126

Stichworte:	Jamaika, Entwicklungsprojekt, Methodisten, Slumviertel, Hoffnung, Kirchengebäude
Zum Text/ Problemfeld- beschreibung:	Sister Julia betreibt in einem heruntergekommenen Slumviertel in Jamaika zusammen mit 12 Frauen ein von der Kirche angeregtes Recycling-Projekt. Alte Plastikkisten werden der Wiederverwertung zugeführt. Die Frauen erhalten dadurch ein geregeltes Einkommen. Für die Erzählerin ist das Projekt ein Stück Wirklichkeit gewordene Hoffnung.
Vorlesezeit:	7 Minuten
Vorlesealter:	ab 15 Jahren

Seit einem halben Jahr lebe ich in Kingston. Sister Julia gehört zu meinen neuen Bekannten in Jamaika. Sie ist eine von jenen Frauen, die die trostlosen Trümmer von Downtown-Kingston zur Stätte ihres Wirkens gemacht hat. „Wesley" − so heißt ihre Gemeinde, anknüpfend an Charles Wesley, den Begründer der Methodistenkirche − hat bessere Zeiten gesehen, als Downtown-Kingston noch ein richtig lebendiger Stadtteil war und die Leute dort ihre ehrlichen Geschäfte abwickelten, als der heiße Dunst noch von Gärten und Bäumen gemildert wurde und es möglich war, hier zu „leben". Als Monument vergangenen Glanzes steht da eine unverhältnismäßig mächtige Kirche, der man noch ansieht, welch stattliche Gemeinde sie zu beherbergen pflegte. Heute betritt man eine Art Ruinengrundstück, einen umgrenzten Hof, in dem die Kirche und ein halbzerfallenes Nebengebäude stehen, an das sich unübersichtlich und dicht zahllose Behausungen anschließen, von deren Dächern und Bretterverschlägen neugierige Schulkinder und schläfrige Alte herüberschauen. Die Scheiben der Kirche sind fast alle eingeschlagen, die kleinen schmutzigen Straßenkinder klettern wie Affen auf der baufälligen Empore herum, lärmen und spielen zwischen den klapprigen Kirchenbänken Fangen und Verstecken, wenn nicht gerade jemand sie mit einem aussichtslosen Schreien für ein paar Minuten zum Innehalten bringt.

Sister Julia zeigt mir Wesley, in das all ihre Arbeit und Energie geht. Sie schlurft dahin, eine kleine Baskenmütze sitzt erstaunlich keck auf ihrem ergrauenden Kopf. Sie spricht eine Art von Englisch, von dem ich bestenfalls die Hälfte verstehe.

Der Tag, an dem ich mit einer Freundin „Wesley" besuche, ist ein schlechter Tag. Im Projekt gibt es Krach. Ein Dutzend Frauen arbeiten auf dem Grundstück der Kirche in dem überdachten Seitengebäude. Sie waschen Plastikkästen sauber, in denen Bierflaschen transportiert werden. Die alten Kästen werden in einer Mühle zu einer Art Schrot zermahlen und das Schrot wird an eine Fabrik weiterverkauft, die daraus wieder neue Kästen preßt. Aus dieser Arbeit erhalten etwa ein Dutzend Frauen ein regelmäßiges Einkommen. Sister Julia zeigt mit ein Buch, „Energy from Waste" heißt es, oder so ähnlich, das der Autor des Buches ihr auf einer Durchreise geschenkt hat, mit Widmung. Darin sind Hunderte von Projekten beschrieben, in denen Leute aus Abfall ihren Lebensunterhalt gewinnen. Die Müllhaldenspezialisten aller Kontinente sozusagen kommen darin zu Wort. Das Auswerten von Müll und Abfall ist eine richtige Wissenschaft und ein Betriebszweig eigener Art. Es ist unglaublich, welch stinkende Fundgrube eine Müllhalde sein kann. Die Frauen im Projekt streiten, denn eine unter ihnen arbeitet schnell und viel und möchte deshalb mehr Geld; die anderen beschimpfen sie dafür und gönnen es ihr nicht. Die Frage nach Akkordarbeit oder Tageslohn steht an. Der Pfarrer schreitet wütend zwischen den zankenden Frauen auf und ab. Sister Julias gleichmütiges Gesicht zeigt Anzeichen der Verzweiflung. Muß das denn sein — und warum denn gerade jetzt, wo wir da sind?! Wir setzen uns in die zerfallene Kirche, sofort umringt von einer quiekenden Kinderschar, die über Zäune von benachbarten Grundstücken herübergeklettert ist. „Good morning, Missis", sagt einer vorwitzig und streckt mir die Hand entgegen. Die anderen kichern. „Er ist ein kleiner Teufel", sagt Sister Julia, „immer vorneweg und vorlaut, prügelt und schubst. Aber letzthin habe ich doch meine Meinung über ihn ein wenig geändert, habe ich den kleinen Engel in ihm zum Vorschein kommen sehen. Wir brauchen ein Klavier und jemanden, der die Kinder singen lehrt. Dann wären sie beschäftigt in der Zeit, in der sie nicht in die Schule gehen, hätten etwas, auf das sie sich freuen und auf das sie stolz sein könnten. Es würde sie vielleicht auch davon abhalten, kleine Diebe und Messerstecher zu werden. Außerdem könnten sie sonntags im Gottesdienst etwas beitragen, was ihnen ein Gefühl von Wichtigkeit geben würde."

Wir schauen das alles an. Die Schrotmühle klappert mit ohrenbetäubendem Lärm. Die angelieferten Plastikkästen müssen nachts gegen Diebe geschützt werden, die noch Brauchbares herausfischen und verkaufen. Es gibt nicht viel zu besprechen. Während der Streit irgendwie geschlichtet wird, sehen wir noch einen anderen Teil des Projektes. Dort werden Taschen geflochten aus Bast zum Verkauf auf dem Souveniermarkt, daneben ein „Altersheim", ein Schlupf-winkel für einige zahnlose Alte, die sonst keinen Platz haben. Es ist heiß und stickig. Vielleicht wird dies alles im Rahmen der Altstadtsanierung wieder aufgebaut, „aber ob dann diese Leute noch hier wohnen können?", sagt Sister Julia illusionslos. Ja, man versuchte, Geld zu kriegen für ein Gemeinschaftszen-trum, das wäre schön – und eine Sozialarbeiterin, die Klavier spielen kann, und ein Klavier. Ob ich Klavier spielen kann? – Nein? – Schade. Es gab auch schon Freiwillige, die einmal in einem Sommercamp hier aufgeräumt haben, eine Jugendgruppe aus den USA. Aber vorerst ist es eben, wie es ist, jeden Tag „energy from waste", das ist das Motto hier in Downtown-Kingston. Nach dem Besuch in „Wesley" laden wir Sister Julia zu einem schönen Essen in einem klimatisierten Seerestaurant ein. Wir schöpfen Atem. Sister Julia über-sieht großzügig unser Schlappsein.

Sie ist eine von den Frauen hier, von denen ich denke, daß sie die Weltgeschichte voranbringen und in Balance halten. Jeden Tag schlurft sie nach „Wesley". Sie beweist, daß solche Lebensziele möglich sind. „Energy from waste". Das gilt nicht nur für Plastikkästen. Das gilt auch für diese „Verdammten dieser Erde", diese Downtown-Kingston-Leute, die in den Augen des flüchtigen Besu-chers und in den Mündern der zynischen Politiker „waste" sind: Abfall, Brut-stätten für Kriminalität und Unruhen. Diese Frauen, früh verbraucht, verzehrt vom Kinderkriegen, von Prügel, harter Arbeit, sexuellem Mißbrauch sind „energy from waste". Nichts ist wirklich Abfall – Menschen schon gar nicht. Als Sister Julia das schon speckige Buch in ihre Tasche steckt, ist mir klar, daß dieses Buch mehr als eine Anleitung zum Ausschlachten von Müllhalden ist. Zwischen die Deckel des Buches ist ihre Lebensphilosophie eingebunden, ihr geistliches Rüstzeug ist darin verpackt. Das Buch allein und der Besuch im Projekt würden aber noch nicht ausreichen, dieser Geschichte utopische Kraft zuzugestehen. Es ist diese Art, wie Sister Julia ihr kleines Barett leicht verwegen auf den Kopf setzt, wenn sie aus dem Hause geht, eine Art „angepaßter Heiligenschein" für Downtown-Kingston, und es sind die manchmal getrage-nen Stöckelschuhe, die mich veranlassen, ihr ihre Utopie abzunehmen.

Bärbel von Wartenberg-Potter

127   Bei uns in Jamaica

Stichworte:	Jamaika, Bibelstudienkreis, Judentum, Hinduismus, Rastafarianismus, Kirchengemeinde, Kirchenbezirk, Methodisten, Diakonisse, Kirchenchor, Jugendclub
Zum Text/ Problemfeldbeschreibung:	Gay aus Jamaika, Tochter eines Methodisten-Pfarrers, erzählt in einem Brief von Jamaika, ihrer Familie und den Christen auf der Karibikinsel.
Vorlesezeit:	4 Minuten
Vorlesealter:	ab 12 Jahren

Liebe Freundin,
ich freue mich, daß ich Dir schreiben und einiges über mich erzählen kann. Ich hoffe, eines Tages schreibst Du auch an Kinder in meiner Kindergottesdienst-Gruppe. So können wir Freunde sein, auch wenn wir viele Kilometer voneinander getrennt sind.
Jamaika ist eine Insel, sehr gebirgig und wunderschön. Der höchste Berg heißt der Blaue Berg. Er ist mehr als 7 000 Fuß hoch. Die Leute besteigen ihn gern, weil er nicht sehr steil ist, und da oben ist es kühl und schön. Der Blaue Berg ist auch deshalb sehr bekannt, weil dort Kaffee wächst. Es heißt, es sei der beste Kaffee in der Welt.
Jamaika hat viele Flüsse, die uns mit Wasser versorgen. Auf manchen, wie auf dem Rio Grande, kann man mit einem Floß fahren. Das ist ein großes, aufregendes Vergnügen.
Es gibt auf Jamaika zwei größere Städte: Montego-Bay und Kingston. Ich lebe in Kingston, wo es normalerweise sehr lebhaft zugeht. Es gibt Slums hier, die schrecklich überfüllt sind. Jamaika hat mehr als 2 Millionen Einwohner.
Um fremdes Geld ins Land zu bekommen, sind wir auf den Tourismus, auf die Ausfuhr von Bananen und auf die Gewinnung von Bauxit angewiesen. Doch die Bauxit-Industrie hat ihre Ausfuhren in letzter Zeit stark eingeschränkt.
Die meisten Menschen hier sind Christen. Aber es gibt auch andere Religionen wie Juden, Hindus und Angehörige des Rastafarianismus. Ich gehöre zu einer Kirche in der Stadt mit über 600 Mitgliedern. Diese Kirche (Saxthorpe) bildet zusammen mit sechs anderen, die außerhalb liegen, einen Kirchenbezirk. Einige dieser Gemeinden sind sehr klein, und sie haben keine Musik-Instrumente. In meiner Kirche gibt es einen Frauen- und einen Männerkreis, einen Jugendklub, einen Chor für ältere und jüngere Gemeindeglieder, einen Kursus für Leute, die nicht lesen und schreiben können, und einen Bibelstudienkreis. An den Sonntagen kommen Frauen zusammen und kochen für die Armen ein Mittagesssen.
Ich bin Mitglied des Jugendchors und des Jugendklubs. Zu unserem Kirchenbezirk gehört auch ein Heim für Mädchen, die besondere Fürsorge brauchen.

Es trägt den Namen der ersten westindischen methodistischen Diakonisse, Elsie Bemand.

Wir sind zu viert eine kleine Familie. Mein Vater ist Pfarrer der methodistischen Kirche. Ein methodistischer Pfarrer wechselt gewöhnlich nach fünf Jahren in einen anderen Kirchenbezirk. So wurde ich auf den Bahamas geboren, wo mein Vater für einige Jahre Dienst tat. Meine Schwester wurde in New York geboren, als mein Vater dort eine zusätzliche Ausbildung erhielt. Meine Mutter ist Lehrerin an einem Gymnasium, das der Methodistischen und der Vereinigten Kirche gehört. Lebten wir an einem anderen Ort, so hat sie dort auch unterrichtet. Meine Schwester Joy und ich besuchen dasselbe Gymnasium. Ich bin dort in der 2. Klasse.

Ich lese besonders gern Rätselbücher. Ich habe Klavier-, Ballet- und Theaterunterricht. Das alles mache ich sehr gern. Außerdem backe ich gern Plätzchen, die ich dann verziere. Du siehst, ich habe viele Hobbys.

Eine meiner Lieblingsgeschichten aus der Bibel ist die Geschichte vom Verlorenen Sohn. Ich mag sie deshalb so gern, weil sie mich daran erinnert, daß ich wie der verlorene Sohn immer wieder zum Vater zurückkehren kann, wie viel ich auch falsch mache. Ob Du das auch so siehst?

Bitte, grüße Deine Familie und die älteren Mitglieder in Deiner Kirche.

Deine Freundin Gay

Aus Jamaika/Übersetzung: Ulrich Becker

Wir gehören ihm 128

Stichworte:	Trinidad, Solidarität, Unterschiede/Gemeinsamkeiten der Menschen, Sprache, Kinder Gottes, Rassenunterschiede
Zum Text/ Problemfeldbeschreibung:	Andy kommt begeistert aus der Schule zurück und erzählt seiner Mutter, daß sie Bilder von ihren Eltern und Großeltern unterschiedlicher Herkunft gemalt haben: Inder, Afrikaner, Syrer, Engländer, Chinesen. Zwar sehen Menschen verschieden aus und sprechen verschiedene Sprachen, aber Gott nennt sie alle seine Kinder.
Vorlesezeit:	5 Minuten
Vorlesealter:	ab 9 Jahren

Eines Tages kam Andy aus der Schule. Er rannte durch das Haus und rief nach seiner Mutter, weil er ihr Wichtiges zu sagen hatte. Er fand sie im Garten hinter dem Haus, wo sie Stäbe für die jungen Tomatenpflanzen in den Boden steckte.

„Ich bin wieder da", sagte Andy und umarmte seine Mutter.

„Und wie war's heute in der Schule?" fragte sie.

„Wir haben heute etwas Schönes gemacht", sagte Andy. „Du mußt morgen kommen, um es dir anzusehen."

„Was habt ihr gemacht?" fragte die Mutter.

„Na, Juggie hat seine Mutter gemalt, als sie noch in Indien lebte und indische Kleidung trug. Es ist ein schönes Bild. Und Bob malte ein Bild von seinem Großvater, der ein Häuptling in Afrika war. Das sieht komisch aus. Aber ich mag es."

„Was meinst du mit komisch?" fragte die Mutter. „Hast du dich darüber lustig gemacht?"

„Nein, Mami, nicht lustig gemacht – das weißt du."

„Du meinst, er sah anders aus?"

„Ja", sagte Andy. „Und Ming malte ein Bild von seinem Großvater, der in China lebte. Und der war wieder anders."

„Und was hast du gemalt?" fragte die Mutter.

„Ich malte den Großvater mit seinem Pferd und dem Bündel mit dem Kram auf seinem Rücken, den er im Lande umher verkaufte. Wie nannten sie ihn?"

„Sie nannten ihn einen Hausierer; einen syrischen Hausierer, weil er aus Syrien kam", sagte die Mutter. „Hat jemand noch etwas anderes gemalt?"

„Peter malte ein schönes Bild; es war sein Vater, wie er das Fischnetz ins Meer warf. Und Mary malte ihre Mutter, wie sie Wäsche unten am Fluß wäscht", sagte Andy.

„Schön", meinte die Mutter. „Deine Schule ist wirklich ein guter Platz, denn ihr habt so viele verschiedene Leute dort. Das ist interessant und sicher ein Grund, warum du so gern dort bist."

„Warum sind die Menschen so verschieden, Mami?" fragte Andy.

„Vielleicht deshalb, weil sie von ganz verschiedenen Orten auf dieser Welt kommen. Aber Andy", fügte die Mutter leise hinzu, „was ist das eigentlich, das an den Menschen verschieden ist?"

Andy schwieg. Er mußte ein Weilchen nachdenken. Dann sagte er: „Einige sind Inder und einige sind Chinesen, einige sind Afrikaner und einige Syrer, und Berta kommt aus England. Deshalb sehen sie verschieden aus."

„Aber wenn ihr zusammen spielt oder arbeitet, fühlt ihr dann, daß ihr verschieden seid?" fragte die Mutter.

„Nein, dann sind wir nicht verschieden", sagte Andy. „Wir sprechen gleich, wir wollen dieselben Spiele spielen, wir erzählen dieselben Geschichten und wir malen und schneiden Bilder aus – alle machen wir das gleiche."

„Und seht ihr alle gleich aus?" fragte die Mutter.

Andy mußte wieder ein wenig nachdenken. Dann lachte er: „Wäre das nicht komisch, wenn einer von uns nur eine Hand oder einen Fuß oder ein Auge hätte? Aber wir haben alle dasselbe: zwei Hände, zwei Füße, zwei Augen. Und wir alle können laufen und rennen und reden und lachen. Wir sind wirklich gleich, nicht wahr, Mami?"

„Ja", sagte die Mutter, „Menschen sind Menschen, ganz gleich, wie verschieden sie aussehen."

„Und wenn wir loszögen, um irgendwo anders in der Welt zu leben", sagte Andy, „würde es nicht anders sein. Laß uns woanders hingehen, Mami!"

„Da würde es eine Sache geben, die wäre allerdings sehr verschieden", sagte die Mutter.

„Was denn?" fragte Andy.

„Ihr würdet alle verschieden reden", sagte die Mutter. „Denn jedes Land hat seine eigene Sprache. Aber du würdest bald die Sprache der anderen Kinder lernen, und sie würden gern einige deiner Worte lernen. Sehr bald würdet ihr diesen Unterschied vergessen haben."

„Und das ist alles?" fragte Andy.

Die Mutter lachte. „Nein, Andy", sagte sie. „Da mag es noch einen weiteren Unterschied geben. Deren Anziehsachen sehen anders aus als deine."

„Ach, das wäre nicht schlimm", sagte Andy. „Wir könnten auf jeden Fall miteinander spielen."

„Es gibt in der Bibel einen Vers. Ich könnte mir denken, er gefällt dir", sagte die Mutter. „Es heißt da: Gott machte alle die verschiedenen Arten von Menschen und gab ihnen Wohnung überall in der Welt und nannte sie seine Kinder."

„Das ist schön", sagte Andy. „Du weißt, daß Peter und Bob und Mary und Ming am Sonntag zum Kindergottesdienst kommen. Sie wissen von Gott und Jesus und mögen die biblischen Geschichten, die auch ich gern höre. Da gibt es keinen Unterschied unter uns."

„Ja, das stimmt. Und wenn du jemals einen hörst, der sagt, ihr seid alle verschieden, dann sage ihm, daß ihr alle Gottes Kinder seid und Gott euch liebt. Darum geht es."

„Kommst du morgen mit in die Schule, Mami, um all die schönen Bilder anzusehen? Ich bin sicher, jeder möchte dir gern sein Bild erklären, und ich weiß, du magst sie alle."

Aus Trinidad/Übersetzung: Ulrich Becker

Nordamerika

129 Ein Boy für hundert Dollar

Stichworte:	USA, Kinderbanden-(krieg), Gewalt, Ordensschwester, Rehabilitierung, Freikauf, Hoffnung, neues Leben, Menschenhandel
Zum Text/ Problemfeld- beschreibung:	Im New Yorker Stadtteil Bronx, der als die Hölle der großen Stadt bezeichnet wird, arbeitet eine Ordensschwester und versucht, junge Menschen aus den Fängen von Banden und Rauschgifthändlern freizukaufen. So eröffnen sich neue Lebenschancen.
Vorlesezeit:	5 Minuten
Vorlesealter:	ab 12 Jahren

Es brodelt im New Yorker Stadtteil Bronx, dem berühmt-berüchtigten Bezirk nördlich von Manhatten, dem halbverlassenen Wohnviertel mit seinen Parks und Gangs, mit den Schlupflöchern und Brandruinen, mit seinen Süchtigen und Arbeitslosen, mit den Menschen der Unterschicht, mit seiner Hexenküche des Völkergemischs, das alle Hautfarben und -schattierungen hervorgebracht hat. Bronx ist einer der fünf Stadtteile der Riesenstadt und liegt auf dem Festland. Die vielen Parks waren einst grüne Lunge und Erholungsstätten der explodierenden Stadt. Bronx heute, das bedeutet, daß sich nachts kaum jemand auf die Straße wagt, heißt Gewalt und Kinderbandenkriege, heißt Erpressung und Plünderung. Bronx ist die Hölle der großen Stadt. Die Polizei weiß, daß es Banden gibt, die gegen hohe Geldbeträge Schutz erpressen. Wer zahlt, wird beschützt. Wer nicht zahlt, wird zum Schutz-Geschäft gezwungen, wenn er nicht die Vernichtung der Ladeneinrichtung oder der Bar riskieren will. Und wer will das schon? Irgendwo im Stadtbezirk Bronx brennt es immer, täglich und nächtlich. Unachtsamkeit, Brandstiftung, Rache- oder Terrorakte? Wer will das in der Hölle von Bronx sicher auseinanderdividieren?

Puertoricaner mischen da mit und jugendliche Verwahrloste, Heroin-Händler und hoffnungslose Abhängige, Einbruchprofis und jene, die in ihrem Leben nichts mehr zu verlieren haben. Bronx heißt das Geschwür, unter dem New York leidet, ohne Aussicht auf Heilung oder Linderung.

Und mitten in dieser Hölle bewegt sich Sister Mary. Sie weiß, daß ihr Dienst um Christi willen hier in der Hölle nur ein Tropfen auf einen heißen Stein sein kann. Aber sie ist da und arbeitet weiter gegen Hoffnungslosigkeit und den Triumph der Gewalt. Die kleine Gruppe derer, die jung sind und auf eine Rehabilitierung hoffen, lebt in einem verlassenen Haus, das Sister Mary von der New Yorker Fürsorge zur Verfügung gestellt wurde. In dieser Gruppe lebt auch Jimmy, der durch Sister Mary vom zerstörenden Stoff seiner Sucht gelassen hat. Es gab Rückfälle, gewiß. Und Sister Mary weiß, daß es ohne Rückfälle nur selten abgeht. Aber sie tut ihren Dienst am Menschen in dieser Hölle auf Erden um Gottes willen. Hinter ihr steht die Gemeinde, die um das Wagnis dieses Dienstes weiß. Und hinter Sister Mary steht der Freundeskreis wohlhabender Spender und einflußreicher Gönner: Leute, die sich trotz ihres Wohlstandes auf ihr Gewissen besinnen. Sister Mary sitzt auf einem wackelnden Hocker des Unterschlupfes jener Kinderbande, zu der Jimmys jüngerer Bruder, Puertoricaner wie viele hier, gehört. Sie wollen ihn nicht hergeben. Er selbst ist nicht abgeneigt, in die Wohngemeinschaft der Schwester Mary überzuwechseln. Da hat man wenigstens regelmäßig zu essen und muß nicht stehlen, um satt zu werden. Jimmy hat es erzählt. So handelt Sister Mary, und es ist nicht das erste Mal, ein junges Leben für Geld, das sie vom Freundeskreis bekam, ein. Sie will Tom freikaufen; anders geben sie ihn nicht her. 600 harte Dollar hat der junge Bandenchef gefordert.

Aber so viel hat Sister Mary gar nicht. Nach stundenlangem Verhandeln mit dem Bandenboß und seinen jungen Gefolgschaftsleuten steht der Freikaufpreis von 100 Dollar fest. Die hat Sister Mary; und sie ist bereit, sie zu bezahlen, um einen jungen Puertoricaner aus dem Verderben zu reißen. Menschenhandel ist in der Hölle von Bronx nichts Außergewöhnliches. Sister Mary ist glücklich und atmet erleichtert auf, als sie das Bandenschlupfloch verläßt und den zwölfjährigen Tom aus der Hölle herausführt in die Hoffnung. Mehr als Hoffnung ist am Anfang des neuen Lebens ohnehin nicht im Spiel. Tom schaut Sister Mary, die für ihn 100 Dollar hingeblättert hat, mit fragenden Blicken an. Und sie sagt: „Wir gehen zu Jimmy. Jimmy wird sich freuen. Jimmy hat das Schlimmste hinter sich." Drinnen zählen die Kinder der Bande die Dollarscheine und teilen.

Als Sister Mary mit Tom um die Ecke der Ruine des Hauses biegt, das letzte Woche bis auf die Grundmauern niederbrannte, handelt eine Gruppe von Farbigen und Weißen mit einem illegalen Waffenhändler. Als sie handelseinig sind, zahlt die Gruppe dem Waffenhändler 100 Dollar. Die Männer lachen und nehmen die Pistole dafür und prüfen sie mit Kennerblick.
Im Stadtbezirk Bronx kostet eine Pistole so viel wie ein Junge, wenn man handeln kann...

Helmut Ludwig

130 Vier Helden

Stichworte:	USA, Zweiter Weltkrieg, Schiff, Schiffsgeistliche, Soldaten, Heldentat
Zum Text/ Problemfeld- beschreibung:	Vier Schiffsgeistliche (zwei Protestanten, ein Katholik und ein Jude), die im Zweiten Weltkrieg einen Truppentransport von den USA nach Europa begleiten, opfern sich gemeinsam für die Besatzungsmitglieder, als das Schiff torpediert wird und sinkt.
Vorlesezeit:	2 Minuten
Vorlesealter:	ab 10 Jahren

Es geschah im Zweiten Weltkrieg. Ein amerikanisches Schiff voll Soldaten und Munition war unterwegs nach Europa. Die meisten Männer waren an diesem Abend schon zu Bett gegangen, als das Schiff torpediert wurde. Es gab eine fürchterliche Explosion, und alle stürmten auf das Deck. Dort drängten sie sich um die Kästen mit den Schwimmwesten. Die Schiffspfarrer teilten sie aus und sagten: „Ruhig, Männer, es hat genug." Aber zuletzt hatte es doch vier zu wenig. Das Schiff sank schnell, und in wenigen Minuten würde es ganz versunken sein. Die Geistlichen legten ihre eigenen Rettungsgürtel ab und gaben sie den letzten vier Männern. Und einer von diesen hat später erzählt: „Ich legte den Gürtel um und sprang. Ich ging unter, aber der Gürtel hob mich wieder an die Oberfläche. Ich drehte mich um und schaute nach dem Schiff. Auf dem verlassenen Deck, über das bereits die Wellen schlugen, standen unsere vier Geistlichen, zwei Protestanten, ein Katholik und ein Jude, Arm in Arm, mit gesenktem Kopf. Ich hörte sie ganz deutlich singen, aber ich verstand die Worte nicht. Dann ging ein Beben durch das Schiff, ehe es in den Fluten verschwand, die auch die vier Männer verschlangen. Wenn ich träume, sehe ich sie oft stehen, wie ich sie zuletzt gesehen habe. Das war die größte Heldentat, die ich je erlebte."

1948 wurden die vier postum ausgezeichnet. In Amerika wurde zu ihrer Erinnerung eine Briefmarke herausgebracht.

In der 5th-Avenue-Kirche

131

Stichworte:	USA, Sonntagsschule, Sonntagsschul-Gruppen, Gottesdienst, non-denominelle Gemeinden
Zum Text/ Problemfeldbeschreibung:	Ein deutscher Schüler erlebt bei seinem Ferienaufenthalt in San Diego/ USA einen Sonntagmorgen in der 5th-Avenue-Gemeinde mit. Für alle Gottesdienstbesucher, ob jung oder alt, ist der Besuch der Sonntagsschule vor oder nach dem Gottesdienst eine Selbstverständlichkeit. Überraschend ist für den deutschen Gast, wie lustig es in dieser Kirche zugeht.
Vorlesezeit:	7 Minuten
Vorlesealter:	ab 10 Jahren

Regungslos lag Markus im Bett. Er hörte nicht, wie John, sein Cousin, nebenan im Badezimmer pfeifend und lachend sein morgendliches Duschfest veranstaltete. Und selbst als sich John die Sonntagshosen holte und dabei die Schranktüre versehentlich zuknallen ließ, war Markus noch am Träumen: Immer wieder hob das schwere Flugzeug ab und neigte sich steil zur Seite; erst rechts, dann links, dann wieder rechts. Markus krallte sich vor Angst in die Bettdecke. Große, grinsende Gesichter schauten in Markus' angstvolle Augen. Unverständliche Wortfetzen, Lachen, Pfeifen drangen an sein Ohr. Warum war da niemand, der seine Angst teilte? Auf einmal fing das Flugzeug an, entsetzlich zu schaukeln. Immer wilder rüttelte es Markus umher; sein Sicherheitsgurt löste sich, er flog durch die Luft und...

„Hey, Mark! Aufwachen, das Frühstück ist schon fertig!" John packte Markus jetzt unsanft an den Schultern. „Come on, Junge, raus aus dem Bett!"

Einen Augenblick lang lag Markus wie benebelt da. Das fremde Zimmer, die Gardinen, Bilder? Wo war er? Dann dämmerte es ihm: Sommerferien, Flughafen, Mitternacht, John und Betsie, Onkel Andrew, San Diego. Sein erster Morgen in Amerika. Was für ein Gefühl! Markus schritt ins große Badezimmer und wischte sich den Schlaf aus den Augen. Von nebenan roch es verführerisch nach gebackenen Eiern, Toast und Kaffee.

Betsie kicherte, als Markus noch etwas zerzaust am Frühstückstisch Platz nahm. Onkel Andrew und Tante Barbara hatten bereits gegessen und lächelten Markus freundlich zu: „Fühl dich bei uns wie zu Hause! Wir haben deine Eltern schon angerufen und ihnen gesagt, daß du gut bei uns angekommen bist."

Markus trank den frischgepreßten Orangensaft und probierte von der Erdnußbutter. Ein Glück, daß Onkel Andrew – eigentlich hieß er ja Onkel Andreas – und Tante Barbara so gut Deutsch konnten; bei den vielen ungewohnten Eindrücken hätte er sonst sicher bald ein wenig Heimweh bekommen. Seit zwei Jahren hatte er Englischunterricht. Aber hier in Amerika war doch alles anders.

Onkel Andrew räusperte sich und blickte auf die Uhr: „Freunde, wir müssen uns auf den Weg machen. In 40 Minuten beginnt der Gottesdienst. Wollt ihr Youngsters mit? Wie steht es mit dir, Markus? Du kannst dich gern auch etwas von der anstrengenden Reise ausruhen!"

Ausruhen? Markus wollte so viel wie möglich erleben, sehen, mitmachen. John und Betsie hatten sich offensichtlich für die Kirche zurechtgemacht. Damit war für Markus die Sache klar. Hastig schob er den Toast in den Mund und meinte, gerade noch verstehbar: „Ich komme mit. Na klar doch!" Im Hinausgehen bemerkte er ein dickes Buch unter Tante Barbaras Arm.

Die Fahrt dauerte ungewöhnlich lange. Über eine halbe Stunde fuhren sie schon in Onkel Andrews silbergrauem Cadillac.

„Gibt es denn keine Kirche in der Nähe?" wollte Markus wissen.

„Wir gehen zur 5th-Avenue-Gemeinde. Du wirst sehen, da ist was los. Dir wird es dort auch gefallen", erklärte Betsie und kicherte wieder.

Markus war gespannt wie ein Regenbogen. Es mußte ja wirklich etwas Besonderes sein, wenn sich die ganze Familie sonntags so früh auf den Weg machte; ausgerechnet an dem Tag, an dem sich jeder einmal so richtig hätte ausschlafen können. Der Wagen von Onkel Andrew bog in eine Seitenstraße ein und hielt schließlich vor einem großen, flachen Gebäude.

„Here we are!" murmelte John und wies auf ein riesiges Schild am Eingang: 5th-Avenue-Church.

„Soll das eine Kirche sein? Sieht eher aus wie ein Bürohaus!"

„Du hast recht, Mark, an den Wochentagen arbeiten hier Geschäftsleute, aber am Sonntag treffen wir uns im großen Saal als Gemeinde.* Sollen wir in den ersten Gottesdienst gehen oder willst du zuerst zum Gruppentreff der Siebt- und Achtkläßler? Du kannst auch mit Betsie in die Teenagergruppe gehen. Also, was ist?"

Markus war verwirrt. Hauptsache, John blieb bei ihm. Durch ein großes Treppenhaus gelangten sie in einen Raum im dritten Stockwerk. Markus bekam etwas Herzklopfen, als er den großen Stuhlkreis sah. Etwa 40 Jungs und Mädchen seines Alters saßen da und schnatterten wild durcheinander.

„Willkommen zur Sonntagsschule", übersetzte John seinem verdutzten Cousin die freundlichen Worte eines jungen Erwachsenen, der am Eingang stand und offensichtlich der Leiter der Gruppe war. „Heute wollen wir über die Geschichte von Daniel in der Löwengrube sprechen. Wer weiß noch, was zuvor mit Daniel geschehen war? Aber halt, bevor wir das tun, laßt uns noch unseren Gast begrüßen. Er heißt Mark, kommt aus Deutschland und... – erzähl doch am besten selber etwas über dich!"

Markus stotterte zuerst, brachte dann aber doch erstaunlich viele englische Brocken zusammen. Und als alle anderen dann sogar Beifall klatschten, fühlte

---

* In den Vereinigten Staaten gibt es viele kleinere Gemeinden, die ganz selbständig arbeiten. Sie gehören keiner der großen Konfessionsfamilien an und formulieren ihre Glaubensbekenntnisse selbst.

sich Markus direkt als jemand Besonderes. Die Gruppenstunde verging wie im Flug, so bunt und vielfältig und witzig erzählte der Leiter die Geschichte von Daniel in der Löwengrube. Er brummte und brüllte wie ein Löwe, krabbelte auf allen Vieren und legte sich schließlich friedlich vor den Füßen eines Jungen nieder, der den Daniel spielte. Noch nie hatte Markus in einer „Kirche" so viel gelacht.

In der Pause gab es Orangensaft und kleine Plätzchen. John unterhielt sich mit Freunden. Von hinten zupfte jemand an Markus' Pullover. „Kommst du mit zum Gottesdienst? Wir können ja nebeneinandersitzen?" Betsie sah in Markus' fragende Augen und kicherte.

Im Treppenhaus gingen junge und ältere Leute auf und ab. Im bunten Gewimmel entdeckte Markus Onkel Andrew und Tante Barbara. Sie standen vor der offenen Tür eines anderen Gruppenraums. Markus sah darin Erwachsene, die wie die Jugendlichen im Stuhlkreis beieinandersaßen und sich lebhaft unterhielten. Tante Barbara hatte immer noch das dicke Buch unter dem Arm. Klar doch, das war eine Bibel! Fast alle liefen hier mit einer Bibel vom Ausmaß eines Erdkunde-Atlas herum.

Betsie schob Markus vor sich her. „Also, paß mal auf: Wer zuerst im Gottesdienst war, geht anschließend zur Sonntagsschule. Wir machen es umgekehrt und besuchen jetzt den zweiten Gottesdienst. Du wirst sehen, Pastor Smith hält eine großartige Predigt."

Markus schaute verstohlen auf die Uhr. Seit fast zwei Stunden war er nun hier in der „Kirche". Von der großartigen Predigt des Pastors Smith hatte er leider nicht viel verstanden. Zu gern hätte er gewußt, warum die Leute an der einen oder anderen Stelle mitten in der Predigt in Gelächter ausbrachen. So lachte er einfach mit, wenn alle lachten. Die Soloeinlage am Klavier nach der Predigt und das Lied des Jugendchors rissen Markus mit. Was für Rhythmen, welche Klänge – in der Kirche! Wenn er da an zu Hause dachte!

Am Ausgang erhielt Markus ein kleines Faltblatt mit Informationen über die 5th-Avenue-Gemeinde. „Wir freuen uns, wenn du wiederkommst", meinte Pastor Smith und grinste, als er zum Abschied Markus die Hand drückte. „Dein Onkel hat mir davon erzählt, daß du hier die Ferien verbringst. Eine schöne Zeit hier wünschen wir dir!"

Als Markus Onkel Andrews Cadillac bestieg, mußte er selber grinsen. Daß es in der Kirche so lustig zugehen konnte.

Jochen Fetzner

132   Das doppelte Weihnachtsgeschenk

Stichworte: USA, Weihnachten, Weihnachtsgeschenk, Slum-Gegend, Partnergemeinde, Spielsachen

Zum Text/   Erzählt wird von Kindern in einer amerikanischen Slum-Gegend, die
Problemfeld-   von einer Partnergemeinde Weihnachtsgeschenke erhalten. Nicht alle
beschreibung: Beteiligten sind glücklich über diese Art des Schenkens. Da kommt man
                  im nächsten Jahr auf eine neue Idee...

Vorlesezeit: 4 Minuten

Vorlesealter: ab 10 Jahren

John lebt in einer großen Stadt, leider nicht in den schmucken Häusern der Vorstadt oder in den glitzernden Neubauten der Geschäftsstraßen. Er wohnt zusammen mit Mary und Judy, seinen jüngeren Schwestern, und seiner Mutter in zwei Zimmern eines Hauses, das schon bessere Zeiten gesehen hat. Jetzt leben in dieser Gegend zahlreiche Menschen in einer ähnlichen Lage wie er und seine Familie, meist mit schwarzer Hautfarbe, ohne Arbeit, und viele, wie er, ohne Vater. John, obwohl erst zehn Jahre alt, lernt so die Härte des Alltags einer amerikanischen Großstadt täglich kennen und viel zu wenig von der heilen Familienwelt, über die die Fernsehserien so gern berichten.
Besonders in der Weihnachtszeit wird der Wunsch stark, auch teilzuhaben an der Welt, von der die Fernsehwerbung und die beleuchteten Schaufenster schon Wochen vor dem Fest erzählen. John erinnert sich dabei an das vergangene Jahr. Da waren er und die Kinder seines Viertels zusammen mit ihren Eltern eingeladen in eine Kirche in einem Stadtteil, wo die wohlhabenderen Bürger wohnen. Es war sehr schön gewesen: Es gab Weihnachtslieder und Süßigkeiten und zum Schluß hatte er ein großes Spielzeugraumschiff geschenkt bekommen. Ganz glücklich drückte er sein Geschenk an sich, als er schließlich zusammen mit seinen Schwestern reich beschenkt nach Hause zog. Doch da bemerkte John, daß seine Mutter sich gar nicht so freuen konnte wie er. Wischte sie nicht sogar eine Träne aus ihren Augen?
„Mama, was ist denn? Gefallen dir unsere Spielsachen nicht?"
„Doch, sogar sehr gut", antwortete diese mit etwas gedrückter Stimme. „Aber, weißt du, es ist für eine Mutter kein schönes Gefühl, wenn sie den eigenen Kindern zu Weihnachten nichts schenken kann und dann erlebt, daß fremde Leute, auch wenn es Mitchristen sind, eure Wünsche so leicht erfüllen können."
Bei seinen Gedanken an das diesjährige Weihnachtsfest empfindet John immer ein wenig Bauchgrimmen. Denn wenn er von möglichen Geschenken träumt, die er zu erhalten hofft, muß er an die Verlegenheit seiner Mutter an diesen Abend im vergangenen Jahr denken.
Doch in diesem Jahr wurde alles anders. Nein, nicht alles; denn John sollte wieder ein schönes Weihnachtsgeschenk erhalten: eine Baseballausrüstung! Doch zu diesem Weihnachtsfest stand der Gabentisch zu Hause in dem kleinen

Zimmer, und Mutter lächelte vielsagend. John konnte sehen, daß auch sie glücklich war. Und auf seine Frage erfuhr er, warum dieses Mal vieles so anders war. Die Kirchenmitglieder des reicheren Viertels hatten wieder Spielsachen gesammelt für die Kinder der Partnergemeinde in der Slumgegend. Aber in diesem Jahr hatten sie die Eltern der Kinder eingeladen, die mit den Spielsachen beschenkt werden sollten. Diese halfen dann beim Reinigen, Reparieren und Sortieren des gesammelten Spielzeugs. Für ihre Arbeit erhielten sie Gutscheine, für die sie dann Spielsachen für ihre Kinder kaufen konnten. So erreichten die Spenden dieser Gemeinde die Kinder, für die sie gedacht waren. Die Eltern konnten gleichzeitig stolz sein, daß sie durch ihre Mithilfe in die Lage versetzt wurden, ihren Kindern selbst ein Weihnachtsgeschenk zu machen. John fand diese Idee ganz prima, denn an diesem Weihnachtsfest konnten sich alle in der Familie freuen.

Gerhard Büttner, nach einer Idee von Raymond Fung

Kollekte in Amerika

133

Stichworte:	USA, Pfarrer, Predigt, Gebet, Wort- und Tat-Christentum, Opfergeist, Hilfsorganisation, Hilfsbereitschaft
Zum Text/ Problemfeld- beschreibung:	In einer Gemeinde in den USA findet in den 50er Jahren spontan eine Sammlung für Hilfsbedürftige in der DDR statt. Der Erzähler ist bewegt von dieser lebendigen Verbindung von Wort und Tat, die er bei den amerikanischen Christen entdeckt.
Vorlesezeit:	4 Minuten
Vorlesealter:	ab 12 Jahren

Ich bin bei einem Pfarrer zu Gast. Es ist Samstag, und er sitzt über seiner Predigt, während ich in seinem Bücherschrank stöbere. Während des Abendessens komme ich durch Zufall auf einen Brief zu sprechen, den ich vor ein paar Tagen aus der DDR bekam und der mir nachgeschickt worden war. Da schrieb ein Bekannter und bat mich, ob ich ihm nicht einen alten Anzug und auch etwas Fett schicken könnte. Beides könne er nicht bekommen, und auch sonst ginge es ihm nicht eben zum besten.
Der Pfarrer hört sich das an und steht plötzlich auf.
„Einen Augenblick", meint er, „da fällt mir etwas ein. Ich werde meine Predigt ein wenig ändern."
Ich weiß nicht, was er meint, aber am nächsten Morgen kommt er während des Gottesdienstes auf meinen Brief zu sprechen und schließt die Predigt mit den Worten:

„Ihr seht, hier muß geholfen werden, und das sofort. Bis heute abend müssen die notwendigen Sachen gesammelt sein, und wer nichts hat, der mag etwas Geld spenden. Ich weiß, daß Ihr alle nicht viel habt, aber für 10 Cents wird es schon reichen. "
Gleich nach dem Gottesdienst setzen sich ein paar Männer in ihre Wagen, und ein paar Jungen schwingen sich auf ihre Fahrräder und gondeln von Haus zu Haus. Noch vor dem Mittagessen kommen sie im Pfarrhaus zusammen und liefern mehrere Anzüge, Fettkonserven und noch rund 50 Dollar an gesammelten Spenden ab. Aber man begnügt sich nicht damit. Es wird überlegt, wie das Fett möglichst rasch nach Deutschland zu schaffen ist, und einigt sich dahin, daß nur eine Luftpostsendung in Frage kommt. Dafür reicht jedoch das Geld nicht ganz aus, und noch einmal werden ein paar Türen abgeklappert; in kürzester Frist ist auch diese Summe beisammen. Nun packt man gemeinsam fröhlich das Paket und schafft es zur Post.
Aber dann geschieht etwas, was ich nicht erwartet habe. Die Sammler gehen nicht auseinander, sondern schließen sich zum gemeinsamen Gebet zusammen, und ich erfahre, daß sie auch vor ihrem Weg gebetet haben. Ich glaube, daß in Amerika viel gebetet wird. Die Methodistenkirche zum Beispiel hat für ein Jahr zu einer Gebetskette aufgerufen. In jeder Minute beten irgendwo in den USA zwei Menschen für den Frieden.
Aber es bleibt nicht beim Gebet allein. Wenn ich an dieses Erlebnis denke, dann scheint mir hier die rechte Verbindung von Wort- und Tatchristentum gegeben zu sein. Und ist es nicht zugleich eine Herausforderung an uns in Europa? Auch bei uns wird viel gebetet, aber lassen wir auf das Wort auch immer sogleich die Tat folgen?
Ich meine, in dieser lebendigen Verbindung von Wort und Tat liegt die größte Stärke des amerikanischen Christentums. Die Einheit von Wort und Tat ist biblisch, und in dem Opfergeist der Gemeinden spürt man etwas vom Geiste Jesu. Was dabei so erfrischend und erfreuend ist, das ist die unkomplizierte und rasche Entscheidung zur Tat. Man führt nicht erst Korrespondenzen mit Hilfsorganisationen, man wartet nicht ab, bis diese Briefe zuständigkeitshalber vom Diakon Sowieso an den Oberkirchenrat weitergeleitet werden, kurz, man verzichtet auf jedes bürokratische System, das oftmals die beste Hilfsbereitschaft nicht über das Wollen hinauskommen läßt. Man handelt, und man handelt rasch, so wie es Bodelschwingh gesagt hat, „denn sonst sterben die Leute darüber".

Hans Alfred de Boer

„Jesus würde hierbleiben…" – ein Interview 134

Stichworte:	USA, Gemeinde, Rassenkonflikt, Pfarrer, Verständigung (zwischen Schwarzen und Weißen), Versöhnung, Frieden, Verzicht
Zum Text/ Problemfeld- beschreibung:	Das Interview mit einem Pfarrer in einer rassisch-gemischten Gemeinde in Philadelphia/USA gewährt Einblick in seine besonderen Aufgaben: Verständigung und Versöhnung. Dieser Aufgabe wegen schlägt er ein verlockendes Angebot mit persönlichen Vorteilen für sich und seine Familie aus: „Jesus würde hierbleiben…"
Vorlesezeit:	3 Minuten
Vorlesealter:	ab 12 Jahren

R.: „Pfarrer Johnstone, ich habe gehört, daß Sie ein Angebot bekommen haben, die Gemeinde zu wechseln. Stimmt das?"

J.: „Ja, das stimmt. Die Gemeinde, die mich haben möchte, ist in Bloxhein. Eine angesehene, reiche Gegend. Man bietet mir ein größeres Gehalt als das, was ich hier beziehe. Das Wohnhaus ist komfortabel, die Kirche modern und richtig chic."

R.: „Also, dann werden Sie wohl bald umziehen?"

J.: „Nein, wieso?"

R.: „Ja, Sie haben doch selbst gesagt, daß Sie sich in Bloxhein viel besser stehen als hier in Philadelphia!"

J.: „Das ist richtig, aber ich werde wohl doch hierbleiben!"

R.: „Warum?"

J.: „Weil ich hier eine besondere Aufgabe habe, die ich nicht aufgeben möchte. Wenn ich nach Bloxhein ginge, käme ich mir vor wie einer, der Fahnenflucht begeht."

R.: „I know. Sie meinen, es sei Ihre Aufgabe, dafür zu sorgen, daß Weiße und Schwarze zusammen in Ihre Kirche kommen, daß sie gemeinsam für gute Schulen, saubere Häuser, gepflegte Vorgärten sorgen. Sie wollen verhindern, daß Weiße Hals über Kopf ihr Haus aufgeben, nur weil eine Negerfamilie in dieselbe Straße zieht. Sie haben den Ehrgeiz zu beweisen, daß Rassentrennung Unsinn ist. Das ist ja alles schön und gut, aber deswegen wollen Sie hier bleiben?"

J.: „Ja, deswegen. Wir versuchen, Frieden zwischen Schwarz und Weiß zu machen. Verständigung, Versöhnung, wenn Sie so wollen. Deshalb bin ich hier Pastor. So verstehe ich meinen Auftrag."

R.: „Das ist aller Ehre wert. Klar. Aber Ihre Familie? Sie haben einen Sohn und vier Töchter. Haben Sie nicht auch die Pflicht, für die Erziehung Ihrer Kinder zu sorgen? Das kostet doch alles so viel, da können Sie schon ein wenig mehr Geld gebrauchen!"

J.: „Sie berühren genau den wunden Punkt. Dasselbe hält mir mein Schwiegervater auch vor. Aber, offen gestanden, die Ausbildung meiner Kinder macht mir nicht soviel Sorgen wie die Gemeinde hier. Wenn durch meinen Fortgang die Gemeinde auseinanderbrechen würde in Weiße und Schwarze, das könnte ich mir nicht verzeihen."

R.: „Sie wollen also unbedingt ein Held sein?"

J.: „Ich bin doch kein Held! Manchmal würde ich auch den ganzen Kram am liebsten aufgeben. Aber dann sage ich mir: Jesus würde bestimmt hierbleiben."

Geiko Müller-Fahrenholz

135   Der Auszug aus Ägypten

Stichworte:	Kanada, Mennoniten, Familienfreizeit, Kindergottesdienst, Prediger, Rollenspiel, Israeliten/Ägypter, 2. Mose 12 ff.
Zum Text/ Problemfeldbeschreibung:	Amanda verbringt zusammen mit ihren Eltern einen Teil ihrer Sommerferien auf einer Familienfreizeit in einer mennonitischen Kirche in Saskatchewan. Geplant ist ein Rollenspiel zum Auszug der Israeliten aus Ägypten. Ihre „Reise bzw. ihr Auszug" gestaltet sich bisweilen sehr spannend: von einer Mückenplage über Hungergefühle bis hin zu einer Flußüberquerung. Erschöpft, dankbar und um einige Erfahrungen reicher kehren sie alle zum Lager zurück.
Vorlesezeit:	9 Minuten
Vorlesealter:	ab 9 Jahren

Amanda freute sich auf die Sommerferien. Sie wollte mit ihren Eltern auf eine Familienfreizeit fahren und sprach oft mit ihren Freunden im Kindergottesdienst darüber. Manche von ihnen würden auch dabei sein. Auch der Prediger machte gelegentlich im Gottesdienst Bemerkungen dazu, und so wurde die Vorfreude noch größer.

Endlich war der Tag der Abreise da. Amanda freute sich besonders, daß auch ihre Kusine, Mary, die wie sie 8 Jahre alt war, mitfahren durfte, auch wenn sie nicht direkt zu Amandas Familie gehörte. Mary konnte anstelle Amandas älterer Schwester, Susanna, mitfahren. Susanna mußte an einem Volleyballturnier ihrer Schule teilnehmen, und so hatte sie sich entschieden, lieber zu Hause zu bleiben.

„Wie lange müssen wir noch fahren?" fragte Amanda ihren Vater.

„Das Lager liegt etwa 100 km nördlich von Saskatoon und wir haben noch etwa 40 km zu fahren, bis wir in der Stadt sind. Wie wäre es, wenn wir da eine kurze Pause machen würden? Vielleicht gibt es Eis zu kaufen!"

„O ja!" schrien die Mädchen gleichzeitig. In den Ferien ließen sie sich gerne etwas verwöhnen. Für Amanda ging die Fahrt schnell vorbei, da sie und Mary sich viel zu erzählen hatten und sie sich auch die Landschaft anschauten. Es war fast 4 Uhr nachmittags, als sie ankamen. Gleich sahen sie bekannte Gesichter, Familie Martin mit ihren zwei Jungens kamen auch gerade. „Habt ihr den Weg gut gefunden?" fragte Amandas Vater.

„Ja", antwortete Herr Martin, „aber es kam mir vor, als führen wir immer weiter weg von der Zivilisation."

Saskatchewan ist eine Provinz in Kanada, die im Süden sehr flach ist — eine Prärie —, aber je weiter man nach Norden fährt, desto hügeliger und auch isolierter wird es. Das Lager liegt in einem Tal neben einem Fluß, und ringsum stehen Laubbäume. Es wurde von der mennonitischen Kirche in Saskatchewan gebaut und von ihr unterstützt und geleitet. Zu dieser Freizeit, wie auch zu anderen, waren immer alle Gemeinden eingeladen.

Mittlerweile waren alle Teilnehmer angekommen. Es waren 36, zusammen mit dem Ehepaar, das die Freizeit leitete. Vor dem Abendbrot stellten sich erst einmal alle vor. Dazu hatte der Leiter etliche Spiele vorbereitet. Weil alle begeistert waren, da zu sein, gab es keine Schwierigkeiten, einander anzusprechen, und bald fühlten sich alle zusammengehörig. Zum Essen setzten sie sich an Tische mit Bänken, die unter einem großen Dach standen. Es war wie ein großes Haus, ohne Außen- und Innenwände, stellte Amanda fest. Die Leiterin war unsere Köchin, d. h. sie hatte einen Speiseplan aufgestellt und eingekauft. Etliche der Teilnehmer haben dann beim Kochen und Aufräumen geholfen. Am ersten Abend gab es Chili con carne, eine dicke rote Bohnensuppe. Während des Essens bot sich Zeit, sich mit anderen zu unterhalten. Amanda zählte und stellte fest, daß 21 Kinder da waren, alle im Alter von 7 bis 12 Jahren. Bis 20.30 Uhr war nichts Formelles geplant. Dann wollten sich alle beim Lagerfeuer treffen.

„Am liebsten würde ich hier die ganze Nacht verbringen", meinte Amanda zu Mary. „Ich finde es so gemütlich."

„Ich auch", stimmte Mary zu.

Die ganze Gruppe saß auf Baumstämmen um das Feuer und sang Lieder, neue und alte. Dann erläuterte der Leiter das Thema für die nächsten Tage.

„Was wißt ihr von dem Auszug aus Ägypten?" fragte er.

„Es waren die Israeliten." „Sie wanderten in der Wüste." „Sie sind durch das Rote Meer gelaufen." „Mose schrieb in dieser Zeit die 10 Gebote auf." Es wurden viele Antworten gegeben, und der Leiter freute sich.

„Es ist gut, daß ihr die Geschichte schon kennt. Ihr habt sie sicher oft gehört und könnt sie euch gut vorstellen", meinte er. „Wir sollen diese Geschichte teilweise für uns selbst erleben. Morgen früh werden wir von unserm Lager ausziehen. Jeder darf sich eine Kleinigkeit mitnehmen, aber denkt daran, ihr müßt alles selbst tragen — zwar keine 40 Jahre, aber immerhin 2 ganze Tage. Macht euch Gedanken darüber und versucht, euch in die Rolle der Israeliten zu versetzen. Morgen verlaßt ihr das Land, in dem ihr gefangen seid, und werdet in ein freies Land ziehen."

Viele Kinder fingen sofort an, miteinander zu diskutieren, was sie mitnehmen würden und wie sie sich die nächsten Tage vorstellten. Freuten sie sich? Es war spät geworden und auch etwas kühl. Alle gingen zu ihren Zelten. Sie waren schon aufgebaut, als alle gegen Mittag hier ankamen, und jede Familie hatte sich eins ausgesucht. Amanda fand das Übernachten im Zelt abenteuerlich und hatte in der Nacht auch wunderbar geschlafen. Die Luft war so schön frisch, und als die Vögel morgens anfingen zu singen, wachte sie auf, erneut mit Begeisterung. Es war ein schöner, sonniger Tag. Alle versammelten sich im Eßsaal und frühstückten dort. Danach begann das Rollenspiel.

„Ach, sind wir dankbar, daß dieser Tag wirklich gekommen ist!" Nun gingen sie los, eine Gruppe von Erwachsenen und Kindern, jeder mit etwas Kleinem unter dem Arm. Sie gingen einfach dem Leiter hinterher. „Mose" konnten sie ihn nennen. Abenteuerlich war es für die meisten, aber schon nach ein paar Stunden wurden etliche etwas müde oder langweilten sich. Ein paar Kinder meinten: „Wir wollen lieber im Fluß schwimmen gehen, dies macht keinen Spaß."

„Aber so ging es den Israeliten auch. Sie meinten öfter, daß es zu Hause viel besser war."

Nun erinnerten sie sich alle an ihr „Schauspiel" und machten weiter. Sie kamen an einen Fluß, der an dieser Stelle ziemlich tief und schnell war. „Wie sollen wir ihn überqueren?"

„Das ist so ähnlich wie das Rote Meer in der Bibel", sagte Mary, „aber ich kann mir nicht vorstellen, daß Gott uns einen Weg machen wird."

Der Leiter, der sich auskannte, führte sie ein bißchen weiter den Fluß entlang bis zu einem Biberdamm, hinter dem der Fluß ganz flach und ruhig war. Alle zogen sich die Schuhe aus und wateten zur anderen Seite. Es machte sogar Spaß, und es war richtig angenehm, sich etwas abzukühlen.

Plötzlich hörten sie laute Geräusche. Es waren Menschenstimmen – Pharao und die Ägypter! Amanda hatte Angst und lief ganz schnell. Die Männer kamen aber nicht hinterher, da sie sich nicht getrauten, den Fluß zu überqueren. „Wie in der Geschichte sind das die Ägypter, die uns zurückholen wollen", erklärte der Leiter.

Amanda stellte bald fest, daß die bösen Männer ein paar Väter aus der Gruppe waren.

Nun ging die Reise weiter. Es war warm, die Mücken stachen und Amanda hatte Hunger. „Ich habe solchen Hunger", klagte sie.

„Geh, sag es Mose!" sagte ihre Mutter.

„Ich habe Hunger, Mose, und sicher viele andere auch!"

Die anderen stimmten ihr zu. Mose erklärte, daß Gott Brot schicken wird; und nun hatte er solches Brot in der Hand. Alle aßen etwas davon, aber bald hatten sie Durst. Zu Hause war doch alles viel einfacher. Amanda fing an zu

verstehen, wie schwer es für die Israeliten gewesen sein mußte. Aber Gott hatte
jetzt auch geholfen. Sie kamen plötzlich zu einer Quelle, aus der sie frisches
Wasser trinken konnten.

Dann setzten sie sich alle auf die Erde, um zu besprechen, was sie bis jetzt
erlebt hatten und wie sie dies mit der Geschichte aus der Bibel vergleichen
konnten.

Wie die Israeliten machten sie dann ein Feuer und übernachteten. Es gab
Bannock, einen Brotteig, der um einen Stock gewickelt und dann über dem
Feuer gebacken wird. Das schmeckte gut, besonders nach einem anstrengenden
Tag.

Der Morgen kam zu früh für Amanda. Sie wollte noch schlafen, und die Beine
taten so weh. Aber Jammern half nichts. Sie mußten weiter.

„Ich will nicht mehr", stöhnte Amanda. „Dies macht keinen Spaß mehr."
Aber gerade durch diese Erfahrung verstand sie die Geschichte besser.

Es ging weiter, und plötzlich schrien die Kinder: „Beeren! Können wir sie
essen?"

„Ja", antwortete der Leiter, „aber vergeßt nicht, unserem Gott zu danken."

„So wie das Manna Brot, das die Israeliten immer sammelten", stellte Amanda
fest.

Auch dieser Tag war anstrengend, aber Amanda konnte ihn besser durchstehen.
Zum Glück hatte es nicht geregnet. Bald war es Abend geworden. Sie suchten
sich wieder einen Rastplatz, und „Mose" ging noch ein Stückchen allein spazieren. Als er zurückkam, hielt er ein großes Stück Pappe in der Hand, auf dem
die 10 Gebote geschrieben waren. Alle setzten sich wieder um das Feuer, und
Mose las die Gebote vor. Sie wurden zu einem wichtigen Gesprächsthema.
Kinder und Eltern hatten Gelegenheit, sich zu äußern, und von Alt und Jung
wurden interessante Gedanken laut. Amanda genoß die Zeit um das Lagerfeuer. Gern sang sie mit, erzählte und hörte zu, wenn über die Erfahrungen der
letzten zwei Tage gesprochen wurde. Sie hatte so ein schönes Gefühl — es war
die Gewißheit, daß auch in der heutigen Zeit Gott bei ihr war und er immer
noch führte.

Die meisten hatten es nicht gemerkt, aber sie waren immer im Kreis gegangen
und fast bis ans Lager wieder zurückgekehrt!

„Wollt ihr nicht lieber in den Zelten schlafen?" fragte der Leiter.

Nein, sie wollten alle draußen bleiben, unter den Sternen schlafen und Gott
danken.

Luci Driedger

136   Neger — Gottes Kinder?

Stichworte:	Kanada, USA, Rassismus, Hochzeit, Heuchelei, Kinder Gottes, Generationenkonflikt, Haß, Ausgrenzung
Zum Text/ Problemfeldbeschreibung:	Eine junge Kanadierin heiratet Frank, einen schwarzen Theologiestudenten. Dabei wird sie von der Umwelt und auch von ihren Eltern regelrecht ausgegrenzt, und das, obwohl in der Kirche immer wieder gepredigt wird: „Neger sind Gottes Kinder".
Vorlesezeit:	2 Minuten
Vorlesealter:	ab 11 Jahren

Ein Brief aus Amerika

Ich bin Kanadierin, 22 Jahre alt, und stamme aus einem sehr frommen Elternhaus. Von klein auf lernte ich in der Sonntagsschule: Neger sind Gottes Kinder, ganz genau wie wir; weil wir denselben Vater haben, sind wir Brüder und Schwestern. Meine Eltern sagten genau das gleiche, und ich glaubte es, obwohl es in unserer Gemeinde gar keine Neger gab.

Vor drei Jahren kam ich in die USA zum Studium. Ich lernte Frank kennen. Er studierte Theologie. Wir verlobten uns. Als ich mit ihm nach Hause kam, erlebte ich die tiefste Enttäuschung meines Lebens. Meine Eltern warfen uns nicht etwa hinaus, weil Frank ein Neger ist, aber meine Mutter weinte zehn Tage und zehn Nächte, und mein Vater kam abends erst nach Hause, wenn alle schon im Bett waren. Und viele meiner alten Freunde schnitten uns. Zur Hochzeit kamen die wenigsten, auch meine Großmutter, auf die ich vertraut hatte, entschuldigte sich.

Frank und ich haben eine schöne Wohnung. Wir lieben uns sehr. Zum Glück haben wir gute Freunde, Neger und Weiße, die uns verstehen und sich mit uns freuen.

Aber manchmal ist das Leben eine Hölle. Wenn einem die Blicke von Leuten im Rücken brennen, wenn alte Bekannte auf der Straße oder bei Parties nervös an einem vorbeisehen, wenn andere sich unnatürlich freundlich mit einem unterhalten, wenn ein Einkaufsbummel ein Spießrutenlaufen wird und ein Kirchgang zur Pein.

Schlimmer als offener Haß ist es, wenn frühere Freunde einen stillschweigend ausschließen. Und zu Hause erzählen sie ihren Kindern: Neger sind Gottes Kinder, ganz genau wie wir.

Im Frühjahr übrigens erwarten Frank und ich unser erstes Kind.

Mary-Lou M

Das Kind in der Krippe

137

Stichworte:	USA, Rassismus, Weihnachten, Kind, Weihnachtskrippe, schwarz/weiß, Kinderfürsorgestelle
Zum Text/ Problemfeld- beschreibung:	Zwei ältere Schwestern gehen gemäß ihrer Gewohnheit in den Weihnachtstagen in ihre Kirche und freuen sich an der dort aufgebauten Weihnachtskrippe. Zu ihrer Bestürzung liegt dort ein lebendiges, schwarzes Kind. Statt mit Mitleid und Fürsorge reagieren sie mit Empörung über das schwarze Baby.
Vorlesezeit:	4 Minuten
Vorlesealter:	ab 11 Jahren

„Beeile dich, Margaret, sonst wird es zu spät", sagt Sally und setzt ihren Hut auf.

„Ich bin schon fertig, Sally", sagt Margaret und legt den Pelz um den Hals. Die beiden alten Schwestern gehen in die Kirche. Jeden Tag im Dezember gehen sie in die Kirche. Sie stehen lange Zeit vor der Weihnachtskrippe und beten. Diese Krippe ist aber auch eine ganz besondere Krippe. So eine Krippe gibt es nur in Texas, sonst nirgends auf der Welt. Sie steht in einer Nische. Die Figuren sind so groß wie richtige Menschen.

Heute ist Weihnachtsabend. Es ist schon lange dunkel draußen. Nur wenige Menschen gehen auf der Straße. Nur wenige Menschen sind jetzt in der Kirche. Vorn am Altar knien drei Frauen. Eine Frau sitzt in einer Bank. Ein Mann geht durch den Mittelgang nach vorne. Sally geht zuerst zur Nische. Margaret muß zurückbleiben. Eine junge Frau huscht an ihr vorbei zum Ausgang. Sie hält das Kopftuch vor das Gesicht und läuft rasch hinaus.

„Wo bleibst du, Margaret", sagt Sally.

„Ich bin schon da", sagt Margaret.

Die beiden alten Schwestern stehen allein vor der Krippe. Sie falten die Hände. Da schreit Margaret auf: „Schau! Sally! Das Kind! Es ist schwarz!" Und sie klammert sich an ihre Schwester. Das Kind beginnt zu weinen. Es zappelt und schreit. Die kleine Stimme verhallt in der Kirche.

„Es weint! Es ist lebendig!" flüstert Sally voll Entsetzen. Sie packt ihre Schwester am Arm und zerrt sie aus der Kirche. Vor dem Tor schreit sie: „Das Kind! Das Kind in der Krippe. Es ist schwarz!"

Zwei Männer gehen vorbei. Sie zögern ein wenig, schütteln die Köpfe und gehen weiter. Eine alte Frau kommt aus der Kirche. Sie hört nicht hin. Eine Dame geht mit ihrem Hund vorbei. Sie plaudert mit dem Hund.

„Komm", sagt Sally und zerrt ihre Schwester weiter. „Wir gehen zur Mesnerin. Die muß Ordnung schaffen."

Es dauert lange, bis die Mesnerin mitgeht. Sie begreift nichts. Endlich stehen die drei Frauen vor der Krippe. Wirklich! Da liegt ein schwarzes Kind in der Krippe und weint.

„Schrecklich! Ein schwarzes Kind in der Krippe!" flüstert Sally und deckt die Hände vor das Gesicht.
Margaret wendet sich ab und murmelt: „Ein Negerkind! So eine Schande!"
Die Mesnerin sagt: „Es ist höchstens fünf oder sechs Tage alt." Sie nimmt das Kind aus der Krippe, steckt es unter ihre Jacke und trägt es in ihre Wohnung. Sie gibt ihm zu trinken, wickelt es in ein warmes Tuch und bringt es zur Kinderfürsorgestelle. Die Fürsorgerin schreibt alles auf, was die Mesnerin erzählt. Dann sagt sie: „Wahrscheinlich hat die Mutter nichts zu essen und keinen Platz für die Kleine."
Um das alles kümmern sich die beiden alten Schwestern nicht. In der Kirche ist wieder alles in Ordnung. In der Krippe liegt das „richtige Kind": eine Puppe, so groß wie ein richtiges Baby, rosig und blond. Die beiden Schwestern knien nieder und beten. Dann gehen sie nach Hause, um Weihnachten zu feiern.

Elfriede Becker

138 Gottesdienst in einer amerikanischen Pfingstkirche

Stichworte:	USA, schwarze Kirche, Pfingstkirche, Salbung, Gottesdienst, Musik im Gottesdienst, Kollekte, Kirchenspende, Predigt, Zungenreden, Kirchensteuer, Laienprediger, Tanz (im Gottesdienst), Ekstase
Zum Text/ Problemfeldbeschreibung:	Als einzige Weiße besucht die Autorin einen Gottesdienst in einer farbigen Pfingstkirche in San Francisco. Sie erlebt die Intensität des über mehrere Stunden dauernden Gottesdienstes mit seinen Predigten, Gesängen und Kollekten, wobei letztere ihr einige Verlegenheiten bereiten.
Vorlesezeit:	ca. 8 Minuten
Vorlesealter:	ab 12 Jahren

Endlich war es soweit. Ich stand vor der Greater Little Chapel Church of God in Christ in San Francisco, einem ehemaligen Theater. In den USA entfällt aufgrund der völligen Trennung von Staat und Kirche die Kirchensteuer. So haben die Kirchen oftmals nicht das Geld, um teure Gebäude zu errichten. Ziemlich aufgeregt betrat ich das Gebäude und setzte mich in den hinteren Teil des Raumes. Er war ziemlich groß und dennoch fast voll besetzt. Der Gottesdienst begann mit einem Lied, das die Gemeinde anstimmte. Danach mußten sich die „Neuen" in der Gemeinde vorstellen; alle Augen richteten sich auf mich − die einzige Weiße im Gottesdienst. Ich errötete und stammelte anfangs ein wenig; ich erklärte, daß ich mich freue, an einem Gottesdienst von ihnen teilzunehmen. Erfreutes Zunicken und Beifallsbekundungen folgten; ich war also akzeptiert und konnte aufatmen.
Daraufhin versammelte sich die Gemeinde um den Altar. Alle Gemeindemit-

glieder wurden von dem Pastor mit Öl gesalbt und setzten sich dann wieder in die Bänke. Inzwischen hatte der Chor, der aus überwiegend weiblichen Mitgliedern bestand, auf den erhöhten Bänken hinter der Kanzel Platz genommen – sich also der Gemeinde zugewendet. Der Chor fiel nun mit einem eingeübten Gospel ein, begleitet von einigen Instrumenten: einer kleinen Orgel, einer Trompete, zwei Trommeln und einigen Rasseln. Inzwischen wurde für die Hilfsbedürftigen und Kranken gesammelt. Abermals stand jedes Gemeindemitglied auf, brachte seine Kollekte in einem Umschlag an den Altar zum Kassenführer, der über alles genau Buch führte und die abgegebenen Geldspenden anschließend laut verlas.

Der Ablauf des Gottesdienstes erfolgte nicht nach einem eingeübten Schema. Der Chor diente vornehmlich zur Begleitung der Gemeinde, die den Gottesdienst aktiv mitgestaltete. Alle waren adrett gekleidet. Einzelne Mitglieder machten spontan Aussagen über eigene Erlebnisse, die sie Gott nähergebracht hatten, und dankten und lobten ihn dafür. Besonders bedingt durch die Lieder oder durch die Worte des Pastors, fielen einige für kurze Zeit in Ekstase und redeten in Zungen. Sie verließen dabei ihre Sitzplätze, begannen rhythmisch zu tanzen und redeten leise zitternd vor sich hin.

Die Predigt wurde in äußerst enthusiastischer Weise vom Pastor, einem Laienprediger, vorgetragen. Durch Beifallsrufe wie „Thank you, Jesus", „Amen", „Thank the Lord for Jesus", „Praise the Lord" oder durch plötzliches kurzes Beifallklatschen bekräftigten einzelne Gemeindemitglieder die Worte des Pastors und gaben auf diese Art und Weise ihre Zustimmung.

Dies alles vermittelte mir als Europäerin ein sehr buntes und lebhaftes Bild. Doch wieviel Zeit mochte inzwischen vergangen sein? Ich wurde mir wieder der Realität bewußt. Es wurde zu einer zweiten Spende aufgerufen: dieses Mal zu einer persönlichen Spende für den Pastor, der kein festes Gehalt bekam und auf solche Gelder angewiesen war! Jeder der farbigen Gemeindemitglieder läßt im Monat trotz seines in der Regel geringen Einkommens ein Zehntel seines Verdienstes der Kirche zukommen. Da ich wußte, daß der Pastor infolge der vielen Ausgaben sein dürftiges Gehalt durch Lehrtätigkeit aufbesserte, hatte ich bereits beim ersten Durchgang 20 Dollar gespendet, was für mich als Studentin schon ein kleines Vermögen bedeutete. Was tun? Ich durchstöberte meine Taschen – außer meinem U-Bahn-Ticket kein Geld! Mein Herz begann zu pochen, immer lauter, und schon war es soweit: Ich wurde nach vorne gerufen! Unzählige Augenpaare richteten sich auf mich. Ich versuchte, so gut es ging, das Mißverständnis aufzuklären. Nun wurde, zu meiner Schande, mit dem Mikrofon – für jeden verständlich – verkündet, daß meine Spende infolge eines Irrtums meinerseits aufgeteilt werden müßte: 10 Dollar für die Hilfsbedürftigen und Kranken, 10 Dollar für den Pastor. Dabei hatte alles so gut angefangen!

Inzwischen betrat ein Gastprediger die Kanzel. Abermals wurden Lieder spontan angestimmt, Gospels gesungen – der Gottesdienst nahm seinen Lauf. Da die einzelnen Lieder in keinem Gesangbuch festgehalten waren, sondern von Generation zu Generation weitergegeben wurden, war es mir leider nicht möglich, mitzusingen. Der Gastprediger besaß die Fähigkeit, emotionale Erregung in der Gemeinde zu schaffen, indem er Einfühlungsvermögen mit religiösem Verlangen und biblischer Genauigkeit während der Predigt vereinte. Nicht selten verließ er dabei die Kanzel mit dem Mikrofon in der Hand. Er legte den Predigttext in einer einfachen, jedermann verständlichen Art und Weise aus, immer wieder verbunden mit Lobpreisungen des Herrn.

Inzwischen waren wohl vier bis fünf Stunden vergangen; es war bereits früher Nachmittag. Meine Konzentrationsfähigkeit ließ allmählich nach. Welch ein ungewohntes Bild! Hier wurde geklatscht und gesungen, laute Trommelwirbel lagen in der Luft, die Gemeinde gab ihre Beifallsrufe kund, verließ wieder zeitweilig ihre Sitzplätze und geriet erneut in Ekstase. Doch dann — ich hätte es mir denken können —: Die dritte Spende wurde angekündigt; dieses Mal für den Gastprediger! Geistesgegenwärtig verließ ich die Kirche. Von ferne hörte ich noch das laute Singen.

Margit Schwarzmann

Naher Osten

139 Eine andere Fastnacht

Stichworte:	Israel, Juden/Christen, Purim-Fest, Fastnacht, Karneval, Pogrom, Verfolgung, Buch Esther
Zum Text/ Problemfeld- beschreibung:	Die Kinder aus der christlichen Nes Ammim-Siedlung, einer christlichen, landwirtschaftlichen Siedlung in Galiläa, feiern zusammen mit ihren jüdischen Klassenkameraden das Purim-Fest in der Schule. Bei diesem Fest geht es zu wie bei uns an Fastnacht. Man feiert die im Buch Esther beschriebene Rettung der Juden in Persien.
Vorlesezeit:	8 Minuten
Vorlesealter:	ab 9 Jahren

Es ist sieben Uhr. Simon muß heute früher als gewöhnlich aufstehen. Aber das macht ihm nichts aus. Heute ist ein besonderer Tag, auf den er sich schon lange gefreut hat. Er darf nämlich verkleidet in die Schule gehen. Du wirst denken, daß Fastnacht ist. Nein! Weit gefehlt, denn Simon lebt in Israel in dem kleinen Dorf Nes Ammim in Galiläa. In Nes Ammim leben Kinder mit ihren Eltern aus Deutschland und aus Holland. Sie gehen im Nachbardorf Regba zusammen mit jüdischen Kindern in die Schule. Heute ist nicht Fastnacht oder Karneval. Das gibt es hier nicht. Heute ist Purim, und da dürfen sich alle Kinder verkleiden.

Was das ist, willst du wissen? Komm, wir begleiten Simon und seine kleine Schwester Anna in die Schule nach Regba.

Simon sieht aus wie ein König. Jetzt ist er nicht mehr Simon, sondern Mordechai.* Und Anna sieht aus wie eine Braut. „Ich bin jetzt die Königin Esther", erklärt sie stolz.

Die Schulglocke läutet. Simon schleppt Hamantaschen mit sich. Das sind mit Mohn gefüllte Plätzchen. Avschalom, sein bester Freund, spielt mit einer Rassel. Jif'at, die Lehrerin, hat heute eine Schriftrolle mitgebracht. Es ist das Buch Esther aus der Bibel. Darin steht die Geschichte vom König Achaschwerosch, von Mordechai, von Königin Waschti und Esther. Und von Haman, der so böse war, daß kein Kind sich so verkleidet hat. Kein Kind wollte Haman sein.

Die Lehrerin liest vor: „Es ist schon lange her, ungefähr 2500 Jahre. Da war Achaschwerosch ein großer König, der über viele Länder der Erde herrschte, von Indien bis Ägypten. Eines Tages veranstaltete er ein großes Fest. Die Leute kamen von nah und fern und durften nach Herzenslust essen und trinken.

Als nun der König und seine Leute schon viel getrunken hatten, befahl der König Achaschwerosch, die Königin Waschti holen zu lassen. Er war stolz auf seine schöne Frau und wollte sie allen zeigen. Sie sollte, nur mit einer Königskrone bekleidet, vor den Leuten tanzen.

Doch Waschti weigerte sich: Ich stelle mich doch nicht vor den betrunkenen König und seine Freunde!'

---

*Zur Aussprache der Namen: ch wird wie in „ach" ausgesprochen.

Der König wurde wütend und befahl es ihr noch einmal strengstens. Seine Freunde hetzten ihn auf und warnten ihn: ‚Wenn deine Frau, die Königin, schon nicht auf dich hört, wie sollen dann erst die anderen Frauen im Reich auf ihre Männer hören!' Doch Waschti trotzte dem Befehl: Sie kam nicht.

Da wurde der König so zornig, daß er Waschti nie mehr sehen wollte und befahl: ‚Von nun an darf Waschti nicht mehr zum König kommen. Sie ist abgesetzt.'

Jetzt hatte der König keine Frau mehr. So befahl er, daß man überall schöne Mädchen für den König aussuchen sollte. Unter den jungen Frauen, die nun auf die Burg Susa gebracht wurden, befand sich auch Esther. Sie war die Schönste von allen. Esther war in Jerusalem geboren, durfte dort aber schon seit langer Zeit nicht mehr leben. Als Nebukadnezar König von Babylonien war, hatte er das Land Israel erobert und sie und viele Juden von Jerusalem verschleppen lassen. Ihr Vater und ihre Mutter waren gestorben. Seitdem lebte sie bei ihrem Onkel Mordechai. Zwölf Monate lang wurde sie nun schön gemacht, um dann eine Nacht mit dem König Achaschwerosch zu verbringen. Dem König gefiel Esther mehr als alle anderen Frauen, und er gewann sie lieb. So machte er sie zur Königin anstelle von Waschti. Aber auch jetzt durfte Esther nur zum König kommen, wenn er sie rief. Wer unerlaubt vor den König trat, wurde mit dem Tod bestraft, sogar die Königin.

Esthers Onkel Mordechai war einer der Diener des Königs. Er saß im Tor und hielt Wache. Eines Tages wollten zwei Männer den König umbringen. Mordechai hörte davon und faßte die zwei. Sie wurden mit dem Tod bestraft und an einem Holzpfahl aufgehängt. Das Ereignis wurde in die Chronik aufgeschrieben, das Buch, in dem alle wichtigen Ereignisse am Hof des Königs festgehalten sind.

Eines Tages ernannte der König einen Mann namens Haman zum Obersten aller Fürsten."

Die letzten Worte der Lehrerin gehen in einem ohrenbetäubenden Lärm unter, den die Kinder hier machen. Avschalom bewegt seine Rassel, andere Kinder pfeifen, klopfen auf den Tisch und reden durcheinander. Dies geschieht, weil Haman so böse war. Erst nach ein paar Minuten kann die Lehrerin weiterlesen: „Der König hatte den Einwohnern seines Reiches befohlen, vor Haman die Knie zu beugen. Alle taten es, nur einer nicht: Mordechai. Er beugte sein Knie nicht und verneigte sich nicht zur Erde. Er gehörte zum Volk Israel, das nur einen Gott verehrt. ‚Nur vor Gott darf man das Knie beugen und sich verneigen, nicht vor einem Menschen', sagte Mordechai. So wie er dachten die meisten anderen Juden.

Haman ärgerte sich sehr über Mordechai und beklagte sich beim König: ‚König, da ist ein Volk, das deine königlichen Gebote nicht beachtet. Sie verbeugen sich nicht vor mir und ehren dich nicht. Ich will das Volk umbringen lassen und sein Geld in deine Schatzkammer bringen.'

Und so antwortete er Haman: ‚Tu, was dir gut erscheint‘, denn das mit dem Geld gefiel dem König gut. Doch daß auch Esther zu diesem Volk gehörte, das wußte er nicht. Mordechai hörte von diesem schrecklichen Plan. Er wurde so traurig, daß er sich einen Sack anzog, Asche auf sein Haupt streute und klagend durch die Stadt lief.

Auch Esther hörte von dem Befehl Hamans und erschrak sehr. Ihr ganzes Volk sollte umgebracht werden! Ihr Onkel Mordechai ließ ihr ausrichten, sie müsse vor den König treten und ihn bitten, die Juden zu retten. Nur sie könne jetzt noch helfen. Aber wie sollte sie das schaffen? Der König würde bestimmt nicht auf sie hören. Hat er nicht Waschti weggeschickt, als sie nicht tun wollte, was er ihr befohlen hatte? Esther wurde noch ängstlicher, als ihr einfiel, daß es ja bei Todesstrafe verboten war, vor den König zu treten, ohne daß er sie rief. Wie sollte sie zu ihm kommen? Sollte sie es wagen? Der König konnte eine Ausnahme machen. Wenn er sein Zepter auf sie legen würde, dann wäre sie gerettet. Lange zögerte sie, bis sie sich entschloß, es zu wagen. Sie bat ihren Onkel und die Juden von Susa zu fasten, um damit Gott zu bitten, die Katastrophe abzuwenden. Esther parfümierte und schminkte sich und legte ihre schönsten Kleider an. Mutig schritt sie durch viele Türen, bis ihre Anmut den König anstrahlte.

‚Was führt dich zu mir?‘ fragte der erstaunte König, der von Ihrer Schönheit bereits bezaubert war, ‚was begehrst du, bis zum halben Königreich soll es dir gewährt sein.‘

Esther war bange. Was würde der König tun, würde er sie jetzt töten lassen? Sie verneigte sich tief, damit er ihre Angst nicht sehen würde. Plötzlich fühlte sie das kalte Gold des Zepters an ihrem stark pulsierenden Hals. Gott sei Dank, sie war gerettet.

Esther richtete sich auf, blickte dem König in die Augen und sprach: ‚Wenn es dem König gefallen möge, so komme er zusammen mit seinem Minister Haman zu einem Fest, das ich für ihn auszurichten gedenke.‘

Der König sagte zu. Als Haman davon hörte, war er sehr zufrieden, dann wer zur Königin eingeladen wird, der ist ganz hoch angesehen. Allerdings störte Haman etwas bei der Freude. Solange dieser Mordechai noch im Tor saß und sich nicht vor Haman verneigte, wenn dieser durch das Tor schritt, konnte er nicht froh werden. Nur mit Mühe konnte er sich zurückhalten, daß er vor lauter Wut auf Mordechai nicht einschlug.

In dieser Nacht wandelte der König schlaflos durch die Hallen seines Palastes. Er dachte über vieles nach. Sein Blick fiel auf die Chronik, in der die Tagesgeschehen aufgeschrieben stehen, und er begann darin zu lesen. Vor ein paar Wochen waren zwei Männer verhaftet worden, die dem König nach dem Leben trachteten. Mordechai hatte die beiden überliefert. Am Morgen fragte er seine Diener, welchen Lohn Mordechai eigentlich dafür bekommen hatte. Der König erfuhr, daß Mordechai keine Anerkennung erhalten hatte.

Da trat Haman ein. Er öffnete gerade seine Lippen, um dem König vorzuschlagen, Mordechai an einem Pfahl aufhängen zu lassen, den er schon in seinem Garten errichtet hatte. Doch der König kam ihm zuvor: ‚Haman, du trittst gerade zur rechten Zeit ein. Gib mir einen Rat! Wie soll ich einen Mann auszeichnen, den ich ehren will für seine guten Taten?'

Haman dachte, der König könnte nur ihn selbst meinen, und antwortete: ‚Man soll ihm ein Gewand bringen, das der König selbst getragen, auf ein Pferd setzen, das der König selbst geritten, und ihm eine Krone aufsetzen, die der König selbst getragen hat. Vor ihm sollen Boten hergehen und ausrufen: ‚So geschieht einem Mann, den der König ehren will.'

Da erhob sich der König und befahl: ‚Genau so soll mit meinem treuen Diener Mordechai verfahren werden!'

Haman fuhr zurück. Er konnte noch nicht recht begreifen, was seine Ohren da vernommen hatten. Hatte er sich verhört? Doch die Haltung des Königs drückte Entschiedenheit aus. Haman verließ geduckt das Schloß und tat, wie ihm befohlen worden war.

In Esthers Räumen waren die Diener eifrig dabei, die Speisen und Getränke für den König und seinen Minister Haman aufzuwarten. Zwischen prächtigen Teppichen ergötzten sie sich an den festlichen Speisen. In den Kaffeeduft blies der König die Frage: ‚Nun, Esther, was ist dein Anliegen?'

Und Esther erzählte dem König von den bösen Taten des Haman, von seinem schrecklichen Plan, das ganze Volk Israel umzubringen. Und sie fügte hinzu: ‚Auch ich gehöre zu diesem Volk. Haman müßte mich dann auch umbringen.'

Da verließ den König die Feststimmung, und wütend befahl er, Haman an dem Pfahl aufhängen zu lassen, den er bereits für Mordechai errichtet hatte. Die Juden feierten nun ein fröhliches Fest, weil sie aus der Verfolgung gerettet waren und weil Esther so mutig war, vor den König zu treten und sie zu retten."

Die Lehrerin legte die Schriftrolle zur Seite. „Seitdem feiern die Juden jedes Jahr ein Fest zur Erinnerung an dieses Ereignis."

Nun begann in der Schule ein fröhliches Fest. Die Kinder sangen und spielten und aßen die Hamantaschen. Sie spielten Esther und Mordechai, und niemand wollte der böse Haman sein.

Am Nachmittag gingen einige Kinder in die nächste Stadt. Auch dort waren alle Kinder verkleidet. Natürlich gab es auch Cowboys und Indianer und Punks. Manche Kinder gingen in die Synagoge. Dort durften sie Lärm machen, wenn sie den Namen Haman hörten.

Simon und Anna gingen nach Hause. Dort nahmen sie ihre Playmobilpuppen und spielten die Geschichte noch einmal nach, wie sie sich auf der Burg Susa zugetragen hatte.

Klaus Dürsch

140 Eine Geschichte aus Jerusalem

Stichworte:	Israel, Palästina, Vergebung, Opfer, Golgatha, Opfertod Christi
Zum Text/ Problemfeld- beschreibung:	In einer Kirche der Altstadt von Jerusalem findet ein Trauergottesdienst für einen Palästinenser statt. Dieser war, obwohl unschuldig, Opfer der „Intifada", dem Aufstand der Palästinenser, in den besetzten Gebieten Israels geworden. Verzweifelt fragt ein Freund des getöteten Palästinensers Gott nach dem Sinn dieses Geschehens. Er findet Trost in dem Wort Jesu am Kreuz: „Vater vergib ihnen; denn sie wissen nicht, was sie tun."
Vorlesezeit:	4 Minuten
Vorlesealter:	ab 14 Jahren

Die Kirche in der Altstadt war voller Menschen. Ich war einer unter Tausenden von Trauernden, jungen und alten, die an diesem späten Nachmittag zusammengekommen waren, um an der Beerdigung meines guten Freundes teilzunehmen, der erschossen worden war. Nein, er hatte keine Steine geworfen oder Reifen in Brand gesetzt. Er war einfach ein weiteres Opfer der „Intifada", des palästinensischen Aufstands in den besetzten Gebieten. Es könnte dein, es könnte mein Bruder gewesen sein. Eine Fahrradtour außerhalb der Altstadtmauern, um ein wenig frische Luft zu schöpfen und ein Stück Freiheit zu atmen, kostete ihm das Leben.

Ich hörte der Orgelmusik zu und den Kirchenglocken. Sie klangen, als wollten sie an der Pforte des Himmels anklopfen, damit ein weiterer Märtyrer aufgenommen wird. Ich kniete ergeben nieder und erhob meine Stimme zu Gott: „Warum? Aber wer bin ich, daß ich dich herausfordere? Wenn das gemeint ist mit ,Dein Wille geschehe', dann hilf mir, zu verstehen, warum? – damit ich nicht meinen Glauben verliere und völlig versinke in meinem Versuch, das alles zu verstehen."

Während ich weiter nachsann, suchte ich gleichsam auch nach den geeigneten Worten, um den Hinterbliebenen meine Anteilnahme auszusprechen. Ob es dafür jemals die richtigen Worte gibt? Bedeutet es für sie Hoffnung, wenn ich ihnen versichere, daß Gott selber seinen eigenen Sohn für unser Heil geopfert hat und daß mein Freund ebenso geopfert wurde für die Freiheit und Befreiung seines Volkes? Aber in solchen Situationen gibt es keine Logik, keine Worte, die Sinn machen. Wo es kein Gesetz und keine Gerechtigkeit gibt, da ist der Kummer um so größer – und die Frustration frißt einen auf. Als wir uns den Angehörigen näherten, beteuerte uns die Mutter, daß ihr Sohn unschuldig war. Klar, er war unschuldig. Seine einzige Schuld bestand darin, daß er ein Palästinenser war, der in seinem Land lebte, und das macht uns alle schuldig.

Als ich mich durch die Gassen der Jerusalemer Altstadt drängte, konnte ich gar nicht anders, als über die ganze Situation nachzudenken – und darüber, wie es für mich als Christ immer schwieriger wird, an den Werten festzuhalten, mit denen ich aufgewachsen bin. Kann ich nach einer solchen traumatischen

Erfahrung wirklich noch die andere Backe hinhalten? Meinen Feind lieben? Meine Stimme dort erheben, wo gnadenloses Unrecht geschieht? Es muß doch für jemanden wie mich zulässig sein, Fragen an die Lehren des großen Meisters zu stellen? Aber seinen Lehren zu folgen kostet etwas und ist mit schmerzlichen Opfern verbunden – aber das ist der Prüfstein für gewagten Gehorsam. Dies alles ging mir durch den Kopf, als ich mich in einer der Gassen wiederfand, die zum Heiligen Grab führen. In einer ruhigen Ecke rief ich wieder zu Gott und bat ihn, mir den Weg zu zeigen, um mit all diesen Fragen unter den so widrigen Umständen zurechtzukommen. Und in dieser Umgebung erschien die Golgatha-Szene so lebendig vor meinen Augen, und ich hörte den Herrn sagen: „Vater, vergib ihnen, denn sie wissen nicht, was sie tun."

Samia Khoury

So leben sie im Heiligen Land...

141

Stichworte:	Israel, Palästinenser, Christen/Juden, Intifada, Streik, Besatzung, Palästinenser/Israelis, Frieden, Friedensbewegung, Kriegsdienst, Kibbuz, Begegnung, Haß, Versöhnung
Zum Text/ Problemfeldbeschreibung:	Sieben Jugendliche und Kinder – drei Palästinenser, drei Israelis sowie ein Deutscher – berichten aus ihrem Alltag im großen politischen Spannungsfeld über Wege des Friedens.
Vorlesezeit:	10 Minuten
Vorlesealter:	ab 13 Jahren

Ich möchte von sieben Kindern und Jugendlichen erzählen, die ich in meinem Jerusalemer Lebensalltag näher kennengelernt habe; es sind drei Palästinenser, drei Israelis sowie ein Deutscher. Sieben Kinder und Jugendliche, die gefordert sind, etwas für den Frieden im Nahen Osten zu tun, jeder an seiner Stelle, dort wie hier. Ich werde die sieben und viele andere neben ihnen nicht vergessen. Sie mahnen mich, sensibel zu bleiben für das, was im Nahen Osten geschieht; geduldig zu werden, auch kleine Hoffnungszeichen gelten zu lassen. Diese sieben erinnern mich an etwas, das mir in den zwei Jahren im Nahen Osten wichtig geworden ist: Es gibt für mich kein Christsein ohne „Israel", ohne das jüdische Volk; kein Christsein ohne Kontakte zu Palästinensern. Es gibt für mich kein Christsein mehr ohne den ständigen Blick nach Jerusalem.

Samir aus Ramallah, 16 Jahre

Samirs Vater ist Palästinenser, seine Mutter Deutsche. Sie sind Christen und wohnen am Rand von Ramallah, einer arabischen Stadt 30 km nördlich von

Jerusalem. Die Eltern haben ein Geschäft, das seit Ausbruch der „Intifada" (7.12.87) täglich nur 3 Stunden geöffnet ist, an den 1—2 Streiktagen pro Woche geschlossen hat. Ramallah ist übersät von Parolen, keine Häuserwand, die nicht mit „Intifada-Buchstaben" bemalt wäre. Samir hat, ebenso wie seine Geschwister, viele Monate keine Schule besucht, hat bei seiner Mutter zu Hause Unterricht bekommen, um sich mit dem Lernen über Wasser halten zu können. Wenn sich die Lage bessern sollte, wird Samir an der Bir-Zeit-Universität studieren; er kann sich ein Leben in einem unabhängigen Palästinenserstaat neben dem Staat Israel gut vorstellen. Falls die Lage so bleibt oder sich gar noch verschlimmert, denkt er auszuwandern wie viele vor ihm und neben ihm. In Ramallah haben die Hamas-Leute der islamischen Fundamentalisten an Einfluß gewonnen, für die Christen spitzt sich die Lage besonders zu. Wie sollen sie sich verhalten, wenn zur Gewalt gegen „die Unterdrücker" aufgerufen wird? Samir hat sich an die Soldaten auf den Dächern, an den Ecken, in den Jeeps längst gewöhnt. Er kennt die Israelis nur als Besatzer. Er versteht nicht, warum es nicht längst freie Wahlen in den besetzten Gebieten gegeben hat.

Mustafa aus El Aizarieh (Bethanien) / Jerusalem, 17 Jahre

Mustafa lebt seit Kindertagen in einem Heim, das vom „Christlichen Friedensdienst Bethanien" unterhalten wird: eine Holländerin, eine Elsässerin und eine Deutsche nehmen sich vieler Kinder und Jugendlicher an. Mustafas Alltag ist öde, seit die Schulen geschlossen sind. Oft fährt er nach Tabgha an den See Genezareth, wo es in der Benediktiner-Abtei Arbeit für ihn gibt. Dort treffen sich Jugendgruppen, Palästinenser und Israelis, Intifada-Geschädigte zur Therapie. Dort oben gibt es nicht die nächtlichen Razzien der Soldaten, keine Schüsse fallen, Mustafa muß nicht jeden Moment damit rechnen, Schwierigkeiten zu bekommen. In El Aizarieh, einem arabischen Vorort Jerusalems, war letzte Woche 4 Tage Ausgangssperre angesagt. Jeder wird kontrolliert, die Straßen sind menschenleer, Steine fliegen. Vermummte Jugendliche aus dem Dorf tauchen plötzlich auf, werfen Steine auf Autos mit gelben Nummernschildern. Neulich gab es einen schweren Autounfall vor dem Heim, als Palästinenser den Fahrer eines vorbeifahrenden Autos am Kopf trafen und er die Gewalt über sein Fahrzeug verlor. Seine Frau und zwei Kinder wurden schwer verletzt. Wenn Soldaten kommen, versteckt sich Mustafa im Keller, aus Angst, man könnte ihn mitnehmen. Die älteren Soldaten sind netter als die jungen, sagt Mustafa; die in seinem Alter wollten nur zeigen, wer etwas zu sagen habe, und würden aus Angst und Mißtrauen oft über die Stränge schlagen. Seit ein paar Wochen sind die Soldaten wieder in die benachbarte Schule eingezogen. Tag und Nacht patrouillieren sie vor dem Heim. Mustafa hat keine Chance, abzuhauen, er muß sich mit der bösen Lage irgendwie arrangieren. Am Sonntag nach dem Gottesdienst sagt er mir: „Ihr habt es besser als wir. Ihr Ausländer könnt gehen, wenn es euch nicht mehr paßt."

Rami aus Talitha Kumi, 10 Jahre

Rami ist seit fast 18 Monaten zum Spielen auf der Straße verurteilt. Er wohnt mit vielen anderen Christen in Beit Sahour in der Nähe von Bethlehem. Was Straßenblockaden, brennende Autoreifen und umgestürzte Mülltonnen bewirken, weiß er schon so gut wie seine älteren Freunde. Sein Vater und sein Bruder waren schon im Gefängnis, weil sie sich angeblich am Aufstand beteiligt hätten. Neulich wurde ihm seine Armbanduhr kaputtgemacht, weil sie die neu eingeführte „Palästinensische Sommerzeit" anzeigte. Rami wohnt in einem Kriegsgebiet. Seine Mutter näht Palästinenserflaggen, die ihre Söhne mit Bindfäden an Steinchen befestigen und über Stromleitungen werfen. Rami hat fast keine Angst mehr vor den Soldaten.

Jonathan aus Ein Kerem / Jerusalem, 19 Jahre

Im Geburtsort Johannes' des Täufers wächst Jonathan gleich mehrsprachig auf. Sein Vater ist Theologe aus Deutschland, seine Mutter französische Jüdin. Jonathan kennt sich in den Strömungen der israelitischen Friedensbewegung gut aus, leistet zur Zeit den Wehrdienst ab, beim „Zahal". Zum Glück braucht er noch nicht auf der Westbank Dienst tun; das würde ihm gegen den Strich gehen. Sollte er den Dienst in den „Gebieten" verweigern, muß er mit Gefängnisstrafe rechnen. Jonathan steht der gegenwärtigen Politik sehr kritisch gegenüber. Frieden hält er nur für möglich, wenn beide Seiten Kompromisse schließen und unabhängig voneinander werden.

Sarit aus Raananna / Tel Aviv, 14 Jahre

Sarit, ein israelisches Mädchen, das in Kfar Sawa zur Schule geht, aber Palästinenser, „Intifada", nur aus dem Fernsehen kennt. Dabei liegt die Westbank mit Kalkilya nur wenige Kilometer von ihrem Elternhaus entfernt. Ihre Mutter spricht neben Hebräisch auch Jiddisch, Polnisch und Deutsch. Ihre Oma war in Auschwitz. Wenig weiß sie davon, nur, daß ihre Oma immer noch Brot und Wasser im Nachtschrank aufbewahrt, und die Nummer auf dem linken Arm ist nicht zu übersehen. Sarit besucht öfter ihre Oma, die in Münster wohnt. Sie liebt die westliche Lebenskultur, weshalb sie auch gerne in Tel Aviv leben würde. Ihr Bruder Odi ist beim Militär, seit einigen Jahren politisch rechts eingestellt, so wie ihre Tante, die in einer neuen Siedlung (Moschaw) im Jordangraben wohnt. Erst zweimal in ihrem Leben war Sarit in Jerusalem – erst einmal an der Westmauer, um ein kleines Gebetszettelchen mit Wünschen für ihre Großmutter in eine der Felsritzen zu stecken. Dabei braucht man nur eine knappe Stunde mit dem Bus von Tel Aviv nach Jerusalem. Wird Sarit den Konflikt um das Land und um die Stadt Jerusalem verstehen lernen? Welches Verhältnis könnte sie zu Palästinensern bekommen?

Miriam aus Nes Ammim / Akko, 13 Jahre

Miriam ist Christin aus Holland. Sie lebt für ein paar Jahre mit ihren Eltern in der christlichen Siedlung „Nes Ammim" (Zeichen der Völker), dicht an der libanesischen Grenze. Sie wächst zusammen mit israelischen Kindern auf, geht im benachbarten Kibbuz zur Schule, bekommt aber vom politischen Konflikt nur am Rande etwas mit. Sie kennt keine Palästinenser, kommt selten nach Jerusalem. Nes Ammim sucht ein besseres Miteinander von Christen und Juden, versteht sich als ein Experiment. Können Christen auch anders mit Juden reden und leben als in der Vergangenheit? Positive Neuansätze sind zu beobachten. Miriam nimmt, wie alle in Nes Ammim, an den regelmäßig statt-findenden Luftschutzübungen teil; im Dorf gibt es viele Bunker, da ständig Gefahr von Norden droht; es wird rund um die Uhr bewacht. Neben Nes Ammim liegt ein Kibbuz, den Überlebende des Warschauer Ghettos aufgebaut haben. Miriam merkt, daß Christen trotz der dunklen Vergangenheit neben Juden leben und viel von ihnen lernen können. Sie wird bald das Land verlassen, nach Europa zurückkehren. Was wird sie dort mit ihren Erfahrungen anfangen?

Mark aus Beit Jala, 10 Jahre

Mark lebt als Deutscher in der Nähe von Jerusalem, weil sein Vater bei der UN arbeitet. Er geht in West-Jerusalem zur Schule, egal, ob Intifada mit Schulschließung ist oder nicht. Der Schulbus fährt an Bethlehem vorbei, oft kontrolliert und begleitet von Militärpatrouillen. Neulich flogen Steine an die Scheiben des Busses. Mark hat viele ausländische Freundinnen und Freunde, trifft manche davon bei uns in der Gemeinde. Ansonsten lebt er isoliert in Beit Jala, was hauptsächlich an den Sprachproblemen liegt. Mark versteht nicht, warum die Soldaten sich so verhalten. Manchmal hört er Schüsse vom benach-barten Flüchtlingslager Aida. Was wird er in Deutschland zu erzählen haben, wenn er zurückkommt?

Dieter Krabbe

Die vergessenen Gläubigen

142

Stichworte:	Israel, Jerusalem, Grabeskirche, Araber (christl.), beten, Juden/Christen, Palästinenser, Muslime, Moschee, Religionswechsel
Zum Text/ Problemfeld-beschreibung:	Yussif, ein christlicher Araber aus Jerusalem, erzählt von den christlichen Besuchern seiner Stadt, die meist nicht daran denken, daß die einheimischen Christen schon seit der Zeit der Apostel hier leben.
Vorlesezeit:	4 Minuten
Vorlesealter:	ab 10 Jahren

Marhaba/Hallo! Ich bin Yussif. Ich wohne in Jerusalem. Die Juden sagen Jerushalayim, die Stadt des Friedens. Wir nennen sie El Kuds, die Heilige. Jerusalem ist die Heilige Stadt für die Juden, für uns Christen und für die Moslems.

Ich wohne in der Altstadt, in der Via Dolorosa. Seltsamer Name für eine Straße: „Leidensweg".

Zu uns kommen viele Fremde. Touristen und Pilger. Gestern erst hatte sich wieder einer total verlaufen. Ist ja auch kein Wunder hier im Suq bei all den Winkeln und engen Gassen. Manche Straßen haben richtige Gewölbe, noch aus der Zeit, als die Kreuzfahrer bei uns waren.

Ich sage also zu ihm, dem Touri: „Hallo, Mister, kann ich Ihnen helfen?"

Der guckt mich ganz mißtrauisch an. Denkt wohl, ich will ihn anbetteln oder ihm was verkaufen. Daß die immer nicht verstehen, daß es uns ganz einfach Spaß macht, zu helfen oder unsere Stadt zu zeigen. Wir wollen doch nichts dafür. Wir mögen Fremde. Also, ich frag' ihn noch mal.

„Wo möchten Sie denn hin?" Na endlich, jetzt hat er doch wohl Zutrauen.

„Zur Grabeskirche", sagt er, „aber ich habe mich völlig verirrt."

„Ja, das seh' ich. Sie müssen genau in die entgegengesetzte Richtung. Also, erst geradeaus, und wenn es dann so schön nach Gewürzen riecht, gehen Sie nach links. Und wenn Sie dann bei den Ziegenköpfen vorbeikommen, beim Fleischmarkt, wissen Sie, dann... ach, am Besten, ich gehe mit Ihnen, ich zeig' Ihnen den Weg. Ich will sowieso auch dorthin."

„Also gut. Danke. Aber sag mal, was willst denn du dort?"

„Beten natürlich. Was sonst."

Er macht ein ganz erstauntes Gesicht.

„Was denn, du willst in der Grabeskirche beten? Du? In einer Kirche?"

„Sicher. Wieso denn nicht?"

„Aber du bist doch Araber, oder?"

„Klar bin ich Araber." Und stolz füge ich hinzu: „Palästinenser. Warum, meinen Sie, sollte ich nicht in einer Kirche beten?"

„Die Araber", sagt er und stottert ein bißchen verlegen, „die Araber sind doch Moslems. Und Moslems beten doch in der Moschee, oder?"

„Du meine Güte, ja. Aber ich bin doch christlicher Araber!"
Nun ist der Gute ganz durcheinander: „Das höre ich zum erstenmal. Christliche
Araber? Gibt es die überhaupt?"
Er denkt eine Weile nach. „Aber früher, da wart ihr doch sicher Moslems.
Wann seid ihr denn Christen geworden?"
„Wir? Moslems? Nie! Es ist genau umgekehrt. Als die Moslems ins Land
kamen, sind viele Christen zum Islam übergetreten. So ist das nämlich! Aber
wir, wir waren immer schon Christen. Sehen Sie, Mister, uns macht das immer
ganz traurig. Da kommen die Christen aus aller Welt, gehen nach Bethlehem
zur Krippe; fahren nach Nazareth, um zu sehen, wo Jesus mit seinen Eltern
gelebt hat; kommen nach Jerusalem, hier in die Via Dolorosa, wo Jesus am
Karfreitag das Kreuz tragen mußte; gehen in die Grabeskirche, zum Ort, wo
Jesus begraben und auferstanden ist; haben hier und dort ihre Gottesdienste;
besichtigen all die Heiligen Stätten, besichtigen – wie mein Vater immer sagt
– all die toten Steine, aber uns, die lebendigen Steine, uns einheimische Christen, die vergessen sie. Das tut manchmal richtig weh. Verstehen Sie das? Mein
Vater nennt uns ‚die vergessenen Gläubigen'."

Elisabeth v. d. Decken

143   Fuad und Said

Stichworte:	Jordanien, Muslime/Christen, Ramadan, fasten, Freundschaft, Festmahl
Zum Text/ Problemfeld- beschreibung:	Fuad und Said sind zwei Freunde in einer Internatsschule in Amman/ Jordanien. Fuad, ein Christ, setzt alle Hebel in Bewegung, damit sein Freund Said, ein Moslem, auch im Fastenmonat Ramadan zu einem guten Frühstück vor Sonnenaufgang kommt.
Vorlesezeit:	3 Minuten
Vorlesealter:	ab 9 Jahren

Den Wecker hatte er dem Erzieher geklaut – aber nur für eine Nacht. Morgen
früh wollte er seinen Freund Said aber rechtzeitig vor Sonnenaufgang wecken.
Tags zuvor, am ersten Morgen im Fastenmonat Ramadan, hatten alle in ihrer
Internatsgruppe in Amman verschlafen. Die Sonne reckte ihren Hals schon
über das Nachbarhaus, als die ersten aufwachten. Jetzt war es für die Muslime
zum Frühstücken schon zu spät. Das war ein böses Erwachen: kein Bissen
Brot, kein Schluck Wasser bis zum Sonnenuntergang. Fuad konnte das einfach
nicht glauben, daß Said den ganzen Tag über nichts von ihm annahm. Dabei
hatte er doch so gut vorgesorgt. Fünf Oliven, zwei Zuckerwürfel und eine
Orange hatte er für ihn ergattert. Zudem hatte der Nachtwächter gesagt,

Kinder müßten überhaupt noch nicht fasten. Aber wie das eben in diesem Alter so ist: Wer will da schon noch Kind sein! Die Standfestigkeit Saids beeindruckte Fuad gewaltig; aber er dachte, bevor ich bei dieser Hitze in Ohnmacht fallen würde, ging ich schon einmal an den Wasserhahn, wenn gerade keiner in der Nähe ist.

Inzwischen hatte es auch der Koch erfahren, was in der Internatsgruppe 4 am Morgen geschehen war. Nach dem Mittagessen stieg er zu ihnen in den zweiten Stock hinauf und holte die fünf muslimischen Buben zusammen und fragte sie nach ihrem Lieblingsgericht. Sie dachten, er wolle sie gerade jetzt an ihrem Fastentag verhöhnen. Aber als er dann nach Sonnenuntergang mit zwei seiner Gesellen für alle fünf ein üppiges Festmahl brachte, wurde aus dem Fasttag noch ein Festtag.

In der darauffolgenden Nacht hatte Fuad kein Auge zugetan. Den Wecker hatte er mit unter seine Decke genommen. Es sollte ja keiner sehen. Er wollte seine muslimischen Kameraden überraschen. Diesmal sollten sie rechtzeitig geweckt werden, damit sie noch vor Sonnenaufgang kräftig frühstücken konnten. Aber der Wecker war so eckig, und Fuad hatte den Eindruck, daß er immer lauter tickte. Er bekam auch kaum richtig Luft unter der Decke. Schließlich hielt er es nicht mehr aus. Er hatte eine glänzende Idee. Er weckte einen anderen christlichen Kameraden. Sie schlichen in die Küche und bereiteten ein Frühstück vor wie für einen Scheich. Als sie alles festlich aufgebaut hatten, weckten sie ihre Kameraden mit Gebrüll. Es wurde ein rauschendes Festfrühstück. Die Sonne bekam von dem Schlemmer-Mahl nichts mehr zu sehen.

Wochen später brachte Said den Fuad mit zu seinem Onkel und erzählte ihm, wie sein christlicher Freund ihnen geholfen hatte. Der Onkel legte ihm seine schwere Hand auf die Schulter und sagte: „Unter den Christen gibt es die besten Muslime."

Ulrich Kadelbach

144 Auf Freunde schießt man nicht

Stichworte:	Libanon, Familie, Kommunisten, Waffenstillstand, Waffen, Freund, Feind, Kriegsdienst, Kriegsdienstverweigerung, Versöhnung
Zum Text/ Problemfeld- beschreibung:	Annis und Malek lebten 8 Jahre zusammen in einer großen Familie im Syrischen Waisenhaus. Später trennten sich ihre Wege. Jahre sind vergangen, bis sie plötzlich als Mitglieder verfeindeter Gruppen einander gegenüberstehen. Überrascht und gerührt versprechen sie sich, die Waffen niederzulegen.
Vorlesezeit:	3 Minuten
Vorlesealter:	ab 10 Jahren

Annis und Malek waren acht Jahre lang Freunde in der Johann-Ludwig-Schneller-Schule in Khirbet Kanafar. Das war in der Zeit von 1967−1975. Sie lebten in einer „Familie" und gingen in dieselbe Klasse. Nach der Schulzeit trennten sich die Wege der zwei Freunde, und sie sahen sich nur noch selten. Annis ging nach Ostbeirut und bekam dort einen verantwortlichen Posten bei Lebanese Force. Er war allgemein bekannt, vor allem bei ehemaligen Schneller-Schülern, denen er half, so gut er konnte. Malek ging dagegen in den Westen; hier lebte seine Familie. Da seine Eltern Mitglieder der kommunistischen Partei waren, trat auch er dieser Partei bei. 1986 kamen in Beirut wieder einmal Kämpfe zwischen dem Osten und dem Westen auf. Die Kommunisten wollten damals Land im Osten besetzen. Eine ganze Woche lang gingen die Kämpfe hin und her; Tag und Nacht wurde geschossen. Endlich kam es an der Grünen Linie zu einem Waffenstillstand. Nur durch die Sandbarrikaden getrennt, standen sich die Parteien gegenüber. Alle waren erleichtert über das Ende der Kämpfe. Die Kämpfer machten an verschiedenen Stellen Löcher in die Barrikaden, um mit ihren Gegnern zu reden, zu schimpfen und zu scherzen.
Annis, der auf der östlichen Seite stand, sagte zu seinem Gegenüber, den er nicht sehen konnte: „Bist du einmal in der Bekaa gewesen?"
Gegner: „Ich war acht Jahre lang in der Bekaa."
Annis: „Wo denn?"
Gegner: „Wahrscheinlich kennst du das nicht. Sicher hast du noch nie etwas von der Schneller-Schule gehört."
Annis: „Was, Schneller-Schule? Das kann nicht sein. Wie heißt du?"
Gegner: „Ich sage meinen Namen nicht. Das ist mir zu gefährlich."
Annis: „Ich will aber deinen Namen wissen. Ich war selbst einmal Schneller-Schüler!"
Schweigen.
Annis: „Ich heiße Annis Baraki. Und ich war von 1967−1975 in der Schneller-Schule."
Gegner: „Ich bin Malek Kan'an."

Beide kamen aus ihren Verstecken heraus und gingen aufeinander zu. Sie umarmten und küßten sich. Beide weinten.

Annis: „Fast hätte ich einen Freund erschossen, mit dem ich 8 Jahre in einer Familie gelebt habe!"

Nach diesem Erlebnis sagten beide, Annis und Malek: „Wir wollen nicht mehr kämpfen und keiner Partei mehr angehören."

Beide warfen ihre Waffen weg.

Nach einem Bericht von Ghassan Shehade

Meine muslimische Freundin

145

Stichworte:	Syrien, Gebet, Kurden, Islam, Toleranz, Wahrheit, Glaube, Religionen, Freiheit
Zum Text/ Problemfeldbeschreibung:	Eine Christin begegnet einer iranischen Kurdin, die in Damaskus Pharmazie studiert und mit ihren drei Brüdern zusammenlebt. An der Art und Weise, wie diese muslimische Freundin ihren Glauben lebt, lernt die Christin etwas über das Wesen von Toleranz und Freiheit.
Vorlesezeit:	5 Minuten
Vorlesealter:	ab 14 Jahren

Ich lernte sie durch die Erzählung ihres älteren Bruders kennen. Und es war eine Ehre, daß er sie mir gegenüber erwähnte, mich sogar einlud, sie zu besuchen. Sie: eine iranische Kurdin von 21, vielleicht 22 Jahren.

Sie kam mir dann aber zuvor: Eines Tages stand sie plötzlich da, neben ihrem Bruder, mit dem ich mich unterhielt, elegant und schön. Das schmale Gesicht war eingerahmt von einem sehr feinen, schwarzen Kopftuch, und über dünne, schwarze Hosen trug sie ein leicht fallendes, wadenlanges Oberteil, schwarz auch das. Sie kam, den Bruder abzuholen für eine Hochzeitsfeier.

Erst Wochen später betrat ich ihr Haus. Es war ihr Haus, denn sie bewohnte es allein mit dreien ihrer Brüder, während die Eltern und die sieben anderen Geschwister im Iran waren. Für das Haus in Damaskus war sie zuständig. Und auch wenn ihr die Brüder zur Hand gingen, halfen, wo sie nur konnten, ab und zu auch kochten, lag die Verantwortung doch bei ihr. Nie kam ich in das Haus, ohne daß in kürzester Zeit ein delikates Essen bereit war. Dabei studierte sie an der Universität Pharmazie und brillierte da durch ihre Leistungen. Ja, dieses Studium war der eigentliche Grund, warum sie mit ihren Brüdern in Syrien war. Da man sie allein nicht hatte in die Fremde schicken können, ihr aber die Ausbildung ermöglichen wollte, hatten die drei Brüder sie begleiten müssen. Für den guten Ruf der Familie. Denn auch wenn sie noch so ehrbar war, die Zungen der Nachbarn waren immer schmutzig. Und dann wäre ja auch die Einsamkeit gewesen: man trennt kein Glied vom Körper, ohne daß es stirbt. So lebte sie mit ihren Brüdern in der Fremde und wurde von ihnen behütet wie ein Schmuckstück. Sie war ihr Stolz. Nur vorsichtig sprachen sie über sie, nur wenig und nur zu Auserwählten. Sie liebten sie über alles und bewunderten vorbehaltlos ihren Verstand.

Ich besuchte sie, wann immer ich wollte, genoß es, in der kleinen Wohnung zu sitzen, in der klaren Schlichtheit der Räume, wo der Teppich Tisch und Stuhl und Bett war. Wenn ich sie da traf, trug sie meistens Jeans und eine Bluse, legte Kopftuch und Mantel nur an, um auf die Straße zu gehen. Ich liebte es, zuzuhören, wie sie sich mit ihren Brüdern neckte, wie sie sich mit scharfer Zunge stichelten, geistreich und witzig, wie es die Art der Iraner ist. Als ich sie dann aber mit ihren Brüdern zu einem Fest einlud, sagte sie ab. Sie hätte keine Zeit, der Vater sei zu Besuch, sie hätte sich mit der Freundin verabredet.

Es waren Ausflüchte. Der eigentliche Grund waren die fremden Männer, denen sie bei mir begegnen würde. Es ziemte sich nicht, daß sie sich mit Männern traf. Selbst an der Universität, wo sie Tag für Tag mit männlichen Kollegen zusammenkam, waren diese Kontakte auf den Unterricht beschränkt. Es fiel mir schwer, diese Regel zu verstehen, sie dann auch so zu akzeptieren, daß ich nicht immer neu mit Einladungen insistierte. Dann aber lernte ich. Ich lernte die Freiheit des Stolzes kennen. Und in der Hybris meiner scheinbaren Freiheit, dieser Selbstgefälligkeit der Unbekümmertheit, fühlte ich mich manchmal sehr klein neben ihr. Sie war so ruhig in ihrem Dasein.

Ich lernte. Ich lernte von ihr: Wie man betet zum Beispiel. Man betet so, wie man Brot ißt. So, wie man atmet. Man betet mitten aus der Unterhaltung heraus, weil man sich erinnert, daß es Zeit ist. Dabei läßt man den Gast nicht allein, sondern bleibt bei ihm, betet auch für ihn. Konzentriert. Bewußt. Ohne irgendwelche Scham. Ohne irgendwelche Heimlichkeit. Nichts hat man zu verbergen. Eingehüllt in das den Körper bedeckende Gewand fürs Gebet, kniete sie vor mir im Zimmer auf den kleinen Teppich, legte die Stirne auf das Tontäfelchen aus Erde von Kerbela, dem Ort des Martyriums von Husayn, Alis Sohn, und sprach das Nachmittagsgebet.

Ich lernte. Ich lernte, was wirklich Toleranz ist. Es gibt sie nur da, wo der Glaube stark ist. Da, wo man nicht über Religion spricht, sondern sie lebt. Da, wo man überzeugt von der eigenen Wahrheit, die Wahrheit des anderen achtet: Nie habe ich ein verächtliches Wort über meine Religion gehört.

Mireille Schnyder

Ferner Osten

146   Die vierte Generation

Stichworte:	Vietnam, Katholiken, Buddhisten, Friede, Krieg, Kommunisten, Mißtrauen, Flucht, Unterdrückung, Verfolgung
Zum Text/ Problemfeldbeschreibung:	Hintergrund der Geschichte ist die leidvolle Kriegsvergangenheit des vietnamesischen Volkes: Hongs Großeltern und Eltern hatten in den letzten Jahrzehnten viel unter politischer Unterdrückung gelitten. Hong, die einen Katholiken heiratet, muß dann als Christin auch heute mit Schwierigkeiten rechnen. Daher beschließen Hongs Eltern, der schwangeren Tochter die Flucht ins Ausland zu ermöglichen, vielleicht in eine bessere Zukunft für die vierte Generation.
Vorlesezeit:	8 Minuten
Vorlesealter:	ab 14 Jahren

Als Hong ihrem Vater mitteilte, daß sie heiraten wolle, fragte er nur mit müder Stimme: „Wen?"
Sie sagte: „Thai, den Katholiken."
„Das kommt jetzt auch nicht mehr darauf an", fuhr der Vater weiter. „Unsere buddhistischen Opferschalen werden sowieso kaum noch gefüllt. Und wo durchzieht noch der Duft der Räucherkerzen unsere Häuser! Alles ist anders geworden. Wenn ich an den schmutzigen Krieg der Amerikaner in unserem Lande denke! Ich frage mich zwar, ob es einen sauberen Krieg geben kann. Ist nicht jeder Krieg schmutzig? Aber dieser Scheinfriede in unserem Land ist auch nicht besser. Ach, wie ich das alles leid bin!"
Dann begann er wieder von seinem Vater zu erzählen. Wie oft hatte Hong die Geschichte schon gehört, aber als wohlerzogene Tochter wagte sie es nicht, den Vater zu unterbrechen.
„16. März 1968. Vergiß das Datum nie, meine Tochter! An dem Tag wurde Deine Großmutter getötet, im Weiler Song My, es gehört zum Dorf My Lai. Fünfhundert wehrlose Menschen, Männer, Frauen und Kinder, ließ ein amerikanischer Leutnant niedermetzeln. Dein Großvater war auch dabei. Er wurde aber nur am Bein gestreift und buddelte sich später unter den Toten hervor. Ich höre noch seine Worte: ‚Die Amerikaner sagten, die Kommunisten seien unsere Feinde, und sie müßten getötet werden.' Nach dem Massaker von My Lai glaubte er ihnen kein Wort mehr. Er war froh, als sie endlich abzogen. Nicht etwa, weil er Kommunist gewesen wäre, sondern weil er den Krieg haßte. Dann kamen die Kommunisten aus dem Norden."
„Oh, ich weiß noch gut", unterbrach ihn jetzt die Tochter, „ich hatte große Angst, als sie kamen. Ich verkroch mich, als ich den ersten Soldaten sah. Dann kam diese Stimme aus dem Lautsprecher: Bürger von Vietnam! Habt keine Angst mehr! Gebt alle Waffen auf der Kommandantur ab! Sie schenkten mir ein Fähnchen, es war rot mit einem goldenen Stern in der Mitte. Ich schwenkte sie, die rote Fahne. Ich war ja noch ein Kind."

„Ein Kind, dem sehr schnell die Augen geöffnet wurden. Unsere Familie war nicht für Präsident Nguyen Van Thieu gewesen, auch nicht für die Amerikaner, denen es mehr um ihr Ansehen in der Welt gegangen war als um das vietnamesische Volk. Wieso sollte unsere Familie jetzt für die Kommunisten sein! Wir haben unseren eigenen Kopf!"

Wie ein Film rollte vor den Augen der jungen Frau die jüngste Vergangenheit ab. Nach dem Einmarsch der Sieger war sie bald wieder zur Schule gegangen. Unter dem großen Bild von Ho Chi Minh hatte sie gehört, daß jetzt alles besser werden sollte. „Gehorsam und Disziplin" waren die Worte, die ständig fielen. Hong war zur Schule gegangen. „Wenn ich ins Gymnasium will, muß ich zu den jungen Pionieren gehen und das rote Halstuch tragen", hatte sie ihrem Vater erklärt. Wie hätte sie damals verstehen können, daß ihr Vater, obwohl er den Amerikanern vorwarf, Südvietnam verdorben zu haben, nicht mit wehenden Fahnen zu den Siegern überlief?

„Die Feinde des Volkes werden erkannt", hatte sie in der Schule gehört, und die Angst um ihren Vater war groß gewesen. Man hatte so manches gemunkelt. Dieser war abgeholt worden, jener. Das Wort „Umerziehungslager" machte die Runde. Die Sicherheitskräfte schienen ihre Augen und Ohren überall zu haben. Alle wurden sie vorsichtig. Mißtrauen und Angst wucherten. „Es lebe der große Genosse Ho Chi Minh", hatte Hong besonders laut geschrien, damit alle glauben sollten, dies wäre in ihrer Familie der ständige Gruß. Sie hatte auch das rote Tuch getragen und bei den Einsätzen auf dem Land eifrig mitgemacht. „Wir setzen uns freiwillig für unser Land ein", hatte es in der Schule geheißen. Wehe, wenn sich jemand dieser Freiwilligkeit entziehen wollte! Eines Tages war Onkel Puoc plötzlich verschwunden. „Er ist verreist", so war zu hören gewesen, obwohl doch alle wußten, daß die Sicherheitskräfte ihn nachts abgeholt hatten.

Die Eltern lebten seither noch zurückgezogener. Sie hatten spät geheiratet, und Hong war ihr einziges Kind. Sie war zwar nur ein Mädchen, aber dennoch sehr geliebt. „Ich bin froh, keine Söhne zu haben", sagte der Vater manchmal, und Hong konnte sich denken, wie er es meinte. Nichts war mehr so wie früher. Bei der Währungsreform hatte jede Familie zweihundert neue Dong bekommen. Zu kaufen gab es sowieso nicht viel.

„Das beste wäre, man ginge hier weg", hatte der Vater einmal gesagt und nach einem Blick auf die Mutter schnell hinzugefügt: „Ich weiß, für die Flucht sind wir jetzt zu alt, und außerdem – wohin sollten wir denn gehen?"

Hong war nicht alt. Sie fühlte sich herrlich jung und freute sich, daß sie studieren durfte. Als Thai in ihr Leben trat, konnte sie plötzlich mit jemandem über alles reden. Sicher, auch mit ihren Eltern konnte sie reden, aber die kamen aus einer anderen Welt. In Vaters Kopf saßen viele buddhistische Weisheiten, er war ein weiser, aber eben ein alter Mann. Die Mutter hatte nie viel gesprochen. Sie litt darunter, daß sie nicht mehr wie früher Gäste haben konnte. Thai jedoch war voller Leben. Hong hatte von Katholiken eigentlich nicht viel gehalten. Sie sagte das auch. Thai meinte: „Früher wetterten viele Priester nur gegen Kommunismus und Hölle. Heute sprechen sie doch mehr vom Glauben." Thai erzählte ihr von Jesus Christus, der dem Mädchen sehr gefiel, weil er immer auf der Seite der Armen und Beherrschten stand.

Hong heiratete Thai, nachdem auch sie Christin geworden war. Er hatte es nicht verlangt, sie selbst wollte es so. Zu ihrer Freude hatten auch die Eltern die Einwilligung gegeben.

Thai und Hong waren Techniker und arbeiteten in derselben Fabrik. Beide schimpften sie über die zu knappen Rohstofflieferungen und den häufig ausfallenden Strom in der „Werkhalle des Fortschritts". Gab es eine Beförderung, so wurden sie als Christen geflissentlich übersehen, obwohl sie sich ständig bemühten, ihre Arbeit gut und sorgfältig zu verrichten. Nach einigen Jahren wurde Hong schwanger. Als sie die freudige Nachricht ihren Eltern mitteilte, sahen sich die beiden nur an. Dann meinte der Vater: „Das ist eine gute und schmerzvolle Nachricht zugleich; denn jetzt ist es soweit." Hong verstand nicht, aber die Mutter bedeutete ihr, ruhig zuzuhören, was der Vater zu sagen hatte:

„Das ist also die vierte Generation in diesem leidgeprüften Land", hob er an. „Buddha erklärt die Übel der Welt aus der Begierde des Menschen. In jedem Leben würden wir für die Sünden unserer vorherigen Existenz büßen. Wie viele Gebete habe ich zum Himmel geschickt, aber ich habe nie Ruhe gefunden. Du bist die dritte Generation in der unheilvollen Geschichte unseres Landes. Als starke und tapfere Tochter hast du dir einen eigenen Weg gesucht. Doch dein Kind, die vierte Generation, soll nicht in diesem Vietnam aufwachsen. Besprich dich mit deinem Mann. Wir haben noch Gold und Schmuck. Wir helfen euch zur Flucht."

„Vater!" stieß Hong aufgeregt hervor. Ihr einziges Kind wollten sie in die Fremde ziehen lassen, darauf verzichten, ihre Enkel aufwachsen zu sehen? Immer wieder hatten sie und Thai darüber gesprochen, ob es nicht besser sei, Vietnam zu verlassen, waren dann aber zum Schluß gekommen, die alten Eltern nicht alleinlassen zu können. Die Mutter nickte unter Tränen. „Es ist soweit, mein Kind, es muß sein."

In den kommenden Wochen überstürzten sich die Ereignisse. „Deine Eltern haben recht", sagt Thai. „Unser Kind wird in Vietnam keine Chance haben. In einigen Hochschulen werden Katholiken schon nicht mehr aufgenommen. Und wenn sie uns, was sehr gut möglich ist, in einen abgelegenen Winkel unseres Landess versetzen, dann sind deine Eltern auch allein."

Thai hatte bereits Pläne gemacht. Sie würden mit einem Boot fahren. Nahrungsmittel für die lange Reise mußten sie auf dem Schwarzmarkt besorgen. Konserven brauchtest sie, Trinkwasser."

„Und wenn Seepiraten uns angreifen? Man hört doch so vieles!"

„Hong, wenn deine Angst zu groß ist, bleiben wir hier. Eine Flucht ist ein Wagnis. Ich möchte dich nicht dazu überreden. Ich weiß nur, daß wir mit

Hilfe deiner Eltern einen Platz auf einem festen Boot bekommen würden. Außer dir sind noch zwei andere Frauen schwanger." .

Die vierte Generation in diesem leidgeprüften Land, hatte der Vater gesagt. Für eine bessere Zukunft ihres Kindes würde sie alles wagen.

Ihr Vater und Thai übernahmen die Vorbereitungen. Nur selten fallen Worte wie „Meer" oder „Boot" oder „Abschied". Aber auch unausgesprochen liegt alles als schwere Last auf ihnen allen. „Du hast dich verändert", sagen Hongs Arbeitskollegen. „Das kommt von der Schwangerschaft", gibt die junge Frau ausweichend zur Antwort. Alle geben sich damit zufrieden.

„Übermorgen", sagt ihr Vater an dem Tag, an dem die große Hitze gebrochen scheint. Von diesem Augenblick an kann Hong kaum noch richtig atmen. In der Nacht schreckt sie immer wieder auf. Sie träumt von Piraten. Schreckliches hat man gehört. Gerüchte? Lügen? Sie weiß es nicht. Aber sie hat Angst.

„Es ist besser, deine Eltern jetzt nicht mehr zu besuchen", sagt Thai zehn Stunden vor der Abreise, „sie sind derselben Meinung."

Hong widerspricht heftig. „Ich bleibe bei den Eltern bis zum letzten Augenblick!"

Später bereut sie diesen Entschluß. Die Stunden dehnen sich ins Endlose. Wie vieles hätten sie sich sagen mögen und sagten nichts! „Gib gut auf dich acht", kam es der Mutter wohl zum zwanzigstenmal über die Lippen. Als wenn das an Hong liegen würde! Bald wird nichts mehr in ihrer Hand liegen. Thai scheint ihre Gedanken zu erraten. „Wir sind in Gottes Hand", sagt er und legt den Arm um ihre Schultern.

Die Mutter hat ein Abschiedsessen vorbereitet, doch nur mit Mühe und den anderen zuliebe würgt jeder etwas herunter. Der Reis scheint sich im Hals zu dicken Klumpen zu bilden.

„Ich habe den Schmuck in den Saum deines Kleides genäht", sagt die Mutter, „und macht euch um uns keine Sorgen. Wir werden täglich an euch denken."

Um zehn Uhr abends soll das Auto mit dem Fluchthelfer vor der Tür stehen. Hong hat die Lampe in ihrer Wohnung brennenlasssen, damit alle annehmen, sie seien daheim.

„Wenn ihr ein Land gefunden habt, das euch aufnimmt, laßt es uns sofort wissen. Schreibt mehrmals", meldet sich wieder die Mutter, „denn ein Brief kann ja verlorengehen. Und schreibt uns dann von unserem Enkel!"

Hong nickt. Für einen Augenblick huscht ein Lächeln über das verhärmte Gesicht der Mutter. „Ich freue mich schon darauf, ein Foto von ihm zu sehen." Hong nickt wieder.

Eine Viertelstunde vor zehn steht der Vater auf, geht zu seinem Geheimschrank und holt eine kleine goldene Buddhastatue heraus.

„Sie soll euch beschützen."

Thai dankt mit einer tiefen Verneigung: „Sie wird immer einen Ehrenplatz bei uns haben."

„Wenn ihr in Not seid, könnt ihr sie verkaufen. Sie ist aus reinem Gold."

„Nein, nie", murmelt Hong, „wir werden sie nie verkaufen. Dein Enkel wird sie bekommen, und wir werden ihm immer wieder von seinem Großvater in Vietnam erzählen."

„Ich habe dir auch oft von deinem Großvater erzählt. Ich danke dir, daß du mir immer so geduldig zugehört hast. Es war keine schöne Geschichte."

„Euer Enkel wird eine schönere Geschichte hören."

„Es ist an der Zeit", mahnt die Mutter. Sie weint nicht, als sie Tochter und Schwiegersohn umarmt. Ihre Augen blicken in die Zukunft. In eine bessere Zukunft für die vierte Generation?

Eva-Maria Kremer

147 Ein schwieriges Patengeschenk

Stichworte:	Nepal, Bildung, Patenschaften, Verhältnis Erste/Dritte Welt, Christentum/Hinduismus, Familie, Schule, Spender, Entwicklungshilfe
Zum Text/ Problemfeld-beschreibung:	Der christliche Lehrer Prakash und seine Familie leben in einem nepalesischen Dorf. Als er sich beim Pastor nach der Möglichkeit erkundigt, seine älteste Tochter auf die höhere Schule zu schicken, erklärt ihm dieser, daß deutsche „Paten" bereit seien, das Schulgeld für den Besuch in einem christlichen Internat in einer entfernten Stadt zu bezahlen. Sollen sie das Kind so weit wegschicken, obgleich es in der Nachbarschaft eine Schule, freilich mit hinduistischen Lehrern, gibt?
Vorlesezeit:	7 Minuten
Vorlesealter:	ab 12 Jahren

Der Lehrer Prakash und seine Familie lebten in einem Dorf, das ungefähr 1500 Einwohner hat. Es liegt nicht sehr weit von der Stadt entfernt. Die meisten Bewohner des Dorfes sind Bauern und leben sehr bescheiden. Sie wohnen in Lehmhütten und freuen sich in jedem Oktober neu, daß diese Hütten der langen Regenzeit standgehalten haben.

Im Dorf des Lehrers Prakash gibt es einige Christen. Jeden Sonntag und ab und zu auch an Wochentagen trifft sich die Christengemeinde bei Prakash. Einmal im Monat kommt der Pastor aus der Stadt und hält einen Gottesdienst. An den anderen Sonntagen liest meistens der Lehrer Prakash ein Kapitel aus der Bibel vor, und man redet gemeinsam über das Gelesene.

Prakash ist nicht nur Lehrer und Ersatz-Pastor im Dorf, er ist auch Mitglied im Dorfvorstand und wurde sogar von den Hindu-Priestern geachtet. Er hat geholfen, einen Antrag der Dorfgemeinschaft zu verfassen, um eine wetterfeste Straße von der Stadt zum Dorf zu bauen. Und Prakash hatte auch dafür gesorgt, daß Hilfe kam, den Dorfbrunnen tiefer zu graben, um für die trockene Jahreszeit genügend Trinkwasser im Dorf zu haben. Prakash ist im Dorf ein angesehener Mann, und niemand würde zur Polizei gehen und ihn anzeigen, weil er Christ wurde.

Prakashs Frau heißt Premi. Auch sie kann lesen und schreiben. Und so wie ihr Mann großes Ansehen bei den Männern im Dorf genießt, so hat sie das Vertrauen der Frauen. Premi hilft oft bei Entbindungen, und es geschieht sogar, daß strenggläubige Hindu-Frauen sie bei Geburtsschwierigkeiten in ihr Haus rufen. Aber auch in anderen Dingen weiß Premi gut Bescheid; sie steht Kranken mit Rat und Tat zur Seite. Wenn es einmal Schwierigkeiten mit dem Mann oder mit der Schwiegermutter gibt, hört sie geduldig zu und erzählt das ihr Anvertraute niemals weiter.

Prakash und Premi haben sechs Kinder. Reich ist die Familie nicht, denn nur Prakash wird für seine Arbeit bezahlt, und ein Volksschullehrer bekommt nicht viel Geld. Premi muß tüchtig sparen, und nicht immer werden Kinder und Eltern einmal am Tag satt. Trotzdem wird immer darauf geachtet, daß zuerst die Kinder genug zu essen bekommen.

Die Kinder sind noch klein. Das älteste Kind ist ein Mädchen, Soni. Sie ist elf Jahre alt. Seit fünf Jahren geht sie jeden Tag mit ihrem Vater in die Schule, und nun kann sie gut lesen und schreiben. Premi und Prakash möchten gerne, daß sie eine höhere Schule besucht.

Das jüngste Kind ist noch ein Baby, erst wenige Monate alt. Wenn Premi auf dem Feld ist oder anderen Frauen hilft, sorgt Soni oft für das Baby und für die anderen Geschwister, die sie sehr lieben. Manchmal hilft Soni beim Kochen; am liebsten aber ist es ihr, wenn sie ihre kleinen Geschwister um sich herum sitzen hat und vorlesen darf. Vorlesen ist fast so schön wie allein lesen. Vater und Mutter schimpfen selten, wenn Soni liest. Zwar sollte sie eigentlich ganz andere Dinge im Haushalt tun, aber sie freuen sich dennoch über ihr Interesse an fremden Dingen des Lebens, die Soni aus den Büchern erfährt.

Der Lehrer Prakash hat sich in der Stadt erkundigt, wie teuer das Schulgeld für Soni in der höheren Schule wäre. Er ist traurig wiedergekommen, denn außer dem Schulgeld müßten noch teure Schulbücher und eine Schuluniform bezahlt werden! Das alles würde fast die Hälfte seines Gehaltes kosten. Außerdem müßte Soni täglich mit dem Bus fahren, und auch das würde Geld kosten. Es würde wohl nichts mit der höheren Schule werden. Premi und er malten sich oft aus, wie schön es wäre, Soni als Krankenschwester ausbilden zu lassen. Aber nun sah es so aus, daß Soni nicht weiter zur Schule gehen könnte. Schade! Am nächsten Tag kam der Pastor zu seinem monatlichen Besuch. Ihm erzählte Prakash von seinem Kummer. Der Pastor verstand das gut, und als er einen Monat später wieder kam, hatte er viele Papiere bei sich. Er erzählte Premi und Prakash, daß es in Deutschland Leute gebe, die Patenschaften für Kinder übernehmen, damit diese zur Schule gehen können. Prakash und Premi waren sehr froh über diese Nachricht und füllten gemeinsam mit dem Pastor die Antragsformulare aus.

Einige Wochen später teilte der Pastor mit, daß sich Paten in Deutschland bereit erklärten, für Soni zu sorgen. Soni kann in die Schule der Bezirkshauptstadt gehen. Diese Schule hat ein Internat. Die Kosten für Internat, Schule, Uniform, Bücher und überhaupt alles, was Soni braucht, würden Christen aus Deutschland bezahlen. Die zukünftigen Pateneltern wünschten ein Foto von Soni und alle sechs Monate einen Brief von ihr.

Das war eine gute Nachricht! Und doch... die Bezirkshauptstadt war sehr weit weg. Um dorthin zu kommen, war man mehrere Tage unterwegs. Soni war doch erst elf Jahre alt. Sollte man sie so weit weggeben? Würde sie nicht Heimweh bekommen? Was würde sein, wenn Soni einmal krank würde? Die Eltern könnten dann nicht bei ihr sein. – Soni, die liebe Große, die doch noch so klein war! Man sollte sie weggeben! Nur ein-, vielleicht zweimal im Jahr würde Soni für einige Wochen zu Hause sein. Eines Tages hätte Soni dann zwar einen Schulabschluß, aber Familie und Dorf wären ihr fremd geworden.

Prakash und Premi überlegten lange. Sie fragten den Pastor, ob es denn nicht möglich sei, daß Spender in Deutschland das Schulgeld für die Schule der Nachbarstadt zahlten, dann könne Soni jeden Nachmittag wieder nach Hause kommen. „Nein", sagte der Pastor, „die Schule ist zwar auch gut, aber da gibt es keine christlichen Lehrer. Die Leute in Deutschland geben das Geld nur, wenn das Kind von christlichen Lehrern unterrichtet wird."

„Aber wir sind doch Christen, und das Kind bliebe in unserer Familie wohnen. Außerdem würde diese Möglichkeit weniger Kosten für die Paten bedeuten." Doch der Pastor bemerkte mit Nachdruck, daß die Leute aus Deutschland garantiert haben wollen, daß Soni auch tatsächlich zwei Uniformen bekommt und zweimal wöchentlich eine Fleischration und wenigstens ein Ei pro Woche.

Prakash und Premi überlegten weiter. Die „Paten" in Deutschland meinten es ja gut. Aber hatte Prakash nicht während der Lehrerausbildung gelernt, daß Elternliebe nicht zu ersetzen ist? Und nun sollten wöchentlich zweimal Fleisch und einmal ein Ei wichtiger sein als die Geborgenheit in der Familie? Ob denn wohl die Eltern in Deutschland ihre Kinder alle in Heime schicken? Prakash und Premi wußten, sie waren arm. Aber sie waren eine glückliche Familie, und den Kindern ging es gut. Unterrichteten denn christliche Lehrer besser Mathematik als Hindus? Würde Soni durch den Unterricht fremder Menschen mehr von der Liebe Gottes erfahren als von ihren Eltern? Prakash und Premi überlegten lange. Kinder sind ein Geschenk Gottes! Konnten sie ihre erst elf Jahre alte Tochter in fremde Hände geben?

Ich weiß nicht, welche Entscheidung Prakash und Premi getroffen haben. Aber wäre es nicht besser, eine ganze Familie zu unterstützen als nur ein einzelnes Mitglied? Noch effektiver wäre es, gezielte Hilfe einer ganzen Dorfgemeinschaft zukommen zu lassen, so daß sie sich eines Tages selbst helfen kann. Es gibt in Deutschland Organisationen, die solche Dorfentwickungsprojekte unterstützen. Das finde ich eine gute Sache. Aber natürlich kommen bei dieser

Hilfe keine individuellen Fotos und private Briefe. Und gerade darauf legen viele Spender aus den reichen Ländern großen Wert. Sie brauchen diese persönliche Anerkennung. Es ist wirklich so: Wenn wir gezielt helfen wollen, müssen wir lernen, umzudenken. Nur so werden wir eines Tages wirklich nützliche Mitglieder einer weltweiten Gemeinschaft.

Dorothea Friederici

Meine Freundin Ama   148

Stichworte:	Nepal, Hinduismus/Christentum, Gebet, Fürbitte, Dorfgemeinschaft, Gast, Gastgeschenk, soziales Verhalten, Partner, voneinander lernen
Zum Text/ Problemfeldbeschreibung:	Eine deutsche Entwicklungshelferin freundet sich mit einer Nepalesin an. Beim Abschied versprechen beide, Christin und Hindufrau, füreinander zu beten. Bei einem späteren Wiedersehen stellt sich heraus, daß nur die Nepalesin das Versprechen eingehalten hat.
Vorlesezeit:	7 Minuten
Vorlesealter:	ab 12 Jahren

Ich war die erste Ausländerin, die in diesem Dorf lebte, und die Leute mußten sich an allerlei gewöhnen. Es war ungewöhnlich, daß ich als Frau allein wohnte. Überhaupt: eine Frau in meinem Alter – und nicht verheiratet? Warum hatten die Eltern wohl für mich nie eine Ehe arrangiert? Denn es ist in Nepal üblich, daß die Eltern für ihre Kinder die Ehepartner aussuchen. Es kommt sogar vor, daß sich Brautleute erst am Hochzeitstag kennenlernen, da Jungen und Mädchen in ihrer Jugend weitgehend getrennte Lebensbereiche haben. Auch heute noch werden Ehen meistens von den Eltern arrangiert. Eine alleinstehende, unverheiratete Frau ist deshalb sehr ungewöhnlich. – Aber bei Ausländern sei eben alles möglich, dachten meine lieben Nachbarn.
Trotzdem wurde ich von ihnen sehr schnell akzeptiert. Sie beobachteten mich genau und wunderten sich oft über meine eigenartigen Lebensgewohnheiten. Zum Beispiel aß ich zum Frühstück einen Brei (Müsli) oder ein Fladenbrot und nicht Reis und Gemüse wie sie. Überhaupt aß ich viel weniger Reis als sie, und sie fanden, das sei sehr ungesund. Aber sie verziehen mir mein Anderssein und zeigten mir immer wieder: Du bist in der Dorfgemeinschaft willkommen, so wie du bist.
Meine Aufgabe war es, in diesem und den umliegenden Dörfern einen Gesundheitsdienst einzurichten. Ich war viel unterwegs und besuchte alle Dörfer, die zu meinem Bezirk gehörten, ging in die Schulen, behandelte Kranke und impfte Gesunde. Ich mußte oft vorsorglich Rechenschaft darüber abgeben, warum

ich eine Schwangeren- und Mütterberatung einrichten wollte. Vieles von dem, was ich tat, war meinen Nachbarn fremd.

Meistens verließ ich das Haus morgens früh nach meinem Frühstück. Alles das, was wir uns als Deutsche für ein Frühstück wünschen, Brot und Butter und Marmelade, gab es bei uns nicht. Aber ich gewöhnte mich schnell an das andere Essen. Unterwegs aß ich eine Apfelsine, ein Stück Papaya, ein paar Leeches, Guavas, Nüsse oder was die Jahreszeit sonst an Obst bot. Da gibt es leckere Dinge, die bei uns gar nicht so bekannt sind. Abends, wenn ich heimkam, versuchte ich, schnell eine Kleinigkeit zu kochen; denn meistens war ich schon sehr müde. Mit dem Petroleumkocher war das Kochen ohnehin eine mühsame Sache. Reis, Linsen und Gemüse, das normale nepalische Essen, gab es selten bei mir. Dazu reichte meine Geduld meistens nicht aus.

Unterwegs wurde ich oft zum Tee eingeladen. Tee wird in diesem Teil Nepals mit viel Milch zubereitet und − wenn man hat − mit sehr viel Zucker. Als Gast bekam ich immer das Beste, also waren meine Tees meistens sehr süß, sehr weiß und darum auch kalorienreich und sättigend. Ich trinke den Tee am liebsten ohne Zucker und ohne Milch, aber diese Gastgeschenke konnte ich nicht zurückweisen. Oft gab es zum Tee gestampfte Reisflocken oder trockene Linsen. Es war zwar nie sehr viel, aber es machte satt. So hatte ich eigentlich während des Tages immer genug gegessen und war am Abend nicht sehr hungrig.

In den Bergregionen gab es ein weiteres Tee-Zeremoniell; dort würzt man den Tee mit stark riechender Butter und mit Salz. An diesen Geschmack habe ich mich nie gewöhnt. Aber Tee ist gut für den Kreislauf, Salz reguliert den Flüssigkeitshaushalt des Körpers, und Butter gibt Kraft. Alles wichtige Lebensmittel, wenn man im Hochgebirge lebt. Ein „logisches Getränk"; dennoch habe ich es nie als wohlschmeckend empfunden.

Meine Essensgewohnheiten hatten sich bald im Dorf herumgesprochen. Die Wohnungen waren nicht so getrennt wie bei uns; alles geschieht mehr oder weniger in der Öffentlichkeit.

Eines Tages, als ich müde in meine Wohnung zurückkam, stand Ama in meiner Küche. Sie schaute mich sehr energisch an. „Du hast schon drei Tage keinen Reis gegessen! Davon wird man krank!" erklärte sie mir. Ich würde alle Kraft verlieren. Dann könne ich den Dorfleuten nicht mehr helfen. Damit sei keinem gedient. Von jetzt ab wolle sie jeden zweiten Tag in meiner Küche für mich kochen. Punktum! Basta! Für Widerspruch war da kein Platz.

Ich wehrte mich gegen die Einmischung in meine Privatangelegenheiten. Schließlich sei ich bisher ohne ihre Hilfe ausgekommen, und alt genug sei ich ja wohl auch, um selbst zu wissen, was gut und richtig für mich sei.

Aber Ama ließ nicht mit sich reden. Weil sie eine fromme Hindu-Frau war und es für Hindus wichtig ist, daß das Essen in der eigenen Küche gekocht wird, kam Ama nun jeden zweiten Tag und kochte für mich.

Ich gewöhnte mich an diese Hilfe und beruhigte mich damit, daß es Ama ja keinen einzigen Pfennig kostete, da sie ja in meiner Küche mit meinen Lebensmitteln kochte. Und Zeit hatte Ama offensichtlich genug.

Bald war Ama nicht nur eine regelmäßige Köchin, sondern auch meine engste Beraterin. Sie kannte Pflanzen und natürliche Heilmittel; sie hatte eine anerkannte Stellung im Dorf, und durch den täglichen Umgang mit ihr lernte ich viel. Ama war nie zur Schule gegangen, aber sie war weise und hatte ein großes Wissen. Wir redeten auch oft über unseren Glauben; sie erzählte von ihren Göttern, ich erzählte vom Gott der Liebe und von Jesus Christus.

Als meine Zeit im Dorf um war und der Abschied kam, war es uns beiden sehr schwer ums Herz. Wir hatten uns lieb gewonnen. Nie würden wir uns schreiben können, denn Ama hätte ja meine Briefe nicht lesen und Antworten nicht schreiben können. Es war ein Abschied für immer, und er fiel uns schwer. Ich versprach Ama, für sie zu beten, und Ama sagte, sie wolle ihre Götter um Gnade bitten für mich. Dann reiste ich ab.

Acht Jahre später kam ich wieder in „mein" Dorf. Ich hatte nicht geahnt, wie viele Freunde ich dort besaß. Es gab einen großartigen Empfang. Die Kinder von damals waren nun erwachsen, zum Teil verheiratet und selbst Eltern kleiner Kinder. Alle kamen, mich zu sehen und mich zu begrüßen. Fast sah es so aus, als zöge eine Königin in ihr Reich. Dabei war ich doch nur eine fremde Gastarbeiterin gewesen.

Das Wiedersehen mit Ama kann ich kaum beschreiben. Wir lagen uns in den Armen und weinten vor Freude. Sie zog mich in ihr Haus, und wie in alten Zeiten begann sie gleich, für mich zu kochen. Die Töpfe klapperten lauter als sonst, als seien auch sie froh, daß ich wieder da war. Während Ama in der Küche hantierte, erzählten die Nachbarinnen mir all das, was inzwischen im Dorf geschehen war.

Eine Nachbarin sagte, Ama ginge täglich in den Tempel, um für mich zu beten. Ich lachte. „Na, große Schwester, übertreibst du nun nicht ein wenig? Acht Jahre lang, jeden Tag? Sicher hat sie das nur ab und zu getan."

Aber nein, Ama sei täglich im Tempel gewesen und habe täglich für mich gebetet.

Offensichtlich hatte Ama in der Küche unser Gespräch verfolgt. Sie kam zu uns. „Ja, kleine Tochter, das hatten wir uns doch gegenseitig versprochen. Hast du nicht jeden Tag für mich gebetet?"

Ganz beschämt saß ich da. „Ja, ja, wir hatten uns das versprochen..."

Partnerschaft – was ist das eigentlich? Wie können wir als Fremde in weit entfernten Orten Partner sein? Ist es nicht Partnerschaft, wenn Ama für mich kocht, während ich mich um die Kranken im Dorf kümmere? Oder wenn Ama, die Hindu-Frau, täglich für mich betet, weil sie weiß, was ich so oft vergesse: daß es ohne Gottes Hilfe nicht geht. Vielleicht beweist sich Partnerschaft auch im Voneinander-Lernen. Von Ama habe ich sehr viel gelernt.

Dorothea Friederici

149 Sunils Taufe

Stichworte:	Nepal, Hinduismus / Christentum, Verfolgung, Bekenntnis, Taufe, Schule, Religionswechsel
Zum Text/ Problemfeldbeschreibung:	Eines Abends nistet sich der kleine Vollwaise und Hindu, Sunil, bei einer deutschen Krankenschwester ein. Beide freunden sich an und lernen miteinander die nepalesische Schrift. Während seiner Schulzeit beschließt Sunil, sich taufen zu lassen, obwohl auf Religionswechsel eine lange Gefängnisstrafe steht.
Vorlesezeit:	7 Minuten
Vorlesealter:	ab 10 Jahren

Eines Abends stand er vor der Tür und bat um Aufnahme. Nein, eigentlich bat er nicht darum, sondern er kam ganz selbstsicher und sagte: „So, nun bin ich hier." Damals war er ungefähr acht Jahre alt; er war schmutzig und sah recht hungrig aus.

Es ist in Nepal üblich, Gäste, die am Abend kommen, aufzunehmen. So tat ich's also mit diesem kleinen Jungen, der mir erst später sagte, wie er heißt. Sein Name brachte mich zum Lachen.

Ich nahm also den kleinen Gast auf, gab ihm zu essen, nahm mein letztes Wasser, um ihn zu baden, und steckte ihn ins Bett. Am nächsten Morgen sollte er weiterziehen. Ich wußte nicht, wohin er gehörte und woher er kam.

Das Haus, in dem ich wohnte, hatte kein fließendes Wasser. Eine Frau aus dem Dorf kam jeden Morgen, um es mir aus einem Brunnen zu holen. Da ich das wußte, hatte ich an jenem Abend ohne Sorge das letzte Wasser genommen, um Sunil zu waschen. Aber am nächsten Morgen kam die Nachbarin nicht. Ich wollte meinen Frühstückstee haben, auch der Junge sollte etwas essen und trinken – dann sollte er weiterziehen. Aber zu dem Ärger, daß die Wasserträgerin nicht erschien, kam die Überraschung, daß der Junge gar nicht bereit war, wieder zu gehen. „Nein", sagte er, „ich bleibe jetzt bei dir!" Ich war sehr ungehalten. All das am frühen Morgen, vor dem Frühstück!

Schließlich kamen die Kinder der Wasserträgerin. Sie erzählten, ihre Mutter könne nicht kommen, da sie krank sei. Statt dessen baten sie mich, ihr Medizin zu bringen. Aber nicht ohne Frühstück! Das stand für mich fest. Weil ich selbst zu bequem war, Wasser zu holen, war ich froh, daß sich mein kleiner Gast dazu bereit erklärte. Er schlug folgenden Handel vor: Er würde Wasser holen, ich möge ihm den Tag über genug zu essen geben. „Aber morgen gehst du weiter!" war mein Schlußsatz; er schaute mich groß an, holte tief Luft und... dann das Wasser.

Natürlich erkundigte ich mich im Dorf, wer dieser Junge sei. Niemand kannte ihn oder seine Eltern. Meine Dorfnachbarn meinten: „Bei dir geht's ihm sicher besser als da, wo er hingehört und offensichtlich weggelaufen ist. Behalte ihn doch bei dir!"

Ich hatte kein Interesse daran, auf diese Weise zu einem Kind zu kommen. Nein, bleiben sollte der Junge nicht! Die Wasserträgerin war drei Wochen lang krank. Der Junge blieb drei Wochen. Nun, und dann war es zu spät. Wenn man ein Kind erst einmal so lange im Haus hat, kann man es nicht einfach abschieben. Also beschloß ich, den Jungen zu behalten, bis ich herausgefunden hätte, wo er hingehört. Viel später erfuhr ich, daß Sunil ein Vollwaise war, der bei einem Bauern gearbeitet hatte. Dieser aber gab dem kleinen Jungen immer mehr Arbeit und immer weniger Essen. Als Sunil das hörte, daß ein oder zwei Tagesreisen entfernt eine „große Schwester" wohnte, nahm er die nächste Gelegenheit wahr und kam zu mir. So kam ich zu Sunil – und er zu mir. Der erste Schritt zu meiner nepalischen Familie war getan.

Damals lernte ich noch die Sprache und die Schrift meiner Nachbarn. Allabendlich bemühte ich mich, diese neuen Schriftzeichen zu üben und alle Haken und Striche richtig zu erkennen. Der kleine Junge langweilte sich natürlich sehr, denn unterhalten konnte ich mich dabei nicht. Schließlich dachte ich, daß es ganz nützlich sei, ihm auch die nepalische Schrift beizubringen. Schon nach kurzer Zeit konnte er wesentlich besser lesen und schreiben als ich. Nun sollte er auch gleich in eine Schule gehen. Die aber war weit entfernt, und deshalb konnte mein „Sohn" Sunil nur selten nach Hause kommen.

Als er wieder einmal zu einem längeren Wochenendbesuch kam, stritten wir uns das erste Mal. Das Wochenende hatte, wie immer, froh begonnen. Er kam aus der Schule und hatte zwei freie Tage vor sich. Wir hatten große Pläne, was wir alles gemeinsam tun wollten. Am Abend saßen wir dann zusammen und erzählten. Wie jeden Abend hielten wir eine Andacht, dann blieben wir noch lange sitzen. Von vielem redeten wir, auch von unserem Glauben. Er erzählte mir von seinen Schulkameraden, die täglich zu den Tempeln gingen, aber immer nur Angst hätten, daß die Götter nicht zufrieden seien mit ihren Opfergaben. Er sagte, daß diese Jungen noch nie etwas von dem Gott der Liebe gehört hätten. Als er einmal seinen Freunden erzählte, daß er an diesen Gott glaube, hätten sie gelacht. Er habe ihnen aber gesagt, daß dieser eine Gott die Menschen so lieb hat, daß man ihm keine Opfergabe bringen müsse. Der Lehrer hätte auch zugehört und gesagt, das sei alles Unsinn. Am nächsten Morgen hätte er dann mit zum Tempel gehen müssen, aber er habe dem Lehrer erwidert, er sei kein Hindu, sondern ein Christ. Da hätte der Lehrer gelacht und gemeint, alle Nepalen seien Hindus.

„Aunty, ich möchte mich taufen lassen. Dann bin ich wirklich ein Christ. Dann kann der Lehrer nicht mehr lachen." Ich war sehr erschrocken über diese Bitte. Mein Pflegesohn war erst sechzehn Jahre alt. In Nepal steht auf Religionswechsel eine lange Gefängnisstrafe, falls man angeklagt wird. Daß der Junge Christ ist, wußte ich schon lange. Sunil hatte sich bewußt von seinem hinduistischen Glauben abgewandt; nur die Taufe fehlte ihm noch. Ich hatte immer gedacht, daß er sich später, als Erwachsener, taufen lasse. Nun kam er schon jetzt damit.

„Nein", sagte ich, „du kannst als Christ leben wie bisher. Wenn du dich taufen läßt, ist die Gefahr zu groß, angezeigt und verurteilt zu werden. Du bist zu jung, um dieses Risiko auf dich zu nehmen. Ich möchte nicht, daß du dich schon jetzt taufen läßt."

Wir haben an diesem Abend noch lange darüber gesprochen. Ich habe ihm immer wieder erklärt, daß Gott ihn auch ungetauft lieb hat, daß Jesus Christus auch für ihn gestorben ist, obwohl er noch nicht getauft sei. Ich erklärte ihm, daß seine ganze Zukunft in Frage gestellt wäre, wenn er jetzt im Gefängnis landen würde. Daß er dann nie zu einer Schul- oder Berufsausbildung käme und daß er die Folgen dieses äußeren Aktes des Christwerdens gar nicht übersehen könne.

Sunil war anderer Meinung, und noch den ganzen Sonntag sprachen wir über dieses Thema. Als er dann ging, hatten wir beide wohl zum erstenmal das Gefühl, einander nicht zu verstehen. Wahrscheinlich war er nun sehr traurig. Einige Wochen später hörte ich, daß sich Sunil hatte taufen lassen. Ich war erschrocken. Aber Gott würde einem solchen „Grünschnabel" helfen, das wußte ich, und darauf wollte ich vertrauen.

Heute ist der Junge erwachsen; er ist Familienvater, hat einen guten Beruf und gehört zu den Gemeindeältesten einer kleinen christlichen Ortsgemeinde. Er ist bisher nicht im Gefängnis gewesen. Niemand hat ihn verklagt. Gott möge ihn und seine Familie auch weiter behüten!

Vor einigen Monaten haben wir das Gespräch von damals wieder aufgenommen. Er erklärte mir, daß er nie Christ geblieben wäre, hätte er sich damals nicht taufen lassen. „Der Bruch mit den Göttern mußte total vollzogen werden", so sagte er. „Ich mußte sicher sein, zu Jesus Christus zu gehören. Erst als ich dieses in der Taufe erfahren hatte, konnte ich dem Drängen der Schulkameraden und des Lehrers widerstehen. Immer wollten sie mich mitnehmen in den Tempel. Manchmal war ich sehr einsam. Wenn all die anderen die lustigen Tempelfeste feierten, blieb ich allein zurück. Wenn ich in solchen Augenblicken nicht gewußt hätte, daß ich zur großen, weltweiten Familie der Christen gehöre, dann wäre ich vielleicht doch wieder zum Tempel mitgegangen. Sie haben mich sogar bedroht. Sie haben gesagt, daß sie mich anzeigen werden. Aber du hast die Götter nie gekannt, Aunty; du weißt nicht, wie fest sie einen halten. Ich hätte es ohne Taufe nicht geschafft. Auch heute noch brauche ich immer die Gewißheit, Christ zu sein."

Heute schäme ich mich, daß ich damals mehr Angst als Gottvertrauen hatte. Ich schäme mich auch, weil ich die Taufe nur als äußeren Akt betrachtet hatte. Gott gebe uns immer wieder Kraft und Mut, ihm wirklich mehr zu vertrauen, als die Menschen zu fürchten.

Dorothea Friederici

Der Sadhu auf dem Nagelbett

150

Stichworte:	Indien, Hinduismus, Begegnung Hinduismus / Christentum, Gotteserfahrung, Gott, Buße, Askese, Wege zu Gott, Erlösung, Sadhu (= heiliger Mann)
Zum Text/ Problemfeldbeschreibung:	Ein Fremder begegnet einem Sadhu, der auf einem Nagelbett sitzt. Er erfährt von dem Sadhu, daß er durch Buße und Abkehr von der sinnlichen Welt, Gott näherzukommen hofft. Der Sadhu weist den Fremden aber darauf hin, daß jeder seinen eigenen Weg zu Gott finden müsse.
Vorlesezeit:	4 Minuten
Vorlesealter:	ab 14 Jahren

Irgendwo auf dem Dekkan, dem weiten, trockenen Hochland Indiens, liegt ein Dorf in der sengenden Nachmittagssonne. Draußen vor dem Dorf, nahe der Landstraße, breitet ein mächtiger Banyanbaum sein Laubdach aus. In dessen Schatten sitzt eine regungslose Gestalt. Es ist ein Sadhu, ein heiliger Mann. Er sitzt auf einem Nagelbett.

Ein Fremder kommt die staubige Landstraße entlang. Er bemerkt die Gestalt im Schatten und entschließt sich, hinzugehen. Unsicher hebt er die Hände zum Gruß, wie er sieht, daß ein Sadhu vor ihm sitzt. Doch dieser blickt ihm freundlich entgegen. Eine Weile schaut der Fremde den heiligen Mann wortlos an. Er wundert sich über diesen eigenartigen Menschen und möchte mehr über ihn erfahren. Endlich wagt er die Frage: „Warum quälst du dich so? Was hat das Nagelbett da zu bedeuten?"

Der Sadhu hebt die Augenbrauen: „Weißt du das nicht? Du solltest es wissen! Es bedeutet Buße – Abkehr von allem, was man hören oder sehen oder fühlen kann. Denn mein Körper ist sündhaft; meine eigenen Gefühle und Wünsche sind es, die mir den Anblick Gottes verwehren. So töte ich meinen Körper, damit ich näher zu Gott komme. Die Schmerzen, die die Nägel mir bereiten, erziehen mich: Durch sie werde ich frei von falschen Wünschen und Sehnsüchten und kann mich ganz auf Gott einstellen. Mein Leib muß sterben, damit ich selbst erlöst werde."

Verwirrt fragt der Fremde: „Wie lange machst du das schon? Bist du deinem Ziel näher gekommen?"

Der Sadhu lächelt väterlich: „Es sind erst zwölf Monate her, daß ich begonnen habe. Wie kannst du da nach Erfolg fragen? Oh, das Ziel liegt in weiter Ferne! Man braucht ein Leben lang, um Gott näher zu kommen. Ja, dazu braucht es sogar mehr als nur ein einziges Leben – man muß sehr oft als Mensch geboren werden, bis das Ziel erreicht ist."

Der Fremde schweigt nachdenklich. Es ist still in der Nachmittagshitze. Nur im Dorf bellen ein paar Hunde. Er wischt sich den Schweiß von den Augenbrauen; dann fragt er plötzlich: „Wie kannst du sicher sein, daß du das Ziel einmal erreichen wirst?"

„Es kann nicht anders sein", murmelt der Sadhu, „ich bemühe mich. Gott wird antworten. Aber das braucht lange. Wenn du sicher sein willst, frag die Steine dort: sie sind alt genug; oder die Berge hinten am Horizont: sie kennen die Antwort."

„Glaubst du, daß es noch einen anderen Weg gibt?" fragt der Fremde. „Einen schattigen, einen laubüberdachten? Wie froh ich da wäre!"

Der Sadhu schüttelt bedauernd den Kopf: „Für mich nicht. Vielleicht für dich. Viele Wege führen zu Gott. Du mußt deinen Weg finden. Ich kenne nur meinen."

„So kannst du mir nichts raten, Sadhu?" fragt der Fremde traurig.

„Nein, nichts", antwortet der Sadhu leise.

Der Fremde seufzt. Ein Luftzug trägt roten Staub von der Landstraße herüber. „Ich tue meine Pflicht!" sagt er mit plötzlicher Heftigkeit. „Gott wird mir schon helfen. Was kann ich mehr?" Und dann: „Deine körperlichen Qualen möchte ich nicht auf mich nehmen, Sadhu. Es wäre mir zu ungewiß. Denn weiß ich, ob es sich lohnt − all das, was du da tust?"

Der Sadhu schaut ihn an und schweigt.

„Ich muß es selbst herausfinden, nicht wahr?" sagt der Fremde.

„Gewiß", nickt der Sadhu.

„Ich glaube fast", lacht der Fremde sodann, „für mich gibt es nur einen Weg. Gott muß *mir* begegnen; er muß eines Tages meine Straße entlangkommen. Das ist meine einzige Hoffnung!" Erleichtert reibt er sich die Augen. Doch dann blickt er nachdenklich auf den heiligen Mann.

„Geh jetzt", sagt der nach einer Weile, „du bist ein gutes Stück vorangekommen. Laß mich jetzt wieder allein."

Da steht der Fremde auf, legt ein Geldstück neben den Sadhu auf die Erde und verabschiedet sich leise dankend.

Ruprecht Veigel

Ich habe noch Reis in meiner Tasche

151

Stichworte: Indien, Hunger (des Leibes/der Seele), Mission, Christentum/Hinduismus, Erste/Dritte Welt, christliches Zeugnis, Gottes Güte, Frieden, Macht, Bibel, Bettler, Begegnung

Zum Text/ Problemfeldbeschreibung: Ein indischer Bettler kommt zu einem europäischen christlichen Missionar. Dieser bietet ihm Reis an. Zu seiner Überraschung teilt der Inder ihm mit, daß es ihm um geistige Speise geht. Bei seinen Ausführungen wird dem Missionar deutlich, wie wenig die Christen in ihrem Handeln die „Botschaft dieses guten Gottes" für andere spürbar werden lassen.

Vorlesezeit: 4 Minuten

Vorlesealter: ab 14 Jahren

Der alte Mann stand im Türrahmen. Seine Kleidung bestand aus Lumpen, der Körper war nur Haut und Knochen. Die Bettler in dieser Stadt lassen sich kaum zählen. Sie gehören zu Indien wie die leuchtenden Tempel mit Mönchen und Asketen. Der Missionar hatte sich längst an all das gewöhnt. Aber die Augen dieses Bettlers waren anders. In ihnen lag keine devote Unterwürfigkeit. Es waren wache, fragende Augen. Eine seltsame Faszination ging von ihnen aus.

„Komm herein", sagte der Missionar. „Du bist hungrig, nicht wahr?"

„Ja, ich bin hungrig."

Der Missionar nahm eine Schüssel und füllte sie mit Reis.

„Nein, ich habe noch Reis in meiner Tasche", sagte der Bettler.

„Wenn du noch Reis hast, warum ißt du ihn nicht?" wunderte sich der Missionar.

Der Alte trat einige Schritte näher. Mit leiser, aber eindringlicher Stimme sagte er: „Es gibt einen Hunger des Leibes und einen Hunger der Seele. Der Hunger der Seele läßt sich nicht mit Reis stillen. Warum denkt ihr Europäer hauptsächlich an den Hunger des Leibes?"

Der Missionar fühlte sich verunsichert. Es gab eine Zeit, so dachte er, da haben wir den Menschen, die nicht genug zu essen hatten, die Bibel angeboten. Sind wir nun so weit, daß wir denen, die nach dem Wort Gottes hungern, zu essen anbieten? Er schämte sich. „Komm herein und setz dich", sagte er freundlich. Der alte Mann ließ sich auf dem Fußboden nieder. Dem Missionar gefiel es auch nicht mehr auf seinem Stuhl. Er hockte sich zu seinem Besucher.

„Wirst du meiner Seele Nahrung geben? Ich bin von weither gekommen, weil sie mir sagten, daß ein großer Meister dich geschickt hat. Erzähl mir von deinem Gott."

Wie der Alte das sagte, klang es wie ein Befehl. Der Missionar fühlte sich fast in die Enge getrieben. Wie wollte er mit wenigen Sätzen die Botschaft Jesu erklären?

Der Alte kam ihm zu Hilfe. „Ist dein Gott ein mächtiger Gott?"

„Nein. Wenigstens nicht in dem Sinn, wie wir Menschen Macht verstehen. Er ist kein Gott, der töten will, der Nachfolge erzwingt, der über die Menschen verfügt. Er ist ein Gott, der in seinem Sohn zum Bettler geworden ist, der sich erniedrigte, der den Frieden brachte und die Menschen zum Frieden aufrief. Für diese Botschaft wurde er getötet. Aber er lebt weiter in allen Menschen, die ihm folgen, in Menschen, die nicht die Macht suchen, die nicht herrschen, sondern dienen wollen, die sich nicht vom Haß, sondern von der Liebe leiten lassen, die fest glauben, daß Gott den Tod überwunden hat und seine Güte und Menschenfreundlichkeit über alle aufgehen lassen will."
Der Missionar brach ab. Forschend und unsicher blickte er seinen Besucher an. Der hatte seine Hände über der Brust gekreuzt. Nach einer langen Zeit des Schweigens sagte er: „Es gibt viele Christen. Warum leben sie nicht nach der Botschaft dieses guten Gottes?"
„Weil sie die Botschaft mit dem Verstand wohl begriffen haben, aber das Herz hat sie noch nicht erreicht. Glaube und Leben bleiben getrennt. Wir kümmern uns zuviel um unsere menschliche Macht und sind uns deshalb selbst im Weg für die lebendig machende Macht Gottes."
Der alte Mann seufzte. „Erst wenn sich die Herzen wandeln, wird es in dieser Welt Frieden geben. Wir müssen ihnen zeigen, wie es ist, wenn sich unser Herz wandelt", sagte der Alte.
Dem Missionar war es, als hätte er eine Erscheinung gehabt. Aber dann begriff er. Jesus hatte nicht verlangt „ihr sollt meine Redner sein", sondern „ihr sollt meine Zeugen sein".

152 „Sir, ich brauche Ihre Bibel!" — Eine Begegnung in Indien

Stichworte:	Indien, Bibel, Mission, Sünde/Vergebung, Bibelverbreitung, Bibel als Geschenk, Kol 1,21−22
Zum Text/ Problemfeld- beschreibung:	Ein indischer Pfarrer besucht wegen eines plötzlich einsetzenden Regens einen Teeladen und wird dort besonders freundlich bedient. Der Besitzer hat durch Zufall eine christliche Verteilschrift in die Hände bekommen, war durch deren Inhalt zum Glauben an Jesus Christus gekommen und will nun unbedingt die Bibel des Pfarrers haben. Dieser erfüllt ihm nur zu gern diesen Wunsch.
Vorlesezeit:	5 Minuten
Vorlesealter:	ab 9 Jahren

An einem Julitag kam ich früh sehr zeitig in Darbhanga mit dem Bus aus Muzaffarpor an. Weil es draußen in Strömen regnete, ging ich in einen kleinen Teeladen und bestellte eine Tasse Tee. Ich legte meinen Koffer und die Bücher, die ich unter dem Arm trug, auf den Tisch. Schnell war der Tee serviert, und ich setzte mich hin, um ihn heiß zu schlürfen. Der Ladenbesitzer kam hinter seiner Theke hervor und sagte: „Sir, nehmen Sie doch bitte Gebäck. Wir haben einige Spezialitäten." Ohne auf meine Zustimmung zu warten, bestellte er das Gebäck, das der Kellner schnell brachte. Dann bestand er darauf, daß ich kräftig zugriff.

Nachdem ich meinen Tee ausgetrunken und reichlich von dem Gebäck gegessen hatte, ging ich an die Theke und wollte bezahlen. „Sir, ich brauche ihr Geld nicht", sagte der Ladenbesitzer. „Was ich brauche, ist das Buch, das Sie auf Ihrem Koffer hatten. Ich bin bereit, Ihnen jeden Betrag, den Sie haben wollen, für dieses Buch zu bezahlen."

Als ich ihm erzählte, daß dieses nur eine Rupie kosten würde, antwortete er zu meiner großen Überraschung, daß er bereit wäre, sogar 100 Rupien dafür zu bezahlen. Offensichtlich wollte er mir etwas über sich erzählen, und ich hatte das Gefühl, daß er es nicht länger für sich behalten wollte. Er fing an, mir die Geschichte zu erzählen, die hinter seinem sehnlichen Wunsch stand, dieses Buch zu bekommen.

Im März dieses Jahres hatte er eine kleine Menge Mehl in einem benachbarten Laden gekauft. Das Mehl war in die Titelseite einer kleinen Verteilschrift eingewickelt, die die Bibelgesellschaft veröffentlicht hatte.

Das Bild auf dem Umschlag hatte seine Aufmerksamkeit in Anspruch genommen, und dann konnte er seine Neugier nicht länger zügeln und fing an zu lesen, was auf der Rückseite gedruckt war. Diese Worte schienen sein Herz zu berühren, und sein Inneres geriet in Aufruhr.

Er las: „Auch euch, die ihr einst fremd und feindlich gesinnt wart in bösen Werken, hat er nun versöhnt durch den Tod seines sterblichen Leibes, damit er euch heilig und untadelig und makellos vor sein Angesicht stelle" (Kolosser 1,21–22).

Und dann erzählte er weiter. „Sir, ich bin ein großer Sünder, wie kann der heilige Gott Menschen wie mich lieben? Wie kann er mich heilig und untadelig machen? Ich wollte mehr über diesen göttlichen Plan wissen. Ich wollte alles lesen, was in diesem Buch stand. So lief ich in alle Buchläden in der Stadt, aber all meine Bemühungen waren umsonst. Seitdem habe ich immer wieder nach diesem Buch gesucht. Als Sie vorhin in mein Geschäft kamen, sah ich, daß Sie dieses Buch in Ihrer Hand hatten. Sofort hatte ich beschlossen zu versuchen, es von Ihnen zu bekommen, sogar wenn ich es hätte stehlen müssen."

Es ist fast überflüssig zu sagen, daß ich vor Freude nahezu überwältigt war und ihm zu gern ein Exemplar dieses Büchleins gab. Er nahm es unter unendlichen Dankbezeugungen, und dann küßte er erst das Buch und dann meine Füße. Daraufhin rief er laut: „Ich habe das Buch, das heilige Buch."

Wir saßen noch lange in seinem Teegeschäft zusammen. Ich erklärte ihm mehr von der frohmachenden Botschaft Gottes. Ich schenkte ihm auch ein Hindi-

Neues Testament und am Abend machte ich ihn mit einer christlichen Familie bekannt.

Darbhanga war nur einer der Plätze, die wir während unserer Reise besuchten. Neben mir nahmen einige junge Theologiestudenten und Seminaristen daran teil. Wir verbreiteten dabei 100000 Evangelien, 10000 Neue Testamente und ebenso viele Bibelteile für neue Leser. Wir verkauften die Bücher zu einem ganz geringen Preis, damit jeder sie sich leisten konnte, oder wir verschenkten sie. Gottes Wort lebt auch in Bihar. Viele Menschen schrieben uns und viele lesen in Gruppen Gottes Wort. In dem Bundesstaat Bihar wohnen rund 70 Millionen Menschen, mehr als in unserem Land. Davon sind rund eine Million Christen.

Volkmar J. Löbel

153   Feier des Osterfestes in Indien

Stichworte:	Indien, Osterfest, Friedhöfe, Christen/Moslems, Totenverbrennung, Geisterglaube, Grabhügel, Prozession, Osterlieder, Ostergruß, Totengedenken, Gottesdienst, Fastenzeit, Feier, Brauchtum
Zum Text/ Problemfeldbeschreibung:	Ein besonderes Fest unter den Christen in Indien ist das Osterfest. Am Ostermorgen werden sie durch Glockengeläut geweckt, formieren sich zum Prozessionszug, um dann zu den Friedhöfen zu ziehen. Mit Kerzen und Liedern feiert man die Auferstehung Christi und gedenkt der Verstorbenen.
Vorlesezeit:	3 Minuten
Vorlesealter:	ab 12 Jahren

Ausländische Besucher bei Gemeinden in Indien sind beeindruckt, wenn sie dort Gottesdienste miterleben, in denen die Freude am Evangelium im Singen und Tanzen zum Ausdruck gebracht wird. Das gilt besonders bei der Feier des Osterfestes. Eine deutsche Mitarbeiterin der Gossner-Kirche erzählt: „Friedhöfe in Indien bieten die meiste Zeit des Jahres einen trostlosen Anblick. Man findet sie auch nur dort, wo Christen oder Moslems wohnen, denn die Hindus verbrennen ihre Toten. Hindus glauben auch, daß dort, wo Tote begraben sind, böse Geister hausen, und meiden deshalb solche Stätten. Sie staunen, daß es Menschen gibt, die die Ruheplätze der Toten besuchen und schmücken. Gerade das tun die Christen in Indien am Ostersonnabend. Mit Erde, Wasser und Kalk gehen sie zum Friedhof zu den Gräbern ihrer Angehörigen. Dort formen sie die Grabhügel, die in der Regenzeit weggewaschen wurden, wieder neu, bestreichen sie mit weißem Kalk, richten die umgefallenen Holzkreuze oder einfachen Steintafeln wieder auf, erneuern die Schrift und schmücken die Gräber mit Blumen, die es jetzt im Frühjahr reichlich gibt. Am Ostermorgen früh um 3 Uhr weckt die Kirchenglocke die Christen und ruft sie zum Gottesdienst. Mit ihren Petroleum-Laternen kommen sie aus ihren Hütten und eilen zur Kirche. Hier formt sich der lange Zug, der zum Friedhof zieht. Dort angekommen, geht jeder zum Grab seines Angehörigen und zündet eine Kerze an. Die ersten Osterlieder werden gesungen. Der Pfarrer hält die Predigt. Anschließend singt die Gemeinde immer freudiger Auferstehungs-lieder, bis die Sonne aufgeht. Nun ist die Freude vollkommen. Man geht aufeinander zu und begrüßt sich mit dem uralten Gruß: ,Christus ist auferstan-den!' Darauf die Antwort: ,Er ist wahrhaftig auferstanden!' Hin und her wandert man durch die Gräberreihen, begrüßt sich und erinnert sich der Heim-gegangenen.

Wieder zu Hause angekommen, werden aus Reismehl und Wasser dünne Fladen gebacken, die zur Feier des Tages mit Zucker bestreut werden. Dazu gibt es Tee mit Milch als besondere Delikatesse. Man muß sich beeilen, denn bald beginnt der Hauptgottesdienst, und man möchte doch in der Kirche einen Sitzplatz haben.

Am Nachmittag besucht man sich hin und her in den Häusern. Nun ertönen auch wieder die Trommeln, die in der Fastenzeit schweigen mußten. Es darf auch wieder getanzt werden, und die Jugend macht reichlich Gebrauch davon. Unermüdlich tanzen die Mädchen im Kreis und singen Auferstehungslieder dazu: selbstgedichtete Lieder zu einheimischen Melodien, die die große Freude darüber ausdrücken, daß Christus den Tod bezwungen hat."

Ilse Martin

Bei den Jakobiten in Indien   154

Stichworte:	Indien, Orthodoxe Syrische Kirche (Jakobiten-Kirche), Tradition, Ge-sang, Räucherfaß, Liturgie, Kerzen, Responsorien, Gebet, Evangelium, Kirchensprache, Gebetbuch, Predigt, Messe, Abendmahl, Schlußsegen, Händegruß, Passionszeit, Totengedenken, vollendete Gemeinde
Zum Text/ Problemfeld-beschreibung:	In einer Lebensbeschreibung über Sarah Chakko, einer bedeutenden Vertreterin der Orthodoxen Syrischen Kirche, gewinnt man Einblick in einen Jakobiten-Gottesdienst, der nach alter Tradition gestaltet ist.
Vorlesezeit:	4 Minuten
Vorlesealter:	ab 12 Jahren

Eine bedeutende Vertreterin der Orthodoxen Syrischen Kirche — auch Jakobi-ten-Kirche genannt — war Sarah Chakko († 1954). In einer Lebensbeschreibung über sie finden wir eine anschauliche Darstellung eines Gottesdienstes dieser Kirche.

„Als Sarah geboren wurde, gab es in Trichur (ihrer Heimatstadt) nur wenige Jakobitenfamilien und noch keine Kirche. Der Vater fuhr oft weite Strecken mit dem Rad, um an einem Jakobiten-Gottesdienst teilnehmen zu können. Als dann in Trichur eine Kirche gebaut wurde, war es selbstverständlich, daß die Kinder mit zum Gottesdienst kamen. Sie gingen gerne, denn es gab viel zu hören und zu sehen in diesen nach alter Tradition gehaltenen Gottesdiensten. Ein schwerer dunkelroter Seidenvorhang trennt den Chor vom Schiff. In der Mitte des Vorhangs prangt ein in Gold gearbeitetes Kreuz. Der eintönige, aber feierliche Gesang wird von guten Stimmen hinter dem Vorhang aus dem Chorraum geleitet. Danach wird der Vorhang aufgezogen und der Priester wendet sich – angetan mit einem schweren blauen Mantel mit gelb gewirktem Muster – bald zur Gemeinde, bald zum Altar. Er schwingt das Räucherfaß, geht um den Altar herum und verneigt sich nach allen vier Himmelsrichtungen. Kein Bild und kein Kruzifix ist in der Kirche zu sehen. Ein Silberkreuz steht in der Mitte auf dem Altar, und zu beiden Seiten sind sechs Kerzen stufenweise angeordnet. Die Gemeinde hat lebendigen Anteil am Gottesdienst durch die Liturgie mit ihren Responsorien, mit ihren gemeinsamen Gebeten und zahlreichen Amen. Alles wird gesungen, auch das Evangelium. In neuerer Zeit ist die alte Kirchensprache, das Syriak, durch Malayalam ersetzt worden, und jedes Gemeindeglied hat ein Gebetbuch in der Hand. Andächtig folgt die Gemeinde dem reichgestalteten Gottesdienst. Während der Predigt, die nur sehr kurz ist, läßt man sich am Boden nieder.

Jeder Gottesdienst ist eine Messe. Ergreifend ist der Augenblick, wenn sich der Priester vor dem Altar, auf dem die Hostie steht, niederwirft und mit dem Angesicht am Boden die Sünden der Gemeinde bekennt und für sie bittet. Ein anderes Mal betet er mit erhobenen Händen. Vor dem Abendmahl macht er die Gebärde der Einladung. Wenn er den Schlußsegen spricht, nimmt er die Hand des Nächststehenden zwischen seine Hände. Dieser Gruß, der wohl an die Stelle des heiligen Kusses getreten ist, wird durch die ganze Gemeinde weitergegeben. Die Berührung der Hände ist stets die gleiche.

Wir dürfen auch nicht vergessen, daß die Jakobiten, wenn sie von ihrer Kirche sprechen, immer zugleich an die vollendete Gemeinde in der Ewigkeit denken. Sie beten für die Verstorbenen, denken dabei aber nicht an ein Fegefeuer. In der Passionszeit fasten die Jakobiten, das heißt, sie nehmen nur eine Mahlzeit am Tag ein."

Hedwig Thomä

Verwurzelt im heimatlichen Boden

Stichworte:	Pakistan, katholische Kirche, Messe, Weihnachten, Gebetsfest ('Id), Islam, Muslim, Christentum: westlich − östlich
Zum Text/ Problemfeld- beschreibung:	An einem Weihnachtstag in Pakistan, auf den zugleich das große islamische 'Id-Gebetsfest fiel, wurden bei einem direkten Vergleich die westlichen Lebensformen des Christentums und die östlichen des Islams deutlich erkennbar. Muß das Christentum wirklich so westlich orientiert sein?
Vorlesezeit:	3 Minuten
Vorlesealter:	ab 14 Jahren

In Pakistan wurde in Kreisen der katholischen Kirche die Frage diskutiert, ob die Kirche in ihren Lebens- und Ausdrucksformen nicht östlicher orientiert sein müßte. Christen haben, anders als Muslime, oft westliche Formen übernommen und dadurch auch den kulturellen Abstand zu ihren muslimischen Bürgern vergrößert. Folgende Geschichte wird in diesem Zusammenhang erzählt:

Am 25. Dezember fielen das muslimische Fest des 'Id und Weihnachten auf denselben Tag. Ein weiterer Zufall war, daß die Vorbereitungen für die 'Id-Gebete auf einem weiten, offenen Platz genau vor unserer Gulberg-Kirche getroffen wurden. Es war der 25. Dezember, der Geburtstag unseres Herrn Jesus. Außerhalb unserer Kirche war alles für die heilige Messe vorbereitet worden. Unsere jungen Leute hatten 1000 Stühle in Reih und Glied aufgestellt. Die Zeit, da die heilige Messe beginnen sollte, rückte näher; es war auch die Zeit für die 'Id-Gebete.

Unser Gemeindepfarrer stand vor dem Eingangstor zu unserer Kirche und beobachtete, wie die muslimischen Brüder sich versammelten. Am Rand des offenen Platzes waren Hunderte von Autos geparkt, deren Besitzer − sie trugen shalwars und kurtas, unsere Nationaltracht − auf den Matten hockten, die auf dem Boden ausgelegt waren, und sich auf die Gebete vorbereiteten.

Ich sagte zu meinem Gemeindepfarrer: „Sehen Sie, was ich sehe?" Aber er verstand mich nicht. In diesem Moment vernahmen wir von der Kirche her Lärm. Wir eilten hin, um zu sehen, was los war. Wir sahen, daß eine Rauferei im Gang war wegen der Stühle, auf die sich die Leute setzen wollten. Ich war zutiefst traurig in meinem Herzen und fragte mich, warum nicht auch wir auf dem Boden sitzen können, wie das unsere östliche Art und Weise ist. Wenn große Männer unseres Landes wie Sir Sayd Ahmad Khan, Ghandi und Tagore, obwohl sie gelehrte Leute waren und Weltbedeutung hatten, in ihrer Lebensweise östlich blieben, warum nicht auch wir Christen?

Nur ein wenig Erziehung und Bildung − und schon geben wir auf, daß wir im Osten beheimatet sind. Im Osten zu Hause sein bedeutet, daß unser Denken

so umfassend wie möglich sein sollte, daß wir aber mit unseren Füßen direkt
in dem Boden verhaftet bleiben, der uns hervorgebracht hat. Unser Verstand
und unser Herz sollten nicht nur mit dem Boden in Berührung bleiben, sondern
tief und dauerhaft in ihm verwurzelt sein.

F. S. Khairullah / Übersetzung: Ulrich Becker

156   Weihnachten in Sri Lanka

Stichworte:	Sri Lanka, Weihnachten, Erste und Dritte Welt, Armut/Reichtum, Geschenke, Kinderarbeit, Begegnung, Christen/Hindus/Buddhisten
Zum Text/ Problemfeldbeschreibung:	In ihrem Hotel macht Frau Wentrup die Bekanntschaft mit vier Kindern aus Sri Lanka, die ihr von ihren schwierigen Lebensverhältnissen erzählen. Zum Weihnachtstag bringen die drei Buddhisten und ein Hindu der Frau kleine Geschenke und feiern zusammen mit ihr das christliche Fest.
Vorlesezeit:	5 Minuten
Vorlesealter:	ab 9 Jahren

Schon am ersten Tag ihres Urlaubs in Sri Lanka begegnete Frau Wentrup
Rakha. Sie sah ihn in der Hotelhalle, als er keuchend versuchte, ihre beiden
Koffer zum Aufzug zu schleppen. Sie griff helfend nach einem der beiden, aber
da stand plötzlich die Angst in den schwarzen Augen. „Nein, bitte Madam,
nein!" flüsterte er. – Ein Gepäckträger, der zu schwach ist, wird entlassen,
und Rakha, der elfjährige Tamilenjunge, war der einzige Ernährer seiner Familie.
Das erfuhr Frau Wentrup allerdings erst ein paar Tage später.
Es war schon spät, aber sie konnte noch nicht einschlafen. Da klopfte es an
ihre Tür: Tam-tam – tam-tam-tam – tam-tam. Wie ein geheimes Zeichen. Frau
Wentrup überwandt ihre Angst und öffnete. Sie mußte lachen. Vor ihr stand
ein zu Tode erschrockener kleiner Junge; von Kopf bis Fuß war er mit rötlichem
Staub eingepudert. Auf der gegenüberliegenden Seite des Gangs öffnete sich
vorsichtig eine Türe. Drei Kinderköpfe erschienen in dem schmalen Spalt.
„Shanti?" flüsterte der Kleine erleichtert. Shanti war das Zimmermädchen.
Frau Wentrup erkannte sie. Und sie erkannte auch Rakha, den kleinen Gepäckträger.
„Verzeihung, Madam", flüsterte Shanti und wollte den Kleinen mit sich ziehen.
Aber Frau Wentrup war eine energische alte Dame, die allem auf den Grund
ging. Sie lud die Kinder in ihr Zimmer ein, bot ihnen Limonade und Pfefferminzplättchen an und ließ sie erzählen.
Sie erfuhr vieles in dieser heißen Nacht im Advent in ihrem gekühlten, teuren
Hotelzimmer auf Sri Lanka, mehr, als in den Reiseprospekten steht.

Shanti sprach am besten Englisch, sie erzählte das meiste. Zusammen mit Rakha, dem kleinen Gepäckträger, übernachtete sie oft heimlich in der Abstellkammer für Putz- und Scheuermittel. Das sparte die lange Heimfahrt und vor allem das Geld für den Bus. An manchen Abenden kam auch Ranasinga hierher, der staubige Kleine, Shantis Bruder. Er war neun Jahre alt und arbeitete in einer Ziegelfabrik. Daher kam auch der rötliche Staub. Das vierte der Kinder, ein Mädchen, hieß Kamla. Sie war zehn Jahre alt und stammte aus dem gleichen Dorf wie Rakha. Sie hatte Arbeit als Krabbenschälerin gefunden. Shanti deutete auf ihre Hände. Sie waren rot, geschwollen und voller Risse. Das kam von dem Eiswasser, in dem die Krabben gewaschen werden mußten.
Shanti war dreizehn Jahre alt. Sie hatte die meisten Arbeiten schon kennengelernt, die Kinder in Sri Lanka leisten mußten. Mit acht Jahren pflückte sie zusammen mit ihrer Mutter Tee. Dann half sie auf den Feldern beim Reisanbau. Mit zehn Jahren trug sie Steine und Mörtel für die Bauarbeiter, danach arbeitete sie am Fließband in einer Fischfabrik. Jetzt hatte sie diese gute Arbeit als Zimmermädchen gefunden. Ein „Geschenk der Götter", sagte sie. Frau Wentrup wollte wissen, warum die Kinder nicht zur Schule gingen. Shanti schüttelte den Kopf über soviel Unwissenheit. Schulen sind für reiche Leute, die Armen können ihre Kinder höchstens für ein paar Jahre lernen lassen. Dann müssen sie mitarbeiten, damit alle überleben. Shantis Vater war krank. Er hustete und spuckte Blut. Die Mutter arbeitete noch auf der Teeplantage. Das Baby nahm sie dorthin mit. Zusammen mit Shanti und Ranasinga verdiente sie 61 Rupien am Tag. Aber Reis, Gemüse und ein bißchen Fisch kosteten schon 58 Rupien täglich. Frau Wentrup fiel ein, daß dieses Hotelzimmer 400 Rupien am Tag kostete und sie erinnerte sich daran, wieviel Krabbencocktails hier serviert wurden. Sie schämte sich. Aber Shanti schüttelte den Kopf: Es war gut, daß sie hier war. Es war gut, daß ihr die Krabben schmeckten. Wovon sollten sie sonst leben?
An den nächsten Abenden kamen die Kinder wieder. Sie klopften mit dem vertrauten Zeichen an die Tür, hockten sich auf den Teppich, tranken Limonade und erzählten.
Es war am 24. Dezember. Frau Wentrup hatte Kerzen angezündet, Gebäck und Getränke besorgt und wartete. Schon beim ersten tam-tam öffnete sie. Die Kinder waren festlich gekleidet. Die Mädchen hatten sich Blüten ins Haar gesteckt. Nacheinander verneigten sie sich vor ihr und überreichten ihr ein kleines, buntes Päckchen.
„Ein Geschenk zum Fest ihres Gottes", sagte Shanti.
„Aber woher wißt ihr denn?" fragte Frau Wentrup verblüfft.
Sie wußte doch längst, daß Shanti, Ranasinga und die kleine Kamla Buddhisten waren, und Rakha war ein Hindu.
„Die Köchin", erklärte Shanti, „sie ist Christin und hat mir von dem großen Fest erzählt. Wie heißt es in ihrer Sprache?"
„Weihnachten", sagte Frau Wentrup.

Dann wickelte sie das Päckchen aus: Kamla schenkte ihr Zimtstangen, Ranasinga Muskatnüsse, Rakha Safranpulver und Shanti Gewürznelken.
Im heißen Colombo saßen drei Buddhisten, ein Hindu und eine Christin zusammen unter einem Dach, sie tranken Limonade und schauten in das sanfte Licht der Kerzen. Der Duft der Gewürze erfüllte das Zimmer, und alle lächelten.

Renate Günzel-Horatz

157 Ein Religionsgespräch

Stichworte:	Sri Lanka, Dialog (christlich-muslimisch), Islam, Muslime, Bibel, Koran, Jesus, islamische Strafgesetze, Gesellschaft/Individuum, Gnade, Vergebung, Liebe
Zum Text/ Problemfeldbeschreibung:	Bei einer Bahnreise beginnt ein christlich-muslimischer Dialog, der mehr auf das Gemeinsame als auf die Unterschiede aus ist. So führt er trotz aller Differenzen zu einem großen Verständnis füreinander.
Vorlesezeit:	4 Minuten
Vorlesealter:	ab 15 Jahren

Auf einer Reise mit dem Zug in eine Stadt im östlichen Teil Sri Lankas, wo viele Muslime leben, ergab es sich, daß drei junge Muslime meine Reisebegleiter waren. Wir sprachen über den Zyklon, ein Wirbelsturm, der vor ein paar Monaten weite Landstriche verwüstet hatte. Meine Mitreisenden waren Kaufleute. Sie zeigten sich überrascht, als sie feststellten, daß ein christlicher Geistlicher ihr Begleiter war. Vielleicht dachten sie, daß ein Kirchenmann von anderen Dingen wenig Ahnung hatte, und so begannen sie, über Religion zu sprechen. „Es gibt keine großen Unterschiede zwischen der Bibel und dem Koran", bemerkte einer von ihnen. „Die meisten Geschichten, die in der Bibel stehen, haben wir auch im Koran."
Hier ist ein Christ versucht, zu protestieren. Aber ich wußte, daß dies keine theologische, sondern eher eine soziologische Behauptung war. Ich ließ weder Zustimmung noch Ablehnung erkennen. Ich lächelte nur.
„Es steht eine Menge über Jesus im Koran", fuhr der muslimische Freund fort. „Wir sehen in ihm einen großen Propheten."
Ich wurde nun so richtig warm. Kein organisierter religiöser Dialog würde eine solche Möglichkeit bieten, sich gegenseitig auszutauschen! Ich erzählte meinen Freunden, daß ich den Koran in einer Übersetzung gelesen und einmal einen Aufsatz über das Verständnis von Gerechtigkeit im Koran geschrieben hätte. Ich versuchte nicht, damit bei ihnen Eindruck zu machen — ich wollte ihnen nur die Hand zur Freundschaft bieten.

Sie zeigten sich sichtlich erfreut darüber, daß ich – ein Nicht-Muslim – den Koran studiert hatte. Wir sprachen über den Islam, über dessen Wiedererstarken und den Aufstieg der islamischen Staaten. Wir diskutierten die Strafmaßnahmen, die den Menschen in muslimischen Ländern zugemessen werden. „Warum sind sie so hart?" fragte ich sie.

„Das ist sehr nötig", sagte einer von ihnen. „Der Islam möchte eine gerechte Gesellschaft und eine Gemeinschaft der Liebe herbeiführen. Diese Strafen werden niemals geheim, sie werden immer öffentlich verhängt. Wenn man einem Dieb die Hand abhackt, dann ist das nicht so sehr eine Bestrafung, als vielmehr eine Abschreckung. Andere werden es sich dann zweimal überlegen, bevor sie den Weg des Verbrechens beschreiten. Auf diese Weise zielt die Bestrafung darauf ab, Frieden und Gerechtigkeit in einer Gesellschaft zu schaffen."
Ein anderer meiner Freunde fuhr fort. Er erzählte die Geschichte einer angesehenen Frau, die sich eines Vergehens schuldig gemacht hatte. Der Prophet hatte Verständnis für sie, aber er bestand darauf, sie zu bestrafen, weil er sich ganz dem Ziel einer gerechten Gesellschaft verpflichtet fühlte. „Seid ihr als Christen nicht demselben Ziel verpflichtet?"
Ich erzählte, wie auch wir der Gemeinschaft einen Vorrang einräumen. Ich erklärte ihnen unser Verständnis von der Beziehung des Einzelnen zur Gemeinschaft. Ich sprach in aller Kürze über das christliche Verständnis von Vergebung und Liebe – und erging mich länger über die Liebe, die nicht aufrechnet.
Meine muslimischen Freunde machten zu keiner Zeit geltend, daß ihre Religion der meinen überlegen sei, und ich behauptete nicht, daß das Christentum über dem Islam stehe. Wir gaben einander Zeugnis – und viele in dem Abteil folgten unserer Unterhaltung mit Interesse.
Ich weiß nicht, wie ein Zeugnis zu beurteilen ist. Aber ich fühlte, daß ich ein Zeugnis für den Herrn abgegeben hatte, an den ich glaube. Und ich vertraue darauf, daß seine Gnade genügt – für meine muslimischen Freunde wie auch für mich.

Wesley Ariarajah

158   Frau Changs aufgeschobener Brief

Stichworte: Hongkong, Egoismus/Solidarität, Gemeindeaufbau, ältere Menschen, Sozialarbeit, Seniorenarbeit

Zum Text/   Frau Chang bittet ihren Pfarrer, für sie einen Brief zu schreiben. Er
Problemfeld-   verweist sie an eine Gruppe von Studenten, die ihr behilflich sind. Daraus
beschreibung: entwickelt sich eine besonders aktive Gemeinde.

Vorlesezeit: 5 Minuten

Vorlesealter: ab 9 Jahren

Frau Chang saß in ihrem Zimmer und war traurig. Sie machte sich Sorgen um ihren Sohn. Seit drei Jahren lebte er nicht mehr hier in Hongkong, sondern versuchte sein Glück in Großbritannien. Sie wußte nur, daß er dort in einem Chinarestaurant arbeitete. Sein letzter Brief lag nun schon über ein halbes Jahr zurück. Was konnte da alles passiert sein! Vielleicht war er krank? Oder er war auf die schiefe Bahn geraten? Oder gab er vielleicht sein Geld unnütz aus, statt es nach Hause zu bringen?

Frau Chang setzte ihre düsteren Phantasien fort. Was sonst konnte sie auch tun? Da fiel ihr der Pfarrer ein. „Er wohnt doch im selben Wohnblock wie ich und hat mir die letzten beiden Briefe geschrieben", sagte Frau Chang leise zu sich selbst und beschloß, es auch diesmal wieder zu versuchen. Eigentlich war das ein Geheimtip von ihr. Sie gehörte nicht zu den regelmäßigen Teilnehmern an den Gemeindeaktivitäten. Aber da sich in dieser Neubausiedlung nicht viel anderes ereignete, war sie froh, daß sich in ihrem Haus wenigstens die Räume einer christlichen Gemeinde befanden. Und bei einer solchen Gelegenheit war sie auch mit dem Pfarrer ins Gespräch gekommen, und der hatte ihr angeboten, für sie den Brief zu schreiben. Sie selbst hatte dies leider nie lernen können.

So gab sich Frau Chang schließlich einen Stoß und lief die vielen Treppenstufen hinunter, bis sie vor der Tür der Kirchenräume stand. Der junge Mann, der ihr öffnete, bat sie freundlich, Platz zu nehmen. „Es ist ein Neuer!" schoß es Frau Chang durch den Kopf. „Hoffentlich wird auch er mir den Brief schreiben?!"

Der neue Pastor hörte sich das Anliegen der Frau an, sagte dann aber zu ihrer Überraschung: „Es tut mir leid, Frau Chang, aber dafür habe ich jetzt leider keine Zeit."

Für Frau Chang brach zunächst einmal eine Welt zusammen, und sie konnte nicht sogleich aufnehmen, was der Pastor noch zu ihr sagte: „Kommen Sie doch am nächsten Dienstag um 18 Uhr wieder hierher. Bringen Sie noch andere Frauen in ihrem Alter mit, die ähnliche Probleme haben. Einige Studenten aus unserer Gemeinde werden dann da sein und Ihnen helfen."

Frau Chang ging, eher mürrisch und enttäuscht als überzeugt, aber was blieb ihr anderes übrig?

Zum festgesetzten Zeitpunkt stand sie wieder vor derselben Tür. Mit ihr weitere sechs Frauen. Die meisten wohnten in demselben Block, die anderen kannte sie von ihrer früheren Wohnung her. Die Frauen waren gespannt, wie das alles vor sich gehen sollte. Doch die jungen Leute waren ausgesprochen nett und hilfsbereit. So wurde gleich beim ersten Mal nicht nur der Brief von Frau Chang geschrieben, auch die Briefe und Anliegen der anderen Frauen wurden erledigt. Und mit den jungen Leuten kam man auch gut ins Gespräch.

Jetzt könnte die Geschichte zu Ende sein. Aber auch die Frau im Zimmer neben Frau Chang benötigte jemand, der ihr kostenlos einen Brief schreiben würde. Und deren Freundin hatte ein ähnliches Problem. So war es nicht verwunderlich, daß sich die Treffen regelmäßig wiederholten. Allmählich nahm man sich auch anderer Fragen an, die die älteren Menschen interessierten. Wie bekommt man staatliche Unterstützung? Bei welcher Behörde muß man die Anträge stellen? Wem steht solche Hilfe zu? Auch hier erwiesen sich die Studenten als Berater, und so wußten die alten Leute selbst immer besser über ihre Rechte und Möglichkeiten Bescheid. Bald entwickelte sich die Gruppe zu einer wichtigen Anlaufstelle für ältere Menschen. Dadurch erreichten sie auch, daß die Gesundheitsversorgung in diesem Neubaugebiet verbessert wurde und nicht bei jeder Erkrankung eine mühselige Busfahrt zur nächsten Klinik nötig wurde. Wenn man heute fragt, wer der Motor all dieser Bemühungen ist, so verweisen die meisten Leute auf Frau Chang: „Sie gab uns immer wieder die Anstöße, vor allem haben wir durch sie gelernt, daß wir selber etwas bewirken können." Und das taten sie auch. Für die Studenten, die ihnen beim Briefeschreiben halfen, verrichteten sie die Kocharbeiten bei deren Sommerlagern und Bibelfreizeiten. Viele übernahmen auch Aufgaben bei den Gottesdiensten. Durch solche und andere Tätigkeiten wuchsen immer mehr Mitglieder dieses „Seniorenkreises" in die kirchliche Arbeit hinein. Frau Changs „aufgeschobener Brief" hat das Wachstum dieser Gemeinde sehr gefördert.

Gerhard Büttner/Raymond Fung

159 Die zweite Bekehrung

Stichworte:	Hongkong, Ausbeutung, Christlicher Verein Junger Frauen, Christliches Industriekomitee, Arbeiter, Gerechtigkeit, Recht/Gerechtigkeit, Bekehrung, Solidarität, Anleitung zur Selbsthilfe, Gemeinschaft, Eph 4,22–24; Röm 8,28
Zum Text/ Problemfeldbeschreibung:	Eine Textilarbeiterin erzählt, wie sie über den Christlichen Verein Junger Frauen zum christlichen Glauben kam. Sie fühlt sich in ihrer neuen Situation wohl und von der Bibel her bestätigt. Als sie sich eines Tages an ihre Betriebsleitung wendet, um die ihr zustehende Bezahlung einzufordern, wird sie entlassen. Das Christliche Industriekomitee ermutigt und unterstützt sie bei einem arbeitsrechtlichen Prozeß, den sie gegen ihren Betrieb führt. Sie gewinnt den Prozeß und dazu die Einsicht, daß die bestehenden Verhältnisse nicht identisch sind mit der von Gott gewollten Gerechtigkeit.
Vorlesezeit:	6 Minuten
Vorlesealter:	ab 15 Jahren

Dies ist mein persönliches Zeugnis. Ich lege es ab in einer Gemeinschaft, das heißt: zusammen mit den Menschen und im Zentrum ihrer Kämpfe.

Vor einiger Zeit habe ich begonnen, beim Christlichen Industriekomitee von Hongkong mitzuarbeiten. Aus dieser Arbeit heraus hat sich mir eine vorher unbekannte Dimension geistlicher Erneuerung erschlossen. Eine Erneuerung, die uns zwingt, das Zeichen des Kreuzes nicht länger zu verleugnen und mit Gott nicht mehr umzugehen, als sei er Privateigentum – und unser Leben in Christus eine Traumreise ins Walt-Disney-Wunderland.

So hat es auch der Apostel Paulus an die Epheser geschrieben: „Legt ab von euch den alten Menschen mit seinem vorherigen Wandel, der durch trügerische Lüste sich verderbt. Erneuert euch aber im Geist eures Gemüts und ziehet den neuen Menschen an, der nach Gott geschaffen ist in rechtschaffener Gerechtigkeit und Heiligkeit" (Epheser 4,22–24).

Als ich 16 Jahre alt war, begann ich in einer Bekleidungsfabrik zu arbeiten; das ist bis heute mein Broterwerb. Unterkunft fand ich damals in einem Heim des Vereins Christlicher Junger Frauen, das nahe bei meiner Arbeitsstelle gelegen ist.

Dort bin ich zuerst mit dem christlichen Glauben in Berührung gekommen. Einige meiner Mitbewohner waren Christen. Aber die Bibel war für mich wie ein rotes Tuch. Ich sah das Christentum als etwas Fremdes, Ausländisches. Ich weiß noch genau, wie mein Vater einmal zu mir sagte: *Gott hat den Westen so geliebt, daß er ihnen seinen einzigen Sohn gab.*

Aber im Laufe der Zeit zog mich die Ausstrahlungskraft des kirchlichen Lebens doch in ihren Bann, seine Stille einerseits, die vielen faszinierenden Aktivitäten auf der anderen Seite. Eine Filmvorführung jede Woche, wohltätige Tee-Partys dann und wann, in regelmäßigen Abständen der Auftritt bekannter Filmstars,

Pop-Sänger und Künstler. Langsam wurde ich mit dem Christentum vertraut und entschloß mich schließlich, die Taufe zu empfangen. Hätten Sie mich damals gefragt, was Christentum für mich bedeutet, so hätte ich geantwortet: etwas Wunderbares, das den Tag hell macht, wenn er dunkel ist.

Fühlte ich mich einmal bedrückt oder hatte Ärger und Sorgen, so blätterte ich die Bibel durch, bis ich eine Stelle fand, die ich als Selbstbestätigung lesen konnte, um meinen inneren Frieden und ein Gefühl der Geborgenheit zurückzugewinnen.

Ich schloß mich kirchlichen Jugendgruppen an und war tief beeindruckt davon, mit welcher Herzlichkeit man im Raume der Kirche miteinander umging. Die anderen Menschen in ihrer breiten Masse aber waren für mich „weltliche Geschöpfe", die außerhalb der göttlichen Gnade leben.

Wann immer mir Unrecht getan wurde, ertrug ich es stumm und ohne Protest. Ich war der festen Überzeugung, daß „alle Dinge denen zum Besten dienen, die Gott lieben und die von ihm nach seinem Plan berufen sind". Auch im Unrecht sah ich den göttlichen Willen. So ging es eine lange Zeit, bis eines Tages etwas mit mir geschah.

Es war vor zwei Jahren. Ich arbeitete in einer Bekleidungsfabrik. Bei dem Unternehmen hatte es sich eingebürgert, die Gehälter für bezahlte Feiertage zurückzuhalten, manchmal bis zu vier oder fünf Monate lang. Eindeutig war das ein grober Verstoß gegen das Arbeitsrecht. So fragte ich eines Tages bei der Unternehmensleitung an, wann ich meinen Lohn erhalten würde. Kurz darauf erschien der Vorarbeiter bei mir und erklärte, ich sei entlassen. Das Unternehmen weigerte sich außerdem, irgendeine Entschädigung für diese Entlassung zu zahlen. Es war für mich das erstemal, daß ich grundlos entlassen wurde: nichtsdestoweniger trifft tausend Arbeiter täglich in Hongkong das gleiche Schicksal.

Mehrere Tage lang verließ ich mein kleines Zimmer nicht. Ich schämte mich zu sehr, als daß ich anderen in die Augen hätte sehen können. Vergraben in meine vier Wände, haderte ich mit Gott: „Warum läßt du es zu, daß ich mir vorkomme wie der letzte Dreck?" Ich hatte noch immer nicht begriffen, daß meine Geschichte kein Einzelfall, sondern die Regel war. Die Mehrzahl der Arbeiter in Hongkong wird tagtäglich behandelt wie der letzte Dreck.

Eine Kollegin von mir, Shui Kei, wollte mich überreden, beim Arbeitsgericht für Entschädigung Klage gegen das Unternehmen zu führen, aber ich konnte mich dazu nicht entschließen. Wie stünde ich da, wenn ich den Fall verlieren würde? Außerdem gab mir Shui Kei den Rat, ich sollte mich an das Christliche Industriekomitee von Hongkong um Unterstützung wenden. Sie arbeitete dort seit einiger Zeit mit. In der Fabrik hatte sie öfters versucht, mit uns über „Rechte der Arbeiter" zu reden. Bei mir war sie damit nie so richtig angekommen, weil ich Arbeiterrechte im Grunde für einen großen Unsinn hielt. Und in meinen Augen war eine Organisation wie das Christliche Industriekomitee unterm Strich nichts weiter als ein kleiner Lärmmacher mit großem Namen.

Keine Frage, daß ich wenig Entgegenkommen zeigte, wenn ich bei irgendeiner Sache mitmachen sollte.

Als Shui Kei mich drängte, Anzeige gegen das Unternehmen zu erstatten, erklärte ich ihr, ich hätte Angst, den Fall zu verlieren. Sie sagte nur: „Sicher ist lediglich, daß du verlieren wirst, wenn du sie so weitermachen läßt." Schließlich ging ich doch zum Industriekomitee.

Am Abend vor der Verhandlung wurde ich sehr unruhig und nervös, was am nächsten Morgen geschehen würde. Ich ging noch einmal zum Büro des Industriekomitees und unterhielt mich mit einem, der dort arbeitete. Er fragte mich, ob ich darauf eingestellt sei, den Fall möglicherweise zu verlieren. Ich fragte zurück: „Wenn das Gericht mir nicht recht gibt, heißt das, daß ich unrecht habe?" Er entgegnete: „Auch wenn du kein Recht bekommst, bedeutet das nicht, daß du im Unrecht bist. Denn das Recht heute in Hongkong verkörpert nicht die Gerechtigkeit." Ich war überrascht, aber es schien mir vernünftig. Mir wurde klar, daß das Wichtige nicht ist, den Fall zu gewinnen oder zu verlieren. Wichtig ist, daß es Gerechtigkeit auf der Welt gibt. Und noch wichtiger, daß Leute da sind, die den Mut haben, sich für die Gerechtigkeit einzusetzen. Als ich das begriff, wurde ich ruhiger.

Nach der Anhörung sprach mir das Gericht ein Monatsgehalt Entschädigung zu, wegen Nichteinhaltung der Kündigungsfrist. Ich gewann den Fall.

160 Leben muß zu Leben kommen

Stichworte:	Taiwan, Bekehrung zum Christentum, Buddhismus/Christentum, Sakrament, Eucharistie, Kommunion, Brot und Wein, Mutter/Kind, asiatisches/europäisches Denken, Glaubensüberzeugung
Zum Text/ Problemfeldbeschreibung:	Der Holzschnitzer Bong-hui will Christ werden. Er stößt sich jedoch an dem Gedanken, daß Gott in der Eucharistie in Gestalt von Brot und Wein zu uns kommt. Erst als er zweimal zusieht, wie seine Frau den kleinen Sohn stillt, versteht er das Sakrament, weil ihm diese Szene zum Gleichnis wird.
Vorlesezeit:	12 Minuten
Vorlesealter:	ab 14 Jahren

„Willst du nicht aufhören?" Lok-bi fragte es wie nebenbei. Seit einem Jahr war sie es gewohnt, daß ihr Mann zweimal in der Woche gegen Abend seine Bücher nahm und zum Priester der Christen ging. Bong-hui jedoch legte seine Arbeitsschürze nicht ab. Er schlug sein Schnitzmesser mit solcher Heftigkeit in den Holzklotz, wie Lok-bi das noch nie gesehen hatte. Um seine Lippen

hatte sich eine harte Falte gegraben. Lok-bi wußte, wenn sein Gesicht ein
solches Aussehen hatte, dann war es besser, ihn nicht zu fragen.

Um sich abzulenken, beschäftigte sie sich mit A-gno, der Freude ihres Herzens.
Welch ein Segen doch über sie gekommen war! Vor einigen Jahren waren sie
als neuvermähltes Paar vom Land in die Stadt gekommen. In der ersten Zeit
hatte Lok-bi geglaubt, daß sie in Taipeh nie wirklich Wurzeln schlagen könnte.
Ohne Erfolg hatte Bong-hui Arbeit gesucht. Sie hatten bereits daran gedacht,
eine kleine fahrbare Rösterei aufzumachen, um Zuckerrohr, Erdnüsse und
Südfrüchte zu verkaufen. Doch dann – auf ihrem Weg durch das Stadtzentrum
war Lok-bi jedesmal neu überrascht, wenn sie das geschäftige Treiben, die
zahllosen Autos, Hotels und Geschäfte sah – war ihnen ein Mann aufgefallen,
der in einer Ladenstraße ganz in der Nähe des Marktes Porzellan und Stoff-
drucke verkaufte. Unter seinen Kunden waren kaum Chinesen und Taiwane-
sen. Hauptsächlich ausländische Touristen kamen zu ihm. Bong-hui war mit
diesem Mann ins Gespräch gekommen. Sie sprachen über Schnitzsachen, auf
die die Ausländer ganz scharf waren. Nachdem Bong-hui erklärt hatte, daß
er bei seinem Vater die Holzschnitzerei erlernt hatte, waren sie sich bald einig.
Bong-hui schnitzte kleine Buddhastatuen, und der Mann in der Ladenstraße
verkaufte sie. Das Geschäft ging gut. Nachdem Lok-bi dann auch noch den
Knaben A-gno geboren hatte, war sie restlos glücklich.

„Ich will die Lehre der Christen kennenlernen", hatte Bong-hui eines Tages
gesagt. Durch den Verkäufer seiner Buddhastatuen war er auf das Christentum
gestoßen. Lok-bi hatte nicht widersprochen und nach einiger Zeit dankbar
festgestellt, daß ihr Mann durch den Unterricht zufriedener wurde.

Verstohlen warf die Frau wieder einen Blick auf Bong-hui, der das Schnitzmesser immer noch nicht aus der Hand gelegt hatte. Die Bücher, die auf dem
kleinen Tisch in der Ecke des Zimmers gelegen hatten, waren fortgeräumt
worden.

A-gno, der Knabe, lachte. Er streckte seine Händchen nach dem Vater aus.
Jetzt legte sich Sonne über Bong-huis Gesicht. Die harte Falte verschwand.
Lok-bi entspannte sich. Mit weicher Stimme stellte sie die Frage:
„Gehst du heute nicht zum Unterricht?"

„Ich gehe nicht. Ich kann kein Christ werden", antwortete Bong-hui.
Lok-bi verstand das nicht. Sie verstand viel zuwenig von der Lehre der Christen,
aber sie sah es ihrem Mann sehr wohl an, daß er unglücklich war.

„Wer keinen Trost spenden kann, der soll schweigen", hatte die Mutter früher
oft gesagt. Lok-bi schwieg deshalb. Sie schwieg auch den nächsten und über-
nächsten Tag. Ihr war, als sei das Zimmer viel dunkler geworden, obwohl
draußen doch hell die Sonne schien. Bong-hui arbeitete mit Verbissenheit.
Wenn Lok-bi ihn etwas fragte, so antwortete er zwar, aber der Frau war es,
als kämen seine Worte aus der Ferne. Schweigen senkte sich in ihre Mitte. Es
war kein Schweigen, das die Menschen erfüllt, sondern ein Schweigen, das
hart und bitter macht. Nachdem zwei Wochen in diesem Schweigen vergangen

waren, kam der Priester. Lok-bi sah ihn kommen, als sie mit A-gno vor dem Hause saß.

„Ist dein Mann, Bong-hui, daheim?" – „Ja."

„Darf ich eintreten?"

Lok-bi ging voraus und öffnete die Tür. Ruhig, als sei er erst gestern noch bei dem Priester gewesen, begrüßte ihn Bong-hui. Lok-bi wußte jetzt nicht, ob sie das Zimmer wieder verlassen oder ob sie bleiben sollte. Der Priester lächelte ihr zu. Sie faßte das als Aufforderung zum Bleiben auf.

„Wie geht das Geschäft?" fragte der Priester.

„Es geht gut. Ich habe immer zu tun."

„Und A-gno, dem Knaben, geht es auch gut?"

„Ja, er wächst und ist gesund."

Die beiden Männer redeten über das Wetter, über die Fremden in der Stadt, über das Land und über die Ernte. Der Priester war nicht so ungeduldig wie viele Fremde, die keine Höflichkeit haben und gleich sagen, warum sie gekommen sind. Er kannte die Gepflogenheiten. Lok-bi konnte es aber nicht verhindern, daß sie ihrerseits ungeduldig wurde. Sie wußte es ja, einmal nahm alle Fragerei ein Ende, dann würde der Priester den Mund auftun und Bong-hui, seinen treulosen Schüler, mahnen.

Aber der Priester schien mit seiner Frage noch keine Eile zu haben. Lok-bi hatte Tee zubereitet und die Schalen geholt. Die Männer tranken Tee.

„Ich habe dich vermißt", sagte der Priester endlich. Keinerlei Vorwurf war in seiner Stimme. „Wenn jemand viele Monate lang pünktlich zum Unterricht kommt und dann fortbleibt, so muß doch etwas geschehen sein, habe ich recht?"

„Ja, so ist das", antwortete Bong-hui.

„Hattest du keine Zeit?"

„Ja, ich habe viel gearbeitet", wich Bong-hui aus. Doch dann konnte er nicht länger an sich halten. „Ich kann es nicht glauben", rief er. „Ich kann das mit dem Fleisch einfach nicht glauben. Wie kann uns Gott sein Fleisch zu essen geben? Wie kann er im Brot gegenwärtig sein?"

„Du meinst all das, was ich dir in der letzten Stunde über die Eucharistie gesagt habe, daß es durch die Kommunion zu einer Begegnung mit Gott kommt?"

„Ich meine das mit dem Fleisch. Ich kann es nicht glauben. Wie kann er sein Fleisch in Brot und Wein hineinverwandeln, wenn das Brot doch wie Brot und der Wein doch wie Wein schmeckt? Läßt sich der Gott der Christen etwa in das Brot hineinbacken? Warum spricht er dann von seinem Fleisch?"

„Weil Gott in einem sichtbaren Zeichen unter uns Menschen bleiben wollte, weil . . ." Der Priester suchte plötzlich nach Worten. „Das Brot ist etwas, was wir Menschen notwendig brauchen", hätte er in Europa sagen können. Bong-hui brauchte Reis. Er brauchte auch keinen Wein. Er brauchte höchstens ab und zu etwas Reisschnaps.

Jahrelang hatte der Priester versucht, die religiöse Welt der Nichtchristen in Taiwan zu entdecken. Er hatte gesehen, wie in ihnen Gottes Heil mächtig wurde. Ein Jahr war es ihm deshalb nicht schwergefallen, Bong-hui in das Heil durch Jesus Christus einzuführen. Christus war als großer Prophet und Lehrer auf vollstes Verständnis gestoßen. Heute, bei einer Zentralfrage des Glaubens, kam sich der Priester vor, als sei er als Europäer letztlich doch vollkommen fremd unter Asiaten. Er war nach Taiwan gekommen, um Zeugnis abzulegen. Also müßte er jetzt seine eigene, innere Glaubensüberzeugung mitteilen und keine Katechismuswahrheiten. Wie aber sollte er fähig sein, das Mysterium zu entschleiern?

„Bong-hui, du mußt beten", sagte er unsicher. Ihm war dabei, als würde er einem Dürstenden anraten zu trinken, ohne ihm zu sagen, wo er denn Wasser finden kann. „Glaube ist eine Gnade", sagte er noch. Er hatte so sicher geglaubt, im letzten Unterricht alles gut dargelegt zu haben. Es war eine Täuschung gewesen. Sein eigener Glaube hatte nicht überzeugt. Dazu hatte er noch Bong-hui gefordert, nicht nur einen Akt des Glaubens zu setzen, sondern auch noch einen Gedankensprung in eine fremde europäische Welt zu machen.

Auch nach dem Besuch des Priesters blieb alles so, wie es gewesen war. Das Schweigen breitete sich weiterhin aus. Bong-hui nahm manchmal abends seine Bücher in die Hand. Dann setzte er sich in die Nähe der Lampe und las. Lok-bi sah, wie er den Kopf schüttelte, vor sich hingrübelte, die Bücher wieder fortlegte und trauriger wurde.

Die Bücher geben ihm keine Antwort auf seine Fragen, stellte Lok-bi fest. Der Kummer ihres Mannes wurde zu ihrem eigenen Kummer.

Lok-bi hatte einen festen Schlaf, aber Bong-hui schlief neuerdings schlecht. In der Nacht wälzte er sich von einer Seite auf die andere. Wachte A-gno auf, so war es der Vater, der das Kind beruhigte. In einer Nacht jedoch wollte sich A-gno nicht beruhigen lassen. Er schrie laut. Bong-hui nahm das Kind auf den Arm, schaukelte es und trug es durch die Stube. Was A-gno nur hatte? Er schrie und schrie. Wie kann Lok-bi nur so fest schlafen, ärgerte sich der Mann. Hörte sie denn nicht, daß A-gno schrie. Zornig wollte er seine Frau aufwecken. Als er jedoch in ihr schlafendes Gesicht blickte, schämte er sich. Wie jung Lok-bi noch war. Er war in den letzten Wochen nicht gerade freundlich zu ihr gewesen. Sie jedoch hatte sich nichts anmerken lassen. Nein, er wollte seine Frau jetzt nicht aufwecken. Wieder bemühte er sich um den schreienden Knaben. Erfolglos. A-gno hatte kein Verständnis für die Nöte seines Vaters. Er schrie weiter und schnappte in heftigen Stößen nach Luft.

Jetzt konnte Bong-hui das nicht länger aushalten. Ungeduldig beugte er sich über seine schlafende Frau. Kaum hatte er ihre Schultern berührt, wachte sie schon auf. Ein wenig schlaftrunken setzte sie sich auf. „Ist etwas?" „Du hörst doch. A-gno schreit. Er schreit schon lange. Ich weiß wirklich nicht, was er hat. Vielleicht ist er krank, und wir müssen einen Arzt holen?" Bong-huis Stimme klang jetzt besorgt.

„Er wird Hunger haben", sagte Lok-bi. Sie nahm ihrem Mann das Kind ab und reichte ihm die Brust. Das Schreien verstummte. A-gno stemmte seine kleinen Fäuste gegen die Brust der Mutter und trank gierig. „Siehst du", lächelte Lok-bi, „es ist nichts. Der Kleine hatte Hunger. Armer A-gno!" So wie das Kind die Muttermilch, so trank Bong-hui das Bild in sich hinein. Schon oft hatte er zugeschaut, wenn Lok-bi das Kind stillte. Doch in dieser Stunde war alles ganz anders. War es das Mondlicht, das Mutter und Kind in Silber hüllte? War es die Freude darüber, daß sein Sohn nicht krank, sondern nur hungrig war? Bong-hui fühlte sich bis auf die letzten Schichten seines Herzens angesprochen. Ja, so muß es sein, dachte er dann. Warum nur hatte er es nicht verstehen können? Da vor ihm trank sein Sohn von der Mutter. Leben kam zu Leben, Geborgenheit zu Friede. Wenn ein Kind die Milch der Mutter trinken kann und so die tiefste Verbundenheit erlebt, warum sollte da der Mensch nicht das Fleisch Gottes essen können?
A-gno war längst wieder eingeschlafen. „Bleib noch sitzen", bat Bong-hui seine Frau mit weicher Stimme. Er konnte sich nicht satt sehen. Lok-bi hatte ihm das notwendige Bild vermittelt. Er konnte glauben. In diesem Augenblick fühlte er eine Welle von Zärtlichkeit in sich aufsteigen. Ganz zart, als sei A-gno erst ein Baby von wenigen Tagen, nahm er das Kind von ihrem Schoß. Dann strich er Lok-bi mit scheuer Geste über das seidenweiche schwarze Haar. Meine Frau war ein Zeichen für mich, sie war mein Sakrament, dachte er dabei. Lok-bi fragte auch jetzt nicht. Sie lächelte ihren Mann an und schlief bald wieder ein.
Am nächsten Tag nahm Bong-hui kein Schnitzmesser zur Hand. Er setzte sich zu seinen Büchern und las. Lok-bi störte ihn nicht. Nur wenn sie dem Kind die Brust reichte, blickte Bong-hui auf. „Es ist alles so einfach", sagte er dann. „Leben muß ja zu Leben kommen."
Gegen Abend nahm er seine Bücher. Er stand bereits zum Ausgehen bereit, da fiel sein Blick auf die Frau und das Kind. Er setzte sich zu Lok-bi, nahm ihre Hand und begann zu reden. Mit ausgesuchten Worten, als sei nun er der Priester und Lok-bi die Katechumene, erklärte er ihr alles. Er sprach über seine Zweifel, über die christliche Lehre und über das, was in der Nacht geschehen war.
„Du mußt mir noch viel mehr erzählen", flüsterte Lok-bi. Sie war stolz und dankbar zugleich.
Drei Jahre später war Bong-hui Katechist in Taipeh. Wenn er mit anderen Katechisten zusammenkam, wenn sie über den Glauben und die Verkündigung redeten, dann sprach er manchmal über sein Erlebnis in der Nacht, als Lok-bi das Kind gestillt hatte. „Sie, die Buddhistin, hat mir den Glauben geschenkt", sagte er dann, „der Priester gab mir nur die Lehre." Und gerne redete er darüber, wie der Mensch für den Menschen ein Sakrament sein kann.

Eva-Maria Kremer

Meine Mutter und die Bibel

161

Stichworte:	VR China, Verfolgung, Bibel, Verzweiflung, Hoffnungszeichen, politische Unterdrückung, Bibel als Geschenk, Mt 11,28; 1. Mose 7−9
Zum Text/ Problemfeldbeschreibung:	In den Zeiten der Kulturrevolution muß die Mutter des Autors schweren Herzens ihre Bibel verbrennen, um sich und ihre Familie nicht zu gefährden. Darüber verzweifelt, erhält sie einige Zeit später einen Brief ohne Absender, der viele Bibelverse enthält und ihr Mut macht. Als ihr Sohn sie nach 35 Jahren wieder besuchen darf, kommentiert sie diese Zeit mit den Worten: „Gott hat uns aus der Sintflut gerettet."
Vorlesezeit:	5 Minuten
Vorlesealter:	ab 12 Jahren

In den dreißiger Jahren lebte meine Familie in einer Stadt in Südchina. Mein Vater war Arzt und meine Mutter Krankenschwester. Beide setzten sich als Christen für das Wohl der Kranken ein, fanden aber auch Zeit für uns Kinder. Jeden Sonntag las uns Vater aus der großen Familienbibel vor. Später, als Vater wegen der Kriegswirren fort war, tat es Mutter. Ich erinnere mich noch gut, wie sie mich eines Abends zu sich rief, die erste Seite der Bibel aufschlug und sagte: „Da steht dein Name, Vater hat ihn aufgeschrieben am Tag deiner Geburt." Ich fragte sie, was die anderen Zeichen bedeuteten, und sie erklärte mir, es seien Vaters und ihr Name und die Namen meiner Brüder und Schwestern. Es kam mir vor, als stünden unsere Namen im Buch des Lebens und ich müsse keine Angst mehr haben.
Krieg und Revolution zerstreuten unsere Familie in alle Winde. Mutter blieb einige Jahre allein, konnte dann aber zu meinem ältesten Bruder ziehen, der eine Regierungsstelle innehatte. In der Stadt, in der er lebte, gab es keine Kirche mehr. Aber Mutter hatte die Familienbibel behalten, las täglich darin und schöpfte Kraft daraus. Als die Kulturrevolution ausbrach, wurde der Befehl gegeben, alle religiösen Schriften müßten abgeliefert oder vernichtet werden. Wenn in einer Wohnung eine Bibel, ein Gesangbuch, ein Meßbuch oder ein Koran gefunden wurden, kam das Familienoberhaupt ins Gefängnis. Rotgardisten durchsuchten systematisch die Häuser. Im Nachbarhaus wurde ein Familienvater verhaftet, weil ein Gebetbuch bei ihm gefunden wurde. Mutter erschrak sehr. Durfte sie ihren Sohn wegen einer Bibel gefährden? Wovon sollten ihre Schwiegertochter und ihre Enkel leben, wenn ihr Sohn in Haft genommen würde oder auch nur seine Stelle verlöre? Sie wußte nur zu gut, was es heißt, vor Gericht zu stehen, denn zu Beginn der Revolution wurde sie angeklagt, zur „ausbeutenden Klasse" gehört zu haben.
Obwohl viele Menschen ihr die Gesundheit verdankten, wagte niemand für sie einzutreten, bis ein Christ sagte: „Diese Frau stammt aus einer wohlhabenden Familie. Sie hat aber als Krankenschwester allen geholfen, die zu ihr kamen. Arme hat sie umsonst gepflegt. Und nur, wer es vermochte, gab ihr

etwas für ihre Mühe. Sie liebt das Volk und beutet niemanden aus. Nur Wohlhabende ließ sie so teuer bezahlen, daß sie auch Armen Medikamente schenken konnte."

Andere hatten dies bestätigt, und so war sie frei geblieben. Jetzt aber war die Lage schlimmer. Behielt die Mutter die Bibel, so würden ihre Enkel und Kinder leiden.

Nach langem Beten kam Mutter zu dem Schluß, sie müsse ihnen ihre Bibel opfern. Sie riß Seite um Seite heraus, zerknitterte sie und legte sie mit alten Zeitungen vermischt in einen Eimer und ging auf den Platz hinaus, wo die Einwohner des Quartiers ihre Abfälle verbrannten. Mit schwerem Herzen zündete sie das Papier an, stand da, bis es verkohlt war, und ging leeren Herzens heim. Es war ihr, als hätte sie das vernichtet, was unserer Familie Halt gegeben hatte. Und obwohl sie weiter betete, fühlte sie sich trostlos und verlassen.

Zwei Jahre später erhielt sie einen Brief: „Wir wissen um Deine Traurigkeit", war da zu lesen, „und möchten Dir eine Freude machen. Jesus Christus hat gesagt: „Kommt zu mir, all ihr Mühseligen und Bedrückten." In diesem Brief standen viele Worte aus der Bibel. Am Schluß war noch angefügt: „Wir beten für Dich, daß Dein Herz getrost sei und Du anderen zum Segen werdest." Der Brief war nicht unterschrieben. Bis jetzt weiß Mutter nicht, wer ihr geschrieben hat, aber sie fand durch ihn den Frieden wieder. Abends im Bett unter der Decke las sie oft darin mit Taschenlampe und Vergrößerungsglas. Mein Bruder wußte nichts davon. Aber seine Tochter fragte die Großmutter nach dem Geheimnis des Briefes und teilte es bald mit ihr. Meine Nichte dachte viel über diese Bibelworte nach und hätte gern mehr gewußt.

Im Jahr 1978 änderte sich der Regierungskurs. Rechtssicherheit und Religionsfreiheit wurden zugesichert. Beziehungen zu Familienangehörigen im Ausland wurden erlaubt. Ich schrieb Mutter und fragte, ob ich ihr etwas schicken könnte. In ihrer Antwort schrieb sie, sie hätte alles, was sie zum Leben brauche bis auf eines, eine Bibel. Ich solle ihr, wenn möglich, eine schicken, die sie mit ihren altersschwachen Augen lesen könne. Im christlichen Bücherladen konnte ich das letzte Exemplar einer Bibel mit schöner, großer Schrift kaufen und gab es einem Bekannten mit, der nach Südchina reiste. Mutter erhielt mein Geschenk und schrieb voller Freude.

Ein Jahr später konnte ich selbst Mutter besuchen. 35 Jahre lang waren wir getrennt gewesen. Wir fielen uns in die Arme und weinten vor Freude. Dann erzählten wir uns vom tiefen Leid und von den Freuden dieser langen Zeit. Am Ende sagte Mutter: „Mein Sohn, wir sind nicht mehr Adams Kinder, sondern Noahs Nachkommen." Ich fragte, was sie damit meine. Sie antwortete: „Gott hat uns aus der Sintflut gerettet, und wir leben vor ihm."

Mit ihren 92 Jahren kann Mutter heute wieder in den Gottesdienst gehen. Meine Nichte begleitet sie. Sie gehört zu den vielen jungen Christen, die nach der Revolution zum Glauben kamen. Nachbarn besuchen Mutter und wundern sich, warum sie so froh ist. Oft erzählt sie ihnen dann von Christus. Mein Vater hatte als junger Mann mit Missionaren aus Basel gearbeitet. Meine Mutter konnte den Glauben in die neue Zeit hinübernehmen, und in der Generation ihrer Enkel wächst eine neue Gemeinde. So groß ist Gottes Treue!

Raymond Fung

Friede zum Beten

162

Stichworte:	VR China, Bibel, Gesangbuch, Verhältnis zum Staat, Verfolgung, Unterdrückung, Gebetsgemeinschaft, Taufe, Leiden, Gemeinde, Pfarrer, lutherische Kirche, Gebetsversammlung, biblische Unterweisung, Frieden
Zum Text/ Problemfeldbeschreibung:	Ein lutherischer Pastor erzählt die Geschichte seiner kleinen Gemeinde in der Volksrepublik China, die von Demütigungen und Verfolgungen gekennzeichnet ist.
Vorlesezeit:	7 Minuten
Vorlesealter:	ab 13 Jahren

Ich war früher lutherischer Pastor. Pastor bin ich auch jetzt noch – in einer Gemeinde von neun Mitgliedern, meine Frau und mich eingeschlossen. Es ist eine junge Gemeinde. Wir begannen erst ungefähr vor 18 Monaten mit Zusammenkünften in meinem Haus.

Da ist das Ehepaar Shen in den Sechzigern, also ungefähr in unserem Alter. Außerdem gehören zu uns drei junge Männer. Einer von ihnen versteht sich als Christ, die anderen sind eifrig Lernende. Auch gehört dazu ein Junge. Er ist erst zwölf Jahre alt. Er hat einen bekennenden Glauben. Und dann ist da noch die große Tante Kuo. Sie ist Mitte 50.

Wir haben jeden Morgen um sechs eine Gebetsversammlung. Während der Saat- und Erntearbeit können die jungen Männer nicht kommen. Aber die übrigen sind immer da.

Wir beten auch für unser Land, für die Partei, für die vier Modernisierungen. Erst wußten sie nicht, wie man für so etwas betet. China ist nicht das Volk. China glaubt nicht an Gott. Wie können wir beten? Ich sage ihnen, daß sie, wenn sie für China beten, sich selbst als China verstehen und entsprechend zu Gott beten sollten. Das muß man sich klarmachen: Obgleich wir so wenige sind – auch wir vertreten China in den Augen Gottes. So beten wir jeden Morgen, wenn der Tag anbricht.

Ich erinnere mich der Tage, unmittelbar bevor unsere Kirche Ende der fünfziger Jahre geschlossen wurde. Gemeindemitglieder wollten Predigten über die Wiederkunft Christi und das Leiden hören. Wünsche wurden in zwei Richtungen geäußert. Einerseits sollten wir Pastoren die Christen anleiten, beim Aufbau eines sozialistischen China mitzuarbeiten, andererseits gab es den Druck von Laien und anderen Pastoren, die betonten, daß Gott uns Christen auf das Ende der Welt vorbereiten und fürs Leiden willig machen wolle. So sehr wurde dergleichen betont, daß als ungläubig abgestempelt wurde, wer es nicht tat. Welche Rücksichtslosigkeit von anderen Christen! Als kleine, unbedeutende Person stand ich nicht im Rampenlicht. Ich muß aber zugeben, daß wir Pastoren in der entscheidenden Zeit die Herde nicht mit der notwendigen geistlichen Nahrung versehen haben. Wir sahen das Leben zu pessimistisch, die neue Regierung zu negativ.

Wir haben drei Bibeln und fünf Satz Gesangbuchblätter – lose Blätter aus ehemals gebundenen Gesangbüchern, unvollständig. Die beiden Bibeln bekamen wir von meinem Vetter in Singapur. Er und seine Frau kamen mich besuchen und ließen uns ihre Bibeln hier. Die dritte Bibel gehört dem Zwölfjährigen. Er sagt, er fand sie zu Hause. Aber seine Familie war nicht christlich. Ich war ungefähr zwölf Jahre lang ohne meine Bibeln und Kommentare. 1968, als die Roten Garden alles „giftige Material" einsammelten und auf dem Basketballplatz der Schule abluden, mußte ich mich von meiner letzten Bibel trennen.

Meine anderen Bibeln und Kommentare hatte ich schon einige Wochen vorher heimlich fortgetan. Ich fürchtete, daß mir auch passieren könnte, was Kamerad Chiang widerfahren war. Er war Lehrer in einer der Schulen unserer Produktionsbrigade. Er war ein Lehrer vom alten Schlag. Seine Schüler und die Roten Garden rebellierten gegen ihn, sperrten ihn in einen Bambuskäfig, schleppten ihn herum mit der Aufschrift „Rindvieh" und ließen ihn nachts im Freien im Hof stehen. Schließlich zwangen sie ihn, Seiten aus seinen Büchern zu kauen; manche hatten sie vorher mit Exkrementen beschmiert. Chiang war nur noch ein Gerippe, als sie ihn zwei Wochen lang gequält hatten.

Seine Wohnung war aufgelöst worden. Ich ging zum Kommandoposten der Roten Garden, um die Erlaubnis zu holen, daß er bei mir bleiben könne. Es war ihnen gleichgültig. So nahm ich ihn nach Hause mit und pflegte ihn. Er aß, war aber sehr schweigsam. Er wollte mich nicht belasten. Nach ungefähr einer Woche merkte ich morgens, daß er verschwunden war; seine gefütterte Jacke hatte er zurückgelassen. Ich wußte gleich, was passiert war. Er hatte beschlossen, sich das Leben zu nehmen. Etwas später fand man ihn erhängt an einem Baum. Das war 1968. Ich werde es nie vergessen.

Die Lage hat sich in den letzten Jahren verbessert. Die Menschen begannen wieder, offener miteinander zu sprechen. So setzte ich mich mit den Shens in Verbindung, die meine Gemeindeglieder gewesen waren, und wir begannen die Gebetsgemeinschaft. Dann zeigte Chong, der Sohn des Nachbarn, Interesse am Glauben. Darum begann ich mit seiner biblischen Unterweisung. So einfach war es nicht ohne Bibel und Bücher, und ich wagte damals nicht, etwas niederzuschreiben. Er beschloß, sich taufen zu lassen. So habe ich ihn in unserem Haus getauft.

Nachdem ich Chong getauft hatte, forderte ich meine Frau und das Ehepaar Shen auf, einen Kreis zu bilden, und umarmte den jungen Mann. Meine Frau weinte vor Freude, bald vergossen wir alle Freudentränen. Chong, der jetzt recht gut in der Bibel Bescheid weiß, sagt oft im Scherz, daß er mit Wasser und mit Tränen getauft worden sei.

Wir werden jetzt mit viel Achtung behandelt. Der Genosse Kader nennt mich jetzt Genosse Pastor und fragte mich, ob ich lieber aufhören wolle, als Fischverkäufer auf dem Markt mitzuarbeiten – ein Beruf, den ich seit 1974 ausübe. Ich sagte, ich möchte so berufstätig bleiben. Es strengt mich körperlich nicht allzusehr an. Ich könnte natürlich ohne diese Arbeit mehr Zeit für mein geistliches Amt einsetzen. Die Kommune ist angewiesen, die Miete für das Pfarrhaus in Raten zurückzuzahlen, rückwirkend von 1967 oder 1964. Ich weiß es nicht genau. Das Geld steht zu meiner Verfügung, da ich der Treuhänder des Gemeindeeigentums bin. Aber ich möchte so weitermachen wie bisher. Ich bin ein alter Mann, und die Herzen der Menschen sind unberechenbar. Ich möchte mir keine weiteren Fehlentscheidungen leisten. Ich habe kürzlich zusammen mit den Shens und meiner Frau beschlossen, nicht die Rückgabe des Pfarrhauses zu verlangen. Drei Familien leben zur Zeit darin; die Kapelle ist in einem traurigen Zustand. Das Dach ist schon vor langer Zeit eingefallen, die brauchbaren Ziegelsteine sind fortgetragen worden. Wir werden als Gemeinde weiter in unserer Wohnung zusammenkommen.

Ich mache keine großen Pläne. Ich bin ein alter Mann, kein Mensch, der große Dinge vollbringen kann. Wir brauchen Hilfe. Ich habe Verbindung mit einem früheren Mitarbeiter in der Drei-Selbst-Bewegung. Vielleicht können wir von ihrem Büro Hilfe bekommen in Form von Information, Literatur, Zurüstung. Erst einmal ist meine Hoffnung, daß Gott uns Frieden schenken möchte, Frieden in unseren Herzen, im Dorf, in China, in der ganzen Welt.

Raymond Fung

163 Menschenwürdige Menschwerdung

Stichworte:	Korea, Minjung-Kirche, Kirche der Armen, Weihnachten, Jesus, Gottesdienst, Jesus als Arbeiter, Arbeiter, Bibelstudium, Leiden, Hoffnung, Gemeindeaktivitäten, Minjung-Theologie, Mt 1,18−25
Zum Text/ Problemfeldbeschreibung:	In einer ärmlichen Kirche in einem Vorort von Seoul treffen sich die Menschen zum Weihnachtsgottesdienst. Sie bleiben auch danach zusammen in Feier und Diskussion über ihre Lage. Sie erfahren die besondere Nähe ihres Schicksals zum Leben und Leiden Jesu.
Vorlesezeit:	4 Minuten
Vorlesealter:	ab 15 Jahren

Die Gemeinde liegt in einem Vorort von Seoul in einer Gegend, in der immer noch viele Menschen in Baracken leben, die im Volksmund „Hühnerställe" genannt werden. Auch die Kirche ist nur aufgrund eines Hinweisschildes als solche zu erkennen. Die Gemeinde trifft sich in einem alten kleinen Haus mit einem größeren und zwei winzigen Räumen.

Auf dem Weg dorthin war von Weihnachten nicht viel zu merken. Nur einige zusätzliche Lichterketten an den roten Neonkreuzen wiesen hin auf das Licht, das in der Dunkelheit leuchtet. Auch am Heiligabend war der Zug voller Menschen, die von der Arbeit oder vom Markt nach Hause fuhren. Der Bahnhofsvorplatz der Vorstadt war wie immer voller Straßenhändler, die versuchen, ihre Waren an den Mann/die Frau zu bringen. Ihr Verdienst ist so gering, daß sie fast jeden Tag bei Wind und Wetter und bei Temperaturen von −20° C dort draußen stehen müssen. Alles wie sonst. Ich hab an die allererste Weihnacht gedacht. Da war auch nichts Besonderes zu sehen: ein Kind in Windeln; der Vater ein Arbeiter; das Paar unverheiratet; als Unterkunft ein Stall − was ist das schon. Aber vielleicht ist es oft so: Gott kommt und wir merken es nicht; oder er ist schon lange da, und wir stellen es erst viel später fest.

Der Raum, in welchem wir immer sonntags Gottesdienst feiern, ist voll von Menschen. Zwei Drittel von ihnen, so stelle ich später fest, sind „Nichtchristen". Einige sind noch nie in einem Gottesdienst gewesen. Aber der Raum ist ihnen vertraut. Hier können sie sich treffen, um zu singen, zu spielen, miteinander zu reden. Hier wird auch gemeinsam überlegt, was getan werden kann, um die Lage der Arbeiter zu verbessern. Kann nicht das alles auch Gottesdienst sein? Gepredigt wird über Mt 1,18−25.

„Er wird sein Volk erlösen von allen Sünden", heißt es da (V.21). Wenn wir einen solchen Satz hören, dann denken wir immer zuerst an die Verfehlungen des einzelnen. Hier wird über den Alltag gesprochen. Ist es nicht „Sünde", wenn Menschen sich „krummlegen", von früh bis spät arbeiten müssen und dann doch nicht richtig leben können? Es besteht ein Zusammenhang zwischen der „Menschwerdung Gottes" und dem „menschenwürdigen Leben" der Menschen.

„Er wird Immanuel heißen, das bedeutet Gott ist mit uns. Das wurde ganz spürbar beim Abendmahl und bei der Taufe von zwei jungen Arbeiterinnen und einem Schüler. Die Gemeinde hat versprochen, in Zukunft Freude und Leid mit ihnen zu teilen. Wird nicht das „Gott ist mit uns" dadurch deutlich, daß wir füreinander da sind?

Nach dem Gottesdienst gehen die einzelnen nicht auseinander, sondern bleiben zusammen. Es werden Lieder voller Sehnsucht nach sozialer Gerechtigkeit gesungen, und es wird schon im Rollenspiel diese neue Wirklichkeit vorweggenommen und gefeiert. Arbeiter, die sich in einer Studiengruppe mit dem Arbeitsrecht befaßt haben, halten Reden, die sie vielleicht eines Tages in Wirklichkeit halten werden, sozusagen „probeweise" vor dieser Gruppe. Besonders beeindruckt bin ich von der Aufführung des „Lebens Jesu als Arbeiter", die junge Leute, die sich einmal in der Woche zum Bibelstudium treffen, vorbereitet haben. Es fällt mir auf, wie nahe sie sich diesem Jesus aus Nazareth fühlen, wie eng sie mit ihm verbunden sind, und er mit ihnen. Sie haben ihre Geschichte und die Geschichte des leidenden Volkes mit ihm und seiner Geschichte in Verbindung gebracht. Für sie wiederholt sich sein Tod im Tod der gefolterten Dissidenten und der umgekommenen Arbeiter – er ist auferstanden und mitten unter denen, die da leiden, lebendig.

Während für die meisten von uns die Weihnachtstage eine Gelegenheit sind, dem Alltag zu entfliehen, wird hier Weihnachten in „Treue zur Erde" ganz „diesseitig" gefeiert. Da ist viel Schmerz, aber keine Untergangsstimmung. Es entsteht eher Vertrauen in die neue Wirklichkeit, die mit der Geburt Jesu auf dieser Erde angefangen hat.

Lutz Drescher

Sok Jong-Hi lernt leben

164

Stichworte:	Südkorea, Diakonie, Behinderte, Liebe, Andacht, Behindertenarbeit, Ausgrenzung (Behinderter)
Zum Text/ Problemfeldbeschreibung:	Viele kleine Kinder mit geistigen und körperlichen Gebrechen werden in Korea von ihren Eltern einfach ausgesetzt, weil man dort „keine behinderten Kinder hat". Ein christliches Heim nimmt sich dieser Kinder an und erlebt am Beispiel der kleinen Sok Jong-Hi, welche Entwicklungsfortschritte diese infolge der liebevollen Zuwendung der Betreuerinnen dort macht.
Vorlesezeit:	5 Minuten
Vorlesealter:	ab 12 Jahren

Frau Edith Wellert hat Sorgenfalten auf der Stirn, als sie in das Zimmer des neuangekommenen Kindes tritt. Der kleine Neuankömmling wurde zu Hause offensichtlich schwer vernachlässigt. Sieben Jahre alt ist das kleine Mädchen. Sok Jong-Hi heißt sie, aber sie verhält sich wie ein Neugeborenes. Sie liegt mit geschlossenen Augen auf dem Rücken, bewegt sich nicht und gibt nur manchmal ein leises Wimmern von sich. Frau Wellert nimmt das Mädchen vorsichtig in ihre Arme: „Nun bist du bei uns zu Hause, du kleines Menschenkind. Ich verspreche dir, daß es dir hier gut gehen wird. Weißt du, hier gibt es viele Spielkameraden, wenn du möchtest."

Jong-Hi zeigt keine Reaktion; ob sie die ruhige Stimme hört? Ihre Arme, ihr Kopf und ihre Beine hängen wie bei einer Puppe herunter. Ob sie wohl innerlich lebt?

„Wir werden dich Muschele nennen, weil du so verschlossen bist wie eine Muschel und wir von außen nicht sehen, wie es drinnen aussieht."

Langsam läßt sich das Mädchen zurück auf sein Polster gleiten. Es wird viel Geduld und Aufmerksamkeit verlangen, damit dieses „hoffnungslose" Kind, als das es zurückgelassen wurde, Vertrauen findet in die Welt.

Wochen später sitzt Frau Wellert bei Jong-Hi und füttert sie. Leise spricht sie mit dem Kind. Jong-Hi liegt wie immer mit geschlossenen Augen da und läßt den Brei in sich hineinlaufen. Und dann geschieht ein kleines Wunder. Kurz öffnet sie die Augen und nimmt Kontakt mit Frau Wellert auf. Ein wenig verzieht sie den Mund wie zu einem Lächeln. Frau Wellert kann es kaum fassen. Wenn dieses Kind sich entwickeln würde, wenn es aus sich herauskäme... Das könnte ein Durchbruch für Muschele sein und ein tiefgreifendes Ereignis für das ganze Heim.

Überglücklich denkt Frau Wellert an die koreanischen Betreuerinnen, die Mütter. Für diese jungen Frauen ist ein solches Erlebnis sehr wichtig. Nach ihrem Schulabschluß überbrücken sie die Zeit bis zur Heirat mit Geldverdienen im Heim. Sie haben keinerlei Ausbildung und bringen von zu Hause wenig Verständnis für Behinderte mit.

In Korea „hat man" keine behinderten Kinder. Sie werden von der Familie ausgesetzt, manche in gutem Zustand, andere verwahrlost, andere mißhandelt. Im Heim wird die Tür hinter ihnen zugemacht, und damit ist das Thema für die Gesellschaft erledigt.

Gegen all das versucht Frau Wellert mit ihrer Arbeit gegenzusteuern. Sie lebt mit den Müttern zusammen, zeigt ihnen Handgriffe, tut ihre Arbeit, damit sie ablesen können, warum man etwas tut und wie. „Liebe für die Arbeit zu den Kindern muß langsam wachsen. Aber nur wer geliebt wird, ändert sein Verhalten." Das konnte Edith Wellert schon an vielen Kindern erfahren. Darum ist ein solcher Erfolg wie bei Muschele so wichtig für die gesamte Arbeit des Heims. Die Kinder werden in den Augen ihrer Betreuerinnen zu kleinen Persönlichkeiten und sind nicht mehr nur Dinge, die es zu versorgen gilt.

Muschele wird für die Mütter zur Attraktion. Alle möchten mit ihr arbeiten und sie versorgen, um als erste zu sehen, was Muschele Neues gelernt hat. Jong-Hi liegt mit offenen Augen da und bewegt ihr Köpfchen, wenn sie eine bekannte Stimme hört. Beim Anziehen versucht sie, sich nicht steif zu machen, sondern mitzuhelfen. Sie nimmt offensichtlich wahr, was um sie herum geschieht. Auch mit ihrer Stimme drückt sie jetzt Unterschiedliches aus. Sie hat Vertrauen gefunden zu ihrer neuen Umgebung und kann es nun ohne Angst wagen, Dinge von außen an sich heranzulassen.

Zweimal wöchentlich versammeln sich die Kinder und ihre Gruppenmütter im Andachtsraum, um gemeinsam Gott zu preisen. Meistens bleiben die Schwerstbehinderten in ihren Zimmern liegen, da es an Personal fehlt, sie während der Andacht zu betreuen. Auch Jong-Hi bleibt zurück. Doch eines Tages finden Frau Wellert und ihre Mütter das Mädchen nach Schluß der Andacht in der geöffneten Tür liegen. Hatte sie jemand dorthin gelegt? Niemand wußte eine Antwort. Sollte sie etwa allein...? Frau Wellert wagt nicht weiterzudenken. Immerhin sind es zwei Meter von dem Schlafplatz des Kindes bis zur Tür des Andachtsraums. Frau Wellert nimmt sich vor, Jong-Hi noch intensiver zu beobachten. Bei der nächsten Andacht stellt sich die Erzieherin in die Nähe der Tür, von wo sie das schwerbehinderte Kind beobachten kann. Das kleine Mädchen liegt wie üblich mit geschlossenen Augen auf dem Rücken. Jong-Hi schlägt die Augen auf und schaukelt sehr unkontrolliert und sichtlich unter großer Anstrengung ihren Körper hin und her und stößt sich mit den Beinen ab. Unter großer Mühe legt sie so die zwei Meter von ihrem Schlafplatz zur Tür zurück.

Wieviel Wahrnehmung, Denkvermögen und Willenskraft muß in ihr stecken, um eine solche Leistung zu vollbringen!

Ein Fest möchte Frau Wellert feiern, um zu jubeln und Gott zu preisen für dieses Muschele, das der Arbeit im Heim so viel Kraft und Anregung gibt.

Sigrun Günther-Lang

165 In einer japanischen Imbißstube

Stichworte:	Japan, Streß, Einsamkeit, Seelsorge, Diakonie, Pfarrer, Vereinigte Kirche Christi, Sonntag, Gottesdienst
Zum Text/ Problemfeld- beschreibung:	Ein Pfarrer unterhält eine Imbißstube für Fernfahrer und Fabrikarbeiter. Er bietet durch sein Engagement den Menschen in ihrer Anspannung und Einsamkeit eine „Unterbrechung" ihres anstrengenden Alltags.
Vorlesezeit:	3 Minuten
Vorlesealter:	ab 14 Jahren

Vater Imai unterhielt eine Imbißstube für Fernfahrer und Fabrikarbeiter am Rande der Stadt Kakogawa, und Murata fand, daß er dafür genau der richtige Mann war. Er parkte seinen schweren Lastwagen, der mit Eisen beladen war, am Rand einer schmalen Straße und ging auf Vater Imais Imbißstube zu. Er trug eine Jacke, die er in Tokio beim Beladen des Lastwagens zerrissen hatte. Wieder dachte Murata: Vater Imai ist doch ein seltsamer Mann. Immer fragt er mich, ob ich etwas zu flicken oder zu waschen habe. Und jedesmal, wenn ich durch diese Stadt komme, hat er ein sauberes, gewaschenes und geflicktes Hemd für mich bereit.

Nachdem er die ganze Nacht von Tokio hierher gefahren war, tat es Murata gut, durch die frische Luft des sonnigen Sonntagmorgens auf das Restaurant zuzugehen. Er öffnete die Tür von Vater Imais Lokal und war erstaunt, ihn in der Mitte des kleinen Raumes stehen zu sehen; mehrere Menschen, darunter auch Vater Imais Frau und ihre drei Kinder, schienen ihm zuzuhören. Murata begriff schnell, daß in diesem Lokal ein christlicher Gottesdienst stattfand, den Vater Imai hielt. Er unterbrach, lächelte Murata freundlich zu und streckte ihm die Hand entgegen: „Herzlich willkommen, Murata! Du kommst heute ja früh. Am Sonntagmorgen gibt es bei uns kein Frühstück, wir haben statt- dessen einen Sonntagsgottesdienst. Aber gleich nach dem Gottesdienst be- kommst du dein Mittagessen. Willst du uns nicht einen Augenblick zuhören?" Dann sprach Vater Imai weiter. Am Ende des Gottesdienstes sangen sie ein Lied, das Murata nicht kannte. Aber es tat ihm gut, einfach nur zuzuhören. Nachdem Murata die ganze Nacht nichts anderes als Jazz und Rock-and-Roll in seinem einsamen Wagen gehört und auf die endlose Straße geblickt hatte, empfand er die Melodie dieses Liedes als frisch und erholsam. Muratas Gedan- ken schweiften, und er dachte an verschiedene Menschen, an seine Familie und an seine Arbeitskameraden. Seine Frau und seinen zweijährigen Sohn hatte er schon mehr als zwei Wochen nicht mehr gesehen. Seine Arbeit erforderte ununterbrochene Bereitschaft. Es schien sehr unwahrscheinlich, daß er seine Familie in den nächsten zwei Wochen sehen würde; er mußte erst seinen laufenden Auftrag ausführen. Wie wohl tat es Murata, dieser Gruppe zuzuhö- ren, von deren Gesang eine gewisse Ruhe, Festigkeit und Stärke ausging. Er begann jetzt zu verstehen, warum er sich jedesmal, wenn er durch die Stadt kam, von diesem Ort angezogen fühlte.

Dieses sehr ungewöhnliche Amt des Pfarrers Michio Imai zieht viele von denen an, die eine „Unterbrechung" ihrer schweren körperlichen Arbeit, ihrer Einsamkeit und der seelischen Anspannung in der hochindustrialisierten Gesellschaft suchen. Obwohl er vielen der Fernfahrer und Fabrikarbeiter schlicht als „Vater", der Besitzer der Imbißstube, bekannt ist, hat Herr Imai, ordinierter Pfarrer der Vereinigten Kirche Christi in Japan, ein ungewöhnliches, aber eines der lohnendsten Ämter der Kirche in der modernen Gesellschaft Japans.

Walter J. Hollenweger

Unter Gottes Führung braucht man sich keine Sorgen zu machen

166

Stichworte:	Japan, Andacht, Gottes Führung, Kindergottesdienst, Tempel, Buddha
Zum Text/ Problemfeld-beschreibung:	Am japanischen Knabenfest macht die Kindergartengruppe einen Ausflug ans Meer. In der Andacht spricht die Kindergottesdienstleiterin davon, daß man sich unter Gottes Führung keine Sorgen zu machen brauche. Bei der Rückreise nach Tokio verpaßt der kleine Masao-chan den Zug. Seine Mutter und die anderen Mitglieder der Gruppe machen sich große Sorgen um ihn. Doch Masao-chan findet jemanden, der ihm das Fahrgeld gibt. Als ihn die Wartenden glücklich empfangen, meint er nur: „Unter Gottes Führung braucht man sich doch keine Sorgen zu machen!"
Vorlesezeit:	6 Minuten
Vorlesealter:	ab 8 Jahren

Es ist 5. Mai — Knabenfest in Japan. Für jeden Jungen weht als Sinnbild der Kraft ein bunter Stoff-Karpfen an der Fahnenstange vor dem Haus. Die Familie ist stolz, wenn bei ihr mehrere im Winde schaukeln.

Masao-chan, der einzige Sohn seiner Eltern, wacht an diesem Morgen früh auf. Er ist acht Jahre alt und besitzt einen regen, beobachtenden Geist; seine Bemerkungen verblüffen zuweilen. Als leitender Ingenieur wird er einmal die elektrischen Sprechanlagen für den Groß-Flughafen Tokio entwerfen. An diesem Morgen weiß er davon noch nichts, sondern öffnet mit erwartungsvollem Blick auf die Fahnenstange die Schiebeläden, die nachts das Zimmer verdunkeln, und läßt die Sonne herein. Er freut sich auf den Ausflug, den seine Kindergottesdienstlehrerinnen heute mit den Kindern und einigen Müttern an den Strand von Kamakura, von Tokio 40 Minuten mit der Schnellbahn entfernt, unternehmen. Er weiß: für das Picknick hat die Mutter außer dem üblichen Reis leckere Extras eingepackt.

In Kamakura angekommen, besichtigt man auf dem Weg zum Strand den berühmten bronzenen Buddha, der dort im Grünen steht. Ursprünglich hat ihn ein Tempel mit dämmrigem Dunkel umgeben. Der Tempel ist aber einem Brand zum Opfer gefallen; und da die Tageshelle die gesammelte Ruhe in Gesicht und Haltung der Statue eindrucksvoller vermittelt, ist das Gebäude nicht wieder errichtet worden. Alte Bäume umrahmen heute das Kunstwerk.

Die Erwachsenen möchten sich für seine Besichtigung Zeit nehmen; da heute aber der Knabentag gefeiert werden soll, zieht es die Kinder ans Meer.

Dort werden Sandburgen gebaut und Laufspiele mit Preisverteilung veranstaltet; ausgiebig wird gepicknickt; auch eine Andacht wird gehalten. Die Leiterin spricht über Gottes Führung. Wer ihr vertraut, braucht sich nicht unnötig Sorgen zu machen. Alle fühlen sich an diesem schönen Tag von Gott geführt und stimmen gern zu.

Am Nachmittag, vor der Rückfahrt, wird am Bahnhof abgezählt, ob auch alle da sind. Ja, es stimmt, keiner ist abhanden gekommen. Die Gruppe wartet nun auf die nächste Schnellbahn. Masao-chan jedoch treibt sein neugieriger Geist, die Warteminuten nicht zu vertrödeln, sondern forschend zu nutzen. Er streicht um die Ecken des Bahnhofs und betrachtet Zeitungsstände und Kaufbuden.

Der Zug fährt ein, alle schieben sich in die feiertags vollbesetzten Wagen und sind froh, bei Türenschluß drinnen zu sein. Masao-chans Mutter sieht zwar ihren Sohn beim Einsteigen nicht, aber sie denkt, er wird wohl im Nachbarwagen sein. Sie drängt sich suchend durch die Menge der Mitfahrer; aber umsonst, er ist nicht zu finden.

In Tokio steigt man aus, und die Gruppe sammelt sich auf dem Bahnsteig. Jetzt wird endgültig klar: Masao-chan ging verloren. Das ist schlimm; hoffentlich kommt er im nächsten Zug nach. Aber wer nicht kommt, ist Masao-chan. Auch mit dem nächsten Zug kommt er nicht. Die Mutter und die Begleiterinnen werden immer erregter.

Als Masao-chan merkte, daß er den Anschluß verpaßt hatte, fragte er sich: Was tun? Antwort: eine Fahrkarte kaufen und den nächsten Zug nehmen. Er zählte sein Geld; zum Knabentag hatte er einiges geschenkt bekommen. Aber es reichte nicht mehr, denn er hatte viel für Getränke ausgegeben. Unschlüssig schaute er vor sich hin. Das fiel einem anderen Jungen auf, der ihn fragte, was er denn habe. Antwort: kein Geld, und die Mutter sei weg. Da sagte der neue Freund: „Macht nichts; wir wohnen hier in der Nähe, und meine Mutter wird dir sicher helfen."

So gehen beide zu ihr und tatsächlich bekommt Masao-chan von ihr das nötige Geld. Er soll sogar bequem 1. Klasse fahren, findet sie, damit er als unbegleitetes Kind nicht in der überfüllten 2. Klasse herumgestoßen wird.

In Tokio steigt unser Masao-chan frohgemut und strahlend aus seiner 1. Klasse und geht auf die wartende Schar seiner aufgeregten Leute zu. Schluchzend umarmt ihn die Mutter und sagt: „Ich habe mir solche Sorgen um dich gemacht!" Darauf bemerkt der junge, eigenwillige Forscher: „Warum eigentlich? Haben wir nicht heute gehört: Wer Gottes Führung vertraut, braucht sich keine unnötigen Sorgen zu machen?"

Theodor Jaeckel

Die Salzsieder 167

Stichworte:	Indonesien, Christentum/Hinduismus, Benachteiligung von Christen, Christen als Minderheit, Gottesdienst, Christus, Krankheit, Armut, Opfergaben, strafende Götter, Hoffnung, Spott, Wiedergeburt.
Zum Text/ Problemfeld- beschreibung:	Mades Eltern hatten sich zum Christentum bekehrt und mußten deshalb aus ihrer Siedlung auf der Insel Bali wegziehen, um ein schweres Leben als Salzsieder an der Küste zu führen. Aber auch dort muß er mit dem Spott seiner hinduistischen Altersgenossen leben. Aus dem Lobpreis „Halleluja" machen sie das Schimpfwort „Salzsieder".
Vorlesezeit:	8 Minuten
Vorlesealter:	ab 10 Jahren

Die Sonne verschwindet gerade wie ein feuriger Ball im Meer und der Himmel erglüht, da kommt Made heim. Seine Mutter steht schon lange vor der Hütte und erwartet ihn. Sie braucht das Geld, das Made heimbringt. Sie muß noch Reis kaufen, damit sie etwas auf den Tisch des Hauses stellen kann. Zwei Mark und fünfzig Pfennige sind es in unserer Währung, die Made heimbringt. Die Mutter macht ein besorgtes Gesicht. „Konntest du nicht mehr erhandeln für das viele Salz?" Nein, Made konnte nicht mehr herausschinden. Zu viele Salzsieder brachten ihre Waren zu dem chinesischen Händler. Das Angebot bestimmte den Preis. Wenig Salz, hohe Preise, viel Salz, wenig Geld.
Es war eine Schinderei, dieses Salzsieden. Auf unfruchtbarem Land am Ufer des Meeres ihrer heimatlichen Insel Bali hatte Mades Vater eine Hütte bauen dürfen. Die Pacht für das Land war nicht allzu hoch; aber sie kostete doch einen großen Teil des Geldes, den er für das Salz bekam.
Wenn die Flut den sandigen Boden überschwemmte, wurde er täglich zwei Mal mit Meersalz durchtränkt. Dann konnte man den Sand zusammenkratzen, auswaschen und so mit unendlicher Mühe das Salz gewinnen. Das stark salzhaltige Sudwasser wurde in ausgehöhlte Palmen gegossen und konnte − wenn die Sonne schien − verdampfen. Übrig blieb das Salz. Die Mühe eines ganzen Tages und die Arbeitskraft einer ganzen Familie erbrachte selten mehr als zwei Mark fünfzig.

Und weshalb mußten sie sich plagen, die Eltern, Made und die jüngeren Geschwister? Nur weil sie Christen geworden waren.

Made wußte schon gar nicht mehr, wie es vorher war. Seine Eltern waren Christen geworden, als er noch klein und seine Geschwister noch nicht geboren waren. Er wußte, wo die Eltern früher gewohnt hatten. Ein schmuckes Dorf war das, mit wunderschönen Tempeln. Dort wurden Feste gefeiert und Opfer vor die Altäre gelegt. Dort spielten die Männer des Dorfes die herrlichen Instrumente, die man Gamelan nannte und deren Musik so richtig in die Beine ging. Dort gab es Priester, die Segen spendeten und die verurteilten, wenn jemand Böses tat. Hatten seine Eltern Böses getan?

Er hatte dies oft gefragt. Und immer wurde ihm geantwortet, daß seine Eltern alles getan hatten, was die Bali-Hindu-Religion von ihnen forderte. Sie hatten auch ihre hohen Beiträge für die Erneuerung der Dorftempel bezahlt. Aber sie hatten sich immer gefürchtet. Wer konnte ihnen sagen, ob sie genug geopfert hatten, fromm genug lebten, um nicht von den Göttern bestraft zu werden und in einem nächsten Leben als Kranker, Krüppel oder gar als Tier geboren zu werden?

Niemand wußte dies. Nicht einmal die Priester. Die hatten selber Angst und hofften auch, nach ihrem Tod nicht mehr mit neuem Geborenwerden bestraft zu werden, sondern eins werden zu dürfen mit Gott.

Dann hatten Mades Eltern einen Mann kennengelernt, der sich Christ nannte. Er hatte ihnen von Christus erzählt, dem Sohne Gottes. Wer an den glaube, hatte er gesagt, der könne schon in diesem Leben wiedergeboren werden als neuer Mensch, als Gotteskind, und könne nach dem Tode heimkehren zu Gott und mit ihm im Himmel leben.

Die Eltern hatten noch viel mehr gehört. Sie waren so begeistert von der neuen Lehre, daß sie sich taufen ließen und Kinder Gottes wurden.

Das schien ein grober Fehler zu sein. Das ganze Dorf war wütend auf die beiden. Was würde geschehen, wenn die Götter sich an allen rächen würden, weil zwei Menschen den alten Weg des Hinduglaubens verlassen hatten? Was, wenn ihnen die Ernte verdorben wurde und sie mit Krankheiten geplagt wurden aus Strafe? Das ganze Dorf kam vor dem Haus der beiden zusammen. Es hagelte Steine, bis die beiden aus dem Hintertürchen flüchteten und so ihr Leben retten konnten.

Das Leben hatten sie gerettet, aber zu essen hatten sie nichts mehr. Ihr Land, auf dem sie jährlich drei Mal Reis ernten konnten, wurde ihnen weggenommen. Sie waren rechtlose Bürger zweiter Klasse geworden. Bis ihnen jemand aus Mitleid das Land am Meer verpachtete und sie Salz suchen konnten, um sich so am Leben zu erhalten.

Sonntags ging Made mit seinen Eltern zum Gottesdienst. Das war ganz klar. Fast zwei Stunden waren sie unterwegs, um die kleine Kapelle zu erreichen, in der sich alle sammelten, die Christen geworden waren, die gleich arm geworden waren wie sie, aber von einer großen Hoffnung lebten.

Für Made war es immer wieder ein Erlebnis, wenn diese kleine Gemeinde miteinander Loblieder sang. Da strömte so viel warme Freude durch den Raum, als hätte keiner Sorgen. Man hatte das Gefühl, Gott selbst wäre in der Kapelle, die sie aus Bambus, Stroh und Blättern gebaut hatten. Der junge Pfarrer stimmte die Lieder freudig an und alle sangen mit. Niemand hatte ein Gesangbuch. Das wäre viel zu teuer gewesen, und außerdem konnte keiner außer dem Pfarrer lesen.

Ein Wort kam in den Liedern immer vor, das Made nicht verstand: Halleluja. Er fragte seinen Vater und der den Pfarrer. Der sagte, daß dies ein Wort aus der Sprache der Bibel sei und „Lobet den Herrn" bedeute. Man könne dieses Wort in jeder Sprache sagen, aber alle Christen würden dies Wort benutzen, um überall, rund um die Welt, mit diesem Wort zu sagen: Wir loben gemeinsam den Herrn.

Eines Tages, als der Gottesdienst beendet war, kamen alle noch einmal im Hause des Mannes zusammen, auf dessen Gelände die Kapelle erbaut worden war. Bei ihm gab es ein Glas Tee und ein wenig Gebäck. Das mußte reichen für den weiten Heimweg.

Während die Alten sich noch unterhielten, schaute Made draußen in die Gärten anderer Häuser, wo es reife Früchte gab, die er so gerne genossen hätte. Da gab es auch viele Buben in seinem Alter, mit denen er spielen wollte. Aber die liefen vor ihm weg, als wenn er eine ansteckende Krankheit hätte. Und aus den Häusern neckten sie ihn: „Ngaleh ujah!" „Ngaleh ujah!" Es klang, wie jenes Wort, das sie so oft gesungen hatten in der Kapelle und das Made gerade erst in seiner Bedeutung erlernt hatte: Hallelujah − ngaleh ujah. Aber das zweite hatte eine ganz andere Bedeutung. In Mades Sprache hieß das „Salzsucher", und er wußte, dies war ein Schimpfwort.

Da war dem Bub die Lust zum Spielen vergangen und auch die Freude an den schönen Gärten. Zu seinen Eltern schlich er sich zurück und drängte sie, nach Hause zu wandern. Ngaleh ujah, das war zuviel für Made. Spott war schlimmer als Hunger.

Bis weit über die Dorfgrenze hinaus sah Made, wie die Buben sie verfolgten und hämisch schrien: „Ngaleh ujah, ngaleh ujah." Da war im Herzen Mades die Freude am Singen und am Gottesdienst vergangen. Wie sollte er je noch einmal Halleluja singen können, ohne den Spott der anderen mitzuhören: Salzsucher, Salzsucher?

Wann immer Made sich auf die Straße wagte und Hindukindern begegnete, wurde er gehänselt und geplagt. Als ob es nicht schlimm genug wäre, sein Brot mit diesem harten Beruf des Salzsuchers verdienen zu müssen. Als ob es nicht schlimm genug wäre, daß sie ihr Land und ihre Zugehörigkeit zur Dorfgemeinschaft aus Gründen ihres Glaubens verloren hatten. Mußten sie ihn nun so plagen?

Da wurde Made krank. Er fieberte, bis kalter Schweiß aus allen Poren trat und seine Mutter um ihn bangte. Malaria, so meinten seine Eltern, plage den

Buben. Wie konnten sie ahnen, daß es der Spott der anderen Kinder war, der ihn so tief verletzte.

Die Eltern sollten dies jedoch sehr bald erfahren. Im Fieber sprach es Made aus: Halleluja – ngaleh ujah. So ging das stundenlang. Bis seine Eltern verstanden, was den Buben plagte.

Da legte der Vater die Hand auf Mades Stirn und sagte:

„Du brauchst dich nicht zu schämen, daß du arme Eltern hast, die mit dir Salz suchen müssen, um überleben zu können. Wir haben das Allergrößte in unserer Hütte, was ein Mensch erträumen kann.

Nicht einmal unser König hat so etwas Kostbares. Du weißt doch, der König trägt in seinem Gürtel den Chris, den gewundenen Dolch. Einundzwanzig Windungen muß er aufweisen, wenn er vollkommen sein soll. Und nur der König kann einen solchen Chris mit sich tragen.

Wir aber haben einen schöneren, einen vollkommeneren Chris. Beten wir nicht zu Christus? Weißt du nicht, was ‚tus‘ bedeutet? Es ist die zweite Silbe des Wortes putus. Das bedeutet vollkommen in alter königlicher Sprache. Unser Herr Jesus ist unser Christus, ist unser vollkommener Chris. Mit dem können wir alles Böse abwehren, können uns verteidigen. Die Spötter können uns nicht mehr treffen und verletzen. Kein Mensch kann uns Schaden zufügen, nicht einmal die Götter und Dämonen. Mit Christus kannst du gesund werden, mit Christus alle Angst und Sorgen überwinden."

Mades Vater hatte nicht gewußt, daß Christus etwas ganz anderes bedeutet. Gesalbter, Auserwählter, das heißt es eigentlich. Christus der Herr, von dem die Engel in der Weihnachtsnacht gesungen haben, das ist der Auserwählte Gottes. Aber das ist auch der Retter. Und deshalb hatte Mades Vater recht. Der ist wie ein vollkommener Chris, wie ein Schwert, mit dem man sich gegen alles Böse wehren kann.

Nach diesen Worten schlief Made ein. Seine rechte Hand lag verkrampft auf der Matte, als wenn sie einen Chris umschlungen hielte, den Chris, der putus ist, vollkommen.

Bertold Dowerk

Pelambingan

Stichworte:	Indonesien, Christen/Hindus, Leichenverbrennung, Dorfrat, Kirchengemeinderat, Opfer, Feier, Religionswechsel, Gemeinschaft
Zum Text/ Problemfeldbeschreibung:	Pelambingan, ein Ort in Bali, hat eine bewegte Geschichte. Nach dem Zweiten Weltkrieg war er überwiegend christlich; doch dann gingen die meisten Christen als Umsiedler nach Sulawesi, wo sie Land erhielten. Die Beziehungen zwischen den wenigen Christen und den Hindus in Pelambingan waren anfangs schlecht, doch jetzt sitzen Hindus und Christen zusammen im Dorfrat, und Christen nehmen aus Verwandtschafts- und Nachbarschaftsgründen teil an hindubalinesischen Festen.
Vorlesezeit:	5 Minuten
Vorlesealter:	ab 15 Jahren

Wie ausgestorben liegt Pelambingan unter der Augustsonne. Die zwanzig Hindufamilien des Dorfes sind zur Leichenverbrennung gegangen, um dem alten Pak Made die letzte Ehre zu erweisen. Eine Leichenverbrennung – die meisten finden im August statt, weil es in diesem Monat auf der Insel Bali am wenigsten regnet – ist eine eher fröhliche Feier. Den traurigen Abschied hat man vor einiger Zeit bei der Beerdigung genommen. Nun werden nach hindubalinesischer Vorstellung die Elemente des Mikrokosmos Mensch den Elementen des Makrokosmos zurückgegeben: Erde kommt zu Erde, Feuer zu Feuer, Wasser zu Wasser, Luft zu Luft.

Die Dorfstraße aus Gras und Sand ist leergefegt, aus den kleinen Gehöften hinter üppigem Pflanzenwuchs dringt kein Laut. Sind die christlichen Familien – und es gibt immerhin 25 in Pelambingan – jetzt am frühen Nachmittag noch auf den Reisfeldern oder sind sie auch bei der Leichenverbrennung?

Plötzlich taucht auf der Dorfstraße eine einsame Gestalt auf: Ketut Puja, ein junger Mann von 30 und einer der fünf Kirchengemeinderäte von Pelambingan, den wir am Sonntag im Gottesdienst kennengelernt haben. Er hat, wie wir hören, seine Arbeit auf dem Reisfeld früher als üblich beendet, um mit uns zu Ibu Mulia Abadi zu gehen, der derzeit ältesten Christin des Dorfes, in dem – und Ketut Puja sagt es mit Stolz – schon seit 1932 Christen leben. Ein beträchtlicher Zeitraum für Bali: denn erst wenig davor, im November 1931, hatten sich die ersten Balinesen taufen lassen.

Ibu Mulia und ihr Haus haben sich mit Saft und Kuchen auf den Besuch aus Deutschland vorbereitet, und die alte Dame hat schon in ihrem Gedächtnis gekramt, was sie uns erzählen könne. Sie wisse nicht, wie alt sie sei, vielleicht 80 Jahre. Und sie habe zehn Kinder geboren, einen Jungen und neun Mädchen. Der Sohn und vier Töchter seien schon lange tot. Drei ihrer Töchter leben heute als Umsiedler auf der Insel Sulawesi, eine Tochter wohnt im Westen Balis, und die älteste, die Erbin des Gehöfts und des Reislandes, lebt mit ihrer Familie in Pelambingan bei der Mutter. Und schon sind wir auf vielfältige

Weise mittendrin in der Geschichte dieses zur Hälfte christlichen Dorfes. 1966 war Pelambingan sogar ein Dorf mit überwiegend christlicher Bevölkerung: 80 Familien gehörten zur Gemeinde, doch 60 von ihnen gingen wie die drei Töchter von Ibu Mulia aus Landmangel als Umsiedler nach Sulawesi. Lebhaft wird Ibu Mulia bei einem Blick zurück auf ihre Anfangszeit als Christin. Wann das genau gewesen sei, wisse sie nicht mehr, „vielleicht 1956", jedenfalls habe sie schon zwei Kinder gehabt und es sei „nach der Befreiung" gewesen, nach 1945. Damals hatten ihr inzwischen verstorbener Mann und sie noch kein eigenes Land: sie wohnten auf Pachtland. Das Dorf erwartete, daß sie nun fortzögen wie andere Konvertiten vor ihnen. Aber sie blieben. Und wenn auch keiner sie vertrieb, so half ihnen auch keine Hindufamilie mehr; und sie wußten, daß sie keinen Anspruch mehr darauf hatten, im Dorf beerdigt zu werden. Nun mußte sich die Gemeinschaft bewähren, die Ibu Mulia und ihr Mann an Christen beobachtet hatten und die sie dazu getrieben hatte, sich ihnen anzuschließen. Die damals wenigen gebliebenen christlichen Familien in Pelambingan bestanden diese Probe.

Die Beziehungen zwischen Christen und Hindus blieben lange zwiespältig. Seit zehn Jahren sei es anders geworden, viel besser, sagt Ketut Puja, der junge Kirchenälteste. Man arbeite wieder auf der Ebene der politischen Gemeinde, dem Banjar, zusammen, zum Beispiel im Dorfrat, der auch für die Reisfeldbewässerung zuständig ist. Man besuche sich sogar gegenseitig bei Beerdigungen. Und wie zur Bestätigung betritt Ibu Kompiang das Haus, die älteste Tochter und Erbin von Ibu Mulia. Sie entschuldigt sich bei „dem Besuch aus Deutschland" für ihre bisherige Abwesenheit mit dem Hinweis darauf, daß sie aus Verwandtschafts- und Nachbarschaftsgründen an der hindubalinesischen Leichenverbrennung teilgenommen habe. Und dann erzählt sie uns, daß sie seit einigen Jahren — als einzige Frau — zum Kirchengemeinderat gehört. Das Amt ist von ihrem Mann auf sie übergegangen.

Wir haben in kurzer Zeit viel gehört, gefragt, erfahren. Wir schlendern noch durch das Dorf, um bei anderen Familien hereinzuschauen, die von dem Besuch im Dorf wissen und die einen Gruß austauschen wollen. Alle erwachsenen Bewohner von Pelambingan, ob Hindus oder Christen, sind Bauern; nur einige wenige von ihnen betreiben den Reisanbau als Nebenberuf, wie zum Beispiel ein Justizangestellter, der jeden Tag ins Büro nach Denpasar fährt. Wir kommen an der „neuen" Kirche vorbei, die die christliche Gemeinde gebaut hat, in balinesischem Stil mit Blumen- und Bergornamenten und Eingangspfosten wie bei Tempeln und hinduistischen Gehöften. Doch die beiden Kreuze an der Frontseite rechts und links von der Eingangstür zeigen jedermann deutlich an, wem diese Gemeinde dient. Die Dämmerung bricht herein und wir schauen zu, wie junge Mädchen und Frauen aus Hindufamilien vor Einbruch der Dunkelheit Opfergaben vor ihre Haustür bringen — als Bitte um eine gute, behütete Nacht.

Reinhilde Freise

Gokmatonduj wird getauft

Stichworte:	Indonesien, Taufe, Taufname, Taufworte, Taufschüler, Familie, Sonntagsschule, Heiliger Geist, Medizinmann, Geisterglaube
Zum Text/ Problemfeldbeschreibung:	Gokmatonduj heißt auf deutsch „geistvoll". So lautet der Name des Jungen, der zusammen mit vielen anderen Menschen an diesem Sonntag getauft wird. Er erfährt, daß ein Teil seines Namens sich auch in der Taufformel wiederfindet.
Vorlesezeit:	6 Minuten
Vorlesealter:	ab 8 Jahren

So voll wie an diesem Tag war die kleine Kirche von Djandimatogap noch nie gewesen. Dicht bei dicht saßen die Leute auf den einfachen Bänken, und viele standen an den Wänden entlang. Es war warm. In Sumatra war es um diese Zeit immer warm. Gokmatonduj saß mit seinen Eltern und Geschwistern auf der letzten Bank. Er war nicht zum erstenmal hier. Früher war er schon ein paarmal zur Sonntagsschule gegangen. Aber heute war alles anders. Seltsame Lieder mit fremdartigen Melodien wurden gesungen. Lange Reden wurden gehalten. Gokmatonduj verstand nicht viel davon. Er begriff nur, daß heute ein wichtiger Tag für Djandimatogap war. 286 Menschen, große und kleine, sollten durch die Taufe in die Kirche aufgenommen werden. Er auch. In der Tasche seiner neuen Hose hatte er einen Zettel, auf dem sein Name stand. Und von heute an sollte alles anders werden als früher. Gokmatonduj konnte sich das nicht so recht vorstellen.

Vorn standen vier Männer, einer von ihnen ein „Weißauge". Sie trugen lange schwarze Gewänder mit ein bißchen Weiß unter dem Kinn, wie ein Bart. Komisch sah das aus. Gokmatonduj mußte lachen. Er schaute zum Vater auf, der neben ihm saß. Wenn früher ein Fest im Dorf gefeiert wurde, dann hatte der Vater auch andere Kleider getragen, eine schwarz-weiß-rot gestreifte Jacke. Und alle hatten auf ihn gehört, wenn er gesprochen hatte. Das war nun schon länger her. Manchmal waren sie auch zu mehreren mit ihren schwarz-weiß-roten Jacken gewesen. Dann war Onkel Bewang der wichtigste. Der saß jetzt mit Tante Artina und seinem jüngsten Sohn in der ersten Reihe. Gokmatonduj überlegte, wer von den vier Schwarzgekleideten wohl der wichtigste wäre. Der Weiße vielleicht? Der hatte bisher noch kein Wort gesagt. Ob der überhaupt die Sprache der Leute von hier konnte?

Anweisungen wurden gegeben. Die Leute sollten sich in vier Reihen aufstellen und nach vorn kommen, die Christen mit ihren Kindern zuerst, danach die Taufschüler. Neben jedem der vier stand nun ein Mann mit einem Teller in der Hand. In die Menge kam Bewegung. Gokmatonduj sah, wie Onkel Bewang und Tante Artina mit dem Kleinen auf dem Arm aufstanden. Sie gingen zu dem Weißen. Gokmatonduj spitzte die Ohren. Er hörte, daß der Weiße tatsächlich sprach wie die Leute von hier, und er hörte ihn sagen: „Esra, ich taufe

Sie in den Namen des Vaters..." Er mußte wieder lachen, weil sein kleiner Vetter, gerade drei Monate alt, gesiezt wurde. „...und in den Namen seines Sohnes, des Herrn Jesus Christus..." Esra, schoß es Gokmatonduj durch den Kopf, das klang so ähnlich wie Eslon. So hieß sein Freund. Aber es war doch ein ungewöhnlicher Name. „...und in den Namen des Heiligen Geistes." Gokmatonduj erschrak. Das war ja sein eigener Name! Wenigstens ein Stück davon. Tonduj: Geist. Er wurde aufgeregt. Obwohl es in der Kirche drückend heiß war und die Leute schwitzten, lief ihm eine Gänsehaut über den Rücken. Und obwohl es in der kleinen Kirche ziemlich unruhig war, weil die Leute sich ständig bewegten, nach vorn gingen, wieder an ihre Plätze kamen, und obwohl die vier Pastoren gleichzeitig nebeneinander sprachen, hörte er es immer wieder, bei jedem Kind, bei jeder Frau, bei jedem Mann: „...und in den Namen des Heiligen Geistes." Tonduj na pansing. Gokmatonduj. Heiliger Geist. Geistvoll. Er vergaß alles um sich herum. Wie eine Melodie ging es ihm endlos durch den Kopf. Tonduj na pansing. Heiliger Geist. Gokmatonduj. Geistvoll. Ob da derselbe Geist, derselbe Tonduj gemeint war? Er wußte es nicht. Er hatte Herzklopfen. Vorsichtig drehte er den Kopf zu seinem Vater hin. Er hätte ihn gern gefragt, aber er traute sich nicht. Denn er spürte, daß der Vater mit seinen Gedanken woanders war. Mit unbewegtem Gesicht schaute er geradeaus, ohne daß er seine Augen auf etwas Bestimmtes gerichtet hatte. Gokmaholong, die kleine Schwester, war auf dem Arm der Mutter eingeschlafen. Sie hatte Schweißperlen auf der Stirn, und die Mutter fächelte ihr mit einem Tuch Kühlung zu. Tonduj na pansing. Heiliger Geist. Gokmatonduj wußte, daß der Vater früher bei den Festen, wenn er sein schwarz-weiß-rotes Gewand getragen hatte, die guten Geister rief. Und er wußte, daß sein eigener Name etwas Gutes bedeutete. Ebenso die Namen seiner Geschwister. Gokmahata: Wortmächtig. Gokmauhur: Verstandesreich. Gokmaatei: Gemütvoll. Gokmaholong: Liebevoll. Längst nicht alle Jungen und Mädchen, die er kannte, hatten so schöne Namen.

Allmählich hatten sich die Reihen gelichtet. Viele hatten die Kirche verlassen, nachdem sie getauft worden waren. Endlich stand der Vater auf. Sie gingen nach vorn. Der Vater. Die Mutter. Er. Seine Schwester Gokmahata. Der Bruder Gokmauhur. Der kleine Gokmaatei ging an der Hand des Vaters, und die Mutter trug Gokmaholong, die noch nicht laufen konnte. Zusammen gingen sie zu dem Weißen. Neben ihm stand Kenan Saragih mit einem Teller voll Wasser. Gokmatonduj kannte ihn, er war Polizist in Djandimatogap. Der Weiße in seinem dunklen Gewand schöpfte mit der rechten Hand dreimal Wasser aus dem Teller und goß es dem Vater über den Kopf und sprach dabei die Worte, die an diesem Tag in dieser Kirche schon so oft gesprochen worden waren. Dann war die Mutter an der Reihe. Danach die Geschwister, die Kleine auf dem Arm der Mutter zuerst, und als allerletzter er selbst. Er streckte dem Mann den Zettel hin, auf dem sein Name stand. „Gokmatonduj, Geistvoll, ich taufe Sie..." Er spürte, wie das Wasser über sein Gesicht floß, und obwohl

es lauwarm war, tat es gut bei der Hitze, das Herz schlug ihm bis zum Hals,
„und in den Namen des Tonduj na pansing, des Heiligen Geistes. Amen."
Sie kehrten auf ihren Platz zurück. Gokmatonduj wäre am liebsten gleich nach
draußen gegangen wie andere auch. Doch der Vater hielt ihn durch einen Blick
fest. Gokmaholong weinte, und die Mutter versuchte, sie zu beruhigen. Die
Pastoren hatten inzwischen ihre Gewänder ausgezogen und sich gesetzt. Ein
alter Mann hielt noch eine Rede. Er sprach von alt und neu und daß die Taufe
eine Grenze sei und daß jetzt nichts mehr so wäre wie vorher. Gokmatonduj
war es ein wenig unbehaglich dabei. Er verstand das alles nicht so recht. Er
war ein bißchen müde. Denn der ganze Taufgottesdienst hatte ja ziemlich
lange gedauert. Und außerdem hatte er Hunger.

Klaus Zöller

Der Stärkere 170

Stichworte:	Indonesien, Zauberei, Dämonen, Mission, Pfarrer, Christentum/Hinduismus, Weihnachten, Jesus Christus, Gebet, Religionswechsel
Zum Text/ Problemfeld- beschreibung:	Der Puppenspieler und Zauberer I. Purwa verfügt über Zauberkräfte, die ihn aber auch selbst ängstigen. Als sich in seiner Gegend eine christliche Gemeinde bildet, weckt diese sein Interesse. Zunächst versucht er den Christen einen Schrecken einzujagen, erkennt dann aber in der Auseinandersetzung mit dem Pfarrer, daß er hier einer stärkeren Macht unterlegen ist. Darauf bekehrt er sich schließlich selbst zum christlichen Glauben und verliert seine Zauberkräfte.
Vorlesezeit:	7 Minuten
Vorlesealter:	ab 10 Jahren

I. Purwa lebt auf einer kleinen indonesischen Insel und ist dort berühmt. Er
ist ein Künstler, denn er kann Puppen so bewegen und so sprechen lassen, als
wären sie lebendige Menschen. Wenn er die Puppen in seinem Theater bewegt,
dann erzählt er Geschichten aus vergangenen Zeiten. Aber diese Geschichten
klingen, als würden sie gerade jetzt geschehen. Die vielen Leute, die nachts
vor der Bühne I. Purwas sitzen, schlafen nicht ein, selbst wenn das Spiel bis
in die Morgenstunden dauert. Nur die Kinder können die Augen nicht offen
halten. Sie legen sich im Freien hin und schlafen ein. Warm ist es ja immer.
I. Purwa ist nicht nur ein großer Puppenspieler. Er ist eigentlich noch berühmter, weil er über Zauberkräfte verfügt, vor denen sich die Leute fürchten. Er
kann sich selber verwandeln und er kann bis zu 30 Zentimeter über dem
Erdboden gehen. Viele Leute haben das mit ihren eigenen Augen gesehen und

fürchten sich vor I. Purwa, dem Alten. Eine besondere Kraft dürfen wir nicht vergessen. Der Alte kann sogar verschlossene Türen öffnen. Er braucht dazu weder Schlüssel noch andere Geräte. Er spricht eine heilige Formel, eine Art Zauberspruch, und jede Tür öffnet sich. Ach nein, nicht jede. Doch darauf kommen wir später zu sprechen. I. Purwas Einfluß in den Dörfern ist riesengroß. Die Leute fürchten sich vor ihm und seinen Zaubersprüchen. Aber noch mehr als die Leute fürchtet sich I. Purwa selbst.

Seit ihm alle diese übermenschlichen Kräfte zur Verfügung stehen, hat er bei Tag und Nacht das Gefühl, verfolgt zu werden. Er kann zwar niemanden sehen, aber spüren kann er die Verfolger, und er weiß, daß es Dämonen sind, die über mehr Kräfte verfügen als er. Dämonen sind Mächte, die kein Mensch fassen kann, die jedoch Menschen beeinflussen können, die sich mit diesen Mächten und Kräften befassen. I. Purwa ist so einer. Jetzt haben ihn die Mächte im Griff.

Es ist ein schöner Tag. Die Sonne strahlt, nein, sie brennt. I. Purwa hat sich im Schatten der Felsen am Ufer des Meeres niedergelassen und beobachtet das Spiel der Wellen. Eigentlich wollte er fischen, aber das Meer fasziniert ihn. Er muß immer wieder hineinschauen, wie die Wellen anbrausen, wie sie brechen und sich im Sand verlaufen. Sie haben so große Gewalt und können doch nichts tun. Der schwache Sand ist stärker als sie.

I. Purwa überlegt: Woher kommen die Wellen? Wohin bewegen sie sich? Was kommt hinter dem vielen Wasser? Wer hält das Wasser zusammen, daß es sich nicht über das Land ergießt? Je länger I. Purwa über das Meer nachdenkt, um so mehr denkt er über sich nach. Bin ich wirklich stark, wie ich mir einbilde? Habe ich wirklich die Kräfte, von denen die Leute sprechen und vor denen sie sich fürchten? Was für Kräfte sind das, wenn ich mich selbst auch fürchte vor Kräften, die mir zu schaffen machen? Was wird einmal sein, wenn ich gestorben bin? Habe ich dann auch noch die gleichen Kräfte wie jetzt, oder muß ich dann ganz vergehen und werde ein Spielball der Kräfte und Dämonen, die mir schon jetzt zu schaffen machen?

Der Puppenspieler findet keine Antwort auf alle Fragen, die ihm bei der Beobachtung des Meeres und der Wellen kommen. Er empfindet nichts als Angst. Diese Angst verläßt ihn viele Tage nicht. I. Purwa sucht Vergessen bei der Arbeit. Auf seinem Reisfeld jätet er das Unkraut. Da hören seine Ohren einen seltsamen Klang. Es sind gesungene Lieder; Lieder, die er noch nie gehört hat. Dabei kennt er alle Lieder, die man auf seiner Heimatinsel singt. Er geht dorthin, wo gesungen wird. Die Töne kommen aus einem langen Haus. Nie hat der Puppenspieler ein so seltsames Haus gesehen. Es ist kein Tempel, kein Wohngebäude, keine Schule. Es sieht aus wie der langgestreckte Körper des Drachen Barong, der das Gute auf der Insel verkörpert.

I. Purwa späht durch einen Schlitz in der Bambuswand. Zwei Dutzend Menschen sitzen dort auf Bänken und singen. Es sind Menschen von der gleichen

Insel. Er versteht, was sie singen, und versteht doch nichts. Sie singen von einem Gott, den er nicht kennt. Sie singen von Jesus.
Plötzlich senken die Menschen die Köpfe. Sie beten. I. Purwa weiß nicht, was Beten ist. Er weiß nur, daß er den Kopf senkt, wenn er eine heilige Formel, einen Zauberspruch hersagt. Diese Menschen, so meint er, tun das auch. Sie werden mich gleich verzaubern. In Panik läuft I. Purwa fort.
Nun ist er weg vom Ort der anderen Kräfte, die I. Purwa fürchtet. Weil er mehr davon wissen möchte, schickt er seine Kinder hin. Die sollen genau beobachten, was jene Menschen tun, denn Kinder müssen sich nicht vor Dämonen fürchten. Die Kinder des Alten haben rasch herausgefunden, was in dem seltsamen Gebäude geschieht. Sie wissen auch, daß es sich um einen Kindergarten handelt, in dem abends Gottesdienst gehalten wird. Nicht für Hindus, das wissen sie, sondern für Christen. Wenn Christen beten, sieht es aus, als wollten sie sich ausruhen. Ob sie deshalb die Köpfe senken?
I. Purwa ist ein wenig beruhigt, als ihm seine Kinder berichtet haben. Nun will er mehr wissen. Überall forscht er nach den Sitten der Christen. Nicht weil er selbst Christ werden will, sondern weil er ihnen schaden möchte. Die sollen seine Macht zu spüren bekommen.
Wenn der Pfarrer abends mit seinem Rad zum Gottesdienst fährt, steht fortan mitten auf dem Weg ein großes Pferd und schnaubt ihn an. Der Pfarrer fürchtet sich vor diesem Gaul. Nie hat er so was Großes und Starkes gesehen. Er kehrt um. Im Kindergarten singt niemand. Die Leute sind heimgekehrt und fürchten sich. I. Purwa läßt sie wissen, daß er noch anderes tun könne, um ihren Gottesdienst zu verhindern. Sie sollten gefälligst zur alten und wahren Religion zurückkehren und den fremden Unsinn lassen.
Die kleine Gemeinde wendet sich an einen anderen Pfarrer. Der ist noch jung und gerade erst von einer Hochschule zurückgekommen. Ob er helfen kann? Der betet lange, bevor er sich auf den Weg zum Abendgottesdienst macht. Und er sieht kein Pferd. Er sieht es nicht ein einziges Mal.
I. Purwa wundert sich und fragt den Pfarrer, weshalb er sich nicht vor dem Pferd fürchte. „Ich habe nie eines gesehen!" antwortet ihm der Pfarrer.
Da beginnt I. Purwa zu zittern, denn er merkt, daß er einem Stärkeren gegenübersteht. „Woher hast du diese Kräfte?" will er wissen. „Ich habe keine Kraft", antwortet der Pfarrer, „ich vertraue nur auf Jesus."
„Wenn du auf Jesus vertraust und auf diese Weise Macht bekommst, dann will ich's auch versuchen. Vielleicht werde ich noch mächtiger als jetzt", sagt der alte Mann. Und gleich will er's versuchen. „Verschließe diese Tür", sagt er dem Pfarrer. „Wenn ich sie nicht aufbringe, dann ist dein Gott wirklich stärker."
Der Pfarrer verschließt die Tür auf ganz normale Art, und I. Purwa beginnt seine heiligen Formeln zu zitieren. Nichts an der Tür bewegt sich. Der Alte schwitzt und nennt andere Formeln. Aber nichts öffnet sich. Da bricht er zusammen und möchte, daß die Kraft Jesu in ihn einströmt.

Der junge Pfarrer gibt ihm klare Antwort: „Jesu Kraft strömt nur dann in dich ein, wenn Jesus in dir geboren wird." Und er erzählt dem alten Puppenspieler die Geschichte der Menschwerdung Gottes; das, was wir Weihnachten nennen. Die ganze Nacht erzählt der Pfarrer. Der Alte ist nicht müde geworden. Diese Geschichte kannte er nicht. Und wie er schweigend zuhört weiß er: das ist Wahrheit. Die einzige Wahrheit.
Als die Sonne aufgeht, weiß er: diesem Jesus muß ich gehören. Er läßt sich bald taufen und spürt, Jesus lebt in mir.
I. Purwa spricht jetzt keine Zaubersprüche mehr aus. Er kann nicht mehr 30 Zentimeter über dem Boden gehen und kann sich nicht mehr verwandeln. Aber er ist ganz verwandelt. Er ist ein Jesusnachfolger, der mit beiden Füßen auf der Erde steht und dennoch die Engel im Himmel singen hört: „Friede auf Erden und den Menschen ein Wohlgefallen."

Bertold Dowerk

171 Susilo konnte nicht lesen

Stichworte:	Indonesien, Schule, Bibel, Bibelausgabe für Leseanfänger, Bibel als Geschenk, schenken, Freundschaft
Zum Text/ Problemfeldbeschreibung:	Susilo, ein kleiner Junge in Indonesien, lernt zusammen mit seiner Klasse aus einer eigens dafür angeschafften Bibelausgabe für Leseanfänger lesen. Voller Stolz erwerben die Kinder die Bibelauszüge, um damit ihren Eltern oder den Angehörigen, die nicht lesen und schreiben können, zu Hause vorzulesen. Abdul, Susilos Freund, kann die Bibelauszüge allerdings nicht kaufen, da seine Eltern dazu kein Geld aufbringen können. Als wirklicher Freund schenkt ihm daher Susilo seine eigene Schulbibel.
Vorlesezeit:	20 Minuten
Vorlesealter:	ab 8 Jahren

Der Lehrer klopft mit seinem langen Zeigestock auf den Boden. Zwei kurze Schläge. Die Klasse hört sie nicht. Jeder redet und lacht einfach weiter. Herr Samadi klopft nochmals. Diesmal dreimal und lauter. Das wirkt. Alle Kinder setzen sich auf ihre Plätze. Nur Abdul hat nichts gehört und wirft noch schnell einen Bollen nach Susilo.
„Abdul!" Mehr sagt Herr Samadi nicht.
Abdul schaut erschreckt und schiebt sich schnell in seine Bank.
„Die Arme verschränken!" Alle Kinder kreuzen ihre Arme über die Brust und setzen sich gerade hin. Sie wissen, daß jetzt etwas passiert. Ihr Lehrer wird ihnen eine Geschichte erzählen. Eine Geschichte aus der Bibel. Zwanzig braune Augenpaare schauen ihn erwartungsvoll an.

Aber Herr Samadi fängt nicht an zu erzählen. Er fragt: „Wer weiß, was die Bibel ist?"

„Das Buch Gottes", „ein dickes, schwarzes Buch", „ein Buch über Jesus", „ein Buch der Weißen". Die Antworten gehen durcheinander.

„So kann ich nichts verstehen!" Der Lehrer tut so, als werde er böse.

„Saida, sag du uns: Was ist die Bibel?"

Saida flüstert verlegen. „Ein dickes, schwarzes Buch, Herr Samadi."

„Und was steht in der Bibel? Jetzt bist du dran, Nonja!"

„Geschichten, Herr Samadi. Geschichten über Gott und Jesus." Nonjas helle Stimme ist bis in die hinterste Bank zu hören.

„Und wer liest in der Bibel?"

Die Klasse ist einen Augenblick still.

„Der Pfarrer", sagt einer.

„Der Prediger," sagt ein anderer.

„Mein Vater", sagt Susilo, „wenn wir mittags gegessen haben."

„Hast du schon einmal selber in der Bibel gelesen, Susilo?"

„Ja, Herr Samadi, als Papa krank war. Damals gab Mama mir die Bibel, denn sie selbst kann nicht lesen. Aber ich konnte das auch nicht, das war zu schwer."

„Dann wird es Zeit, daß ihr selbst lernt, aus der Bibel zu lesen."

„O nein!" seufzt Abdul, denn er kann nicht besonders gut lesen. Und dann auch noch ein Buch, das sein Freund Susilo, der nun wirklich gut lesen kann, schwierig findet!

„Und jetzt lesen wir... ", Herr Samadi unterbricht, holt ein dünnes Büchlein und fährt fort: „aus der Bibel."

Die Klasse schaut ihn ungläubig an. „Das ist gar keine Bibel", sagt Nonja. „Auf dem Umschlag ist ja ein Bild!"

„Es gibt sogar viele Bilder in diesem Buch, schaut nur!" Herr Samadi blättert es schnell durch und zeigt es der Klasse. „Und doch ist dies eine Bibel." Er läuft durch die Reihen, damit jeder das dünne Bändchen mit den Bildern lesen kann. Als er wieder vorne ist, zeigt er ein Bild und fragt: „Wer weiß, wovon dieses Bild handelt?"

Aus Susilo sprudelt es heraus: „Das verlorene Schaf!" Und er erzählt auch gleich weiter: „Der Hirte hatte hundert Schafe, und da lief eines weg. Und dann suchte der Hirte das Schaf."

„Und wo steht diese Geschichte, Susilo", unterbricht Herr Samadi seinen Redefluß.

„In der Bibel, Herr Samadi", sagt Susilo.

„Also doch in der Bibel", sagt der Lehrer.

„Aber die Bibel ist doch ein dickes, schwarzes Buch!" Nonja bleibt hartnäckig. „Mein Vater hat eine Bibel!"

Herr Samadi lacht: „Du hast recht! Die Bibel ist meist dick und schwarz. Aber das muß nicht immer so sein. Wir Menschen geben ihr die Farbe. Wir können die Bibel auch anders machen. Diese hier", und wieder hält er das dünne

Büchlein mit dem Bild auf dem Einband hoch, „ist speziell für euch gemacht!"
„Es ist nicht die ganze Bibel, nur ein Teil davon. Und − Abdul", sagt Herr
Samadi tröstend, „auch weniger schwierig. Ich weiß genau, daß auch du sie
lesen kannst! Sollen wir einmal anfangen?"
„Ja", ruft die ganze Klasse.
Der Lehrer läuft zum Schrank, nimmt einen ganzen Stapel heraus und gibt
jedem Kind ein Büchlein. Sie fangen mit der ersten Geschichte an. Der Reihe
nach liest jeder einen Satz.

In den nun folgenden Wochen lernen sie jeden Tag aus dieser Bibel, aus ihrer
eigenen Bibel. Sogar Abdul macht gut mit. Er macht kaum noch Fehler. Und
eines Tages sind sie bei der letzten Geschichte angelangt. Und nun wird nicht
mehr Satz für Satz von jedem Kind der Reihe nach gelesen.
„Abdul", sagt der Lehrer, „du hast in den letzten Wochen viel gelernt. Ich
möchte, daß du uns die ganze Geschichte vorliest!"
Abdul sieht ganz verschreckt aus.
„Ja, Abdul, du kannst das, ich weiß es! Gib dir Mühe!"
Und Abdul fängt an, erst langsam, Wort für Wort, dann schneller und wie er
fertig ist, klatschen alle Kinder Beifall.
„Das hast du toll gemacht, Abdul!" sagt der Lehrer. „Ich wußte doch, das du
das kannst."
„Aber jetzt ist das Buch zu Ende!" trauert Nonja.
„Naja", sagt der Lehrer, „so ist das im Leben. Alles hat einmal ein Ende! Aber
ich habe eine Überraschung für euch! Fandet ihr diese Bibel schön?"
„Natürlich!" ruft die Klasse wie aus einem Mund.
„Wenn ihr morgen fünf Rupiah mitbringt, dürft ihr das Büchlein mit nach
Hause nehmen. Dann könnt ihr es euren Eltern und Geschwistern vorlesen!"
„Klasse!" ruft Nonja. „Dann lese ich es Opa und Oma vor, denn die können
nicht lesen."
„Gut", sagt der Lehrer, „dann habe ich noch eine Überraschung für euch."
Er geht zum Schrank und zeigt einen neuen Stapel Bibelhefte. „Ab morgen
habe ich ein neues Büchlein für euch."
„Können wir nicht schon heute damit anfangen?" fragen einige Kinder.
Herr Samadi lacht: „Das würde euch gefallen. Aber jetzt rechnen wir", sagt
er und legt den Stapel in den Schrank zurück.

„Mama, Mama", ruft Susilo, als er um Viertel nach zwölf nach Hause kommt,
„Mama, hör mal!"
Seine Mutter sitzt auf einem Hocker beim Feuer in der Küche. In einer Bratpfan-
ne − einer indonesischen mit rundem Boden − brät sie Gemüse an. In einem
Dreifuß hängt ein Topf mit Reis über dem Feuer. Das Essen ist bald fertig.
„Mama, hör mal", wiederholt Susilo, als seine Mutter aufschaut, „kann ich
fünf Rupiah haben?"

„Fünf Rupiah? Was willst du damit? Wir essen jetzt, und ich möchte nicht, daß du Süßigkeiten kaufst."

„Aber ich will doch gar keine Süßigkeiten kaufen. Ich möchte ein Büchlein kaufen. In der Schule. Herr Samadi hat gesagt, wenn wir fünf Rupiah mitbringen, dürfen wir es mit nach Hause nehmen. Du weißt doch, das Büchlein mit den biblischen Geschichten. Darf ich?"

Seine Mutter steht auf und lächelt Susilo freundlich zu. „Ich glaube schon", sagt sie, „aber wir müssen mit Papa darüber reden. Die Rupiah wachsen uns nicht auf dem Rücken. Und vergiß nicht, wir reden erst darüber, wenn wir gegessen haben."

Bei Susilo sitzt man nicht auf Stühlen an einem Tisch, sondern auf einem Teppich an einem niederen Tisch, etwa wie bei uns ein Couchtisch, nur niedriger, jeder hat einen Emailteller: Vater, Mutter, Susilo, sein kleiner Bruder und seine beiden Schwestern. Mit einem großen Löffel schöpft die Mutter aus dem großen angerußten Topf Reis auf die Teller, darüber kommt etwas Gemüsemischung aus dem Wadjang, der Bratpfanne mit dem runden Boden. Jeder bekommt noch einen Löffel Paprikagewürz dazu, nur sein jüngstes Schwesterchen nicht, denn das ist zu scharf für sie. Kaum ist das Essen aufgeschöpft, fängt Susilo schon an, weil er mit der großen Neuigkeit nicht warten kann: „Papa..." Aber seine Mutter schaut ihn warnend an, und Susilo weiß sofort, was sie meint. Er muß ja warten, bis sie gegessen haben. Schnell nimmt er den Löffel.

Als alle gegessen haben, sagt der Vater: „Susilo, hol doch bitte einmal die Bibel!"

Susilo steht auf, holt das dicke, schwarze Buch vom Fensterbrett. Er gibt es seinem Vater und setzt sich neben ihn. Der Vater öffnet die Bibel und fängt an zu lesen. Susilo versucht mitzulesen. Aber die Buchstaben sind so klein. Viel kleiner als in ihrer Bibel in der Schule. Und die Sätze sind lang und kompliziert, viel länger als die Sätze in der Schule. Und nach ein paar Zeilen weiß er schon nicht mehr, wo der Vater liest.

„Was habe ich gelesen, Susilo?" fragt der Vater.

Susilo schaut beschämt auf den Boden. Er weiß es nicht. Er mußte immer an das Büchlein in der Schule denken und an die fünf Rupiah, die er braucht, um es zu kaufen.

„Ich weiß es nicht", sagt er leise und verlegen.

„Und warum nicht?" fragt der Vater. „Hast du nicht zugehört?"

„Doch, Papa, aber ich mußte immer an unsere eigene Bibel in der Schule denken. Papa, darf ich die kaufen? Herr Samadi hat gesagt, wenn wir fünf Rupiah mitbringen, dann dürfen wir das Büchlein mit nach Hause nehmen."

„Fünf Rupiah für das Büchlein, das ist nicht viel." Der Vater steckt die Hand in seine Hosentasche und holt seinen Geldbeutel heraus. „Dann wollen wir mal schauen, ob noch fünf Rupiah drin sind." Langsam öffnet er den Geldbeutel, holt eine Münze heraus und fragt im Scherz: „Mutter, glaubst du, daß dies fünf Rupiah sind?"

Susilo hat längst gesehen, daß es mehr ist, eine Fünfundzwanzig-Rupiah-Münze.

„Dann kann ich fünf Büchlein kaufen", ruft Susilo fröhlich.

„Wozu brauchst du fünf Büchlein?" gibt der Vater lachend zurück. „Du kannst ja doch immer nur eines gleichzeitig lesen. Aber ich sehe, daß du rechnen kannst. Hier hast du die Münze. Vielleicht kann deine Mutter wechseln."

Susilo geht mit der Münze zu seiner Mutter. „Kannst du das kleinmachen?" fragt er.

„Kleinmachen nicht", sagt sie, „aber ich kann es in fünf Fünf-Rupiah-Münzen wechseln. Hier", sagt sie und gibt ihm das Kleingeld. „Behalte eine und gib die anderen deinem Vater."

Das macht Susilo, und er fragt noch: „Papa, wenn ich morgen meine Bibel habe, darf ich dann daraus vorlesen? Nach dem Essen?"

„Abgemacht", sagt der Vater. „Da freue ich mich darauf und dann kannst du mich ja fragen, ob ich weiß, was du gelesen hast."

„Ja, das machen wir, das machen wir!" Susilo tanzt durch das Zimmer. Auf einmal bleibt er stehen und schaut seinen Vater verschmitzt an: „Aber dann mußt du wohl gut zuhören!"

Der Vater schaut ihn über seine Brille hinweg an: „So gut, wie du heute zugehört hast?"

„Nein, Papa, besser!"

„Dann ist's ja gut!" sagt Papa.

Am nächsten Tag rennt Susilo in die Schule. Aber alle Augenblicke bleibt er erschreckt stehen und fühlt in seiner Hosentasche nach, ob die 5-Rupiah-Münze noch da ist. Ja, ganz tief unten in der Tasche. Auf dem Schulhof begegnet er seinem Freund Abdul. „Klasse, nicht?" sagt er. „Heute dürfen wir unsere Bibel mit nach Hause nehmen, und nach dem Essen darf ich daraus vorlesen."

Aber Abdul schaut ihn böse an und kehrt ihm dann den Rücken zu. Susilo schaut seinen Freund erstaunt an: „Was ist los, Abdul?"

Aber Abdul tut, als höre er ihn nicht.

An diesem Morgen ist die Klasse sehr unruhig. Im Klassenzimmer möchten die meisten Kinder ihre Münze sogleich Herrn Samadi geben. Aber er sagt, daß sie ihr Büchlein erst am Ende des Schultages bekommen. Erst müssen sie rechnen, singen und im Sprachunterricht aufpassen und an diesem Tag sogar noch ein Diktat schreiben. Es scheint, als wolle der Vormittag überhaupt nicht vorübergehen.

Endlich, endlich sagt der Lehrer: „Hefte wegräumen!" Und dann holt er aus dem Schrank einen Stapel Büchlein und legt ihn auf seinen Tisch.

„Jetzt könnt ihr der Reihe nach kommen. Ihr wißt doch: jeder darf eines kaufen, aber er muß nicht. Wer kein Geld dabei hat, darf schon nach Hause. Susilo ist als erster am Lehrertisch. Er gibt seine Münze ab und bekommt sein Buch. Er will es sich anschauen und schlägt die erste Seite auf: „Bibelausgabe für Leseanfänger, Teil A". Aber bevor er weiterlesen kann, sieht er, daß Abdul aus dem Klassenzimmer verschwindet – ohne Büchlein.

Er besinnt sich keinen Augenblick, sondern rennt seinem Freund hinterher. „Abdul, Abdul", ruft er. Aber sein Freund tut so, als höre er ihn nicht. Erst auf der Straße hat er ihn eingeholt. Er faßt ihn am Arm. „Abdul", sagt er, „Abdul, du hast dein Büchlein vergessen."

„Ich brauch das blöde Buch nicht." Abdul reißt sich los und läuft weiter.

„Aber du kannst jetzt doch so gut lesen! Dein Vater wird stolz sein, wenn er hört, wie gut du lesen kannst!"

„Mir egal."

Mit offenem Mund starrt Susilo seinen Freund an. „Aber..." stammelt er, „aber du hast doch gesagt, daß du es schön findest!"

„Stimmt nicht!"

„Stimmt doch!"

Und auf einmal fängt Abdul an zu weinen. Er wischt sich mit seinem Arm über die Backe und schluchzt: „Mein Vater hat keine fünf Rupiah. Ich darf es nicht kaufen. Wir sind zu arm."

Bevor Susilo merkt, was er tut, drückt er Abdul das Büchlein in die Hand und rennt nach Hause.

Seine Eltern und Geschwister sitzen schon am Tisch. Der Reis ist ausgeschöpft. „Setz dich schnell", sagt seine Mutter, „dein Vater muß früher weg heute. Er hat eine Versammlung."

Nach dem Essen schaut der Vater auf seine Uhr. „Ich habe noch genug Zeit. Susilo, gib doch mal... Nein", er unterbricht sich, „das stimmt, Susilo sollte ja aus seiner Schulbibel lesen. Hol sie mal, Susilo!"

Susilo schaut verlegen auf den Tisch, dann auf das Brett am Fenster, wo die große, dicke Bibel liegt. Soll er dann aus der großen Bibel lesen? Aber das traut er sich nicht. Er weiß, daß diese noch zu schwierig für ihn ist.

„Ich kann nicht lesen, Papa", sagt er etwas verstört.

„Was höre ich da?" fragt der Vater erstaunt. „Ich dachte, du kannst so gut lesen!"

„Das kann ich auch, aber ich habe kein Büchlein."

„Hatte Herr Samadi keins mehr für dich?" fragt die Mutter.

„Doch, aber..."

„Hast du es verloren?" unterbricht die Mutter, und auf einmal schießt ihr ein Gedanke durch den Kopf. Ihre Stimme bekommt einen strengen, fast bösen Klang: „Oder hast du das Geld vernascht?"

Da fängt Susilos Lippe an zu beben. Tränen rollen über seine Backen. Er

schüttelt den Kopf. „Nein, Mama. Ich habe mein Büchlein Abdul geschenkt. Er hatte kein Geld. Sein Vater ist arm."
Da nimmt die Mutter Susilo in den Arm: „Und deshalb hast du jetzt kein Büchlein?"
Susilo nickt.
„Papa", sagt die Mutter, „dann mußt du heute doch noch einmal die große Bibel nehmen."
Der Vater steht auf. Er geht aber nicht zum Brett am Fenster, sondern an den Schrank. Er holt ein dünnes Büchlein heraus, genau so eins wie in der Schule. Er legt es vor Susilo hin. Susilo schaut ihn erstaunt an. Das ist doch..., das ist doch die Bibel aus der Schule! Das ist das Büchlein, das er Abdul gegeben hat. Es sieht ganz neu aus, ganz ungebraucht. Susilo schaut seinen Vater verwundert an.
„Aber Papa, woher hast du das?"
Der Vater lacht und sagt: „Im Kindergottesdienst bekommen. Nicht alle Schulen verwenden dieses Büchlein, und da dachte ich, ich könnte es vielleicht im Kindergottesdienst gebrauchen. Alle Kinder sollen eins bekommen. Du darfst deines heute schon haben, um uns daraus vorzulesen. So, und jetzt still, bitte. Heute liest nicht Papa, sondern Susilo. Und jetzt hören wir zu."
Und Susilo hat noch nie so gut vorgelesen wie dieses Mal.

Jan J. van Capelleveen, übersetzt von Peter Buck

172   Die Bibel hat es mir angetan

Stichworte:	Indonesien, Kalimantan, Bibeltext, Bibel, Pfarrerin, Gottesdienst, Wahrheit, Unrecht, Muslime/Christen, Christenpflicht, Vertrauen
Zum Text/ Problemfeldbeschreibung:	Jonny, ein junger Minahasser, hat eine leitende Stelle bei einer japanischen Holzgesellschaft. Bei einem Einsatz im Innern von Kalimantan (Borneo) trifft Jonny auf eine kleine christliche Gruppe von Bauern. Diese sehen in ihm den gebildeten Christen, dem sie ihre Fragen zu Bibel und Glauben vorlegen können, was ihn veranlaßt, sich selbst intensiv mit der Bibel und mit seinem Christsein auseinanderzusetzen.
Vorlesezeit:	7 Minuten
Vorlesealter:	ab 14 Jahren

Weil die indonesische Regierung von ausländischen Firmen verlangt, auf allen Ebenen mehr einheimisches Personal zu verwenden, entschloß sich 1979 eine große japanische Holzgesellschaft, einige indonesische Techniker anzuwerben. Jonny Maramis aus Nord-Celebes wurde wegen seiner guten Zeugnisse beauftragt, den Maschinenpark in einem Holzfällerlager tief im Innern von Kaliman-tan instand zu halten. Er mußte die schweren Maschinen, Sägen und Traktoren unterhalten, sowie kleine Reparaturen erledigen. Nach einer knappen Einfüh-rungszeit gelang es dem jungen Techniker, die üblichen Abnutzungserscheinun-gen rasch zu erkennen, Maschinenteile zu ersetzen, bevor es zu Pannen kam. Auch verstand er besser als sein japanischer Vorgänger, mit den indonesischen Forstarbeitern umzugehen und sie im sachgemäßen Umgang mit den Geräten anzulernen. Die Arbeit machte Jonny Freude, Verantwortung und Lohn nah-men zu. Nach zehn Monaten im Urwald gewährte ihm die Gesellschaft einen zehntägigen Urlaub in Jakarta. Jonny besuchte dort seinen Onkel und trat als großer Herr auf. Er lud Vettern und Kusinen in gute Restaurants und Diskothe-ken ein, sie besuchten rauschende Feste, und immer bezahlte Jonny die Rech-nung. Sparen wollte er nicht, erklärte er, genießen müsse man das Leben, solange man jung sei. Nach weiteren sechs Monaten kam Jonny wieder in die Hauptstadt, verteilte Geschenke, wurde von den Jungen bewundert und weckte bei Onkel und Tante Unbehagen. Erst ein Jahr später kam er zum dritten Mal nach Jakarta. Er trat ruhiger und bewußter auf, kaufte Bücher, suchte die Gesellschaft der Älteren und wollte sogar sonntags in die Kirche gehen. Die Vettern waren zunächst enttäuscht, Onkel und Tante erstaunt. Alle hätten fürs Leben gern gewußt, was in Jonny gefahren war. Er erzählte ihnen folgen-des:

Nach meinem letzten Besuch wurde ich drei Holzlagern tief im Innern zugeteilt. Sie waren für mich nur mit dem Helikopter zu erreichen, denn wochenlange Schiffsreisen kamen nicht in Frage. Es wurde dort wie immer streng gearbeitet. Am Abend gab es nichts zu tun, als ein Stündchen Transistorradio zu hören, früh schlafen zu gehen und vom Urlaub in der Stadt zu träumen. Der Wald blieb mir unheimlich: Die Riesenbäume, die wir einen nach dem andern fallen ließen, die Narben, die unsere Maschinen in die Landschaft rissen, und die stillen Leute, die ihren Mais und ihre Süßkartoffeln da steckten, wo wir den Wald weggeräumt hatten. Manchmal kamen solche Bauern ins Lager, verkauf-ten frisches Fleisch und Früchte. Manchmal kam es zu einem Gespräch, das die Langeweile brach. Ein älterer Mann fragte mich, woher ich komme. Und als er hörte, ich sei Minahasser, fragte er, ob ich denn nicht Christ sei, was ich bejahte. Am nächsten Abend kamen drei ältere Männer. Sie standen feierlich vor meiner Hütte und baten mich um Hilfe. Meistens geht es den Leuten darum, ein Gerät auszuleihen oder ein Medikament zu bekommen. Diese Dajak aber wollten Auskunft über einen Bibeltext. In der alten Übersetzung heiße es: „Suchet zuerst das Reich Gottes und seine Wahrheit", und in der neuen: „...das Reich Gottes und seine Gerechtigkeit". Ich solle ihnen nun sagen, was gelte, die Religion, die einem einen Platz im Himmel sichere, oder die soziale Gerechtigkeit und ein besseres Leben für die Kinder. Seit meinem Konfirman-denunterricht hatte ich die Bibel nicht mehr aufgetan, und ich erklärte, ich wisse das nicht so genau. Aber sie ließen nicht locker: „Unser Bruder kommt aus der Stadt und hat mehr als zehn Jahre in der Schule gelernt. Er weiß viel mehr als wir, die nur vier Jahre Schule hatten. Unser Bruder soll uns nicht verachten und uns seine Weisheit mitteilen. Wir wissen, daß unser Bruder defekte Maschinen zum Laufen bringt, wie viel mehr kann er das Buch zum Reden bringen." Ich wollte das Gesicht nicht verlieren und ihr Vertrauen wert sein. Da ich am nächsten Tag in die Zentrale fliegen mußte, um Ersatzteile zu beschaffen, versprach ich, nach der Rückkehr Antwort zu geben.

In der Provinzstadt suchte ich das Pfarramt auf, und zu meinem Erstaunen wurde ich von einer reizenden jungen Pfarrerin empfangen. Sie lud mich gleich zum Abendessen ein. Ich fühlte mich wie zu Hause. Und wir verbrachten den Abend im angenehmen Gespräch. Nach der Rückkehr ins Lager konnte ich meinen Bauern sagen, es geht sowohl um die Wahrheit, die Christus verkündet, als auch um die Gerechtigkeit für die Menschen, denen er sich annimmt. Darauf stellten sie mir weitere Fragen, die ich teils aus den geliehenen Büchern beantworten konnte, teils verschob. Es war mir recht, wieder einen Grund zu haben, bei der freundlichen Pfarrerin eingeladen zu werden. Bald drängten die Dajak mich, am Sonntag mit ihnen Gottesdienst zu feiern. Ohne zu wollen, wurde ich so zum „predigenden Ältesten" und wälzte am Abend Bücher im Schein der Petroleumlampe, um herauszufinden, was ich meinen Urwaldbauern sagen sollte. Langweilig war es nicht mehr.

In einem anderen Lager wurde mir bewußt, daß ein Aufseher die Holzarbeiter hart anfaßte und lange Überstunden verlangte; oft verletzten sich die müden Männer, und es gingen mehr Sägen als anderswo kaputt. Ich forschte nach dem Grund und fand heraus: Der Aufseher hatte den Arbeitern teure Transistorradios verkauft; um sie zu bezahlen, mußten sie nun so viel arbeiten. Ich ließ mir einen dieser Transistoren zeigen – ein billiges Modell – und wir rechneten bald nach, daß nach vielen Monaten Arbeit der Preis schon lange beglichen sein mußte. Ich war empört und begann mich zu fragen, wie ich diesen Arbeitern zu ihrem Recht verhelfen konnte. Der Mann meiner Pfarrerin, ein Staatsbeamter, konnte mir helfen. Es gab harte Auseinandersetzungen, es fiel manchen Arbeitern schwer, zu ihrem Recht zu stehen und durchzuhalten, auch wenn ich nicht im Lager anwesend war. Aber schließlich wurde der ungerechte Aufseher versetzt. Auch in diesem Lager gab es manch gutes Gespräch am Abend. Ein strenger Moslem wollte wissen, warum ich als Christ mich für das Recht einsetze.

Ihr seht, die Bibel hat es mir angetan und läßt mich nicht mehr los. Ich will noch mehr davon verstehen, denn ich habe den Eindruck, nur so können wir am Aufbau unseres Landes mitarbeiten.

Marianne Katoppo / Marie-Claire Barth

Feuertaufe im Regenwald   **173**

Stichworte:	Philippinen, Stammestradition, Wasser, Feuer, Taufe, Taufe als Ortswechsel, katholische Kirche, Priester, Feier, Ostern, Osternacht, Tod/Auferstehung, Taufbewerber, Taufgewand, Feuertaufe, religiöse Bräuche, Röm 6,4
Zum Text/Problemfeldbeschreibung:	Das Minderheitenvolk der T'bolis auf Mindanao feiert das Osterfest und die Taufe in einer sehr eindrücklichen Art: Ein Prozessionszug von Taufbewerbern findet sich auf der dunklen Flußseite als Ungetaufte ein, durchwatet das Wasser und wird vom Priester getauft.
Vorlesezeit:	3 Minuten
Vorlesealter:	ab 11 Jahren

Hunderte haben sich auf dem großen Platz der Kirche eingefunden. Meterhoch schlagen die Flammen des Osterfeuers zum Himmel und beleuchten die vielen Gesichter der festlich gekleideten Menschen, die wie verzaubert ins Feuer blicken. Feuer bedeutet dem Volk der T'bolis, das eng mit der Natur lebt, Quelle aller Energie für das vom „Geist" geschenkte Leben.

Wie auf einen unsichtbaren Wink hin formiert sich die Prozession mit den 136 Taufbewerbern zum Fluß hinunter. Pechfackeln weisen den Weg. Nur hin und wieder vernimmt man ein leises Lachen, wenn jemand stolpert und den Zug ins Stocken bringt.

Emma Crespo, Katechist und rechte Hand des Missionars, gesellt sich zu uns und begleitet uns mit seiner rußenden Petroleumlampe, bis wir den Fluß erreichen. „Verzeiht, daß ich euch nun verlasse", entschuldigt er sich dann, „ich muß die ‚Neuen' auf die andere Seite bringen." Schemenhaft nur sind sie zu erkennen, als sie mit ihm und dem Priester über die bedenklich wackelnde Hängebrücke zum gegenüberliegenden Ufer balancieren.

„So verstehen wir die Taufe", flüstert neben uns ein Mädchen. „Alle Ungetauften finden sich auf der dunklen Flußseite ein. Dann durchwaten sie das Wasser. In der Mitte empfängt sie der Priester, um sie zu taufen. Und schließlich erwartet sie hier, wo unsere Fackeln und Kerzen Licht ausstrahlen, das neue Leben – und der Pate mit trockenen Kleidern", fügt es lächelnd bei.

Nie ist mir die Bedeutung von Osterfest und Taufe so bewußt geworden wie in dieser Nacht bei den T'bolis. „Wir wurden mit ihm begraben durch die Taufe auf den Tod; und wie Christus durch die Herrlichkeit des Vaters von den Toten auferweckt wurde, so sollen auch wir als neue Menschen leben" (Röm 6,4).

Den T'bolis, so erfahren wir von unserer Informantin, bedeutet die Taufe überdies eine Erinnerung an den Reinigungsakt, dem sich ihre Vorfahren zu bestimmten Festen unterzogen. Wasser symbolisiert für sie den Ursprung des Lebens. Und weil kein Geschöpf ohne Wasser leben kann, feiern sie jedes Jahr den März als Monat des Wassers.

Stunde um Stunde vergeht, ohne daß die Menge am Fluß unruhig würde. Und der Missionar tauft: Kinder, die sich knapp über Wasser halten können, Alte, die gestützt werden müssen, Zaghafte, die das Wasser scheuen, und Übermütige, die freiwillig dreimal tauchen und den Missionar am liebsten mitzögen. Mit leuchtenden Augen kommen sie zu ihren Familien und Freunden, nehmen dankbar ein trockenes Tuch entgegen und lassen sich, zitternd vor Kälte und Aufregung, das weiße Taufgewand mit dem roten Kreuz überziehen.

Kurz vor Mitternacht kommt auch Father Rex wieder an Land. „Wenn ich jemals nach Amerika zurückkehre, dann wird mir vor allem der Gedanke an diese Nacht Heimweh bereiten. Oft scheint mir, daß die Leute an keinem anderen Fest so zauberhaft feiern und musizieren."

Wie zur Bestätigung erklingen kurz darauf aus der Bambuskirche die Trommeln, Gongs und Zupfinstrumente. Staunend reiben sich die Täuflinge die müden Augen. Die Musik gilt ihnen, heißt sie willkommen im Kreis der christlichen Gemeinde von Lem Ehek, ihrem Heimatdorf am Sebusee.

Gisela Steinhuber

174   Verbundenheit zwischen Lebenden und Toten

Stichworte:	Philippinen, Tod, Trauer, Beerdigung, Sterben, Brauchtum, Totensitten, Gebetsfeiern, Totengebete, Totenwache, Sargbeigaben, Totenmahl, Trauerarbeit, Anteilnahme, Totengedenken, Familie, Bibelarbeit, ökumenische Zusammenarbeit, Katechetin
Zum Text/ Problemfeldbeschreibung:	Atty, eine Katechetin auf Mindanao, erzählt von den Totensitten der Ilocanos: Die Menschen sterben zu Hause und bleiben bis zur Beerdigung im Kreis der Familie. Freunde und Verwandte der Verstorbenen nehmen im Trauerritual und bei den Beerdigungsvorbereitungen wichtige Aufgaben wahr, wobei sich christliche Traditionen mit dem Brauchtum dieser Volksgruppe vermischen.
Vorlesezeit:	8 Minuten
Vorlesealter:	ab 13 Jahren

Atty ist Katechetin in der Pfarrei Mailag auf der Insel Mindanao im Süden der Philippinen. Sie wohnt in Simaya, einem kleinen Dorf, in dem viele Visayan und Ilocanos leben. Die Visayan sind aus den Visayas, der mittleren Inselgruppe der Philippinen, nach Mindanao eingewandert. Die Ilocanos stammen aus dem Norden, von der Hauptinsel Luzon. Atty ist fünfzig Jahre alt, Mutter und Hausfrau. Ihr Mann ist Landarbeiter, verdient nur wenig. So hilft sie bei den Arbeiten in den Reisfeldern und verkauft selbst gekochte Reisküchlein.

Trotzdem findet sie noch Zeit und Kraft, sich als Katechetin zu engagieren, in der Schule die Kinder im Glauben zu unterrichten, in der Kapelle bei der Vorbereitung der Gottesdienste und Gebetsfeiern zu helfen und die Totengebete zu leiten. Von diesen Totengebeten und dem unterschiedlichen Verhalten der Ilocanos und Visayan bei einem Todesfall hat Atty mir erzählt. Ich beschränke mich einfachheitshalber auf die Ilocanos. Sie scheinen mir etwas mehr altes Brauchtum bewahrt zu haben.

Die meisten Menschen sterben hier zu Hause und bleiben auch bis zu ihrer Beerdigung in ihren Familien. Haben die Angehörigen genug Geld, um die Tote* einbalsamieren zu lassen, wird mit der Beerdigung gewartet, bis sich die ganze Familie versammelt hat, was in der Regel einige Tage dauert. Sonst findet die Beerdigung innerhalb vierundzwanzig Stunden statt. Solange die Tote im Haus ist, wird sie keine Sekunde allein gelassen. Während dieser Zeit werden alle Arbeiten im Haus von Nicht-Familienmitgliedern erledigt. Auch die Vorbereitungen für das Begräbnis obliegen den Freunden, Freundinnen und Bekannten. So wäscht ein Nicht-Familienmitglied die Tote mit viel Wasser und kleidet sie mit ihren besten Kleidern. Sorgfältig wird darauf geachtet, daß der Leichnam nicht „weich" wird, denn das würde bedeuten, daß in der gleichen Familie schon bald wieder jemand stürbe. Um dies zu verhindern, gibt es eine ganze Reihe von entsprechenden Vorkehrungen und Gegenmitteln. Zum Schutz vor einem weiteren Todesfall wird z. B. die Tote auf ein Buschmesser gelegt und neben ihr wird Geschirr zerschlagen.

Die Tote liegt bis zu ihrer Beerdigung im Haus. Neben ihrem Kopf wird eine brennende Kerze gestellt, falls vorhanden auch ein Kruzifix oder ein religiöses Bild. Neben der Kerze liegt ein Teller, in den die Besucher und Besucherinnen Geld legen, um der Trauerfamilie zu helfen, all die Auslagen zu bestreiten. Reiche lassen die Tote einsargen, kaufen Kränze; doch die Armen müssen alles selber herstellen. Nachbarn oder Bekannte zimmern einen einfachen Sarg und ein Holzkreuz. Meistens werden sie weiß gestrichen oder mit weißem Papier beklebt, beziehungsweise umwickelt. Frauen und Mädchen falten Papierblumen. Oft werden farbige Crèpepapierblumen auf ein Bananenstrunkstück gesteckt; später auch ans Kreuz geheftet und auf den Sarg gelegt. All diese Arbeiten müssen von Nicht-Familienmitgliedern verrichtet werden, damit in der Trauerfamilie kein Streit ausbricht.

Solange die Tote im Haus liegt, wird auch von Nicht-Familienmitgliedern gekocht. Bei den Mahlzeiten wird auch der Toten ein voller Teller hingestellt. In konservativen Familien wird in dieser Zeit nicht gewischt, und die trauernden Angehörigen waschen und kämmen sich nicht. Als Zeichen der Trauer tragen sie ein weißes Stirnband.

---

* Einfachheitshalber wird nachfolgend nicht die weibliche und männliche Schreibweise, sondern nur die weibliche gewählt.

Die Nacht vor der Beerdigung wird im Haus der Toten durchgewacht. Kleinen Kindern wird alles mit in den Sarg gegeben: ihre Windeln, Kleidchen, Spielsachen oder die Milchflasche. Der halb zugenagelte Sarg wird von Nicht-Familienmitgliedern, meist Männern oder jungen Burschen, in die Dorfkapelle oder die Kirche in Bangcod und später auf den Friedhof getragen. Auch das Grab wird von Nachbarn und Bekannten geschaufelt. Die Gräber zeigen alle nach Osten, in Richtung des Sonnenaufgangs. Ein Ausdruck der Hoffnung und des Glaubens an ein neues Leben nach dem Tod. Im Trauerzug werden das Kreuz und die Papierblumengebinde dem Sarg vorangetragen. So marschieren zuvorderst oft Kinder und Jugendliche. Dem Sarg folgt das halbe Dorf, während Frauen mit kleinen Kindern oft zurückbleiben – ebenso jene, die das Totenmahl zubereiten. In der Kapelle oder Kirche wird gebetet und, falls nicht vorher geschehen, die Tote gesegnet. Dann wird der Sarg zugenagelt. Meistens findet das ohne Priester statt, denn ein besonderer Gottesdienst für die Tote müßte von der Trauerfamilie bezahlt werden, was sich die meisten nicht leisten können. Die allernächsten Angehörigen begleiten die Tote nicht bis zum Friedhof. So bleibt zum Beispiel der Ehepartner einer verstorbenen Frau in der Kapelle/Kirche oder kehrt bereits nach Hause zurück.

Auf dem Friedhof wird nochmals gebetet, bevor die Tote ins Grab gelegt wird. Hier am offenen Grab, wie vorher beim Einsargen und Verlassen des Hauses, wird der Schmerz von den nächsten Angehörigen, vor allem von den Frauen, offen gezeigt.

Sie schreien und schluchzen, werfen sich auf den Boden und klammern sich am Sarg fest. Bei den Männern hingegen geht oft schon die Schnapsflasche von Hand zu Hand. Der Schmerz wird ertränkt. Wer eine Handvoll Erde ins Grab geworfen hat, macht sich auf den Rückweg.

Wer den Friedhof verläßt, schreitet durch den Rauch eines kleinen Feuerchens aus dürrem Laub und Papierblumen. Dieses Feuer bewahrt die Trauernden vor Krankheit. Besonders gefährdet sind Schwangere und Menschen mit Schürfungen oder offenen Wunden. Zurück im Hause der Verstorbenen waschen alle, die vom Friedhof kommen, ihre Hände in einem Becken mit Wasser, in dem Guava- und Citrusblätter gekocht wurden. Dann folgt das Totenmahl, und am nächsten Tag beginnt die Novena, das neuntägige Totengebet.

An neun aufeinanderfolgenden Tagen versammeln sich Angehörige, Bekannte, Nachbarinnen und Freunde im Hause der Verstorbenen und beten für die Tote und die Zurückgebliebenen. Es gibt verschiedene Formen für diese Gebetstreffen: Rosenkranz, Heiligenlitaneien, Bibellesung, Wortgottesdienst. Die Trauerfamilie wählt die Form aus. Geleitet werden die Totengebete wieder von einem Nicht-Familienmitglied. Meistens ist es Atty. Da in Simaya sehr viele Familien verschiedenen Denominationen angehören, braucht sie immer häufiger die Form des „bible sharing"; gemeinsames Lesen eines Bibeltextes und Austausch darüber. So entsteht kein Streit über der Anrufung von Heiligen oder der Bedeutung Mariens für den christlichen Glauben. Die neuen, vom Bukidnon-

Institute of Catechetics empfohlenen Totengebete beinhalten Lieder, einen Bußakt, Bibelstellen zum Thema Tod und Auferstehung, eine kurze Ausführung dazu und Fürbitten. Diese Texte würden eine intensive Auseinandersetzung mit Sterben und Tod und christlichem Auferstehungsglauben ermöglichen, werden aber in den Dörfern noch kaum gebraucht.

Doch Trauerarbeit findet auch in den üblichen Novenas statt: ausgesparte Zeit zum Weinen und Beten, zum Klagen und Jammern, Entlastung von täglichen Arbeiten, Anteilnahme und Unterstützung eines größeren Kreises.

Nach der Novena essen alle Anwesenden zusammen eine Mahlzeit. Die Menschen, die an den Novenen teilnehmen, legen Geld in den bereitgestellten Teller oder bringen Eßwaren mit. Ihre Aufgabe ist es auch, die nächsten Angehörigen zu trösten, zu unterhalten und aufzuheitern. So wird nach der Novena manchmal gespielt und gesungen, geklatscht und gar getrunken.

Am dritten Tag und am Ende der neuntägigen Novena wird das Grab besucht. Sonst gehen die Menschen kaum auf den Friedhof, vom ersten und zweiten November abgesehen. Am Abend des dritten Tages stellt die Trauerfamilie einen Teller mit Asche aus dem Herdfeuer vor die Türe. Die Asche wird ganz glatt gestrichen, und falls am anderen Morgen darin Spuren zu sehen sind, hat die Tote die Trauernden besucht.

Manche gehen über Jahre hin auch am Todestag ihrer Angehörigen auf den Friedhof. Doch die meisten Gräber werden nur zu Allerheiligen und Allerseelen besucht. Für diese beiden Tage werden die Gräber gereinigt, vielleicht das Kreuz neu gestrichen oder Blumen auf das Grab gelegt. Überall brennen Kerzen auf den Gräbern, daneben liegen Nahrungsmittel und andere Opfergaben für die Toten: süße Reisspeisen, Lieblingsgerichte, Coca Cola, Zigaretten.

Am 2. November versammeln sich die Familien an den Gräbern. Nach dem Gottesdienst auf dem Friedhof werden alle Gräber neu gesegnet. Hier in den Philippinen ist der 2. November eines der wichtigsten Kirchenfeste des Jahres. Entsprechend bedeutsam sind auch die Totengebete und die persönlichen Gedenkfeiern. Wer zum Beispiel einen Jahrestag vergißt, wird im Traum daran gemahnt: Die Tote erscheint dem Vergeßlichen im Traum und bittet um Nahrung oder Wasser. Dann wird die Jahresfeier unverzüglich nachgeholt!

Beatrice Battaglia

175　Wir sind wie junge Bäume...

Stichworte:	Westguinea, Evangelium, Taufe, Taufbewerber, Taufname, Taufbekenntnis, Abendmahlsgottesdienst, Apg 8,34–39
Zum Text/ Problemfeldbeschreibung:	Bei den Yali in Angguruk in Westguinea findet eine große Taufe statt, zu der auch viele Leute aus Nachbardörfern versammelt sind. Es wird ein Wassergraben ausgehoben, damit die Täuflinge wie in den biblischen Vorgaben untergetaucht werden können. Anschließend wird als Stärkung der „jungen gepflanzten Bäume" ein Abendmahlsgottesdienst gefeiert.
Vorlesezeit:	4 Minuten
Vorlesealter:	ab 9 Jahren

Angguruk ist ein Dorf in West-Neuguinea, dem Teil der Insel, der zu Indonesien gehört. Angguruk ist ein winzig kleiner Punkt auf der Weltkarte, unbedeutend für die große und kleine Weltpolitik, aber wichtig in den Augen Gottes. Hier wurde das Evangelium von Jesus Christus verkündigt.

Nach zehn Jahren baten die ersten Yali um die Taufe, zunächst 208 Erwachsene. Die ersten 60 von ihnen wurden am 16. Januar 1972 getauft. Das war ein großes Ereignis. Zu diesem feierlichen Anlaß hatten sich etwa 1500 bis 2000 Menschen am Flugplatz von Angguruk versammelt.

Vor der Taufe erzählte einer der Ältesten die Geschichte vom Kämmerer und von Philippus: Wie der mächtige Kämmerer aus Äthiopien aus Verlangen nach einer Begegnung mit Gott nach Jerusalem reiste. Auf der Rückfahrt las er im Propheten Jesaja, verstand aber den Sinn nicht. Philippus, ein Jünger Jesu, kam zu ihm und erzählte ihm von Jesus. Der Kämmerer fing an zu verstehen und ließ sich taufen.

Noch einmal wurde allen die Bedeutung der Taufe erklärt. Dann wurden die Namen der ersten Täuflinge aufgerufen. Die Genannten legten auf die Frage, warum sie sich taufen ließen, ein spontanes Bekenntnis ab: „Ich bin gekommen, weil ich glaube, daß Gott mein Vater ist. Ich will im Garten Gottes arbeiten. Ich bin wie der Kämmerer. Ich verstehe noch nicht viel, aber ich möchte als Gottes Kind leben."

Mehrere Täuflinge wurden zusammen ins Wasser getaucht. Über die Form der Taufe hatten sich die Taufbewerber lange miteinander unterhalten. Sie hatten überlegt, ob man Männer zusammen mit Frauen taufen sollte. Sie wurden sich einig, daß nur der einzelne Mann und die einzelne Frau getauft werden konnten, denn jeder kann nur für sich seinen Glauben bekennen. Dennoch sollte er es nicht allein tun. Deshalb wurden sie zu mehreren getauft.

In einem waren sich alle einig: Auf allgemeinen Wunsch der Yali-Gemeinde sollten bei dieser ersten Taufe Leute aus möglichst vielen Dörfern vertreten sein. Daran wurde deutlich, daß Jesus Christus mehr meint als einen einzelnen oder ein einzelnes Dorf.

Über die Form der Taufe hatten sie lange nachgedacht. Die Yali hörten die Geschichten von der Taufe Jesu im Jordan und von der Taufe des Kämmerers. Darum wollten sie auch so getauft werden. Der Wassergraben neben dem Flugplatz von Angguruk wurde gestaut und zu einem Taufbecken hergerichtet. Das Untertauchen als Symbol für das Sterben und Neuwerden war für die Yali viel anschaulicher als eine Taufhandlung mit Besprengen. Nimmt das fließende Wasser nicht das Alte fort? Ist nicht Taufe Übergang vom Alten zum Neuen, von den Göttern zu Gott?

Die Yali denken nicht, daß sie mit der Taufe „fertig" sind. Im Anschluß an die Taufe fand der erste Abendmahlsgottesdienst statt. Einer der Ältesten der Gemeinde betete: „Wir sind wie junge Bäume, die gerade gepflanzt sind. Wir sind noch schwach und können leicht umfallen."

Klaus Zöller

Adventssingen mit Hindernissen 176

Stichworte:	Malaysia, Muslime/Christen, Weihnachtslieder, Advent, christliche Versammlungen, Solidarität, Brauchtum
Zum Text/ Problemfeldbeschreibung:	In einem kleinen Dorf in Malaysia ist es Brauch, daß die Christen unter dem Volk der Rungus zur Adventszeit von Haus zu Haus gehen, um Weihnachtslieder zu singen. Eines Tages haben die Kinder beschlossen, auch im Nachbardorf, das vorwiegend von Moslems und deren moslemischem Bürgermeister bewohnt ist, zu singen. Manggarin, der Bürgermeister, will daraufhin die Kinder verklagen, da sie vergessen hatten, das Adventssingen als christliche Versammlung genehmigen zu lassen. Glücklicherweise gibt es den Christen gegenüber einen wohlgesinnten moslemischen Landrat auf der Gerichtsversammlung, der in dem Brauchtum nichts Schlimmes entdecken kann, zumal er selbst den Kindern zur Adventszeit sein Haus öffnet.
Vorlesezeit:	5 Minuten
Vorlesealter:	ab 10 Jahren

Es ist noch gar nicht lange her, erst ein Jahr, als sich folgende Geschichte ereignete. Und die Kinder und Erwachsenen in dem Dorf, in dem Frau Bangag lebt, fragen sich, was wohl zu dieser Avents- und Weihnachtszeit im Jahr 1983 geschehen wird. Ob es wieder Ärger geben wird? Nein, das ist kaum vorstellbar, auch wenn es im letzten Jahr ziemlich aufregend zuging.

Frau Bangag gehört zum Volk der Rungus. Sie lebt in einem Dorf in Sabah. Sabah liegt im Norden der Insel Borneo und ist ein Teil des Staates Malaysia.

Ein Teil der Bewohner Sabahs sind Muslime. Sie glauben wie die Christen, daß es nur einen Gott gibt, der die Welt gemacht hat, der die Menschen am Leben erhält und sie beschützt, aber auch bestraft, wenn sie falsch handeln. Sie nennen diesen Gott Allah. Viele Muslime haben auch von Jesus Christus gehört; aber sie können nicht glauben, daß Gott auf der Erde einen Sohn hatte, wie die Christen es glauben. Und wenn die Christen zu Weihnachten den Geburtstag von Jesus Christus feiern, so schütteln die Muslime nur den Kopf.

Frau Bangag besuchte im Sommer 1983 Christen in Deutschland und dabei erzählte sie von dem „Adventssingen mit Hindernissen", das die Kinder ihres Dorfes so sehr in Spannung und Aufregung versetzt hatte.

In dem Dorf, in dem Frau Bangag wohnt, glauben alle an Jesus Christus. Jedes Jahr zur Adventszeit gehen Kinder und Jugendliche von Haus zu Haus, um Weihnachtslieder zu singen. Das Singen macht ihnen großen Spaß. Und mit ihrem Gesang möchten sie alle Leute einladen, am Heiligen Abend zum Weihnachtsgottesdienst zu kommen. Die Erwachsenen freuen sich über diese nette Art, das Weihnachtsfest einzusingen und schenken den Kindern Dinge, die sie gern essen, und manchmal auch Geld. Das Geld ist dann für die Arbeit der Kirche bestimmt. Und die Kinder liefern es treu bei ihrem Pfarrer ab.

Im Jahr 1982 nun hatten die Kinder beschlossen, auch in das Nachbardorf zu gehen. Hier leben zwar auch Christen; nur wagten sie es im letzten Jahr nicht mehr, dies laut zu sagen. Denn sie hatten einen Bürgermeister bekommen, der Moslem war. Und er hatte die Möglichkeit, Reis auszuteilen, den alle dringend benötigten. Denn es hatte schon lange nicht mehr geregnet, und die Ernte war ausgeblieben. Außerdem ist es in Sabah die Regel, daß alle christlichen Versammlungen beim Bürgermeister oder bei der Regierung genehmigt werden müssen. Die Kinder hätten sich niemals träumen lassen, daß ihr Adventssingen „genehmigt" werden müßte.

Alle Christen im Nachbardorf hatten ihre Türen und Fenster weit aufgemacht, um genau mitzubekommen, was die Kinder sangen: „Bald feiern wir die Geburt Jesu Christi. Freut euch und kommt alle herbei!"

Kaum waren die Kinder bei anbrechender Dunkelheit in ihr Dorf zurückgekommen, tauchte Manggaring, der muslimische Bürgermeister des Nachbardorfes auf. Zur gleichen Zeit kam Frau Bangag, die Frau des Pfarrers, von ihrem Feld zurück. Manggaring beschimpfte sie.

„Was ist denn los?" wollte Frau Bangag wissen.

Doch der Bürgermeister fragte nur: „Wo ist dein Mann?"

Frau Bangag antwortete: „Er ist nicht zu Hause. Er ist gerade bei einer Besprechung mit anderen Pfarrern."

„Nun", sagte Manggaring, „so will ich dir sagen, daß ich die Kinder und euch Christen vor Gericht verklagen werde. Ihr habt nicht gefragt, ob ihr singen dürft."

Die Kinder waren sehr aufgebracht über diese Rede und wollten den fremden Bürgermeister aus ihrem Dorf hinauswerfen.

„Nein, das dürft ihr nicht", meinte die Frau des Pfarrers. „So handeln Christen nicht. Es wird schon alles in Ordnung kommen."
Zwei Tage später gab es tatsächlich eine Gerichtsverhandlung, nicht etwa im Dorf, sondern in der Kreishauptstadt. Alle Kinder, der Pfarrer und seine Frau Bangag mußten vor Gericht erscheinen. Den Vorsitz hatte ein anderer höherer Beamter, ein Landrat, der auch Moslem war. Hier nun wurde Manggaring sehr, sehr überrascht. Das Urteil, das der Landrat sprach, hätte er nie erwartet. Vor allem nicht, daß die Kinder ohne jede Strafe davonkommen würden. Doch der Landrat, der die Gewohnheiten der Christen kannte und achtete, sagte: „Was ist daran schon Böses, wenn diese Kinder zur Adventszeit singen? Wenn hier in meine Stadt Christen kommen und mit ihren Weihnachtsliedern Freude machen, so kommen sie auch in mein Haus. Und ich gebe ihnen sogar Geld für ihre Kirche. Die Kirche tut doch nichts Schlimmes in unserem Land."
So mußte Manggaring unverrichteter Dinge nach Hause zurückkehren. Ob er wohl sehr enttäuscht war? Nein, noch nicht einmal dies. Er hatte nachgedacht. Und dann hatte er sich aufgemacht, um die Christen in Frau Bangags Dorf zu besuchen und mit den Kindern zu sprechen. „Wenn ihr zum nächsten Weihnachtsfest in meinem Dorf singt", sagte er, „dann kommt doch, bitte, zuerst in mein Haus."
Die Kinder werden es dieses Jahr gewiß tun. Und vielleicht erleben sie dabei wiederum eine Überraschung, aber ganz gewiß eher eine fröhliche als eine traurige.

Reinhilde Freise

Ein Kreuz gegen den Haß 177

Stichworte:	Papua-Neuguinea, Blutrache, Ahnenkult, Versöhnung, Jesus Christus, Kreuz, Kruzifix, Trauer, Vergeltung, Haß, Frieden stiften
Zum Text/ Problemfeld- beschreibung:	Ein Christ in Papua-Neuguinea, dessen Sohn der Blutrache zum Opfer gefallen ist, kann dadurch, daß er ein Kruzifix schnitzt, mit seinen Gefühlen der Trauer und dem Wunsch nach Vergeltung fertig werden.
Vorlesezeit:	3 Minuten
Vorlesealter:	ab 12 Jahren

Kelaua, nördlich von Madang in Papua-Neuguinea. Die Hitze flimmert über den Bougainvillesträuchern. Vor seiner Hütte hockt ein älterer Mann. In der einen Hand ein Stück Holz, in der anderen ein Messer. Das Holz hält er zusätzlich mit den Knien. Mit dem Messer schnitzt er verbissen auf dem Holz herum.

„Abinon" grüße ich, und „Abinon" antwortet er mir.

Ich hocke mich zu ihm, schaue bei der Arbeit zu. Das Holz nimmt Gestalt an. Rohe Formen sind zu erkennen.

„Was wird das?"

„Tingting belong mi — etwas, das mir etwas bedeutet."

Und dann erzählt er. „Gestern haben wir meinen Sohn begraben. Er war ein guter Sohn."

Bald erfahre ich die ganze Geschichte. Linu war mit seiner Familie hierher aus dem Busch gekommen. Er und seine Söhne erhofften Arbeit, besseres Leben, irgend etwas, das anders sein sollte als daheim am Sepikfluß. Dann hatte ein Mitglied seines Stammes in Madang eine alte Frau überfahren. Sie war einfach in den Lastwagen gerannt. Das Blut der Frau schrie nach Rache, wieder mußte ein Mensch sinnlos sterben. Und so wurde der Sohn des Alten mit der Axt erschlagen. Aber auch sein Blut schreit wieder nach neuen Opfern.

Während er stockend, langsam, fast unbeteiligt erzählt, schnitzt Linu immer weiter an dem Holz. Es wird ein Kreuz, ein Kruzifix. „Aber wir sind doch Christen", sagt er, und um das rohwirkende Antlitz entsteht eine Krone, ein Häuptlingsband. Das Gesicht des Christus ist das seines strengen Richters. Über ihm ein Vogel. Ist es eine Taube? Ein Toten- oder Ahnenvogel? Es wirkt, als hänge er an den Beinen aufgehängt, sein Schnabel zeigt auf den Gekreuzigten: „Seht her, das ist der Sieger über Blutrache, Haß und Ahnenkult!" Segnende Hände sind weit offen, weisen aber auch ab, alles, was von der Liebe dieses Christus trennen will, wirken, als wollten sie Frieden stiften.

Der alte Mann ist mit dem Schnitzwerk fertig, wischt die Hände im Gras ab, reibt über die Augen. Erstmals schaut er mich an. „Meine Trauer steckt in diesem Christus. Wir müssen nicht immer töten. Aber mein Sohn, ja, er war ein guter Sohn!"

Jochen Lay

Wie ein Ureinwohner das Evangelium liest   178

Stichworte: Australien, Ureinwohner, Zeremonien, Gesetze, Legenden, Mose, Propheten, Jesus Christus, materielle Güter − geistliche Güter, Natur, vorzeitliche Gestalten, Zentren des Lebens, Leben, Eucharistie

Zum Text/ Problemfeld-beschreibung: Auf dem Hintergrund der Religion seiner Väter, der Ureinwohner Australiens, versucht ein katholischer Christ, das Alte und Neue Testament der Bibel zu lesen und zu verstehen. Dabei entdeckt er viele Gemeinsamkeiten.

Vorlesezeit: 5 Minuten

Vorlesealter: ab 14 Jahren

Zutiefst sind wir Ureinwohner ein religiöses Volk. Wir hatten nicht viele materiellen Güter. Aber wir waren reich an spirituellen Gütern. Wir kannten viele Zeremonien, Gesetze, Legenden. Es war diese starke religiöse Seite, die uns etwas werden ließ. Sie gab uns unsere Identität, unsere Würde, unsere Selbstsicherheit.

Gott begann sich nicht erst mit der Menschwerdung seines Sohnes um die Menschen zu kümmern, auch nicht mit Mose und den Propheten, auch nicht mit Abraham. Mein Volk existierte hier in Australien Tausende von Jahren vor Abraham. Durch alle Zeiten hindurch war Gott mit meinem Volk.

Wenn ich die Evangelien lese, dann lese ich sie als ein Ureinwohner. Es gibt viele Dinge im Evangelium, die mich froh sein lassen, daß ich ein Ureinwohner bin. Denn ich denke, wir sind gut vorbereitet. Vieles von dem, was Christus sagte und tat, und die Art und Weise, wie er lebte, ruft in mir die guten Dinge unserer Lebensweise in Erinnerung. Christus war nicht um materielle Güter besorgt. In Wirklichkeit sah er sie als Dinge an, die sich uns in den Weg stellen und daran hindern, zu unserem wahren Land zu kommen.

Er wurde draußen im Land in einer Höhle geboren, wie viele von uns geboren wurden. Er wanderte umher wie wir und hatte nichts, wo er sein Haupt hinlegte. Er hatte nichts, als er am Kreuze starb. So sterben viele von uns: mit nichts. Er hatte seine eigene kleine Gruppe, mit der er lebte, wie wir das tun. Das Teilen war ihm wichtig: „Wenn einer deinen Rock will, gib ihm auch deinen Mantel."

Wir machen viele Dinge ähnlich. Natürlich ging er viel weiter: In der Eucharistie gab er Anteil an sich selbst, wie das kein anderer sonst tun könnte.

Er liebte den Wald, wie wir das tun. Er liebte die Natur. Er sah in den Lilien auf dem Felde eine Herrlichkeit, größer als die von Salomon. Er liebte die großen Dinge wie die Berge und die offenen Weiten. Er liebte die kleinen Dinge wie den Samen der Senfstaude und das Weizenkorn, die Tropfen kalten Wassers und kleine Sperlinge. Wir haben ähnliche Dinge wie Samen und Beeren und die Yamwurzeln, kleine Wasserlöcher, und wir lieben die Ruhe der Berge und des Waldes.

Wie er haben wir ein tiefes Verständnis für Gott in der Natur. Wir lieben die Art und Weise, wie er die Dinge der Natur benutzte, um zu lehren, und die gewichtige Rolle, die die Natur in den Sakramenten spielt.

Wir kennen vorzeitliche Gestalten, die unsere Welt schufen, die uns Gesetze und Zeremonien und Zentren des Lebens gaben, von denen unsere Lebensgeister stammen. Wir finden es leicht, in Christus die große vorzeitliche Gestalt zu sehen, die uns mehr als alle anderen Gesetze und Zeremonien und Zentren des Lebens gab und die uns den Weg vorzeichnete, dem wir folgen müssen, um in unser wahres Land zu kommen.

Es gibt gewisse Dinge in der Natur, die mit dieser vorzeitlichen Welt zusammenhängen. Wir nennen einige von ihnen Bruder oder Schwester. Sie repräsentieren nicht nur diese vorzeitliche Gestalt, sondern in gewisser Beziehung sind sie diese selbst. Er lebt in ihnen und er ist sie, könnte man sagen. Deshalb fällt es nicht besonders schwer, sich vorzustellen, daß Christus immer mit uns ist – derselbe gestern, heute und in Ewigkeit.

Wir finden es nicht fremd, wenn er sagt, er sei das Leben und daß wir mit seinem Leben leben können und müssen und daß wir in diesem seinem Leben wir eins sind. In gewisser Weise lebt er in uns und ist er wir selbst, so daß wir das, was wir füreinander tun, für ihn tun.

Boniface Perdjert

Weltweite
Ökumene

179   An die Kinder in aller Welt: Eine wahre Geschichte

Stichworte:	Die Eine Welt, weltweite Kirche, Ökumenischer Rat der Kirchen, Erwachsene – Kinder, miteinander leben, voneinander lernen, Friede, Gerechtigkeit
Zum Text/ Problemfeldbeschreibung:	Im September 1980 veranstalteten der Ökumenische Rat der Kirchen und der Lutherische Weltbund gemeinsam eine internationale Konferenz anläßlich des 200jährigen Bestehens der Sonntagsschule (Kindergottesdienst). Der Tagungsort: Evian am Genfer See. Tagungsthema: Kinder als aktive Partner in der christlichen Gemeinde. Die Konferenz mit ihren 140 Delegierten aus 51 Ländern verabschiedete einen Brief an die Kinder, in dem das Miteinander-Leben und Voneinander-Lernen von Erwachsenen und Kindern im Mittelpunkt steht. Wo und wie dieser Brief entstanden ist, woher die Teilnehmer dieser ökumenischen Konferenz kamen und worüber sie beraten haben, davon berichtet diese Erzählung.
Vorlesezeit:	9 Minuten
Vorlesealter:	ab 8 Jahren

Ziemlich genau in der Mitte von Europa gibt es einen schönen See. An seinen Ufern liegen Städte und Dörfer. Hinter den Städten und Dörfern ragen hohe Berge gen Himmel. Einer heißt Montblanc, d. h. der weiße Berg. Er ist mit Schnee bedeckt, der nie schmilzt. Der „Weiße Berg" ist der höchste Berg Europas. Europa ist nicht nur ein Land, sondern ein ganzer Kontinent wie Afrika, Asien, Amerika, Australien. Zu einem Kontinent gehören viele Länder. Europa ist der kleinste Kontinent von allen. Man nennt ihn auch „Die Erste Welt". In Wirklichkeit gibt es aber keine erste, zweite und dritte Welt, sondern nur eine Welt: Unsere Erde mit Ländern und Meeren, die rund ist wie ein großer Ball. Die Christen glauben, daß Gott diesen großen Ball in seiner Hand hält und daß er alle Menschen auf dieser Erde lieb hat wie seine Kinder: die schwarzen und weißen, die roten, gelben und braunen. Deshalb gehören sie zusammen wie eine große Familie.

An dem See in der Mitte Europas liegt die Stadt Genf. In dieser Stadt haben Christen aus aller Welt ein Haus gekauft, ein Haus, das da ist für die große Familie der „Kinder Gottes". Sie haben Menschen ausgewählt und zu ihnen gesagt: „Geht ihr in das Haus in Genf und arbeitet dafür, daß wir uns treffen und miteinander sprechen können. Helft ihr dabei, daß wir uns kennenlernen und voneinander lernen können. Sorgt ihr auch dafür, daß die Kinder in unseren Ländern nicht vergessen werden. Kümmert euch um sie. Denn wir alle, groß und klein, gehören zu der einen Familie der Christen, die man die „weltweite Kirche" nennt.

Die Leute in dem Haus in Genf haben Briefe in viele Länder der ganzen Welt geschrieben. Darin stand: „Bitte, kommt an den See von Genf! Wir wollen darüber sprechen, was wir für die Kinder auf der Erde tun können. Wir wollen überlegen, wie Kinder und Erwachsene, Große und Kleine, als Christen zusammenleben und sich gegenseitig helfen können."

140 Leute aus 51 Ländern haben sich auf die Reise gemacht. Sie kamen im Auto, in der Eisenbahn und im Flugzeug. Von einigen will ich erzählen: Es kam Pfarrer Viliami von den Samoa-Inseln, die mitten im größten Meer der Erde liegen, dem Stillen Ozean. Pfarrer Viliami ist sehr groß, er hat braune Haut und fast schwarze Augen. Wenn Pfarrer Viliami die Leute besuchen will, die zu seiner Kirche gehören, muß er mit dem Schiff von einer Insel zur anderen fahren. Die Samoa-Inseln liegen genau auf der anderen Seite des großen Erdballs wie der See von Genf. Wenn dort die Sonne aufgeht, geht sie in Genf unter. Deshalb hat Pfarrer Viliami unterwegs einen Tag verloren. Zum Glück hat er ihn auf der Rückreise wiedergefunden, sonst wäre sein ganzer Kalender durcheinandergeraten.

Von Island, einer Insel im nördlichen Atlantischen Ozean, kam Herr Bernhadur. Er hat weiße Haut, helle Haare und blaue Augen. Island heißt eigentlich Eisland, denn es liegt ganz nahe am Eismeer, wo es riesige Eisberge gibt, die im Wasser schwimmen. Aber in Island ist es gar nicht so kalt wie der Name sagt. An einigen Stellen kommt fast kochendes Wasser aus der Erde, und es gibt dort Berge, die manchmal Feuer und heiße Asche ausspucken. Das Feuer in der Erde macht das Land warm.

All die Leute, die an dem See von Genf zusammengekommen sind, haben sich gegenseitig viel erzählt von den Kindern in ihren Ländern. Frau Carmela aus Peru erzählt von Augusto, der hoch oben in den Bergen lebt auf der höchsten Hochebene der Erde. Seine Eltern sind sehr arm. Oft können sie ihren Kindern nicht genug zu essen geben. Auf dem schlechten Boden wächst wenig, und sie haben kein Geld, etwas zu kaufen. Manchmal kann Augusto in die Schule gehen. Er braucht einen ganzen Tag, um dorthin zu kommen. Seine Schwester Manuela muß zu Hause bleiben, weil sie auf die kleinen Geschwister aufpassen muß. Augusto will viel lernen, damit er bald helfen kann, daß alle Kinder in seinem Land satt werden und zur Schule gehen können.

Herr John erzählt von Kindern, die in einem Land wohnen, wo es Krieg unter den Menschen gibt. Oft wird auf der Straße geschossen. Auch Kinder sind getroffen worden. Einige sind gestorben, und andere haben ein Bein oder einen Arm verloren. Sie können nichts dafür, daß es Krieg gibt in ihrem Land. Die Christen in diesem Land beten darum, daß sich die Menschen nicht mehr gegenseitig hassen und töten.

Herr Peter erzählt von Michael, der in einer großen Stadt in Europa lebt. Er wohnt in einem schönen Haus und hat jeden Tag genug zu essen. Doch wenn er aus der Schule kommt, ist niemand da. Er hat keine Geschwister, sein Vater ist fortgegangen, und seine Mutter kann nicht mehr lachen und sich freuen. Er hat oft Angst in dem großen Haus und fühlt sich allein und verlassen.

Herr Sakey von Neuguinea erzählt, wie schwierig es ist, den Kindern in seinem Land die Geschichten von Jesus zu erzählen. Es gibt dort viele Dörfer, aber nur wenige Straßen, um die Kinder zu besuchen. Außerdem sprechen die Leute in seinem Land 700 verschiedene Sprachen. In welcher Sprache soll er den Kindern in den Dörfern die Geschichten erzählen? Er wünscht sich, daß die Kinder eine Sprache lernen, die alle verstehen.

Eine Woche lang sind die Leute aus den vielen Ländern an dem See zusammen gewesen. Bevor sie wieder abgereist sind, haben sie den Kindern einen Brief geschrieben:

„An die Kinder in aller Welt!

Wir grüßen Euch im Namen Jesu.

Wir sind in Evian am Genfer See und nehmen an einer internationalen Konferenz teil.

Hier werden viele Sprachen gesprochen. Wir kommen aus 51 Ländern. Wir gehören zu verschiedenen Kirchen.

Wir sind für eine Woche zusammengekommen, um miteinander nachzudenken. Wir wollen herausfinden: Wie können alle Menschen – von den jüngsten bis zu den ältesten – gut miteinander auskommen? Wie können alle Menschen die Liebe, die Gott uns gibt, miteinander teilen?

Wir wollen lernen, miteinander zu reden. Wir wollen lernen, gemeinsam zu spielen. Wir wollen lernen, zusammenzuarbeiten. Wir wollen von Euch lernen. Und wir müssen mit Euch darüber sprechen, was wir voneinander lernen können.

Wir möchten mit Euch Gott loben und ihm dienen.

Wir haben in dieser Woche in der Bibel gelesen. Wir haben vieles von Menschen aus aller Welt erfahren. Wir haben schöne, aber auch sehr schlimme Berichte über Kinder in der ganzen Welt gehört. Und wir haben darüber gesprochen, was jeder in seinem Land und in seiner Kirche erlebt und tut. Uns ist aufgefallen, wie jeder die Welt anders sieht und beurteilt.

Aber gemeinsam müssen wir uns um Frieden und Gerechtigkeit in der ganzen Welt sorgen. Dafür müßt Ihr beten. Und dafür müssen wir beten.

Laßt uns Gott überall loben und preisen."

Die Leute in dem Haus der weltweiten Familie Gottes in Genf freuen sich sehr, wenn auch Ihr einen Brief an sie schreibt. Erzählt ihnen, wie Ihr zu Hause lebt, in der Schule, in der Kirche.

Denkt darüber nach, wie bei Euch Große und Kleine helfen können, anderen Kindern zu zeigen, daß Gott sie lieb hat.

Wir freuen uns auf Eure Briefe.

Rosemarie Deßecker

Eine Pfennig-Geschichte   **180**

Stichworte:	Indien, Frauen-Initiative, Frauentreffen, Gemeinschaft der kleinsten Münze, Brücken bauen, Grenze, Haß, Feindschaft, zwischenkirchliche Hilfe, Armut
Zum Text/ Problemfeld- beschreibung:	Die Geschichte erzählt von der Initiative asiatischer, vor allem indischer Frauen, die seit 1956 die „Gemeinschaft der kleinsten Münze" ins Leben gerufen haben: eine Hilfe der Armen für die Armen in aller Welt.
Vorlesezeit:	5 Minuten
Vorlesealter:	ab 12 Jahren

Der blaue Luftpostbrief war in Atlanta (Bundesland Georgia) in den Vereinigten Staaten abgestempelt. John Howard hieß der Absender. Shanti Solomon drehte ihn in der Hand hin und her und überlegte: „Kenne ich diesen Mann? – Nein." Aber er hatte ihre Anschrift klar und richtig geschrieben. Sie öffnete den Umschlag und las:
„Sie haben mir geholfen, wie es nur eine Mutter tut. Wer hätte sonst Geduld mit einem Sohn, der auf unrechte Wege gekommen ist? Daß ich loskam vom Rauschgift und nun schon lange Zeit einen ordentlichen Beruf habe, das verdanke ich Ihrer Hilfe. Schade, daß der Weg nach Indien so weit ist; ich würde gern wissen, wie Sie aussehen und wo Sie leben."
Shanti Solomon freute sich über diesen Brief. Sie bekam öfter solche Briefe. Daraus las sie vor, wenn sie indische Frauen in ihren Dörfern und Städten, Schulen und Kirchen besuchte. Erst gestern war ein großes Frauentreffen in Mayuram gewesen. Hunderte von christlichen Inderinnen hatten miteinander Gottes Wort gehört, gebetet, gesungen – und beraten, wie sie anderen Menschen helfen könnten. Viel Frohes hatte Shanti dabei erlebt.
Am frohesten war sie über den Eifer der Dorf-Frauen bei der Sache mit der „kleinsten Münze". Sie hatten einen Wettbewerb ausgedacht: Wer hat die schönste Streichholzschachtel bemalt oder beklebt? Ein lustiger Berg Schachteln war das am Ende, als alle Frauen ihre Gabe hingelegt hatten. Eigentlich hätten sie alle einen Preis verdient für die schönen Muster auf den Schachteln. Aber noch wichtiger als die Schachteln war das, was darin war: mindestens zwölf kleine Münzen. Denn die „Gemeinschaft der kleinsten Münze" sammelt ja Geld. Die Frauen wollten nicht nur hören und beten, sondern auch etwas tun, anderen Menschen helfen.
Können denn arme Menschen helfen? Ganz gewiß! Die Christen in Asien beweisen es seit 1956. Sie können zwar jeden Monat nur jeweils die allerkleinste Münze opfern – aber weil das so viele tun, kommt auch viel zusammen. Hauptsache ist, daß alle regelmäßig treu mitmachen, die einen einmal im Monat, die anderen jede Woche mit der kleinsten Münze in ihrer kleinen Schachtel.
„Wo haben wir wieder helfen können?" fragten die Frauen dann, wenn sie

zusammenkommen. Da gibt es viel zu berichten, immer Neues. Zum Beispiel aus Afrika.

Mütter in einer Großstadt in Afrika hatten viel Mühe mit ihren Kindern. Da schickten die Frauen aus Asien eine Japanerin nach Nairobi. Sie war ausgebildet für die Leitung eines Kindergartens und zeigte den afrikanischen Müttern, wie ein Kindergarten funktioniert. Zwei Mädchen aus Kenia bekamen eine Beihilfe zur Ausbildung als Kindergärtnerinnen. Jetzt gibt es in vielen großen Städten in Kenia und Tansania Kindergärten für die Kleinen.

Als in Thailand ein Wirbelsturm Tausende von Menschen um Haus und Besitz gebracht hatte, half die „Gemeinschaft der kleinsten Münze". Als im Krieg in Vietnam ein neues Krankenhaus gebaut wurde, half diese Gemeinschaft. Als verfolgten Menschen geholfen werden mußte, waren die Frauen mit ihren Münzen zur Stelle. Sie beteten für die Menschen in Not — und sie öffneten ihre Hände und halfen. Auch John Howard war einer von denen, die die Hilfe der indischen Frauen erlebten.

„Seltsam", dachte Shanti Solomon, als sie den Brief noch einmal überflog; „seltsam ist es, wie aus etwas Bösem und Niederträchtigem so viel Gutes erwachsen kann." Und sie erinnerte sich, wie alles angefangen hatte: Damals, 1956, freute sie sich sehr darauf, zu einer christlichen Konferenz nach Korea zu fahren. Aber an der Grenze hatte man sie zurückgewiesen. Korea ließ nach dem Krieg nicht alle Nachbarn aus Asien ins Land. Shanti Solomon mußte umkehren. Da war es: Der Haß und die Feindschaft trennten die Menschen. Sie aber wollte nicht hassen. Sie hatte, während sie warten mußte, überlegt, wie man Brücken bauen könnte, Brücken zu den Menschen, die der Haß entzweit, zu den Notleidenden, zu den Verlassenen. Solch eine Brücke konnte die Liebe des Herrn Christus sein. Wie eine Brücke aus vielen einzelnen Steinen erbaut wird, so wollte sie beginnen, mit vielen kleinen Münzen Brücken zu bauen, damit Menschen zusammenkommen und Menschen geholfen wird. Die „Gemeinschaft der kleinsten Münze" war geboren. Ihr Motto heißt: „Einer trage des anderen Last." Jeder, auch der Ärmste, kann tragen helfen. Für Hunderte von Menschen in vielen Ländern war die Hilfe der christlichen Frauen in Asien zur Rettung geworden.

Und das mit lauter Pfennigen, Cents, Paisas und Groschen — freilich mit vielen, vielen in vielen Häusern und Zehntausenden von Streichholzschachteln.

Margarete Böttger

Lernen tut manchmal weh!

181

Stichworte:	Schweiz, ökumenische Jugendkonferenz, Ökumenisches Institut (Bossey), Nordamerika, USA – Dritte Welt, Freiheit, Gerechtigkeit
Zum Text/ Problemfeld- beschreibung:	Eine Theologiestudentin aus den Vereinigten Staaten nimmt an einer ökumenischen Jugendkonferenz im Ökumenischen Institut in Bossey bei Genf teil. Dabei erlebt sie nicht nur die ökumenische Gemeinschaft von Christen verschiedener Kirchen, Länder und Kulturen, sondern auch die Spannungen, die diese Gemeinschaft durchziehen: Sie ist die Vertreterin eines Landes, von dem sich andere Länder ausgebeutet und unterdrückt fühlen.
Vorlesezeit:	6 Minuten
Vorlesealter:	ab 12 Jahren

Shirley ist stolz. Sie ist 22 Jahre alt und weiß, daß sie eine der ersten Pfarrerinnen in ihrer Kirche sein wird. Ihre Synode hat erst vor kurzem entschieden, daß dies möglich sein soll, und ungefähr seit dieser Zeit studiert sie an einer Universität in Chicago Theologie. Jetzt durfte sie zu einer ökumenischen Jugendkonferenz nach Europa. Ein bißchen kannte sie so etwas schon, denn an ihrer Universität studieren Menschen verschiedener Konfessionen und auch zahlreiche Ausländer. Und da hatte sie an Projekten mitgearbeitet zur Unterstützung hilfsbedürftiger Mitstudenten oder zur Planung eines Wohltätigkeitsfestes. So würde es wohl auch in Genf in der Schweiz sein bzw. an dem Tagungsort dort in der Nähe.

Mit solchen Gedanken kam sie nach Bossey. Und irgendwie war es auch so, nur viel internationaler. Nicht nur aus Nord- und Südamerika und Europa waren Teilnehmer gekommen, auch aus arabischen Ländern, aus Afrika, Korea, den Philippinen und Neuseeland und verschiedenen pazifischen Inselgruppen. Doch da die meisten englisch sprachen, stellte sich bald eine gewisse Vertrautheit ein. Es gab schöne Morgenandachten, gute Gespräche in der Teepause, lange Spaziergänge zum Genfer See und viele interessante Vorträge und Diskussionen zum Thema „Wächteramt der Kirche".

So hat sich Shirley richtig gut eingelebt, kennt von Aji aus Kamerun viele neue Lieder, will mit Joana aus Brasilien weiterhin im Briefkontakt bleiben und hat auch in ihren Landsleuten Kate, Ken, Michael und Josua schon interessante Gesprächspartner gefunden. Und das war wichtig, denn in der zweiten Woche sollten die Teilnehmer berichten, wie sie und ihre Kirchen ihr christliches Wächteramt gegenüber Ungerechtigkeiten von seiten ihrer Regierung, von Behörden und Wirtschaftsunternehmen wahrnehmen.

Es geht nach Kontinenten, und heute ist Nordamerika dran. Shirley soll als vierte berichten. Sie erzählt, was ihr Komitee zur Unterstützung eines Mitstudenten aus einem mittelamerikanischen Land tut. Sie will auch noch von dem internationalen Fest sprechen, das sie im letzten Jahr organisiert haben. Aber sie spürt bereits, daß sie die Zuhörer mit ihrer Begeisterung nicht so recht erreichen kann. Dies wird zur Gewißheit als Fragen gestellt werden wie: „Was macht ihr und eure Kirche, wenn die Regierung der USA den Diktatoren in unserem Land Geld schickt für Waffen, mit denen die armen Bauern getötet werden?" „Warum unterstützt ihr die rassistische Regierung Südafrikas immer noch mit Geld?" „Warum gehört amerikanischen Unternehmen das beste Ackerland in unserem Staat und die Menschen müssen für einen Hungerlohn darauf arbeiten?" „Warum bekämpft eure Regierung die Menschen in unserem Land, die für Freiheit und Gerechtigkeit eintreten, und nennt sie Kommunisten oder sogar Terroristen?" So geht es Schlag auf Schlag. Ken versucht noch zu antworten, aber er spürt an den Nachfragen, wieviel Verbitterung gegen sein Land es bei vielen Teilnehmern aus den armen Regionen gibt. „God's own country, Gottes eigenes Land, so sagen sie zu Hause", fährt es Shirly durch den Kopf. „Wenn die das hier nur mitkriegen würden!" Noch bevor sie erneut das Wort ergreifen kann, bricht sie in Tränen aus. Jemand versucht zu trösten, es sei ja nicht persönlich gemeint... trotzdem. Ken und Michael erklären, versuchen zu differenzieren, aber man spürt, daß auch sie betroffen sind. Kate hat zweimal etwas gesagt, aber man merkt, daß auch sie mit den Tränen kämpft. Und Josua ist als schwarzer Amerikaner in einer besonders schwierigen Situation. Die Kritiker haben ihn zum Teil ausdrücklich von ihren Vorwürfen ausgenommen. Trotzdem muß auch er als Vertreter seines Landes die Gesprächsrunde überstehen.

Nach der Sitzung sprach Shirley mit Kate und Ken; das machte den Kopf wieder etwas klarer. Auch andere Teilnehmer waren besonders nett zu ihr, auch Rodriguez, der ihr in seinem spanisch gefärbten Englisch zu erklären versuchte, daß es ihm leid täte, sie so getroffen zu haben, begann dann von seinem Land zu erzählen. Shirley hörte viele Dinge zum erstenmal: von der Vertreibung der Landarbeiter aus ihrer Heimat, von den Todesschwadronen, die die Gegner der Diktatur einschüchtern und ermorden, von der Unterstützung der Polizei, der Großgrundbesitzer und der Armee durch die US-amerikanische Regierung.

„Die haben vielleicht doch recht mit einigen ihrer Anklagen gegen unser Land", meinte Kate abends. „Ja", gibt Shirley zögernd zurück, „aber es tut ganz schön weh."

Gerhard Büttner

Ein Brief aus Vancouver   182

Stichworte: Kanada, Vollversammlung des Ökumenischen Rates der Kirchen, Indianer, Mutter Erde, Hunger, Luftverschmutzung, Kinderdemonstration, Atomversuche, Friedensgottesdienst, ökumenische Begegnungen

Zum Text/ In Form eines Briefes wird Kindern in aller Welt für ihre Beiträge für
Problemfeld- die Arbeit der Vollversammlung des Ökumenischen Rates der Kirchen
beschreibung: 1983 im kanadischen Vancouver gedankt. Dabei wird von den Teilnehmern dieser großen Versammlung (4000 aus 300 verschiedenen Kirchen) erzählt, von ihren Herkunftsländern, ihren Wegen nach Vancouver usw. Zu ihnen gehören auch die kanadischen Indianer. Aber auch Kinder aus den verschiedenen Ländern kommen mit ihren Sorgen und Nöten zu Wort.

Vorlesezeit: 25 Minuten

Vorlesealter: ab 10 Jahren

Liebe Kinder in allen Ländern unserer Welt!

In Vancouver, einer großen, schönen Stadt am Meer, mit breiten Straßen, modernen Hochhäusern, einem Hafen voller Schiffe und weißen Segelbooten in der Bucht, trafen sich letztes Jahr im Sommer fast 4000 Menschen aus all den vielen Ländern, in denen ihr wohnt. Sie kamen aus den Kirchen dieser Länder und blieben für drei Wochen zusammen, um sich kennenzulernen, miteinander zu reden und einander zu sagen, was Jesus Christus als das Leben der Welt für sie bedeutet.

Auch von Euch haben sie viel erzählt! Wir haben so viele Geschichten von Kindern gehört, von armen, von reichen, von traurigen und lachenden. Und Ihr wart ganz gegenwärtig durch Eure Zeichnungen, Gebete und Geschichten, die Ihr eingeschickt habt!

Rund um das riesige Zelt, in dem die Gottesdienste stattfanden, an den Wänden des großen Saales, in dem die Beratungen abgehalten wurden und sogar in der Eingangshalle des hohen 20stöckigen Hauses, in dem die meisten Teilnehmer der Vollversammlung wohnten, hingen Eure Selbstbildnisse dicht nebeneinander. Jedes Kinderbild gab dem nächsten die Hand, und es war wie eine lange, lange, bunte Kinderkette, die die ganze Versammlung umgab und die uns Mut machte, uns anzustrengen und nie die Zukunft zu vergessen — denn sie ist ja Euer Leben. Darum waren für uns auch Eure Gebete und Eure Visionen von der Stadt der Hoffnung so wichtig. Ihr habt uns damit nicht nur eine ganz große Freude gemacht, sondern uns auch geholfen zu verstehen, welche Hoffnungen Ihr für Euer Leben habt und mit welchem Kummer manche von Euch heute fertig werden müssen. Wir danken Euch von ganzem Herzen für alle Eure Beiträge und möchten Euch zum Dank einiges von dem erzählen, was in Vancouver geschehen ist und was wir dort von Kindern aus verschiedenen

Teilen der Welt gehört oder gelesen haben. Wie es ein Kind gesagt hat in Vancouver: „Wir sind doch eine große Familie, und von der Familie möchte man etwas wissen, damit man mit seinem ganzen Herzen an sie denken kann!" Ihr habt uns von Euch erzählt, und wir erzählen Euch von uns und von andern Kindern.

Fast 4000 Menschen waren da — und dazu noch jeden Tag Besucher aus der näheren Umgebung — könnt Ihr Euch vorstellen, wie viele das sind? Nehmt Eure Klasse in der Schule oder Eure große Familie im Dorf und stellt sie Euch 200 mal vor, dann habt Ihr etwa die Menge! Fast jeder dieser vielen Menschen mußte eine weite und lange Reise machen, um nach Vancouver zu kommen. Wenn Ihr die Stadt auf einer Weltkarte schon gefunden habt, leuchtet Euch das sicher sofort ein. Für viele der Teilnehmer änderte sich bei der Reise die Zeit völlig. Jemand, der z. B. aus Kenia kam, flog, sagen wir, um 7 Uhr morgens in Nairobi ab und flog etwa 22 Stunden lang erst in Richtung Norden, dann in Richtung Westen immer der Sonne nach, die niemals unterging, weil das Flugzeug sie ständig einholte. So kam er nach den 22 Stunden in Vancouver nicht etwa am nächsten Tag um 5 Uhr morgens an, sondern am gleichen Tag abends um 6 Uhr. Bei sich zu Hause wäre er längst schlafen gegangen und er war totmüde, als er ankam, obwohl es in Vancouver erst Nachmittag war und noch nicht einmal die Kinder ins Bett gingen. Ihr könnt Euch vorstellen, daß das einen zuerst ganz durcheinanderbringt und man immer zur falschen Zeit müde oder wach ist! Aber nach ein paar gut geschlafenen Nächten hatten sich die meisten an die neue Zeit und Umgebung gewöhnt und waren sehr glücklich, mit all den andern Menschen zusammentreffen zu können.

Sehr bunt sah diese Versammlung aus! Ihr wißt sicher, daß in anderen Teilen der Welt die Menschen eine andere Hautfarbe oder andere Augen haben und natürlich andere Kleider tragen. Man konnte afrikanische Frauen in bunt-gedruckten Kleidern und Kopftüchern, die wie Turbane gebunden waren, sehen, Männer aus dem Pazifik in Röcken, Europäer in Hosen und Hemden, Inderinnen in Seidensaris, Amerikanerinnen in modern-praktischen Sommer-kleidern, Indianer in prächtigen, festtäglichen Umhängen mit bunter Stickerei darauf und Federschmuck und natürlich viele verschiedene Priester, Bischöfe oder Nonnen und Mönche in ihren geistlichen Gewändern. Denn es war ja eine Versammlung der etwa 300 Kirchen, die im Weltrat der Kirchen zusammengeschlossen sind. So viele Kleider und Gewänder konnte man sehen, so viele Sprachen konnte man hören. Das war natürlich nicht ganz leicht für die Verständigung. Viele konnten ihre Muttersprache dort überhaupt nicht sprechen, weil kaum ein anderer sie verstand, und sie mußten daher eine der fünf sogenannten offiziellen Sprachen, also englisch, französisch, deutsch, spa-nisch oder russisch sprechen. Aber auch dann war es noch nicht so einfach, denn natürlich verstanden z. B. viele der Lateinamerikaner kein Englisch oder Deutsch und die Afrikaner kein Spanisch oder Russisch usw. Daher brauchte man für die Beratungen Dolmetscher, die in kleinen Kabinen ganz hinten in den Räumen saßen und durch ein Mikrophon alles, was z. B. auf Englisch gesagt wurde, in die vier anderen offiziellen Sprachen übersetzten. Die Zuhörer im Raum konnten sich kleine Hörgeräte aufsetzen und die Sprache einstellen, die sie verstanden; so konnten sie die ganze Beratung verfolgen. In den Gottesdiensten im Gottesdienstzelt gab es keine mündlichen, sondern schriftliche Übersetzungen der Gebete, der Bibelstellen, Lieder und Predigten, und dort wurde in etwa 30 verschiedenen Sprachen gesprochen! Es war fast wie zu Pfingsten; denn trotz der vielen Sprachen verstanden sich alle, beteten gemeinsam, sangen gemeinsam und lobten Gott.

Vorhin sprach ich von den Indianern in ihren Festgewändern. Sie waren neben den kanadischen Kirchen in gewisser Weise die Gastgeber der Vollversammlung. Denn das Land, auf dem die Stadt Vancouver in den letzten 100 Jahren entstanden ist, gehörte ursprünglich einem Indianerstamm, den Musqueam, und ein indianischer Sprecher auf der Vollversammlung, der einem anderen Stamm angehörte, dankte ihnen ausdrücklich dafür, daß wir die Versammlung auf ihrem Territorium abhalten durften. Das ist ein wichtiger Brauch bei den Indianern, denn für sie ist die Erde heilig und ein Geschenk Gottes; sie sagen „Mutter Erde“, die Erde sorgt für sie wie eine Mutter, gibt ihnen zu essen, kleidet sie, läßt sie Hütten bauen; und daher sagen sie, man muß die Erde achten und dem Schöpfer des Lebens danken. Indianer verschiedener Stämme, die in West-Kanada leben und die alle Christen sind, waren die ganze Zeit über bei der Vollversammlung dabei. Am ersten Tag, also am 24. Juli frühmorgens, zündeten sie ein Feuer nah bei den Versammlungsräumen und dem Gottesdienstzelt an, das die ganzen drei Wochen über ununterbrochen brannte. Tag und Nacht saß mindestens ein Indianer dort und bewachte die Flammen, die nicht ausgehen durften, und ein anderer schlief in einem kleinen Zelt dicht daneben – so lösten sie sich ab. Für sie war es ein heiliges Feuer, mit dem sie die Versammlung unterstützen und ihr Einigkeit wünschen wollten.

Außerdem machten die Indianer dem Weltrat der Kirchen ein ganz großes Geschenk: einen 15 m hohen Totempfahl, den sie „Israel Pole“ tauften. Er wurde von Indianern aus einer einzigen riesig hohen Zeder geschnitzt, und sie arbeiteten von Weihnachten letzten Jahres bis zum Juli daran. Es ist das größte Geschenk, das die Indianer den Kirchen machen konnten. Denn die Totempfähle sind für sie die größten und heiligsten Kunstwerke, die sie schaffen. Meistens stellen die Bilder, die in den Pfahl geschnitzt werden, die Geschichte der Familie oder des Stammes dar, oder sie erzählen alte Sagen von Tieren. Auf dem Pfahl, den die Indianer von Vancouver überreichten, ist die Geschichte der Menschheit abgebildet, die nach Gott sucht. Von unten nach oben fortlaufend sind alle die Wesen dargestellt, die die Menschen angebetet haben, bevor sie den Großen Geist oder Gott fanden: Zuerst Frauengestalten und Schlangen, dann einen Bär, der einen Wal hält, und zuoberst einen Adler und einen Donnervogel. Er hält vor sich die Maske des Großen Geistes, den wir Gott nennen und der größer ist als alle anderen Mächte in der Natur. Alle diese Gestalten sind bunt bemalt und glänzend lackiert, und Ihr könnt Euch vorstellen, wie schön der Pfahl ist!

Dieser Totempfahl wurde von Indianern geschnitzt, die im Gefängnis eine Strafe absitzen. Vielleicht sollte ich Euch erklären, warum sie im Gefängnis sind. Die Indianer in Kanada und in Amerika haben ihr angestammtes Land der weißen Regierung abtreten müssen, und sie sind bei den Verträgen, die dabei abgeschlossen wurden, oft von den Weißen betrogen worden. Sie können nun nicht mehr wie ihre Vorfahren leben, die als Fischer und Jäger durch die Berge und Steppen gezogen sind. Dort, wo sie heute leben müssen, in den sogenannten Reservationen, wie auch in den Dörfern und Städten der Weißen, finden sie meistens keine Arbeit. Dadurch fühlen sie sich natürlich gedemütigt und ohne Rechte. Und wenn Menschen sich abgelehnt fühlen und ohne Hoffnung sind, dann verzweifeln sie oft am Leben. Manche von ihnen fangen dann an, zu viel Alkohol zu trinken oder zu stehlen. Und wenn sie betrunken sind, kommt es häufig zu Schlägereien oder zu noch schlimmeren Dingen, so daß sie ins Gefängnis kommen. Und das passiert eben auch Indianern.

Die Indianer, die den Totempfahl geschnitzt haben, kannten sich vor Beginn dieser gemeinsamen Arbeit nicht, doch waren alle bereit, mitzumachen. Durch ihre Zusammenarbeit sind sie zu einer richtigen Gemeinschaft zusammengewachsen. Für sie war das Schnitzen des „Israel-Pfahls" eine gute Arbeit, und für uns ist der fertige Pfahl eine große Freude. Er ist wie eine Brücke der Hoffnung von den Indianern im Gefängnis zu den Gebeten von nachdenkenden Christen in aller Welt.

Worüber haben all die Christen in Vancouver nachgedacht, und worum haben sie gebetet, werdet Ihr vielleicht fragen.

Es gab ein großes Thema, das Ihr wahrscheinlich schon gehört habt: „Jesus Christus, das Leben der Welt". Diese sechs Worte haben so viel Bedeutung, daß sich diese vielen Menschen drei Wochen lang darüber unterhalten konnten und eigentlich am Schluß immer noch nicht alles darüber gesagt hatten. Was kann für Euch davon wichtig sein? Ein paar Gedanken, die immer wieder zum Ausdruck kamen, wollen wir Euch schreiben.

Jesus Christus, unser Herr, an den wir Christen alle glauben, gibt unserem Leben seinen Sinn, gleichgültig, ob wir reich oder arm, schwarz oder gelb oder weiß, groß oder klein, alt oder jung sind. Dadurch bringt er uns zusammen und hält er uns zusammen als eine große Familie, die die ganze Welt umspannt. Überall, in jeder Stadt und jedem Dorf, in der Schule, auf dem Feld, wo auch immer wir sind, wir gehören zu dieser Familie dazu; auch Ihr, jeder einzelne von Euch. Nicht allen in dieser Familie geht es gut. Viele Erwachsene leiden, aber auch viele Kinder. Das wißt Ihr sicher. Wir haben manche Briefe von Kindern bekommen, die nicht genug zu essen haben, oder Berichte von Müttern über die schwierige Lage ihrer Familien gehört. Einiges davon wollen wir Euch weitererzählen – nicht um Euch traurig zu machen, sondern um Euch teilhaben zu lassen an dem, was uns in der großen ökumenischen Familie bewegt.

Gba de Gesin

Gba de Gesin, ein 12jähriger Junge aus Tansania, schreibt, daß er nie genug Geld von seinem Vater bekommen kann, um sich Bohnen oder Fleisch zu kaufen, die er gerne mag. Jeden Tag muß er „oka ar Eba" mit Suppe essen, was er nicht mag oder „Foo-Foo" aus „Cassavi" mit Suppe, was ihm genausowenig schmeckt. Aber er schreibt auch: Wenn es halt nichts anderes gibt, weil kein Geld da ist, dann zwinge ich mich, das zu essen, was ich bekommen kann, und es geht, obwohl ich es nicht gut ertrage.
Wem von Euch geht es wohl ebenso?

Joachim

Ein Junge aus einer Industriestadt schreibt:
„Jeden Tag, wenn ich aus der Türe trete, rieche ich die Industrieluft; es könnte einem schlecht werden bei dem süßlichen Gestank. Laut dröhnen die Autos in den Straßen und vor allem die Flugzeuge in der Luft. Auf meinem Fahrrad versuche ich heil in die Schule zu kommen, was mir bisher auch gelungen ist; aber viele Autos streifen mich fast oder sie hupen plötzlich dicht hinter mir, so daß ich vor Schreck fast an den Randstein fahre. Zweimal bin ich dabei gestürzt, aber Gott sei Dank habe ich mir nur die Knie aufgeschlagen und mir nicht schlimmer weh getan. Bäume sehe ich kaum, und die wenigen, die in unserer Stadtnähe wachsen, fangen an zu sterben; einige sind ganz braun an den Spitzen, andere haben ihre Nadeln schon ganz verloren und sehen aus wie Skelette oder Vogelscheuchen mit ihren kahlen, traurigen Ästen. Wie sehr wünsche ich mir einen gesunden, lebendigen Wald.
Früher ging ich mit meinen Freunden oft an den Fluß, um zu schwimmen oder mit meinem Vater zu angeln. Aber das können wir nicht mehr, denn das Wasser ist vergiftet und Öl schwimmt darauf. Oft sehen wir tote Fische mit ihren weißen Bäuchen nach oben auf dem Wasser dahintreiben. Manchmal macht mich das alles so traurig, und ich möchte weglaufen. Aber es hilft ja nichts. Wenn ich erwachsen bin, werde ich versuchen, die Welt zu verändern."

Pedro sucht eine Schule

Bolivien ist ein südamerikanischer Staat. Die Geschichte spielt in La Paz, dem Regierungssitz, und hat sich wirklich zugetragen.
Pedro sitzt in der Schulbank. Um ihn herum sitzen 48 Jungen. Der Lehrer steht vorne an der Wand. Er hält einen dünnen Zeigestab in der Hand und dreht ihn hin und her. Er schaut keinen der Jungen an. Dann sagt er: „Kinder, heute sind wir das letztemal in der Schule. Dieses Haus wird abgerissen. Der Besitzer will es so. Wir müssen unser Schulzimmer aufgeben. Ich weiß nicht, wo wir ein anderes bekommen. Und jetzt geht nach Hause." Rasch dreht er

sich um und geht hinaus. Die Jungen bleiben sitzen. Keiner spricht ein Wort. Nach einer Weile geht einer nach dem anderen hinaus. Keiner lacht, keiner läuft. Langsam verlassen sie ihr Schulzimmer und gehen heim. Pedro ist der letzte. Er ist traurig. Er möchte gern in die Schule gehen und lernen. Er weiß: Wer nichts gelernt hat, bleibt immer arm. Überall ist das so – auch in Bolivien.

Pedro klemmt seinen Schulpack unter den Arm und biegt in die große Straße ein. Der Wind wirbelt den Staub auf und trägt Papierfetzen in die Luft. Es ist kühl. Pedro knöpft die Jacke zu.

Da wirbelt der Wind ein Zeitungsblatt vor die Füße Pedros. Schnell stellt Pedro den rechten Fuß darauf. Auf dem Blatt ist ein großes Foto: Menschen ziehen dicht nebeneinander durch eine Straße. Sie tragen Plakate. Auf ihnen steht: Gebt uns Arbeit! Unsere Kinder hungern!

Schon will Pedro das Blatt fliegen lassen, da fällt ihm etwas ein. Er hebt das Blatt auf und rennt die Straße abwärts. Er biegt einmal um eine Ecke, läuft eine Gasse hinunter, durch ein Tor in einen Hof. Hier wohnt sein Lehrer. Die Brettertür ist angelehnt. Vor einem kleinen Fenster sitzt der Lehrer. Er dreht noch immer den Stab in der Hand hin und her. Da bemerkt er Pedro. Er winkt ihn heran und sagt: „Was willst du?"

Pedro hält dem Lehrer das Zeitungsblatt hin. Er sagt aufgeregt: „Herr Lehrer, das machen wir auch! Meine Freunde werden mir helfen. Wir machen die Plakate. Und alle müssen mitgehen."

Der Lehrer nimmt das Blatt und schaut es an. Dann versteht er. Er nickt und sagt: „Gut, Pedro! Ich gehe auch mit."

Pedro strahlt vor Glück. „Danke", ruft er und rennt davon.

Nach vier Tagen sind zwei Plakate fertig. An Stangen sind Holzbretter genagelt, darauf steht: Nuestro problema! Unser Problem! Wir brauchen ein Schulzimmer!

Am nächsten Tag marschieren 48 Schuljungen durch die Gassen von La Paz. Pedro geht vorne. Er trägt ein Plakat. Sein Freund Manuel geht als letzter. Er trägt das zweite Plakat. Neben den Jungen geht der Lehrer. Wohin sie kommen, bleiben die Menschen stehen und lesen die Plakate. Niemand lacht sie aus.

Der Tag geht vorbei. Pedro sagt: „Morgen wieder." Müde gehen sie heim. Sie gehen drei Tage durch Straßen und Gassen, über Plätze und durch Parks. Am vierten Tag hält sie ein Mann auf. „Halt", sagt er, „ich will mit euch reden." Sie bleiben stehen. Der Mann sagt: „Ich habe einen Lehmschuppen. Den könnt ihr als Schulzimmer haben. Nur müßt ihr ihn ausräumen. Kommt mit, ich zeige ihn euch."

In einem Hof steht der Lehmschuppen. Er ist voll Gerümpel. Die Jungen arbeiten bis zum Abend. Dann holen sie mit einem Handkarren die Bänke und die Tafel. Am nächsten Tag sitzen sie in den Bänken. Der Lehrer sagt: „Heute ist der 1. Dezember. Morgen beginnen wir wieder zu lernen."

Grace

Andere Kinder müssen leiden, weil sie eine andere Hautfarbe haben. Eine junge Indianerfrau erzählte von ihren eigenen Erfahrungen als Kind: „Es war immer schwer für mich in der Schule. Zuerst waren wir mehrere Indianerkinder, aber bald war ich nur noch die einzige in meiner Klasse, da die andern alle abgehen mußten. Ich fühlte mich sehr einsam. Wenn irgend etwas weggekommen war, z. B. ein Füller oder ein Buch oder etwas Geld, dann wurde meistens gar nicht erst gefragt, wer es genommen habe, sondern die Lehrer durchsuchten sofort mich, weil sie davon überzeugt waren, daß wir Indianer immer unehrlich und arm sind und uns zusammenstehlen, was wir brauchen. Wie oft mußte ich meine Schulmappe auskippen und meine Manteltaschen umstülpen, um zu beweisen, daß ich nicht der Dieb war!"

Darlene

Aus einer Gegend, die die meisten von uns kaum kennen, weil sie so weit entfernt liegt, nämlich von den Inseln des Pazifischen Ozeans, hörten wir bewegende Geschichten über die Folgen der Atomtests, die dort durchgeführt werden. Ihr wißt ja, daß die Großmächte unserer Zeit Atom- und Wasserstoffbomben herstellen, weil sie sie zu ihrer Verteidigung zu brauchen meinen. Aber diese Bomben muß man testen, und jedesmal fällt dabei viel von sogenannter Radioaktivität ab, die den Menschen und Tieren sehr schadet. Was das für die Bewohner des Pazifik, wo die Amerikaner und Franzosen ihre Tests durchführen, bedeutet, erzählt Darlene, eine junge Frau von den Marshallinseln:

„Die Bewohner von Bikini, einer unserer Inseln, mußten ihre Heimat verlassen, weil bei ihnen getestet werden sollte. Sie meinten, daß sie nach ein paar Wochen oder Monaten wieder zurückkommen könnten. Aber sie hatten sich getäuscht: Dreimal noch wurden sie umgesiedelt, und niemals sagte man ihnen für wie lange, und warum sie immer noch nicht zurückkehren konnten. In ihrer eigenen Heimat wurden sie heimatlos, und sie lebten unter schwierigen Bedingungen, denn die ihnen zugewiesenen neuen Inseln waren viel zu klein für sie und die ursprünglichen Bewohner zusammen. Außerdem leiden viele bei uns an schweren Krankheiten, wie Krebs, Leukämie, und es gibt schrecklich viele Fehlgeburten. Viele Babies kommen ganz unförmig auf die Welt und sehen gar nicht aus wie Menschenkinder, sondern wie Quallen; sie leben nur ein paar Stunden und sterben dann wieder. Ich selbst habe noch keine Kinder, aber ich habe drei Tumore in mir und ich habe Angst vor der Zukunft und Angst davor, Kinder zu bekommen. Ihr alle müßt uns helfen, daß uns wenigstens die ärztliche Hilfe gegeben wird, die wir so dringend brauchen und die wir nicht erhalten."

Das sind nur wenige Geschichten von vielen tausend, die sich Tag für Tag in der Welt ereignen. Sicher könnten viele von Euch noch eine hinzufügen, und sicher könnten Eure Eltern und Lehrer oder Eure Verwandten noch viele erzählen. Alle diese Geschichten sind traurig, und man wird ganz wütend darüber, daß die Kinder und Eltern so leiden müssen. Gibt es da eine Hoffnung? Was bedeutet es, wenn wir alle sagen: „Jesus Christus, das Leben der Welt", wenn das Leben so vieler Menschen bedroht ist, so viele ungerecht sterben müssen und nicht leben können, sei es wegen der Kriege oder weil sie nichts zu essen haben, weil sie im Gefängnis sitzen oder kein Arzt da ist, der ihnen hilft, wenn sie krank sind?

Jesus hat die Menschen geliebt, weil sie Gottes Kinder sind. Jedes Leben, und war es noch so klein, war für ihn wichtiger als jeder Edelstein. Und da wir Jesu Brüder und Schwestern sein wollen, ist es für uns genauso. Darum wollen wir gegen alles kämpfen, was Leben bedroht: gegen Krieg, gegen Hunger, gegen Verfolgung, gegen Ungerechtigkeit, gegen Verschmutzung der Luft und des Wassers.

Die Erwachsenen in Vancouver haben das so ausgedrückt: Wir Christen wollen alle gemeinsam in Jesu Namen für Frieden und Gerechtigkeit kämpfen und uns den Mächten des Todes entgegenstellen, auch gegen die Mächtigen der Welt, wenn es sein muß. Es war wie ein neuer Bund, den alle schlossen. Ihr kennt doch sicher selber Bünde: z. B. schließt Ihr unter Euch einen Bund und versprecht dabei gegenseitig, Euch zu helfen, die Geheimnisse nicht zu verraten, die der Bund hat, oder gemeinsam irgendetwas Abenteuerliches zu erleben. So einen ähnlichen Bund mit Gott und untereinander haben die Christen in Vancouver wieder neu geschlossen, nur – daß es dabei keine Geheimnisse gibt; dafür ein klares Ziel: alle haben sich versprochen, so zu leben, daß Friede herrscht, den wir nicht mit Waffen verteidigen müssen, daß allen Menschen Gerechtigkeit widerfährt, daß die Reichtümer der Erde gerecht unter allen Menschen und Ländern verteilt werden und nicht die einen fast alles und die andern nichts bekommen. Und wir haben uns versprochen, die Erde zu pflegen und zu lieben und sie nicht auszubeuten oder zu zerstören – denn sie ist ja Gottes Schöpfung!

Aber wir alle können das nicht ohne Gottes Hilfe. Das wußten wir auch in Vancouver. Darum haben wir am 5. August abends – das ist ein Abend vor dem Tag, an dem vor 38 Jahren in Hiroshima und Nagasaki in Japan die ersten Atombomben abgeworfen wurden – einen großen Gottesdienst gefeiert, dessen Thema Frieden und Gerechtigkeit hieß. Gleichzeitig feierten in vielen Städten und Ländern der Welt Millionen Christen einen ähnlichen Gottesdienst mit zum Teil den gleichen Gebeten: ein Zeichen dafür, daß sich alle zu dem Bund dazugehörig fühlen! In Vancouver versammelten sich die 3000 Menschen auf einer großen, hügeligen Wiese über dem Meer, beteten und sangen zusammen. Auch Kinder waren dabei, die Euer Alter hatten. Sie hatten jedes einen Luftballon und ließen ihn während des Gottesdienstes fliegen als ein Friedensgruß für Euch, für alle Kinder in der Welt. Die Worte, die sie dabei sagten, waren: „Wir grüßen alle Kinder in allen Teilen der Welt, wir schicken ihnen unsere Friedensballons und wir schicken ihnen die Botschaft: Laßt uns nicht Feinde werden, wenn wir groß sind! Frieden ist möglich!" Das gleiche taten Kinder in anderen Ländern und Städten. Die Luftballons gingen überall in der Welt hoch als ein Zeichen für unsere Hoffnung auf Frieden und Gerechtigkeit für alle Menschen. Grenzen kennen die Ballons nicht, und sie machen keine Unterschiede zwischen Armen und Reichen, Schwarzen oder Weißen. Ich stelle mir vor, daß sich vielleicht Ballons aus verschiedenen Ländern oben im Luftraum begegneten und einander zuwinkten: „Hallo, auch du bist ein Friedensbote!", dann eine Weile zusammen flogen, weil der Wind sie in die gleiche Richtung trieb, und sich schließlich wieder trennten und in verschiedene Richtungen weiterschwebten — der eine vor die Hütte eines kleinen Indianermädchens in Ecuador, der andere auf die Felder einer reichen Farmerfamilie in Texas, ein dritter vielleicht zu einem schwarzen Jungen auf Jamaika, der seine Eltern verloren hat und dabei ist, sich irgendwo ein bißchen Essen zu suchen.

Nach diesem ersten Teil des Gottesdienstes im Freien bildeten die Menschen alle einen langen Zug mit Fackeln, denn es war inzwischen schon dunkel geworden, und zogen in das Gottesdienstzelt. Dort ging das Gebet weiter bis zum frühen Morgen.

Elisabeth Raiser

Ein Brief an Ulrike 183

Stichworte:	Kanada, Vollversammlung des Ökumenischen Rates, (Atom)-Krieg, Ungerechtigkeit, Hunger, Armut, Jesus Christus — das Leben der Welt, Erwachsene — Kinder
Zum Text/ Problemfeldbeschreibung:	Ein Bericht von der 6. Vollversammlung des Ökumenischen Rates der Kirchen 1983 im kanadischen Vancouver wird in Form eines Briefes gegeben. Erzählt wird darin, was das Hauptthema dieser großen Versammlung von Christen aus allen Teilen der Welt — Jesus Christus, das Leben der Welt — angesichts von Dürre-Katastrophen und atomaren Schäden bedeutet. Die Teilnehmer, zu denen auch Kinder gehören, wissen sich in Pflicht genommen, gemeinsam etwas gegen Ungerechtigkeit und Krieg zu tun.
Vorlesezeit:	12 Minuten
Vorlesealter:	ab 12 Jahren

Liebe Ulrike,

vor einiger Zeit hast du mich gefragt, ob ich Dir einmal von der großen Kirchenversammlung in Vancouver erzählen würde. Die sei, so hast Du ge-

meint, sicher wichtig gewesen, sonst hätte ich doch bestimmt nicht so viele
Vorträge darüber gehalten.
Besonders gefallen hat Dir das Plakat von dieser Konferenz, das Du in meinem
Büro gesehen hattest. Du erinnerst Dich: Ein Mensch mit langen Armen und
großen Händen. Ganz fest halten sie eine Kugel umschlossen: die Erdkugel.
Den Kopf hat er an die Erde gelehnt, so als horche er in sie hinein. Oben auf
der Weltkugel, im Norden, steckt eine Fahne, darauf ein Schiffchen, das auf
den Wellen dahinschwimmt. Ganz unten auf dem Plakat steht: „Jesus Christus
– das Leben der Welt", 6. Vollversammlung des Ökumenischen Rates der
Kirchen in Vancouver 1983.
Du hast recht, diese Versammlung war für mich ein wichtiges Erlebnis. Ich
will versuchen, Dir so davon zu erzählen, daß Du verstehen kannst, warum.
Nach Vancouver waren Frauen und Männer aus vielen Kirchen gekommen.
Von allen Enden der Welt waren sie nach Kanada gereist, aus Afrika, den
Ländern in Asien, Nord- und Südamerika, Australien, Ost- und Westeuropa,
von den Inseln im pazifischen Ozean und in der Karibik. Sie waren von ihren
Kirchen geschickt worden, um an der Konferenz teilzunehmen und gemeinsam
mit allen anderen darüber nachzudenken, was das denn bedeutet, daß Jesus
Christus das Leben der Welt ist. Viele waren als Besucher gekommen, sie
wollten einfach dabei sein. Journalisten von Zeitungen und Fernsehleute waren
natürlich auch da. Die Sprachen schwirrten nur so durcheinander. Englisch,
Spanisch, Russisch, Griechisch, Französisch, Schwedisch, Holländisch, Suaheli
– das ist eine afrikanische Sprache – und andere, die so fremd waren, daß
ich nicht einmal erraten konnte, wo sie denn gesprochen werden. Aber auch
sonst war es ein buntes Bild. Inderinnen mit farbenprächtigen Saris, Afrikane-
rinnen mit bunt leuchtenden langen Kleidern, orthodoxe Bischöfe mit hohen
schwarzen Hüten, Menschen mit heller und dunkler Hautfarbe, Alte und Junge.
Wir waren wirklich sehr verschieden.
Neben diesen äußerlichen Verschiedenheiten gibt es noch andere Dinge, die
Menschen voneinander unterscheiden. Doch die entdeckt man nicht gleich auf
den ersten Blick. Dazu muß man miteinander sprechen, muß zuhören, was
andere einem erzählen von dem Leben in den Dörfern und Städten, in denen
sie wohnen. Weißt Du, wenn Dir jemand erzählt, wie es bei ihm oder bei ihr
zu Hause ist, dann behältst Du das meist viel besser, als wenn Du es nur in
Büchern liest.
Ich erinnere mich an ein kurzes Gespräch mit einer Inderin. Es war an dem
Tag, an dem wir angekommen waren. Wir standen im Waschraum und wu-
schen uns die Hände. Mit einem Mal sagte sie: „Ich mache mir Sorgen um
meine Kinder. Als ich in der vergangenen Woche wegfuhr, da hatten wir nur
noch ganz wenig Wasser im Brunnen. Ich fürchte, er ist jetzt ganz ausgetrocknet
… ja, wenn meine Kinder sähen, daß man hier jederzeit Wasser hat, ohne
Mühe, man braucht nur den Hahn aufzudrehen, dann fließt es, so viel, wie
man braucht."

Seit dieser Zeit denke ich öfter an die Frau aus Indien, wenn ich den Wasserhahn aufdrehe. Wie selbstverständlich ich das tue. Das Wasser fließt, immer. Eines Abends gingen viele von uns zu einem Vortrag einer australischen Ärztin. Sie sprach über die entsetzlichen Folgen eines Atomkrieges. Kein Arzt kann, wenn wirklich eine Atombombe gezündet wird, den Menschen mehr helfen, sie werden qualvoll sterben. Zum Schluß rief sie uns alle auf, überall in der Welt gegen die Atomwaffen zu protestieren. Sie rief vor allem die Mütter und Väter auf, nicht gleichgültig zu sein, sondern an ihre Kinder und deren Zukunft zu denken. Dann sagte sie: „Wir wollen nicht, daß unsere Kinder in einem solchen Krieg sterben. Wir wollen, daß unsere Kinder achtzig Jahre alt werden und einen natürlichen Tod sterben!" Darauf gab es einen lang anhaltenden Beifall. Was sie da gesagt hatte, das dachten wir auch, das wünschten wir. Noch während wir klatschten, kam eine Inderin auf das Podium zum Mikrophon und sagte mit einer ruhigen und sehr klaren Stimme: „Bei uns in Indien haben die meisten Kinder kaum das Glück, achtzig Jahre alt zu werden. Bei uns werden die meisten Kinder nicht einmal fünf Jahre alt. Sie sterben wie die Fliegen, weil sie unterernährt und krank sind." Dann ging sie wieder an ihren Platz. In dem großen Saal war es mit einem Mal totenstill geworden. Wir waren beschämt. Warum? Aruna, so heißt sie, hatte uns die Augen geöffnet für etwas, was wir gar nicht gesehen hatten. Nicht nur Atomwaffen können töten. Krankheit und Hunger töten schon jetzt viele tausend Kinder, jeden Tag. In unserer Sorge hatten wir nur an uns gedacht, an die Menschen in Europa, an unsere Kinder, nicht aber an die Kinder in Indien. Damit Du das richtig verstehen kannst, muß ich Dir noch sagen, daß wir damals in dem Jahr 1983 sehr große Angst hatten, daß in Europa immer noch mehr Atomraketen aufgestellt würden. Darum war uns das ein so wichtiges Thema.

In Gesprächen mit Aruna und anderen Frauen und Männern habe ich gelernt, daß es nicht reicht, die Dinge nur mit meinen Augen zu sehen. Ich brauche auch die Augen anderer Menschen, um wirklich zu verstehen, denn sie sehen Wichtiges, was ich gar nicht wahrnehme. Mit Menschen aus anderen Ländern zu sprechen, ihnen zuzuhören und auch von mir zu erzählen, das tue ich seit Vancouver, wo immer ich dazu Gelegenheit habe.

All die Menschen, die zu dieser Konferenz gekommen waren, brachten — das kannst Du Dir sicher jetzt ganz gut vorstellen — viele Sorgen und Probleme mit. Es war eine ernste Konferenz. Und weil die Menschen von sich sprachen, von Kindern in ihrem Dorf, die hungern, den Brüdern und Vätern, die im Krieg im Libanon oder in Nicaragua gefallen waren, und eigenen Erlebnissen im Gefängnis in Südafrika oder in Korea, war das ganz nah, anders, als wenn Du es in den Nachrichten im Fernsehen siehst. Manches, was Du hörst, vergißt Du nie mehr.

Nun sollst Du aber nicht meinen, es hätte nicht auch Freude und Fröhlichkeit gegeben. Wir haben gelacht, gefeiert und miteinander gesungen. Wir haben uns verpflichtet, füreinander dazusein.

Vielleicht fragst Du jetzt, was uns denn bei der Konferenz den Mut und die Hoffnung gegeben hat, nicht zu verzweifeln, nicht aufzugeben, wenn sich doch so wenig ändert. Zweierlei will ich nennen. Einmal die Zusage, daß Gott die Welt festhält, so wie auf dem Plakat. An vielen Stellen in der Bibel steht, daß Gott die Welt liebt. Er will, daß alle Menschen leben können, nicht nur einige wenige. Er hat uns die Erde gegeben, damit wir sie bewahren und beschützen, nicht, daß wir sie ausplündern. Er hat auch gesagt, daß Krieg, Ungerechtigkeit, Hunger und Armut gegen seinen Willen sind. Und dann ist wichtig zu wissen, daß man nicht allein für eine Sache arbeitet, sondern daß da viele sind, an vielen Orten in der Welt. Gemeinsam können wir etwas gegen Ungerechtigkeit und Krieg tun. Denn beides ist ja nicht vom Himmel gefallen, sondern von Menschen gemacht. Und darum sind wir auch dafür verantwortlich. Zuallererst natürlich wir, die Erwachsenen. Das haben uns die Kinder, die in Vancouver mit dabei waren, auch deutlich gesagt, als wir einen Friedensgottesdienst feierten. „Wir haben hier 14 Tage miteinander gelebt und über manche Dinge gesprochen, über die auch ihr in der Konferenz beraten habt. Wir Kinder haben die Hoffnung, daß es möglich sein muß, ohne Feindschaft zu leben. Wir bitten euch auch, sorgt dafür, daß die Welt bewohnbar bleibt." Am Ende des Gottesdienstes ließen sie viele Luftballons in den Abendhimmel aufsteigen. Luftballons kennen keine Grenzen, sie fliegen einfach darüber hinweg.

Die ganze Nacht über haben wir diesen Gottesdienst für Gerechtigkeit und Frieden gefeiert. Wir haben uns gegenseitig und vor Gott versprochen, daß wir, wenn wir nach Hause kommen, in unseren Ländern dazu beitragen wollen, daß die Natur bewahrt wird, Menschen nicht mehr hungern müssen und die Atomwaffen abgeschafft werden.

Dies ist nun ein langer Brief geworden. Ich hoffe, ich habe Dir deutlich machen können, was für mich an dieser Konferenz wichtig war und immer noch wichtig ist. Mit vielen Grüßen.

Deine Johanna

Johanna Linz

Medellin — geliebt und verraten?　184

Stichworte:	Kolumbien, Arme, Kirche der Armen, Bischofskonferenz, Hierarchie, Papst, Bischof, Priester, Slum (Elendsviertel), Guerillero, Märtyrer, Befreiung, Kommunismus, Analphabeten, Mt 23,23
Zum Text/ Problemfeldbeschreibung:	Die beiden lateinamerikanischen Bischofskonferenzen von Medellin (1968, Kolumbien) und von Puebla (1978, Mexiko) haben viele Hoffnungen geweckt, daß sich das Los der Armen in den Ländern Lateinamerikas bessern könnte. Ein kolumbianischer Journalist erzählt von diesen Hoffnungen, die er als Katholik und Mitstreiter für eine Kirche der Armen hegt — und von manchen Enttäuschungen, die er und seine Freunde haben erfahren müssen.
Vorlesezeit:	10 Minuten
Vorlesealter:	ab 15 Jahren

Señor Alvarez ist heute 45 Jahre alt. Katholik, engagierter Journalist. Besessen vom Gedanken, daß die Kirche eine Kirche der Armen zu sein hat. Er schreibt. Er kämpft. Er nimmt kein Blatt vor den Mund. Er kennt sich in Kolumbien aus und in Peru, war in Kuba, Nicaragua, Guatemala. Zwei Jahre lang lebte er unter den Armen in Brasilien. Wir möchten von ihm wissen, was er heute von der Zweiten Generalversammlung der Lateinamerikanischen Bischofskonferenz 1968 in Medellin denkt, von der Begeisterung, die damals durch Kolumbien und andere südamerikanische Länder brauste, und was davon geblieben ist. Señor Alvarez ist kein Salonrevolutionär. Dafür liebt er die Kirche — er setzt sie nicht mit der Hierarchie gleich — viel zu sehr.

„Ich war damals 25 Jahre alt", erzählt er, „und wollte Priester werden. Die Macht der römisch-katholischen Kirche war groß. Sie besaß Land, unterhielt Zeitungen, Zeitschriften, Radiostationen. Jeder zweite Student in Kolumbien studierte an einer katholischen Universität. Aber Kolumbien galt damals als Land der Gewalt. Daran hat sich bis heute nichts geändert. Es gärte aber auch gewaltig.·Der Priester Camilo Torres, 1966 als Guerillero im Kampf gefallen, war überzeugt davon, daß das Volk einmal die Macht übernehmen würde — wenn nötig, mit Gewalt. Ich verstand das damals nicht. Aber was wußte ich schon! Torres war ja nicht nur Priester, er war auch Soziologieprofessor. Ich las damals auch bei dem spanischen Philosophen Ortega y Gasset, daß ,Gewalt das Recht der Verzweifelten' sei. Aber ich wußte so recht nichts damit anzufangen; ich selbst war ja nicht verzweifelt. Mein Vater, angesehener Arzt, gehörte nicht zu den Armen. Meine Mutter gab Almosen. Über Politik wurde in der Familie nicht gesprochen. Mich, ihren ältesten Sohn, sah meine Mutter schon als Bischof, wenn nicht gar als Kardinal. Die Würdenträger der Kirche Kolumbiens kamen aus einflußreichen Familien. Meine Familie gehört zwar nicht wie die von Kardinal Concha zur mächtigen Elite des Landes, aber immerhin.

Und dann kam Medellin. Die Beschlüsse der Konferenz haben ihre Vorge-
schichte. Es lagen Hunderte von Briefen vor. Laien, Gewerkschaftler, Priester,
Studenten wandten sich an ihre Bischöfe."
„Waren Sie auch unter diesen Studenten?"
Señor Alvarez streicht sich lachend eine schwarze Locke aus der Stirn und
sieht plötzlich viel jünger aus.
„Aber natürlich! Nächte hindurch haben wir diskutiert. Man sah doch, wie
es im Land zuging! Und das Zweite Vatikanische Konzil machte uns Hoffnung.
Frische Luft in der Kirche! Sauerteig sein! Wir streiften durch die Slums von
Bogotá und schrieben nieder, was wir sahen."
„Und Ihre Familie?"
Wieder lacht er sein Lausbubenlächeln.
„Na ja, eines Tages versuchte ich meiner Mutter klarzumachen, daß es wichtiger sei, weniger zu nehmen, als viel zu geben."
„Und wie reagierte sie darauf?"
„Sie verstand überhaupt nichts. Sie sah in mir einen verführten Jüngling und
fürchtete um mein Seelenheil. Damals lernte ich einen spanischen Priester
kennen, Domingo Lain, der einen gewaltigen Eindruck auf mich machte. Er
war Pfarrer in einem Elendsviertel im Süden von Bogotá und verdiente sich
daneben sein Brot in einem Ziegelwerk. ‚Wer das Elend der Bevölkerung am
eigenen Leib erfährt', so begründete er es, ‚lernt mit ihren Augen sehen.' Als
dieser Priester in Konflikt mit der erzbischöflichen Kurie geriet, beschloß ich,
mich nicht zum Priester weihen zu lassen. Lain legte nach wiederholten Schwierigkeiten die Soutane ab und schloß sich, wie Camilo Torres sechs Jahre zuvor,
einer Guerillaarmee an. Er schrieb aus den Bergen: ‚Ich erneure hier täglich,
was ich bei meiner Priesterweihe gelobte – treu zu den Armen und Unterdrückten zu stehen.' Am 20. Februar 1974, acht Jahre später als Torres, starb auch
er im Kampf. Lain war kein Bandit, wie das von offizieller Seite behauptet
wurde. Er ist ein Märtyrer, wie Torres. Und diese beiden sind keineswegs die
einzigen. Als Verbrecher, Terroristen, Agenten Kubas wurden sie beschimpft.
Von den Ängsten und Sorgen dieser Priester, davon, daß sie das Elend des
Volkes zu ihrem eigenen gemacht hatten, sprach niemand."

Señor Alvarez, Sie waren noch sehr jung, als in Medellin die Bischofskonferenz
stattfand. Welcher Bischof hat damals den größten Eindruck auf Sie gemacht?"
„Dom Helder Câmara natürlich! Aber auch noch andere. ‚Die Kirche in der
gegenwärtigen Umwandlung Lateinamerikas im Lichte des Konzils' war das
Thema. Papst Paul VI. eröffnete die Konferenz. Während dieser Zeit begann
ich zu begreifen, was Befreiung in der Kirche Südamerikas bedeuten könnte."
„Sie selbst gingen später nach Brasilien. Warum?"
„Das Pflaster wurde mir hier zu heiß. Ich wollte aber auch andere Länder
kennenlernen und, statt nur über Ungerechtigkeit und Armut zu schreiben, sie
am eigenen Leib erfahren."

Señor Alvarez kramt aus seinem Schreibtisch einige Fotos hervor. Wir erkennen die Bischöfe Dom Helder Câmara, Antônio Fragoso, Cândido Padin, Adriano Hypoólito.

„Viele wünschen solche Bischöfe aus der Welt", seufzt er. „Dabei sind sie die wahren Reformer."

Dann zieht er einen Brief aus einem Umschlag, den abgegriffenen vergilbten Brief eines Gemeindeleiters. „Der Schrei der Armen wird lauter", liest er vor. „Die Situation in unserer Gegend spitzt sich zu. Die Spinnerei wurde geschlossen. Die Arbeiter wissen nicht, wie sie ihre Familien durchbringen sollen. Kinder gehen ohne zu essen in die Schule. Wir sind froh, wenn wir bei unseren Bibeltreffen wenigstens Kerzenlicht haben können. Neulich sprachen wir über die Worte des Herrn: ‚Wehe euch, Schriftgelehrte und Pharisäer, Heuchler! Ihr gebt den Zehnten von Minze, Dill und Kümmel, aber das Wichtigste im Gesetz schiebt ihr beiseite: die Gerechtigkeit, die Barmherzigkeit und die Treue. Man muß das eine tun, ohne das andere zu lassen' (Mt 23,23). Ich sagte den Leuten, daß die Kirche auf ihrer Seite steht. Sie setzen große Hoffnung in die Kirche. Sie darf sie nicht enttäuschen. Wir sprachen auch darüber, wie es mit dem Platz für die Reichen im Himmel sei. Ich zitierte Dom Helder Câmara: ‚Wir müssen die Armen von ihrer Armut und die Reichen von ihrem Egoismus befreien.' Ach, wieviel Schutt muß noch abgetragen werden, um das wahre Antlitz Christi zu erkennen! Sehr viele wünschen einen Christus ohne Mund. Wo immer die Kirche den Armen ihre Stimme gibt, wird sie verfolgt. Am wenigsten verstehe ich, daß es innerhalb der Kirche Mächtige gibt, die Medellin und Puebla verraten. Seit Medellin sind nun fast zwanzig, seit Puebla bald zehn Jahre vergangen. Sicher, es ist viel Gutes geschehen in dieser Zeit, aber ich wünschte so sehr, daß man statt die Gefahren des Kommunismus an die Wand zu malen, die großen Möglichkeiten der Kirche wahrnimmt."

Señor Alvarez steckt den Brief in den Umschlag zurück. Es ist der letzte Brief seines Freundes. Er wurde am 22. September 1987 blutüberströmt in seiner Hütte gefunden. Erstochen.

„Seit seiner Ermordung beschäftigt mich das lateinamerikanische Martyrologium", mit diesen Worten wendet er sich uns wieder zu. „Wäre die Kirche Lateinamerikas nicht zur Kirche der Armen geworden, gäbe es dieses Martyrologium wohl kaum. Niemand hat etwas gegen Prozessionen und einen Christus, den man durch die Straßen in der Goldmonstranz trägt, oder gegen mariologische und eucharistische Kongresse. Aber die Armen müssen doch erfahren, warum sie arm sind! Die vielen Morde, Niederlagen, Geschichten des Leidens sind wahre Glaubenszeugnisse. Der Tod hat nie das letzte Wort. Das Blut der Märtyrer ist der Same der Kirche. Dieser Same gibt Hoffnung."

Señor Alvarez greift nach dem Buch auf seinem Schreibtisch: „Sie leben im Herzen des Volkes". Er liest aus dem Vorwort: „Nach Pascal ist ‚immer Gethsemane, immer schlafen alle. Und immer liegt Christus im Todeskampf.

– Dieses Buch vermittelt eine Ahnung von der Aktualität der Leiden und der Agonie Christi mitten unter uns. Sehen wir zu, daß wir nicht umstandslos zu den Schlafenden von Gethsemane gehören und daß wir uns, trotz unseres vielgepriesenen Entwicklungsniveaus, nicht zu einer besonderen Gattung von Analphabeten entwickeln: zu Analphabeten der Empfindsamkeit gegenüber dem Schmerz in der Welt."

Er selbst gehört sicher nicht zu den Analphabeten der Empfindsamkeit. Das erleben seine Besucher, als sie ihn nachmittags in eine Stätte des Elends begleiten. Ein schlammiger Pfad führt an den Hängen vorbei. Die Bewohner scheinen den Journalisten gut zu kennen.

„Das war nicht immer so", lächelt Alvarez. „,Warum willst du über uns schreiben?' haben sie mich gefragt. Sie haben inzwischen verstanden, wie wichtig es ist, daß viele Menschen erfahren, wie sie leben und kämpfen."

Alvarez führt seine Besucher in eine Hütte, die kaum acht Quadratmeter groß ist. Hier lebt eine Frau mit ihren drei Kindern.

„Ihr Mann ist im Gefängnis", erklärt er. „Da sie ihm einen Polizistenmord in die Schuhe schieben wollten, er aber ein handfestes Alibi hatte, mußten sie den von uns besorgten Advokaten zulassen."

Eine magere, etwas schüchterne Frau begrüßt den Journalisten und seine Besucher.

„Wie kommst du zurecht?" fragt Alvarez sie.

„Ich kann für zwei Familien Wäsche waschen. Und mein vierzehnjähriger Sohn verdient etwas in der Ziegelbrennerei. Wir konnten noch immer essen. Dafür sind wir dankbar."

Sie sagt es leise, ohne Anklage, aber auch ohne Resignation.

„Ich werde morgen ins Gefängnis gehen. Was soll ich deinem Mann sagen?"

Die Augen der Frau leuchten auf.

„Sag ihm, daß es uns gut geht. Die Kinder sind folgsam. Sag ihm auch, daß wir auf ihn warten. Er kann wieder in der Ziegelbrennerei arbeiten. Sie haben es mir versprochen. Ach, wir sind ja so froh, wenn er nur wieder zu Hause ist. Aber es bedeutet ihm so viel, wenn er seine Familie ernähren kann."

„Würdest du deinen Mann gern im Gefängnis besuchen?"

„Ja schon. Aber die weite Fahrt. Und ich muß die Wäsche waschen. Und was sollen wir im Gefängnis reden! Andere hören zu. Man kann sich nur ansehen, und nachher schmerzt das Herz noch mehr. Es ist besser, wenn du ihn besuchst. Ich bin ja schon froh, daß er noch lebt."

Während die Frau den Besuchern Kaffee kocht, kommt die jüngste Tochter aus der Schule. Blaß und müde wirkt sie, aber ein Leuchten huscht über ihr Gesicht, als sie Alvarez sieht. Sie fragt ihn gleich nach dem Vater.

„Sie vermissen ihren Vater", sagt die Frau. „Mein Mann hat uns immer gut behandelt. Er ist auch mit anderen gut. Er hat sich in der Fabrik und in der Gemeinde immer für andere eingesetzt. Darum haben sie ihn abgeholt."

Sie versucht unauffällig die Tränen aus dem Gesicht zu wischen.

Alvarez legt ihr tröstend die Hand auf die Schulter. Das ist kein billiger Trost, und die Frau spürt es. Dieser Mann ist ehrlich mit den Armen, und er setzt alles für sie ein – seinen guten Ruf, seine Karriere und sogar sein Leben. An der Stätte des Elends müssen, das spüren alle, die schönen Erklärungen von Bischofskonferenzen in Taten umgesetzt werden.

Die Gewalt verurteilen – ja. Aber alle Gewalt, auch die der Machthaber, die in ihrer Unmenschlichkeit Millionen Menschen zugrunde richtet, sie daran hindert, in Würde zu leben.

„Wenn Sie nach Europa zurückgehen, schweigen Sie nicht", bittet Señor Alvarez seine Besucher beim Abschied.

„Was hier geschieht und wächst, muß an die Öffentlichkeit. Die Kirche, die sich zur Stimme der unterdrückten und ausgebeuteten Massen machen wollte, darf nicht wieder zum Schweigen gebracht werden. Medellin war Anfang, Hoffnung – Wagnis und Chance zugleich."

Eva-Maria Kremer

Das Volk Gottes in Rom – Frère Roger und der Papst 185

Stichworte: Italien, Rom, Taizé, Prior, Priester, Volk Gottes, Papst, Pilgerweg, Frieden, Versöhnung, Kommunität, Schriftlesung, Predigt, Kommunisten, Abrüstung, Militärdienst, Kaiserkult, Reichtum der Kirche, Musik in der Kirche, lateinische Sprache, Reformation, Ablaß, Martin Luther, Petersdom, Einheit der Kirche, Gemeindetreffen, Klostergemeinschaft, Christenverfolgung

Zum Text/ Problemfeldbeschreibung: Christian aus Hamburg nimmt mit anderen deutschen Jugendlichen an dem von der Kommunität von Taizé veranstalteten Europäischen Treffen in Rom teil. Er verbringt einige Tage bei einer italienischen Familie in einer Gemeinde Roms, besichtigt die Stadt und feiert am Schluß zusammen mit 25 000 Jugendlichen sowie dem Papst und Roger Schutz, dem Prior von Taizé, einen Gottesdienst, der zur Versöhnung der Christen angesichts der drängenden Weltprobleme aufruft.

Vorlesezeit: 15 Minuten

Vorlesealter: ab 15 Jahren

Naß und kalt. Das ist Rom, dachte Christian. Seit bald zwei Tagen ist er unterwegs, um von Hamburg hierher zu kommen. Aus dem Gebäude des Hauptbahnhofs hinaustretend, überfiel ihn der Lärm der Stadt wie eine Lawine. Nur nicht die Orientierung verlieren. Christian schloß sich einer Gruppe an, die ebenfalls aus dem Sonderzug gestiegen war. Ihre großen Rucksäcke leuchteten ihm den Weg zum „Instituto Santa Maria" in der Nähe der Lateranbasilika, wo der Empfang der Gäste stattfinden sollte.

Es hatte in Frankreich begonnen, Sommer in Taizé. Die dortige Communauté
– eine Art Klostergemeinschaft – wird jedes Jahr von einigen tausend Jugendlichen aus der ganzen Welt besucht, die dort eine Woche auf dem Hügel von
Taizé leben und über Gott und die Welt sprechen. Täglich gehen sie dreimal
in die Kirche zu den Gebeten, die mit ihrer meditativen Stille und ihren lateini-
schen Gesängen das Zentrum des Lebens von Taizé sind. Dort bekam Christian
die Einladung zu dem „Europäischen Treffen" in Rom, wo sich Christen aus
der ganzen Welt treffen wollten, auf einer Station eines Pilgerweges des Friedens
und der Versöhnung. Viele trafen sich bereits in den vergangenen Monaten
in Paris, Barcelona, München, Dresden, New York, Montreal – und jetzt ist
das Treffen in Rom.

Das „Instituto Santa Maria" war leicht zu finden. Nur hineinzukommen war
nicht leicht. In dem Gewühle traf Christian auch Elisabeth wieder, die er im
Zug bereits gesprochen hatte. Sie hatte ihm über die Freude auf das Treffen
mit dem Papst berichtet, den sie immer „Heiliger Vater" nannte. Christian
war nicht katholisch und etwas nüchterner, was den „Bischof von Rom"
betraf, wie er den Papst nannte. Nun stand sie ähnlich verloren wie er in der
Menschenmenge im Hof. Gemeinsam gelang es ihnen, an einem der Tische
ein Quartier vermittelt zu bekommen, in einer Neubausiedlung bei der Familie
Mattoni. Das Geschenk des Himmels war allerdings Ugo Mattoni, der zum
„Instituto" gekommen war, um die Gäste abzuholen, von denen er noch gar
nicht wußte, wer sie denn sein würden. In seiner fröhlichen Art lotste er die
beiden zur Straßenbahnhaltestelle, während sie sich auf italienisch, französisch
und englisch zu verständigen suchten. Diese Haltestelle war jedoch unter den
vielen Menschen mehr zu erahnen als zu sehen. Sie schafften es, den übervollen
Straßenbahnwagen zu besteigen. Über den eingepferchten Fahrgästen thronte
der Schaffner und fuchtelte mit den Fahrscheinen. Der Reihe nach reichten
die Fahrgäste ein Geldstück über ihren Köpfen zu ihm weiter und bekamen
auf demselben Weg ihren Fahrschein. Christian registrierte gerade noch, daß
sie die Via Appia Nuova herunterfuhren, aber die war im Gegensatz zu der
Fahrt bald zu Ende. Ugo berichtete, daß man mit viel weniger Gästen gerechnet
hätte. „Die Vorbereitungsgruppen haben sich bei den hundertfünfzig Kirchengemeinden in den letzten Tagen noch sehr um Unterkünfte bemüht." In Ugos
Kirchengemeinde wurden sie mit einem Gemeindefest empfangen. Davon bekam weder Elisabeth noch Christian viel mit, weil sie einfach zu müde waren.
Doch die Herzlichkeit und Freundlichkeit war ihnen ungewohnt: ihre Gemeinden in Hamburg waren etwas distanzierter. Leider.

Der folgende Tag war ein Sonntag. Ausschlaftag. Diesmal jedoch nicht. Sie
gingen in den Gottesdienst der Gemeinde. Erst auf dem Weg dorthin fiel ihnen
auf, wie häßlich das Viertel war, in welchem die Familie Mattoni wohnte.
Am Eingang der Kirche wurde Elisabeth gleich zur Mithilfe angestellt; sie
sollte die Lesung des Bibeltextes auf Deutsch übernehmen. Die Predigt war
dann auf Italienisch, aber kurz. Nachmittags gingen sie mit Ugo und seiner

Schwester Anna-Maria zum Gemeindetreffen. Zwischen spielenden Kindern erfuhren sie ein wenig vom Leben der Gemeinde, die für die Menschen, die hier leben, ein wichtiger Mittelpunkt ist. Probleme gibt es hier auch zuhauf: Anonymität, Alkoholismus, Kriminalität, zerbrechende Ehen. Besonders beklagte der Priester den leicht rückläufigen Kirchenbesuch, viele Jugendliche verlören die Beziehung zur Kirche. Ja, das kannten sie. Später meinte Anna-Maria zu Christian und Elisabeth: „Dies ist auch kein Wunder. Schließlich ist die italienische Kirche sehr konservativ, da fragen sich die Jugendlichen schon, was sie denn dort sollen. Vor allem auf die sozialen Nöte vieler Jugendlichen hat sie keine Antwort. Die Kirche ist eben mehr für das Jenseitige." Bei dieser Gelegenheit erwähnte Anna-Maria auch, daß sie sich in einer Studentengruppe der PCI, der italienischen Kommunisten, um Sozialpolitik kümmere. In der Politik könne man viel zur Verbesserung der Situation tun.

Montags sprachen sie über den „Brief aus Italien", den Frère Roger, der Prior der Communauté von Taizé, bei seinem Aufenthalt in Süditalien geschrieben hatte. Zusammen mit einer Gruppe von Jugendlichen aus allen Erdteilen hatte er dort einige Gemeinden, die von der Erdbebenkatastrophe betroffen waren, besucht. In dem Brief hatte er zur Versöhnung aufgerufen.

„Durch Versöhnung unter den Christen soll die Kirche den Weltfrieden vorbereiten, die Friedensbereitschaft der Kirche geht ihm voraus", faßt Elisabeth zusammen. Gemeinsam denken die Mitglieder der Kirchengemeinde mit ihren Gästen am Montag vormittag über den Brief aus Italien nach.

Ugo meinte: „Es ist doch ganz einfach für die Kirche, der Welt zu zeigen, daß sie nicht auf Rüstung und Waffen vertraut, daß sie auch keine neuen Atomraketen zu ihrer Sicherheit braucht."

„In der frühen Zeit war das kein Problem für die Kirche." Christian erzählt über die Verfolgungen der jungen Kirche in den ersten Jahrhunderten nach Christi Geburt. Am Nachmittag sind sie zusammen zu einer der vielen Katakomben in Rom gefahren. Das sind unterirdische Friedhöfe, welche die Christen im geheimen gruben. Sie legten Gänge in kilometerlangen Netzen unter der Stadt Rom an. In die Wände dieser Gänge schlugen sie Nischen, wohinein sie ihre Toten legten. Dann wurden die Nischen wieder zugemauert. „Damals mußten die Christen im Untergrund leben, weil sie jeden Militärdienst strikt ablehnten und sich weigerten, öffentliche Ämter zu übernehmen. Schon gar nicht wollten sie am offiziellen Kaiserkult teilnehmen, den die römischen Kaiser pflegten, um so ihr Volk in Schach zu halten. Wer Christ sein wollte, der konnte dem Götterbild des Kaisers nicht opfern oder zur Armee gehen. Aber mit der Zeit wurden auch viele Soldaten Christen. Die Kirche mußte sich nicht mehr so sehr verstecken, weil sie vom römischen Staat und von den Anhängern anderer Kulte verfolgt wurde. Schließlich machten die römischen Kaiser die christliche Religion zur Staatsreligion. Infolgedessen wurden dann die alten Götter-Kulte verboten. So ändern sich die Zeiten."

Elisabeth, Ugo und Christian laufen durch die Gänge der Katakomben. Ein wenig mulmig wird ihnen bei der Betrachtung der mittlerweile leeren Nischen in den langen Gängen.

„Ich glaube", meint Elisabeth, „daß uns die Zeit der alten Kirche heute nur so ideal erscheint. Auch damals haben die sich doch gestritten und gespalten, die waren doch auch damals schon nicht ein gutes Beispiel für Frieden und Eintracht. Ich habe Zweifel, wie sie das dann heute sein sollten."

Abends gingen sie in die Kirche „San Giovanni in Laterano" zu einem der Abendgebete, die in drei der großen Stadtkirchen Roms stattfinden. Ihnen wurde gesagt, daß jede der Kirchen nicht nur voll, sondern überfüllt sein wird. „Ich weiß gar nicht", meinte Anna-Maria, „ob diese Kirchen jemals schon so voll waren", als sie sich langsam durch die vielen Menschen in die Kirche schoben. In der Kirche wird bereits gesungen. Christian und Elisabeth kennen die Lieder bereits aus Taizé: Es sind kurze Wiederholgesänge in lateinischer Sprache: Laudate omnes gentes, laudate Dominum (Lobet den Herrn alle Völker). Sie erklären Ugo und Anna-Maria, daß in Taizé aber nicht alles katholisch sei, nein, das Lateinische sei ein Zeichen für die Universalität des Volkes Gottes, da es keine Sprache eines Landes oder eines Volkes bevorzuge, sondern für alle gleich fremd und doch allen gemeinsam sei.

Nach vielen Gesängen, Psalmen und der Schriftlesung ist es lange Zeit still in der Kirche. Jeder hat in der Stille Gelegenheit, die Schriftlesung „Ihr seid zur Freiheit berufen, Brüder... dient einander in Liebe!" (Gal 5,13) in sich nachklingen zu lassen und darüber nachzudenken, was diese Worte im Alltag heute bedeuten. Dann geht es weiter mit einem der Lieder Kyrie eleison und den Fürbitten. Zum Schluß spricht Frère Roger ein Gebet:

Gott, du bist immer unter uns, du willst nicht Not und Elend, sondern unbeschwerte Freude. Du leidest mit jedem, der auf der Erde leidet. Du nimmst jeden auf, der dir alle seine Lasten anvertraut, so, als würdest du uns überall, an jedem Ort, im Haus eines Bruders empfangen.

Dienstag. Elisabeth und Christian haben sich mit einigen der anderen Gäste aus ihrer Kirchengemeinde verabredet, um gemeinsam Kirchen in Rom zu besuchen. Der Brief aus Italien nennt das: auf der Suche nach dem Kindsein der Kirche. Gemeinsam wollen sie dann am Nachmittag in den Petersdom gehen, wo die 25 000 Jugendlichen mit ihren römischen Freunden und Papst Johannes Paul II. zu einem Gottesdienst zusammenkommen wollen.

Auf dem Weg dahin machten sie noch einen kurzen Besuch im Kolosseum, einem Ort, an welchem viele Christen bei den Circus-Spielen zur Volksbelustigung sterben mußten.

„Wenn die Päpste diesen Petersdom nicht gebaut hätten, wer weiß, dann hätte es vielleicht gar keine Reformation und keine Kirchenspaltung gegeben...", sinniert Christian, als sie durchgefroren endlich auf dem Petersplatz ankommen.

„Warum denn?" fragt Ugo etwas verwundert.

„Nun ja, um den Bau des Domes zu finanzieren, hat Papst Julius II. einen Ablaß ausgeschrieben. Das hieß, wenn der Gläubige etwas in die Kasse bezahlt, bekam er einen Ablaßbrief, auf dem stand, daß ihm die sogenannte zeitliche Sündenstrafe im Fegefeuer erlassen würde. Da gab es richtige Kataloge, welche Sünde wieviel Strafe nach sich zieht, welcher Ablaß wieviel Strafe erläßt. Dagegen wandte sich Luther. Und das war der Auslöser zur Reformation." Im Petersdom werden sie wieder von den Gesängen empfangen. Veni sancte spiritus, komm, heiliger Geist. Der Chor, zu dem sich einige Hundert der Jugendlichen unter der Leitung eines Bruders aus der Communauté zusammengefunden hatten, probte und sang schon lange vor Beginn des Gottesdienstes. Unter den vielen Menschen verloren Elisabeth und Christian dann ihre Begleiter. Dafür trafen sie Annie, eine junge Sozialarbeiterin aus Calcutta, die Christian bei seinem Besuch in Taizé kennengelernt hatte. Mit ihr zusammen fanden sie den Weg nach vorne zum Papstaltar unter der Kuppel. Sie setzten sich zu einigen Brüdern der Communauté, die auf dem Boden sitzend in ihren weißen Kutten meditierten. Bei ihnen sitzen einige der Kinder, zumeist Waisen, die mit der Communauté leben. Jetzt erst schauen Elisabeth und Christian sich die Kathedrale in ihrer Pracht genauer an. In den vielen Nischen finden sich unzählige Seitenaltäre, Statuen und Bilder. Darüber befindet sich die vergoldete Kassettendecke. Sie sitzen jedoch schon unter der Kuppel, an deren Rand sie einen Teil der Inschrift entziffern können. Tu es Petrus et super hanc petram aedificabo Ecclesiam meam... (Du bist Petrus und auf diesen Stein werde ich meine Kirche aufbauen...). Nur wenig entfernt von ihnen steht die Bronzestatue des Heiligen Petrus. Dann zieht Papst Johannes Paul II. ein. Eine halbe Stunde braucht er für den Weg durch die vielen Menschen, die hinter den Absperrungen des Mittelgangs stehen und ihm zuwinken. Vielen schüttelt er die Hände, richtet ein kurzes Wort an sie. Immer begleitet von einigen Meßdienern und dem offiziellen Fotografen des Vatikans. Der Papst begrüßt Frère Roger, der sich zu den anderen Brüdern gesetzt hatte. Danach begibt er sich zu dem Sessel vor dem päpstlichen Altar unter dem Baldachin mit den gedrehten Bronzesäulen. Frère Roger geht auf den Altar zu und tritt an das Mikrophon. „Heiliger Vater", redet er den Papst an, „aus ganz Europa sind wir nach Rom gekommen, um gemeinsam Wege der Versöhnung zu suchen. Seit Jahren schon sind viele bereit, alles zu tun, um sich als Zeugen der Versöhnung zu engagieren, mitten in den Zerspaltungen der Familie der Christen und bis hinein in die Zersplitterungen der Menschheitsfamilie. Christus will aus der einzigartigen Gemeinschaft, die seine Kirche ist, ein Ferment der Versöhnung und der Freundschaft für die ganze Menschheitsfamilie machen, und dies wird nicht ohne konstruktive Auswirkungen auf den Weltfrieden bleiben. Deshalb duldet für die neue Generation die Versöhnung der Christen heute keinen Aufschub mehr."

Der Papst hatte, nachdenklich zurückgesunken in seinem Sessel, die Worte Frère Rogers verfolgt, die dieser auf Französisch sprach. Frère Roger geht noch einmal zum Papst. Dieser sagt noch etwas zu ihm, sein Gesicht bleibt unbewegt, während sie sich umarmen. Frère Roger geht zu den anderen Brüdern zurück, nimmt wieder das kleine Mädchen aus Bangladesh, das auf ihn gewartet hatte, auf seinen Arm, und dann beginnt der Gottesdienst mit den Lesungen aus Jesaja und dem Johannesevangelium.

Nun nimmt der Papst das Mikrophon, um seine Ansprache zu halten: „Liebe Jugend! Wenn ich hier, an diesem historischen Ort eure eindrucksvolle Versammlung sehen darf und dabei an den ganz besonderen Dienst denke, den der Herr mir aufgetragen hat, möchte ich mich der Worte des Propheten Jesaja bedienen, mit denen er das ganze Volk Gottes zur Freude aufruft: Auf, werde hell, denn es kommt dein Licht, und die Herrlichkeit des Herrn geht leuchtend auf über dir...Völker wandern zu deinem Licht..." Das kleine Mädchen auf Frère Rogers Arm kratzt sich an der Nase, während es dem Papst aufmerksam zuhört. „...die kirchliche Einheit ist ein tiefes Geheimnis, das über unsere Vorstellungen hinausgeht. Die Menschen schließen sich ihr an, um Christen zu werden. ...Die Struktur der Kirche mit ihrer Hierarchie und ihren Sakramenten ist nichts anderes als Ausdruck und Realisierung der wesentlichen, von Christus, ihrem Haupt, empfangenen Einheit. Diese von Christus geschenkte Einheit der Kirche wurde in erster Linie und besonders dem Apostel Petrus anvertraut. Das Charisma des hl. Petrus ging auf seine Nachfolger über. ...Die Verbundenheit in der Kirche hat notwendig einen sichtbaren, einen institutionellen Aspekt. Ihm gilt besonders der Einheitsdienst des Papstes. Er ist vor allem ein Apostel-Dienst, ungebrochene Verbindung zum Ursprung, zum Gründer der Kirche... Ihr müßt die christliche Botschaft der Seligpreisungen in eurem täglichen konkreten Verhalten verkörpern, an allen Orten... Ja, nun haben wir die großartige Sendung wieder ins Bewußtsein gerufen, die der ganzen Kirche und in ihr jeder einzelnen kirchlichen Gemeinschaft anvertraut ist. Die Jugend muß sich darin eingliedern und handeln."

Der Papst legt das Mikrophon beiseite, während der Chor das Jubilate Deo anstimmt. Von Frère Roger weicht ein wenig die Anspannung in seinen Zügen. „Was wohl in ihm vorgeht?" fragt Elisabeth leise. Erst zum Schluß löst sich die etwas steife und formelle Haltung bei Johannes Paul II., als er von seinem Stuhl herabsteigt, um zu der Stelle der Kirche zu gehen, an welcher Frère Roger mit den anderen Brüdern auf dem Boden sitzt. Frère Roger kommt mit den Kindern und den Brüdern in ihren weißen Kutten zu dem Papst, sie sprechen miteinander, das kleine Mädchen aus Bangladesh hält nun Rogers Hand in der rechten und die des Papstes in der linken. So steht sie zwischen ihnen und blickt mit großen Augen die beiden an, während der Blitz des Papst-Fotografen die Szene festhält und der Chor singt: Christus regnat, Christus vincit (Christus herrscht als Sieger).

Karl Wolfram Meyer zu Uptrup

Eine „Speisung der Fünftausend" während des Stuttgarter Forums 1988

186

Stichworte:	BRD, Mahnwache, Boykott, Apartheid, Konziliarer Prozeß, Friedensgruppe, ökumenisches Forum, Pilgerweg, Gottesdienst, Friedensbewegung, Delegierte, Beschlüsse, Begegnung, Ökumene, Mahl, Speisung, Mk 6,30 ff.
Zum Text/ Problemfeldbeschreibung:	Im Zentrum steht das gemeinsame Essen von Pilgern bei einem ökumenischen Forum. Passanten, „Penner" und Pilger essen und sprechen miteinander. Das gemeinsame Essen wird für alle Beteiligten ein „Stück Speisung der Fünftausend". Die Geschichte macht wichtige Positionen des Konziliaren Prozesses deutlich.
Vorlesezeit:	10 Minuten
Vorlesealter:	ab 14 Jahren

Das fing in Stuttgart im Herbst 1981 an. Seit drei Jahren kannten viele Frauengruppen den Aufruf der Evangelischen Frauenarbeit: „Kauft keine Früchte aus Südafrika!" Dieser Boykott ist unsere Unterstützung für den Protest südafrikanischer Menschen gegen ihre weiße Herrschaft, die behauptet, Menschen anderer Hautfarbe seien minderwertig, nur für schmutzige Körperarbeit tauglich und müßten in allem den Weißen gehorchen. Anfangs lachten viele uns aus, Geschäftsleute, Politiker und auch Bischöfe. „Politik mit dem Einkaufskorb" sei das, höhnten sie, und so etwas habe nun wirklich keinen Wert. Heute ist „Politik mit dem Einkaufskorb" ein durchaus ernst genommener Begriff, auch im Umweltschutz; und mehrere große Kaufhäuser bieten wegen dieses Boykotts kein südafrikanisches Obst mehr an. Auch viele Politiker und Kirchenleute sind jetzt für den Boykott. Aber das passierte erst 10 Jahre später.

Auf die Idee mit den Mahnwachen kamen wir bei einem Besuch in Südafrika selber. Mitten in der Weltstadt Johannesburg, zwischen den ehrwürdigen Kolonialbauten, großen Kirchen, neben Parks und modernen Hochhäusern, stand ein junger Mann und hielt eine Stange mit einem Plakat: Fordert die Entlassung der Gefangenen! Wir blieben stehen. Er sagte: „Hier im John-Forster-Gefängnis sitzt mein Freund schon seit drei Wochen, und mit ihm viele andere Männer und Frauen, vor allem aus den Gewerkschaften, Studentenverbänden und aus der Kirche. Sie wurden bei einer Polizei-Razzia nachts um vier Uhr abgeholt, ohne Anklage, einfach so. – Ich stehe hier allein, denn zu zweit wären wir schon eine Demonstration, und das wäre verboten. Aber wir sind mehrere. Immer donnerstags halten wir hier Mahnwache." Während er mit uns sprach, wurde er von Vorübergehenden ausgelacht, angerempelt und „dreckiger Kommunist!" angeschrien. Eine ältere Frau, offenbar die Mutter eines Gefangenen, trat uns in den Weg: „Sie kommen doch aus Europa? Dann bitte, sagen Sie Ihrem Land: Diese Verhafteten hier sind keine Kriminellen, sie haben nur ein besonders sensibles Gewissen!"

In diesem Land, wo vom Staat selber so gemeines Unrecht geschieht, kamen wir uns als Ausländerinnen wie hilflose Zuschauerinnen vor. Aber dann zu Hause wollten wir es bekannt machen und fingen an, wie andere Gruppen, jeden Donnerstag Mahnwachen zu halten. Wir schreiben die Namen der Gefangenen auf Plakate und stehen damit von 11–15 Uhr auf dem Stuttgarter Schloßplatz, wo viele Leute vorbeikommen. Da steht z. B.:

Patrick T. Lekota (28 Jahre) Fußballspieler und Studentensprecher seit Juni 86 ohne Anklage in Haft in Südafrika	und	Ordensschwester B. Ncube (52) Leiterin und Lehrerin von Frauengruppen seit Juni 86 im Gefängnis

Damit aber die Leute verstehen, was das mit Deutschland zu tun hat, halten wir zwischen uns ein großes Transparent mit der Aufschrift: Wir fordern Wirtschaftsboykott gegen Südafrika.

Bei diesen Mahnwachen erleben wir allerhand, manchmal ähnlich wie der junge Afrikaner, aber das will ich hier nicht alles erzählen.

Aber wie gehören Südafrika-Mahnwachen zum Konziliaren Prozeß für Gerechtigkeit, Frieden und Bewahrung der Schöpfung?

Sicher gehören sie dazu; denn wir wollen ja Gerechtigkeit für die Menschen in Südafrika, und die hängt eng mit dem Frieden und der Ehrfurcht vor allem Lebendigen zusammen.

Also wurden auch wir eingeladen zu einer Besprechung aller Friedens- und Umweltgruppen, als bekannt war, daß das 2. „Forum" des Konziliaren Prozesses in Stuttgart sein würde. Einige freuten sich richtig: „Daß die offiziellen Kirchen jetzt selbst über unsere Themen beraten, das haben wir doch schon immer gehofft." – Aber viele andere trauten der Sache nicht so recht: „Die werden so ein ausgewogenes Papier ausklamüsern, das es allen Leuten recht macht und nichts hilft!" Oder: „Was nützt das, wenn ein paar gescheite Theologen und Bischöfe eine Menge Papier produzieren, das nachher kein normaler Mensch liest?" – „Dann müssen eben *wir* zu den normalen Menschen hingehen und ihnen klarmachen, wie wichtig das für uns alle ist!"

Aus diesem „Hingehen" entstand dann die Idee des „Pilgerwegs". Eine Gruppe von Menschen wollte zu solchen Stellen in unserem Land wandern, wo der Friede, die Gerechtigkeit und die Schöpfung besonders auffallend gefährdet sind; also z. B. wo Waffen hergestellt und exportiert werden, wo Flüchtlinge in bedrängten Verhältnissen leben müssen oder auf dem Flughafen, bei dessen geplanter Erweiterung viel gutes Ackerland und Wald zerstört werden soll.

Aber: So ein Pilgerweg will geplant sein, nicht nur die Gottesdienste und die

Gesprächsabende in den besuchten Gemeinden, sondern auch jede Tageswegstrecke, die Übernachtungen und die Mahlzeiten. So waren wir recht „geschafft", aber auch zufrieden, als der Plan endlich stand. Als Zeichen hatten die Pilger ein breites Tuch in den Regenbogenfarben und ein Lied: „Laßt uns den Weg der Gerechtigkeit gehen."

„Also, am Donnerstag gegen Mittag kommen wir in Stuttgart Mitte an, und um 3 Uhr gehen wir zum Eröffnungsgottesdienst des Forums." − „Aber halt, dann sind wir ja von frühmorgens an gewandert, da sollten wir noch etwas essen!" Es zeigte sich, daß gerade mitten in Stuttgart keine Gemeinde oder Gruppe ist, wo die Pilger rasten und essen könnten. „Donnerstags haben wir zwar immer Mahnwache auf dem Schloßplatz, aber das ist eben im Freien", sagte meine Freundin. „Aber wenn ihr Lust habt, dann essen wir zusammen! Wir bringen etwas Warmes mit!" − „Mitten auf dem Platz, ganz öffentlich?" „Tja, warum nicht? Jedenfalls ist es besser als gar nichts."

Da hatten wir uns nun auf eine schöne Geschichte eingelassen! Wie sollten wir mitten in der Fußgängerzone vor den Augen aller Passanten ein warmes Essen herzaubern für 20−50 Leute!? Was für eine verrückte Idee! Aber gerade weil sie so verrückt war, bekamen wir Lust, sie wahrzumachen. „Fleisch wollen wir nicht!" − „Zu viel kosten darf es auch nicht!"

„Aber schmecken soll's!"

Es wurde eine unserer schwierigsten Diskussionen im ganzen Konziliaren Prozeß. Plötzlich sagte eine: „Heiße Kartoffeln und Quark, das mag ich." Gut! Eine Gruppe versprach zwei große Kochkisten voll Kartoffeln, die andere einen Eimer leckeren Kräuterquark, die dritte eine Riesenthermoskanne Tee mitzubringen, und die vierte wollte für Teller, Becher und Bestecke sorgen. „Jetzt darf es bloß nicht regnen."

In der Nacht vor diesem Donnerstag schlief ich schlecht. Würden die Kartoffeln reichen? Oder waren es viel zu viele? Würden die „Pilger" sich überhaupt auf diese öffentliche Mahlzeit einlassen? Was würde die Polizei sagen, wenn wir statt einer Mahnwache ein Essen hielten? Aber meine größte Sorge war: Auf den Treppenstufen am Königsbau sitzen immer einige Punks und „Penner" herum, die an sich ganz freundlich zu uns sind; aber manchmal erscheinen „Popper" oder „Skinheads", schreien herum und schlagen sich mit den anderen. Und da mitten drin ein paar Frauen, die ein Essen vorbereiten... Wenn das nur nicht schiefgeht!

So luden wir denn am Morgen unsere Kochkisten ins Auto und fuhren nach Stuttgart. „Unsere" Nichtseßhaften waren schon da. „Ja wie, wird heute nicht demonstriert?" empfing uns einer. − „Nein, heute wird Essen gerichtet." − „Und für wen?" − „Für die Kirche." − „Die Kirche?" − „Ja, die kommen aus ganz Deutschland. Sie wollen hier essen, und nachher halten sie Gottesdienst in St. Eberhard." − „Und ich? Krieg ich auch was?" schrie einer, der schon ein bißchen angetrunken war. „Aber sicher, nur warten müssen Sie halt auch." Dann fingen sie an, untereinander zu palavern. „Die Kirche, ha, die sind kein Haar besser als die anderen Halsabschneider da oben! Für uns tut keiner was, wir können verrecken!" – „Du brauchst eine Religion, und wenn du keine Religion hast, dann bist du kein Mensch, dann bist du ein Drecksack!" – „Einen Gott, den gibt's, sag ich dir, aber man sieht ihn nicht. Und wenn der mal auf die Pauke haut, dann!! Dann machen sie Augen, unsere Maulaufreißer!" – „Weißt du überhaupt, wieviel Negerkinder am Tag verhungern? 40000! Hab ich selbst gelesen. Stimmt's junge Frau?" – „Beten. Meine Mutter, die betet jeden Tag. Ich nicht so. So was mußt du gewöhnt sein." – „Ich wollte auch studieren, in meinem Kopf ist was drin. Früher, als ich noch nicht am Saufen war." So redeten sie, während wir unsre Regenbogenbänder am Geländer des kleinen Pavillons, der dort steht, befestigten, den Klapptisch aufstellten und den duftenden Kräuterquark begutachteten.

„He, da kommt die Kirche!" schrie einer, als die ersten „Pilger" erschienen: braungebrannt, ein bißchen müde, aber vergnügt ihre bunten Tücher schwenkend. Auf einen heißen Tee und einen Teller Kartoffelquark, da hatten sie jetzt richtig Lust. Auf einmal hatten sämtliche Frauen alle Hände voll zu tun, alle die „Penner" und „Pilger" zu bewirten; und als es so gut nach Kartoffeln roch, da näherten sich auch die jungen Männer, die bisher nur von fern zugesehen hatten. Irgendwie waren alle familiär miteinander: der weißhaarige Mann aus der Friedensbewegung, der zerlumpte „Penner", die eifrige Kirchenfrau und auch der junge Mann mit dem genagelten Ledergürtel und dem grellvioletten Haarschopf. Für mich war es neu, zu sehen, wie viele Menschen an einem normalen Werktag mitten in Stuttgart einfach Hunger haben! Als ein alter Penner zum dritten Mal seinen Teller füllte, stieß er mich an und sagte ganz fachmännisch: „Nur der Tee, das ist nichts! Glühwein sollte die Kirche ausschenken!" Ich lachte ihm ins Gesicht. „Nix da! Glühwein! Das täte Ihnen so passen!" Da ging er weg, und ich dachte: ‚O weh, ich wollte ihn doch nicht beleidigen.' Aber kurz danach stand er wieder da, mit einer Flasche Bier, nahm einen langen Schluck und reichte sie dann mir: „Da, junge Frau, das ist besser als dein Tee!" Und ich muß sagen, ich war ganz überrascht, wie kühl, würzig und belebend so ein Schluck Bier sein kann! Da merkte ich, wie froh ich war, daß diese „Speisung der Fünftausend" so gut gelungen war. Singend räumten wir das Geschirr zusammen, singend winkten wir den offiziellen Delegierten zu, die jetzt über die Königsstraße zum Eröffnungsgottesdienst gingen.

Als sie die Glocken läuten hörten, schlug einer der Penner vor: „Jetzt haben wir mit der Kirche gegessen. Komm, jetzt gehn wir auch mit der Kirche beten." (Hoffentlich haben die Ordner sie hineingelassen!)

Wenn ich heute das Wort Konziliarer Prozeß höre, dann fallen mir nicht nur Texte und Beschlüsse ein, sondern auch das Bild von vielen unterschiedlichen Leuten, die zusammen Kartoffeln, Quark, Tee und Bier verzehren.

Marie Dilger

Brief, den die Delegierten der Ökumenischen Versammlung von Dresden eigens an die Kinder richteten

187

Stichworte:	DDR, Ökumenische Versammlung, Frieden, Gerechtigkeit, Bewahrung der Schöpfung, Umweltzerstörung, Hunger, Kriege, teilen, Erwachsene – Kinder, Delegierte
Zum Text/ Problemfeldbeschreibung:	Im Rahmen des Konziliaren Prozesses für Frieden, Gerechtigkeit und Bewahrung der Schöpfung trafen sich offizielle Vertreter aus den Kirchen der DDR (evangelisch, katholisch, freikirchlich) zu ihrer dritten Zusammenkunft 1988 in Dresden, um eine gemeinsame Erklärung vorzubereiten. In einem Brief an Kinder erzählen sie von ihrer Arbeit, die sie über alle Kirchengrenzen hinweg zusammen getan haben, und von der gemeinsamen Verantwortung von Erwachsenen und Kindern für die Erhaltung der Schöpfung und für Frieden und Gerechtigkeit auf dieser Erde.
Vorlesezeit:	3 Minuten
Vorlesealter:	ab 10 Jahren

Liebe Kinder!

Die Erde, auf der wir leben, ist beinahe zerstört. Schuld daran sind wir, die Erwachsenen. Aber viele haben es doch noch bemerkt. Deswegen haben sich zum drittenmal viele Menschen getroffen, um darüber nachzudenken, was zur Rettung der Erde geschehen muß. Das ganz Besondere an diesem Treffen war, daß es Leute sind, die alle an den einen Gott glauben, das aber auf verschiedene Weise tun. Man kann auch ökumenische Versammlung dazu sagen, und die Leute nennen sich Delegierte. Aber eigentlich sind sie Väter und Mütter, Großväter und Großmütter, kurz: Es sind Leute, die auch in Eurem Haus wohnen könnten. Was haben wir gemacht? Wir haben nachgedacht und gebetet und wieder nachgedacht, was zu tun ist mit einer Welt, die wir Euch ziemlich kaputt übergeben müssen. Dann haben wir die Ergebnisse aufgeschrieben. Hier sind die wichtigsten: Wir alle müssen aufpassen, daß es noch lange Zeit Bäume gibt, die in einen blauen Himmel wachsen können. Wir alle müssen uns dafür einsetzen, daß niemand mehr einen anderen Menschen in einem Krieg erschießt. Wir alle müssen teilen lernen, daß niemand mehr verhungert. Wir alle müssen uns darum mühen, daß jeder kleine und jeder große Mensch sicher und geschützt in einer heilen Mitwelt leben kann. Wenn wir müde geworden sind, müßt Ihr an unsere Stelle treten. Das ist eine schwere Aufgabe, auf die man vorbereitet sein muß. Deswegen haben wir Euch ein wenig von der Ökumenischen Versammlung erzählt. Glaubt nicht, daß wir alles wissen, aber glaubt, daß wir alles tun wollen. Wir grüßen Euch und danken, daß Ihr uns zugehört habt. Übrigens: Wir waren in Dresden. Dort hat es oft geregnet, und Rauchen im Haus war verboten. SCHALOM
Die Delegierten der Ökumenischen Versammlung.

188   Vom Regenlied, vom Weidenstock

Stichworte:	BRD, Pilgerweg, Hoffnung, ökumenische Versammlung, Kriegsdienstverweigerer, Mennoniten, Gottesdienst, Friedenskirche, Kinder (von Kindern lernen), Vertreibung, Symbol (Weidenstock), Schöpfung
Zum Text/ Problemfeldbeschreibung:	Auf dem Pilgerweg zur Europäischen Ökumenischen Versammlung in Basel ereignen sich drei Begebenheiten: Die kleine Andrea macht den Regentag zu einem Tag der Sonne. Die Pilger erinnern sich gemeinsam an Hermann Keller, der im Krieg nicht auf andere Menschen schießen wollte und deshalb zum Tode verurteilt wurde. Weidenstöcke erinnern an die Ausweisung und Ansiedlung der Mennoniten (Glieder einer historischen Friedenskirche) in der Pfalz.
Vorlesezeit:	7 Minuten
Vorlesealter:	ab 12 Jahren

Daß es viele Geschichten gab, daran können sich alle erinnern, die dabei waren; und auch, daß viele unterwegs waren, die Geschichten erzählen konnten. Eine Frau war dabei, die gerne in den Pausen ein Säckchen herumreichte, in dem sich Nüsse, Rosinen oder Dörrobst befanden: zur Stärkung auf dem Weg. Und während das Säckchen im Kreis herumging, erzählte sie gern. Zum Beispiel von dem Tag, als es nicht aufhören wollte zu regnen.

Aber das müßt ihr noch wissen, bevor die erste Geschichte beginnt: die Geschichtenzeit, das war die Zeit des großen Hoffnungswegs. Es war im Jahr 1989, in der Frühlingszeit zwischen Ostern und Pfingsten. Ein großes Ereignis stand bevor; es sollte heißen: Ökumenische Versammlung der christlichen Kirchen Europas. In der schönen Stadt Basel sollten sie sich alle treffen, viele hundert Männer und Frauen. Noch bevor die Versammlung begann, sollten viele davon wissen. Darum waren wir unterwegs, von der alten Stadt Worms nach Basel, das Rheintal hinauf. Worum es gehen sollte, das ging alle an:

Die Menschen sollten gerecht sein. Vor allem mit den Armen, den Fremden. Sie sollten keinen Krieg mehr anfangen. Und sie sollten spüren, wie schön und wie wichtig die Dinge sind: die Pflanzen, die Tiere, die Berge und das Wasser. Darüber wollten die Kirchenleute in Basel reden, weil sie wußten: Gott hat all dies gemacht. Er liebt die Dinge, er liebt die Menschen, er will, daß sie ihm helfen. Die Menschen aber sind nahe daran, alles zu zerstören.

Was kann da geschehen?

Sie müssen einander erzählen, daß sie nicht nur Krieg machen können, sondern auch Frieden. Und daß da die Dinge dazugehören: die Vögel in der Luft und die Luft selber – und auch der Regen.

Richtig, der Regen. Der Tag, an dem es nicht aufhören wollte zu regnen, war einer von zweiundvierzig Tagen – das sind sechs Wochen –, an denen Frauen und Männer unterwegs waren, jeden Tag andere, um den Frieden zu suchen, um vom Frieden zu erzählen.

An diesem Tag, als der Regen nicht aufhören wollte, waren nicht viele unterwegs. Aber sie war dabei, die Frau mit dem Säckchen, und einige andere, und neben ihr ging ein Kind, das hatte ein gelb leuchtendes Regencape um und an den Füßen gute, wasserdichte, warme Stiefel. Andrea sah, wie die Frauen immer wieder nach den Wolken schauten und davon sprachen, wie wenig Menschen an diesem Tag auf dem Pilgerweg waren. – Ein Pilgerweg, das ist ein Weg, den Menschen gehen, die Gott nahe sein wollen. So wenige würden heute in Steinbach ankommen, um den Menschen vom Hoffnungsweg zu erzählen; und das Tuch mit den Schriftzeichen „Hoffnungsweg", das sie gern vor sich her trugen, rollten sie bald zusammen: zu naß, zu schwer, zu kalt.

Andrea begann zu singen, alle Sonnenlieder, die sie kannte: „Vom Aufgang der Sonne" und „Gottes Liebe ist wie die Sonne", und sie erfand weitere Lieder dazu. Wenn sie müde war, setzte sie sich auf ihr Dreirad und fuhr ein Stück – da spritzte das Wasser in den Pfützen, und immer sang sie von der Sonne. Weißt du, sagte Andrea der Frau mit dem Säckchen: Einmal muß die Sonne wiederkommen. Aber wer an diesem Tag leuchtete, das war Andrea selbst.

Ihr gelber Regenmantel leuchtete, während sie sang, und ihre Augen leuchteten voller Eifer, als sie einen kleinen Stein in ihren Händen rieb, bis er glänzte: rot, braun und ein bißchen weiß. Den schenkte sie der Frau zum Abschied.

Wenn aber die Frau den Stein aus der Tasche holte, später, auf einem Rastplatz oder im Gemeindehaus, dann konnte sie sagen: den Stein habe ich von einem Mädchen namens Andrea bekommen, genau an dem Tag, als der Regen nicht aufhören wollte.

Wenn viele Tage später wieder einmal der Regen einsetzte, dachten die Leute an Andrea und sangen selbst: vom Regen, vom Wind und von der Sonne:

Hör den Regen rauschen, spür den Duft aus den Wäldern.
Wie lang noch leben wir mit Wasser und Wind?
Bewahre, Herr, deine Schöpfung. Halt uns in deinen Händen.

Sieh die Wolken ziehen, wie sie jagen im Winde.
Wie lang noch leben wir mit Wolken und Wind?
Bewahre, Herr, deine Schöpfung. Halt uns in deinen Händen.

Spür die Kraft der Sonne und das Wachsen des Kornes.
Wie lang noch leben wir mit Sonne und Korn?
Bewahre, Herr, deine Schöpfung. Halt uns in deinen Händen.

Viele waren dabei, als der Weg an einem heißen Sonnentag einen Hügel hinaufführte. Das war der Letzenberg. Es waren schon viele, die sich an diesem Morgen aufgemacht hatten. Andere kamen von den Dörfern ringsum; die meisten sahen sich an diesem Tag zum ersten Mal. Sie teilten das Brot, sie feierten miteinander Gottesdienst. Die Kapelle war viel zu klein, aber davor, im Freien, hatten sie viel Platz; hohe Laubbäume gaben ihnen Schatten, und die Blicke konnten weit bis in die Pfälzer Berge schauen, auf die andere Seite des Rheins, fast bis nach Frankreich hinein.

An diesem Tag war von einem Mann zu erzählen, der hier vielleicht vor 50 Jahren zum letztenmal gewesen war, ein junger Bursche noch, gerade hatte er seine Lehre als Maler fertig. Da wurde er zum Militär gerufen, er sollte Soldat sein. Bald war Krieg, und er mußte nach Frankreich marschieren. Viele, viele Männer taten das damals. Die meisten nur, weil sie mußten. Auch der junge Mann vom Letzenberg war dabei, Hermann Keller hieß er. Aber als er das erste Mal sah, was sie da in Frankreich tun sollten, da war er nicht wie die anderen. Viele erhielten den Befehl, zu schießen und die anderen zu töten, und sie taten es. Auch Hermann sollte schießen. Aber er tat es nicht. Er war traurig über die Menschen, die schrien vor Leid, die Fremden und die Freunde, und er wußte: Das kann ich nicht, das will ich nicht. Er wartete einen Augenblick ab, in dem niemand auf ihn aufpaßte, und dann rannte er weg. Wie er das genau gemacht hat, das wissen wir nicht. Aber seine Geschwister, die waren mit bei den vielen Menschen an diesem sonnenhellen Mittwoch in der Osterzeit 1989, die erinnerten sich noch ganz genau daran, wie sie eines Tages einen Brief aus Frankreich bekamen. Da schrieb ihnen ihr Hermann, er sei jetzt nicht mehr im Krieg, sondern bei einem Bauern, dem würde er helfen.

Das tat er, und er wollte nur zu essen und einen Schlafplatz, keinen Lohn. So sagte er den französischen Bauersleuten: Ich hab nichts gegen euch, und daß wir Deutschen gegen euch Krieg führen, das tut mir leid. Freundlichkeit war aber nicht erlaubt in dieser Zeit, es war ein Verbrechen. Hermann wurde verraten und mußte wieder zu den Soldaten. Er kam erst ins Gefängnis nach Fulda, das ist eine deutsche Stadt. Von dort aus wurde er wieder in den Krieg geschickt, diesmal in die Ukraine, vielleicht kennt ihr die Halbinsel Krim. Dort versuchte er wieder zu fliehen, nachdem er verwundete Soldaten aus dem Kampf gerettet hatte. Er wurde erwischt, er kam vor einen Richter, der verurteilte ihn zum Tode. Er mußte sterben, er wurde erschossen. Er sollte vergessen sein, das wollten die Kriegsleute.

Ein Arzt, der dabei sein mußte, hat es später aufgeschrieben. Er hat die Familie herausgefunden und alles, was er wußte, zusammengetragen. Lange war es nicht möglich, öffentlich von Hermann Keller zu reden. Die Leute meinten, was er getan hatte, das sei eine Schande gewesen. Aber an diesem Mittwoch in der Osterzeit 1989 sollte es endlich sein. Denn was dieser Hermann getan hatte, das war kein Verbrechen, für das jemand sterben sollte. Es war eine gute Tat, und es ist eine gute Geschichte, die nicht oft genug erzählt werden kann.

Unterwegs auf diesem Weg wurde sie oft lebendig. Und wenn sie beendet war, zogen einige Pilger oder Pilgerinnen Stöcke aus ihren Taschen. Kleine Weidenstöcke waren das, so lang wie zwei Kinderhände aneinander. Sie wollten die Weidenstöcke überall in die Erde pflanzen, und warum, das erzählten sie gerne. Ihr seht: schon wieder eine Geschichte.

Sie handelt auch von Christen. Genauer von einer Gemeinschaft, die sich Mennoniten nennt. Sie nennen sich so, weil ein Mann namens Menno, der in der Zeit Martin Luthers lebte, dafür zuerst eingetreten war, was sie für so wichtig hielten. Das war aber genau, was auch Hermann Keller tat: Sie wollten keinen Kriegsdienst leisten, weil sie Freunde Jesu sein wollten. Sie hielten das für sehr wichtig. Daher waren sie eher bereit, aus einem Lande auszuziehen als dem Fürsten zu sagen: Also gut, dann ziehen wir in den Krieg. Die Weidenstöcke, die sollten an die Mennoniten erinnern, und zwar an eine Gemeinde, die vor langer Zeit, als wieder einmal Krieg sein sollte, diesmal in der Schweiz, nicht in den Krieg ziehen wollten. Sie mußten ausziehen mit Sack und Pack, Frauen, Männer und Kinder, und erst in der Nähe der Stadt Worms, ganz nahe am Rhein, wo es wegen der Hochwasser sehr gefährlich war, wo der Boden nicht viel hergab, dort durften sie bleiben, friedlich, aber arm. Die Weiden aber waren ihre treuesten Helfer. Gegen das Hochwasser schütteten sie Dämme auf, und die Weiden, die schnell auf den Dämmen wuchsen, bildeten daraus einen festen Wall gegen das Wasser. Die Weiden mögen die feuchte Erde, sie leben gern am Wasser. Jedes Jahr wuchsen die Weiden so schnell, daß die Mennoniten-Familien viele Zweige schneiden konnten. Die dünnen legten sie ins Wasser und bogen sie dann zu Körben. Vom Verkauf dieser Körbe lebten sie. Mit anderen befestigten sie ihre Häuser und Gartenzäune, und die stärksten steckten sie in die Erde, dort, wo das Hochwasser am gefährlichsten war. So wurde der Weidenstock ein Zeichen für die Friedensleute. Und als die Wanderer bei ihnen ihre Pilger-Wanderung begannen, zeigten sie ihnen ihr Land, sangen mit ihnen in ihrer Kirche und schenkten ihnen Weidenstöcke — zum Einpflanzen, irgendwo auf dem langen Weg.

Wenn ihr heute irgendwo unversehens ein kleines Weidenpflänzchen seht, ist dort vielleicht der Hoffnungsweg vorbeigegangen, in der Zeit, als die Geschichten aus dem Boden wuchsen wie die Weiden am Bach.

Herbert Fröhlich

189 Kommt, baut ein gemeinsames Haus!

Stichworte:	Schweiz, Europäisches Haus, Europäische Ökumenische Versammlung zu Frieden, Gerechtigkeit, Bewahrung der Schöpfung, Krieg, Umweltzerstörung, Fremde, Erwachsene−Kinder, Ökumene in Europa, Pfingsten, Begegnungen, Delegierte
Zum Text/ Problemfeldbeschreibung:	Jugendliche und Erwachsene aus vielen Ländern und Kirchen Europas sind auf dem Wege zur europäischen Versammlung für Frieden, Gerechtigkeit und Bewahrung der Schöpfung in Basel, Pfingsten 1989. Symbole, Zeichen und Geschenke deuten schon auf dem Weg an, daß dort vor allem Umweltverschmutzung und Abrüstungsfragen zur Debatte stehen. Delegierte aus Kirchen, Gruppen und Initiativen suchen gemeinsam nach Lösungen.
Vorlesezeit:	8 Minuten
Vorlesealter:	ab 12 Jahren

Mehr als tausend Leute waren am Pfingstmontag nach Basel gekommen. Sie alle wollten an der großen Versammlung „Frieden und Gerechtigkeit" teilnehmen. Die meisten waren von ihren Kirchen als Delegierte beauftragt. Andere waren gekommen, weil sie sich in ihren Gemeinden und in Gruppen schon lange Gedanken darüber machen, was wir tun müssen, damit die Wälder nicht weiter sterben, das Wasser noch trinkbar bleibt, die Luft wieder rein wird, keine Atomwaffen mehr produziert werden und Kriege aufhören. Sie waren aus fast allen Ländern Europas gekommen, von Norden und Süden, Osten und Westen. Eine Woche lang blieben sie beieinander.

Nach Basel kann man auf verschiedene Weise reisen. Schnell geht es mit dem Flugzeug, der Bahn und dem Auto (wenn man nicht gerade in dicke Staus kommt). Langsamer geht es mit dem Schiff auf dem Rhein, mit dem Rad oder gar zu Fuß.

Eine kleine Gruppe von Jugendlichen und Erwachsenen hatte sich Zeit für den Weg nach Basel genommen. 14 Tage waren sie mit dem Rad unterwegs, waren fast 1000 km gefahren. Mit ihrer Radtour wollten sie darauf aufmerksam machen, daß wir sorgsamer mit der Natur umgehen müssen. Brauchen wir für jeden Tag das Auto, oder geht es nicht auch mit dem Rad?

Andere waren mit drei kleinen Schiffen gekommen. Auch sie waren zwei Wochen unterwegs. An vielen Orten entlang dem Rhein hatten sie haltgemacht. Überall, wo sie anlegten, wurden sie von Leuten, die dort wohnen, erwartet und freudig begrüßt. Man nahm sich Zeit, sich kennenzulernen, miteinander zu essen, zu singen und Gottesdienst zu feiern. Und die, die nicht mit nach Basel kommen konnten, gaben den Reisenden Geschenke für die Versammlung mit. Bei der Abfahrt in Rotterdam hatten Holländer einen Hobel mit an Bord gegeben, der aus dem Schaft eines Gewehrs gemacht war, um zu zeigen, daß es sinnvoller ist, Handwerkszeug herzustellen als Waffen. An einer Station wurde ein aus Pappe gebastelter Dinosaurier an Bord gebracht (nicht so groß wie im Museum, aber im Aussehen den echten ziemlich ähnlich!). Um den Hals hatte er ein Schild hängen, auf dem stand: „Zuviel Panzer, zu wenig Hirn – darum ausgestorben." An der Wand, vor der er stand, hing ein kleiner Holzkasten. Auf dem Deckel stand: „Und wer ist der nächste, der ausstirbt?" Wenn man die Klappe hochhob, sah man in einem Spiegel sein eigenes Gesicht. An einem anderen Ort wurde ein großes Glas mit einer grau-grünen, trüb-schmutzigen Brühe gebracht – Wasser aus dem Rhein. Da fragt man sich schon, wie Fische darin leben können.

Dies und alle anderen Geschenke sollten die Teilnehmer der Versammlung daran erinnern, daß es nicht reicht, über Probleme zu reden und Dokumente zu schreiben. Man muß auch klar und deutlich sagen, was man tun will und kann, um die Erde zu schützen, damit sie bewohnbar bleibt – nicht nur heute, sondern auch in Zukunft. Viele Erwachsene müssen leider immer wieder daran erinnert werden. Eine solche Erinnerung und Ermahnung waren in Basel auch die Bilder, die Kinder aus der Schweiz zu den Themen „Gerechtigkeit", „Frieden" und „Schöpfung" gemalt hatten.

Ich hätte es gut gefunden, wenn Kinder bei der Versammlung gewesen wären und uns gesagt hätten, wovor sie Angst haben und wie sie sich die Welt für die Zukunft vorstellen. Sie hätten uns vieles sagen können und bestimmt gute Ideen gehabt, wie das Haus „Europa" zu bauen und einzurichten ist. Das Bild vom europäischen Haus spielte in Basel eine wichtige Rolle. Die Frage ist nämlich: Wie können wir in Europa, im Norden und Süden – Osten und Westen – von Finnland bis Sizilien, von Portugal bis Bulgarien und Rußland in Frieden leben und unser Haus so einrichten, daß nicht die einen in den vornehmen Stockwerken leben und alles Gute zum Leben haben und andere im Keller oder unterm Dach hausen und sich mit den Resten begnügen müssen. Wie können wir so zusammenleben, daß wir die anderen achten, auch wenn sie uns fremd sind und wir manches, nicht nur die Sprache, nicht verstehen. Fremde kleiden sich oft anders als wir, leben anders, haben eine uns fremde Religion. Manche von euch, die ihr mit Mitschülern und Mitschülerinnen aus anderen Ländern in einer Klasse seid, hättet Wichtiges dazu beitragen können. Die Kirchen müssen dringend lernen, die Kinder in der Gemeinde ernster zu nehmen!

Viele Probleme, die die Länder in Europa bedrängen, wurden in Basel besprochen; so z. B. die Verschmutzung und Zerstörung der Umwelt.

Durch Chemikalien verseuchtes Rheinwasser macht auf seinem Weg in die Nordsee nicht halt an der Grenze zur Bundesrepublik und Holland, ebensowenig wie verschmutzte Luft – auch sie kümmert sich nicht um Grenzzäune. Um Frieden in Europa zu schaffen, können wir uns nicht bis an die Zähne bewaffnen. Im Gegenteil, wir müssen alles dafür tun, Vertrauen zwischen den Völkern herzustellen, damit wir die Waffen abschaffen können. Dafür sind zuerst die Politiker, die Regierungen und auch die Kirchen verantwortlich. Aber auch die Mütter und Väter und alle anderen Erwachsenen. So wichtige

Entscheidungen wie die über Krieg oder Frieden, Aufrüstung oder Abrüstung, die gehen jeden etwas an!

Das Ergebnis der Versammlung in Basel sind viele beschriebene Seiten Papier, auf denen steht, sehr deutlich, was wir tun müssen, um die Möglichkeiten zum Leben für Menschen, Tiere und Pflanzen zu bewahren. Es ist wichtig, daß man das nachlesen kann. Aber das reicht noch nicht aus. Wichtiger ist, daß die, die bei dieser Versammlung waren, nun zu Hause in ihren Ländern und in ihren Kirchen dies alles weitersagen und zusammen mit anderen in ihren Gemeinden oder auch über die Grenzen hinweg mit Menschen in anderen Ländern – in Polen, England, Schweden oder Italien oder anderswo – etwas gemeinsam tun.

In fünf Jahren soll wieder eine europäische Versammlung für Gerechtigkeit, Frieden und Bewahrung der Schöpfung stattfinden. Dann sollten Kinder mit dabei sein und die Erwachsenen fragen, was sie in der Zwischenzeit getan haben.

Eines Tages ist es dann hoffentlich soweit, daß alle feindlichen Grenzen überwunden sind und alle begriffen haben, wie schön es ist, miteinander zu leben. Dann, so hat es in Basel eine Pastorin aus der DDR am Schluß in ihrem Vortrag gesagt: ... „ist es Zeit, im gemeinsamen Haus ein Fest zu feiern. Große und Kleine tragen bunte Gewänder und bewegen sich zu den Klängen von mindestens 25 Bands. An den Buffets gibt es Spaghetti Napolitana und Krovlada, Bigos und Borschtsch, Mousse Parmentier und Dresdner Stollen – alles nach den Rezepten vieler Großmütter zubereitet – und natürlich viele Getränke. Und in Uniform sind nur die Clowns. Und in irgend einer Ecke zeigen Väter ihren Kindern mit Hilfe von Zinnsoldaten, wie bemerkenswert dumm ihre Vorfahren miteinander umgegangen sind."

Eine schönes Bild, finde ich. Und gar nicht so unwirklich. Denn der Engel in der Weihnachtsgeschichte hat doch verkündet: „Friede auf Erden ..."

Johanna Linz

Ein Regenbogen um die ganze Erde

190

Stichworte:	Südkorea, Seoul, Dritte Welt, Weltversammlung für Gerechtigkeit, Frieden und Bewahrung der Schöpfung, arm – reich, Minjung-Gemeinden, Korea-Krieg, Teilung, Nordkorea–Südkorea, Bibel, Bundesschluß, Regenbogen, Noah-Bund, Wirtschaftsordnung, Schulden, Gewaltlosigkeit, Energiesparen, Rechte der Kinder
Zum Text/ Problemfeldbeschreibung:	Eine Delegierte aus der Bundesrepublik berichtet von ihren Erlebnissen und Erfahrungen bei der Weltversammlung der Christen für Gerechtigkeit, Frieden und Bewahrung der Schöpfung, die im März 1990 in Seoul/ Südkorea stattfand. Wir erfahren von den scharfen Gegensätzen zwischen Armen und Reichen in Südkorea, von der Geschichte der Trennung des Landes und ihren Folgen, von der Entstehung der Minjung-Gemeinden (Gemeinden der Armen) und von den Bundesschlüssen und Verpflichtungen, die die Teilnehmer dieser Weltkonferenz eingegangen sind.
Vorlesezeit:	20 Minuten
Vorlesealter:	ab 15 Jahren

Am 1. März 1990 starteten etwa 15 Männer und Frauen aus der Bundesrepublik zu der Weltversammlung der Christen in Seoul. Wir wollten dort eine gute Woche mit Christen anderer Länder und Erdteile zusammenkommen und hatten vor, Verabredungen untereinander zu treffen und Bundesschlüsse zu schließen, um weltweit für Gerechtigkeit, mehr Frieden und die Erhaltung der Welt und der ganzen Natur zu kämpfen. Denn in vielen Teilen der Welt herrscht Hunger und bitteres Elend, das durch Kriege und durch Dürrekatastrophen oder Überschwemmungen noch verschlimmert wird. Dagegen sollten wir alle, die wir das Leben lieben, etwas tun!

Die Christen versammelten sich in Südkorea – einem Land der Dritten Welt. Die Länder der Dritten Welt sind sehr viel ärmer als unsere Länder, das wißt ihr sicher auch. Wir hatten gelesen, daß in Korea Armut und Reichtum sehr dicht beieinander wohnen, und das erste, was wir erlebten, war der Reichtum. Wir staunten nicht schlecht, als wir am Ende unserer langen Flugreise schließlich im Hotel „Lotte World" in Seoul ankamen: Es glitzerte nur so von Glas und vergoldeten Türrahmen. An der Vorderseite des Hotels mit seinen ca. 30 Stockwerken fuhr ein gläserner Lift hinauf und hinunter, den Lampen wie eine Perlenschnur umrahmten. Ich war sogleich fest entschlossen, möglichst bald mit diesem Lift zu fahren – man mußte eine tolle Aussicht haben! Und als mir dieses Vergnügen gelang, war ich nicht enttäuscht; mir tat es nur leid, meine jüngeren Kinder nicht dabeizuhaben: denn man schwebte hinauf wie in einer Achterbahn und hatte die ganze riesige Stadt Seoul mit ihren Wolkenkratzern, ihrem Fluß, ihren Brücken vor Augen! Nur die Slums konnte man nicht sehen. Innen war das Hotel mit Marmor, Spiegeln, verzierten Sesselchen geschmückt; junge Koreanerinnen in bunten seidenen Gewändern fragten uns nach unseren Wünschen; es gab ein schickes marmornes Schwimmbad, eine

Sauna, elegante Schlafzimmer mit Minibar und große Säle mit glitzernden Kronleuchtern: eine wahre, reiche Pracht! Und hier sollten wir nun wohnen, die wir doch über die Beseitigung der Armut und des Elends nachdenken wollten – das war nicht leicht unter einen Hut zu bringen. Ein westdeutscher Delegierter dichtete dann auch spontan:

„Wir wollen unserm Gotte leben,
jedoch das Geld der Lotte geben."

Zum Glück erfuhren wir, daß das Hotel dem Ökumenischen Rat, der die Konferenz organisierte, einen sehr hohen Rabatt gegeben hatte und wir nur etwa die Hälfte des Preises zahlen mußten.

Die Armut des Landes blieb uns nicht verborgen. An einem der nächsten Tage fuhr ich in eine Arbeitergemeinde. Die Menschen leben dort in so kleinen Wohnungen, daß sie sich noch nicht einmal nachts zum Schlafen nebeneinander auf dem Boden ausstrecken können. Dazu haben viele von ihnen Arbeitstage von 12, manchmal sogar 14 oder 15 Stunden. Besonders schlimm trifft es die Frauen, weil sie sehr viel weniger Lohn bekommen als die Männer und daher noch länger arbeiten müssen, um zum Lebensunterhalt der Familie beitragen zu können. Der Tagesablauf einer jungen Mutter, die ich traf, sieht etwa so aus: Morgens um fünf muß sie aufstehen, macht Frühstück für sich und die Familie, um sechs verläßt sie das Haus zu einer einstündigen Fahrt im überfüllten Bus; dann arbeitet sie als Näherin in einer Kleiderfabrik von morgens sieben Uhr bis abends acht Uhr, nur mit einer halben Stunde Mittagspause. Abends, wenn sie sich auf den Heimweg macht, ist sie todmüde. Die Augen brennen von dem feinen Textilstaub in der schlecht gelüfteten Halle. Sie muß noch kurz ihre Einkäufe machen und ist etwa um halbzehn Uhr abends zu Hause. Die Kinder sind dann längst im Bett; zum Glück kann ihre Mutter sie versorgen. Wenn sie es schafft, lernt sie abends noch einige Schriftzeichen, denn in der Schule hat sie kaum lesen und schreiben gelernt – für ein Mädchen hielt man das für unnötig, und statt dessen mußte sie schon sehr früh mitverdienen.

Am Samstag, an dem die Arbeit etwas früher endet, gehen sie und ihr Mann mit anderen Arbeitern zu den Kursen der Kirchengemeinde. Dort informieren sie sich über ihre Rechte als Arbeiter und Arbeiterinnen, sie lernen Gewerkschaften zu organisieren, d. h. sich zusammenzuschließen und ihre Rechte auch einzufordern, für einen besseren Lohn zu kämpfen und die Arbeitszeiten zu verkürzen. In anderen Kursen singen sie oder spielen Theater. Der Mann hat lange gespart und sich letzten Monat auf dem Markt ein Paar Bergschuhe gekauft. Sie kosten 35 000 Won – das ist der Verdienst einer ganzen Woche. Jetzt freut er sich, daß er im Sommer an Sonntagen im Bergsteigerkurs der Gemeinde mitmachen kann.

Diese Familie gehört zu einer Arbeitergemeinde oder Minjung-Gemeinde, d. h. Gemeinde des einfachen Volkes. Der kleine Kirchraum befindet sich in einer Etagenwohnung, und er dient offensichtlich gleichzeitig als Bibliothek.

Der Gottesdienst, den wir zusammen feierten, war sehr fröhlich. Es wurde viel gesungen und viel gelacht. Anschließend wurden wir Gäste von der Weltversammlung zu einem echt koreanischen Essen eingeladen. Die Schuhe mußten wir ausziehen, bevor wir den Raum betreten durften. Hier war ein langer, schmaler Tisch von etwa 20 cm Höhe gedeckt, um den Kissen lagen. Zum Essen saßen wir also auf dem Boden. Und als Besteck gab es nur Stäbchen! Es ist gar nicht so leicht, damit zu essen, und die Gastgeber lächelten mit ihren Augen, als sie sahen, wie ungeschickt wir Europäer uns damit zunächst anstellten. Aber sie halfen uns freundlich auf die Sprünge, und schließlich wurden wir alle satt. Es gab übrigens kein Fleisch; es ist für die armen Leute zu teuer. Dafür einen köstlichen Reis, verschiedene Gemüse in einer scharfen Sauce, getrocknete Algenblätter, geschälte Äpfel- und Birnenschnitze zum Nachtisch. Nach dem Essen erzählten der Pfarrer und einige der Gemeindeglieder von der Entstehung dieser Minjung-Gemeinden:

Nach dem Koreakrieg, Anfang der 50er Jahre, der eigentlich ein Krieg zwischen den USA und der Sowjetunion war, wurde Korea am 38. Breitengrad in zwei Teile geteilt – ganz ohne Schuld und gegen den Willen der koreanischen Bevölkerung. Die Grenze wurde hundertprozentig dicht gemacht: Die Bewohner Nord- und Südkoreas durften sich von nun an weder besuchen, noch Briefe schreiben, noch telefonieren, noch sich in einem anderen Land treffen. Das ist auch heute noch so. Vor wenigen Wochen wurde eine Studentin aus Südkorea, nur weil sie an einem internationalen Jugendtreffen in Nordkorea eine Woche lang teilgenommen hatte, zu sieben Jahren Gefängnis verurteilt! Die Trennung betrifft unzählige Familien: Mütter und Väter wurden von ihren Kindern getrennt und haben seither nie wieder etwas voneinander gehört. Sie wissen oft nicht, ob ihre Angehörigen überhaupt noch leben.

Die Vereinigten Staaten unterstützen die Regierung in Südkorea, die Sowjetunion die Nordkoreaner. In Südkorea stationieren die USA viele Truppen, sie wollen damit die Ordnung und die Treue zu den Vereinigten Staaten erzwingen und kontrollieren. Zugleich stützten sie die rechtsdiktatorischen Führer des Landes und förderten eine starke Aufrüstung einerseits, die Entwicklung einer westlich orientierten Wirtschaft andererseits. Die Wirtschaft hatte Erfolg: In kürzester Zeit wurde aus Korea ein entwickeltes Industrieland. Viel Reichtum und Luxus entstand – das „Lotte World" Hotel ist nur ein Beispiel. Aber es entstand auch viel Armut. Denn das große wirtschaftliche Wachstum war nur möglich durch die niedrigen Löhne der Arbeiter. Wenn sie sich dagegen wehren und demonstrieren, werden sie von der Polizei oft brutal zusammengeschlagen. Die Arbeiterführer wandern häufig für viele Jahre ins Gefängnis.

Gegen diese Ungerechtigkeiten, gegen die militärische Gegenwart der USA und die Aufrüstung im eigenen Land und gegen die undurchlässige Grenze gegenüber Nordkorea demonstrierten in den 70er Jahren zahllose Studenten. Auch viele Pfarrer waren daran beteiligt. Viele unter ihnen wurden von der Polizei verfolgt und eingesperrt genau wie die Arbeiterführer.

In dieser Zeit entdeckten viele Studenten die Bibel ganz neu. Sie entdeckten, daß Gott auf der Seite der Armen und Entrechteten steht. Sie lasen die Geschichten von Jesus: Sie sahen, daß er sich sein Leben lang im Namen Gottes für die Befreiung der Menschen eingesetzt hat, die in ihrer Gesellschaft verachtet waren, die arm oder krank waren, die nicht dazugehörten, wie die Ausländer. Dieser Einsatz brachte Jesus in Konflikt mit den Mächtigen im Lande, den Römern, die Besatzungsmacht waren, und den religiösen und politischen Führern der Juden selbst. Er bezahlte seinen gewaltlosen Einsatz mit dem Leben. Aber durch seine Auferweckung gab Gott durch ihn den zurückgebliebenen Freunden und Jüngern neue Hoffnung und Mut.

Diese Hoffnung trug und trägt viele der Studenten, von denen ich sprach, und sie brachte etliche dazu, als Pfarrer oder auch in anderen Berufen die Minjung-Gemeinden aufzubauen.

Am Ende unseres Gesprächs in der Gemeinde übergab ich unseren Gastgebern einen breiten Schal mit den Regenbogenfarben. Er kommt aus dem Ruhrgebiet, wo viele Arbeiter leben und viele Menschen arbeitslos sind. Er sollte das Band der Zusammengehörigkeit zum Ausdruck bringen, das unsichtbar zwischen uns im Ruhrgebiet und den koreanischen Arbeitern geknüpft ist. Der Regenbogen ist in der Geschichte von Noah ja ein Zeichen für den Bund Gottes mit den Menschen und mit der Natur. Die Menschen, mit denen Gott diesen Bund schließt, können und müssen ihm antworten. Das können sie, indem sie einander versprechen, Gottes Gebote zu halten und für das Leben einzutreten. Sie erneuern mit diesem Versprechen untereinander den Bund, den Gott mit ihnen geschlossen hat. Denn die Beziehung in diesem Bund ist ein Dreiecks-Verhältnis: von Gott zu den Menschen, von den Menschen zu Gott und zwischen den Menschen.

Um zu solchen Versprechen zu kommen und den Bund unter den Christen zu erneuern, kamen wir nach Seoul. Wir trafen uns im Olympia-Park in der Schwergewichtshalle zu unseren Beratungen. Manchmal waren die Konflikte groß — da hatte man schon das Gefühl, daß man Schwergewichte heben mußte. Aber die gemeinsamen Überzeugungen waren doch größer als die Konflikte. Und schließlich kamen wir zu Aussagen und Verabredungen, die ich für sehr wichtig halte: Wie Jesus auf der Seite der Machtlosen und Armen stand, so wollen auch wir auf ihrer Seite stehen. In Seoul haben wir uns gegenseitig verpflichtet, für die Armen einzutreten, gegen ungerechte Wirtschaftsordnungen zu kämpfen, die die Armen arm halten; wir haben uns versprochen, alles dafür zu tun, um die Schulden der armen Länder zu erleichtern. Dazu gehört auch, daß wir selber etwas abgeben. Viele von uns, vor allem aus den reichen Ländern, haben zugesagt, zehn Prozent des Geldes, das wir aus Zinsen gewinnen, in eine Kasse einzuzahlen, mit der Programme zur Bekämpfung der Schuldenkrise finanziert werden. Wir wollen auch unsere Kirchen dazu auffordern, zehn Prozent ihrer Zinsgewinne dafür bereitzustellen (wenn ihr nicht wißt, was Zinsgewinne sind, fragt eure Eltern).

Wie Jesus sich für die Versöhnung zwischen den Menschen eingesetzt und sie gelebt hat, so wollen auch wir es versuchen: Gewaltlos, ohne Waffen hat Jesus für das Lebensrecht jedes Menschen gekämpft und damit Menschen, die sich spinnefeind waren, z. B. die Zöllner oder die Ausländer und die Juden miteinander versöhnt. Das ging nicht ohne Verzicht: Der Zöllner Zachäus z. B. gab die Hälfte seines erworbenen Geldes den Armen; es ging auch nicht ohne die Aufhebung einer alten Feindschaft – z. B. zwischen Juden und Kanaanäern oder Samaritern, also den Ausländern in Israel. Denn die waren verachtet oder verhaßt, so wie bei uns leider oft die Ausländer es sind! Jesus ging mit ihnen um wie mit seinesgleichen und nahm sie in die Gemeinschaft der Kinder Gottes hinein. Denjenigen gegenüber, mit denen er in Konflikt geriet und die ihn schließlich töteten, blieb er gewaltlos. Er hat damit in Gottes Namen die Gewalt zwischen den Menschen überwunden – und durch seine Auferweckung von den Toten hat Gott ihn bestätigt. Das ist die christliche Friedensbotschaft, die wir versuchen weiterzutragen und die in Seoul bei der Weltversammlung der Christen eine große Rolle spielte.

Wir haben uns in Bundesschlüssen gegenseitig verpflichtet, für Gewaltlosigkeit in unseren Beziehungen einzutreten, für den Aufbau von Vertrauen, für den Aufbau von Friedensdiensten in aller Welt, für die Abrüstung; wir haben uns verpflichtet, gegen Waffenhandel, d. h. gegen Geldgeschäfte mit Waffen zu kämpfen, endlich die sogenannten Massenvernichtungsmittel zu verringern und möglichst abzuschaffen. Wir wissen ja alle, daß die Aufrüstung sehr teuer ist und daß die Waffen daher nicht nur im Krieg die Leben der Menschen und der Natur bedrohen, sondern auch in Friedenszeiten, z. B. bei uns, weil sie das Geld aufbrauchen, das wir eigentlich für die Bekämpfung der Armut nötig hätten. Unser Einsatz für Abrüstung und für eine gerechte Verteilung der Güter der Erde gehören also zusammen.

Ein drittes wichtiges Thema war die Bewahrung der Schöpfung, also der Natur, der Tier- und Pflanzenarten, des Urwalds, der Luft, des Wassers, der Gesundheit aller Lebewesen. Sie alle gehören ja zu Gottes Schöpfung. Wir Menschen haben vieles bereits zerstört, weil wir meinten, selber die Herren der Schöpfung zu sein. Aber wir merken jetzt Gott sei Dank, daß wir so nicht weitermachen dürfen: denn sonst zerstören wir die Welt, von der wir doch selber leben. Wir fangen an, umzudenken. In Seoul haben wir uns daher z. B. verpflichtet, in den nördlichen Ländern alles zu tun, um Energie zu sparen. Denn durch den hohen Energieverbrauch erwärmt sich unser Klima und kann bald zu Überschwemmungskatastrophen auf der ganzen Welt führen, weil die Polkappen abschmelzen. In den Steppenzonen wird dafür die Dürre zunehmen und damit auch die Hungersnot. Bei diesem Energiesparen können alle Kinder übrigens sehr gut mitmachen: Lichter ausschalten, wenn sie nicht gebraucht werden; Pullover anziehen und die Eltern bitten, die Heizung niedriger zu stellen; in der Schule Eingaben beim Direktor zu machen, daß die Klassenräume nicht überheizt werden; mit dem Fahrrad oder dem Bus fahren, statt sich von den

Eltern im Auto fahren zu lassen usw. Ihr könnt euch sicher selber noch vieles ausdenken!

Wir haben in Seoul übrigens auch eine Selbstverpflichtung für den Schutz der Rechte der Kinder und Jugendlichen ausgesprochen. Kinder haben ja keine sogenannte „Lobby". Viele Kinder müssen ein sehr hartes Leben führen: Viele leiden unter Hunger, viele müssen schwere Arbeit verrichten, um überleben zu können, viele haben kein Zuhause und wohnen auf den Straßen, viele sind drogenabhängig und beginnen zu stehlen, um das Geld für die Drogen zu beschaffen, und dann werden sie von der Polizei verfolgt und oft mißhandelt; viele werden geschlagen und von zu Hause vertrieben. Es ist wichtig, daß das alles bekannt wird und daß Rechte geschaffen werden, die alle diese Kinder schützen. Dafür können und wollen wir uns als Christen und Kirchen einsetzen. Am Schluß der Versammlung gab es ein großes Fest, bei dem wir die Verpflichtungen feierlich bekräftigten. Während des Schlußgottesdienstes kamen alle nach vorn zum Altar, wo eine große Weltkugel von Kindern gehalten wurde. Die Ersten legten die Hand auf diese Kugel zum Zeichen, daß sie sie schützen wollen − die Dahinterstehenden legten ihre Hand auf die Schulter der Ersten, und so geschah es bis in die hinterste Reihe. Alle bildeten eine große Menschenkette und verbanden sich zum Schutz und zur Bewahrung des Lebens auf der Erde. Sie erneuerten ihr Versprechen, dafür wirklich etwas zu tun. Wir wußten sehr wohl, daß unsere Zukunft und die Zukunft von euch Kindern davon abhängt. Gott hat uns die Möglichkeit zu diesem Handeln geschenkt und uns seine Hilfe in seinem Bund zugesagt. Nun kommt es darauf an, daß wir uns gemeinsam an die Arbeit machen. Jeder von uns kann seinen kleinen Schritt in seinem kleinen Umfeld tun. Es wäre spannend zu wissen, welchen ihr euch einfallen laßt. Ich fange heute mit meinen Kindern ein Energiespartraining an.

Elisabeth Raiser

Stichwortregister

Die Ziffern bezeichnen die Nummern der Texte.

Bibelstellenverzeichnis

Übersicht über den Einsatz der Texte in den Altersstufen

Die Altersangaben sind lediglich Anhaltspunkte. Sie variieren im konkreten Fall je nach dem Auffassungsvermögen des Kindes bzw. der Lerngruppe.

Texte möglich ab 7 Jahren:
23, 41, 90, 101

Texte möglich ab 8 Jahren:
7, 8, 11, 21, 33, 49, 70, 80, 92, 105, 125, 166, 169, 171, 179

Texte möglich ab 9 Jahren:
3, 10, 13, 14, 17, 19, 20, 44, 68, 89, 110, 128, 135, 139, 143, 152, 156, 158, 175

Texte möglich ab 10 Jahren:
4, 9, 12, 16, 37, 39, 45, 50, 59, 63, 64, 66, 74, 79, 81, 84, 85, 88, 91, 93, 95, 96, 97, 98, 99, 100, 104, 113, 115, 120, 130, 131, 132, 142, 144, 149, 167, 170, 176, 182, 187

Texte möglich ab 11 Jahren:
1, 15, 65, 136, 137, 173

Texte möglich ab 12 Jahren:
2, 5, 18, 22, 26, 27, 28, 29, 30, 31, 34, 36, 38, 42, 43, 47, 48, 53, 54, 58, 62, 67, 72, 75, 76, 78, 82, 83, 94, 102, 103, 108, 112, 114, 117, 122, 127, 129, 133, 134, 138, 147, 148, 153, 154, 161, 164, 177, 180, 181, 183, 188, 189

Texte möglich ab 13 Jahren:
46, 51, 56, 60, 61, 69, 109, 123, 141, 162, 174

Texte möglich ab 14 Jahren:
6, 24, 25, 32, 40, 52, 55, 71, 73, 77, 86, 87, 106, 107, 111, 116, 118, 119, 121, 124, 140, 145, 146, 150, 151, 155, 160, 165, 172, 178, 186

Texte möglich ab 15 Jahren:
35, 57, 126, 157, 159, 163, 168, 184, 185, 190

Autoren- und Titelverzeichnis

Quellenverzeichnis

Folgenden Verlagen und Autoren danken wir für freundlich erteilte Abdruckerlaubnis:

Abendroth, Marion
   Besuch aus Afrika (28)
Ariaraja, Wesley
   Ein Religionsgespräch (157), aus: Mission and evangelism and ecumenical affirmation, World Council of Church, Genf, 1983; übersetzt von Ulrich Becker
Alfsen, Liv Sødal
   Diene dem Herrn mit Freude (66), aus: „Anleitung des Lehrers zum Lehrbuch für Religion, Stufe 2", Institutt for Kristen oppsedung, Oslo; übersetzt von Sabine Nickel

Barth, Marie Claire
   Die Bibel hat es mir angetan (172), aus: „Mit der Bibel leben", Evang. Missionswerk in Südwestdeutschland, Stuttgart, 1983
Becker, Elfriede
   Das Kind in der Krippe (137), Verlag Ernst Kaufmann, Lahr
Blau, Günther
   Erntedank ohne Narwalzahn (64), Großmutter Arnajoks Pfingstgesang (63) – Rechte beim Autor –
de Boer, Hans Alfred
   Kollekte in Amerika (133) – Rechte beim Autor –
Bolliger, Hedwig
   Der Mohrenkönig (37), aus: „Rahel, die kleine Bettlerin", Blaukreuz Verlag, Bern
Borggrefe, Friedhelm
   Böhmische Brüder (47), aus: „Christen im Herzen Europas–CSSR" – Rechte beim Autor
Buck, Peter
   Susilo konnte nicht lesen (171) – Rechte beim Autor –
Busch, Wilhelm
   Zirkus Sarrasani (10), aus: M. Timm, „Wozu lebt der Mensch?", Verlag Vandenhoeck & Ruprecht, Göttingen

von der Decken, Elisabeth
   Die vergessenen Gläubigen (142) – Rechte bei der Autorin –
Dowerk, Bertold
   Der Stärkere (130); Die Salzsieder (167), aus: MADJU, Evang. Missionswerk in Südwestdeutschland, Stuttgart
Drescher, Lutz
   Menschenwürdige Menschwerdung (163), Evang. Missionswerk in Südwestdeutschland, Stuttgart

Freise, Reinhilde
   Adventssingen mit Hindernissen (176); Pelambingan (168); Verborgene Schätze ausgraben (29), Evang. Missionswerk in Südwestdeutschland, Stuttgart
Friederici, Dorothea
   Ein schwieriges Patengeschenk (147); Meine Freundin Ama (148); Sunilos Taufe (149); Warum wir feiern (108), Evang. Missionswerk in Südwestdeutschland, Stuttgart

Fritz, Gerhard
    Bekehrung in den Bergen Kubas (124), aus: Heft „Weltmission", 87; Missionshilfe Verlag, Hamburg
Fröhlich, Jutta
    Nelli und Michael (27), aus: „Geschichten von Menschen", Diakonisches Werk Württemberg e. V., Stuttgart
Fung, Raymund
    Friede zum Beten (162); Meine Mutter und die Bibel (161) — Rechte beim Autor —

Große-Oetringhaus, Hans M.
    „O du fröhliche... (104); Drei Männer im Dorf (82) — Rechte beim Autor —
Günther-Lang, Sigrun
    Sok Hong-Hi lernt leben (164), Evang. Missionswerk in Südwestdeutschland, Stuttgart
Güntzel-Horatz, Renate
    Weihnachten in Sri Lanka (156)

Hempel, Dietrich
    Der alte Isaka in Kisarawe (90) — Rechte beim Autor —
Hollenweger, Walter
    Bomben auf Birmingham (40), aus „Umgang mit Mythen"; Der Zahnarzt und die Damenriege (35), aus: „Wie aus Grenzen Brücken werden", Chr. Kaiser-Verlag, München — In einer japanischen Imbißstube (165), aus: „Kirche, Benzin und Bohnensuppe", Theologischer Verlag, Zürich
Hroncowski J./Obuchowska I.
    Weihnachten in Polen (39), aus: „Junge Christen in Europa", Europa-Union-Verlag, Bonn
Huber, Hans Dieter
    Wie Kinder in der Diaspora der DDR leben (33), aus: „Mehr im Verborgenen", Bonifatiuswerk der deutschen Katholiken, Dankegabebuch 1985, Paderborn

„Jesus würde hierbleiben"
    aus: „Rassenprobleme in den USA", Moritz Diesterweg-Verlag, Frankfurt

Kahl, Brigitte
    Eine Kirche auf Dawson (116) © Union Verlag, Berlin
Kiefel, Gerhard
    Gewagte Versöhnung (62) — Rechte beim Autor —
Köhnlein, Manfred
    Karan, ein tamilischer Christ (25), aus: „Aus aller Herren Länder — Asylbewerber unter uns", Quell-Verlag, Stuttgart, 1988
Kremer, Eva Maria
    Der reiche Onkel und die armen Verwandten (36), aus: „Weihnachten hat viele Gesichter"; Auf dem Weg nach Ayabaca (109), Wie ich meine Angst vor den Weißen verlor (72), aus: „Bei uns ist das ganz anders", Rex-Verlag, Luzern/Stuttgart — Das kugelrunde Jesuskind (117), Die Erde ist für alle da (112), Medellin — geliebt und verraten? (184), aus: „Wendekreis", Patmos-Verlag, Düsseldorf — Wenn die Heiligen weinen (111) — Rechte bei der Autorin —
Kristensen, Vidar
    Glaube, den man sehen und hören kann (67), aus: Lehrbuch für Religion, Stufe 7—9, Institutt for Kristen Oppseding, Oslo; übersetzt von Sabine Nickel
Kroll, Wilfried
    Alle mögen teilhaben (56) — Rechte beim Autor —

Kuntz, Gerhard
 Carlos wird vertrieben (113)
Lay, Jochen
 Ein Kreuz gegen den Haß (117)
Löbel, Volkmar S.
 „Sir, ich brauche Ihre Bibel" (152), Deutsche Bibelgesellschaft, Stuttgart
Ludwig, Helmut
 Angelo aus Sardinien (58); Don Pietro schließt die Kirchentür (59); Ein Boy für hundert Dollar (129); Friede für El Salvador (121); Mehmet – ein Christ aus Istanbul (61), entnommen aus: „ferment" Pallottiner Verlag, Gossau SG

Mai, Gottfried
 Urwaldorganist Pedro (114), aus: „Gottes Volk in vielen Ländern", Evang. Luth. Mission, Erlangen, 1981
Martin, Ilse
 Feier des Osterfestes (153), aus: Nachrichtenblatt „Gossner-Mission", 1979
Mayer-Skumanz, Lene
 Jakob will nach Afrika (23), aus: „Jakob und Katharina", Herder Verlag, Wien
Meyer zu Uptrup, Wolfram
 Das Volk Gottes in Rom (185); Mit den Eltern in Taizé (49) – Rechte beim Autor –

Perlitz, Manfred
 Eine Überraschung in der Steppe (88), aus: Kinderbrief 1/89, Freimund-Verlag, Neuendettelsau – Rechte beim Autor –

Reding, Josef
 Sie nannten in Padrechico (123) – Rechte beim Autor –
Rehm (Pfarrer)
 Ein Kirchenfest auf dem Dorf (12), aus: „daheim und draußen", Calwer-Verlag, Stuttgart, 1969
Rueff, Hanni
 Kinder in Kamerun (80); Unterwegs wohin? (101), aus: AJO Kinderzeitschrift der KEM, Kooperation Evangelischer Kirchen und Missionen, Basel

Seiterich, Manfred
 Das „Wunder" der Marktfrauen (122), entnommen aus: publik forum, Oberursel
Schnyder, Mireille
 Meine muslimische Freundin (15), aus: „Auftrag und Weg", Born-Verlag, Kassel
Schulz, Ursula
 Gottesdienst auf Solentiname (119), aus: „Dein Friede sei mein Friede", Jugenddienst-Verlag, Wuppertal
Steinhuber, Gisela
 Feuertaufe im Regenwald (173), aus: „Wendekreis", Patmos-Verlag, Düsseldorf

D'Valle, Donaldo
 Ein Lied für Teofilo (115), Franziskaner Mission, Werl
Veigel, Ruprecht
 Der Sadhu auf dem Nagelbett (150)

Wartenberg-Potter, Bärbel
Sister Julia (126), aus „Lesebuch nicht nur für einen Tag", Missionswerk, Hamburg
Welsh, Renate
Heute kommt Moses (95); Keine Schule für Sara (100); Lofin (99); Lumala ist krank (94),
aus: „Ich versteh die Trommel nicht mehr", Verlag Jungbrunnen, Wien

Zauzich, Maria Christine
Posadas (120) — Rechte bei der Autorin —
Zöller, Klaus
Gokmantonduy wird getauft (169); Wir sind wie junge Bäume (175), Evang. Missionswerk
in Südwestdeutschland, Stuttgart

Leider war es uns trotz sorgfältiger Recherchen nicht möglich, alle Rechtsinhaber ausfindig
zu machen. Für Hinweise sind Verlag und Herausgeber dankbar.